Der Mensch des Mittelalters

Der Mensch des Mittelalters

Herausgegeben von
Jacques Le Goff

Campus Verlag · Frankfurt/New York
Editions de la Maison des Sciences
de l'Homme · Paris

Die Originalausgabe L'UOMO MEDIEVALE
erschien 1987 bei Editori Laterza, Rom

Übersetzungen: Aus dem Französischen (Einführung, Kapitel 4, 8 und 9) Michael Martin;
aus dem Italienischen (Kapitel 1, 2, 3, 5 und 6) Rainer Spiss;
aus dem Russischen (Kapitel 7) Matthias Springer
aus dem Polnischen (Kapitel 10) Friedrich Griese.

Dieses Buch erscheint im Rahmen eines 1985 getroffenen Abkommens zwischen der Wissenschaftsstiftung Maison des Scienes de l'Homme und dem Campus Verlag. Das Abkommen beinhaltet die Übersetzung und gemeinsame Publikation deutscher und französischer geistes- und sozialwissenschaftlicher Werke, die in enger Zusammenarbeit mit Forschungseinrichtungen beider Länder ausgewählt werden.

Cet ouvrage est publié dans le cadre d'un accord passé en 1985 entre la Fondation de la Maison des Sciences de l'Homme et le Campus Verlag. Cet accord comprend la traduction et la publication en commun d'ouvrages allemands et français dans de domaine des sciences sociales et humaines. Ils seront choisis en collaboration avec des institutions de recherche des deux pays.

CIP-Titelaufnahme der Deutschen Bibliothek

Der *Mensch des Mittelalters* / hrsg. von Jacques Le Goff.
[Übers.: Michael Martin...]. – Frankfurt/Main ; New York :
Campus Verlag ; Paris : Ed. de la Maison des Sciences de
l'Homme, 1989
Einheitssacht.: L' Uomo medievale ⟨dt.⟩
ISBN 3-593-34065-8 (Campus Verlag) gebunden
ISBN 2-7351-0314-5 (Ed. d. la Maison d. Sciences d. l'Homme) gebunden
NE: LeGoff, Jacques [Hrsg.]; EST

Umschlaggestaltung: Atelier Warminski, Büdingen
Satz: Typo Forum Gröger, Büdingen
Druck und Bindung: Fuldaer Verlagsanstalt, Fulda
Printed in Germany

Inhalt

Einführung

Der Mensch des Mittelalters

Jacques LeGoff

Dieses Buch zeichnet in zehn Profilen von hervorragenden zeitgenössischen Mediävisten den mittelalterlichen Menschen nach. Doch hat es diesen Menschen überhaupt gegeben? Ist er nicht eine Abstraktion fern jeder historischen Realität?

Was »menschliche Geschichte« ist – die einzige Geschichte, die diese Bezeichnung verdient – wurde vor einem halben Jahrhundert von Marc Bloch und Lucien Febvre definiert. Hinter diese Definition kann niemand mehr zurück. Handelt es sich jedoch bei dieser »menschlichen« Geschichte um eine Geschichte des Menschen, oder um eine Geschichte der Menschen? Lucien Febvre hat diese Frage wie folgt beantwortet: »Der Mensch ist das Maß der Geschichte, ihr einziges Maß. Mehr noch, ihr Existenzgrund.« Aber auch: »Die Menschen sind die einzigen Objekte der Geschichte – einer Geschichte, deren Interesse nicht irgendeinem abstrakten, ewiggleichen, im Grunde unveränderlichen und immerdar mit sich selbst identischen Menschen gilt, sondern Menschen im Plural, als Mitglieder bestimmter Gesellschaften in einer bestimmten Epoche ihrer Entwicklung – Menschen mit vielfältigen Funktionen, unterschiedlichen Tätigkeiten, verschiedenen Vorlieben und Fähigkeiten, die durcheinanderwimmeln, einander stoßen und letztendlich einen Kompromißfrieden schließen, einen modus vivendi, der Alltag heißt.«[1]

Mensch und Menschen, Menschen in der Gesellschaft des christlichen Abendlands in ihren wichtigsten Funktionen (d.h. im Wesensmäßigen, aber auch im Konkreten ihres sozialen Status, ihres Handwerks, ihres Be-

[1] L. Febvre, *Combats pour L'histoire*, Paris 1953, S. 103 u. S. 20–21.

rufs) in der Epoche eines mittelalterlichen Diptychons, dessen eine Seite der wundersame Aufstieg des Christentums zwischen dem Jahre Tausend und dem 13. Jahrhundert und dessen andere die wirre Zeit des sogenannten Spätmittelalters ist, in der eine krisengeschüttelte Welt der Vergangenheit und die Renaissance als neues Mittelalter gegeneinander wüten, schließlich lebendige Menschen (in ihren Lebensumständen, Glaubensbekenntnissen, Praktiken) – sie sind Gegenstand dieses Buchs.

Mensch oder Menschen?

Die meisten Autoren dieser Profile betonen die Vielfalt der von ihnen dargestellten Menschentypen des Mittelalters. Giovanni Miccoli spricht sogar lieber von den Mönchen als vom Mönch in der Einzahl. Welche Unterschiede gibt es doch zwischen den provenzalischen Mönchen (Leriner, St. Victor von Marseille) des 4. und 5. Jahrhunderts, die dem orientalischen Vorbild der Wüstenmönche nacheiferten, und den Cluniazensern vom zehnten Jahrhundert an, zwischen den irischen Mönchen des 7. und 8. Jahrhunderts und den Zisterziensern des 12., zwischen dem Hl. Benedikt und Joachim von Fiore! Einsamkeit oder Missionstätigkeit, Gott im Gebet und Hochamt oder Dienst an der Christenheit in den aus den Kreuzzügen hervorgegangenen geistlichen Ritterorden, Einsiedelei oder Klosterleben, wieviele verschiedene Möglichkeiten! Und doch waren sich die Menschen des Mittelalters durchaus bewußt, daß es einen besonderen, kollektiven Persönlichkeitstypus gab: den Mönch. Den Menschen, der sich einzeln oder gemeinsam von der Masse der Gesellschaft absonderte, um in einem besonderen Verhältnis zu Gott zu leben. Einen Menschen nach einer der vielen mittelalterlichen Definitionen des Mönchs: »Is qui luget«: derjenige, der weint«, der über seine eigenen Sünden und über die Sünden der Menschen weint und durch ein Leben des Gebets, der Einkehr und Buße sein eigenes Heil und das der Menschen sucht.

Jacques Rossiaud fragt sich zu Beginn seines Beitrags über den Städter: »Was gibt es Gemeinsames zwischen dem Bettler und dem Bürger, dem Kleriker und der Hure, Städter allesamt? Zwischen dem Einwohner von Florenz und dem von Montbrison? Zwischen dem Neubürger des ersten Wachstumsschubs der Städte und seinem Nachfahren im 15.

Jahrhundert?« Und er skizziert sogleich eine Antwort: »Sie alle können nicht ohneeinander und gehören in die kleine, dichtbesiedelte Welt, die im Dorfe unbekannte Formen des gesellschaftlichen Umgangs, eine spezifische Lebensweise, den täglichen Gebrauch von Münzgeld und für manche eine erzwungene Öffnung zur Welt erheischt«. Den mittelalterlichen Städter gibt es offenbar deswegen, weil er zum Bauern, seiner Gegengestalt, in einem heute stark gewandelten und abgemilderten Gegensatz steht.

Christiane Klapisch-Zuber greift aus der Vielfalt der »Lebensbedingungen der Frau« im Mittelalter einen Teil, einen Gesichtspunkt heraus: die durch ihre Stellung, ihre Funktionen in der Familie konkret definierte Frau. Und hinter der Vielfalt der gesellschaftlichen Schichten der Familie, der langsamen und widersprüchlichen Verbesserung des Status der Frau im Laufe der Jahrhunderte, mit denen sich dieses Buch befaßt, stößt sie immer wieder auf die unterschwellige mittelalterliche Ideologie, welche aus der Frau eine Betrügerin und Versucherin macht, die engste Verbündete des Teufels, eine ewige Eva, von Maria kaum gutgemacht; ein Wesen, das zu unterdrücken gefährlich ist, ein für die Existenz und das Funktionieren der Familie, die Fortpflanzung und Beherrschung der Hauptgefahr für den christlichen Mann, der Sexualität, notwendiges Übel.

Um ein letztes Beispiel zu zitieren: Enrico Castelnuovo stellt sich die Frage, wie man vom romanischen Goldschmied zum Baumeister, zum Bildhauer und gotischen Glasmaler, vom Miniaturenmaler bis Giotto, die beginnende Bewußtwerdung des Kunstschaffenden und der Gesellschaft feststellen kann, für die und in der er schöpferisch tätig ist, die Herausbildung einer Gestalt, die später, auf Französisch, als »artiste«, als Künstler bezeichnet werden sollte.

Der mittelalterliche Mensch

Doch kommen wir auf den Menschen zurück. Erkannten die Menschen des Mittelalters selbst eine Realität, die Mensch genannt werden mußte, gewahrten sie in dem Wirrwarr der Gesellschaft, in der sie lebten, ein Muster, das auf den König wie auf den Bettler zutraf, auf den Mönch wie auf den Jongleur, auf den Händler wie auf den Bauern, auf den Reichen wie auf den Armen und, um auch das Geschlecht zu thematisieren, auf den Mann wie auf die Frau – also den Menschen?

Die Antwort ist sicher positiv, und es muß sogar betont werden, daß wenige Epochen von der Existenz eines allgemeingültigen und ewigen Menschenbildes so überzeugt waren wie das christliche Mittelalter des 11. bis 15. Jahrhunderts. In dieser von der Religion beherrschten und bis in ihre intimsten Strukturen durchdrungenen Gesellschaft wurde dieses Menschenbild offenbar von der Religiosität definiert, vor allem durch die höchste Ausdrucksform der religiösen Gelehrsamkeit, die Theologie. Wenn ein Menschentyp aus dem Panorama des mittelalterlichen Menschen ausgeschlossen werden konnte, dann der zutiefst Ungläubige, jener Typus, der später als Libertin, als Freidenker, als Atheist bezeichnet werden sollte. Zumindest bis zum 13. Jahrhundert und sogar bis zum Ende unseres Untersuchungszeitraums ist in den Texten nur eine winzige Zahl von Gottesleugnern anzutreffen. Selbst in den meisten dieser seltenen Fälle kann man sich fragen, ob es sich nicht um eine falsche Lesart oder Extrapolation der Chronisten zu Aussagen aus diesen vereinzelten Originalen handelt, die auf verbalen Verfluchungen beruhen, welche in einem Augenblick des Zorns oder – bei manchen Intellektuellen – der begrifflichen Trunkenheit ausgestoßen worden sind. Auch wenn die Menschen des Mittelalters häufig den Vers aus dem Psalter zitieren: »Die Toren sprechen in ihrem Herzen: es ist kein Gott« (Psalm 14.1), konnte dieses gängige Zitat nur als eine von vielen geheimnisvollen und unverständlichen Äußerungen der Heiligen Schrift empfunden werden. Für Kleriker war es ein bequemer – weil von der Autorität der Schrift abgeleiteter – Ausgangspunkt, um Beweise für die Existenz Gottes zu formulieren. Doch der Ungläubige (zu finden ist er bei »den Anderen«: der Jude, der Gottlose, der Heide) ist im Mittelalter so selten und so spärlich belegt, daß er von Bronislaw Geremek nicht einmal in seine Galerie der Außenseiter aufgenommen wird.

Was ist also der Mensch für die christliche Anthropologie des Mittelalters? Er ist das Geschöpf Gottes. Über die Natur, die Geschichte und die Bestimmung des Menschen erfährt man zunächst etwas aus der Schöpfungsgeschichte zu Beginn des Alten Testaments. Am sechsten Tag der Schöpfung schuf Gott den Menschen und machte ihm ausdrücklich die Erde untertan: Pflanzen und Tiere sollen ihm Nahrung geben. Der mitteralterliche Mensch ist also zum Herrn über eine entsakralisierte Natur, über die Erde und die Tiere berufen. Doch Adam ist auf Drängen Evas, die selber von der Schlange, d.h. vom Bösen, verführt wurde, der Sünde verfallen. Fortan leben zwei Wesen in ihm, das »nach Gottes Ebenbild« geschaffene und jenes, welches die Ursünde begangen hat, deshalb aus dem irdischen Paradies vertrieben wurde und zum Leiden, für den Mann in der körperlichen Arbeit und für die Frau in den Geburtswehen verdinglicht, zur vom Tabu der Nacktheit der Geschlechtsorgane symbolisierten Scham und zum Sterben verdammt ist.

Je nach den Zeitläuften sollte die mittelalterliche Christenheit entweder mehr das positive Bild des Menschen betonen, des von Gott nach seinem Ebenbilde geschaffenen Wesens, aufs Engste mit seiner Schöpfung verbunden, da Adam allen Tieren ihren Namen gegeben hat und berufen ist, das durch seine Schuld verlorene Paradies wiederzuerlangen, oder mehr das negative Bild des Sünders, der immer wieder der Versuchung erliegt, Gott zu leugnen und so das Paradies für immer zu verlieren, dem ewigen Tod zu verfallen.

Diese pessimistische Sicht des Menschen als eines schwachen, lasterhaften, vor Gott gedemütigten Wesens ist während des ganzen Mittelalters im Schwange. Vom 4. bis zum 10. Jahrhundert ist sie beherrschend im allgemeinen Bewußtsein. Das ändert sich nicht wesentlich im 11. und 12. Jahrhundert. Vom 12. bis 13. Jahrhundert setzt sich tendenziell das optimistische Bild des Menschen als Widerspiegelung von Gottes Ebenbild durch, das die Schöpfung auf Erden weiterführen und zum Heile finden kann.

Die Interpretation der Arbeit als Fluch der Schöpfungsgeschichte beherrscht die Anthropologie des Mittelalters. Es entbrennt ein Kampf zwischen zwei Auffassungen der Arbeit/Mühsal und des arbeitenden Menschen. Einerseits wird der Fluch- und Sühnecharakter der Arbeit betont, andererseits die Möglichkeiten der Arbeit als Werkzeug zur Erlösung und zum Heil. Chiara Frugoni hat dies anhand einer Analyse der Bildhauerarbeiten Wiligelmos an der Fassade des Doms von Modena (um 1100) nachgewiesen: In dieser Phase, wo der pessimistische Humanismus des Frühmittelalters in einen optimistischen Humanismus umschlägt, bemerkt man, wie sich das Bild eines zur schöpferischen Arbeit fähigen Adam immer mehr gegenüber einem von der Arbeit als Züchtigung und Fluch niedergedrückten durchsetzt.[2]

Im Frühmittelalter ist Hiob das biblische Vorbild, in dem sich das

---

[2] Ch. Frugoni, »Le lustre veterotestamentarie e il programma della fucciata«, in: *Lanfranco et Wiligelmo. Il Doumo di Modena*, Modena 1984, S. 422–451.

Menschenbild am besten verkörperte. Die Faszination dieser alttestamentarischen Figur war umso größer, als Papst Gregor des Großen (590–604) Kommentare zum Buche Hiob *Moralia in Job* eines der von der Geistlichkeit meistgelesenen, meistbenutzten und am häufigsten vulgarisierten Bücher war. Hiob ist der Mensch, der sich dem Willen Gottes unterwerfen muß, ohne eine andere Rechtfertigung darin zu suchen als eben die Willkür Gottes. Denn er ist weniger sündhaft als jeder andere Mensch, »er war schlecht und recht, gottesfürchtig, und mied das Böse« (*Hiob*, 1,1). Von den Heimsuchungen Gottes geplagt, versteht er lange nicht, stellt fest, daß der Mensch »seine Tage ohne Hoffnung dahinbringt«, daß sein Leben »ein Wind ist«. Schließlich entsagt er allem Stolze, jedem Verlangen: »Wie kann ein Mensch gerecht vor Gott sein, und wie kann rein sein eines Weibes Kind? Siehe, auch der Mond scheint nicht helle, und die Sterne sind nicht rein vor seinen Augen: wieviel weniger ein Mensch, die Made, und ein Menschenkind, der Wurm.« (*Hiob* 25, 4–6)

Die mittelalterliche Ikonographie, die so aufschlußreich und so prägend für das Weltbild ist, kennt von der Geschichte des Hiob im allgemeinen nur die Episoden seiner Demütigung vor Gott, und das bevorzugte Bild ist das von Hiob, wie er von Geschwüren zerfressen – die mittelalterliche Malerei macht aus ihm das menschliche Wrack eines Leprakranken – auf seinem Dunghaufen liegt.

Was uns die Kunst vom Ende des 13. Jahrhunderts an präsentiert, ist indes das Porträt des Menschen in den »realistischen« Gesichtszügen der Mächtigen dieser Welt: Papst, Kaiser, König, Prälat, Grundherr, reicher Bürger, selbstsicher, mannesstolz, ihren Erfolg feiernd, schöne oder jedenfalls beeindruckende Männer für den Betrachter, noch eindrucksvollere, wenn sie häßlich sind.

Dagegen ist der leidende Mensch nicht mehr Mensch, sondern Gott selbst, Jesus. Das lateinische Christentum traf in der Karolingerzeit eine wichtige Wahl. Es entschied sich für Bilder und verwarf die nichtbildliche Kunst der Juden und Moslems ebenso wie den Ikonoklasmus des griechisch-byzantinischen Christentums. Eine bedeutsame Entscheidung, die den christlichen Anthropomorphismus des Mittelalters inthronisiert.[3] Das Verhältnis zwischen dem Menschen und einem Gott, der ihm in Menschengestalt erscheint und so dargestellt werden kann, wird da-

[3] F. Boespflug, H. Losky (Hrsg.), Nicée II, 787–1987, *Douze siècles d'images religieuses*, Paris 1987.

durch zutiefst geprägt. Und dieser eine Gott ist dreifaltig. Zwar entzieht sich der Heilige Geist in seiner Darstellung durch das Tiersymbol der Taube dem Anthropomorphismus, doch bedeuten die beiden ersten Gestalten ein Spiel mit den komplementären Gegensätzen von Jugend und Alter, Erhabenheit und Leiden, Gottkönigtum und Menschsein. Nun ist aber Jesus vom 12. und 13. Jahrhundert an – wie Giovanni Miccoli und André Vauchez in diesem Band nachweisen – zunehmend der Christus der Leidensgeschichte, der Geißelung, der Verhöhnung, der Kreuzigung, die Pietà. In einer Umwälzung mit Umkehrung der Bilder wird der leidende Mensch schlechthin fortan zum Gott der Menschwerdung, zu Jesus Christus. Und das Bild, das sich im 15. Jahrhundert entwickelt, ist das Bild Jesu, wie ihn Pilatus der Menge zeigt, im Purpurgewand und mit der zum Hohn aufgesetzten Dornenkrone, wobei er dem Johannesevangelium zufolge spricht: »Ecce homo«, »sehet, welch ein Mensch!« Dieser Mensch eines außergewöhnlichen Augenblicks der Menschheitsgeschichte ist fortan die Symbolgestalt des leidenden, gedemütigten, aber gottähnlichen Menschen. Und die Theologen bemühten sich das ganze Mittelalter hindurch, das große Rätsel der Geschichte zu erklären, warum Gott sich herabließ und beschloß, Mensch zu werden, sich in Christus zu demütigen. *Cur deus homo* (Warum ist Gott Mensch geworden?) ist der Titel einer der schönsten Abhandlungen des Hl. Anselm von Canterbury.

Doch ist der Mensch der mittelalterlichen Theologie (oder, in anderer Perspektive, der christlichen Mythologie[4]) nicht auf ein Gegenüber mit Gott beschränkt. Der Mensch ist Spielball in einem Kampf, dem er häufig nicht gewachsen ist, den Satan als Geist des Bösen gegen Gott, gegen das Gute führt. Gewiß hat das Christentum den Manichäismus verworfen und verdammt. Außer für einige Ketzer wie die Katharer gibt es keinen Gott des Guten und Gott des Bösen, Gott des Geistes und Gott der Materie, es gibt nur einen Gott, einen lieben Gott (der auch ein zorniger Gott sein kann), der über Satan als dem Oberhaupt der rebellierenden und gestürzten Engel steht, diesem jedoch große Macht über die Menschen gegeben hat. Der Mensch kann nach eigenem Belieben die Gnade annehmen oder abweisen, die ihn zu retten vermag, und der Sünde, die zur Verdammnis führt, widerstehen oder erliegen. Neben den geistigen

[4] J. Cl. Schmitt, »Christianisme et Mythologie. Occident médiéval et ›pensée mythique‹«, in: *Dictionnaire des Mythologies*, hg. v. Yves Bonnefoy, Paris 1981, Bd. I, S. 181–185.

Hilfstruppen, von denen noch die Rede sein wird (die Jungfrau Maria, die Heiligen), geht es um den Menschen in diesem Kampf, der um sein Heil oder seine Verdammnis zwischen den beiden übernatürlichen Heerscharen der Dämonen und Engel entbrennt. Diese sind allezeit bereit, ihn anzugreifen oder ihm beizustehen. Der Preis ist seine Seele, die uns bei manchen mittelalterlichen Autoren vorkommt wie der Ball in einem erbitterten Fußballspiel zwischen einer Mannschaft von Teufeln und einer Mannschaft von Engeln. Der Mensch des Mittelalters ist auch das Bild seiner Seele in Gestalt des Menschleins, das der Erzengel Michael mit der Waage des Jüngsten Gerichts unter den Augen eines mißtrauischen Satans abwägt, wobei dieser die Waagschale des Bösen mit dem Daumen niederdrücken will und der Hl. Petrus die Waagschale des Guten lüpft.

Aus dieser christlichen Anthropologie sind zwei Menschenbilder hervorgegangen, die sich das ganze Mittelalter hindurch allmählich zu einer echten Definition des Menschen verfestigen. Das erste ist das des *homo viator*, des Wanderers, der auf dieser Erde und in seinem Leben ständig unterwegs ist. Dabei sind die Erde und sein Leben nur Raum und Zeit des flüchtigen Schicksals, dem er entgegengeht, entgegenstrebt, dem ewigen Tode oder dem ewigen Leben. Auch der Mönch, durch Berufung an einen abgeschlossenen Ort gebunden, pilgert paradoxerweise häufig auf den Landstraßen. Im 13. Jahrhundert sollten die Mönche der Bettelorden, allen voran der Hl. Franziskus von Assisi, ebenfalls genau so häufig *in via*, unterwegs sein, wie in ihren Klöstern. Der Mensch des Mittelalters ist seinem Wesen und seiner Berufung nach *Pilger*, und im 12. und 13. Jahrhundert, in der höchsten und auf Erden gefährlichsten Form der Pilgerfahrt, *Kreuzfahrer*. Wir haben indes den Pilger und den Kreuzfahrer nicht unter die hier dargestellten Typen des mittelalterlichen Menschen aufgenommen. Ersteren nicht, weil jeder Mensch im Mittelalter auch dann, wenn nicht alle Christen eine Pilgerfahrt unternommen haben, oder jedenfalls keine der drei großen mittelalterlichen Wallfahrten nach Jerusalem, Rom oder Santiago de Compostela (doch wieviele andere Wallfahrtsorte gibt es in geographisch kleineren Gebieten!), ein potentieller oder symbolischer Pilger war. Dagegen waren die Kreuzfahrer – trotz der hartnäckigen Kreuzugsträume bis zum Ende des Mittelalters – nur eine Minderheit, wenn auch eine sehr bedeutende.

Doch dieser Ruf der Landstraße kann den mittelalterlichen Menschen auch irreleiten, kann ihn aus der Stabilität reißen, die nicht minder eine der Bedingungen der Sittlichkeit und des Heils ist. Die Pilgerfahrt kann zur Irrfahrt, zur Landstreicherei werden. Wehe dem Menschen, der im Mittelalter »ohne Haus und Herd« ist, vor allem als Kleriker. Umherziehende Kleriker, vagabundierende Mönche gehören zu den schlimmsten Erscheinungsformen des mittelalterlichen Menschen. Giovanni Miccoli ist auf sie aufmerksam geworden, Bronislaw Geremek bei seiner Untersuchung der Außenseiter auf Scharen von Landstreichern gestoßen.[5]

Das andere Menschenbild ist das des Menschen als eines Büßers. Auch wenn er nicht Mönch und damit Büßer schlechthin ist, auch ohne die Zwangsvorstellung, daß Arbeit Buße ist, sucht der mittelalterliche Mensch, konditioniert von der Auffassung der Sünde, die ihm eingetrichtert worden ist, in der Buße das Mittel zu seinem Heil. Selbst wenn er sich nicht für extreme Bußformen wie die private (des Hl. Ludwig, Königs von Frankreich) oder öffentliche Selbstgeißelung hinreißen läßt (Geißlerscharen werden beispielsweise schon 1260 und auch 1349–1350 nach dem ersten Ausbruch der Pest von den Chronisten vermerkt), ist der Mensch des Mittelalters stets bereit, auf ein schweres Unglück, auf ein erschütterndes Ereignis mit einer außergewöhnlichen Buße zu reagieren. Mit dem 4. Lateranischen Konzil (1215) wird jeder Christ verpflichtet, einmal jährlich die Ohrenbeichte abzulegen und auch die auferlegte Buße zu tun, und damit wird die Bußpraxis institutionalisiert und regelmäßig gemacht.

Dieser Mensch, der durch die Lehre und Praxis des mittelalterlichen Christentums zu einem unter allen Bedingungen erkennbaren allgemeingültigen Typ wird, ist ein komplexes Wesen. Gebildet wird er zunächst durch die widersprüchliche Einheit von Seele und Körper. Wie groß die Verachtung des mittelalterlichen Christentums für den Körper auch immer gewesen sein mag, »diese widerwärtige Hülle der Seele«, wie Gregor der Große meinte: der mittelalterliche Mensch war nicht nur durch seine existenzielle Erfahrung, sondern auch durch die Lehre der Kirche gehalten, so zu leben, als seien Leib und Seele eine Einheit. Jeder Teil des Leibes, jedes fleischliche Merkmal ist ein Symbol, das auf die Seele verweist. Heil oder Verdammnis realisieren sich in Leib und Seele, oder vielmehr erfüllt sich das Schicksal der Seele durch den Leib. Piero Camporesi hat vor kurzem daran erinnert[6]: »Die Lehre von der Auferstehung des Fleisches, ›eine der erstaunlichsten Lehren‹ (Chesterton), reizte die körperli-

[5] G. B. Ladner, »Homo viator: medieval ideas on alienation and order«, in: *Speculum*, Bd. XLIII, 1967, S. 235ff.

[6] P. Camporesi, *La casa dell'eternità*, Mailand 1987, S. 84.

chen Empfindungen von Schmerz und Schrecken aufs äußerste.« Der verwesende Leib der Heiligen, ein Leichnam, wie André Vauchez bemerkt, bei dem das Werk der Auferstehung des Leibes bereits begonnen hat, verbreitet den umwerfenden »Ruch der Heiligkeit«.

Doch der mittelalterliche Mensch ist in seiner Beschaffenheit nicht auf das Paar Leib/Seele (corpus/animus) beschränkt. Hinzu kommt der Geist (spiritus), der den Odem einhaucht und sich mit einer großen Bandbreite von Bedeutungen von der höchsten klassischen und christlichen Philosophie bis zu den fast materiellen Bedeutungen erstreckt, die er in der Vulgärsprache annimmt, ist er doch die Verbindung zwischen dem geistigen Menschen und der Dritten Person der Dreifaltigkeit. Ebenso von Bedeutung ist noch *cor*, das Herz, das zwischen Seele und Geist eingefügt wird, die Innerlichkeit der Gefühle immer mehr an sich zieht und sich durch einen immer breiteren Fächer von Gefühlen mit der Liebe verbunden sieht. Es wird zudem gegen den Kopf ausgespielt, und sein Ansehen wächst in dem Maße, wie die Symbolik des *Blutes* Verbreitung findet, das es durch die Adern treibt.

Der Mensch in seiner physischen Beschaffenheit, in seinem körperlichen Organismus wird seinerseits zum symbolischen Bezug. Mit der Schule von Chartres und dem Humanisten Johannes von Salisbury in seinem Werk *Policraticus* (1159) wird der menschliche Leib zum metaphorischen Abbild der Gesellschaft mit dem König (oder Papst) als Kopf und den Handwerkern und Bauern als Füßen. Damit jedoch wird bekräftigt, daß der Leib der Gesellschaft eins ist und seine Teile voneinander abhängig sind. In manchen theologischen und philosophischen Schulen ist der Mensch ein *Mikrokosmos*. In den naturalistischen Betrachtungen, die sich aufgrund der Philosophie der Schule von Chartres im 12. Jahrhundert entwickeln, wird so ein neues, positives Bild vom Menschen gezeichnet, das Bild einer Natur im Kleinen, einer gewiß gottgeschaffenen, die gottgegebenen Gesetzen gehorcht. Damit wird der Mensch »wissenschaftlich« wieder zum Mittelpunkt, zur Vollgestalt, die er im Frühmittelalter mehr oder minder eingebüßt hatte.

Schließlich gliederten alle mittelalterlichen Bilder des Menschen ihn so oder so in die Gesellschaft ein. Sie liefern *mutatis mutandis* einen Punkt, zu dem auch die heutigen Historiker tendieren, besonders die Verfasser der Studien dieses Bandes. Keiner dieser Autoren hat sein Profil des mittelalterlichen Menschen außerhalb der Gesellschaft entworfen und vorgestellt, in der dieser gelebt hat. So ermittelt Aron Gurjewitsch aus seiner

Untersuchung des Menschenbilds des Franziskanerpredigers Berthold von Regensburg aus dem 13. Jahrhundert eine Auffassung der Person, die sich nicht auf die Einheit von Seele und Leib reduziert, sondern zu der auch die gesellschaftliche Funktion gehört: »Die Person reduziert sich nicht auf die Einheit von Seele und Körper, sie umfaßt auch die gesellschaftliche Funktion des Menschen.«

Die Menschentypen: Paare in einem Schema dreier Ordnungen: Mönch, Ritter, Bauer

Gesellschaften sind bemüht, ihre Strukturen mit Hilfe von Schemata zu beschreiben, die relevant sind, wenn sie zwei Bedingungen erfüllen: sie müssen den konkreten gesellschaftlichen Realitäten entsprechen, und denen, die diese Gesellschaften denken und/oder regieren wollen, hierfür das passende geistige Handwerkszeug liefern.

Mehr als manche andere war die mittelalterliche Gesellschaft eine Gesellschaft des Gegeneinanders. Zwar verwarf sie den doktrinären Manichäismus, praktizierte jedoch über mehr oder minder ausgeprägte Gegenüberstellungen des Typs gut/böse oder hoch/niedrig einen faktischen Manichäismus.

So stellt sich die mittelalterliche Christenheit häufig in Zweierschemata, in antithetischen Paaren dar – wobei der Gegensatz Geistliche/Laien der allgemeinste und wichtigste war, wie in einer Gesellschaft, die von einer klerikal organisierten Religion dominiert wird, üblich. Doch Macht war auch eine wichtige Trennlinie. Zunächst äußerte sie sich im Gegensatz *potens/pauper*, *mächtig/arm*, an dessen Stelle vom 13. Jahrhundert an das Gegensatzpaar *reich/arm* trat, ein Anzeichen für das Fortschreiten der Geldwirtschaft und den Aufstieg des Reichtums zu einer Quelle oder einem Ergebnis von Macht.

Allerdings wurde den Menschen bewußt, daß ihre Gesellschaft immer komplexer wurde, und sie suchten sich Schemata, die stärker gegliedert waren als das einfache Zweierschema. So konnten sie ein komplexeres gesellschaftliches Kräftespiel besser erklären. Zu einem der Prinzipien dieser Schemata wurde schlicht, daß eine mittlere Kategorie zwischen den Extremen eingeführt wurde: also *majores, mediocres, minores*. Dieses Schema gewann Anfang des 13. Jahrhunderts an Bedeutung, als die Bürger als *mediocres* zwischen kirchlicher und weltlicher Aristokratie und der Masse der einflußlosen Bauern und Städter auf den Plan traten.

Das Schema jedoch, das bei der Geistlichkeit und heute bei den Historikern den größten Erfolg hatte, ist das Schema der drei Ordnungen, das Georges Dumézil als eine Grundstruktur der indoeuropäischen Gesellschaft erkannt hat. Er bemerkte, daß im Geist und in den Institutionen von Gesellschaften, die von dieser eine überwiegende Gespaltenheit zwischen den geistigen und institutionellen Bestandteilen der Gesamtgesellschaft übernommen haben, drei Ordnungen dafür sorgen, daß sie funktionieren: eine erste der magischen und richterlichen Oberhoheit, eine zweite der physischen Gewalt, und eine dritte der Fruchtbarkeit.[7] In der Bibel nicht vorhanden, taucht dieses Schema im christlichen Abendland im 9. und 10. Jahrhundert auf und setzt sich mit einem Text des Bischofs Adalberon von Laon in seinem Gedicht *Poème au roi Robert* (den Frommen) um 1030 durch. Adalberon unterscheidet in der christlichen Gesellschaft drei Bestandteile: *oratores, bellatores, laborators*, Betende, Kämpfende, Arbeitende. Dieses Schema entspricht der sozialen Landschaft kurz nach dem Jahre 1000. Zunächst sind da die Kleriker und besonders die Mönche (Bischof Adalberon erkennt mit Bitterkeit ihre Macht an), deren Funktion das Gebet ist, das sie mit der Gotteswelt verbindet und ihnen auf Erden geistige Macht verleiht, dann die Krieger, darunter besonders jene neue soziale Schicht der berittenen Kämpfer, die ein neuer Adel werden sollte, die Ritterschaft, welche die beiden anderen Stände mit Waffengewalt beschirmt, schließlich die Welt der Arbeit, im wesentlichen vertreten durch die Bauern, deren rechtlich-soziale Lage sich tendenziell vereinheitlicht und die die beiden anderen Stände mit dem Produkt ihrer Arbeit ernähren. Eine scheinbar harmonische, sich wechselseitig ergänzende Gesellschaft, in der die Arbeitenden, wenn nicht gesellschaftlich, so doch ideologisch aufgewertet werden. In der Tat wird das ideologische Schema alsbald von der gesellschaftlichen Wirklichkeit eingeholt und verstärkt diese: Wenn man das biblische Schema der drei

---

[7] G. Dumezil, *Mythos und Epos. Die Ideologie der drei Funktionen in den Epen der indoeuropäischen Völker*, Frankfurt/M. 1989 (franz. Orig. 1958); vgl. a. G. Duby, *Die Drei Ordnungen. Das Weltbild des Feudalismus*, Frankfurt/M. 1986, (franz. Orig. 1974) und die letzte Präzisierung G. Dubys zur Dreifunktionalität im mittelalterlichen Abendland: *A propos des trois ordres* (Esquisses, 21–25) in: *Apollon sonore et autres essais*, Paris 1982, S. 205–253.

Söhne Noahs auf das Schema der drei Ordnungen anwendet, kann man den dritten Stand den beiden ersten unterordnen, ganz wie Ham, der Aufsässigste gegenüber seinem Vater, zum Knecht seiner beiden Brüder Sem und Japhet geworden war. Das scheinbar egalitäre Schema verstärkt die soziale Ungleichheit zwischen den drei Gruppen.

Dieses Grundschema liegt den ersten drei Profilen in diesem Buch zugrunde, dem des *Mönchs* (der Mönche) von Giovanni Miccoli, dem des *Ritters* von Franco Cardini, und dem des *Bauern* (und seiner Arbeit) von Giovanni Cherubini.

Giovanni Miccoli stellt den Anspruch der abendländischen Mönche des Mittelalters auf gesellschaftliche Hegemonie und ihre elitäre Geistesverfassung dar. Sie geben sich als die einzigen wahren Erben der Urkirche aus, beschreiben die Lebensbedingungen der Menschen nach einer Hierarchie von Sittlichkeit und Verdienst, an deren Spitze sie sich selbst einordnen. Stärker als der vereinzelte und selbständige Klausner lebt der Mönch nach einer Ordensregel, und die Ideale von Gehorsam und Leibeszucht sind ihm in Fleisch und Blut übergegangen. Seine Bestimmung ist die Gottessuche in Gebet und Einsamkeit, doch sucht er auch Ruhe und Frieden. Er betet für das Heil anderer Menschen, doch strebt er zunächst nach seiner eigenen Vollendung und seinem eigenen Heil. Das Kloster erscheint zugleich als Insel, als Oase, aber auch als eine Stadt, eine heilige Stadt. Er hat nicht nur mit Gott, sondern ebenso mit dem Teufel zu tun, der ihn mit Vorliebe in Versuchung führt. Als Fachmann für die Heimsuchungen Satans schützt er andere Menschen vor dem »Erzfeind«. Außerdem ist er zuständig für den Tod, wegen der Totenmessen, die in den Klöstern abgehalten werden und aus Ketten von Gebeten für die Verstorbenen bestehen. Er ist Ratgeber und Mittler, und dies vorwiegend für die Großen. Zudem ein Mann von Kultur, ein Bewahrer des klassischen Erbes, ein Spezialist für Lesen und Schreiben, geschult im *sriptorium*, der Bibliothek und Kopier- und Illuminierwerkstatt der Klöster. In ihm verbinden sich »intellektuelle Stärke und emotionale Fülle« mit »einer Schriftgelehrtheit, die ihn dazu befähigt, seine Empfindungen und Beobachtungen nuanciert auszudrücken«. Das Kloster ist das Vorzimmer zum Paradies und der Mönch der aussichtsreichste Kanidat für die Heiligsprechung.

Wie Franco Cardini schreibt, lebt der Ritter zwischen Gewalt und Frieden, Bluttat und Gottesfurcht, Raub und Schutz der Armen. Seit seinem ersten Auftreten in einer Einzelbiographie, der Lebensbeschreibung des Heiligen Gerald von Aurillac durch den Abt Odo von Cluny im 10. Jahrhundert, wird er immer mehr zum *miles Christi*, zum Ritter Christi. Die spanische Reconquista und die Kreuzzüge eröffnen seiner Abenteuerlust, seiner Gläubigkeit und seiner Stellung im Weltbild großen Spielraum. Er wird zum Helden der ersten großen literarischen Texte der Umgangssprache, des *Rolandslieds* und des *Cantar de mio Cid*. Durch ihn und für ihn wird eine Ritterethik geschmiedet, die sich zwischen Heldenmut und kluger Zurückhaltung bewegt: »Roland ist tapfer, aber Olivier ist klug.« Der Ritter spielt eine Hauptrolle bei der Erfindung der modernen Liebe, und seine sexuelle Einstellung schwankt zwischen obszöner Gewalt und der Verfeinerung der Minne und der Anbetung von ferne. Mit ihm als Protagonisten tritt auch die »Jugend« in den Vordergrund. Vom kriegerischen Furor und von mystischer Begeisterung getragen, ist er zugleich, wie Vivien, »santo et macellaio«, ein Heiliger und ein Schlächter. Die Christianisierung der alten barbarischen Riten der Waffenverleihung schafft einen Initiationsritus, der für den Jungknappen höchst wichtig ist: den Ritterschlag. Im 12. Jahrhundert segnet der Hl. Bernhard das Entstehen einer neuen Ritterschaft: die Mönchsritter der geistlichen Ritterorden. Wie der Mönch ist der Ritter ein Held der *pugna spiritualis*, des Kampfs gegen den Teufel. Mit Parzival wird der Ritter zum Mystiker und die Ritterfahrt zur Suche nach dem heiligen Gral. Das ritterliche Weltbild, das bis zur Zeit des mystischen Konquistadors Christoph Columbus Bestand haben sollte, nährt sich aus »mythisch-volkstümlichen« Quellen und von einem Trugbild des Morgenlands. Ritterphantasien gehen ein in die Jagd, die Heraldik, die Tierhatz und vor allem in das Turnier, gegen das die Kirche nach einem hundertjährigen Verbot (1215–1316) schließlich machtlos ist. Institutionen und Kultur der Ritterschaft waren eine der Haupttriebkräfte des von Norbert Elias beschriebenen »Prozesses der Zivilisation«.[8]

Giovanni Cherubini ordnet den mittelalterlichen Bauern in den zwei großen demographischen Auf- und Abwärtsbewegungen, in denen die Bevölkerung des Abendlands vom Jahre 1000 bis zum Beginn des 14. Jahrhunderts verdoppelt und dann durch Pest, Hungersnot und Krieg bis zu Mitte des 15. Jahrhunderts dezimiert wird, in die Vielfalt der Agrarlandschaften und Siedlungsgebiete ein, die dicht oder spärlich bevölkert

[8] N. Elias, *Über den Prozeß der Zivilisation. Soziogenetische und Psychogenetische Untersuchungen*, (1936), Bd. 2, (Frankfurt/M. 1976).

mit Rodungen und Deicharbeiten im Kampf gegen die Natur bestehen müssen. Er zeigt ihn gefangen im Streben nach Sicherung seiner Ernährung und Selbstversorgung, folglich dem Mischanbau ergeben, wobei aber der Getreideanbau bevorzugt wird. Der Bauer ist zunächst Brotbeschaffer in einer Gesellschaft, in der es zu allererst darauf ankommt, welche Farbe und Qualität das Brot hat, das man verzehrt, wie weiß es ist. Als Arbeitender ist er der Anfälligkeit der Landwirtschaft für Naturgewalten und der Kargheit der Erträge ausgeliefert. Vielleicht bearbeitet er Sonderkulturen der Reichen oder Armen, ist auf Rebstock, Olivenbaum, Eßkastanie spezialisiert. Vielleicht nutzt er als Wanderschäfer oder Waldarbeiter die Randzonen. Die Bäuerin ist zunächst Textilarbeiterin, Spinnerin. In Texten kaum beschrieben, taucht der Bauer in erstaunlichen künstlerischen Darstellungen der Arbeit der Jahreszeiten auf.[9] Im Sommer arbeitet er draußen, im Winter schlachtet er das Schwein und verzehrt es Stück für Stück auf der Ofenbank.

Die gesellschaftliche Entwicklung des Bauern spielt sich zwischen Grundherr und ländlicher Gemeinschaft ab. Er ist Dorfbewohner, meint Cherubini, seit der Antike und schon in vorgeschichtlicher Zeit, während andere Autoren[10] die allgemeine Dorfbildung erst auf das 11. Jahrhundert datieren. Vom Grundherrn wird ihm die Last der Frondienste aufgebürdet, dann Abgaben in Geld und Naturalabgaben an den »Kleinadel«, besonders die Unterwerfung unter das grundherrliche Mühlenmonopol. Als Unterdrückter ist der Bauer ein sozialer Kämpfer, der meist passiven Widerstand leistet, sich aber bisweilen zu gewalttätigen Aufständen hinreißen läßt. Der Bauer steht in vorderster Front gegen die wilden Tiere: Wolf, Bär, Fuchs. Seine Mentalität ist uns vor allem aus Gerichtsakten bekannt.[11] Literarische Quellen zeigen Verachtung und sogar Haß für den Bauern, diesen Analphabeten, von dem es heißt, er stehe irgendwo zwischen Mensch und Tier. Hauptsächlich praktiziert er den sogenannten »Volksglauben«, den die Kirche »Aberglauben« nannte. Zweifellos hängt er Glaubensformen und Riten an, die wir als »magische« bezeichnen. So ist diese Gestalt, die in einer bodenständigen Gesellschaft die Be-

---

9 Ch. Frugoni, »Chiesa e lavoro agricola nei testi e nelli immagini dall'età tardo-antica all'età romanica in Medioevo rurale«, in: *Sulle tracce della cività contadina*, Bologna 1980, S. 321–341; P. Mane, *Calendriers et techniques agricoles (France-Italie XII–XIII siècles)*, Paris 1983.

10 J. Chapelot und R. Fossier, *Le village et la maison au Moyen Age*, Paris 1980.

11 Vgl. z.B. Emmanuel Le Roy Ladurie, *Montaillou. Ein Dorf vor dem Inquisitor*, Berlin 1983 (franz. Orig. 1975).

völkerungsmehrheit stellt, aus der Perspektive der herrschenden Kultur und Ideologie nur eine Randfigur. Dies, obwohl der Bauer eifrig die Dorfkirche besucht, woraus gewisse Kleriker eine Etymologie des Wortes *campanae* (Glocken) herleiteten, die angeblich nach den *campanae* (Bauern) heißen sollen. Doch zahlt er einer Gesellschaft, die ihn verachtet, ihre Verachtung heim. In gewissen Urkunden und manchen seiner Verhaltensweisen schlägt seine Abneigung gegen die Herren, die Bürger und Städter durch. In Bauernaufständen entlädt sich lange aufgestauter Groll.

Die Auswahl

Für unsere Darstellung zehn charakteristischer Typen des mittelalterlichen Menschen mußten wir eine Auswahl treffen und uns dabei an das am meisten Signifikante halten, um den Menschen des Mittelalters nicht zu typologischem Staub zerfallen zu lassen.

Ich habe bereits erwähnt, daß der Pilger und der Kreuzfahrer unberücksichtigt blieben. Das Trio Mönch/Ritter/Bauer gibt die Kategorien des Schemas der drei Ordnungen nicht vollständig wieder. Unter den *oratores* haben wir den *Bischof* beiseite gelassen, eine wichtige Gestalt, die indes bei André Vauchez im Zusammenhang mit der Heiligkeit behandelt wird, auch den *Laienprediger* und vor allem den *Bruder* der im 13. Jahrhundert auftretenden Bettelorden, der Dominikaner oder Prediger, der Minoriten oder Franziskaner, der Augustiner, der Karmeliter. Alles Gestalten ersten Rangs, doch nur während der letzten drei Jahrhunderte unseres Untersuchungszeitraums sind sie neben den Laien zu finden. Von der Welt der *bellatores* haben wir außerdem den Söldner, den bezahlten Kämpfer, den *Berufssoldaten* weggelassen, der erst spät auftritt und erst auffällig wird, als er sich in einen zuchtlosen Plünderer verwandelt, den Banditen, Straßenräuber unter den Außenseitern Geremeks. Schließlich haben wir die *laboratores* auf die qualitativ und quantitativ wichtigsten beschränkt, auf die Bauern als Basis des Schemas der drei Ordnungen im 11. und 12. Jahrhundert. Die Handwerker und Arbeiter[12] sind bei

[12] B. Geremek, *Le salariat dans l'artisanat parisien aux XIIIè-XIVè siècles. Etude sur le marché de la main d'œuvre au Moyen Age*, Paris/Den Haag 1968 (1962).

Jacques Rossiaud unter den Städtern zu finden. Der Auffälligste unter denen, die wir absichtlich weggelassen haben, ist vielleicht der Grundherr. Doch wie kann man von ihm reden, ohne zugleich das umfassende Thema des Feudalismus abzuhandeln? Wir sind daher vor dem Umfang dieser Aufgabe zurückgewichen und haben uns damit begnügt, ihn im Relief in der Gegenüberstellung zum Bauern sichtbar zu machen, oder zum Teil über seine kriegerische Funktion in der Darstellung des Ritters. Wir haben auch die Spezialisten des Leibes, *Ärzte* und *Chirurgen*, nicht einbezogen. Wir wollen uns nicht hinter der faulen Ausrede verschanzen, daß einerseits ein großer Teil der Ärzte im städtischen Milieu Juden waren und andererseits die Medizin auf dem Lande zum größten Teil von Laien praktiziert wurde, denen man ein überliefertes Wissen und besondere Gaben zuschrieb: weise Frauen und Heilkundige, Kenner einfacher Heilmittel (Heilkräuter) und praxisgeschulte Hebammen. Man könnte dazu die wissenschaftlichen und klugen Skizzen Jole Agrimis und Chiara Criscianis über die Stellung des Arztes in der mittelalterlichen Ideologie und Gesellschaft und die Auffassung des Verhältnisses zwischen Leib und Seele lesen.[13] Marie-Christine Pouchelle hat am Beispiel des Chirurgen des französischen Königs Philipp des Schönen zu Beginn des 14. Jahrhunderts exakt den Zwischenstatus des Arztes herausgearbeitet, der angesehener Gelehrter und verachteter Bader zugleich war.[14] Zwei Typen unter den Außenseitern hätten es gewiß verdient gehabt, ausgiebiger behandelt zu werden, als dies Bronislaw Geremek möglich war: der *Arme* und der *Ketzer*. Doch wie beim Grundherrn und Feudalismus hätten uns Umfang und Komplexität der Probleme von Armut und Ketzerei im Mittelalter zu weit geführt. Der Leser möge sich erinnern, daß Armut eine der härtesten gesellschaftlichen und ideologischen Realitäten des Mittelalters ist. Es gibt eine regelrechte Typologie der Armen, und das freiwillige Armutsgelübde war im Mittelalter Gegenstand erbitterter Auseinandersetzungen.

Die Ketzerei schließlich war zwischen dem Jahre 1000 und dem Ende des 15. Jahrhunderts in verschiedenen Formen von unterschiedlicher Verbreitung und Heftigkeit allgegenwärtig. Der Ketzer ist der Mensch,

---

13 J. Agrimi e Ch. Chrisciani, *Medicina delcorpo et medicina dell'anima. Note sul sapere del medico fino all'inizio del secolo XIII*, Mailand 1978; *Malato, medico e medicina nel Medioveao*, Turin 1980.

14 M. Ch. Pouchelle, *Corps et chirurgie à l'apogée du Moyen Age. Savoir et imaginaire du corps chez Henri de Mondeville, chirurgien de Philippe le Bel*, Paris 1983.

den die Kirche am meisten verabscheut, denn er steht draußen und drinnen zugleich und untergräbt die ideologische, institutionelle und gesellschaftliche Basis der herrschenden Religion, den Glauben, das Religionsmonopol und die Autorität der Kirche.

Das *Kind* wäre in diesem Werk unbehandelt geblieben, wenn Christiane Klapisch-Zuber in ihrem Beitrag über die Frau diese nicht auch in ihrer Rolle für die Familie erfaßt und damit zugleich auf das Kind und die Einstellung der Eltern zu ihm eingegangen wäre. Eine Einstellung, die sicher nuanciert bewertet werden muß, doch meine ich immer noch, daß Philippe Aries mit Recht behauptet hat, das Kind sei im mittelalterlichen Abendland kein Objekt der Wertschätzung gewesen. Das hinderte die Eltern nicht, ihre Kinder zu lieben, aber dabei stellten sie sich vor allem die Erwachsenen vor, die aus ihnen werden sollten, und zwar so bald wie möglich.[15]

Ebensowenig wird man den *Seemann* sehen, lange Zeit eine Randfigur in einer Gesellschaft, die bis auf ein paar Kelten und Wikinger Angst vor dem Meer hatte und Zeit brauchte, es mit den wichtigen Erfindungen des 13. und 14. Jahrhunderts, Steuerruder, Kompaß, Küstennavigationsbüchern und viel später Seekarten zu bezwingen. Als er sich zum Kreuzzug einschifft, macht der Hl. Ludwig überrascht Bekanntschaft mit diesen Männern, die ihn wenig höflich und religiös dünken. Dennoch hatte Jacques de Vitry wenig zuvor in seinen Musterpredigten für die verschiedenen weltlichen »Stände« zwei Lobgesänge den Männern des Meeres gewidmet.[16]

Das Entstehen der Staaten am Ausgang des Mittelalters brachte mit der Entwicklung der Bürokratie und der Spezialisierung der Praktiken von Justiz und Finanzwesen neue Menschentypen hervor: die *Richter* und *Justizbeamten*, die grundherrlichen, königlichen und städtischen Amtspersonen. Damit geraten wir jedoch schon in ein neues Mittelalter, das gewöhnlich als Renaissance oder Moderne bezeichnet wird.[17]

---

[15] P. Aries, *Geschichte der Kindheit*, München 1978 (franz. Orig. 1960)

[16] M. Mollat, *La vie quotidienne des gens de mer en Atlantique (IXè-XVIè sièclès)*, Paris 1983.

[17] Zwei exemplarische Studien für Frankreich: B. Guenée, *Tribunaux et gens de justice dans le bailliage de Senlis à la fin du Moyen Age (1360–1550)*, Paris 1963; F. Autrand, *Naissance d'un grand corps de l'État, les gens du parlement de Paris, 1345–1454*, Paris 1981.

Neue, stadtverbundene Typen: der Städter, der Intellektuelle, der Kaufmann

Einer der wichtigsten Aspekte des ungeheuren Aufschwungs des Abendlands nach dem Jahre 1000 ist die Stadtentwicklung, die ihren Scheitelpunkt im 13. Jahrhundert erreicht. Die Stadt verändert den mittelalterlichen Menschen. Sie läßt die Bedeutung seines familiären Milieus schrumpfen, erweitert jedoch das Netz der Gemeinschaften, an denen er teilhat. Sie rückt Markt und Geld in den Mittelpunkt seiner Erwerbstätigkeit, sie erweitert seinen Horizont, bietet ihm die Mittel, sich zu bilden und zu kultivieren, zeigt ihm eine neue, lichte Welt.

Daher meint Jacques Rossiaud, daß der Städter als Typ existiert. Doch ist dieser Gefangener eines Raums, einer Stätte, je nach seiner Beschäftigung oder Mentalität des schlimmsten oder schönsten Ortes auf Erden. Für den Mönch, der die Einsamkeit sucht, ist die Stadt die Hure Babylon, Urmutter aller Laster, der Sündenpfuhl; für den wissensdurstigen und diskutierfreudigen Kleriker, für den Kirchen und Messen liebenden Christen ist sie Jerusalem. Der Städter ist meist ein Zugewanderter, ein ehemaliger Bauer. Er muß das Stadtleben lernen, seine Akkulturation bewältigen. Selten macht Stadtluft frei, wie das Sprichwort sagt, doch bietet sie wenigstens eine ganze Reihe von Gerechtsamen. Das Wohnungsproblem ist schwer zu lösen und bedeutet häufig Zusammenleben auf engstem Raum. Außerhalb des Hauses existiert ein weiterer Raum, von der Stadtmauer eindeutig umgrenzt. Der Städter ist ein eingemauerter Mensch. Die Stadt ist Gewimmel, und verleitet Leute wie den Mailänder Bonvicino de la Rippa zur Zahlenschwärmerei: hingerissen zählt er alle Einzelheiten, alle Wunder der Stadt auf. Die Stadt ist auch ein Sammelpunkt. Sie ist in erster Linie Ort des Wirtschaftslebens. Ihr Herz schlägt auf dem Markt. Der Städter erfährt die Abhängigkeit vom Markt. Die Stadtbevölkerung ist eine Ansammlung kleiner Zellen, von Haushalten mit schwachen Bindungen. Der Städter erfährt, wie brüchig Familienbande sind.

Er erfährt vor allem Vielfalt und Wandel. In der Stadt gibt es große Herren, Mittelstand und kleine Leute, Fette und Magere, Dicke und Dünne. In der Stadt regiert das Geld. Es herrscht die Mentalität des Kaufmanns, des Profits. Was für den Adel die Hoffahrt, die *superbia* als feudales Laster, Todsünde ist, ist für den Städter die *avaritia*, die Habsucht, das bürgerliche Laster. Hier lernt man den Wert der Arbeit und der Zeit kennen, vor allem aber ständigen Wandel: das ewige Schwanken der Preise, die ständigen Veränderungen der Zustände und der Lage. In der Stadt ist der Mensch ständig der Drehung des Glücksrads unterworfen, das sich unablässig dreht. Auch wirft die Stadt immer mehr »Gewissensfragen« auf. Ständig muß man auf der Hut sein vor Gewalttat, denn »die Stadt drängt zum Verbrechen«. Dem Städter werden sogar Spektakel der Zivilgewalt geboten: Prangerstehen, Auspeitschung, Hinrichtung von Verurteilten.

In der Stadt ist man zunächst unter Freunden und Nachbarn. Der Städter ist an sein Viertel, seine Insel, seine Gasse gebunden. Stätten der Begegnung gibt es viele: die Schenke, den Friedhof, den Vorplatz, und für die Städterin den Brunnen, den Backofen, den Waschplatz. Der Städter ist im Sprengel eingebunden. Er lebt in einer »erweiterten Privatsphäre«. Doch bisweilen wird ihm die Nachbarschaft lästig. Dann kann er sich gottlob in der Stadt herumtreiben, anderswo Kurzweil suchen.

Der Städter gehört außerdem einer oder mehreren friedensstiftenden, schützenden Bruderschaften an, die besonders den Tod lindern und ihm seine Schrecken nehmen. Er ist spezieller Adressat der wirkungsvollen Bekehrungsarbeit der Bettelorden, die sich um sein Gewissen und sein Heil kümmern und sich bisweilen allzu dreist in seinen Haushalt, seine Geschäfte, sein inneres Gewissen einmischen.

Doch im allgemeinen nutzt der Städter alle Integrationsmöglichkeiten, die in der Stadt reichlich vorhanden sind. So hat der Städter alle Genüsse eines »Zeremonienbürgers«. Er profitiert von der städtischen Verfeinerung, die schon nach 1350 als Urbanität oder Anstand bezeichnet wird, denn es gibt bereits eine »städtische Lebensart«. Wenn er genug Geld hat, kann er viele Gaumenfreuden genießen, hemmungsloser Fleischfresser sein, wie im Mittelalter nun einmal üblich. Wenn ihn die sexuelle Begierde überkommt, kann er bei den immer offener geduldeten Lustdirnen Befriedigung suchen. Hat er wirtschaftlich Erfolg, schämt er sich dessen nicht, denn in der Stadt wird Arbeit geachtet und Wucher zwar mißbilligt, »in Ehren« erworbener Reichtum aber gepriesen. Doch ist die Stadt auch hart gegenüber dem Arbeiter, der der unerbittlichen Härte der »Gedingegeber« unterworfen ist. Schulbesuch sichert den Kindern des Städters eine gute Zukunft. Und für alle Städter wird die Schule zur Schule des guten Tons, der Lebensart. Sie gebietet Maß, Ordnung, Höflichkeit. Alles ist dort besser eingeteilt als anderswo, und vor allem die

Zeit, die zunehmend mehr vom Uhrenschlag vorgegeben wird. Der Städter nimmt als Zuschauer oder Akteur an städtischen Umzügen oder Freudenfesten teil, an Prozessionen, den »Triumphzügen der Städter«. Für den Siechen und den Armen gibt es Spitäler; für den Wohlhabenden das Gelächter und den Wettstreit von Karneval und Schabernack. Für den Städter des Mittelalters ist die Stadt häufig ein ständiges Fest. Das ist Jacques Rossiauds vielleicht zu optimistisches Profil des Städters. Aber es stimmt, daß die mittelalterliche Ideologie bis auf manche klösterlichen Milieus stadtfreundlich ist.

Mariateresa Fumagalli Beonio Brocchieri hat sich mit dem vielleicht schwierigsten Typ dieser Galerie von einander ähnlichen Porträts befaßt. Den Intellektuellen gibt es im Mittelalter nämlich noch nicht. Für ihn gibt es kein Wort. Und dennoch gibt es durchaus einen Typus, der sich als jemand bezeichnet, der »con la mente« und nicht »con la mani«, mit dem Kopf und nicht mit den Händen arbeitet. Er kann verschiedene Namen tragen: Magister, Doktor, Philosophus, Literat, besonders wenn er des Lateinischen mächtig ist. Er ist ein Schriftgelehrter, der die mit diesem Stand verbundene Privilegien um so mehr genießt, als er zwar nicht über den Minoriten hinausreicht, aber die Vorteile des Klerikerdaseins ohne deren Laster genießt. Er ist ein Scholar, und ein städtischer dazu. So wandert er im 13. Jahrhundert von der niedergehenden Klosterschule zur privilegienlosen Stadtschule und von dort zu den Universitäten ab. Die Universität ist eine Körperschaft, der Universitätsgelehrte ein Beruf. Nachdem er den ideologischen Riegel gesprengt hat, daß Wissenschaft kostenlos sein müsse, weil gottgegeben, läßt er sich von seinen Studenten, von der Stadt oder von der Kirche mit einer Pfründe aushalten. Er ist ein Mann der Bücher (die er nicht gern verleiht) und des Wortes, und er betont, was ihn vom Handarbeiter unterscheidet und über diesen erhebt. Er ist bereits ein »Professor«.

In dieser Welt der Intellektuellen sind außergewöhnliche Gestalten, wie ich zu behaupten wage, die Regel. Mariateresa Fumagalli Beonio-Brocchieri zitiert einige der berühmtesten: den Hl. Anselm, Abaelard, Arnold von Brescia, die großen Universitätsgelehrten des 13. Jahrhunderts, besonders Roger Bacon, und die Probleme der mittelalterlichen Wissenschaft, und dann die Wiederentdeckung des Aristoteles.

Der Intellektuelle hat nicht immer ein leichtes Leben. Der Einzug der Bettelmagister in die Universität von Paris löst eine schwere Krise aus: diese Magister führen geistige Neuerungen ein und werden von den

Studenten deshalb sehr geschätzt, doch als Mitglieder eines religiösen Ordens verweigern sie sich dem zünftigen Treiben und streiken zum Beispiel nicht. Die Einführung der Ideen des arabischen Philosophen Averroes führt zu einer tiefen ideologischen Krise. Kann man mit Averroes die Lehre von der doppelten Wahrheit anerkennen, einräumen, daß es wissenschaftliche Wahrheiten gibt, die im Gegensatz zur christlichen Wahrheit stehen? 1270 und 1277 fährt der Krummstab des etwas beschränkten Bischofs von Paris, Etienne Tempier, auf die Pariser Intellektuellen nieder. Ein regelrechter Katalog verbotener Thesen wird verkündet, in Umlauf gebracht, durchgesetzt. Magister Suger von Brabant, des Averroismus verdächtig, wird ins Verlies geworfen.

Hier stellt sich eine Frage: War Dante Intellektueller? Mariateresa Fumagalli Beonio Brocchieri neigt wie ich dazu, diese Frage zu bejahen, denn auf jeden Fall war er das zum Teil: er war »fuori posto«, er schrieb sich in eine Zunft ein, allerdings in die der Ärzte und Gewürzhändler, und er trieb schließlich Politik. Denn um die Wende vom 13. zum 14. Jahrhundert besteht das neue Engagement der Intellektuellen darin, daß sie Politik machen, d.h. sich zwischen Kaiser und Papst entscheiden. Da die Schriftkundigen auf die Kirche nicht gut zu sprechen sind, wählen sie den Kaiser und attackieren die weltliche Macht des Papstes: so Ockham, so Marsilius von Padua.

Jedenfalls hebt Mariateresa Fumagalli Beonio Brocchieri drei Merkmale des Intellektuellen aus dem Hochmittelalter hervor. Er ist international und zieht häufig von einer Schule, von einer Universität zur andern, da er Lateinisch kann. Er ist Junggeselle, unbelastet von Ehe- und Familienpflichten, wie dies Heloise schon dem Abaelard vorhielt. Schließlich ist er ein Mann der Auslegung maßgebender Texte, angefangen mit der Bibel, doch ist er diesen nicht blindlings unterworfen, sondern kann gegen sie opponieren, sie kritisieren und sie mit der »vernunftbetonten Forschung« verbinden oder diese sogar vorziehen.

Der städtische Intellektuelle mußte sich von der Beschuldigung freimachen, die Wissenschaft, »die nur Gott gehört«, zu verkaufen, der *Kaufmann*, noch mehr an die Stadt gebunden, sich von der Anklage reinwaschen, die Zeit zu verkaufen, die ebenfalls »nur Gott gehört«.

Noch zwiespältiger als die Situation des Intellektuellen ist die des Kaufmanns. Das alte Mißtrauen, das er seit dem Altertum weckt und das sich mit dem Christentum verstärkt (Jesus hat die Wechsler aus dem Tempel vertrieben) folgt ihm selbst dann, als sich sein Status wirtschaftlich, gesellschaftlich und ideologisch hebt. Seit dem Beginn des großen Aufschwungs im Abendland wird die Nützlichkeit des Kaufmanns anerkannt, zum Beispiel von dem Angelsachsen Aelfric in seinem *Colloquium* zu Beginn des 11. Jahrhunderts. Zu den Diensten, die er der Allgemeinheit erweist, kommt das Bewußtsein der Risiken, die er eingeht, wie im norwegischen *Speculum regale* zu Beginn des 11. Jahrhunderts hervorgehoben. Doch bleibt der Kaufmann ein Paria. Die Brüder der Bettelorden bemühen sich um sein Seelenheil und rufen das Fegefeuer dafür zum Beistand an; doch der Dominikaner Thomas von Aquin legt sich hierin nicht fest: »Handel hat etwas Schändliches an sich«, schreibt dieser Freigeist. Die Grenzziehung zwischen Kaufmann und Wechsler ist unklar. Zwar ist der Kaufmann in vielen italienischen Städten König (»Genuese, also Kaufmann«, heißt es in einem Sprichwort), doch außerhalb Italiens ist der italienische Kaufmann, der Lombarde, schlecht gelitten, und in der ganzen Christenheit wird das Bild des Kaufmanns von dem des verachteten Juden überschattet.

Ein anonymes englisches Gedicht vom Beginn des 14. Jahrhunderts zeigt sehr schön, was das neue und nicht anerkannte Ethos des »Akkumulierers« von dem traditionell gepriesenen des »Freigiebigen« oder »Verschwenders« trennt. Der Kaufmann wird vom neuen Ethos der Arbeit und des Eigentums getragen. Dem Vorzug der Geburt setzt er die Begabung entgegen. Er ist ein *self made man*. Und es gibt schließlich sogar Kaufmannsheilige wie zu Ende des 12. Jahrhunderts den Hl. Homobonus von Cremona. Als Gebildeter trägt der Kaufmann dazu bei, daß die Umgangssprachen Verbreitung finden. Der älteste bekannte italienische Text ist ein Fragment einer Kaufmannsrechnung aus Siena vom Jahre 1211. Der Kaufmann ist ein Pionier im Erlernen von Fremdsprachen, in der Vervollkommnung der Maße und im Umgang mit dem Geld. Er ist ein Mann der Schrift: Einhundertfünfzigtausend Geschäftsbriefe wurden im *archivio* des Kaufmanns von Prato, Francesco di Marco Datini, gefunden. Der Kaufmann ist an der Herausbildung des Individuums und der Person beteiligt und fügt zu den Grundbestandteilen der Persönlichkeit, Leib und Seele, zwei neue Dinge hinzu: den Beruf und die Zeit als Objekt individueller Aneignung.

Ausgegrenzt aus den Kategorien des Mittelalters: die Frau und der Künstler

Die Frau hatte im Schema der Gesellschaft der drei Ordnungen keinen Platz. Zwar gibt es für die Menschen des Mittelalters durchaus eine Kategorie »Frau«, doch wird sie lange Zeit nicht über berufliche Merkmale, sondern durch ihren Leib, ihr Geschlecht, ihre Beziehungen zu Gruppen als »Eheweib, Witwe oder Jungfer« definiert. Sie war Opfer der Zwänge, die Verwandtschaft und Familie lange Zeit dem Aufkommen der mit einer juristischen, moralischen und ökonomischen Persönlichkeit ausgestatteten Frau entgegensetzten. In Aufzeichnungen des Mittelalters, von einer Männergesellschaft verfaßt, liest man selten von einer Frau, und meist nur aus der höchsten Oberschicht. Doch dank neuerer Erkenntnisse der Sozialanthropologie zeichnet Christiane Klapisch-Zuber die Frau im Schoße der Familie nach. Die Frau ist wichtiges Tauschobjekt für Schwiegerverwandtschaften innerhalb der Feudalaristokratie. Sie bietet dem Gatten sozialen Aufstieg und steigt selbst durch Heiraten ab, die von solchen Strategien bestimmt sind. Die Übertragung von Besitz und Vermögen über die Frau führt zu deren Enteignung, und die Inflationsspirale immer höherer Mitgiften zieht im Laufe des Mittelalters eine Abwertung der Frau nach sich. Dennoch ist das von der Kirche zunehmend geforderte beiderseitige Einverständnis zur Eheschließung eine Revolution, die den Status der Frau hebt, genau wie der Druck der Jugend zaghaft die Neigungsehe durchsetzen hilft.

Doch der »Familienbrauch« führt zu einem späten Heiratsalter der Männer. Die Frau heiratet blutjung einen Mann, der auf die Dreißig zugeht, und der Altersunterschied zwischen den Eheleuten beträgt etwa zehn Jahre. Die Frau ist Bauch, wird Opfer einer hohen Fruchtbarkeit und verbringt die Hälfte ihres Lebens vor dem vierzigsten Lebensjahr mit Schwangerschaften. Als dürftiger Ausgleich wird ihr die Macht im Hause überlassen, in dessen Mittelpunkt die eheliche Schlafkammer liegt. Sie ist Herrin des häuslichen Bereichs und wirtschaftet für die Familie. An ihre Pflichten als Gattin gebunden, zu Treue und Gehorsam gegenüber ihrem Mann gehalten, findet sie nur geringen Ausgleich in der Liebe zu ihren Kindern, die meist in zartem Alter Ammen anvertraut und von der hohen Kindersterblichkeit dahingerafft werden. Zum natürlichen Tod kommt im Hochmittelalter die Kindestötung. Später werden Neugeborene statt dessen einfach ausgesetzt. Im Spätmittelalter wimmelt es in der Christenheit von »Findelkindern«, und die Frauen »bleiben ein kleines Rädchen in der Reproduktion der Familie«.

Enrico Castelnuovo beginnt mit einem Paradox: dem hohen Rang der mittelalterlichen Kunst und der Anonymität, hinter der sich die meisten Künstler verbergen. Die Romantik hat darin das Zurücktreten des Einzelnen hinter das kollektive Schaffen erblickt, doch ist das eine rein geistige Betrachung. Eher muß man feststellen, daß der Künstler des Mittelalters, wie übrigens auch im Altertum, gespalten ist zwischen der Mißachtung der Gesellschaft für einen Menschen, der zu den Handwerkern gehört, und dem Wunsch, seinen Stolz, seinen Ruhm, seine Bekanntheit zumindest in einem begrenzten Kreis von Auftraggebern und Liebhabern bestätigt zu sehen. Deshalb signiert er seine Werke. Solche Signaturen, die schon im Altertum anzutreffen sind, waren zu Beginn des Mittelalters verschwunden. In Italien tauchen sie im 8. Jahrhundert wieder auf. In der ersten Künstlerbiographie wird bereits im 7. Jahrhundert das Leben des Hl. Eligius von seinem Schüler beschrieben, dem Hl. Audoin. In ihm wird der Goldschmied gepriesen, der schon wegen der Kostbarkeit seines Materials der hervorragendste Künstler sei. Doch ist der Hl. Audoin außerdem Prälat, Bischof, Referendarius unter König Dagobert I. Hätte seine Kunst genügt, einen Biographen zu motivieren? Und obwohl Goldschmiede solchen Ruhm genießen, hat Marc Bloch vermerkt, daß die Kirchen häufig ihre Schätze und Kleinodien einschmelzen ließen, da sie die Arbeit des Goldschmieds geringschätzten.

Vor dem Trecento gibt es für den Künstler genauso wenig einen Begriff wie für den Intellektuellen. Er teilt sich mit dem Handwerker die Bezeichnung *artifex*, aus dem lateinischen Wort *ars*, das sich mehr auf die Technik und das Handwerk als auf die Wissenschaft und jenen nichtindividualisierten Bereich bezieht, den das Abendland später als Kunst bezeichnen sollte. Unter diesen Künstlern ohne Bezeichnung gibt es im Mittelalter eine Hierarchie, deren Spitze neben dem Goldschmied zunehmend der Baumeister erklimmt. In Frankreich zur Zeit der Gotik, im 13. Jahrhundert, tritt der Baumeister als »Magister« und sogar als Intellektueller auf, als »Bauhüttenmeister«. Doch noch im 14. Jahrhundert wird auf der Baustelle des Doms von Mailand die »kunstlose Wissenschaft« der französischen Baumeister der »unwissenschaftlichen Kunst« der lombardischen Maurer gegenübergestellt.

Signaturen und Erwähnungen von Künstlern, noch im 12. Jahrhundert häufig (man denke nur an die Künstler Giovanni Lanfranco von

Parma, Wiligelmo von Modena und an Benedetto Antelami von Parma), die vielleicht von dem Fortschritt der mechanischen Künste neben den freien Künsten profitieren, werden im 13. Jahrhundert merkwürdigerweise seltener, während zugleich das Ansehen des Künstlers wächst, gefördert durch die Rückbesinnung auf das Altertum, besonders in Italien, wo städtische Strukturen den ruhmreichen Aufstieg der Künstler unterstützen. Die Städte reißen sich um sie, weil Denkmäler und Kunstwerke dem Bedürfnis der Städter nach Ruhm und Schönheit entgegenkommen.

Tatsächlich wird das Hervortreten des Künstlers in der Gesellschaft des Mittelalters nur dadurch verzögert, daß sein Status ungeklärt ist. Auch wandeln sich Vorstellungen von Pracht, Ordnung und Reichtum nur in einem langsamen Prozeß zur Idee der Schönheit und zum ästhetischen Empfinden.

Zwei Extreme: Der Außenseiter und der Heilige

Schließlich haben wir noch zwei entgegengesetzte Verkörperungen des mittelalterlichen Menschen: den Außenseiter und den Heiligen.

Nirgends ist im Mittelalter die Vielfalt größer als in den Randgruppen. Vereint sind sie jedoch durch das gleiche Profil, ihren Ausschluß aus der anerkannten Gesellschaft, durch den Prozeß, mit dem sie an den Rand oder nach draußen gedrängt werden.

Die erste Randexistenz ist der *Exilierte*. Bronislaw Geremek erinnert daran, daß im Hochmittelalter die Verbannung an die Stelle der Todesstrafe tritt. Als Ausschluß vom gewohnten Lebensmittelpunkt kann das Exil eine Art innere Verbannung sein, wie sie sich aus Interdikt und Exkommunikation ergibt, Ausschluß eines Menschen oder eines ganzen Landes von der Gewährung der Sakramente, Entzug der täglichen Mittel des Seelenheils, Entfernung an einen Ort, wo das Sakrale, die Kirche, nicht mehr gegeben ist. Ein Extremfall der räumlichen Marginalisierung ist die Verbannung aufs Land, die Beschränkung auf verrufene Stadtviertel und, am Ende des Mittelalters, auf die Gettos der Städte. Seit dem 13. Jahrhundert gibt es »Archive der Repression«, in denen das Echo der städtischen Gewalt verzeichnet ist, während im Frankreich des 14. und 15. Jahrhunderts die in den *lettres de remission* begründete Begnadigung von Verbrechern die Welt dieser Randexistenzen wiedererstehen läßt, denen soziale Wiedereingliederung angeboten wird. Doch die Grenze zwischen der Welt der Arbeit und der Welt des Verbrechens ist fließend. Marginalisierung ist häufig »das Nebenprodukt von Pilgerfahrten und Wanderarbeit«. Schicksale von Randexistenzen zeichnen sich ab: die »Galgenvögel«. Im 14. und 15. Jahrhundert rotten sich viele Randexistenzen zu Landstreicherscharen, Diebes-, Räuber- und Mörderbanden zusammen.

Außer vom Verbrechen werden Randexistenzen auch von der Schande (infamia) erzeugt. Normalerweise Einzelschicksal, kann »Schande« auch kollektiv sein, so bei den »unehrlichen« oder »schändlichen« Berufen, deren Liste vom 13. Jahrhundert an kürzer wird. Ehrlos, ausgeschlossen bleiben Schausteller wie die Jongleure (trotz der Provokation des Hl. Franziskus, der sich als »Jongleur Gottes« bezeichnete), Prostituierte (trotz ihres beruflichen Selbstbewußtseins), Wucherer (obwohl es für sie das Fegefeuer gibt).

In der Gesellschaft, in der die körperliche Ambiguität so ausgeprägt ist, sind der Kranke und der Sieche zu Randfiguren bestimmt. Eindeutig ausgeschlossen ist der Ansteckendste, Fluchwürdigste, Elendste unter ihnen, der Leprakranke, auch wenn der Hl. Ludwig ihn nach dem Vorbilde Jesu bedient und küßt.

Als extreme Randexistenzen zitiert Bronislaw Geremek Ketzer und Juden und nennt die Schandmale, die manche tragen müssen, ihre Vorführung in Umzügen und die wichtigen Bezugspunkte, die die mittelalterliche Randexistenz nicht hat: Stabilität, Arbeit, anerkannten Status.

Ein Mensch verkörpert die höchste Form des Menschen im Mittelalter: der Heilige. Der Heilige stellt die Verbindung zwischen Himmel und Erde her. Zunächst ist er ein außergewöhnlicher Toter, ein Zeuge der »Unvergänglichkeit des Fleisches«, wie Piero Camporesi schreibt, dessen Verehrung sich um den Leib, das Grab, die Reliquien rankt. Er ist außerdem ein Mensch erfolgreicher Fürbitte, eine Säule der Kirche, ein Vorbild für die Gläubigen. Er ist Schutzherr für Zünfte, Städte, für alle Gemeinschaften, in die der mittelalterliche Mensch eingebunden ist, und als Namenspatron wird er zum Schutzheiligen der Männer und Frauen des Mittelalters.

Doch die Heiligkeit des mittelalterlichen Heiligen ist weder zeitlos noch verliert sie sich in der Kontinuität, wie der Ethnologe Saintyves meinte, der im Heiligen nur den Nachfahren heidnischer Götter des Altertums erblickte. Heiliger war zunächst der Märtyrer, da der Heilige im Mittelalter vom orientalischen Asketen geprägt war und später am häufigsten von Mächtigen verkörpert wurde: Bischof, Mönch, König oder Adliger. In ihm zeigte sich die Vorherrschaft des Männlichen, Erwachsenen, Aristokratischen im Ideal des mittelalterlichen Menschen. Vom 12.–13. Jahrhundert an erfolgt ein allmählicher Übergang von der Heiligkeit kraft Funktion zur Heiligkeit durch Nachahmung Christi. Zunächst »berufs- und standestypisch« rekrutiert, kam der Heilige später bei den »gemeinen Leuten« zu Ehren. Er begnügte sich dort sozusagen damit, dem Ideal des apostolischen Lebens und der Vollkommenheit des Evangeliums nachzuleben und »dem nackten Christus nackt zu folgen«. Heiligkeit wurde vergeistigt und mehr mit dem Lebenswandel als mit der gesellschaftlichen Stellung verknüpft, mehr mit der Sittlichkeit als mit Wundertaten. Am Ende des Mittelalters wirkte eine wachsende Zahl von Heiligen durch aufrüttelnde Reden und Visionen. Männliche und weibliche Heilige waren häufig Mystiker, Propheten, Kanzelredner und Seher.

Obwohl die Kirche vom Ende des 12. Jahrhunderts an die Heiligsprechung kontrollierte, schuf sich das Volk während des gesamten Mittelalters »seine eigenen Heiligen«.

Chronologie: lange Dauer und Wandel des mittelalterlichen Menschen

Also sogar der Heilige, scheinbar eine etablierte Gestalt des Christentums, macht einen Wandel durch, wie André Vauchez belegt. Der Zeitabschnitt der Spätantike und des Frühmittelalters war entscheidend für das Entstehen des mittelalterlichen Menschen. Giovanni Miccoli geht sogar bis in die ersten Jahrhunderte des Christentums zurück, um das Erscheinen des Mönchs zu verfolgen. Franco Cardini stellt fest, wie der Ritter aus der römisch-barbarischen Welt hervortritt. Bereits das Karolingerreich ergreift Maßnahmen gegen den Landstreicher, den Prototyp der Außenseiter. Mit seinem vom Christentum gewandelten Erbe der Antike hat der mittelalterliche Mensch bereits eine lange Vorgeschichte.

Doch wandelt er sich mit der Ausprägung der Funktionen, der Aufwertung der Laien um die Jahrtausendwende, und vor allem im 13. Jahrhundert, als die Gesellschaft komplexer wird, die Zahl der »Stände« zunimmt,

Profile sich stärker differenzieren und Werte im Rahmen einer Religiosität, von der die Welt immer mehr ergriffen wird, allmählich vom Himmel auf die Erde geholt werden. Der mittelalterliche Mensch hört deswegen nicht auf, zutiefst religiös und um sein Seelenheil besorgt zu sein, das fortan weniger durch Weltentrücktheit als durch Veränderung dieser Welt erlangt werden kann. Schließlich wandelt sich der mittelalterliche Mensch im 14. und 15. Jahrhundert inmitten furchtbarer Prüfungen, wird verändert durch die tiefe Krise des Feudalsystems, aber auch erneuert und modernisiert durch eine neue Welt von Strukturen und Werten.

Giovanni Miccoli hat den Mönch nicht weiter als bis ins 13. Jahrhundert verfolgt, wo er den ersten Platz in der Erscheinungshäufigkeit an die Brüder der Bettelorden abtritt. Franco Cardini zeigt den Ritter des klassischen Mittelalters, als eine von den Auswüchsen der Turniere, der Mode der Ritterorden, der Veränderung der Militärtechnik geprägte Gestalt. Das Trecento ist »das Jahrhundert des Niedergangs der Ritter«.

Für Jacques Rossiaud wird der Städter im Quadrocento immer mehr zu einem *citoyen cérémoniel*, den sein gesellschaftliches Leben in einen Strudel von Festen, Umzügen, Karneval hineinzieht.

Mariateresa Fumagalli-Brocchieri sieht den Intellektuellen immer mehr in die Politik verwickelt (Wycliff, Hus, Gerson), wie er das Latein aufgibt, in anderen Milieus als der Universität auftritt: dem Zirkel, der Akademie, der Bibliothek, bei Hofe. Ein Petrarca flieht die Stadt. Der mittelalterliche Intellektuelle, von der »Melancholie« ergriffen, tritt seine Stellung an den humanistischen Intellektuellen und an den Hofintellektuellen ab.

Der von Aaron Gurjewitsch geschilderte Kaufmann überläßt sich »Fortuna«, betrachtet die Zeit immer mehr als Geld, wird gleichfalls vom »merkantilen Pessimismus« der Renaissance erfaßt und hat den Übergang vom Hochfeudalismus zum Frühkapitalismus zu bewältigen.

Enrico Castelnuovo zeigt die Bestätigung und Anerkennung des Künstlers an Dantes Fegefeuer, wo sich die Miniaturenmaler Odensi da Gubbio und Franco Bologna sowie die zwei Maler Cimabue und Giotto finden. Der Ruhm Giottos überstrahlt die gesamte Zunft.

Bronislaw Geremek schildert die Scharen von Landstreichern, Bettlern und Verbrechern, wie sie über die Christenheit der Renaissance und der Neuzeit herfallen.

Einige Obsessionen des mittelalterlichen Menschen

Von einem mittelalterlichen Menschen zu sprechen, läßt sich letztendlich damit begründen, daß das ideologische und kulturelle System, in dem er gefangen ist, das Weltbild, in dem er zuhause ist, die Mehrheit der Männer (und Frauen) dieser Jahrhunderte, seien sie nun Kleriker oder Laien, Reiche oder Arme, Mächtige oder Schwache, unter gemeinsame geistige Strukturen, ähnliche Objekte des Glaubens, der Einbildung, der Obsession zwingt. Gewiß entstehen je nach sozialem Status, Bildungsniveau, Kulturerbe, geographisch-historischen Zonen Unterschiede in Form und Inhalt dieser kulturellen und psychologischen Einstellungen. Verblüffend ist jedoch, was diese Menschen miteinander gemein haben und offenbaren. Der abendländische Mensch hat manche dieser Mentalitäts- und Verhaltensspuren mehr oder minder abgeschwächt und zu neuen Syndromen umgeformt bewahrt. Doch wenn es nur natürlich ist, daß wir diese Merkmale unserer Vorfahren behalten haben, zeigt uns der mittelalterliche Mensch in der Darstellung seiner Obsessionen vor allem, worin wir uns von ihm unterscheiden. Für uns ist der mittelalterliche Mensch ein Exot. Wenn der Historiker sein Bild rekonstruieren will, braucht er Gespür für den Wandel und muß zum Ethnohistoriker werden, damit er seine Originalität richtig einschätzen kann.

Die Laster

Der Mensch des Mittelalters ist vom Gedanken an die Sünde besessen. Diese Sünde begeht er, indem er sich dem Teufel hingibt, indem er den Wegbereitern der Sünde unterliegt, den Lastern. Diese Laster erblickt er in Gestalt symbolischer Tiere, bedrohlicher Allegorien, Verkörperungen von Todsünden, die sich vom 7. bis zum 12. Jahrhundert herausbilden, Hoffahrt, Habsucht, Völlerei, Wollust, Wut, Neid, Faulheit. Oder auch in trügerischer Verführung durch die Töchter des Teufels, die mit den »Ständen« der Gesellschaft verheiratet sind.

Der Teufel hat neun Töchter, die er wie folgt verheiratet hat:

Die Amtserschleichung	mit den beamteten Klerikern
die Heuchelei	mit den Mönchen
die Raublust	mit den Rittern

die Lästerung	mit den Bauern
die Verstellung	mit den Schergen
die Wucherei	mit den Bürgern
die Putzsucht	mit den Matronen

und die Wollust, die er mit niemand verheiraten wollte, aber allen Ständen als gemeinsame Lustdirne anbietet.[18]

Das Sichtbare und das Unsichtbare

Der Mensch von heute, selbst wenn er Hellseherinnen und Kartenlegerinnen konsultiert, mit Tischerücken Geister beschwört, an schwarzen Messen teilnimmt, erkennt eine Grenze zwischen dem Sichtbaren und dem Unsichtbaren, zwischen dem Natürlichen und dem Übernatürlichen an. Dies gilt für den mittelalterlichen Menschen nicht. Das Sichtbare ist für ihn nicht nur bloß die Spur des Unsichtbaren, sondern das Übernatürliche bricht ständig in seinen Alltag ein: der mittelalterliche Mensch hat auf Schritt und Tritt mit »Erscheinungen« zu tun. Es gibt keinen Schnitt, noch weniger eine Grenze zwischen Diesseits und Jenseits. Die Existenz eines Fegefeuers wird durch Erscheinungen bewiesen, sein Eingang sind irdische Höhlen: Krater auf Sizilien oder Grotten in Irland. Sogar von Satan umgetriebene Selbstmörderleichen, Gespenster der Heiden und der Folklore tauchen auf. Erscheinungen schrecken, können aber nicht überraschen.

Das Jenseits

Die Ewigkeit ist für den Menschen des Mittelalters ganz nah. Auch wenn er immer weniger daran glaubt, daß das Jüngste Gericht bald kommt, schließt er es als Eventualität doch nicht aus. Hölle oder Paradies können schon morgen sein. Und bereits jetzt sind Heilige im Paradies, und (unzählige) Verdammte braten gewiß in der Hölle. Der Raum des Jenseits wird im 12.–13. Jahrhundert zum durchdachten System von drei und

[18] Text – bei dem eine Tochter vergessen ist – notiert auf dem Vorsatzblatt einer Florentiner Handschrift des 13. Jahrhunderts.

fünf Orten: Hölle und Paradies, und dazwischen ein zeitweiliges Jenseits, wo die nur mit läßlichen Sünden beladenen Toten oder solche im Zustand unvollendeter Reue unbestimmte Zeit verweilen: das Fegefeuer, das sich Ende des 12. Jahrhunderts endgültig durchgesetzt hat. Bei der Auferstehung und beim Jüngsten Gericht wird das Fegefeuer gelöscht, da seine letzten Insassen ins Paradies gelangt sind, dessen Vorzimmer es ist. Das Jenseits umfaßt zwei Nebenorte: den Vorhimmel der Patriarchen, den Jesus entvölkert hat, indem er während seines irdischen Todes zur Hölle niederstieg; die Gerechten des Alten Testaments, die aber ungetauft sind, weil sie vor der Fleischwerdung gelebt haben, sind dabei ins Paradies aufgefahren, und ihr leerer Vorhimmel wurde auf ewig versiegelt. Dafür nimmt der Vorhimmel nun die ungetauft gestorbenen Kindlein auf, die keine peinliche Strafe leiden müssen, aber auf ewig der höchsten Gnade entbehren, das Angesicht Gottes zu schauen.

Das Wunder und das Gottesurteil

Daß Gott häufig direkt oder indirekt in die Ordnung der Natur eingreift, wird allenthalben anerkannt. Es gibt eine Hierarchie der Fürbitter: die Jungfrau Maria, die mächtigste, kann von Gott jedes beliebige Wunder erlangen; auch die großen Heiligen haben große Kraft, bei Gott vorstellig zu werden. Gewisse Heilige und vor allem Lokalheilige sind mehr oder minder eng spezialisiert. Wunder sind besonders dort häufig, wo der mittelalterliche Mensch am verletzlichsten ist: im Bereich des Leibes, wo zahllose Wunderheilungen vorkommen, im Bereich der Frauen im Kindbett und der Kinder, der bevorzugten Opfer des physischen und medizinischen Elends des Mittelalters. Um das anrüchige Treiben vorgeblicher Wundertäter einzuschränken, neigt die Kirche vom 13. Jahrhundert an dazu, solche Kräfte nur Heiligen, und dies auch erst nach ihrem Tode, zuzuschreiben. Als Folge dieser Bemühungen lebt die Verehrung von Reliquien wieder auf, deren Berührung das Wunder auslösen kann.

Gott kann auch bedingte Außerkraftsetzung der Naturgesetze in Fällen gestatten, in denen er direkt um ein Urteil angerufen wird, besonders bei der Wasserprobe, wo ein Beschuldigter, der nicht schwimmen kann, seine Unschuld damit beweist, daß er wider Erwarten nicht ertrinkt, und vor allem bei der Feuerprobe, bei der ein unschuldig Angeklagter ein

Stück rotglühendes Eisen in die Hand nehmen oder über Flammen schreiten kann, ohne sich zu verbrennen. Das Gottesurteil kann sich auch im Ausgang eines Zweikampfs zeigen, bei dem einer der Kombattanten der Beschuldigte oder sein bezahlter oder ehrenamtlicher Kämpe ist. Die Kirche verbietet diese Gottesurteile auf dem 4. Lateranischen Konzil von 1215. Sie revolutioniert damit das Verfahren der Beweiserhebung: mündliche und schriftliche Zeugenaussagen ersetzen den Spruch der Waffen oder der physischen Proben. Das Christentum hat so den mittelalterlichen Menschen noch weiter von magischen Überzeugungen und Praktiken gelöst.

Das Gedächtnis

Viele Menschen des Mittelalters sind Analphabeten. Bis zum 13. Jahrhundert gilt dies für die große Mehrheit der Laien. In dieser Welt der des Lesens und Schreibens Unkundigen hat die gesprochene Sprache große Kraft. Die Kanzelpredigt ist für den mittelalterlichen Menschen die Quelle, aus der er Wissen, Anekdoten, moralische und religiöse Unterweisung schöpft. Die Schriftsprache steht gewiß in hohem Ansehen, das sich auf das der »Heiligen Schriften« und das der Schriftgelehrten gründet, angefangen mit den Mönchen, wie das *scriptorium* beweist, der wichtigste Raum jedes Klosters. Doch die gesprochene Sprache ist das entscheidende Vehikel der Kommunikation. Dies setzt voraus, daß man sie sich richtig merken kann. Der mittelalterliche Mensch ist ein Mensch des Gedächtnisses, des richtigen Einprägens. Er kann dies von allein oder infolge einer regelrechten Ausbildung. In Prozessen, Auseinandersetzungen wird das Zeugnis der Alten, der Männer von langem Gedächtnis in einer Gesellschaft mit kurzer Lebenserwartung, besonders geschätzt. Intellektuelle, Rechtsgelehrte, Kaufleute lernen Merktechniken. Die »Gedächtniskünste« spielen in der Ausbildung des mittelalterlichen Menschen eine große Rolle.[19] In einer Gesellschaft, in der der Eid – von der Kirche streng überwacht – so große Bedeutung hat, ist ein Mann, »der sein Wort hält«, dessen Rechtschaffenheit durch ein langes Gedächtnis als Instrument des guten Rufs (bona fama) erwiesen ist, ein Mann von Gewicht. Das Christentum des mittelalterlichen Menschen ist ein Chri-

[19] F. Yates, *The Arts of Memory*, London 1966.

stentum der Überlieferung, des Gedächtnisses. Hat nicht Jesus selbst mit der Einführung der Eucharistie am Ende des Abendmahls zu seinen Jüngern gesprochen: »Tuet dieses zu meinem Gedenken«?

Die symbolische Mentalität

Der mittelalterliche Mensch lebt wie der Dichter Baudelaire »in einem Wald von Symbolen«. Der Heilige Augustin hat es ausgesprochen: die Welt setzt sich zusammen aus *signa* und aus *res*, aus Zeichen oder Symbolen und aus Dingen. Die *res*, die die wahre Realität ausmachen, bleiben verborgen, der Mensch erfaßt nur die Zeichen. Das entscheidende Buch, die Bibel, hat eine symbolische Struktur. Jeder Figur, jedem Ereignis des Alten Testaments entspricht eine Figur des Neuen Testaments. Der mittelalterliche Mensch ist ein ewiger »Entzifferer«, was seine Abhängigkeit von Klerikern, Symbolgelehrten verstärkt. Die Symbolik regiert die Kunst und besonders die Architektur, in der vor allem die Kirche eine symbolische Struktur ist. Sie regiert die Politik, in der symbolische Zeremonien wie die Salbung der Könige von beträchtlichem Gewicht sind, und Banner, Wappen, Embleme eine grundlegende Rolle spielen. Sie regiert die Literatur, in der sie häufig die Gestalt der Allegorie annimmt.

Die Zahl

Der mittelalterliche Mensch steht im Banne der Zahl. Bis zum 13. Jahrhundert übt die symbolische Zahl die größte Faszination aus. Die Drei als Zahl der Dreieinigkeit, die Vier als Zahl der Evangelisten, der Flüsse des Paradieses, der Kardinaltugenden, der Himmelsrichtungen, die Sieben als Zahl des Siebenersystems der Religion (sieben Gottesgaben, sieben Sakramente, sieben Todsünden...), die Zehn als Zahl der Zehn Gebote Gottes und der Kirche, die Zwölf als Zahl der Apostel und der Monate des Jahres, usw., usw... Und die Apokalypse enthüllt eine Welt symbolischer Zahlen, in der der Sinn und das verborgene Schicksal der Menschheit enthalten sind, einschließlich jenes Milleniums, jener mythischen Zeit von tausend (d.h. sehr vielen) gefürchteten oder herbeigesehnten Jahren, in denen auf die Heimsuchungen des Antichrist eine lange Zeit der Gerechtigkeit und des Friedens auf Erden folgt.

Dann wird diese Faszination unter dem Druck neuer Erfordernisse einer sich entwickelnden Gesellschaft (Buchhaltung des Kaufmanns, des Grundherrn, Haushaltsführung der entstehenden Staaten), der Verbreitung der Mathematik (besonders der lateinischen Übersetzung von Euklids *Elementen* und von Lehrbüchern wie des *Liber Abaci*, des Abakusbuchs des Pisaners Leonardo Fibonacci von 1202) immer mehr von der exakten Zahl abgelöst, die durch den Kalkül, durch arithmetische Operationen wissenschaftlich gehandhabt werden kann. Der Mensch des Spätmittelalters begeistert sich für eine Mode, eine Manie, eine Leidenschaft der Arithmetik.[20] Er führt den Zahlenwahn sogar in den Bereich der Religion ein: in Testamenten werden Messen nach Hunderten, Tausenden, Zehntausenden festgelegt, die Arithmetik des Ablasses und die wahnhafte Berechnung der Fegefeuerjahre, über die sich Luther so erbost, erzeugen das, was Jacques Chiffoleau als »Buchhaltung des Jenseits« bezeichnet hat.[21]

Bilder und Farben

Der Analphabetismus, der die Wirkung des Geschriebenen begrenzt, gibt Bildern eine um so größere Macht über die Sinne und den Verstand des mittelalterlichen Menschen. Die Kirche nutzt das Bild bewußt, um ihn zu informieren und zu formieren. Die didaktische und ideologische Ladung des gemalten Bildes ist lange Zeit wichtiger als sein eigentlich ästhetischer Wert. Auf altfranzösisch heißt der Bildhauer *imagier*. Ein Symbolsystem, das die Formen verzerrt, um deren Bedeutung hervorzuheben, herrscht bis ins 13. Jahrhundert vor, wo es durch ein neues Symbolsystem ersetzt wird, das auf der Nachahmung der Natur und Anwendung der Perspektive basiert, und das wir als »Realismus« bezeichnen. Der mittelalterliche Mensch hat den Zugriff, den ihm die künstlerische Darstellung auf die Welt gestattet, vom Himmel auf die Erde heruntergeholt.

Doch während dieser ganzen Jahrhunderte, gegen deren Ende mit einer Art Verbitterung, ist der mittelalterliche Mensch – ein Augenmensch im physiologischen und zugleich Seher im übernatürlichen Sinne – aufge-

---

[20] A. Murray, *Reason and society in the Middle Ages*, Oxford 1978.

[21] J. Chiffoleau, *La Comptabilité de l'au-delà: les hommes, la mort et la religion dans la région d'Avignon à la fin du Moyen Age*, Rom 1980.

rufen, die Welt und die Gesellschaften in Farben zu schauen und zu denken. Farben sind symbolisch und bilden ein veränderliches Wertesystem. Der Primat des Roten, des Kaiserpurpurs, nimmt ab zugunsten des Blauen, der Farbe der Jungfrau und der Könige von Frankreich. Das Schwarz/Weiß-System ist fast sofort ideologisch besetzt. Der mittelalterliche Mensch gewöhnt sich daran, vor dem Grün zurückzuschrekken, dem Zwiespältigen, dem Abbild der verführerischen und gefährlichen Jugend, das Böse in gelben Figuren und Flächen zu erkennen, der Farbe der Täuschung. Vor allem das Gestreifte und Buntscheckige bezeichnen moralische Gefährdung. Das Gold, farbig und gleißend zugleich, herrscht als höchster Wert.[22]

Der Traum

Als Seher, als Denker in Symbolen, der in einer Welt lebt, in der sich Sichtbares und Unsichtbares, Natürliches und Übernatürliches bruchlos mischen, war der mittelalterliche Mensch zum großen Träumer berufen. Doch das Christentum hat seine Traumtätigkeit streng unterdrückt. Der griechisch-römische Mensch des Altertums betrachtete und deutete unablässig seine Träume, und hatte Spezialisten, gelehrte oder volkstümliche Traumdeuter zur Verfügung. Vom 4. Jahrhundert an übernahm die Kirche eine neue Theorie vom Ursprung der Träume, indem sie die alte Unterscheidung zwischen »wahren« und »falschen« Träumen dadurch komplizierte, daß sie Träumen eine dreifache Quelle zuschrieb: Gott sendet fromme Träume, der Menschenleib entwickelt verdächtige Träume, und vor allem der Teufel schickt unzüchtige Träume der Versuchung. Die Kirche verlangte von einem Christen, den Traum zu verdrängen, seine Bedeutung nicht erforschen zu wollen, und sich damit der Sünde zu verschließen. Nur privilegierte Träumer wie Könige, Oberhäupter und vor allem Mönche konnten Nutzen aus Träumen ziehen, um entweder Botschaften Gottes darin zu finden oder diese dämonischen Proben triumphal zu bestehen. Die Traumstraße blieb so dem Menschen des Frühmittelalters versperrt. Er wurde zu einem Traumverdränger. Nur die Klosterliteratur wimmelte von Träumen, in denen sich die gequälte Mönchsseele in merkwürdigen und phantastischen Visionen Luft machte. Dann

[22] M. Pastoureau, *Figures et couleurs. Études sur la symbolique et la sensibilité médiévales*, hg. v. Léopard d'or, Paris 1986.

triumphierte der Druck der Träume um das 11. bis 12. Jahrhundert über die Zurückhaltung und Befürchtung der Kirche. Sie gestand zu, daß gute oder unschädliche Träume viel häufiger seien als teuflische, und der mittelalterliche Mensch wurde zum häufigen Träumer, der von seinen Traumgeschichten fasziniert war und sie eifrig deutete oder deuten ließ. Freud wandte sich ihm zu und befragte ihn, als er seine *Traumdeutung* schrieb.[23]

Gesellschaftliche und politische Obsessionen: Hierarchie, Autorität, Freiheit

Jenseits der Schemata, von denen sich Verfasser und Herausgeber dieses Bandes bei der Auswahl der Profile des mittelalterlichen Menschen leiten ließen, dachten, handelten, lebten die Menschen des Mittelalters nach einigen Grundwerten, die dem Willen Gottes und dem menschlichen Streben entsprachen.

Hierarchie

Der mittelalterliche Mensch hatte die Pflicht, zu bleiben, wo ihn Gott hingestellt hatte. Sich zu erheben, war ein Zeichen des Stolzes, sich zu erniedrigen, Sünde und Schande. Die gottgewollte Gesellschaftsordnung mußte respektiert werden, und diese drückte sich aus in der Hierarchie. Nach dem Vorbild der himmlischen Gesellschaft errichtet, mußte sie die peinlich genaue Hierarchie der Engel und Erzengel wiedergeben, die der unter dem Namen Dionysius Aeropagita (heutigen Historikern als Pseudo-Dionysius) bekannte orientalische und später ins Lateinische übersetzte Mönch in seinen Werken beschrieben hatte. Je nach seiner Kultiviertheit war der Mensch des Mittelalters in wissenschaftlicher oder populärer Form Dionysier, in einer hierarchischen Sicht des Weltaufbaus gefangen[24]. Doch auch hier zeichnet sich vom 12.–13. Jahrhundert eine

[23] Reichaltige Bibliographie in den Protokollen des von Tullio Gregory organisierten Internationalen Colloquiums und im Lessico Intellettuale Europeo, *I sogni de Mediioevo*, Rom 1985.

[24] R. Rocques, *L'univers dionysien. Structure hièarchique du monde selon le Pseude-Denys*, Paris 1954, 1, 1983, 2.

bedeutende Entwicklung ab: neben einer vertikalen Hierarchie taucht eine horizontale auf, die der weltlichen »Stände«, die vom »Totentanz« Ende des Mittelalters fortgerissen werden.

Autorität

Auf der gesellschaftlichen und politischen Ebene muß der mittelalterliche Mensch seinen »Vorgesetzten« gehorchen, als Kleriker den Prälaten, als Laie dem Grundherrn und den Gemeindeoberhäuptern. Auf intellektueller und geistiger Ebene muß er den Autoritäten noch treuer gehorchen, der Bibel als der höchsten, dann denen, die ihm das historische Christentum auferlegt hat: den Kirchenvätern in der Spätantike, den *magistri*, den Magistern in der Zeit der Universitäten seit dem 13. Jahrhundert. Die abstrakte und höhere Geltung der *auctoritas*, der ererbten Autorität der Antike, drängte sich ihm in der Verkörperung durch vielfache Autoritäten auf. Die große geistige und gesellschaftliche Tugend, die dem mittelalterlichen Menschen abgefordert wurde, war *Gehorsam* auf religiöser Grundlage.

Der Aufrührer

Dennoch nahm vom Jahre 1000 bis zum 13. Jahrhundert eine wachsende Zahl von mittelalterlichen Menschen die Herrschaft der hierarchischen Vorgesetzten und der Autoritäten nicht mehr fraglos hin. Lange Zeit war die Hauptform des Widerspruchs und der Revolte religiös: die Ketzerei. Dann kam im Rahmen des Feudalismus die Revolte des Leibeigenen gegen Übergriffe oder Pflichtversäumnisse des Grundherrn, im Universitätsbereich der geistige Widerspruch hinzu. Schließlich die soziale Erhebung in der Stadt und auf dem Lande: Streiks, Unruhen, Arbeiter- und Bauernaufstände. Das Trecento wurde das große Jahrhundert der Revolte von England und Flandern bis in die Toskana und nach Rom. Der mittelalterliche Mensch hatte gelernt, bei passender Gelegenheit zum Aufrührer zu werden.

Freiheit

Die Freiheit ist ein alter Wert des mittelalterlichen Menschen. Sie schürt seine großen Aufstände. Die Kirche gibt paradoxerweise das Zeichen dazu. Unter dem anspruchsvollen Banner der *Libertas Ecclesiae* fordert die Kirche mit dem Papsttum an der Spitze ihre Unabhängigkeit von der weltlichen Macht, der sie durch die »Feudalisierung« unterworfen war. Freiheit wurde von der Mitte des 11. Jahrhunderts an zum Schlagwort der großen gregorianischen Reformbewegung.

Später fordern Bauern und Neustädter, die sich ihrer Kraft bewußt sind und die Hindernisse für den großen Aufschwung um das Jahr 1000 beseitigen wollen, die Freiheit, oder mehr noch Freiheiten, und verschaffen sie sich. Der Befreiung der Leibeigenen entspricht die Gewährung von Gerechtsamen oder Freiheiten an die Bürger der Städte. Doch handelt es sich vor allem um Freiheiten in der Mehrzahl, also um Privilegien.

Dennoch tritt unklar und zaghaft ein neuer Gedanke der Freiheit im Singular auf den religiösen, geistigen, sozialen, politischen Plan, die neuzeitliche Idee der Freiheit.

Doch bleibt der mittelalterliche Mensch an der Schwelle zu dieser Freiheit stehen, die er in einem Prozeß des Kampfes, der Reform, des stets unvollendeten Fortschritts wie ein Gelobtes Land von ferne anschaut.

Kapitel 1

Die Mönche

Giovanni Miccoli

Mönche und Klöster sind inzwischen weitgehend verschwunden. Zwar haben sie nicht aufgehört zu existieren, doch treten sie, durchschreiten wir die europäische Geschichtslandschaft, heute kaum noch in Erscheinung. Vereinzelt finden sich noch eindrucksvolle Überreste: verborgen in den Städten, wo die alten Abteien, meist von den ursprünglichen Orden verlassen, stark verändert worden sind und die riesigen Klosteranlagen infolge historischer Umwälzungen neuen Zwecken zugeführt wurden; verlassen und oftmals einsturzgefährdet in der klassischen Einsamkeit des Landes gelegen, verblaßte und nicht immer entzifferbare Zeugen einstmaliger Präsenz und Größe, die aus der Erinnerung weitgehend verschwunden sind.

Die Entrüstung des Vicomte von Montalembert, der sich vor mehr als hundert Jahren daran erinnerte, eine Mönchskutte zum ersten Mal auf der Bühne eines Theaters gesehen zu haben – »dans une de ces ignobiles parodies qui tiennent trop souvent lieux aux peuples modernes des pompes et des solennités de la religion« –, hätte heute sicher keine Berechtigung mehr. Die frevlerische Satire zeugte aber auch von der Lebendigkeit einer Erinnerung; die von ihr hervorgerufenen Bilder und Gefühle scheinen heute unwiederbringlich verblichen und in weite Ferne gerückt zu sein. Die Klöster und Priorate – Cluniazenser, Zisterzienser, Kartäuser, Kamaldulenser, Vallombrosaner –, die im 12. Jahrhundert, auf dem Höhepunkt der monastischen Expansion, die Gegenden Europas zu Tausenden bedeckten, haben sich auf wenige hundert in der ganzen Welt verringert. Ihre Bewohner sind zu einer schweigsamen und seltenen, von den Christen oft selbst kaum mehr bemerkten Erscheinung geworden.

Beinahe gänzlich verschwunden ist die große Zahl von Einzelgängern und »Einsiedlern«, deren Existenz Heiligenlegenden und Überlieferungen über Jahrhunderte in Erinnerung hielten und die sich, am Rande der institutionalisierten monastischen Welt und der ehemals gemeinsamen Wurzeln verlustig gegangen, in die Einsamkeit der Gebirge und Wälder zurückgezogen hatten und in Abständen unter den Menschen auftauchten, um mit ihrem wilden Aussehen den bevorstehenden Tod und die Dringlichkeit der Bekehrung zu beschwören.

Es handelte sich um keine plötzliche Katastrophe, sondern um einen langsamen Niedergang, der schon kurz nach der Blütezeit des Mönchtums einsetzte. Die großen, von außen kommenden Schläge – die lutheranische Reformation, in deren Folge sich die Zahl der Klöster in weiten Teilen Mittel- und Nordeuropas verringerte, sowie die vielfältigen Auflösungserscheinungen, die diesem gewaltsamen Einschnitt vorangingen, ihn begleiteten und ihm folgten – haben einen langwierigen Prozeß tiefgreifenden gesellschaftlichen Wandels beschleunigt. Es kam zu einschneidenden Veränderungen in der Art, das Christentum zu leben und zu denken. Ähnliches galt für die Kirchenpolitik Roms, die es unter den neuen Bedingungen verstand, andere und flexiblere Interventionsinstrumente einzusetzen. Diese vielschichtige Entwicklung zerstörte das Mönchtum zwar nicht, verringerte jedoch auf drastische Weise seine Rolle im kirchlichen Leben, womit sich auch ein verändertes Verhältnis zu Gesellschaft und Geschichte abzuzeichnen begann.

Aufgrund der sozialen und religiösen Veränderungen begann damit eine Instanz an Konturen zu verlieren, die das Gesicht Europas über Jahrhunderte hinweg geprägt hatte: eines Europas, das sich zum Christentum bekannte und sich in erster Linie über das Mönchtum und seine Einrichtungen als christliches begriff. Sein historischer Kern liegt genau hier: in dem entscheidenden und ausschließlichen Vorrecht des Klosters, die Kontinuität eines authentischen Christentums in der Geschichte zu gewährleisten. In dem allmählich in der spätantiken und mittelalterlichen monastischen Kultur entstehenden Selbstbewußtsein, das zunehmend von einem breiten politischen und sozialen Konsens getragen wird, sind die einzig wahren Christen die Mönche. Es handelte sich um einen langsamen Prozeß der Reifung, in den sehr unterschiedliche Erfahrungen, Experimente, kulturelle und ideologische Entwürfe und institutionelle Neuerungen eingingen. Die Gesamtheit dieser Momente, die immer wieder neu überdacht und den schwierigen politischen und sozialen Gegebenheiten des nachkarolingischen Europa angepaßt werden mußten, bildete die Grundlage und den Bezugsrahmen für den kräftigen monastischen Aufschwung, der im Westen die zentralen Jahrhunderte des Mittelalters charakterisierte. Zwischen dem 10. und 12. Jahrhundert erreicht der Prozeß des Zusammenfallens von wahrem Christentum und monastischem Leben seinen Höhepunkt. Wie konnte es in einer Gesellschaft, die sich doch als *res publica christiana* verstand, zu einer derartigen Eingrenzung kommen? Wer waren diese Mönche, die zugleich treibende Kraft und Nutznießer dieser Entwicklung waren, wie sah ihr Leben aus, was für ein Christentum, genauer, was für eine Art christianisierter Menschlichkeit verkörperten und vertraten sie? Worin bestanden schließlich die unterschiedlichen Bestandteile dieses einzigartigen Gemischs, das das Mönchtum in den Jahrhunderten seiner größten Ausbreitung darstellte?

Die Antwort darauf ist nicht einfach. Was wir von diesem Zeitalter wissen, ist beinahe ausnahmslos von Mönchen – oder von Priestern, die von den Mönchen stark beeinflußt waren – überliefert worden; sowohl die Wahrnehmung als auch die Beurteilung der anderen gesellschaftlichen Gruppen jener Zeit sind in hohem Maße durch die monastische Kultur geprägt. Es handelt sich dabei um eine nicht unbedeutende Verzerrung der Wirklichkeitswahrnehmung: Das Bewußtsein, das das Mönchtum von sich selbst hat, bestimmt die eigene Selbstdarstellung und wird zugleich zum absoluten Maßstab für die Beurteilung der Welt; eine Art vergeistigter Erhöhung läßt das Kloster zum Maß alles menschlichen Handelns werden. Diese verstandes- und gefühlsmäßige Einstellung ist allerdings nicht nur Ergebnis einer lebhaften religiösen und mystischen Erfahrung: Einerseits werden alle Bereiche der Wirklichkeit auf die eigene Vorstellung und die eigenen religiösen und kulturellen Prinzipien reduziert, um sie so gut es geht zur Rechtfertigung und Verherrlichung der Entscheidung für das Mönchtum heranziehen zu können; andererseits dienen die dabei entdeckten ideologischen, politischen und sozialen Wurzeln dem Mönchtum wiederum zur Bestätigung der eigenen historischen Bedeutung.

Dieser Umstand hat auch die moderne Geschichtsschreibung stark beeinflußt. Das, was den Endzustand einer Religiosität, einer Kultur und einer Ideologie ausmacht, deren Wurzeln und Bestandteile untersucht werden sollen, wird sehr oft zum unhinterfragten Ausgangspunkt historischer Untersuchungen, die sich dann in triumphalistischer Wichtigtuerei oder der bloßen Feststellung, daß es so hat kommen müssen, erschöpfen. Trotz der zahlreichen Forschungen von Historikern und Gelehrten ist die lange Periode des Mönchtums erst im Laufe der letzten Jahrzehnte gründlicher untersucht und dadurch die Möglichkeit geschaffen worden, auch den Rückgang und schließlichen Niedergang des Mönchtums nachzuvollziehen. Vielleicht erschließen sich darüber auch Bedeutung und Bedingung seines, wenn auch marginalen und verborgenen, Fortbestehens in religiös und sozial vollständig veränderten Zusammenhängen.

»Die Lebensweise der Mönche läßt sich bis in die Zeit der apostolischen Predigt zurückverfolgen. Die Gläubigen, die sich in Jerusalem aufhielten, werden in der *Apostelgeschichte* wie folgt beschrieben: ›Die Masse der Gläubigen war ein Herz und eine Seele; niemand nannte einen Besitz sein eigen, sondern sie hatten alle Dinge gemeinsam. Sie verkauften ihren Boden und ihre Güter und teilten den Erlös untereinander gemäß den Bedürfnissen eines jeden‹. Und weiter heißt es: ›Keiner von ihnen war arm. Die Besitzer von Boden oder von Häusern verkauften diese und legten den Ertrag den Aposteln zu Füßen; dieser wurde dann entsprechend den Bedürfnissen eines jeden verteilt.‹ Damals war die gesamte Kirche so, wie heute nurmehr jene wenigen sind, die man selbst in den Klöstern kaum mehr findet.

Nach dem Tod der Apostel begann bei der Masse der Gläubigen der Eifer abzukühlen – vor allem bei denjenigen, die aus fremden Völkern stammten und sich erst seit kurzem zum Glauben an Christus bekannten. Von diesen hatten die Apostel, da sie von der Roheit ihres Glaubens und ihren tief verwurzelten heidnischen Gewohnheiten wußten, nur verlangt, sich ›der Götzendienste, der Unkeuschheit und der Schwächen des Fleisches‹ zu enthalten. Diese Freiheit, die den Heiden angesichts der geringen Festigung ihres noch jungen Glaubens zugestanden wurde, begann jedoch nach und nach die Vollkommenheit der Kirche von Jerusalem zu untergraben; während die Zahl der Neuankömmlinge mit jedem Tag anwuchs ..., lockerte sich nicht nur bei der Masse der Proselyten, sondern selbst bei den Kirchenoberhäuptern die alte Strenge. Einige, die es als zulässig ansahen, die den Heiden aufgrund ihrer Schwäche gemachten Zugeständnisse auch für sich selbst in Anspruch zu nehmen, waren der Meinung, daß sie keinen Schaden nehmen würden, wenn sie den eigenen Besitz und die eigenen Güter behielten und sich gleichzeitig zu ihrem Glauben an Christus bekannten.

Diejenigen jedoch, bei denen der apostolische Eifer und die Erinnerung an die klassische Vollkommenheit lebendig geblieben waren, verließen die Städte und die Gemeinschaft derer, die für sich und die Kirche Gottes ein nachlässigeres Leben als zulässig ansahen, ließen sich an den Rändern der Städte und an abgelegneren Orten nieder und begannen die Regeln, die ihrer Überzeugung nach von den Aposteln für die gesamte Kirche aufgestellt worden waren, allein und auf sich gestellt zu befolgen. Da sie auf die Ehe verzichteten, sich von ihren Verwandten und dem Leben dieser Welt überhaupt fernhielten, sowie aufgrund der Strenge ihres einsamen und familienlosen Daseins wurden diese von der Masse der Gläubigen Getrennten allmählich *monachi* oder μονάζοντες genannt. Die Gemeinschaften, die sie bildeten, bezeichnete man als Klosterwesen, während ihre Zellen und Unterkünfte Klöster genannt wurden. Sie stellten nicht nur in zeitlicher Hinsicht, sondern auch, was ihre Würde anbelangt, die einzige und älteste Art von Mönchen dar.«

Mit diesen Worten faßte Johannes Cassianus zu Beginn des 5. Jahrhunderts – für Mönche, die er im Süden Galliens vorbereiten und unterrichten wollte – die Erinnerung an die Ursprünge der monastischen Gemeinschaften zusammen, wie er sie im Lauf seiner langen Orientaufenthalte den Überlieferungen der alten Väter entnommen hatte. Er entwickelte auf diese Weise ein Geschichtsverständnis, das einen einprägsamen und lehrreichen Mythos enthielt, insofern es bereits verbreitete Ideen und Überzeugungen in einen Zusammenhang brachte, der das Mönchtum als den Versuch erscheinen ließ, der asketischen Lebensweise der ersten Christen nachzueifern, als der einzigen Lebensform, die allein aufgrund ihrer von der übrigen Gesellschaft abgetrennten organisatorischen Struktur dazu in der Lage schien, dem Ideal der Vollkommenheit zu einer Beständigkeit zu verhelfen, die ansonsten unweigerlich durch die Verbreitung des Christentums selbst be- und verhindert worden wäre. Die Entscheidung für das Zölibat und die Askese, der Verzicht auf jegliche Form von Privateigentum sowie die damit verbundene Zusammenlegung der Güter bilden für Cassianus die grundlegenden Bestandteile zur Sicherung und Aufrechterhaltung dieser Kontinuität.

Gegenüber der tatsächlichen Entwicklung weist diese Darstellung – beinahe überflüssig, es zu erwähnen – starke Verkürzungen und Entstellungen auf: Ebenso wie das östliche Mönchtum des 4. Jahrhunderts hat auch die rasche Ausbreitung des Mönchtums zwischen dem 4. und 5. Jahrhundert im Westen weitaus vielschichtigere Wurzeln, Antriebskräfte und Merkmale. Cassianus' Bericht entspricht dem damals weitverbreiteten und alles beherrschenden Versuch, die vielfältigen und unüberschaubaren Formen des individuellen Asketentums, die in Ägypten ebenso wie in Syrien und Mesopotamien die erste anachoretische Blütezeit charakterisiert hatten, in kirchlich festgelegten Bildern einzufangen und zu vereinnahmen. Gleichzeitig spiegelt er ein Stadium der theologischen Bildung und der ethischen Vorstellungen wider, in dem die Themen und

Orte stoischer und neoplatonischer Überzeugungen auf subtile Weise mit mystischen und asketischen Bestandteilen der christlichen Tradition verbunden wurden, um – in Form einer intellektuell wie sozial aristokratischen Synthese – eine von den Sorgen und Ängsten der Welt sowie von den »Schwächen« und der »Armseligkeit« der gewöhnlichen Sterblichen abgesonderte Form des Lebens zu begründen, die es ermöglichen sollte, sich in kontemplativer Ruhe ganz der Suche nach Gott zu widmen.

Bei Cassianus, der es sich zur Aufgabe macht, diese Themen und Erfahrungen im Westen zu verbreiten, finden sich – gegenüber den griechischen Vätern des 4. Jahrhunderts, die dank der zahlreichen lateinischen Übersetzungen ihrer Schriften auch in der monastischen Kultur des westlichen Mittelalters nicht an Begriffs- und Ausdrucksstärke verlieren – keine besonderen Akzentsetzungen. Für die folgende Periode des Mönchtums sollte sich jedoch die selbstbewußte Geste des von Cassianus entworfenen Geschichtsbildes als höchst bedeutsam erweisen: Die Vorstellung, daß sich das wahre Christentum im alleinigen Besitz des Mönchwesens befindet, und der daraus resultierende Protest der Kirche bilden die zwei grundlegenden Komponenten der außergewöhnlichen monastischen Blüte zwischen dem 11. und 12. Jahrhundert.

Zwei weitere Aspekte des Berichts von Cassianus verdienen es, erwähnt zu werden, da sie einen Hinweis auf Entscheidungen und Haltungen geben, die sich als konstitutiv für die monastische Entwicklung sowie die Art und Weise, wie sich die Mönche ihrer Umgebung gegenüber verhielten, erweisen sollten. Zum einen die eindeutige Identifizierung mit dem gemeinschaftlichen Leben, dem Kloster als der ursprünglichen und bevorzugten Form des Mönchtums: Diese Orientierung führte zur Herausbildung organisatorischer Strukturen, die gewöhnlich mit Hilfe und in Form einer *regula* hergestellt wurden, ähnlich, wie dies bereits im Orient geschah. So bezeugt uns Gregor von Tours die Existenz von *regulae*, die er für seine Marseiller Gründungen verfaßt habe. Augustinus stellte Regeln für seine Kirche von Hippo auf und unterband damit jene spontanen und freien Entschlüsse zur Askese, die zur Flucht in die »Wüste« geführt hatten (was teilweise immer noch vorkam). Regeln und Organisation brachten jedoch auch eine einschneidende Veränderung in den grundlegenden mentalen Orientierungen, in der Konstituierung und Entwicklung des Mönchtums selbst mit sich: Das Kriterium des Gehorsams und der Disziplin begann sich zu einem wesentlichen Bestandteil zu entwickeln.

Die freie Gotteserfahrung, Ziel und Höhepunkt der einsamen Entscheidung, fand somit unter der Bedingung genauer Vorgaben, unter Führung und Aufsicht einer übergeordneten Instanz statt, wobei der Verzicht auf die Welt sowie der Kampf gegen ihre Verlockungen und die eigenen Neigungen zwangsläufig mit der Aufgabe und dem Verlust des eigenen Willens einherging. »Zu einem rechtschaffenen Leben« – wird Gregor der Große beinahe zwei Jahrhunderte später nicht ohne Stolz feststellen, wobei er allerdings, zu Beginn seiner *Dialogi*, die Möglichkeit einzelner Ausnahmen von dieser grundlegenden Regel der asketischen Erziehung einräumt – »gehört, daß niemand an der Spitze steht, der es nicht gelernt hat, sich unterzuordnen, und daß niemand Gehorsam von seinen Untergebenen verlangt, der es nicht gelernt hat, ihn seinen Übergeordneten entgegenzubringen«. »An die Stelle der asketischen Initiative tritt die asketische Imitation« (Courtois), und die Entscheidung für das Mönchtum wird – sofern sie persönliche Verwirklichung des christlichen Lebens und damit Bestätigung und Einlösung der Versprechen der Taufe ist (in diesem Sinne spricht man auch von der »zweiten Taufe«) – in gewisser Hinsicht zu einem Ankunftsort, zu einer Stufe, auf der der größte Teil der Mönche haltmachen konnte und sollte. Der beschwerliche und einsame Aufstieg auf der unendlichen Treppe, die dem Göttlichen entgegenführt, blieb dagegen nur wenigen, außergewöhnlichen Erfahrungen vorbehalten.

Wie die zwischen dem 5. und 6. Jahrhundert erfolgte Zunahme der Neugründung von Klöstern zeigt, hatten sich für das Mönchtum damit neue Expansionsmöglichkeiten eröffnet. Diese Ausdehnung wurde durch die ständige Verschlechterung der allgemeinen Lebensbedingungen zusätzlich gefördert. Es ist, glaube ich, unbestritten, daß es sich bei dem damaligen Mönch keineswegs nur um eine Seele handelt, die sich – in Gebet und Einsamkeit – auf der Suche nach Gott befindet, sondern sehr oft um einen Menschen, der in einer zunehmend schwierigeren und feindlicheren Welt Ruhe und Frieden sucht. Weitgehend ähnliche Motive führen zur Bildung der ersten Frauengemeinschaften, doch bleiben diese für lange Zeit durch eine ausgeprägte Unterordnung unter das männliche Modell gekennzeichnet. Die Entwicklung und Ausarbeitung präziser Verhaltensvorschriften – der Regeln – wird auch aufgrund der raschen Verbreitung neuer Zentren und Zusammenschlüsse notwendig. Zwischen dem 5. und 7. Jahrhundert gibt es nicht weniger als ungefähr dreißig Texte, die ein kaum entwirrbares Geflecht von Wiederaufnahmen,

Bearbeitungen, Umarbeitungen und neuen Ausarbeitungen bilden. Die Vielfalt der asketischen Richtungen und der spirituellen Traditionen, auf die sie sich berufen, sowie die unterschiedlichen Bedingungen, unter denen die verschiedenen Klostergründungen stattfinden, dürfen nicht darüber hinwegtäuschen, daß es einige grundsätzliche Gemeinsamkeiten gibt. Der Tendenz nach entwickelt sich das Kloster zu einer abgesonderten, selbstgenügsamen und in jeder Hinsicht perfekt geregelten Welt. Es wird zu einem Zentrum des Gebets, der Arbeit und, so muß man hinzufügen, der Kultur.

Man sollte sich allerdings ebenso vor Mystifizierungen wie vor Verallgemeinerungen hüten. Das ehrgeizige Vorhaben Cassiodorus', des alten, einflußreichen Ministers des Gotischen Reichs in Italien, die monastische Gemeinschaft von Vivarium – in Verbindung mit ihrer Integration in die christliche Tradition – auch zu einem Zentrum der Bewahrung und Vermittlung der klassischen Kultur zu machen, konnte der auf den langobardischen Einfall folgenden Auflösung und Zersetzung der gesellschaftlichen Strukturen nicht standhalten. Die benediktinische Vorschrift hatte übrigens – zumindest ursprünglich – keine derartigen Absichten; dies kann höchstens von der auf sie folgenden monastischen Kultur behauptet werden. Allein die Tatsache jedoch, daß die Regeln gewöhnlich alle Mönche dazu verpflichteten, lesen zu lernen – zumindest bis zum 50. Lebensjahr, präzisiert die *Regula magistri* und bestätigt damit, daß sich auch Männer im reifen Alter, die noch Analphabeten waren, für das Mönchtum entschieden – führte dazu, daß das Kloster ein deutlich höheres Bildungsniveau als die übrige Gesellschaft aufwies. Diese Verpflichtung ist auf das engste mit dem religiösen Leben des Mönchs verbunden – die in der westlichen Tradition stehenden Regeln legen gewöhnlich zwei bis drei Stunden für die geistige Lektüre fest – und bildet die notwendige Voraussetzung für die *meditatio* bzw. die mündliche Wiederholung auswendig gelernter biblischer Texte. Da das Kloster zu diesem Zweck in zunehmendem Maße mit den entsprechenden Einrichtungen – Bibliothek, Schule, *scriptorium* – ausgestattet wurde, entwickelte es sich gewissermaßen auf natürliche Weise zu einem in kultureller Hinsicht privilegierten Ort.

Das Kloster nimmt damit mehr und mehr die Gestalt einer Insel an. Man zieht es vor, die Gesellschaft zu ignorieren – allerdings nur in dem Maße, in dem das geistige und materielle Wohlbefinden der Mönche dadurch nicht beeinträchtigt wird: daher die gewohnte Verpflichtung zur

Gastfreundschaft und die vorgeschriebene Unterstützung der Armen, daher vor allem auch die teilweise beachtlichen Besitztümer, die das tägliche Leben gewährleisten und die Erfüllung der Bedürfnisse der Mönche sichern sollen. Wie Gregor von Tours berichtet, wollte der Heilige Lupicinius von dem Burgunderkönig Childebrand nur die Früchte des Bodens entgegennehmen, da er der Überzeugung war, die Mönche dürften keine Felder und Weinberge besitzen. Die monastischen Regeln dieser Zeit beschränken sich im allgemeinen darauf, den Mönchen den Verzicht auf jede Form individuellen Eigentums vorzuschreiben, was den gemeinschaftlichen Besitz jedoch nicht ausschließt.

Wir haben es also mit einer Zunahme nicht nur der Neugründungen, sondern auch der Regeln zu tun, wobei letztere öfter auf die Autorität eines bedeutenden alten Vaters zurückgeführt werden – wie die Regel des Macarius, die in Wirklichkeit auf den Abt von Lérins, Parcarius, zurückgeht, der am Ende des 5. Jahrhunderts gelebt hat –, bisweilen aber auch auf weitaus mysteriösere, dabei aber nicht weniger einflußreiche Quellen Bezug nehmen, wie die *Regula quatuor Patrum* oder die *Regula magistri*. Mitte des 6. Jahrhunderts entsteht die *Regula S. Benedicti*, die Regel, die dank der gezielten römischen Unterstützung und aufgrund des karolingischen Einflusses einige Jahrhunderte lang für die Mehrheit der monastischen Gemeinschaften im Westen zum Maßstab wird. Die Gründe für ihren Erfolg liegen nicht zuletzt in der Fähigkeit dieser Regel, das gesamte Klosterleben mit Hilfe genauer Vorschriften umfassend zu organisieren, in der Ausgeglichenheit der von ihr festgelegten Verhaltensmaßregeln, sowie in der weitreichenden Verfügungsgewalt, die dem Abt zugestanden wird, wodurch dieser auf eine der Verschiedenheit der Menschen und Situationen angemessene Weise reagieren kann. Der Umstand, daß die *Vita Sankt Benedikts* in das zweite Buch der *Dialogi* von Gregor dem Großen aufgenommen wurde, trug zu ihrer weiteren Verbreitung bei, insofern sich damit die Möglichkeit bot, die Regel mit der konkreten Geschichte eines Mannes und einer bestimmten Umgebung in Verbindung zu bringen.

Ein letzter Aspekt des Berichts von Cassianus, der erwähnt werden sollte, da er auf ein Verhalten hinweist, das im monastischen Leben einen zentralen Stellenwert einnimmt, besteht in der ausschließlichen Konzentration jener ersten »Mönche« auf die eigene Vervollkommnung und Rettung. Dies geht in aller Klarheit aus seinem Bericht hervor. Die einzige Reaktion, die Niedergang und Korruption der Kirche von Jerusalem bewirken, besteht in der Flucht. Das einzige Problem, das diese ersten »Mönche« beunruhigt, sind die Erhaltung der klassischen Strenge in ihrer Reinheit und der Schutz vor »Ansteckung«. An anderer Stelle bezeichnet Cassianus das Anliegen, andere zu bekehren, insofern es ein Verlassen des Klosters erforderlich macht, als »teuflische Illusion«: Was zählt, ist die eigene »Verbesserung«, die jedoch nicht unter den Bedingungen der alltäglichen Sorgen und der Aktivitäten des weltlichen Lebens, wie sie die Versuche zur Bekehrung und Führung der anderen mit sich bringen, erreicht werden kann.

Das Denken des Cassianus ist – an seiner eigenen Logik gemessen – logisch konsistent und neoplatonisch geprägt: Man darf die Eroberung Gottes, die das Kloster ermöglicht, nicht wegen geringfügiger, nur von gewöhnlichen Lebewesen erstrebter Vorteile aufs Spiel setzen. Bei der Überzeugung, daß christliche Vervollkommnung nur innerhalb des Klosters möglich sei, handelte es sich nicht nur um eine kirchliche Doktrin, sondern ebenso um ethische und anthropologische Vorstellungen, denen zufolge sich die Lebensbedingungen der Menschen nach einer feststehenden Hierarchie der Moralität und der Verdienste richteten. Viele, die auf den unteren Rängen der gesellschaftlichen Ordnung lebten, verdienten im Grunde genommen gar nicht die Aufmerksamkeit und Fürsorge jener, die die höchste Ebene erreicht hatten. Gab es in dieser aristokratisch-elitären Konzeption überhaupt Raum für eine Auseinandersetzung mit der gesellschaftlichen Wirklichkeit, mit den durch die Christianisierung entstandenen Schwierigkeiten sowie mit der Krise, die in zunehmendem Maße die kirchlichen und gesellschaftlichen Strukturen zu erfassen begann? Es ist möglich und auch wahrscheinlich. Doch geschah dies um den Preis einer Abschließung (und nicht so sehr einer Abtrennung) gegenüber den Menschen und der eigenen Zeit; es endete mit der Verkündung der eigenen Überlegenheit von Gottes Gnaden, die sich auf eine standesmäßige Überlegenheit versteifte.

Diese Einstellung des Cassianus orientiert sich an einer noch im Enstehen begriffenen Realität; sie versucht, sich der noch zwischen verschiedenen Antrieben und Motivationen schwankenden Lebensbedingungen zu vergewissern. In dem Maße, in dem sie während des Hochmittelalters zu einem festen Bestandteil der Ideologie des Mönchtums wird – eines Mönchtums, das sich gegenüber den zaghaften Anfängen deutlich konsolidiert und gefestigt hat –, entwickelt sie sich zum Träger der anspruchsvollen Forderung nach Hegemonie. Zugleich bleibt sie Ausdruck eines widersprüchlichen und gespannten Verhältnisses zu Gesellschaft und Geschichte.

Gewiß sind dies nicht die einzigen Aspekte der religiösen Erfahrungen der spätantiken Gesellschaft, auf die das westliche Mönchtum zurückgreift. Mit dem Auftauchen der ersten Anachoreten und der Verbreitung »modellhafter« monastischer Biographien (wobei an erster Stelle die *Vita Sankt Antonius* von Athanasius zu nennen wäre) zwischem dem 4. und dem 5. Jahrhundert zeichnet sich bereits jene Verbindung zwischen der Gestalt des Mönchs, persönlicher »Heiligkeit« und Charisma ab, die sich zu einem grundlegenden Moment der mittelalterlichen Religion sowie der Beziehung zwischen Kloster und Gesellschaft entwickeln wird. Die um die Gräber und Gedenkstätten der Märtyrer und Glaubensbekenner kreisenden Erwartungen und Hoffnungen kultischen Charakters werden von neuen »Freunden Gottes« und »Glaubenskämpfern« wiederbelebt.

Die allmähliche Zunahme der Heiligenverehrung betrifft bekannterweise nicht nur Anachoreten und Mönche, sondern erfaßt auch andere Personenkreise, vor allem Geistliche – und hier an erster Stelle Bischöfe –, die zu Lebzeiten gewöhnlich als charismatische und wohltätige Persönlichkeiten galten und aufgrund ihrer als erwiesen betrachteten Heiligkeit ihre Macht auch über den Tod hinaus verlängern und zur Geltung bringen können. Durch ihre Verflechtung mit dem Mönchtum erfährt die Heiligenverehrung jedoch eine einschneidende Veränderung. Während es sich bei ihr ursprünglich um ein religiöses und soziales Phänomen handelte, das sich auf Ereignisse und Personen bezog, die einer mehr oder weniger weit zurückliegenden Vergangenheit angehörten und zu denen man nur mit Hilfe der »Reliquien«, der Kultorte und der Erinnerung Kontakt aufnehmen und um Unterstützung bitten konnte, weitet sie sich nun auf Personen und Begebenheiten aus, die ihre physische Präsenz sozusagen bis in die Gegenwart verlängern: dafür sorgen schon die Scharen von Anhängern sowie die Gemeinschaften, die die Erinnerung an ihre heiligen Meister wachhalten. Vor allem aber hat es damit zu tun, daß es sich bei letzteren um lebendige Menschen handelt, die sich aufgrund ihrer Entscheidung exponiert haben und sich nun in ihrer erneuernden und rettenden Stärke zeigen können.

Die Heiligenverehrung bildet ein vielschichtiges Geflecht, in dem die unterschiedlichsten Einflüsse zusammenwirken. Einen wesentlichen Zugang zum Verständnis der entstehenden mittelalterlichen monastischen Ideologie eröffnet dabei die Beziehung, die sich zwischen Klosterleben und Heiligkeit herausbildet. Wenn der Heilige ein Mensch ist, der sich durch die Fülle seines Glaubens, die Vollkommenheit seines christlichen Lebens, seine Dankbarkeit und die außerordentlichen Fähigkeiten, mit denen ihn Gott belohnt hat, auszeichnet, so wird die Bedeutung des Klosterlebens – als der einzig wahren Form christlichen Lebens – darin gesehen, daß die Äußerungen der Heiligkeit nur durch seine Vermittlung im Leben der Menschen noch gegenwärtig und lebendig sein könnten.

Das Weiterleben der alten Kulte sowie der Bedeutung jener Orte, die durch Gräber, Zeichen, Symbole oder charismatische Gegenstände Heiligkeit erlangten, überschneidet sich mit dem Entstehen neuer Kulte und Kultorte und setzt sich in dem Wirken der Klöster fort, die sich nicht darauf beschränken, das Grab, die »Reliquie« und die Erinnerung an ihre heiligen Gründer zu bewahren. Vielmehr entwickeln sich diese selbst zu Zentren heiligen Lebens, die demjenigen, der zu ihnen in Beziehung tritt, Gelegenheit zu Wohltaten, Dankbarbeit sowie Hoffnung auf Trost und Rettung bieten. Die *Dialogi* von Gregor dem Großen bestehen zu einem großen Teil aus Schilderungen der *signa* und *virtutes* von Asketen, Mönchen und Gründern monastischer Gemeinschaften. In ihnen offenbart sich die in der Geschichte wirksame Macht Gottes, zugleich aber auch – und zwar zur Belehrung und Unterrichtung aller – die Güte und Vollkommenheit des mönchischen Lebens. Die Klöster werden zu verehrungswürdigen Orten, die sich denjenigen gegenüber, die sie entweihen, schrecklich gebärden, ihren Wohltätern aber Gebete und Dankbarkeit versprechen. Die alte Aufforderung des Hl. Paulus, der Gemeinschaft der »Heiligen« von Jerusalem mit materiellen Hilfeleistungen beizustehen (Rom, 15, 25–27), findet sich später in der Verpflichtung wieder, die monastischen Gemeinschaften mit Spenden und Schenkungen zu unterstützen, um damit gewissermaßen an ihren Verdiensten teilzuhaben und ihre Gunst zu gewinnen. Aufgrund dieser Vermittlung, die das Kloster als Zentrum des Gebets und der Askese zu einer Art kompensatorischem Ort für die Gebete und die Buße überhaupt werden läßt, bildet sich eine enge Beziehung zwischen Herrschern, Adligen und Klostergründern heraus, die sich zu einem entscheidenden Bestandteil der Ausdehnung des Mönchtums im Westen entwickeln wird.

Der religiöse Errettungsgedanke mag zum Teil für das außerordentliche Interesse verantwortlich gewesen sein, das die Könige und *potentes* im Europa der Barbaren seit dem 6.–7. Jahrhundert den Klosterneugründungen entgegenbringen. Die Ziele und Absichten, die derartigen Initiativen zugrunde lagen, waren jedoch weitaus komplexer – und dies nicht nur nach dem Dafürhalten einiger intelligenter Zeitgenossen, sondern wahrscheinlich auch in den Erwägungen der Protagonisten selbst. In seiner *Historia ecclesiastica gentis Anglorum* führt Beda sowohl als Folge wie auch als Zeichen des Nahens einer Zeit der Heiterkeit und des Friedens den Umstand an, daß viele Große gemeinsam mit dem gewöhnlichen Volk die Waffen niedergelegt und sich und ihre eigenen Kinder der monastischen Ordnung unterstellt hätten. »Die Zukunft wird zeigen, zu welchem Ergebnis all dies führen wird.« Mit diesen etwas geheimnisvollen Worten beendete er seinen langen Bericht; dessen Tonfall bleibt jedoch – im Rahmen der umfassenden Perspektiven einer Durchsetzung des christlichen Glaubens und einer Einbeziehung der ganzen Welt in die Lobpreisung des Reiches Christi – durchweg optimistisch. In denselben Jahren beurteilte Beda jedoch in einem langen Brief an Egbert, den Erzbischof von York, die Ausdehnung des Mönchtums und ihre Folgen ganz anders. Nunmehr sprach er von einer großen Spekulation, die die vorherigen Könige und Bischöfe gefördert hätten: Unter dem Vorwand, Klöster gründen zu wollen, hatten die Großen von der Krone Ländereien von enormer Ausdehnung erhalten, die sie dann selbst verwalteten und zusammen mit den wahllos aufgefüllten und daher äußerst schlecht geführten Klöstern in das persönliche Erbgut übernahmen. Um dem Abhilfe zu schaffen, schlägt Beda vor, die Bischöfe darauf zu verpflichten, das Leben in den Klöstern zu kontrollieren: eine – wenn es nicht die Einmischungen der Großen gegeben hätte – durchaus einleuchtende und friedfertige Forderung, die erst sehr viel später zu einer für die internen Gleichgewichte innerhalb der kirchlichen Institutionen äußerst delikaten Angelegenheit werden sollte.

Besonders bemerkenswert ist die Klarheit, mit der Beda den allgemeinen Prozeß der Ausdehnung des englischen Mönchtums analysiert, der von präzise benannten politischen und sozialen Interessen vorangetrieben wird: Was er an dieser Entwicklung in Frage stellt, sind jedoch nur einzelne Mißstände, die seiner Meinung nach ein Eingreifen erforderlich machen. Der augenscheinliche Widerspruch zur *Historia* löst sich auf, wenn man die unterschiedlichen Interessenlagen der beiden Schriften berücksichtigt: Während die eine auf sofortiges Handeln ausgerichtet ist und dabei auf Widerstände stößt, zielt die andere auf lange Zeitabläufe, die, insgesamt gesehen, optimistisch eingeschätzt werden. Diese Zwiespältigkeit des Urteils ist – innerhalb ihrer eigenen Grenzen – typisch für eine Haltung, die in der monastischen Kultur lange Zeit vorherrschen wird. Beda, der selbst seit dem 7. Lebensjahr Mönch ist, bedient sich ausgiebig der religiösen, kulturellen und sozialen Vorzüge, die ihm das Kloster bietet und die dem größten Teil der Menschen vorenthalten bleiben. Ihm ist jedoch nicht bewußt, daß es sich dabei um genau die Merkmale von Klostergründungen handelt, die eben die Entwicklung fördern, deren Ergebnisse er kritisiert. Er beharrt auf der mönchischen Entscheidung zur Armut und scheint damit die – ich möchte sagen, ursächlichen – Tatbestände zu ignorieren, die das Kloster in diesem Zusammenhang zu einem privilegierten Zentrum des Reichtums und der Macht werden ließen.

Von einer Gesinnungskultur zu sprechen, ginge wahrscheinlich zu weit. Andererseits steht außer Zweifel, daß sich die Beurteilung ein und derselben Sache mit dem angestrebten Ziel verändert. Aus der Sicht des Mönchtums besteht das Kriterium in der Achtung, die den »Männern Gottes« entgegengebracht wird. Hier soll jedoch nicht einer moralisierenden Geschichtsschreibung das Wort geredet werden; vielmehr geht es darum, die logischen und strukturellen Prozesse zu verstehen, die zu der paradoxen Situation führen, daß das Kloster zu einer Art Privatbesitz der weltlichen Herrscher wird. Bei seinem Versuch, die wachsende Unterstützung zu erklären, die die langobardischen Könige und Herzöge nach ihrem Übertritt zum Katholizismus im Lauf des 7. Jahrhunderts dem expandierenden Mönchtum zukommen ließen, hat W. Kurze zu Recht auf die komplexe Verflechtung zwischen politischen und ökonomischen Interessen hingewiesen, die diese Entscheidung beeinflußte; das vereinheitlichende Moment fand er jedoch in dem »elementaren Charakter« der Religion dieser Zeit. Die Möglichkeit, mit Hilfe der Gründung von Klöstern dem Territorium zu einer besseren Form der Bewirtschaftung und Verwaltung zu verhelfen, steht mit den spirituellen Vorteilen in Verbindung, die die Großen und Könige glauben, sich auf diese Weise verschaffen zu können.

Diese Vorstellung findet sich, wenn auch zu verschiedenen Zeiten, ansatzweise in ganz Europa. Die »Missionen«, mit denen die irischen und angelsächsischen Mönche zwischen dem Ende des 6. und dem 8. Jahrhundert den Kontinent überschwemmen, werden sowohl von Rom als auch von den fränkischen Herrschern unterstützt. Von Columban bis Bonifatius – in nur wenig mehr als anderthalb Jahrhunderten – verzeichnen die Neugründungen einen außergewöhnlichen Zuwachs. Luxueil

(590), Bobbio (613), Saint-Denis (650), Jumièges (654), San Vincenzo al Volturno (703–708), Reichenau (724), Fulda (741) und Sankt Gallen (750) sind berühmte Namen, jedoch darf nicht vergessen werden, daß die Klöster mittlerweile hundertweise gezählt wurden.

Diese erste große monastische Welle erreichte ihren Höhepunkt zur Zeit der karolingischen Hegemonie. Unter Karl dem Großen und seinen unmittelbaren Nachfolgern wurden die Gründung und der Besitz eines Klosters zu einem spezifisch königlichen Privileg: In den großen königlichen oder kaiserlichen Abteien beten Scharen von Mönchen für sie und erbitten für ihre Vorhaben himmlischen Schutz. Der Versuch, der eigenen Herrschaft auch eine kulturelle Basis zu verschaffen, gab den Klostergründungen weiteren Auftrieb. Das Interesse und die Bereitschaft, ihnen eine festere allgemeine Ordnung zu geben, erleichterte die weitgehende Durchsetzung der Regel des heiligen Benedikt. Dies war das letzte große Erbe, das die Jahrhunderte des Frühmittelalters der nun folgenden Blütezeit des Mönchtums hinterließen: das westliche Mönchtum ist nunmehr, zur Zeit des Karolingerreichs, beinahe vollständig benediktinisch. Auch wenn die Vielzahl unterschiedlicher Anwendungen und Auslegungen der Regel bestehen bleibt, weisen die Einrichtungen, vor allem in Hinblick auf die Organisation, mittlerweile doch einen relativ einheitlichen Charakter auf.

Einer der bedeutendsten Förderer der Versuche zur Neuregelung und Neuordnung des Mönchtums war der Abt Benedikt von Aniane, der, nachdem er am Hof und im Heer Karls des Großen gedient hatte, als Erwachsener in das bei Dijon gelegene Kloster Saint-Seine eingetreten war. Aufgrund seiner Leistungen ist er – etwas pathetisch – als zweiter Gründer des westlichen Mönchtums bezeichnet worden. In einer noch in Bewegung befindlichen und sich weiter ausdifferenzierenden Gesellschaft begann er damit, den Tagesablauf mit größter Genauigkeit zu regeln, zu organisieren, zu unterteilen und zu zerlegen, wodurch er natürlich eine bestimmte Einheitlichkeit erzeugte (Leclercq). Wie sein Schüler und Biograph Ardone Smaragdo schrieb, bestand sein Hauptinteresse darin, mit Hilfe der Aufstellung einer einzigen, allgemein verbindlichen Regel eine Vereinheitlichung des Alltagslebens (*consuetudo*) in den Klöstern durchzusetzen. Sein Erfolg wäre jedoch nicht möglich gewesen ohne die politische und vor allem finanzielle Unterstützung, die insbesondere Karl der Große und Ludwig der Fromme den Kloster-Neugründungen zukommen ließen. Darüber hinaus machte sich der Einfluß der *iussio imperialis* bemerkbar, die die Klöster Frankreichs und Deutschlands zur Übernahme der von ihm auf der Synode von Aachen im Jahr 817 vorgeschlagenen Regeln verpflichtete.

Neben den Klöstern entstehen nun regelrechte »heilige Städte«, große Ansiedlungen, die in Quartiere unterteilt sind und von einer eigenen kleinen Schar von *milites* verteidigt werden. Das bei Ponthieu gelegene Saint-Riquer, dessen Errichtung im Jahr 788 abgeschlossen wird, kann in seinem dreieckigen, von drei großen Kirchen begrenzten *claustrum* mehr als 300 Mönche aufnehmen. Es ist umgeben von einer Ansiedlung mit ungefähr 7000 Einwohnern, die – je nach ihrem Gewerbe und den damit verbundenen Abgaben an das Kloster – in den verschiedenen *vici* leben. Neben dem *vicus militium,* der etwa hundert Personen umfaßt, gibt es den der Schmiede, der Weber, der Gerber, der Schuster, der Sattler, der Bäcker, der Schankwirte, der Winzer und der Händler, sowie schließlich den der *servientes per omnia,* derjenigen, die bereit sind, alle Tätigkeiten zu verrichten.

Hierbei handelt es sich keineswegs um einen Einzelfall. Verschiedene Zahlen vermitteln zumindest einen ungefähren Eindruck von der außergewöhnlichen Expansion: Lorsch verfügt zu seiner Verteidigung über 1200 *milites,* Anselmo, das über mehrere Jahrzehnte hinweg zur Abtei von Nonantola gehörte, zählt über 1000 Mönche in seiner unmittelbaren Umgebung und Lobbes unterstehen 72 Pfarreien. Die prunkvollen Namen, die an eindrucksvolle Vorbilder erinnern – »stolzes Rom«, »stolzes Ägypten« – können als Versuch verstanden werden, diese neue monastische Realität zu definieren. Darüber hinaus zeugen sie von der beachtlichen Konsolidierung, die einige Klöster inzwischen erreicht haben.

Diese eindrucksvolle Blütezeit sollte jedoch bald unterbrochen werden. Auf ihrem Höhepunkt zeichnet sich mit der von Benedikt von Aniane eingeführten, betont strengen Einhaltung der Regeln, also gewissermaßen durch die dem Aufschwung selbst zugrundeliegenden Antriebskräfte und Interessen bedingt, eine Veränderung ab, die für das Wesen des Mönchtums von größter Bedeutung sein wird. Das Kloster hört zwar nicht auf, Ort der individuellen Askese und Buße, der Zuflucht und des Schutzes vor den rohen Sitten einer militarisierten Gesellschaft zu sein, doch wird es nun in erster Linie zum Ort des kollektiven und öffentlichen Gebets, dessen die Menschen zu ihrem eigenen Überleben bedürfen. Als regelrechte Zitadelle des Gebets erfüllt es somit eine Funktion, die als grundlegend für das allgemeine Interesse angesehen wird: Gott anzubeten, seine Gunst und Gnade zu erhalten und die immerwährende Anwesenheit des »alten Gegners« unter den Menschen zu bekämpfen.

Die Krise, von der das Karolingerreich getroffen und fortgerissen wurde sowie die von den Sarazenen, Ungarn und Normannen auch in den Klöstern angerichteten Zerstörungen führten in zahlreichen Fällen zu einem Abbrechen der kontinuierlichen Folge von Neugründungen und zwangen die nachfolgenden Generationen – in einem Klima der Verwüstung und des Zusammenbruchs –, in gewisser Hinsicht wieder ganz von vorne anzufangen. Was jedoch nicht zerstört werden konnte, waren die Gedanken und Vorstellungen, die zur Unterstützung, Förderung und Durchführung der Klostergründungen geführt hatten. In dem langwierigen Bemühen, die Autorität von unten wiederherzustellen, nimmt das Kloster, ob es nun von einem Bischof, einem Herrn oder einem König gefördert wird, einen entscheidenden Platz ein – wodurch die außerordentliche Schwäche der gesellschaftlichen Strukturen allerdings noch deutlicher hervortritt. In einer Situation, die dadurch gekennzeichnet ist, daß die zentralen Autoritäten schwach sind, das allgemeine Ansehen der Bischöfe, die selbst in Kämpfe zwischen lokalen Potentaten verstrickt sind, grundlegend erschüttert ist, die Kathedralschulen, eine der größten Errungenschaften der karolingischen Reform, im Niedergang begriffen sind oder in Trümmern liegen, in einer solchen Situation scheint das Kloster eine Alternative zur herrschenden Unordnung zu bieten, da es trotz allem seine Fähigkeit zur kulturellen Bildung sowie zur wirtschaftlichen und gesellschaftlichen Organisation des Territoriums bewahrt hat. Dies läßt es zum Ausgangspunkt des einsetzenden Wiederaufschwungs werden. Das Mönchtum, das daraus hervorgeht, ist jedoch nicht mehr das alte: Eine stärkere Organisation und größere Geschlossenheit, aber auch eine existentielle Einstellung, ein neues Bewußtsein seiner selbst sowie die Fähigkeit zur Hegemonie und der Wille zur Intervention unterscheiden es grundlegend von dem ihm vorangegangenen.

Der im 10. Jahrhundert erneut einsetzende monastische Aufschwung folgt – ob es sich um Wiederaufbau oder Neugründung von Klöstern handelt – dem bereits erwähnten Schema. In erster Linie sind es die Könige und Fürsten – allerdings fehlt es auch nicht an der Unterstützung durch Bischöfe und Päpste –, die an den Klöstern in ihrer Funktion als religiöse Zentren des Gebets, als landwirtschaftliche Betriebe sowie als Stützen der Ausweitung und Festigung der politischen Macht im Territorium interessiert sind. Indem sie auf eigene Kosten Klöster gründen – was zur Zeit der Karolinger königliches Privileg geworden war –, stellen die

Besitzer der großen, auf den Trümmern des alten Kaiserreichs errichteten Fürstentümer die Höhe ihres Rangs und den Umfang der mittlerweile erreichten Macht und Unabhängigkeit unter Beweis. Unter den Bedingungen sich überkreuzender, überschneidender und überlagernder Macht- und Einflußbereiche, deren Akteure nach neuen Möglichkeiten und Mitteln zu ihrer Durchsetzung und Behauptung suchen, werden von Herrschern, Bischöfen und *milites* mit den Klostergründungen teilweise völlig entgegengesetzte Absichten und Interessen verfolgt, was langfristig zu einer Ausplünderung und Ausschlachtung der Klöster und ihrer Güter führt.

Der Eindruck einer Pendelbewegung entsteht, die durch die Vielzahl der an die Neugründungen geknüpften Interessen sowie das gleichzeitige Fehlen gefestigter Machtzentren ausgelöst wird und die zu ständigen, von den Klosterchroniken und mönchischen Biographien über mindestens zwei Jahrhunderte hinweg in allen Einzelheiten geschilderten Spannungen und Konflikten führt. Die Entwicklung geht jedoch unaufhaltsam weiter. Zwar ist die eingeschlagene Richtung nicht frei von Widersprüchen, doch wird es dadurch möglich, im Vergleich zur Vergangenheit neue Wege zu beschreiten. Allmählich setzt sich die Erkenntnis durch, daß der fortschreitende Verfall der monastischen Ordnung aus der Abhängigkeit des Klosters von den Mächten und Interessen herrührt, die es umgeben. Es handelt sich dabei um eben die Mächte und Interessen, die seine Existenz oftmals erst ermöglichen, deshalb aber für die Selbständigkeit und Regelmäßigkeit seines Lebens nicht weniger bedrohlich sind. Vor diesem Hintergrund ist die zunehmende Tendenz, auf einer ursprünglichen und konstitutiven Überlegenheit des Mönchtums zu bestehen sowie die entsprechende Forderung nach vollständiger Unabhängigkeit des Klosters von dem politischen und institutionellen Geflecht, in das es eingebunden ist, zu sehen, die das Entstehen von Reformforderungen begünstigen. Zu den beiden entscheidenden Bezugsgrößen der »monastischen Freiheit« werden somit einerseits die in diesem Fall der karolingischen Tradition verbundene königliche bzw. kaiserliche, andererseits die päpstliche Macht.

Zur Zeit des 10. Jahrhunderts befinden diese sich in einer Phase der Orientierungslosigkeit und der inneren Schwächung; daß sich die ersten Zentren des reformierten Mönchtums gerade auf sie beziehen, sollte deshalb auf ihre allmählich einsetzende Wiederbelebung nicht ohne Auswirkungen bleiben. Die ersten ausdrücklichen theoretischen Überlegungen, die von der Kirche als einer einzigen großen Diözese Roms ausgehen, werden von cluniazensischen Mönchen angestellt.

Darin erschöpfen sich die Aktivitäten dieses Mönchtums jedoch noch nicht. Die Notwenigkeit, sich vor den Absichten und Einmischungen der lokalen Mächte zu schützen, löst eine Bewegung des Zusammenschlusses und der Sammlung aus. Langsam hören die Klöster auf, einzelne, auf sich selbst gestellte Zentren zu sein, die der Gerichtsbarkeit des Bischofs der jeweiligen Diözese unterstehen und den gräflichen und fürstlichen Übergriffen, seien sie nun kirchlicher oder weltlicher Natur, ausgesetzt sind. Sie versuchen, sich um ein einziges Hauptzentrum zu gruppieren, das sich in große Kongregationen untergliedert, die darum bemüht sind, von Rom die Befreiung von der Gerichtsbarkeit des lokalen Ordinariats zu erhalten. Auf diese Weise entsteht eine zentripetale Bewegung: Die Kongregation zieht neue Klöster an; ihr Erstarken erhöht wiederum das Interesse, das ihr entgegengebracht wird, und verleiht ihr damit in religiösen und politischen Fragen größeres Gewicht.

Aufsehenerregend und beispielhaft ist der Fall der im Jahr 910 von dem Abt Bruno mit Unterstützung Herzog Wilhelms von Aquitanien gegründeten Abtei Cluny, die sich innerhalb eines Zeitraums von wenig mehr als einem Jahrhundert zum *ordo*, zur *ecclesia cluniacensis* entwickelt und die im ganzen Westen – von England bis Italien – Hunderte von Klöstern umfaßt und zwischen dem 11. und 12. Jahrhundert zur bedeutendsten und einflußreichsten religiösen Kongregation der Christenheit wird. Dabei handelte es sich jedoch um keinen Einzelfall: Ob es nun der Hl. Viktor aus Marseille oder das Kloster Vallombrosa war, der Hl. Benignus aus Dijon oder die Abteien Hirsau und Gorze, die Gemeinschaft in Camaldoli oder die von Cîteaux – die großen Jahrhunderte des Mönchtums weisen eine Verbreitung in sich gefestigter Kongregationen auf, die sich um ein einziges größeres Zentrum gruppieren, das seinen Einfluß und seine Ordnungsvorstellungen bis in die entferntesten Gebiete geltend macht.

Diese massive Präsenz hinterläßt sowohl in der kirchlichen als auch in der weltlichen Gesellschaft ihre Spuren. Dies liegt nicht nur an ihren vorbildhaften Verhaltensformen, sondern auch daran, daß die Spitzen der gesellschaftlichen Hierarchien in wachsendem Maße mit Angehörigen der Klöster besetzt werden: von den sechs Päpsten, die in den entscheidenden 50 Jahren des Kampfs um die Kirchenreform aufeinander folgen, von Gregor VII. bis zu Kalixtus II., kann sich nur letzterer nicht einer klösterlichen Herkunft rühmen. »Episcopari monachos nostros nec novum nec admirabile nobis est«, betont Petrus Venerabilis nicht ohne Stolz, als er im Jahr 1138 die Wahl eines cluniazensischen Mönchs zum Bischof von Langres gegen die Kritik Bernhards von Clairvaux verteidigt. In dieses Bild fügt sich auch die ständige Bemühung, das gesamte gemeinschaftliche Leben nach den eigenen Vorstellungen auszurichten und zu organisieren. Das frühmittelalterliche, kirchenväterliche Erbe wird einer erneuten Lektüre unterzogen und in den Begriffen der monastischen Hegemonie reformuliert: Theologie, Kosmologie, Anthropologie, Moral und Recht werden neu interpretiert, um die Überlegenheit der Mönche innerhalb der strengen sozialen Ordnung, die die Gesellschaft unterteilt und diszipliniert, zu begründen und zu rechtfertigen. Gegenüber einer feindlichen und verachtenswerten »Welt«, gegenüber einer nur aus Gewalt, Elend und Katastrophen bestehenden, irrationalen Geschichte erscheint das Mönchtum wie eine Zitadelle: Es allein ist dazu in der Lage, dieser Welt und dieser Geschichte einen Sinn und eine Perspektive zu verleihen, es allein ist im Besitz einer Antwort auf die Herausforderung Christi, indem es auf die Verwirklichung des überirdischen Ziels der eschatologischen Vollendung ausgerichtet ist.

Das hierarchische Schema der drei *ordines*, in die sich die Gesellschaft unterteilt – die Menschen des Gebets (*oratores*), die Krieger (*bellatores*) und die in der Landwirtschaft Tätigen (*laboratores*) –, wird für das Kloster zugunsten einer Werteskala, an deren Spitze die Mönche stehen, abgewandelt: »Unter den Christen beiderlei Geschlechts gibt es, wie wir sehr wohl wissen, drei Ordnungen, drei Grade gewissermaßen: Zum ersten die der Laien, zum zweiten die der Kleriker und zum dritten die der Mönche. Obwohl keine der drei frei von Sünde ist, ist die erste gut, die zweite besser und die dritte am besten«. (PL 139, 463)*. Unter Anspielung auf die Parabel vom Sämann und vom unterschiedlichen Ertrag der Saat, die Christus benutzt hatte (Matth., 13,8), entwickelt Abbo von Fleury, Abt von Saint-Benoît-sur-Loire, gegen Ende des 10. Jahrhunderts die Vorstellung einer abgestuften und genau festgelegten Belohnung, die – je nach dem Status, den sie im Leben eingenommen hatten – im Jenseits auf die Christen wartet.

Die Unterteilung, auf die sich das Mönchtum mit dieser Werteskala bezieht, ist bereits seit längerem bekannt. Sie bringt nicht nur eine grund-

* Dieses und die folgenden Zitate (PL ...) und (Ep ...) sind entnommen aus: Jaques Paul Migne (Hrsg.), Patrologiae cursus completus, Paris 1844 ff.

legende Abwertung der Laienwelt zum Ausdruck, eine Verachtung jeglicher Aktivität, die nicht das Kloster zum Entstehungsort und Bezugspunkt hat, sondern beruht auch auf der Bevorzugung des Geistes vor der Materie, der Seele vor dem Körper und kommt dementsprechend zu einem tendenziell negativen Urteil gegenüber jeglichem menschlichen Dasein, das nicht die Keuschheit oder wenigstens das Zölibat als Hauptmerkmal aufweist: Es ist kein Zufall – sondern spiegelt Haltungen und Einstellungen wider, die auf die Tiefenpsychologie verweisen –, daß die Frau in den Klosterbiographien und -chroniken, sofern sie nicht die liebende und sorgende Mutter eines Heiligen ist oder sich entschieden hat, Nonne zu werden, meistens als heimtückisches und wildes Wesen geschildert wird, als ständiges Opfer der Sinne und der entfesselten Gefühle, das dazu bestimmt ist, die Männer mit den Reizen des Fleisches anzulocken und zu verderben. Die Menschen, die Gesellschaft und die Geschichte werden ausschließlich in bezug auf ihr himmlisches Schicksal wahrgenommen. Das irdische Leben wird als göttliche, streng hierarchische Ordnung aufgefaßt. Die Kluft zwischen Himmel und Erde bliebe jedoch unüberwindbar, gäbe es nicht das Kloster, das sich den Menschen als eine Art Vorhof zum Paradies anbietet: demjenigen, der sich dazu entschließt, einzutreten, um ihn – ausgehend von diesem Leben – anzuleiten, die Süße jenes zukünftigen zu kosten; aber auch dem, der »draußen« bleibt, um ihm – dank der Beziehung, die er zu den zahlreichen Personen aufnehmen kann, die so begnadet waren, eine Entscheidung für das Kloster zu treffen – wenigstens die Hoffnung auf zukünftige Rettung zu geben. Das Kloster ist der auserwählte Ort, an dem irdisches und seliges Leben beinahe nahtlos ineinander übergehen und der seinen Bewohnern auf dieser ansonsten so gefährlichen und ungewissen Überfahrt Sicherheit bietet. Es ist aber auch der Ort, an dem die Gebete derer, die dort leben, vielen Hilfe und Unterstützung geben können, die zwar in der »Welt« leben, sich aber dieser Aufmerksamkeit als würdig erwiesen haben.

In Wirklichkeit sind die Grenzen natürlich nicht so klar gezogen. Wie in konzentrischen Kreisen bewegen sich zahlreiche Personen um das Kloster herum, die auf unterschiedlichste Weise mit ihm in Verbindung stehen. Für diejenigen, die in ärmlichen Verhältnissen leben oder durch eine Verschlechterung ihrer Lage in Schwierigkeiten geraten sind, besteht die Möglichkeit – falls sie sich nicht darauf beschränken, in unregelmäßigen Abständen um Beistand und Zuflucht zu bitten –, sich dem Kloster zu »geben«, indem sie sich selbst, die eigenen armseligen Sachen oder das eigene kleine Stück Land anbieten und dafür, im Austausch, Schutz, Hilfe und Gebet erhalten. Natürlich sind nicht nur materielle Interessen im Spiel, sondern auch vielfältige Hoffnungen und Erwartungen, die breite Schichten der Gesellschaft an das Kloster binden. Dieser Zustrom veränderte die Klostergemeinschaft selbst: Einige Kongregationen – wie die Vallombrosaner und Zisterzienser – gingen dazu über, die Stellung des *Laienbruders* einzuführen. Mit diesem, gewöhnlich nur als Adjektiv verwendeten Begriff bezeichnete man ursprünglich denjenigen, der erst im Erwachsenenalter Mönch geworden war (was zwischen dem 10. und 11. Jahrhundert, als sich der Zustrom aus adligen Kreisen verstärkt, immer seltener vorzukommen scheint) – im Gegensatz zum *nutritus,* der von Kindheit an im Kloster erzogen wird. Zu Laienbrüdern ernennt man ungebildete Laien, die zwar als Mönche akzeptiert, nicht aber zum Chor zugelassen werden. Von ihnen verlangt man die niedrigsten Dienste, während ihnen kultische Leistungen nur in ganz geringem Umfang zugestanden werden. Diese Personen ersetzen faktisch die *servi* des Klosters der cluniazensischen Kongregation, doch spiegelt ihre Einführung gleichzeitig auch den breiteren und sozial differenzierteren Zugang zum Kloster wider. Die unaufhörliche Suche nach Schutz und Sicherheit im Umkreis des Klosters verschmilzt mit einem neuen religiösen Bedürfnis, das weite Schichten der Gesellschaft umfaßt. Bernoldus von Konstanz berichtet beispielsweise Ende des 11. Jahrhunderts davon, daß sich Familien und ganze Dörfer aus dem Bedürfnis nach einem strengeren religiösen Leben in *fraternitates* zusammenschließen, die mit dem Mönchtum in Verbindung stehen. Bestimmte neue Formen des Zusammenschlusses und des Zusammenlebens erweisen sich als überaus beständig und verbreiten sich rasch. Es handelt sich um ein weitläufiges und nicht eindeutig bestimmbares Geflecht, das sich um die Klöster herum gebildet hat. Faßbarer wird es im Grunde erst an seiner sozialen Spitze. Die Art und Weise, in der Könige und große Herren mit dem Kloster in eine enge Beziehung treten können, ist klar vorgezeichnet. Die von ihnen gewöhnlich praktizierte Sitte, sich beim Nahen des Todes die Mönchskutte anzuziehen, bringt mit aller Deutlichkeit das Bemühen zum Ausdruck, sich im Hinblick auf das eigene Schicksal im Jenseits abzusichern: Dazu dienen neben der Mönchskutte das klösterliche Begräbnis und die Gebete der Mönche. Des weiteren versucht man derartigen Befürchtungen durch die Praxis der Schenkungen von Gütern zu begegnen, wodurch sich die Geber den Gebeten der Mönche anvertrauen:

»Ehre die Diener Gottes mit Worten und in Taten; vor allem halte in Ehren und unterstütze so gut du kannst die Mönche, Diener dieser Kirche, die Herren und unsere Brüder; wenn sie ihrer bedürfen, steh ihnen mit deiner Hilfe und deinem Rat zur Seite. Gewähre ihnen gerne die Güter, die schon mein Vater und ich ihnen zu unserer eigenen Rettung gewährt haben: auf daß sie sie in Frieden und Ruhe besäßen. Versuche nie, sie zu erniedrigen oder zu gestatten, daß dem Werk deiner Untertanen Gewalt angetan werde. Wenn du dich darum bemühst, ihnen eine zuverlässige Hilfe zu sein, werden sie immer für dich zu Gott beten.« (PL 188, 442 ff.)

Mit diesen Worten empfahl der inzwischen an der Schwelle zu seinem Tod stehende Adlige Ansoldo, Herrscher von Maule, nach einem abenteuerlichen Leben voller Reisen und Schlachten seinem Sohn die Mönche von St.-Evroult, bevor er ihre Kutte anzog, um »sein Leben in ihrer Gemeinschaft beenden zu können und um auf diese Weise sein Versprechen einzuhalten, damit Gott den Seinen beistehe« (ebd.). Dies ist nur eine von zahlreichen ähnlichen Episoden, die der cluniazensische Chronist Ordericus Vitalis sorgfältig gesammelt hat und bei der es sich – wie aus unzähligen urkundlichen und chronikartigen Quellen hervorgeht – um eine in der feinen Gesellschaft dieser Zeit anerkannte und verbreitete Sitte handelte. Eine solchermaßen beschaffene, privilegierte und dauerhafte gemeinschaftliche Beziehung gestattet einen fließenden Übergang vom Leben zum Tod.

König Alfons von Kastilien hat die cluniazensische Kongregation reich beschenkt – »ut neminem regum vel principum sive priscis seu modernis temporibus ei comparare possimus«. Die Vielzahl monastischer Leistungen, die er sich dadurch sichern konnte, ist beeindruckend (dabei handelt es sich um Leistungen, die zugleich zu seinen Gunsten und stellvertretend für ihn erbracht werden): das vollständige Aufsagen eines Psalms (»Exaudiat te Dominus«) bis zur dritten Stunde; die Veranstaltung der Kollekte »Quaesumus, omnipotens Deus« während der Hauptmesse; jeweils am heiligen Donnerstag sind dreißig Arme zur Fußwaschung »pro eo« aufgerufen, während es an Ostern hundert Arme sind, deren Hunger der *camerarius* – immer »pro eo« – zu stillen hat; darüber hinaus muß jeden Tag eine Mahlzeit für ihn im Refektorium bereitgehalten werden (»quasi si nobiscum epulaturus sederet«), mit der, zur Rettung seiner Seele »tam in vita quam in morte«, ein Mönch unterhalten wird. In der dem heiligen Petrus und dem heiligen Paulus gewidmeten Kirche, die mit seiner Unterstützung errichtet worden ist, steht ihm einer der bedeutendsten Altäre zu, an dem täglich eine Messe abgehalten wird, um seine immerwährende Rettung zu erbitten. Diese Leistungen, an denen auch seine Frau,die Königin, teilhat, werden nach seinem Tod vervielfacht und um Bittmessen, chorartige Gebete, zahlreiche Armen-Speisungen sowie die auf seinen Todestag festgesetzte Abhaltung eines üppigen Mahls für die Mönche ergänzt. (PL 159, 945 ff.)

Es handelt sich hierbei sicherlich um einen außergewöhnlichen Vorgang, der, was seine Ausmaße anbelangt, nur wenige Entsprechungen gefunden haben dürfte. Außergewöhnlich ist jedoch keineswegs die Art der Beziehung zwischen den Mönchen und ihrem Wohltäter, wie sie im Fall des Königs Alfons sichtbar wird: Die zu seinen Gunsten oder in seinem Namen vollbrachten Werke werden von dem einen oder anderen der großen oder weniger großen weltlichen Herren, die diese monastische Tradition in Ehren halten, fördern und bewahren, wiederholt vorgeschlagen und nachgeahmt. *Libri vitae, Libri memoriales,* Nekrologe, Obitarien, *Libri confraternitatum* und *Libri sepulcorum* enthalten umfangreiche Belege für die Existenz dieser wohltätigen Gemeinschaft des Gebets und der mönchischen Barmherzigkeit, die die Mönche der verschiedenen Klöster untereinander sowie mit ihren Wohltätern verbindet.

Das Kloster übernimmt damit gegenüber der Gesellschaft eine vorwiegend kultische und auf Beistand ausgerichtete Rolle. Der Teil des Klostertags, der der Liturgie vorbehalten ist, dehnt sich – vor allem in der cluniazensischen Kongregation – stark aus. Selbst die Regelung des klösterlichen Nachwuchses, der – in Fortführung einer bereits im Hochmittelalter gehandhabten Praxis – inzwischen mehrheitlich aus blutjungen Knaben besteht, erfüllt zutiefst religiöse Bedürfnisse, denn die Bereitschaft, Gott einen eigenen Sohn anzubieten – zusammen mit einem gewissen Vermögen, um die Erziehung und den Unterhalt zu gewährleisten –, sichert den Eltern auf ganz besondere Weise die Anwesenheit im »santo collegio« der Mönche und damit verbunden einen bevorzugten Zugang zu Gebet und Fürbitte.

Die Garantien für das Jenseits verbinden sich auf das engste mit konkreten, schon in der Gegenwart genießbaren Vorteilen. Neben den Gebeten gibt es eine Reihe von Unterstützungen und konkreten Hilfeleistungen, die die Mönche ihren Wohltätern kraft ihrer Macht, ihrer Bildung sowie ihres Ansehens und ihrer Glaubwürdigkeit zu geben in der Lage sind. Nachdem Herzog Wilhelm von der Normandie England erobert hat, bedient er sich der von ihm gegründeten und geförderten Klostergemeinschaften, um das Episkopat des Königreichs neu zu besetzen; ebenso bedient er sich des Wissens der Mönche, als es darum geht, eine umsichtige und effektive Verwaltung der Güter der Krone aufzubauen. (Vgl. PL 159, 817D-818A) Graf Theobald, einer der mächtigsten Herrn Frankreichs, ist für die Wohltaten, die er der entstehenden Kongregation der Zisterzienser erwiesen hat, sowie für die Freundschaft, die ihn mit dem heiligen Bernhard verbindet, bekannt. Als sich jedoch die Waffen des Königs gegen ihn richten und er sich in den größten Schwierigkeiten befindet, fehlt es nicht an Spott über seine vergangene Großzügigkeit, die es für unnötig hielt, ein Heer aufzustellen: als Krieger und Armbrustschützen hatte er jedoch Mönche und Laienbrüder! Aber die Gebete schienen nicht allzuviel zu nützen, denn: um ihn retten zu können, höhnte der Bischof, dem der Realismus der Regierungskunst offensichtlich eine gehörige Portion Skeptizismus eingeflößt hatte, hätte sich Gott zeigen müssen, einen Knüppel in die Hand nehmen und mit Schlägen nicht sparen dürfen: »Bis jetzt«, so der Bischof, »hat er jedoch nichts dergleichen getan.« Dem Bericht des Hagiographen zufolge löst der heilige Bernhard die Situation nicht nur mit Hilfe von Gebeten, sondern durch aktives Eingreifen, wodurch es ihm gelingt, die Streitenden zu besänftigen und Theobald von der Gefahr zu befreien. (PL 185, 328 ff.) Jenseits allen frommen Pathos sind die Spuren seiner tatkräftigen Einmischungen bei politischen Streitigkeiten zu zahlreich und ihre Erwähnungen zu einvernehmlich, als daß sie herabgewürdigt werden könnten.

Zweifellos handelt es sich bei Bernhard um eine außergewöhnliche Persönlichkeit. Ungeachtet dessen stellt der Umstand, daß Äbte und Klöster derartige Vermittlungspositionen einnehmen, für einen Zeitraum von mindestens zwei Jahrhunderten keine Seltenheit dar. So ist es sicherlich auch kein Zufall, daß Hugo, der große Abt von Cluny, in Canossa neben Gregor VII. sitzt – als aktiver Befürworter der Freisprechung von und Wiederaussöhnung mit Heinrich IV.; ebensowenig, daß sich der alte Kaiser, der von seinem Sohn verfolgt wird, an ihn wendet, um Zuspruch und Unterstützung zu erhalten. Dies sind bekannte Tatsachen. Ebenso bekannt sind die vielfältigen Funktionen als Ratgeber, Vermittler, Friedensstifter, als zwar verborgene, aber doch aktive Protagonisten in den großen Auseinandersetzungen dieser Zeit, die Männer wie Romuald, Wilhelm von Volpiano oder Desiderio von Monte Cassino, Wilhelm von Hirsau, Suger von Saint-Denis oder Petrus Venerabilis übernommen haben, diese großen und herausragenden Gestalten eines Mönchtums, das in Wirklichkeit eine Myriade von manchmal nur scheinbar kleinen Akteuren zählt, die sich alle mit denselben Absichten in dieselbe Richtung bewegen.

Das Ansehen, die Glaubwürdigkeit und die Entscheidungsstärke dieser Personen blieben ein ganzes Stück weit unverständlich, würde man nicht die Faszination berücksichtigen, die von ihnen ausgehen konnte. Ich glaube nicht, daß es nur an dem Nimbus der Heiligkeit oder an dem Ruf uneigennütziger Strenge lag, der sie umgab. Vielmehr entsteht der Eindruck einer Stärke der Persönlichkeit, einer Fähigkeit zur Selbsterkenntnis und zur Analyse sowie eines Vermögens zur distanziert-realistischen Beobachtung der Bewegungen der Seele, was diesen Mönchen in gewisser Hinsicht eine Überlegenheit verschafft und einen Grad der Reife erkennen läßt, der anderswo nicht zu beobachten ist. Es ist allerdings schwierig, hierüber verläßliche Aussagen zu machen. Andererseits ist der bloße Hinweis auf das ausgeprägte Selbstbewußtsein, das die monastische Kultur kennzeichnet, offenkundig unzureichend. Das weitgehende Fehlen anderweitiger, nicht-mönchischer Quellen zu diesem Thema macht die Angelegenheit nicht gerade einfacher. Eine Vielzahl verstreuter Hinweise vermittelt jedoch einen Eindruck von der geistigen Beweglichkeit, der Genauigkeit der Interpretation und der Schärfe des Blicks dieser Persönlichkeiten, der ihre wirkliche Größe zumindest erahnen läßt. In diesem Zusammenhang wäre beispielsweise die Erklärung zu nennen, mit der es Hugo von Cluny gelingt, sich vor dem Konzil von Reims im Jahr 1049 gegenüber der Verdächtigung zu rechtfertigen, er habe, um Abt zu werden, intrigiert: »Das Fleisch wollte es sicherlich, Geist und Verstand lehnten es aber ab.« (Pl 159, 865 D) Oder die beißende Ironie, mit der Suger in kurzen Zügen die Mitglieder der stolzen kaiserlichen Gesandtschaft beschreibt, die nach Frankreich gekommen waren, um mit Papst Paschalis II. zu verhandeln: die Körperfülle des unglaublich massigen und großen Herzogs der Welfen, der einschmeichelnde Tonfall des Bischofs von Treviri, des Meisters der feierlichen Rede, und alle »derart lärmend, als hätte man sie geschickt, um Angst und Schrecken zu verbreiten und nicht, um friedfertig und vernünftig miteinander zu sprechen«. (Vita Ludovici Grossi regis, IX) Dazu gehören auch der Schmerz und die Ernüchterung, mit denen derselbe Suger die schrecklichen Fälle von Verrat kommentiert, die die familiären Beziehungen zu seiner Zeit überschatten: »Das Vertrauen ist so gering, daß häufiger Gutes mit Bösem als Böses mit Gutem vergolten wird. Während das eine göttlich ist, ist das andere weder göttlich noch menschlich – und trotzdem tut man es.« (Ebd., XVII) Zu nennen wäre auch die Offenheit, mit der Petrus Venerabilis in einem Brief jene dunklen Zonen der Seele benennt, von denen auch den engsten Freunden gegenüber nicht gesprochen werden kann (Ep. 54), oder die Weisheit Brunos, des Gründers von Chartreuse, der um die Bedeutung einer schönen Natur weiß, in der sich der vom Meditieren und Wachen müde gewordene Geist erholen kann.

Stärke des Intellekts und Fülle des Gefühls gehen einher mit einer Schriftgelehrtheit, die dazu befähigt, Empfindungen, Eindrücke und scharfsinnige Beobachtungen nuanciert auszudrücken. Dieser Aspekt der monastischen Welt verdient es, gründlich untersucht zu werden, da er – worauf alles hindeutet – ein entscheidender Bestandteil jener Hegemonie ist, die das Mönchtum in dieser Periode ausübt. Die Tätigkeiten der Vermittlung, der Versöhnung und der Orientierungshilfe charakterisieren das Verhältnis des Mönchtums der Gesellschaft gegenüber in seinen grundlegenden Zügen. Fast scheint es, als handle es sich um einen Versuch, jene Vorstellungen vom Frieden und der brüderlichen, geordneten Gemeinschaft, die zu den höchsten Werten zählen, auch außerhalb der klösterlichen Insel zu verbreiten. Damit soll jedoch nicht behauptet werden, daß die Einmischung der Mönche und Klöster in die weltlichen Angelegenheiten auf die Rolle eines über den Parteien stehenden Schiedsrichters beschränkt gewesen wäre. Die mönchische Welt ist viel zu gewichtig und einflußreich, um nicht zu einem bedeutenden, und oftmals sogar dem entscheidenden Moment in den Kämpfen um die Umverteilung der Macht zu werden, ebenso wie das Wissen um die Bedeutung des eigenen Standes unter den Mönchen viel zu ausgeprägt ist, um nicht das Recht der Prophetie und des Urteils über die menschlichen Handlungen für sich zu beanspruchen. Die von umherstreifenden *milites* oder von skrupellosen Herren auf die Klostergüter verübten Überfälle und die von ihnen dort begangenen Diebstähle werden von den Mönchen natürlich als Frucht blinder Gewalt und teuflischer Bosheit verurteilt. Als Folge derartiger Vorfälle prophezeien die monastischen Chroniken dem König gewöhnlich Unglück und Bestrafung durch Gott oder die Hand des Menschen als bewaffnetem Arm der göttlichen Gerechtigkeit. Gegenüber dem Geflecht der sich teilweise frontal gegenüberstehenden Interessen und Absichten, das die aus den Fugen geratene feudale Gesellschaft dieser Jahrhunderte durchzieht und zu zerreißen droht, beansprucht das

Kloster – unter Verweis auf seine Funktion als Prüfstein der Religiosität, Ehrbarkeit und Gerechtigkeit – eine Position der Überlegenheit.

Tatsächlich wird es aber ebenso von den einzelnen Machthabern wie von den diversen, sich in den großen politischen und religiösen Auseinandersetzungen dieser Zeit befindenden Gruppen und Kräften für ihre jeweiligen Strategien vereinnahmt und benutzt. Darin zeigen sich nicht nur das gewachsene Ansehen und der inzwischen erlangte Einfluß, sondern zugleich auch die damit verbundenen Anpassungsleistungen.

Diese Feststellungen genügen jedoch nicht, um die von dem Kloster im politischen und religiösen Kontext seiner Zeit eingenommene Position zu verstehen. Allzu eindeutig und einheitlich motivierte Lesarten großer sozialer Phänomene führen oft zu starken Verkürzungen. Und um eine große soziale Erscheinung handelte es sich – vor allem zwischen dem 10. und 12. Jahrhundert – im Falle des monastischen Universums zweifellos: eines Universums, das sich, angefangen bei seinem ganz oder überwiegend aus sehr jungen Knaben bestehenden Nachwuchs – die Eintritte Erwachsener in das Kloster scheinen wie gesagt für den größten Teil dieser Periode Ausnahmen zu bleiben, zumindest bei den Mönchen adliger Herkunft –, als eine Art abgesonderter Lebensweg begreift und sich verhält, als würde es eine Welt bilden, die gegenüber der der gewöhnlichen Menschen abgeschottet und undurchlässig ist. Diese Berufung wird mit der Entscheidung für die Vervollkommnung gerechtfertigt, der es darum geht, die Kluft, die sie vom Rest der Menschheit trennt, in vollem Bewußtsein auszumessen: Es handelt sich um die Herausbildung einer selbstbewußten Elite, die davon überzeugt ist, eine für das jenseitige Schicksal der Menschheit entscheidende und unersetzbare Aufgabe zu erfüllen, und die deshalb gar nicht umhin kann – in ständigem Widerspruch zur ursprünglichen Tendenz der Abkehr von der Welt und der Flucht aus ihr –, der eigenen Gesellschaft gegenüber eine Position der Überlegenheit, der Urteilsfähigkeit und der Orientierung, wenn nicht gar der Führung zu beanspruchen.

Das monastische Universum besteht nicht nur aus Menschen, die sich aufgrund einer persönlichen Entscheidung oder infolge einer individuellen Eingebung gegenüber ihrer Umwelt abheben; diese Form von Andersartigkeit findet sich mehr noch in den alltäglichen, gewissermaßen zeitlosen, gemeinsam verrichteten Handlungen und Rhythmen, die einen Stil erzeugen, Gesten, Haltungen, Empfindungen und Gefühle hervorrufen, die ein geschlossenes und zusammenhängendes Ganzes ergeben, das sich dem Außenstehenden zwar als Gegenstand der Verehrung und Bewunderung darbietet, jedoch von sich aus nicht mit der Gesellschaft in eine direkte, wechselseitige Beziehung treten kann. Die Untersuchung dieser einzelnen Bestandteile und die Bestimmung der sie umgebenden, oftmals gestörten oder gefährdeten Gleichgewichte eröffnen die Möglichkeit, noch tiefer in diese Welt vorzudringen und die Wachstums- und Entwicklungsprozesse ebenso wie die Wurzeln ihrer Krisen und die Gründe ihres langsamen, aber unaufhaltsamen Niedergangs freizulegen; kurz, sich dem weiter anzunähern, was mit einem nicht ganz glücklich gewählten Ausdruck als »monastisches Geheimnis« bezeichnet worden ist – unter der Voraussetzung, daß mit dem »Geheimnis« nicht die Grenzen der Erkenntnis gemeint sind, mit denen der Geschichtswissenschaftler im Verlauf seiner Arbeit unweigerlich konfrontiert wird.

Die Sehnsucht nach Gott und einem bereits auf Erden spürbaren Hauch von Ewigkeit bewirken im Falle des Mönchtums eine besondere Beziehung zum Absoluten. Die Regel fordert den Verzicht auf die Welt, auf alles Vergängliche; im Zeichen der Nachfolge Christi verlangt sie die Entscheidung zur »freiwilligen Armut«. Das Thema der vollständigen Hingabe seiner selbst – das einzige Geschenk, das Christus würdig ist –, bildet einen festen Bestandteil des asketischen Denkens und des christlichen Lebens, dessen konkrete Ausformung sich allerdings mit dem jeweiligen kulturellen und geschichtlichen Zusammenhang verändert. »›So haben wir alles hinter uns gelassen und sind dir gefolgt.‹ Dies sind die überzeugten Worte der freiwilligen Armut, die die Klöster hervorgebracht und sie mit Mönchen gefüllt hat und die Wälder mit Anachoreten bevölkerte.« (Pl 144, 549) Mit dieser knappen und sehr traditionellen Formulierung kennzeichnet Nikolaus von Clairvaux, der Sekretär des Hl. Bernhard, die Erklärung, die das Mönchtum für sich selbst und die eigene Berufung hatte. Begründungen dieser Art genügen natürlich nicht, um den konkreten Verlauf der Entwicklung nachvollziehen und erklären zu können. Sie blenden die sozialen und kulturellen Bedingungen aus, denen es zuzuschreiben ist, daß die Entwicklung gerade in dieser und keiner anderen Form verlief. Sie bestimmen auch nicht die Prozesse der Akkulturation, die dazu führen, daß sich der Wille zur *Nachfolge* gerade auf diese Weise und nicht anders äußert. Schließlich vermögen sie auch nicht zu erklären, warum dies in einem Moment geschieht, der angesichts von

Ordenstraditionen und starren sozialen Hierarchien doch eher ungünstige Entstehungsbedingungen bot.

Mit »Armut« ist jedoch nicht die mittel-, schutz- und machtlose Situation gemeint, in der sich die Armen dieser Zeit befinden. »Armut« bedeutet hier vielmehr eine Abwendung von der profanen Gesellschaft und ihren gewöhnlichen Orten, eine Ablehnung ihrer Alltäglichkeit, die Entscheidung für eine individuelle Disziplin der Askese und des Gehorsams, eine Konzentration auf die Suche nach Gott in Gebet und Kontemplation sowie die Orientierung an einer Reihe von Werten, die durch die Sünde und die wiederholten Versuchungen Santans ständig gefährdet und bedroht sind: »Fernab vom lärmenden Zank widerstehen sie geduldig den trügerischen Verlockungen des Satans. Ausdauernd im Studium der Heiligen Schrift, vorbildlich im Gehorsam und aufopferungsvoll in der Nächstenliebe geben sie sich dem Genuß der glücklichen Stadt in Kontemplation hin.« (Pl 144, 901) Aus dieser Sicht kann es nicht darum gehen, auf die durch menschliche Arbeit entstandenen Instrumente und Mittel zu verzichten, sondern vielmehr um die Frage, wie sie zur Erreichung des letzten Ziels genutzt werden können. Die Macht und der Reichtum der Klöster, die Großartigkeit ihrer Kirchen und der Glanz ihrer Gottesdienste, die Größe ihrer Gästehäuser – die übrigens so eingerichtet sind, daß sie sowohl arme Pilger beherbergen als auch die Großen der Welt in einem ihnen würdigen Rahmen aufnehmen können –, die vielen hundert Menschen, die die klösterlichen Felder bestellen, nachdem die Mönche dazu übergegangen sind, der alten Aufforderung Benedikts zur Arbeit durch vornehmere Tätigkeiten nachzukommen, sowie die Einmischungen der Mönche in die Angelegenheiten und Streitigkeiten sowohl der kirchlichen als auch der Laienwelt, all dies entspricht dieser Logik, beansprucht jedoch zugleich, jene grundsätzliche, auf Ablehnung und Verzicht ausgerichtete Einstellung, die die Grundlage ihrer Berufung bildet, nicht anzutasten. So gesehen macht das Mönchtum – mit der wuchtigen und massiven Präsenz seiner Kirchen und Klöster und den Reihen seiner zum Gebet versammelten Mönche – eine menschliche Natur sichtbar, die dem Durcheinander, das durch die ständigen Verlockungen der Sünde erzeugt wird, entzogen ist. Auf diese Weise schafft es innerhalb einer Gesellschaft, die andernfalls den dauernden Angriffen des Bösen erliegen müßte, Inseln der Ordnung und der »Vernunft«.

Unter den »Gleichnissen« des Anselm von Bec, die von seinem Schüler Eadmerus liebevoll gesammelt wurden, findet sich eines, das dieses Bedürfnis nach Sicherheit und Schutz, welches sich hinter den Klostermauern konzentriert, besonders deutlich zum Ausdruck bringt. Es handelt sich um die Geschichte eines Königs und ein von ihm beherrschtes Dorf. In dem Dorf steht eine befestigte, gegen Überfälle geschützte Burg. Um sie herum befinden sich zahlreiche Häuser, von denen einige stabil gebaut sind, andere jedoch weniger. Der König hat einen mächtigen Feind. Dieser findet auf seinen häufigen Streifzügen in allem, was außerhalb des Dorfes liegt, leichte Beute. Oft wagt er es aber auch, in das Innere des Dorfes vorzudringen, wo er die weniger befestigten Häuser plündert und die Bewohner gefangennimmt. Nur die gegenüber der Außenwelt abgeschlossene und sich den Hilferufen gegenüber taub stellende Burg bleibt für die Angreifer uneinnehmbar und bietet denjenigen, die in ihr Zuflucht gefunden haben, umfassende und vollständige Sicherheit. Die Moral der Fabel ist einfach und offensichtlich:

»Der König ist Gott, der sich in ständigem Kampf mit dem Teufel befindet. In seinem Reich herrscht das Christentum; innerhalb des Christentums das Mönchtum; oberhalb des Mönchtums gibt es nur noch das Leben der Engel. Im Christentum gibt es einige Tugendhafte und viele Schwache. Das Mönchtum ist jedoch so stark und sicher, daß jemand, der dort Zuflucht sucht, also zum Mönch wird und, ohne zu wanken, bei dieser Entscheidung bleibt, nie vom Teufel in Versuchung geführt werden kann ... All diese Dinge liegen in der Macht Gottes. Sein Feind, der Teufel, verfügt jedoch über soviel Einfluß, daß er, ohne auf Widerstand zu stoßen, alle Juden und Heiden, die er außerhalb des Christentums findet, entführen und in die Hölle stürzen kann. Oftmals dringt er sogar bis in das Innere des Christentums vor, führt die Schwachen in Versuchung und nimmt ihre Seelen gefangen. Widerwillig muß er jedoch auf diejenigen verzichten, die stark und gefestigt sind. Gegen das Mönchtum vermag er nichts auszurichten. Ebensowenig kann er denjenigen, die Mönche geworden sind, Böses zufügen, es sei denn, sie kehrten zu den eigenen Blutsverwandten in das weltliche Leben zurück.« (Pl 159, 647ff.)

Es wäre ein leichtes, aus der hagiographischen und der Klosterliteratur eine Vielzahl von Beispielen anzuführen, die sich – gegenüber der Intention, wie sie in diesen Vorstellungen zum Ausdruck kommt –, in direktem Gegensatz befinden; das heißt von Mönchen, die den Versuchungen des Bösen permanent ausgesetzt und ausgeliefert sind. Darum geht es aber gar nicht. Anselm liegt vor allem daran, die Vorstellung von der Unbesiegbarkeit des Mönchtums zu verbreiten und zugleich, anhand von alltäglichen und gewöhnlichen Gestalten und Situationen der damaligen

Zeit, ein Bewußtsein der eigenen Stärke und des, verglichen mit den anderen Sterblichen, privilegierten Status zu wecken. Im mönchischen Dasein verwirklicht sich in einer einzelnen Person auf umfassende Weise das, wozu alle Menschen aufgerufen sind. Darüber hinaus behauptet das Mönchtum jedoch auch das zu verkörpern, was es im menschlichen Streben an Tieferem und Ursprünglicherem gibt, auch wenn es oft vergessen und ausgelöscht scheint.

Sicherlich handelt es sich dabei um einen Akt der Gnade, der auf dem unergründlichen Willen Gottes beruht – ein Aspekt, den die monastische Predigt ausdrücklich betont –, doch ist die mönchische Berufung auch eine besondere Form der Auserwählung und das Kloster der einzige Ort, an dem sich Menschen zusammenfinden, die über intellektuelle Fähigkeiten verfügen und von einer menschlichen Größe sind, die sie über die anderen hinaushebt und ihnen Überlegenheit verleiht. Es ist kein Zufall, daß von den sieben Gaben des Heiligen Geistes die beiden höchsten, nämlich Klugheit und Weisheit, als ausschließliches Merkmal des kontemplativen Lebens und damit in erster Linie des Mönchwesens angesehen werden: die eine, weil sie den Sinn der göttlichen Gebote und der Uneigennützigkeit, die von unseren guten Werken verlangt wird, zu verstehen vermag; die andere, weil sie das, was der Verstand erkannt hat, wohlschmeckend macht und versüßt und dafür sorgt, daß aus reiner Liebe zur Redlichkeit das angestrebt wird, was vom Verstand als erstrebenswert erkannt wurde. (Pl 159, 681) Es ist eine Überlegenheit intellektueller und moralischer Art, die hier anerkannt und honoriert wird und die zur damaligen Zeit nur im Kloster die Möglichkeit zu ihrer vollen Entfaltung findet.

Die Entscheidung für das Mönchtum ist auch eine Frage der Kultur und des Bewußtseins. Für die adligen Söhne bietet sie die einzige Alternative zum Waffenhandwerk, und es ist kein Zufall, daß beinahe alle mönchischen Lebensbeschreibungen dieser Jahrhunderte den Widerwillen ihrer jeweiligen Hauptperson gegen die ritterlichen Übungen und Gewalttätigkeiten, sowie ihren unwiderstehlichen, ursprünglichen Hang zu Lektüre, Meditation und Gebet hervorheben. Berufung zur Heiligkeit und kulturelles Interesse gehen Hand in Hand. Columban kann sich noch aus der Welt zurückziehen, um die Früchte einer bereits erworbenen Kultur zu genießen, vier bis fünf Jahrhunderte später jedoch kann nur der, der sich zurückzieht, hoffen, überhaupt Kultur zu erwerben.

Wir dürfen uns jedoch über das Wesen der »Berufung« keine falschen

Vorstellungen machen: Das, was für nur wenige eine im Erwachsenenalter herangereifte, bewußte und persönliche Entscheidung ist, stellt sich für den größten Teil als Beginn eines Weges dar, über dessen Verlauf und Richtung andere entschieden haben. In gewisser Hinsicht könnte man von objektiver Berufung sprechen, insofern die führende Schicht eine bestimmte Anzahl ihrer Mitglieder verpflichtet, Mönche zu werden, um religiösen und sozialen Bedürfnissen gerecht zu werden, die zwar allen gemeinsam sind, für die meisten jedoch unerfüllbar bleiben. Die damals unter Adligen und Rittern weit verbreitete Gewohnheit, die eigenen Söhne dem Kloster schon in zartem Alter anzuvertrauen, um sie in das Klosterleben einführen zu lassen, steht auch mit den Ansprüchen an eine gründliche Ausbildung in Verbindung, die nur an einem solchen Ort gewährleistet ist. Wie bereits erwähnt, resultiert diese Haltung aber auch aus der Vorstellung einer tiefgreifenden, gemeinsamen Verbundenheit, die die gesamte Menschheit sowohl in ihrem irdischen Dasein als auch in ihrem zukünftigen Schicksal umfaßt und die das gleichzeitige Vorhandensein verschiedener Aufgaben und Funktionen mit sich bringt, die allesamt erfüllt und übernommen werden müssen. Derjenige, der im Kloster lebt, weiß, daß er auf andere Menschen angewiesen ist, die ihn mit Nahrung, Kleidung und Wohnung versorgen und ihm Schutz bieten. Er weiß also, daß er sein spirituelles Leben (»spiritualis conversatio«) nicht nur für sich führen kann, sondern es auch in den Dienst derer stellen muß, die ihm diese »Aufmerksamkeiten« zukommen lassen. Genauso müssen sich »diejenigen, die mit weltlichen Angelegenheiten befaßt sind«, dessen sehr wohl bewußt sein, daß sie des Gebets der »spirituellen Männer« dringend bedürfen: »damit sie, die von den Freuden, Ängsten und unzähligen Gefahren des gegenwärtigen Lebens bedrängt werden, nicht riskieren, der Errettung und der ewigen Seligkeit verlustig zu gehen.« (Pl 146, 121 B–C)

Der Eindruck eines scheinbar friedlichen und stabilen religiösen und sozialen Gleichgewichts trügt jedoch. Sowohl innerhalb des Klosters als auch zwischen Kloster und Gesellschaft machen sich Spannungen und Widersprüche bemerkbar, die der Ordnung, die ihnen zugrunde liegt, selbst eingeschrieben sind. Ihre Ursachen liegen unter anderem in der Art, wie der klösterliche Nachwuchs geregelt wird, in den Ausbildungsmethoden sowie in der selbstbewußten Behauptung, durch Absonderung von der Welt über den Königsweg zur Errettung zu verfügen. Sie stehen aber auch mit dem selbstbewußten Anspruch des Klosters in Zusammenhang, das vollkommene christliche Leben zu verkörpern, was dazu führt, daß sich Erwartungen und Ansprüche auf das Kloster konzentrieren, die durch ganz andere Bedürfnisse und Umstände hervorgerufen wurden.

Wie bereits erwähnt haben sich die wenigsten aus eigener Initiative für das Kloster entschieden: Nachdem sie auf Geheiß ihrer Eltern in das Kloster eingetreten sind, müssen sie sich erst langsam zu Mönchen entwickeln; sie müssen eine Lebensform akzeptieren lernen, deren einziger Zweck in der Eroberung des Absoluten besteht; sie müssen sich selbst auf die Probe stellen und diesen qualvollen und schmerzhaften Zustand zu überwinden versuchen, dessen Paradoxie schon Columban als bestimmend für den um sein ewiges Schicksal besorgten Menschen ansah: nämlich hassen zu müssen, was er sieht, und keine konkrete Erfahrung darin haben zu können, was ihm ansteht zu lieben. (Instructio III, 3) Dies erklärt auch, warum sich die monastische Pädagogik so ausführlich mit dem Thema der Treue und der Unumkehrbarkeit beschäftigt: Treue dem eigenen Stand gegenüber, Unumkehrbarkeit des einmal eingeschlagenen Wegs zur Vervollkommnung. Diese Art von Treue und Unumkehrbarkeit verlangen – das ist offensichtlich – persönliche Zustimmung, Beteiligung und Willensstärke. In gewisser Hinsicht finden sich Treue und Unumkehrbarkeit aber auch unabhängig von diesen Eigenschaften, insofern sie sozusagen in die innerhalb des Klosters herrschende Dauerhaftigkeit und Beständigkeit eingewoben sind, wodurch das Kloster wiederum in seiner Funktion als Ort und Möglichkeit der Errettung bestätigt wird.

Recht aufschlußreich sind in diesem Zusammenhang verschiedene Äußerungen von Petrus Venerabilis, dem letzten großen Abt von Cluny, mit denen er sich gegenüber dem von seiten der Zisterzienser geäußerten Vorwurf, er halte die von der Regel vorgeschriebene Probezeit bei der Aufnahme von Novizen nicht ein, verteidigte: Niemandem, der nach ihm verlangt – erklärte er –, dürfe der Weg zur Errettung versperrt oder verweigert werden; eine allzu unnachgiebige und strenge Haltung könne nämlich dazu führen, daß der Betreffende Satan folgt. Seinem Plädoyer liegt die Überzeugung zugrunde, daß für eine rasche Zulassung als Novizen auch denjenigen Gutes getan werden muß, die es gar nicht wollen. Tatsächlich kommt es häufig vor, daß einige nach einer gewissen Zeit – obwohl sie sich inzwischen dem monastischen Joch anscheinend untergeordnet haben –, derart von Versuchungen und Traurigkeit gequält wer-

den, daß sie in den Schmutz der Welt, den sie verlassen haben, zurückkehren würden, wenn sie nicht wüßten, daß sie den vollzogenen Schritt nicht rückgängig machen können, ohne sich für alle Ewigkeit zu schaden: »Und wenn sie bisweilen daran denken, dies zu tun, kehren sie doch immer wieder – von besagter Angst getrieben –, in den eigenen Schafstall zurück; und da sie wissen, daß es keine andere Rettung gibt, halten sie, wohl oder übel, ihr Gelübde.« (Ep. 28)
Die Zisterzienser kritisierten diesen Ansatz und viele andere Aspekte des cluniazensischen Lebens: Indem sie eine erst im Erwachsenenalter getroffene Entscheidung für das Mönchtum förderten, versuchten sie, die auf Buße und Reue bezogenen Bestandteile der monastischen Entscheidung zu stärken. Aber auch bei ihnen gab es – in der Überzeugung, daß das Kloster den Königsweg der Errettung darstellt –, eine deutliche Tendenz, soviel wie möglich Neulinge aufzunehmen und zu halten, wobei mit Ermahnungen und Druck nicht gespart wurde. Die Sorge um die Errettung der anderen wird zu einem zentralen Anliegen des Mönchtums.

Bernhard von Clairvaux ist eine in vielerlei Hinsicht außergewöhnliche Persönlichkeit: Sowohl was seine Entschlossenheit als auch seine Härte anbelangt, ist er extrem. In seiner Ausschließlichkeit, mit der er Mönch ist und seine Vorstellungen vom jenseitigen Leben verbreitet, ist er kompromißlos und konsequent wie nur wenige. Nur seiner langen Amtserfahrung ist es zuzuschreiben, daß sich diese Eigenschaften im Lauf der Jahre wenigstens teilweise abschwächen. Die Geschichte seiner »Bekehrung« sowie die der Seinigen ist dennoch bezeichnend und typisch für bestimmte, in der monastischen Kultur verbreitete Verhaltensweisen, auch wenn sie hier gewissermaßen bis ins Extrem getrieben sind. Er gibt sich nicht mit seiner individuellen Entscheidung zufrieden, die ihn als gut Zwanzigjährigen nach Cîteaux führt. Unablässig bearbeitet, bedrängt und bestürmt er die Seinen, damit sie ihm alle – Vater, Onkel, Brüder und Vettern –, folgen. Selbst seine Schwestern drängt er, sich für das Kloster zu entscheiden. Die eine, die bereits verheiratet ist und sich ihm widersetzt, behandelt er – solange sie sich nicht seinem Willen beugt –, wie eine Verführerin des Teufels, wodurch er sie schließlich dazu bringt, dem Ehemann die Zustimmung zu ihrem Eintritt ins Kloster abzuringen. (PL 185, 244 ff.) Es gibt keine Form der Einmischung, vom Gebet bis zur Drohung, derer er sich nicht bedient, keine Gelegenheit, die er ausläßt, um seine Ziele zu erreichen. Auch wenn der Biograph hier zweifellos übertreibt, vermittelt seine Schilderung doch einen Eindruck von der Kraft dieses mitreißenden Eifers: »Die Mütter versteckten ihre Söhne, die Ehefrauen schlossen ihre Männer ein, Freunde wurden in Sicherheit gebracht. Der Heilige Geist wurde angefleht, seiner Stimme den nötigen Nachdruck zu verleihen und soviel gefühlsmäßigen Halt zu geben, daß man ihm wenigstens mit Mühe und Not widerstehen konnte.« (PL 185, 235 C–D) Wie Petrus Damianus berichtet, wollte Romuald auf ähnliche Weise schon mehr als ein Jahrhundert zuvor, aus Sorge um die Errettung der anderen »die ganze Welt zu Einsiedlern bekehren«.

Der außergewöhnlichen Expansion des Mönchtums dieser Jahrhunderte lagen – wie bereits mehrfach erwähnt – noch andere Antriebskräfte und Interessen zugrunde. Entscheidend ist mit Sicherheit die alles dominierende Vorstellung gewesen, daß allein das Kloster einen christlichen Weg zu Reue und Erlösung von der eigenen Schwäche und Schuld bietet, daß allein hier eine Alternative zur Irrationalität der gewalttätigen und rauhen Gesellschaft besteht, und daß aus jedem, der diesen Ort verläßt, ein zu ewiger Verdammnis verurteiltes, verzweifeltes Wesen wird.

Welche Auswirkungen Vorstellungen dieser Art auf die Psyche und die gesamte Existenz der Menschen hatten, ist nicht leicht einzuschätzen. Wir werden beispielsweise nie mit Sicherheit feststellen können, ob die lange Krise des Otloh von Sankt Emmeran – der an der Existenz Gottes zu zweifeln beginnt, weil er sein von Jugend an in den Klostermauern eingeschlossenes Leben als völlig sinnentleert empfindet – gänzlich persönlicher Natur ist, oder ob es sich nicht vielmehr um einen jener seltenen Fälle handelt, in denen relativ weit verbreitete Fragen und Probleme in einer dramatischen Erzählung exemplarisch abgehandelt werden. Für die Richtigkeit letzterer Annahme spricht die Entscheidung Otlohs, seine Geschichte – zum Zweck der Belehrung und zur Unterstützung seiner Mitbrüder – überhaupt niederzuschreiben.

Verschiedene andere Anzeichen deuten auf eine Unruhe und ein Unbehagen hin, die direkt mit dem Mönchtum in Zusammenhang stehen. Das monastische Ausbildungssystem beispielsweise ist ausschließlich auf die Kontemplation über Gott und die gründliche Aneignung seines Wortes durch ständige und wiederholte Lektüre (*meditatio* und *ruminatio*) der Heiligen Schrift ausgerichtet. Die Benutzung von Autoren des heidnischen Altertums ist dabei nur insofern gestattet, als es zur sprachwissenschaftlichen und literarischen Bildung der Mönche erforderlich ist; in dieser Konzeption wird ihnen jedenfalls keinerlei eigene Bedeutung zugestanden. Die Realität stimmt jedoch nicht immer mit den Prinzipien überein. Aufgrund des Umstands, daß sich das gesamte kulturelle Leben auf das Kloster konzentriert, während gleichzeitig an der absoluten Überlegenheit des eigenen theologischen und spirituellen Systems festgehalten wird, entstehen untergründig Abweichungen und Widersprüche, die in Abständen auch an der Oberfläche sichtbar werden. Verschiedentlich wird eine Lockerung der gefühlsmäßigen Einbindung sowie das Einsetzen einer Suche nach Alternativen beobachtet, die sich an die für die schulische Ausbildung gedachten Bücher halten konnte. Das geschlossene System, auf das die monastische Welt sich zu stützen vorgab, bekam damit – wenn zunächst auch nur auf einer rein individuellen Ebene – Risse.

Die klösterlichen Reformer zeigten sich über diese Entwicklung im übrigen bestens informiert. Es war sicherlich kein Zufall, daß das zisterziensische Kapitel von 1199 es für angebracht hielt, eine Regelung zu erlassen, derzufolge diejenigen Mönche, die Gedichte verfaßt hatten, an einem anderen Ort untergebracht und von ihrem Ursprungskloster jedenfalls nicht wiederaufgenommen werden sollten, es sei denn auf Beschluß eines allgemeinen Kapitels. Mehr als ein Jahrhundert zuvor ist es – dem Bericht des Biographen Hugos von Cluny zufolge – eine Handschrift von Vergil, die für den Niedergang der monastischen Disziplin in St. Marcellus bei Chalon-sur-Saône verantwortlich gemacht wird. (PL 159, 871 ff.) Bei seinem Eintritt in das Kloster erwähnt Otloh, der ein guter Beobachter gewesen zu sein scheint, daß ein Teil der Mönche ausschließlich mit der Lektüre der Werke heidnischer Autoren befaßt war. (PL 146, 29 A) Er selbst bekennt, daß er – obwohl er sich vorgenommen hat, seine ganze Zeit der Lektüre der Bibel zu widmen – zuerst Gewißheit darüber zu erhalten versuchte, ob es an dem Ort, an dem er seiner Berufung entsprechend leben würde, auch eine ausreichend große Anzahl guter Bücher gäbe. (PL 146, 35 A) Der Verfasser des Verzeichnisses der Bibliothek von Pomposa, der Ende des 11. Jahrhunderts in seinem Enthusiasmus behauptet, dieses übertreffe an Umfang noch das der Bibliothek von Rom, registriert mit großer Genauigkeit und voller Entrüstung die Vorwürfe, die dem Abt Hieronymus von seinen Mitbrüdern gemacht werden, weil er klösterliche Mittel für den Erwerb heidnischer Bücher verwandt hatte. Zu seiner Verteidigung führt dieser – wenn auch nicht sehr überzeugend –, an: Im Haus eines Mächtigen kann es nicht nur Gefäße aus Gold und Silber geben, sondern auch solche aus Ton. Hieronymus geht es darum, daß jeder sich entsprechend seiner Interessen und Verdienste beschäftigen und seinen eigenen Verstand gebrauchen soll. Wenn sie aufmerksam gelesen werden, sind die Bücher der Ungläubigen im übrigen durchaus lehrreich: Zeigen sie vielleicht nicht, daß der weltliche Pomp nichtig ist? Auch in Anbetracht der als Kriterium für die Lektüre vorgeschlagenen Allegorese sowie der Assimilationskraft der monastischen Kultur fällt es dennoch nicht leicht zu glauben, daß das Bewußtsein, mit dem ein Ovid gelesen und genossen wurde, innerhalb jener Grenzen geblieben sein soll, wie sie in einem anonym verfaßten *accessus ad auctores* des 12. Jahrhunderts umrissen wurden: »Bonorum morum est instructor, malorum vero extirpator.« Ebenso unwahrscheinlich ist es, daß die hier angeführten Kriterien die einzigen gewesen sein können, die die Lektüre eines Ovid bestimmten.

Auch wenn es unmöglich ist, die Auswirkungen dieses Unbehagens und dieser Unruhe, die sich innerhalb des Klosters bemerkbar machen, in ihrer ganzen Reichweite zu erfassen, so läßt sich doch feststellen, daß diese Erscheinungen in erster Linie mit der von dem Kloster auf dem Gebiet der Kultur eingenommenen Monopolstellung in Verbindung stehen. Die zunehmende ideologische und institutionelle Differenzierung des religiösen und weltlichen Lebens verhinderte eine weitere Ausdehnung des Mönchtums. Die größten Risse, die im monastischen System schon zur Zeit seiner »goldenen Jahrhunderte« sichtbar geworden waren, resultierten aus seinem eigenen Anspruch, die christliche Vervollkommnung zu verkörpern und die geschichtliche Verwirklichung der *Nachfolge Christi* zu sein. Der von bestimmten Klöstern erlangte Reichtum löst eine monastische Reformbewegung aus, eine stärkere Betonung von Askese und Reue, sowie die Bemühung um eine getreuere Einhaltung von Buchstabe und Geist der Regel. Was sich jedoch nicht verändert, ist die widersprüchliche Ausschließlichkeit, die die Ausdehnung und den Erfolg begleitet hatte, sowie jener Anspruch auf kulturelle und soziale Hegemonie, der ebenfalls mit der Expansion einhergegangen war. Idee und Praxis der »freiwilligen Armut«, die von den Benediktinern entwickelt und verwirklicht worden waren, bewahren ihren hohen Stellenwert im sozialen Gefüge und erlangen – wie im Fall der *pauperes Christi* – ein derartiges Ansehen, daß sie zu einer Art Maßstab für die Beurteilung von Frömmigkeit werden. Es gibt eine innere Entwicklungslogik, die sozusagen automatisch zur Expansion führt: Nur ein halbes Jahrhundert nach ihrer Gründung verfügt die Kongregation der Zisterzienser über einen

Lebensstandard und einen Besitz, wie sie ihn früher, vor allem der Abtei von Cluny gegenüber, hart getadelt hatte.

Dabei handelt es sich jedoch genau um die Aspekte, die sich angesichts der gesellschaftlichen Veränderungen sowie der neuen religiösen und sozialen Bedürfnisse, die in diesen Jahrhunderten langsam entstehen, als zunehmend problematischer erweisen. Das Mönchtum zerbröckelt und zerbricht – um einen langsam und graduell verlaufenden Prozeß begrifflich zuzuspitzen – unter dem Druck einer zweifachen Bewegung: Einerseits wächst innerhalb des Klosters – und zwar unter Berufung auf dieselben gedanklichen und schriftlichen Überlieferungen, auf die sich auch das Mönchtum in seinen Anfängen bezogen hatte – die Bereitschaft, das monastische Leben und seinen Nutzen in Frage zu stellen sowie – vor dem Hintergrund einer erneut als notwendig empfundenen Christianisierung der Gesellschaft – gegen aristokratische Neigungen und elitäre Abschließungen zu protestieren, und damit auf die Unzulänglichkeit der Gleichung: apostolisches Leben = monastisches Leben hinzuweisen, die nach wie vor einen zentralen Stellenwert einnimmt. In einem Brief an Bernhard von Clairvaux stellte Petrus Venerabilis, der natürlich wußte, daß er mit dem vollen Einverständnis seines Gegenüber rechnen konnte, die rhetorische Frage: »Quid est aliud dicere, ›omnia quae habes da pauperibus et veni sequere me‹, nisi esto monachus?« (Ep. 28). Was jedoch für diese beiden Männer noch ein unbestrittener Grundsatz war, wurde von vielen anderen schon lange nicht mehr geteilt. Schon während des Kampfs um die Klosterreform zwischen dem 11. und 12. Jahrhundert hatten sich Mönche in vielen Gegenden dazu aufgerufen gefühlt, aus der Abgeschiedenheit des Klosters herauszutreten, die Predigt aktiv auszuüben und sich direkt der *cura animarum* zu widmen, was jedoch mit der monastischen Tradition unvereinbar war und sofort mit ihr in Widerspruch geriet.

Diese Bewegung, die ihren Ursprung im Kloster hat, verbindet sich nun andererseits mit den Bedürfnissen und Ansprüchen, die im Verlauf der Prozesse zunehmender Differenzierung der Gesellschaft entstehen. Demgegenüber versucht der Klerus, sich auf eine Art und Weise neu zu organisieren, die sich nicht in dem alten Schema der Vervollkommnung erschöpft. Das neu erwachte Interesse an der Glaubwürdigkeit des Evangeliums führt zur Verbreitung von Mission und Verkündigung als wesentlichen Bestandteilen der *vita apostolica*. Die von verschiedenen Laiengruppen vorgebrachte Forderung nach Ausweitung des eigenen Einflusses innerhalb der Kirche, findet in dem durch das monastische Modell vorgegebenen Rahmen keinen Platz. Die in der Gesellschaft zu beobachtende Zunahme der Armut stellt sich nicht länger als bloßes Problem der Fürsorge und der Wohltätigkeit dar, sondern wird auch zu einer Frage der religiösen und menschlichen Erlösung und Befreiung. Die *conversatio inter pauperes*, das Leben als Armer unter Armen, erscheint als glaubwürdigere und wahrheitsgetreuere Bezeugung des Evangeliums. Den Höhepunkt dieser Entwicklung bilden später die außergewöhnlichen Aktivitäten des Franziskus und seiner Anhänger, die auch für die auf sie folgende Zeit von Bedeutung waren, wenngleich sie, aufgrund ihrer Anbindung an die etablierte kirchliche Tradition, disziplinierter und geregelter verliefen.

Solange für die verschiedenen Formen religiösen Lebens die Notwendigkeit bestehen bleibt, sich mit Hilfe einer »Regel« zu organisieren, die auf Gehorsam, klösterlicher Stabilität, klarer Trennung von den übrigen Menschen, gemeinschaftlichem Besitz und disziplinierter Askese beruht, bleibt der Einfluß wirksam, den die monastische Kultur weiterhin auf die unterschiedlichen Formen christlichen Lebens im Westen ausübt. Wenn die Mönche und Klöster auch im Lauf der Zeit an Bedeutung verloren, so bildete die von ihnen in den Jahrhunderten ihrer großen hegemonialen Ausstrahlungskraft entwickelte Religiosität doch ein Vermächtnis, das das christliche Leben nachhaltig prägte: eine Art langer Welle, die ihren Schwung noch nicht ganz eingebüßt zu haben scheint. Es wäre nicht nur gewagt, sondern auch anmaßend, würde man versuchen, ihre Wichtigkeit und Bedeutung innerhalb der komplexen Entwicklung des Christentums summarisch abzuhandeln. Im Laufe der letzten Jahrzehnte scheint das Bedürfnis jedenfalls zugenommen zu haben, Pauschalisierungen dieser Art zu überwinden. Vermutlich ist es auch kein Zufall, daß sich parallel und in Reaktion auf derartige Bestrebungen Versuche zu einer Art monastischen Erneuerung einstellen, die darauf abzielen, dem Kloster wieder eine prophetische und eschatologische Bedeutung zuzuerkennen, wobei dies jedoch nicht in einem exemplarischen oder umfassenden Sinn verstanden wird, sondern eher einer Eingebung folgt, die sich ihrerseits auch wieder auf eine weit zurückreichende, alte Tradition berufen kann.

Kapitel 2

Der Krieger und der Ritter

Franco Cardini

Es kam einer regelrechten Revolution gleich, als im Verlauf des 10. Jahrhunderts die alte, bis dahin gültige Unterscheidung zwischen *liberi* und *servi* – deren Ursprung weit vor der hebräischen, der römischen und der germanischen Zivilisation lag, in denen der Westen seine kulturellen Wurzeln hatte – praktisch verschwand, um durch die weitaus genauere Unterteilung in *milites* und *rustici* ersetzt zu werden. Diese neue Unterscheidung beinhaltete eine genaue Grenzziehung, wenn auch nicht schon auf normativ-institutionellem Gebiet, so doch im Hinblick auf die sozialen Funktionen und Lebensbedingungen zwischen einer privilegierten Minderheit, die Waffen trug und kämpfte und deshalb in der Regel keine Abgaben zu entrichten hatte, sowie der überwältigenden Mehrheit, die nicht nur für ihre eigenen, wenn auch begrenzten Lebensbedürfnisse arbeiten mußte, sondern auch für die höheren Ansprüche derer, die das Privileg hatten, nicht selbst arbeiten zu müssen.

Die Welt des 10. Jahrhunderts (ebenso wie zuvor bereits die der Mitte des 9. Jahrhunderts) ist hart und gefährlich; allein das bloße Überleben erfordert eine ständige, zermürbende Achtsamkeit und Anspannung. Auf ihren Streifzügen überfallen und plündern Wikinger, Magyaren und Sarazenen die Küsten und das Hinterland des östlichen Mittelmeerraums; dazu kommen die ständigen, immer wieder neu aufflammenden Kämpfe zwischen räuberischen und gewalttätigen aristokratischen Herrschern, die – auch wenn sie auf die von ihnen geförderten Klosterneugründungen stolz sind und sich der Reliquien rühmen, die sie als Kriegsbeute von überallher zusammengetragen haben, und die sie wie magische Kultgegenstände verehren – nur sehr oberflächlich christianisiert wurden.

Das Europa dieser Zeit erlebt eine starke Zunahme von Kastellen (einige Regionen wie zum Beispiel Kastilien benennen sich sogar nach ihnen). In diesen Festungen fand man Zuflucht, dicht aneinandergedrängt lebend, während draußen der von Barbaren und »Tyrannen« entfesselte Sturm tobte. Diese beschwerlichen und entbehrungsreichen Bedingungen des Kastellebens haben nicht unwesentlich dazu geführt, daß sich in Europa die Praxis der Selbstverteidigung und der Selbstregierung entwickelte.

Die Härte dieser Zeit bewirkte im übrigen eine Neubelebung grundlegender Ordnungsvorstellungen, so z.B. die Dreiteilung der Gesellschaft in *oratores*, *bellatores* und *laboratores*. Das Beten, das Kämpfen und das Bestellen der Felder wurden nunmehr als die drei entscheidenden – wenn auch unterschiedlich gewichteten – Bestandteile der Gesellschaft, als die drei Säulen der christlichen Welt angesehen. Georges Dumézil hat in seinen Arbeiten schlüssig nachgewiesen, daß die Ursprünge dieser dreigliedrigen Einteilung bis in die indoeuropäische Kultur zurückreichen. Uns geht es hier jedoch nicht um das Aufspüren von Kontinuitäten, sondern darum, das spezifisch Mittelalterliche einer mehrere Jahrhunderte, ja ein ganzes Jahrtausend fortdauernden Hochachtung des Kriegs und des Kriegers zu bestimmen. Diese Hochachtung brachte in der christlichen Gesellschaft – deren höchste Ideale nichtsdestoweniger friedlicher Natur sind und bleiben – während einer langen Periode der Unsicherheit zwischen dem 10. und 12. Jahrhundert ein ethisch-theologisches Gedankengebäude hervor, das auf eine Art Heiligsprechung der militärischen Praxis hinauslief.

Alles nimmt hier seinen Anfang, in jener finsteren Periode der Überfälle der Barbaren und der sogenannten »feudalen Anarchie« zwischen dem 9. und 11. Jahrhundert. Nach und nach ersetzt der Begriff *miles* all die anderen Bezeichnungen für den Krieger (*sicarius, buccellarius, gladiator*), die bislang benutzt wurden, um die um einen Fürsten (*dominus*) in streng geordneten Verbänden zusammengefaßten Bewaffneten zu kennzeichnen. Schon der alte Tacitus hatte den germanischen *comitatus* beschrieben, der im Frühmittalalter um zahlreiche Varianten bereichert wird, die vom fränkischen *trustis* bis zur russischen *družina* reichen. Im Lauf der Zeit war um diesen Begriff herum eine Ethik entstanden, die auf Mut, kameradschaftlicher Treue und einer Bindung an den Fürsten beruhte. Dieser wurde weniger als *dominus*, denn als *senior* betrachtet, als Scharführer oder »Alter», von dem man Geschenke und Schutz erwarten konnte. In diesen *Männerbünden* hatten sich regelrechte Initiationsriten für die Aufnahme neuer Anwärter herausgebildet: rauhe Kraft- und Schmerzproben, rituelle Verletzungen und Geschicklichkeitsübungen, die immer hart an der Grenze dessen lagen, was die christliche Kirche noch für zulässig erklären konnte. Früher – und wieder ist es Tacitus, der daran erinnert – mußten sich alle jungen Krieger der Wälder und der Steppen Prüfungen dieser Art unterziehen. Seit dem 8. Jahrhundert jedoch entstand, bedingt durch den zunehmenden militärischen Einsatz von Pferden und die immer aufwendiger und kostspieliger werdenden Rüstungen – das belegen die karolingischen *Capitularia* –, ein eigenständiges Waffenhandwerk. Damit einher ging eine Entmilitarisierung der römisch-barbarischen Gesellschaften.

Die alten Traditionen erhielten sich schließlich nur noch in den inzwischen zur Elite zählenden Kriegerscharen um die aristokratischen Fürsten. Dort war die feierliche Überreichung der Waffen regelrecht zu einem festen Ritual geworden, das den Eintritt der jungen Aristokraten in die Welt der Macht besiegelte. Dies ist der Hintergrund jener Zeremonie, die wir gewöhnlich mit der Redewendung »zum Ritter schlagen« bezeichnen und die, im Zusammenhang mit dem zu Pferde geführten Kampf und den äußeren Merkmalen, die diese Lebensform kennzeichnen, zur Herausbildung der Gestalt des Ritters beigetragen hat.

Normalerweise ist der berufsmäßige Krieger zwischen dem 10. und 11. Jahrhundert jedoch Mitglied einer Schar, die von einem adligen Herrn befehligt wird und gewöhnlich an dessen Wohnsitz in Garnison liegt; dabei kann er von seinem *senior* entweder Güter zu den Bedingungen eines Vasallen erhalten oder aber, gewissermaßen als eine Art Sold, von ihm mit Waffen, Pferden und Kleidung ausgestattet werden; er kann, wie es normalerweise üblich ist, bei seinem *senior* leben oder aber auf ihm gehörenden bzw. ihm überlassenen Feldern eine eigenständige Existenz führen; er kann persönlich frei, oder aber Bediensteter sein, wobei er in letzterem Fall zur Gruppe der sogenannten *ministeriales* gerechnet wird.

Im Hinblick auf die Erklärung der militärischen Entwicklung werden evolutionistische und deterministische Positionen kaum noch vertreten. Niemand behauptet noch, daß das Rittertum im Lauf des 8. Jahrhunderts auf »natürliche« Weise, als Reaktion auf die Streifzüge und Überfälle der spanischen Araber entstanden sein könnte oder gar eine notwendige Folge der Erfindung des Steigbügels gewesen sei (insofern dieser eine größere Festigkeit im Sattel und damit harte, vom Ritter im Galopp durchgeführte Angriffe in Form kräftiger Stöße mit der direkt unter der

Achsel gehaltenen Lanze ermöglicht hätte). Viel eher wird heute das wachsende Ansehen des berittenen Kriegers aus dem Überdauern seiner bald schon heiligen Stellung bei den Völkern der Steppe erklärt. Nicht minder bedeutsam ist der Zusammenhang zwischen den ständig steigenden Kosten des Krieges und der militärischen Ausrüstung (vom Pferd über die Waffen aus Eisen bis zur gepolsterten und gestärkten, *bruina* genannten Jacke) einerseits, sowie der Herausbildung hierarchischer, vasallischer Abhängigkeiten und der gleichzeitigen Vergrößerung des sozialen, wirtschaftlichen und rechtlichen Abstands zwischen Bewaffneten und Unbewaffneten andererseits.

Der Zusammenstoß zwischen den großen, zur Eintreibung von Abgaben berechtigten Herrschaften, von denen jede über eine bewaffnete Gefolgschaft verfügt, wird zum bestimmenden Merkmal des Lebens im 10. und 11. Jahrhundert; es handelt sich um die lange Periode der Zersplitterung der öffentlichen Gewalten, um die Zeit der sogenannten »feudalen Anarchie«. Es ist die Zeit, in der die Bewaffneten in erster Linie als *tyranni* und *praedones* in Erscheinung treten: ihre Gewalttätigkeiten gegenüber den Wehrlosen und all denen, die die Kirche als *pauperes* bezeichnet (die Kleriker selbst, die Witwen und Waisen, diejenigen, die nicht dazu in der Lage sind, sich zu verteidigen, sowie die jeglichen Schutzes Beraubten), werden – vor allem in den bischöflichen Quellen – immer häufiger angeprangert.

Es waren gerade die Oberhäupter bestimmter Diözesen, die zwischen dem Ende des 10. und dem Beginn des 11. Jahrhunderts die Bewegung *pax* oder *treuga Dei* (Gottesfriedensbewegung) ins Leben riefen. Ihnen zur Seite standen schon bald Aristokraten und *milites*, die sie für ihr Vorhaben hatten gewinnen können, sowie Laien auch niederen Rangs, die angesichts des Ausmaßes der gewaltsamen, den Aufschwung des Handels und des wirtschaftlichen Lebens behindernden Übergriffe beunruhigt waren. Wallfahrtsorte, Hospize, Märkte, Furten und Straßen wurden unter einen besonderen Schutz (den der *pax*) gestellt, aufgrund dessen jeder, der an diesen Orten Gewalttaten beging, mit dem Kirchenbann belegt werden konnte. Ähnliche Maßnahmen wurden zum Schutz all der als *pauperes* bezeichneten Personengruppen ergriffen (wobei dieser Begriff keineswegs nur in einem rein wirtschaftlichen Sinn verwendet wurde). Schließlich erreichte man, daß das von der *pax* für bestimmte Orte und Personengruppen verfügte Verbot von kriegerischen Unternehmungen auch auf bestimmte Wochentage ausgeweitet wurde. Wenn das Töten immer und in jedem Fall eine Todsünde war, so bewirkte der *Friede Gottes* nun, daß ein zwischen Donnerstagnachmittag und Sonntagnachmittag begangener Mord direkt zur Exkommunikation führte. Wenngleich der Krieg auch nicht ganz und gar geächtet wurde (in einer Gesellschaft, in der die Krieger eine derart führende Rolle einnahmen, wäre eine solche Maßnahme undenkbar gewesen), konnte er doch weitgehend eingegrenzt werden, indem man ihn den Erfordernissen einer allgemeinen Wiederbelebung des sozialen und wirtschaftlichen Lebens sowie den Anforderungen der Kirchenreform unterordnete, die gerade zu dieser Zeit an Einfluß gewann. Diese Reformbewegung, die von der in der Abtei von Cluny in Borgogne versammelten monastischen Kongregation unterstützt wurde, zielte auf die sogenannte *Libertas Ecclesiae*, auf die Befreiung der kirchlichen Institutionen von der Macht der Laien.

Andererseits hätte sich die Bewegung *pax Dei*, die sich in Form einer Reihe lokaler Konzile mit Beteiligung sowohl des Klerus als auch von Laien weiter ausbreitete, nicht behaupten können, hätte sie nicht Verbündete gewonnen. Aber es gelang ihr, Krieger dafür zu mobilisieren, die Befriedungsaktion auch den *tyranni* gegenüber durchzusetzen, die immer noch auf ihrem Recht zu Gewalttaten beharrten, und ebenso den *infractores pacis* gegenüber, jenen Adligen, die trotz ihres Schwurs auf Einhaltung der Friedens- und Waffenstillstandsabkommen erneut Privatkriege anzettelten. Auch wenn die Scharen der *milites* bereits eine Ethik kannten, die auf dem Mut, der Treue dem Anführer gegenüber und der Kameradschaft mit dem Waffenbruder beruhte, so entsteht die im eigentlichen Sinne »ritterliche« Ethik erst in Zusammenhang mit den kirchlichen Vorschriften der Friedenskonzile: Diese Ethik steht ganz im Dienst der Kirche, hat die Verteidigung der *pauperes*, der Schwächsten, zum Ziel und geht bis zur eigenen Aufopferung.

In den 70er und 80er Jahren des 11. Jahrhunderts entwickelte Papst Gregor VII. die Vorstellung vom *miles sancti Petri*, die zwar teilweise Neues enthielt, im wesentlichen aber eine Abwandlung des *miles Christi* darstellte. Dabei orientierte er sich an Vorbildern wie dem *miles* Erlembaldo Cotta, dem militärischen Anführer der milanesischen Patarener. Bekanntlich war mit dem Begriff *miles Christi* lange Zeit nur der Märtyrer gemeint. Im Lauf der Zeit wurde er auch auf den Mönch sowie den Asketen bezogen, um schließlich für jeden zu gelten, der sich dem Gebet und den geistigen Dingen widmete und, in der Verschwiegenheit seines Herzens, den *spirituellen Kampf* gegen die Sünde aufnahm. In diesem

Sinn waren *militia Dei* und *militia huius saeculi*, religiöses und weltliches Engagement, lange Zeit als Gegensätze betrachtet worden. Der um die Reform und die Befreiung vom Einfluß der weltlichen Fürsten kämpfenden Kirche war inzwischen bewußt geworden, daß sie auf alle Kräfte angewiesen war, die ihrem neuen Programm von Nutzen sein konnten, einschließlich der militärischen: Papst Gregor zögerte nicht einmal, einem Adligen, der sich entschlossen hatte, der Welt den Rücken zuzukehren und sich in einer Abtei einzuschließen, deshalb ernsthafte Vorwürfe zu machen. Was noch kurze Zeit zuvor sowohl als heilig wie auch als heroische Entscheidung angesehen worden wäre, stellte sich nun gewissermaßen wie eine Flucht aus dem Schützengraben in der vordersten Reihe dar. Ein neuer Typ von *miles Christi*, genauer, von *miles sancti Petri* entstand, der bereit war, sein Schwert im Dienste des Priestertums zu gebrauchen. Vielleicht hängt es damit zusammen, daß der Ritterschlag, bis dahin eine weltliche Zeremonie der professionellen Waffenträger, allmählich von der Kirche als eine Art religiöse Anerkennung verstanden wurde – einer Kirche, die übrigens schon seit geraumer Zeit (und dies wird durch eine Quelle wie die römisch-germanische Pontifikale von Magonza aus dem 10. Jahrhundert belegt) den Waffen ihren Segen ebenso erteilte wie den Arbeitswerkzeugen oder den Dingen des täglichen Bedarfs.

So hart sie den *tyranni* und *praedones* gegenüber blieb, so wohlwollend verhielt sich die Kirche nach ihrer Reform denjenigen Laien gegenüber, die sich dazu entschlossen hatten, ihre militärischen Fähigkeiten und ihren Mut in ihren Dienst zu stellen. Typisch für diese neue Haltung ist in gewisser Hinsicht die *Vita* des heiligen Gerhard von Aurillac, niedergeschrieben von Odilio, dem Abt von Cluny: Bevor er sich ins Kloster begab, hatte Gerhard das Leben eines Kriegers geführt; aber auch auf diese Weise hatte er, seinem Biographen zufolge, Gott auf eine durchaus angemessene Weise gedient. Der Brauch, die Waffen als Zeichen der Bekehrung abzulegen – wie es noch in der *Vita Martini* von Sulpicius Severus dargestellt worden war –, schien damit überwunden. Nun konnte man auch heiliggesprochen werden, wenn man der Kirche in Waffen diente.

Es ist jedoch nicht so, daß diese veränderte Haltung allein ein Erfolg der *pax Dei*-Bewegung oder des Investiturstreits war. Von größerer Bedeutung ist der Umstand, daß das westliche Christentum zur Zeit des 11. Jahrhunderts eine ausgeprägte Expansionsphase durchläuft. Dazu gehören auch die militärischen Unternehmungen, die von Ritterheeren oder von der Kriegsflotte der Küstenstädte vor allem des Tyrrhenischen Meeres gegen den Islam durchgeführt werden, als dieser – nach seinem außergewöhnlichen Aufschwung zwischen dem 7. und 10. Jahrhundert – in eine Phase krisenhafter Stagnation gerät. Damit scheint die Wende zur Gegenoffensive des Christentums eingeleitet zu sein: Im islamisierten Spanien kommt sie seit dem 8. Jahrhundert in Form der sogenannten *Reconquista* zum Ausdruck; sie zeigt sich in der, in gewissem Maße auch von Cluny geförderten und sich zunehmender Beliebtheit erfreuenden Pilgerfahrt zum Wallfahrtsort Santiago de Compostella, sowie in der Abenteuerlust zahlreicher, vor allem französischer Ritter, die – in der Hoffnung auf Kriegsbeute – nicht zögern, sich in den Söldnerdienst der christlichen Adligen von León, Kastilien und Aragón zu begeben. Auf kulturellem Gebiet führen diese Spannungen und Zusammenstöße nicht nur zum christlich-nationalen Epos des *Cantar de mio Cid*, sondern auch zu einer großen Fülle epischer Gesänge und Sagen, in denen – gestützt auf die Darstellung wundersamer Erscheinungen und den Kult mit Reliquien und geweihten Stätten – der christliche Glaube und der Sinn für Wunder in einer Art ursprünglichem »Kriegschristentum« zum Ausdruck kommen und sich die Verherrlichung christlicher Spiritualität mit militärischem Ruhm verbindet. Dementsprechend werden die Jungfrau Maria und der heilige Jakob des öfteren zusammen mit den »Kriegsheiligen« Georg, Theodor, Merkur, Demeter, Martin und anderen abgebildet, die gerade im Begriff sind, mit ihren weißen Fahnen in die Schlacht zu ziehen, um die Christen anzuspornen, die Ungläubigen in Schrecken zu versetzen und in die Flucht zu schlagen. Eine ähnliche Haltung kommt in verschiedenen Darstellungen der Eroberung Siziliens durch die Normannen zum Ausdruck, vor allem in den Quellen, die von den Heldentaten der Seemänner Pisas während des Überfalls auf Mahdia im Jahr 1087 und, fünfundzwanzig Jahre später, auf die Balearen, berichten. Sie findet sich auch in dem berühmtesten Text der westlichen epischen Dichtung dieser Zeit, dem *Chanson de Roland*.

Ob der christliche Held Roland, ein Enkel Karls des Großen, eine historische Figur gewesen ist, läßt sich kaum belegen. In unserem Zusammenhang kommt es aber auch nicht darauf an, ob eine Person dieses Namens tatsächlich am karolingischen Hof gelebt hat und ob ihr Ruf in irgendeiner Weise durch ihre Taten gerechtfertigt war. Was hier interessiert ist, daß die Umstände seines Todes im 8. Jahrhundert, als er in den Pyrenäen bei Roncevaux in einen Hinterhalt geriet, eine epische Tradition entstehen ließen, die im 11. Jahrhundert unter dem Schlagwort »Märtyrer für den Glauben« an Bedeutung gewann. Sein Ende, so wie es in den bewegten Versen des *chansons* geschildert wird, ist das eines heiligen Vasallen, der einem Kriegsgott dient; bevor er die Augen schließt, richtet der Paladin eine wahre Liebeserklärung an sein Schwert Durandarte, in dessen Griff wertvolle Reliquien eingeschlossen sind; dann reicht er Gott als Ausdruck höchster *fidelitas* seinen Handschuh, indem er ihn gegen den Himmel hebt; dieser öffnet sich daraufhin und entläßt eine Schar von Engeln, die hinabsteigen, um den Helden zu holen und ihn im Flug zur Pforte des Paradieses zu bringen.

Seit Jahrzehnten wird über die Originalität des *Chanson de Roland* diskutiert, sowie über die Rolle der epischen Dichtung und ihr Verhältnis zu der ihr vorausgehenden kriegerischen Tradition, die unter Umständen bis auf das heidnische germanische Altertum zurückgeht. Mit Sicherheit sind jedoch die Engel, die zu Roland hinabsteigen und ihn in den Himmel begleiten, keine verkleideten Wallküren. Es sind christliche Engel, die aus der Sicht eines ideellen und gefühlsmäßigen Wertesystems dargestellt werden, das der geerbten kriegerischen Tradition zwar viel verdankt, in weitaus größerem Umfang jedoch durch eine Kirchenlehre geprägt ist, die sich eher am Alten als am Neuen Testament orientiert. Der Krieger Michael ist in der Epik der biblische »Herrscher über die Heere des Herrn«; ebenso ist der christliche Gott Rolands – auch wenn er oftmals liebevoll »Sohn der Maria« genannt wird –, in Wirklichkeit der schreckliche Gott Israels, der *Dominus Deus Sabaoth*, Herr der Schlachten und der Rache.

An diesem Punkt stellt sich jedoch ein Problem: Ist es wirklich die hierarchisch und hierokratisch gegliederte gregorianische Kirche gewesen, so wie sie aus der Reform des 11. Jahrhunderts hervorging, die die ritterlichen Ideale »erfand«, indem sie aus der alten feudal-militärischen Ethik ein System kriegerischer Tugenden entwickelte, das auf dem Ideal der Verteidigung der Schwachen und dem Vorbild des Märtyrers für den Glauben beruhte, sowie auf dem persönlichen Mut und dem beruflich und durch die Initiationsriten bedingten Zusammenhalt gründete? Diese These ist oft mit der Feststellung untermauert worden, daß die *chansons de geste* sowohl in gedanklicher als auch in stilistischer Hinsicht viel mit den liturgischen Formeln und hagiographischen Texten gemeinsam haben und daß sie deshalb in Wirklichkeit für bestimmte kirchliche Kreise die Funktion von Propagandainstrumenten erfüllt haben könnten. Zahlreiche Wissenschaftler sind heute jedoch in diesem Punkt der genau entgegengesetzten Meinung: Sie gehen davon aus, daß die *chansons* die alte Tradition verkörpern, auch wenn sie zwischen dem 11. und 12. Jahrhundert von einer weitgehend unabhängigen weltlichen Kultur neu angeeignet und verfeinert worden sind (und, wenn man so will, an das neue Gefühl angepaßt wurden, das im Leitmotiv des religiösen Heroismus so stark zum Ausdruck kommt). Des weiteren betonen sie, daß die liturgischen Formeln und die hagiographische Literatur aufgrund ihrer Popularität wahrscheinlich sehr dazu geeignet waren, um sich der kollektiven Vorstellungswelt nachdrücklicher einzuprägen. Demnach hätten wir es weniger mit einer Christianisierung der ritterlichen Kultur zu tun als mit einer Militarisierung und Heroisierung christlicher Glaubensbezeugung zu dem Zweck, geeignetere Formen zu finden, einen Zustand der Ergriffenheit und Fesselung zu erzeugen, und diese – kurz gesagt – als Propagandainstrumente einsetzen zu können.

Das *Chanson de Roland* bietet erstmals eine Art systematischer Zusammenfassung dessen, was als *ritterliches Tugendsystem*, als »ritterliches ethisches System« bezeichnet werden kann. Die beiden Pole, um die es kreist, sind die *prouesse*, die Tapferkeit, und die *sagesse*, die »Weisheit«, das heißt jene besondere, durch die Erfahrung geschärfte Klugheit, die sich gewöhnlich als Vorsicht äußert. Die beiden Begriffe ergänzen sich gegenseitig; das Ergebnis ihres harmonischen, gleichzeitigen Vorhandenseins ist die *mesure*, eine Art kontrolliertes Gleichgewicht. Der Held, der nicht weise ist, gilt als Tor; der Weise, der nicht tapfer ist, gilt als Feigling. Tatsächlich befinden sich jedoch beide Grundtugenden in der Person eines einzelnen Ritters nur selten in einem ausgewogenen Verhältnis: dies entsteht erst durch die Waffenbrüderschaft von Rittern, die sich in ihrem Wesen gegenseitig ergänzen, durch die Kameradschaft eines vornehmlich Starken mit einem, der in erster Linie weise ist. Vollkommenes Rittertum – und darin stimmen die verschiedensten Abhandlungen, von dem reformerischen Gregorianer Bonizone von Sutri bis zu Raimundus Lullus, dem Theoretiker eines mystischen Rittertums, überein – verkörpert sich weniger in einem Individuum. Es verwirklicht sich auf der Grundlage eines Gruppen- oder Korpsgeistes (*notitia contubernii*); Cicero, der Hl. Bernhard oder Aelred von Rievaulx nennen ihn *amor socialis*. Dies ist vielleicht der insgeheime und zugleich offensichtlichste Sinn der Abbildung auf dem Siegel des Templerordens, die zwei Ritter auf einem einzelnen Pferd zeigt; dieses Gefühl brüderlicher Freundschaft und inniger

Gemeinschaft ist es auch, das einen Autor des 14. Jahrhunderts, als er die ritterlichen Werte preist, zu dem Ausruf veranlaßt (der noch frei von jenem Ästhetizismus ist, den so viele ähnliche Sätze zwischen dem 19. und 20. Jahrhundert charakterisieren): »Was für eine süße Sache ist doch der Krieg!«

An dieser Stelle muß allerdings hinzugefügt werden – gerade um zu zeigen, wie sehr die Welt Rolands von Laien beherrscht wurde und wie wenig christlich sie in ihrem Innersten war –, daß der »junge und frische Krieg«, der »schöne Krieg«, der einem Marc Bloch derart anstößig vorkam, durchaus keine Erfindung einer dekadenten Hysterie ist, wie wir sie in unserem Jahrhundert schon erlebt haben. Zweifellos steht diese Auffassung vom Krieg in einer alten epischen Tradition; in gewisser Hinsicht ist der Krieg ja gerade in der mittelalterlichen Welt der Ritter gegenwärtig, in einer Welt, von der man den Eindruck hat, als sei der erasmische, vorsichtige Weise – *bellum dulce inexpertis* – nicht gerade viel wert gewesen.

Eines der typischen Elemente der Ritterpoesie, das schließlich im *fin amor* des Troubadours wiederkehren wird, ist die *joie*, die gewöhnlich mit der Jugend in Zusammenhang gebracht wird. Eine einseitig auf den sexuellen oder erotischen Aspekt dieser Werte zielende Interpretation, die sich auf eine Verbindung zwischen jugendlichem Alter und Genußfähigkeit berufen könnte, wäre jedoch verfehlt: Die Jugend muß vielmehr in engem Zusammenhang mit den *iuvenes* gesehen werden, den gerade erst zu Rittern geschlagenen Männern, die auf der Suche nach einem in der Regel gewalttätigen Abenteuer in aufrührerischen Gruppen durch die Gegend ziehen; die »Freude«, wie sie uns in einigen *chansons de geste* entgegentritt, entspricht damit weniger einem Zustand zuversichtlicher Euphorie, als vielmehr einer fürchterlichen Erregung, einer entsetzlichen Überspanntheit, die der germanisch-heidnischen *Wut* nahekommt, dem *furor* und der kriegerischen *trance*, der sogar schamanische Qualitäten bescheinigt wurden. Wir wären sicher nicht überrascht, fänden wir diese Elemente in einem Text von der Art des *Raoul de Cambrai*, der düsteren Geschichte einer grausamen Rache. Eine ähnliche Stimmung kennzeichnet aber auch die in vielerlei Hinsicht erbaulichen *chansons* aus dem Zyklus von *Wilhelm von Orange*, wobei es sich hier jedoch um einen Krieger handelt, der in das Kloster eingetreten ist. Ähnliches trifft schließlich sogar auf ein Epos wie *Aliscans* zu, in dem von dem Martyrium des jungen Helden Vivien berichtet wird: während er der Erzählung zufolge beinahe als Heiliger anzusehen ist, tritt er in den verschiedenen geschilderten Episoden nichtsdestotrotz als grausamer Schlächter auf.

Wenn die *chansons* auch tiefe Einblicke erlauben in die Mentalitäten an den Höfen und auf den Märkten, bei den Rittern und unter den Laien niederen Standes, bei denen die Erzählungen ritterlicher Heldentaten großen Gefallen fanden, so muß man sich davor hüten, den in ihnen zum Ausdruck kommenden, aufrichtigen, wenn nicht gar glühenden christlichen Glauben als Folge einer Theologisierung des militärischen Geistes aufzufassen. In einer Vielzahl von Episoden – wie zum Beispiel den Szenen, in denen die Zwangstaufe der Sarazenen geschildert wird –, allgemeiner jedoch noch in der dieser Literatur zugrunde liegenden Einstellung, äußert sich eine spezifische Auffassung vom Christentum: es entsteht das Bild eines weltlichen, oftmals volkstümlichen Christentums, das frei ist von Rücksichtnahmen auf die Lehre und nicht selten einen regelrecht antigeistlichen Humor kennt, dessen Tonfall bisweilen an Respektlosigkeit grenzt, das aber andererseits auf der Forderung nach Anerkennung einer besonderen Heiligkeit des Ritters besteht, der nicht nur anders und sogar besser, sondern auch dankbarer gegenüber dem Herrn ist, als sich dies vom Priesterstand behaupten ließe. Von Stimmungen dieser Art sind beispielsweise Szenen wie jene durchdrungen, in denen sich die verletzten Ritter kurz vor ihrem Tod gegenseitig beichten und die Absolution erteilen oder in denen einer vom anderen die Kommunion empfängt, wobei ein Grashalm vom Schlachtfeld als geweihter Gegenstand benützt wird.

Von dieser Denkweise sind auch die *chansons* desjenigen Zyklus geprägt, der dem ersten Kreuzzug gewidmet ist. In diesem Epos, das das zwischen 1096 und 1099 durchgeführte Unternehmen schildert, wollte man – nicht ganz zu Unrecht – einen direkten und unmittelbaren Niederschlag der Christianisierung des Rittertums entdecken. Heute wissen wir, daß am ersten Kreuzzug (wie übrigens auch in Frankreich bei den um die *pax Dei* entstandenen Streitigkeiten, in Italien beim *Investiturstreit* und in Spanien bei der *Reconquista*) Gruppen von »armen Rittern« beteiligt waren, die auch in den *chansons* erwähnt werden, bei denen das Adjektiv »arm« jedoch nicht in seinem gewöhnlichen Sinn verstanden werden darf. Es handelt sich mit anderen Worten keineswegs um direkt notleidende Leute oder Mitglieder der kleinen Aristokratie – unabhängig davon, daß man in der Dichtung wie auch in den Chroniken auf in dieser

Weise arme Krieger trifft: des wenn auch bescheidenen Gefolges beraubt, im Besitz nurmehr des Pferdes und der Waffen, die sie am Leib tragen. Diese Ritter bezeichneten sich insofern als »arm«, als sie ihr Verlangen nach Ruhm, Reichtümern und Abenteuern aufgegeben hatten, um sich – obwohl sie weiterhin Laien und Krieger blieben – ganz der Befolgung der strengen Regeln der reformierten Kirche zu widmen: In ihrer Berufung kommt eine Erfahrung zum Ausdruck, die sie mit vielen Laienbruderschaften dieser Zeit gemeinsam haben. Es gibt also allen Grund zu der Annahme, daß das neue Klima, das sich in der Christenheit kurz nach dem Triumph der – wenn auch in sich heterogenen – Gruppe der Reformer ausbreitete (die Reform des 11. Jahrhunderts summarisch als »gregorianisch« zu bezeichnen, stellt eine unzulässige Verkürzung dar), eine große Anziehungskraft auf die Welt der Ritter ausgeübt hat. Das in Hinblick auf die epische Dichtung interessanteste Ergebnis des Kreuzzugs, die *Conquête de Jérusalem*, scheint jedoch vom tieferen Sinn der Reform völlig unberührt geblieben zu sein: Das Szenario, das sie bietet, ist das der üblichen Wunder (Engel und Heilige, die mit den Christen ins Feld ziehen) und der stilisierten und formalisierten Empfindungen; daneben findet sich aber auch die für die epischen Heroen typische Heftigkeit (sie sind ergriffen, fallen vor Aufregung in Ohnmacht und schluchzen) sowie brutale Grausamkeit (im Zuge der Eroberung der heiligen Stadt kam es zu einem entsetzlichen Massaker der Kreuzfahrer unter Moslems, Juden und orientalischen Christen). Der Held dieser Eroberung ist, neben Gottfried von Bouillon, Thomas de Marle. Er bezwingt als erster die Mauern der Stadt, wobei er gleichsam auf den eisernen Spitzen der Lanzen seiner Männer schwebt. Er ist jemand, der nicht einmal davor zurückschreckt, Frauen niederzumetzeln; gleichzeitig erfüllt ihn ein gottesfürchtiger Eifer und vor dem Grab Christi ist er zu Tränen gerührt; dies schließt jedoch nicht aus, daß er im Besitz eines magischen Talismanns ist, der ihm in der Schlacht Unverwundtbarkeit verleiht. Tatsächlich wissen wir nicht mit Sicherheit, ob Thomas de Marle wirklich als erster die Mauern der Stadt Jerusalem überwunden hat – diese Heldentat sollte ihm später von einer ganzen Reihe wahrer oder mutmaßlicher Helden streitig gemacht werden –, aber was wir von ihm historisch wissen, läßt erschaudern (einen ausführlichen Bericht hat der Abt Guibert von Nogent, Teilnehmer und Chronist des Kreuzzugs, verfaßt). Man hat einen Lehnsherren vor sich, dessen Heldentaten, was Fürchterlichkeit und Grausamkeit betrifft, noch diejenigen des Raoul de Gambrai aus dem Epos in den

Schatten stellen: Seine Tränen vor dem Heiligen Grab (wobei es sich sehr wohl um eine wahre geschichtliche Begebenheit handeln kann) stehen dazu in keinem Widerspruch, denn die mentalen, affektiven und emotionalen Momente des Menschen im 11. und 12. Jahrhundert sind ganz anderer Art, als wir diese heutigentags bei uns selbst anzutreffen glauben; sie folgten auf jeden Fall nicht unseren Vorstellungen von innerer Konsistenz.

Thomas de Marle, der durchaus ein tapferer Kreuzritter gewesen sein mag, war mit Sicherheit kein »armer Ritter« vom Typ jenes Walter, von dem man sagte, er sei »ohne Hab und Gut«, und der während des ersten Kreuzzugs eine Schar von *populares*, vielleicht aber auch von Schurken angeführt hatte. Er war wohl eher ein Mitglied jener militärischen Aristokratie, die sich für die Kirchenreform einsetzte und deshalb auch den Rest ihres Lebens dem Dienste dieses neuen Ideals widmen wollte. Von diesem Schlag muß auch jene Handvoll Krieger und kleiner Aristokraten gewesen sein, die überwiegend aus dem Burgund und der Champagne stammten und die sich gegen Ende des zweiten Jahrzehnts des 12. Jahrhunderts um eine Persönlichkeit ihres Rangs, um Hugues du Puiset, versammelten. Es handelte sich um ehemalige Kreuzritter oder um Personen, die sich einer jener Pilgerfahrten ins Heilige Land angeschlossen hatten, deren Zahl zunahm, als sich die Nachricht von den Eroberungen der Kreuzfahrer aus dem Jahr 1099 auf dem europäischen Kontinent verbreitet hatte. In Palästina hatten sie jedoch nicht Begeisterung, sondern ein Chaos und Trostlosigkeit vorgefunden. Die wahllosen Massaker und der Exodus der wenigen Überlebenden hatten einst blühende Gegenden in die Verelendung getrieben; auf der anderen Seite begann sich der Islam – nachdem der Überraschungseffekt verklungen war, dem der Kreuzzug zu einem Großteil seinen Erfolg verdankte – zu reorganisieren und die Rückeroberung vorzubereiten. Nachdem sie ihr Gelübde am Grab eingelöst hatten, kehrten die Pilger in ihre Heimat zurück. Wer aber sollte die Eroberungen von 1099 verteidigen?

Angesichts der Notwendigkeit, die eroberten Gebiete zu sichern, die Pilger zu schützen, den Schwachen und Kranken beizustehen, sowie die Mobilisierung, die die Unternehmung des Kreuzzugs überhaupt erst ermöglicht hatte, gewissermaßen zu stabilisieren, entstanden die sogenannten monastisch-militärischen (bzw. religiös-militärischen oder religiös-ritterlichen) Orden. Diese sind wohl das signifikanteste Ergebnis jener Ethik, wie sie in den »Friedensligen« entwickelt worden war.

Darüber hinaus kamen sie dem Wunsch der Kirchenreformer entgegen, das Rittertum in ihr eigenes Vorhaben einzugliedern. Andererseits gehen sie jedoch – auch was ihre unmittelbaren Auswirkungen anbelangt – weit über diese Einflüsse hinaus, insofern sie nämlich die vollständige und gänzliche *conversio* zumindest eines Teils der ritterlichen Welt Europas zur Kirche bedeuteten. Also nicht länger Unterordnung und Funktionalisierung, sondern Identifizierung. Der Unterschied ist beachtlich: Gregor VII., der zwar von einer *militia sancti Petri* gesprochen hatte, hätte unter anderen Bedingungen eine derart extreme, auf ihre Weise extremistische Lösung wahrscheinlich nicht gutgeheißen.

Seit dem Zeitpunkt, an dem Hugues du Puiset seine Vereinigung gründete, existiert eine klare Verbindung zwischen den freien oder spontanen Bruderschaften der »armen Ritter«, wie sie zur Zeit der »Friedensligen« entstanden waren, dem Investiturstreit und den religiös-militärischen Orden. Es scheint, als hätten Hugues du Puiset und seine Anhänger die Bezeichnung *pauperes milites Christi* erstmals angenommen, als sie mit der Beschützung des Heiligen Grabes und der Pilger begannen; während des Konzils von Troyes von 1128, auf dem die Regel der Bruderschaft formal anerkannt wurde, verwandelte sie sich von einer *fraternitas* in eine *religio*, das heißt in einen Orden. In der Zwischenzeit hatte nämlich der König von Jerusalem, Balduin II., diesen Rittern gestattet, die auf dem Gelände des Haram esh-Sharif in der Nähe der beiden Moscheen liegende Felsenkuppel und die al-Aqsa zu bewohnen – von den Kreuzfahrern *Templum Domini* bzw. Tempel Salomos genannt, weshalb der Orden die Bezeichnung »Templer« annahm. Unter dieser Bezeichnung hielt er sich bis zum Jahr 1312, als er von Papst Clemens V. wegen angeblicher Skandale aufgelöst wurde, Skandale, die vermutlich damit zusammenhingen, daß sich König Philipp IV. von Frankreich für die riesigen, von dem Orden angehäuften Reichtümer zu interessieren begann.

Die Templer sind nur einer der zahlreichen religiös-militärischen Orden, die im Lauf des 12. Jahrhunderts im Heiligen Land, auf der iberischen Halbinsel und später auch in Nordosteuropa (wo ihnen die Rolle zugefallen war, die Eroberung und Kolonisierung der slawischen und baltischen Welt zu leiten) gegründet wurden. Die Vielzahl der Ordensgründungen, überall in Europa, erklärte sich teilweise aus den Anfangserfolgen, stand aber auch mit den zahlreichen Schenkungen von Geld und Land in Zusammenhang, sowie den zahlreichen Eintritten aus den Kreisen der Militäraristokratie, die sich von der Aura der Strenge und des frommen Muts, die die Orden umgab, angezogen fühlten. Daß einige von ihnen später in den Ruf der Habsucht, der Gewalttätigkeit und der Korruption gerieten – wobei es allerdings nicht immer leicht ist, den tatsächlichen geschichtlichen Verlauf von gezielten Verleumdungen gegnerischer politischer Kräfte zu unterscheiden –, ändert jedoch nichts an ihrer ursprünglichen Bedeutung.

Zu erwähnen wären des weiteren jener karitative, in erster Linie mit der Aufnahme und Betreuung der Pilger befaßte Orden des Hl. Johannes von Jerusalem (der sich – entsprechend der Verlagerungen seines Hauptsitzes – seit dem 14. Jahrhundert den Zusatz »von Rhodos« und seit dem 16. Jahrhundert »Malteser« gab, und der für seine Flotte berühmt war), sowie der Orden der heiligen Maria, der »Deutscher« Orden genannt wurde, da nur Ritter deutscher Abstammung in ihn eintreten konnten. Beide wurden im Heiligen Land gegründet. In Spanien entstanden Orden wie der von Santiago, von Calatrava oder von Alcantara vor allem, um die Pilger auf ihrem Weg nach Santiago de Compostella zu beherbergen und zu beschützen, sowie um die Mauren zu bekämpfen. In Portugal waren es die Orden von Montesa und Aviz, in Nordosteuropa, wo sich sehr bald die Deutschen niederließen, gab es die *Fratres militae Christi delivonia*, die sich wegen ihres Wappens (ein gekreuztes, zinnoberrotes Schwert vor silbernem Hintergrund) »Schwertbrüderorden« nannten.

Über die religiösen Ritterorden gibt es ganze Bibliotheken, doch sind nicht alle Quellen und Abhandlungen gleichermaßen zuverlässig. In den ursprünglichen Quellen wird ihre mögliche Abstammung von dem muselmanischen *Ribat* in Betracht gezogen, worauf auch die mystischen Krieger hinweisen, die an der christlich-muselmanischen Grenze der iberischen Halbinsel auftauchen. Daß es zur Zeit der Kreuzzüge und der *Reconquista* wechselseitige Berührungen und Beeinflussungen zwischen Christen und Muselmanen gegeben hat, steht außer Zweifel – auch wenn ihre Art und ihr Umfang umstritten sind. Abgesehen von einer gewissen Ähnlichkeit der äußeren Merkmale, die jedoch nicht hinreicht, um die These der wechselseitigen Beeinflussung zu belegen (auch weil das Christentum keinen *jihad*, keinen »heiligen Krieg« kennt), bleibt allein die Tatsache, daß diese Art von Laienvereinigung seit dem 11. Jahrhundert zugenommen hat. Allein die Notwendigkeit der Verteidigung bietet jedoch – sei es im Heiligen Land, sei es in Spanien – eine überzeugende Erklärung für das Entstehen dieser neuen Bruderschaften, die auf der monastischen Tradition aufbauen, zugleich aber einen aufrührerischen Charakter aufweisen. Tatsächlich ist es ein feststehender Wesenszug jedes sich als christlich verstehenden religiösen Ordens, jegliche, mit kriegerischen Verdiensten verbundene Titel abzulehnen; umgekehrt schreiben die religiös-militärischen Orden – denen Kleriker und Laien angehören, wobei letztere sich aus Rittern und *servientes* zusammensetzen –, den Laien vor, neben dem für die gesamte monastische Tradition charakteristischen Keuschheits-, Gehorsamkeits- und persönlichen Armutsgelübde zusätzlich ein Gelübde zum Kampf abzulegen. Bei den Templern ermöglichte eine besondere Vorschrift auch die Aufnahme verheirateter Ritter. Schließlich waren die Orden – wobei Templer und Johanniter eine von den anderen abweichende, übernationale Organisationsstruktur aufwiesen – direkt vom Heiligen Sitz abhängig, ein Umstand, der sie zu »Staaten im Staat« machte, was auf längere Sicht größere Probleme aufwerfen sollte.

Fest steht, daß die Orden, zumindest anfangs, das Ideal des »göttlichen Rittertums« zu verkörpern schienen: Die *militia Christi* wurde der *militia saeculi* entgegengesetzt, wobei die Asketen und Rigoristen der Kirche keine Gelegenheit ausließen, die um ihrer selbst willen praktizierte Gewalt, die Oberflächlichkeit, den weltlichen Kult des Ruhms und die Vergnügungssucht anzuprangern. Dabei scheuten sie auch nicht davor zurück, mit den treuesten Anhängern Gregors VII. polemische Auseinandersetzungen zu führen, den sie – nicht ganz zu Unrecht – beschuldigten, das Rittertum alles in allem mehr für seine eigenen politischen Absichten benutzt, als auf seine tiefergehende Christianisierung geachtet zu haben.

Non militia, sed malitia. Dieses Wortspiel, in dem sich die unerbittliche stilistische Virtuosität der Asketen widerspiegelt, kehrt – wenige Jahre nach dem Konzil von Troyes, das den Templerorden anerkannt hatte – in den Schriften eines Mannes wieder, der als Beschützer und Förderer der Templer aufgetreten war, Bernhard von Clairvaux, von dem übrigens ein Onkel mütterlicherseits zu den ersten Mitstreitern Hugues du Puisets gehörte. In einem Traktat, das nicht ohne literarische Qualitäten ist – besonders an den Stellen, an denen jene Heiligen Orte ins Gedächtnis gerufen werden, die Bernhard nie besucht hatte, die er jedoch liebte und die ihm durch die Heilige Schrift vertraut waren –, mit dem Titel *Liber ad milites Templi de laude novae militiae* entwirft er das Ideal eines neuen Rittertums, das aus Kriegermönchen besteht, die sich – völlig weltvergessen – ganz dem Krieg gegen die Ungläubigen und der hingebungsvollen Beschützung der Christen widmen. Die *militia saeculi* ist nach Bernhard nicht nur aufgrund ihrer Weltlichkeit gottlos, sondern auch wegen der Bruderkriege zwischen Christen, auf die sie sich törichterweise einläßt; zudem fehle es ihr an jener Mannhaftigkeit, die den Krieger auszeichnet, was an der Pflege zu sehen sei, die sie Frisur und Kleidung widme. Seitenweise wird der schöne weltliche Ritter mit beißendem Spott überhäuft – und damit auch jene Kultur scharf verurteilt, die sich an den Höfen zu dieser Zeit ausbreitete: Die zarten Hände in eisernen Handschuhen, die wohlriechenden Haare vom ziselierten Helm bedeckt, in einem bis zu den Knöcheln reichenden eisernen Kettenhemd, das man inzwischen (vermutlich nach orientalischem Vorbild) mit prunkvollen Überkleidern aus gefärbter oder bestickter Seide zu bedecken begann, das mandelförmige Schild schön bemalt, galoppiert der profane Ritter über blühende Wiesen der ewigen Verdammnis entgegen. Der Templer hingegen verkörpert das genaue Gegenteil: Er pflegt seine Haare nicht, oder läßt sich als Zeichen der Reue und damit der Helm besser sitzt, kahlscheren; er legt keinen Wert auf ein glattes und schönes Gesicht, sondern läßt sich im Gegenteil einen ungepflegten Bart wachsen (auch dies nach einem im Orient gehandhabten Brauch, der damals aber nicht vom Westen übernommen worden war); er trägt weder bunte Kleidung noch ziselierte Waffen; die Regel enthält sogar ein ausdrückliches Verbot von Verzierungen und Vergoldungen; normalerweise geht er auch nicht auf die Jagd – außer, es handelt sich um wilde Tiere, die ihm – nicht nur als Symbol der *pugna spiritualis*: im allegorischen Verständnis seiner Zeit sind die wilden Tiere oftmals auch Symbole des Teufels – im Krieg von Nutzen sein können; für die Feinde, die Ungläubigen, ist er furchteinflößend wie ein Löwe, zahm wie ein Lamm ist er jedoch den Christen gegenüber. Der Templer ist Mönch, und doch tötet er: das sei zwar traurig, gesteht der Abt von Clairvaux (etwas verlegen?) ein, aber immer noch weit davon entfernt, den Ungläubigen das Recht auf ihr Leben abzusprechen: allerdings, so fährt er fort, sei es notwendig, den bewaffneten Heiden zu beseitigen, um die Christen zu schützen und Ungerechtigkeiten zu verhindern. Mehr noch als an die Beseitigung des Feindes, sofern er ein menschliches Wesen ist, müsse der Templer daran denken, das Böse in jeglicher Form zu beseitigen, und zweifellos sei der Heide in gewisser Hinsicht Träger des Bösen: sein Tod sei deshalb eher Beseitigung des Bösen als des Menschen.

Auch wenn Bernhard die Einrichtung des Kriegermönchs gerechtfertigt und regelrecht gepriesen hat, so hat er damit doch keineswegs das Rittertum in Bausch und Bogen gutgeheißen, noch seine umfassende Christianisierung vor Augen gehabt. Indem er eine Auflösung der *bellatores* in *oratores* vorschlug und eine, wenn auch schwierige und in gewisser Hinsicht paradoxe Auflösung des Krieges selbst in die Begrifflichkeit des Gebets und der Askese entwarf, hat er im Gegenteil den Beruf des Ritters als eigenständige Existenzform, als »Lebensweise« vollständig verurteilt.

Dies bedeutet jedoch nicht, daß seine Überlegungen auch in diesem Sinne aufgenommen worden wären; noch, daß dies objektiv der historische Sinn wäre, der ihnen zugeschrieben werden könnte. Fest steht, daß die stilistischen Qualitäten der Schriften Bernhards von Clairvaux sowie seine mystisch-asketische Lehre einen entscheidenden Beitrag zur Herausbildung der »höfischen« Dichtung und Kultur geleistet haben und daß seine Marienverehrung von zentraler Bedeutung für die Entwicklung der ritterlichen Vorstellung von der Dame als höherem und unberührbaren Wesen war. Erich Köhler und Georges Duby haben uns gelehrt, über die literarischen Formen hinauszugehen und die ihnen zugrundeliegende soziale Wirklichkeit zu begreifen, deren metaphorischer Ausdruck sie sind. Tatsächlich zeigt sich sowohl im Denken des höfischen Lebens als auch der höfischen Dichtung selbst, daß die der Dame gegenüber eingenommene Haltung in der Praxis weitaus weniger vergeistigt und uneigennützig war, als es die Literatur glauben machen will. Die Entschlüsselung der in dieser Umgebung entstandenen poetischen Werke sowie des ihnen zugrundeliegenden ideologischen Systems hat gezeigt, von was für einer intensiven, ja regelrecht üppigen Erotik diese durchdrungen sind. Dies ändert nichts daran, daß die Lehre des großen zisterziensischen Mystikers und seine faszinierenden Vorstellungen das 12. Jahrhundert beherrschen und – neben anderen Faktoren, wie zum Beispiel dem nachhaltigen Einfluß der Dichtung Ovids – das intellektuelle Interesse der höfischen Welt bestimmen. Vor diesem Hintergrund wird das scheinbare Paradoxon verständlich, daß das weltliche Rittertum, obwohl es von Bernhard völlig abgelehnt wurde, sich direkt oder indirekt auf seine Persönlichkeit und seine Schriften bezog, um darin eine Bestätigung des von ihnen in Traktaten und Romanen gezeichneten Phantasiebilds zu finden.

Zur Zeit des 12., teilweise aber auch noch des 13. Jahrhunderts läßt sich ein verstärktes Interesse an Themen mystisch-sakralen Charakters feststellen, das von seiten weltlicher Autoren geäußert wird oder in Schriften auftaucht, die für ein weltliches Publikum bestimmt sind. Gleichzeitig nehmen die Zeremonien, die die Aufnahme in den Ritterstand besiegeln, immer sakramentalere, der Taufe ähnelnde Formen an. Trotz diesbezüglicher Ambitionen hätten diese allerdings nie wirklich Sakramentcharakter angenommen, ebenso wenig wie sie beständig in der Kirche, in Gegenwart von Geistlichen vollzogen werden sollten (auch wenn unter Bischof Wilhelm Durand gegen Ende des 13. Jahrhunderts die Liturgie um derartige Riten erweitert wurde). In dem Text eines anonymen Autors des 12. oder 13. Jahrhunderts, *Ordène de chevalerie*, der ursprünglich im Heiligen Land der Kreuzfahrer entstanden sein könnte, und dessen Hauptfigur der Kreuzritter Hugo, Herr von Tiberias, ist, wird Saladin dargestellt, als wäre ihm daran gelegen, in den »Ritterorden« aufgenommen zu werden. Hugo kleidet ihn mit einer weißen Tunika und einem purpurnen Königsmantel, er paßt ihm braune Schuhe an, umgürtet ihn mit dem rituellen Kriegsgürtel und schmückt seine Fersen mit vergoldeten Sporen; er führt ihn in die Geheimnisse des reinigenden Bades und des kräftigenden Schlafs ein (das Paradies, das auf den, der gereinigt ist, wartet); allein, er weigert sich, ihm die *colée*, die *alapa militaris* zu erteilen, den mit der rechten Hand ausgeführten Schlag gegen den Hals oder den Nacken des Initianden, wodurch erst der ritterliche *caracter* gespendet wird. Weshalb diese Unterlassung? Hugo von Tiberias ist Saladins Gefangener; es ist jedoch – so wird erklärt – nicht erlaubt, denjenigen zum Ritter zu schlagen, der gleichzeitig der Herr ist. Vielleicht verhält es sich aber auch anders: Saladin ist für seine Großzügigkeit, seine edle Gesinnung und seine Tapferkeit bekannt (und erfüllt damit alle Voraussetzungen, um Ritter zu werden), aber er ist kein Christ. In dieser neuen Art von Taufe, die die ritterliche Weihe darstellt, wird ihm der entscheidende und grundlegende Ritus verweigert. Es ist nicht das erste Mal, daß das christliche Rittertum unter dem religiösen Abgrund, der es von den muselmanischen Helden trennt, leidet: Schon in der *Conquête de Jérusalem* heißt es von dem großen heidnischen Krieger Cornumarant: »Wenn er an Gott geglaubt hätte, wäre keiner ihm an Tapferkeit gleichgekommen«. Die allegorische Darstellung bestimmt die ritterliche Dichtung: Jedes Kleidungsstück, jede Waffe und jede Geste symbolisieren bestimmte christliche Tugenden und Eigenschaften. Wie das Schwert zum Kurzschwert des Geistes wird, so der Helm zum Glauben, usw. Vorbild all dessen sind die *arma lucis*, die in einem berühmten Brief des Paulus erwähnt werden.

Diese ethisch-allegorische Interpretation des Rittertums und der Waffen des Ritters hat lange Zeit Bestand: Wir begegnen ihr noch in einem

Traktat von Raimundus Lullus, dem *Libre de l'orde de cavayleria*, das für den gesamten europäischen Adel, auch den der Moderne, zu einem *Livre de chevet* werden sollte, nachdem Caxton im 15. Jahrhundert von ihm eine Ausgabe hatte drucken lassen; ebenso finden wir sie bei Bernhard von Siena, Katharina von Genua, Ignatius von Loyola, Theresa von Avila, Benedikt von Canfeld sowie bei Lorenzo Scupoli. Eine zwiespältige Tradition, die einerseits zu einer objektiven Abwertung des Kriegers beiträgt, indem sie ihn als reine Allegorie der *pugna spiritualis* auffaßt, die jedoch andererseits den Waffen und dem Kampf eine tiefgehende spirituelle Würde zugesteht.

Die Tendenz zu einer mystischen Überhöhung des weltlichen Rittertums findet sich – noch zu Beginn des 13. Jahrhunderts – in der *Queste del Graal*, dem Text eines unter Umständen zisterziensischen, mit Sicherheit aber zisterziensisch beeinflußten Autors. Der Text bezieht sich auf den *Perceval*-Roman von Chrétien de Troyes, der im letzten Viertel des vorangegangenen Jahrhunderts auf Grundlage der Artussage sowie einer mythisch-folkloristischen Tradition keltischen Ursprungs entstand (gleichzeitig aber auch, worauf Pierre Gallais hingewiesen hat, Elemente enthält, die auf arabisch-persische Einflüsse hinweisen und die sich über Spanien oder das Heilige Land der Kreuzfahrer verbreitet haben könnten). Während die Thematik des *Perceval* einer asketischen Lösung zugeführt wird, wird der mysteriöse Gral – entweder ein Becher oder eine Schale mit magischen Kräften oder ein Stein, der mit wunderbaren Mächten ausgestattet ist – nach einer genauen eucharistischen Symbolik entschlüsselt.

War der Ritter der epischen *chansons* ganz leidenschaftlicher Krieger und gläubiger Christ – in ihm spiegelte sich die Christenheit der *Reconquista* und der Kreuzzüge wider –, so ist der Ritter der Artussage ebenso wie derjenige der provenzalischen höfischen Dichtung in charakterlicher Hinsicht weitaus komplexer. Aus diesem Grund haben sich für ihn nicht nur Historiker und Philologen, sondern auch Anthropologen und Psychoanalytiker interessiert. Abgesehen von den Streitigkeiten (die eher in Form des Duells als in der der Schlacht ausgetragen wurden) und den Jagden sind diese Erzählungen von einer erotischen und geistigen Spannung erfüllt, die auf die Eroberung der Dame und damit verbunden auf die eigene Bestätigung abzielt; zwar bleibt der Ritter weiterhin ein kriegerischer Held, doch nimmt er hier in erster Linie die menschlichen Züge desjenigen an, der auf der Suche nach seiner Identität um ein Selbstbewußtsein bemüht ist, das ihm jedoch immer wieder entgleitet. Seine Erfahrungen macht er daher in Form der *aventure* und der *queste*: als diese unruhige und einsame Gestalt, die dazu verurteilt ist, eine Traumlandschaft aus Wald und Heide zu durchstreifen, von einer Prüfung zur anderen – wobei den Prüfungen oftmals ein klares Initiations-Dispositiv zugrunde liegt –, ist der »umherirrende Ritter« viel zu lange als rein literarische und zeitlose Figur aufgefaßt worden, deren modellhaften Charakter man für unwahrscheinlich hielt und die als Ausdruck einer wie auch immer gelebten Wirklichkeit völlig indiskutabel erschien.

Dem war jedoch nicht so. Neue Techniken der Interpretation literarischer Texte und der Befragung der Vergangenheit haben uns auch auf diesem Gebiet mit einer anderen Realität konfrontiert. Psychoanalyse, Semiologie und kulturelle Anthropologie erlauben uns, jene »unwahrscheinlichen« Texte der Artussage aus einem anderen Blickwinkel zu lesen. Der Literatursoziologe Erich Köhler und der Historiker Georges Duby haben vorgeführt, wie man – unabhängig von den Träumen und literarischen Fiktionen (die sich natürlich auch in einer festen Beziehung zur Wirklichkeit befinden) – das erfaßt, was wir als konkrete Form des Abenteuers bezeichnen könnten.

Sicherlich, das ritterliche Abenteuer ist voller Feen, Drachen und Ungeheuer, voller verzauberter Gärten und Burgen, voller Zwerge und Riesen. Dabei handelt es sich jedoch weniger um Phantasien, als um Metaphern.

Dem Abenteuer stellte man sich tatsächlich und in vollem Ernst. Duby hat nachgewiesen, daß zwischen dem 11. und 13. Jahrhundert der aktive Teil der kleinen Aristokratie Europas – zunächst vor allem der französischen, in der Folge auch der anglo-normannischen, der deutschen, spanischen und italienischen – aus *iuvenes* bestand. *Iuvenes* sind die zu Rittern »geschlagenen« jungen Männer, die gerade erst, während der Einkleidungszeremonie, ihre Waffen erhalten haben und nun in unterschiedlich großen Gruppen ihre gewohnte Umgebung verlassen und in fremde Gebiete ausschwärmen, wobei sie vielleicht auch Träumen folgen mögen, mit Sicherheit aber von der konkreten, wenngleich nicht immer erfüllten Hoffnung auf soziale Sicherheit und gesellschaftliches Ansehen angetrieben werden. Ihr größtes Ziel ist eine gute Ehe, nach Möglichkeit mit einer Dame, die von höherem Stand ist und über weitaus umfangreichere finanzielle Mittel verfügt als sie selbst. Hinter der Liebe des *fin amor*, über die es zahlreiche gelehrte Texte gibt, so z. B. jenen weltberühmten, *De*

Amore, den Andreas Capellanus Ende des 12., Anfang des 13. Jahrhunderts schrieb, steht das dringende Bedürfnis nach Verheiratung und sozialer Anerkennung. Es handelt sich also weniger um die Frage, ob die höfische Liebe eine Art mystischer Sublimierung des Eros ist, oder ob sich hinter ihr eine bis zur zügellosen Begierde gehende, sinnliche und sexuelle Spannung verbirgt. Worauf es vielmehr ankommt, ist der Umstand, daß diese Kultur einer exogamen Mentalität entspricht und dem Bedürfnis nach sozialer und kultureller Anerkennung entgegenkommt: Die schöne, kalte und ferne Lehnsherrin ist als Metapher zu verstehen für eine, weitaus weniger schwer zu findende, reiche Erbin, die man gewinnen kann, indem man seine Kühnheit und Tapferkeit unter Beweis stellt.

Paradoxerweise resultiert daraus ein merkwürdiger Gegensatz zwischen der beruflichen bzw. sogar durch Berufung gekennzeichneten Dimension des Ritterdaseins und der Vergänglichkeit und Flüchtigkeit der ritterlichen Existenz (die mit der Verheiratung zum Abschluß kommt). Das 12. und das 13. Jahrhundert, die normalerweise als Höhepunkt der ritterlichen Epoche des Mittelalters gelten, erleben zweifellos einen regelrechten Triumph des Rittertums. Dichter, Verfasser von Traktaten, ja sogar Theologen und Hagiographen scheinen von nichts anderem zu sprechen. Chronisten und Maler schildern in leuchtenden Farben den Glanz der Zeremonien, die anläßlich der Aufnahme in den Ritterstand veranstaltet werden. Der hohe Adel, ja sogar Könige ignorieren ihre ruhmreichen Titel und ziehen es vor – wir können es bei allen großen Monarchen dieser Zeit beobachten, von Richard Löwenherz bis zum heiligen Ludwig –, sich mit dem einfachen Rittertitel zu schmücken. Und er wird auch von den aufsteigenden Schichten, den neuen Reichen der städtischen Gesellschaft, von den »homines novi«, heiß begehrt. Wie wir im folgenden sehen werden, waren gerade die aufsteigenden feudalen Monarchien daran interessiert, diese Verbreitung der ritterlichen Insignien und Gewohnheiten – die auf längere Sicht zu ihrer Entwertung und Herabminderung führen mußte – zu bremsen, doch ihre Restriktionen wurden von bestimmten Schichten, die nach Auszeichnungen verlangten, auf unterschiedliche Art und Weise umgangen. Obwohl diese durchaus dazu in der Lage gewesen wären, sich neue politische Institutionen zu schaffen und sozio-ökonomische Neuerungen durchzusetzen, klebten sie zäh an den Traditionen und blieben in einer Position der Abhängigkeit, wenn es darum ging, eine eigene Kultur zu entwickeln.

Das ritterliche Abenteuer bestand im wesentlichen – die Perspektive der Ehe einmal beiseite gelassen – aus der Suche nach neuen Quellen des Reichtums und nach neuen Möglichkeiten des Engagements. Zu nennen ist der Dienst in Söldnerheeren, der zu Beginn des 12. Jahrhunderts, vermutlich sogar schon früher, verbreitet war: die normannischen Ritter, die im 11. Jahrhundert nach Apulien und Byzanz ausschwärmten, waren es gewohnt, ihren bewaffneten Arm demjenigen anzubieten, der dafür am besten bezahlte, angefangen mit dem *basileus* von Konstantinopel. Es boten sich die verschiedenen militärischen Unternehmungen in Spanien an oder die zwischen dem 13. und 15. Jahrhundert in Nordosteuropa gegen die Slawen und Balten geführten Kriege und natürlich der eigentliche Kreuzzug, der nach Adolf Waas überhaupt erst das Entstehen einer wahren und wirklichen *Ritterfrömmigkeit*, einer für das Rittertum charakteristischen religiösen *pietas* erlaubte, wie sie in den zahlreichen Liedern zum Ausdruck kommt, die anläßlich des Aufbruchs zum Kreuzzug von Dichtern verfaßt wurden, die selbst Lehnsherren oder Ritter waren: Hartmann von Aue, Friedrich von Hausen, Walther von der Vogelweide, Tibaldo di Champagne, Conon de Bèthune usw. Die Gleichsetzung der Gefolgschaft Gottes mit den Diensten für einen starken und großzügigen Feudalherren; die Dienstbarkeit der himmlischen Dame Maria gegenüber; die Suche nach dem Heiligen Land durch die Wallfahrt nach Jerusalem; die Bereitschaft zum Märtyrertum, aber auch die treue Waffenbrüderschaft und aufrichtige Bewunderung, die selbst den gegnerischen Kriegern – sofern sie für lobenswert und ehrenhaft gehalten werden – entgegengebracht wird: all das sind grundlegende Merkmale dieses kreuzritterlichen Empfindens, wie es für das »weltliche« Rittertum typisch ist, und auf das deshalb die besondere Spiritualität der religiös-militärischen Orden, obwohl diese doch aus den Kreuzzügen heraus entstanden waren, keinen Einfluß auszuüben vermag.

Das ritterliche Verlangen nach Abenteuern in fernen Ländern – sowie nach *amors de terra lonhdana*, wie es der Troubadour Jaufré Rudel nannte, der sich der Überlieferung zufolge in eine französisch-libanesische Lehnsherrin verliebt haben soll, die er nie gesehen hatte –, kam in der unwiderstehlichen Anziehungskraft zum Ausdruck, die die Geheimnisse und Wunder des Orients ausübten, eines Orients, der allerdings weit über Jerusalem und das Heilige Land hinausreichte. Das Wiederaufblühen der Kultur im 12. Jahrhundert sowie das Auftauchen zahlreicher griechischer, arabischer und jüdischer Texte, die nun in Europa, wenn auch in schlechten oder jedenfalls unglücklichen Übersetzungen zu zirkulieren begannen (aus Spanien kamen sogar erste Versuche einer Übertragung des *Koran*), weckten das Interesse und die Einbildungskraft einem Orient gegenüber, der zwar ein »Traumhorizont« war, den man jedoch in seinen sicherlich märchenhaften, damit aber nicht unbedingt unrealistischen Umrissen zu erahnen begann. Das östlichere Asien, mit dem man nach den Kreuzzügen in Berührung kommt, ist das der Gewürze, die über die Karawanenstraße, die sogenannte »Seidenstraße«, sowie über die neu entdeckte Route des indischen Ozeans aus Indien kommen; es ist aber auch das Land der Sagenkreise, die übrigens gerade mit den Gewürzen in Verbindung stehen, von denen behauptet wird, daß sie aus dem Irdischen Paradies kämen (wo nach der Kosmographie jener Zeit die großen Flüsse der *partes infidelium* entsprangen: Ganges, Tigris, Eufrat und Nil). Grenzenloses Land, von Ungeheuern bewohnt, doch reich an Schätzen, und ganz fern im Osten das Irdische Paradies selbst: dies ist die imaginäre Geographie Asiens, wie sie in den verschiedenen Fassungen des »Alexanderromans« oder in bestimmten, merkwürdigen Schriften wie dem »Brief des Priesterkönigs Johannes« auftaucht (in ihm kommt ein märchenhafter Herrscher über unzählige Völker und von christlichem Glauben vor, mit dem die tatsächliche Existenz der christlich-nestorianischen Gemeinschaften, die sich von Persien bis nach China erstreckten, angedeutet wird).

Die Ritterromane und -lieder erliegen ganz dem Zauber dieses Asien und verhelfen den Sagen vom Irdischen Paradies, vom Reich des Priesterkönigs Johannes, vom Land der Amazonen sowie von der verborgenen, schrecklichen Herrschaft des Alten vom Berg, des Anführers einer Sekte von Mördern, zu großer Beliebtheit und Verbreitung. Der Drang, ferne Länder und fremde Sitten kennenzulernen, kennzeichnend für die europäische Kultur zwischen dem 18. und 20. Jahrhundert, reicht also bis in die mittelalterliche ritterliche Literatur zurück. Zwar entlehnt diese ihre Inhalte der antiken geographischen Literatur sowie der Spiritualität der Kreuzfahrer (und weist deshalb eine gewisse Verwandtschaft mit dem missionarischen Geist auf), doch ist sie gleichzeitig den ausführlichen Berichten der Reisenden und gerade auch denen der Missionare gegenüber alles andere als taub. Dieser Abenteuergeist der Kreuzfahrer und Ritter wird im Zeitalter der großen Entdeckungen ferner Länder und fremder Meere von Heinrich dem Seefahrer über Christoph Columbus bis zu den *conquistadores*, die zwar in seinem Namen Gewalttaten und Plünderungen begehen, ihm aber nichtsdestoweniger auf ihre Weise treu bleiben, weiterleben.

Das Abenteuer wurde aber auch im Alltag, jenseits von Kriegen und Kreuzzügen, gesucht und gefunden. Es bot sich beispielsweise in Form der Jagd, vor allem auf die in den europäischen Wäldern lebenden wilden Tiere: den Hirsch, das Wildschwein und den Bären. Während diese als Symbolfiguren und Wappentiere mit einem mythisch-volkstümlichen Hintergrund Eingang in die Allegorien und Heiligenlegenden fanden, nimmt die Jagd, sofern sie – was häufig vorkommt – in den Romanen erwähnt wird, den Charakter einer Initiationserfahrung an. Vor allem aber fand sich das Abenteuer in einer typischen Aktivität, die einerseits ein (wett-)kämpferisches Moment enthielt, andererseits aber auch der militärischen Ausbildung diente, deren Bedeutung in erster Linie jedoch darin bestand, dem Adel die Möglichkeit zur Selbstdarstellung sowie zur Inszenierung der eigenen sozialen Rolle einzuräumen: im Turnier.

Es läßt sich nicht genau feststellen, wann diese Art des Wettkampfs entstanden ist. Man bezeichnet ihn entweder als *hastiludium* (womit der charakteristische Kampf zwischen zwei mit schweren Holzstangen bewaffneten Rittern gemeint ist, bei dem es in erster Linie darauf ankommt, den Gegner vom Pferd zu werfen) oder als *conflictus gallicus* (wie ihre Bezeichnung in den anglo-normannischen Quellen lautet, was darauf hinweist, daß diese Wettkampfart aus Frankreich importiert worden ist). Ähnlich schwierig ist die Bestimmung des Zeitpunkts, an dem neben dem eigentlichen Turnier eine andere Form des Zweikampfs, der Tjost, auftaucht; dabei handelte es sich um eine Reihe von Kämpfen, bei denen sich je zwei Ritter gegenüberstanden, die jedoch weitaus geordneter und unblutiger verliefen als die *mêlée*, das »Handgemenge«, das gewöhnlich das Turnier kennzeichnete. Aus einer rein typologischen Sicht spricht einiges für die Annahme, daß diese Art des Wettkampfs zu einem sehr frühen Zeitpunkt entstanden ist, denn es scheint sich um eine besondere Form der Ausbildung zum Krieg gehandelt zu haben; darüber hinaus rückt der Umstand, daß man in einem abgegrenzten Feld stritt – und der Tjost sogar zwischen einzelnen »Recken« ausgetragen wurde – den Wettstreit in die Nähe eines »Gottesurteils«.

Nachdem es gegen Ende des 11. und zu Beginn des 12. Jahrhunderts noch weitgehend unbekannt war, scheint das Turnier dann plötzlich überall aufzutauchen. In den älteren *chansons* noch nicht erwähnt, begegnen uns in der nachfolgenden Ritterliteratur Staubwolken, aufgewirbelt von den Hufen der Pferde, das Geschrei der Kämpfenden, die Anfeuerungsrufe der Zuschauer, die lauten Stimmen der Herolde, das dröhnende Krachen aufeinander stoßender Waffen und zerberstender, durch die Luft wirbelnder Lanzen. Die Symbolik der Wappen verbreitet sich rasch, um die verschiedenen Recken im Kampfgetümmel noch identifizieren zu können. Die Zahl der Ritter, die im Turnier umkommen – wodurch allerdings auch eine Zersplitterung des Erbes verhindert wird und die Geschlechter gestärkt werden –, übersteigt bald die Zahl derer, die ihr Leben in der Schlacht lassen. Den Rittern lag jedoch weniger daran, sich in den kriegerischen Auseinandersetzungen gegenseitig umzubringen, als vielmehr an der Möglichkeit, den Feind gefangenzunehmen, um ihn dann, gegen Zahlung einer Lösegeldsumme, wieder freizulassen; die tödlichen Unfälle, die sich bei Turnieren oder Tjosten ereigneten, müssen allerdings sehr häufig gewesen sein; ebenso wie die schweren Verletzungen, die aus den unglücklichen Stürzen resultierten, wenn der Krieger mit dem Gewicht seiner eisernen Rüstung in vollem Galopp vom Pferd fiel.

Der Stellenwert dieser militärischen Spiele ist unter den Historikern schon seit längerem umstritten: Waren sie, und wenn ja, bis zu welchem Punkt, für die Ausbildung zum Krieger von Bedeutung oder nicht? Diese Frage ist nicht unerheblich, da sie in eine andere, weiterreichende mündet: Kannten die Heere zur Zeit des 10. bis 13. Jahrhunderts, in denen die Ritter eine Sonderstellung einnahmen, insofern sie den eigentlichen, kämpfenden Kern bildeten, während alle anderen (Fußsoldaten und diejenigen, die die Belagerungsgeräte und Wurfmaschinen bedienten) eher als Bedienstete bezeichnet werden können, die Bedeutung von Taktik und Strategie? Oder erlangten diese erst durch die Berührung mit dem byzantinischen und muselmanischen Orient (welcher seinerseits die griechisch-römische Militärkunst bewahrt und an die neuen Bedingungen angepaßt hatte) an Einfluß? Oder stand ihr Bedeutungszuwachs damit in Zusammenhang, daß zur Zeit des 13. und 14. Jahrhunderts die Schrift *De re militari* von Vegezius in Europa, und zwar in literarisch durchaus anspruchsvollen Übersetzungen, zu zirkulieren begann?

Sicherlich, die große Ära der Abhandlungen zu Fragen der Taktik und Strategie – die oft anläßlich eines bevorstehenden Kreuzzugs verfaßt wurden: zumindest waren die Handbücher von Benedetto Zaccaria, Pierre Dubois und Marino Sanudo dem Älteren auf diese Weise entstanden – sollte erst das 14. und 15. Jahrhundert sein. Dies bedeutet jedoch nicht, daß die Ritter zuvor taktische Fragen und strategische Probleme ignoriert hätten, noch, daß sie sich auf den – zaun- oder keilförmig vorgetragenen – frontalen Angriff beschränkt hätten, der die militärische Auseinandersetzung auf die reine Frage der physischen Kraft und Geschicklichkeit der Reiter reduzierte. Im Hinblick auf militärtheoretische Gesichtspunkte ist es nicht schwierig, aus den *chansons* und Romanen heroische Grundsätze herauszudestillieren, in denen jede Form des Kunstgriffs und der Kriegslist mit Unehrlichkeit und Verrat gleichgesetzt wird. Auch die späteren Chronisten – vielleicht sogar gerade sie: man denke nur an den berühmten Froissart, den Dichter von »Herbst des Rittertums« aus der Zeit des Hundertjährigen Kriegs – halten nur die Episoden für erinnernswert, in denen der klare und harte Zusammstoß gesucht wird. Es heißt, daß die besten europäischen Ritter in Nikopolis im Jahr 1396 vernichtend geschlagen und von den Türken gefangen genommen wurden, denn diese setzten im Gefecht schnelle Einheiten berittener Bogenschützen und kleine Formationen ein, die sich vor den schwerfälligen, von Kopf bis Fuß in Eisen steckenden Christen teilten, um sich hinter ihnen wieder zusammenzuschließen und sie so in die Zange zu nehmen.

Im 14. Jahrhundert befindet sich das Rittertum im Hinblick auf seine soziale Stellung in einem Prozeß der Neubestimmung, während es im Hinblick auf seine militärische Bedeutung in der Krise ist. Wenn wir uns jedoch die Jahrhunderte vor Augen führen, in denen ihre militärische Stärke auf dem Höhepunkt war, wird deutlich, daß die berittenen Krieger weit davon entfernt waren, die *ruses de guerre* zu vernachlässigen. In diesem Sinne konnte das Turnier, das ja öfters die Ausmaße einer regelrechten Schlacht annahm (man ist versucht, von »Simulation« zu sprechen: angesichts gewisser Beschreibungen stellt sich allerdings die Frage, wo deren Grenze gelegen haben könnte), durchaus eine gute Gelegenheit zur Ausbildung bieten. Entgegen einer verbreiteten romantischen Vorstellung waren am Turnier in Wirklichkeit nicht nur die Ritter selbst, sondern meist auch eine nicht unbeträchtliche Anzahl von Hilfskräften, die zu Fuß unterwegs waren, beteiligt; und das »abgegrenzte Feld« umfaßte manchmal ein recht weitläufiges Gebiet mit Wiesen, Wald und Lichtungen, das auch Ansiedlungen streifen konnte. Es handelte sich also nicht um einen kleinen, abgesteckten Turnierplatz, sondern um ein richtiges Schlachtfeld.

Die Ritter und Troubadours, die Herolde und fahrenden Sänger, die sich zu diesen Gelegenheiten einfanden, rühmten das Turnier als Schule des Muts und der Fairneß; sie priesen es auch als einen Spiegel christlicher Werte und verstanden es als eine Art Werbung für und Vorbereitung auf den Kreuzzug. Bisweilen kam es tatsächlich vor, daß Ritter anläßlich eines Turniers das Gelübde ablegten, in den Krieg gegen die Ungläubigen zu ziehen: Gelübde dieser oder anderer Art (die manchmal frommen, manchmal erotischen Charakter aufwiesen, bisweilen aber auch auf reine Wertbezeugungen um ihrer selbst willen hinausliefen) waren in der ritterlichen Tradition sehr beliebt.

Die Kirche lehnte Turniere allerdings lange Zeit ab. Die Verurteilung der »verabscheuungswürdigen Messen und Märkte, die gewöhnlich Turniere genannt werden, bei denen sich die Ritter nur deshalb zu treffen pflegen, um ihre Kraft und Tollkühnheit zur Schau zu stellen«, stammt von Innozenz II. aus dem Jahr 1130, einer Zeit also, in der sich die Modeerscheinung des Turniers im gesamten Westen, dem Heiligen Land der Kreuzfahrer und selbst in der byzantinischen und islamischen Welt, sofern sie mit den Kreuzrittern in Berührung gekommen war, schlagartig ausgebreitet hatte. Die ablehnende Haltung der Kirche wurde vom II. Lateranischen Konzil im Jahre 1139, bekräftigt: demjenigen, der im Turnier umkam, sprach man das Recht ab, in geweihter Erde beigesetzt zu werden (die religiös-militärischen Orden, die ja meist über einen eigenen Heiligen Sitz verfügten und deshalb etwas selbständiger waren, ließen es jedoch teilweise zu, daß die im Turnier Verunglückten in ihren Friedhöfen beerdigt wurden). Prediger und Verfasser von theologisch-moralischen Traktaten oder von Heiligenbiographien versuchten sich gegenseitig in ihren Warnungen vor den militärischen Spielen zu übertreffen und brachten zu diesem Zweck furchterregende Gerüchte in Umlauf. So sollen am Ort eines besonders blutigen Wettkampfs Dämonen gesehen worden sein, die unter gellenden Schreien grauenvoller Lust ein eigenes Turnier bestritten, bei dem sie durch die Lüfte flogen; ein andermal seien Dämonen in Gestalt von Raben oder Geiern gesichtet worden, die ihr Unwesen auf einem Turnierplatz trieben, wo sie offensichtlich auf der Suche nach Seelen waren, ähnlich den Raubvögeln, die aus den Körpern der Getöteten Fleischstücke herausreißen; ja manchmal soll sogar ein Ritter, auf geheimnisvolle Weise für ein paar Augenblicke ins Leben zurückgekehrt, von einem Katafalk aus mit wenigen, furchterregenden Worten von dem Los im Jenseits berichtet haben, das die Teilnehmer an diesen grausamen Wettkämpfen erwartete. Im 13. Jahrhundert wies Jakob von Vitry im einzelnen nach, wie im Turnier alle sieben Hauptsünden begangen würden:

die des Hochmuts, weil dieser Wettstreit auf dem maßlosen Verlangen nach Ruhm und Ehre beruhte; die des Zorns, da die Auseinandersetzung, durch die Spielregeln begünstigt, unweigerlich Haß und Rachegefühle erzeugte; die der Trägheit, weil die Niederlagen im Turnier leicht zu Niedergeschlagenheit und Entmutigung führten; die der Habsucht, insofern man sich schließlich auch in Hinblick auf die Beute, die aus den Waffen und Pferden der besiegten Gegner bestand, sowie in Erwartung des reichen Gewinns, der für den Sieger des Pferderennens ausgesetzt war, am Wettkampf beteiligte; die der Völlerei, da diese Feste gewöhnlich mit großen Gelagen verbunden waren; schließlich die der Unkeuschheit, weil die Turnierteilnehmer im Wettkampf sich auch vor ihren Damen in Szene setzen wollten, deren »Farben« oder anderweitige Pfänder (Schleier, Ärmel) sie im Kampf – als Helmschmuck oder an der Standarte – mit sich führten.

Das auf dem Turnier offen zur Schau getragene Liebespfand zählt ebenso wie das auf Schild, Waffenrock und Satteldecke gemalte Wappen zu den Kennzeichen des Ritters, der an den militärischen Spielen teilnimmt. Die bis zur Qual gehende erotische Spannung ist eine typische Begleiterscheinung dieser ritterlichen Aktivität. In Anbetracht dessen wird auch vorstellbar, daß die Kirche, wenn sie sich dem widersetzte, ein doch etwas tiefgreifenderes und vielschichtigeres ethisches und soziales Verhalten anzumahnen versuchte, als man es glauben möchte, wenn man nur jene Verbote betrachtet, mit denen eine kurzsichtige Kirchenpolitik versuchte, Gewalt und Blutvergießen unter den Brüdern in Christus zu verhindern. Die Chronisten berichten von verschiedenen Fällen, in denen im Verlauf irgendwelcher Turniere unauslöschlicher Haß entstanden sein soll. Auch ist davon die Rede, daß Turniere als günstige Gelegenheit benutzt wurden, um sich an dem Feind zu rächen. Den häufigsten Anlaß für derartiges Verhalten bildete in der Regel die Rivalität um eine Dame.

Eine Anekdote, die hier kurz erwähnt werden soll, vermittelt einen Eindruck davon, was für ein Ausmaß die erotische Spannung annehmen konnte. Eine Dame verlangt von einem Ritter ein besonderes Verhalten im Turnier. Dies geschieht auf Grundlage eines Brauchs, der als »verbindliches Geschenk« bezeichnet wird und der sich in der ritterlichen Literatur und Folklore großer Beliebtheit erfreut: Die Frau bittet den Helden um ein Geschenk, ohne jedoch zu sagen, worum es sich handelt; gibt er seine Zustimmung, enthüllt sie ihm ihren Wunsch, gewöhnlich eine harte Prüfung. Ein typisches Beispiel dieser Art bietet bekanntlich der *Lance-*

lot, ou le chevalier à la charrette von Chrétien de Troyes, in dem Ginevra von Lancelot verlangt, er solle im Wettkampf so tun, als sei er ein Feigling. In unserem Fall nötigt die Dame den Ritter, während des Turniers anstelle der Rüstung nur ihr Hemd zu tragen; nachdem er ihrem Wunsch nachgekommen ist, zeigt sie sich ihm gegenüber äußerst liebenswürdig und trägt auf dem Fest, das sich an den Wettkampf anschließt, dieses Hemd, das nun mit dem Blut ihres Beschützers befleckt ist. Es ist bestimmt nicht nötig, Freud heranzuziehen, um die durchsichtige erotisch-sexuelle Bedeutung dieser ganzen Episode zu entschlüsseln.

Das Turnier war gänzlich zu einem Bestandteil der Kultur des Adels und der Lebensart der herrschenden Schicht geworden. Gleichzeitig erfreute es sich aber auch bei den Bürgern und dem Volk großer Beliebtheit, wo es in Form unzähliger Imitationen und Parodien auf die ritterlichen Wettkämpfe Verbreitung fand. Ein Epos des 13. Jahrhunderts schildert die Heldentaten eines Mannes, der heute zu den bekanntesten »Turnierreitern« des Mittelalters zählt: Wilhelm »Marschall«, der es bis zum Regenten Englands – in Stellvertretung für den jungen König Heinrich III. – brachte und der im Jahr 1219 in einem Alter von mehr als 70 Jahren (nach seinen Angaben war er sogar über achtzigjährig) starb. Der Fall Wilhelm Marschalls stellt sicherlich eine Ausnahme dar: dennoch zeigt er recht eindringlich, daß der *iuvenis*, von Turnier zu Turnier, von Hof zu Hof, von Sieg zu Sieg, von Prämie zu Prämie, von Verwandtschaft zu Verwandtschaft Reichtum erlangen und sogar heiraten konnte. Die paradoxe Bedingung für den Ritter: Ist man einmal zum Ritter geschlagen worden, bleibt man es für immer, beinahe wie bei den Priestern, obwohl die Zeremonie der Aufnahme in den Ritterstand keinen sakramentalen Charakter aufweist (allerdings wird, vor allem in den feierlichsten Fällen, alles unternommen, um sie, zumindest der Form nach, einem sakramentalen Ritus anzunähern; manche vertreten auch die These, es handle sich bei dem Ritter um eine Art weltlichen »Priester«, der sein Leben Gott, seinem Feudalherrn und – zu einem Zeitpunkt, als die absoluten Staaten entstehen, auch dem König – sowie den Damen widmet). Wie bereits erwähnt, war sogar Königen daran gelegen, in erster Linie als Ritter angesehen zu werden. Im übrigen ist die eigentliche Karriere des Ritters nur von kurzer, ja von außerordentlich kurzer Dauer. Sie deckt sich mit der Zeitspanne, in der er der Schar der *iuvenes* angehört und in der er auf der Suche nach dem Abenteuer ist, dessen vermutlich konkreteste und verbreitetste Form, die zugleich die wirksamste Darstellung ermöglicht, das

Turnier ist. Wenn es ihm dann gelingt, eine gute Ehe einzugehen, hängt der schöne Krieger Gurt, Schwert und vergoldete Sporen gern an den Nagel – bis auf die Festtage, an denen er sie sich umbindet – und widmet sich fortan ganz der Verwaltung seines eigenen und des durch seine Ehefrau hinzugekommenen Vermögens.

Die Wettkämpfe waren nicht nur der harten Verurteilung durch die Kirche ausgesetzt; auch die Fürsten hatten eine Reihe von Verordnungen zum Ablauf eines Turniers erlassen. Zwar wurden diese deshalb nicht weniger besucht, aber immerhin reduzierten sie Gefährlichkeit und Aggressivität. Vielleicht spielte auch die schwerer gewordene Ritterrüstung – die seit dem 13. Jahrhundert aus Gründen, auf die wir gleich zurückkommen werden, verstärkt wurde – in dieser Hinsicht eine gewisse Rolle. Es ist jedoch nicht gesagt, daß ein gänzlich mit eisernen Platten bedeckter Ritter (wie es die perfektionierte Rüstung des 15. Jahrhunderts erfordert) beim Sturz vom Pferd geringere Verletzungen erlitt als einer, der nur mit dem relativ leichten, langen eisernen Kettenhemd bekleidet war, wie man es zwischen dem 11. und dem 13. Jahrhundert trug. Die verschiedenen Verordnungen versuchten das Entstehen von Feindschaften und die Möglichkeiten zur Durchführung von Racheplänen während der ritterlichen Geschicklichkeitsübungen, so gut es ging, zu verhindern. Dazu kamen weitreichende Einschränkungen, denen zufolge die Waffen *à outrance* (die in der Schlacht benutzt wurden) im Turnier durch jene *à plaisance*, also durch »sanfte Waffen« ersetzt werden mußten, durch Schwerter, deren Schneide abgestumpft, und Lanzen, deren eiserne Spitze mit Hilfe eines gebogenen Schmiedestücks, eines »Krönleins« oder eines umgedrehten Bechers abgedeckt war, so daß man mit der Stange zwar auf den Schild des Gegners einschlagen und ihn sogar aus dem Sattel heben, ihn aber nicht mit der Spitze verletzen konnte. Von noch größerer Bedeutung war in diesem Zusammenhang allerdings die allmähliche, wenngleich auch nie vollständige Ersetzung der *mêlée* durch den Tjost, in dem sich vier Recken paarweise gegenüberstanden. Dadurch konnte die Möglichkeit schwerer Unfälle deutlich verringert werden: im Tjost verlief alles geordneter, geregelter und ruhiger als beim Handgemenge.

Nachdem die Turniere, inzwischen fester Bestandteil des kulturellen und sozialen Lebens des Adels, teilweise ihre Gefährlichkeit verloren hatten, sich mehr oder weniger von simulierten Schlachten zu einfachen Spielen und Aufführungen entwickelt hatten, entbehrte das Festhalten der Kirche an ihren Verboten zunehmend seiner Grundlage. Die Ritter selbst bestanden darauf, daß zwischen dem Glauben und der Teilnahme am Turnier völlige Übereinstimmung herrsche: Die Spiele, so wurde gesagt, konnten der Werbung für das Kreuz dienen, und gewöhnlich begannen sie auch mit einer Andacht (daran zeigt sich übrigens, daß selbst der Klerus – aus was für Gründen auch immer – die kirchlichen Verbote nicht einhellig respektierte). Bald wurden auch die verbreiteten Horrorgeschichten von Turnieren offen bestritten. Im *Dialogus miraculorum* des Cäsarius von Heisterbach, der vielleicht schönsten Sammlung religiöser Sagen des 13. Jahrhunderts, wird eine bewegende Episode geschildert: Ein Ritter, der sich zusammen mit seinen Freunden auf dem Weg zu einem Turnier befindet, kann, als sie an einer Marienkapelle vorbeikommen, nicht dem Impuls widerstehen, ihr seine Verehrung zu bezeigen; ins Gebet versunken, bemerkt er nicht, wie die Zeit vergeht. Viel zu spät und darüber ein wenig traurig, trifft er am Ort des Wettkampfs ein; der gesamte Platz ist in Feststimmung und gerade dabei, seine Heldentaten zu feiern. Während er zu Maria betete, hatte sie in seiner Gestalt, mit seinen Waffen und seinen Insignien an seiner statt gekämpft und dabei den Sieg davongetragen.

Als Papst Johannes XXII. im Jahr 1316 die kirchlichen Verbote im Hinblick auf die Turniere aufhob, war deren ursprüngliche Ausrichtung gegen den religiösen Rigorismus schon seit geraumer Zeit gegenstandslos geworden – gegenüber der Vergangenheit hatten sich die Turniere grundlegend gewandelt. Auch das Rittertum des 14. Jahrhunderts war, was seine soziale Stellung und seinen Einfluß im Leben des damaligen Europa angeht, nicht mehr das der beiden vorangegangenen Jahrhunderte.

Inzwischen hatte das Turnier auch zum Entstehen einer spezifischen, verschiedene Gattungen umfassenden Literatur geführt. An erster Stelle wären hier die in Versen abgefaßten Berichte der »Herolde« zu nennen, jener Dichter und Schiedsrichter, die sich durch Kenntnis nicht nur der Spielregeln, sondern auch der Wappen auszeichneten, aufgrund derer sie die verschiedenen Teilnehmer des Turniers identifizieren konnten. Ein berühmtes Beispiel dieser Art stellt das Werk *Le tournoi de Chauvency* dar, das Jacques Bretel verfaßte, um ein langes Fest im Jahr 1258 in Chauvency zu würdigen: zwei ganze Tage, an denen nur Tjoste durchgeführt wurden, dann, einen Tag lang, das große Turnier. Texte wie dieser bestehen aus einer nicht enden wollenden Abfolge von Beschreibungen der einzelnen Wettkämpfe sowie aus detaillierten Aufzählungen aller Farben und Figuren der Wappen: Für uns sind solche Schilderungen von einer einschläfernden Langeweile, im 13. Jahrhundert brachte man dem jedoch ein reges Interesse entgegen.

Eine andere, ebenfalls erwähnenswerte literarische Gattung zielte auf eine Art »Moralisierung« des Turniers, das sie auf allegorische Weise darstellt. Ebenso wie die christliche Legitimierung des Rittertums auf der *pugna spiritualis* gründete und Bernhard von Clairvaux nicht zögerte, die Tötung der Ungläubigen in der Schlacht gutzuheißen, ebenso finden sich auf den Portalen und Kapitellen der romanischen Zeit zahlreiche allegorische Darstellungen des Kampfs zwischen Tugend und Laster, die in Form sich bekämpfender Krieger, Ritter oder Ungeheuer vorgestellt werden. Eine solche Lesart des Turniers erschien sehr verlockend, boten sich mit ihr doch unzählige Möglichkeiten der Allegorisierung. Allegorisieren ließ sich beinahe alles: die Kämpfenden, ihre Kleidung, die Farben, die Insignien, die ausgeteilten und die erhaltenen Schläge. Man nehme nur die Dichtung *Le tournoiement d'Antéchrist* von Huon de Méry: Christus trägt auf seinem Schild ein zinnoberrotes Kreuz und ein eingeflochtenes Pfand der Jungfrau Maria; im Tjost kämpft er gegen den Satan, dessen Wappen aus dem Saum der Tunika Prosperinas besteht (in einem anderen Text erscheint der Teufel als »Ritter des Drachens«; dementsprechend hat er einen Drachen als Wappenbild); an der Seite des Herrn kämpfen die Erzengel, die göttlichen Haupttugenden, aber auch die spezifisch ritterlichen Tugenden der *Prouesse*, *Largesse*, *Courtoisie* und der *Debonnaireté*: ebenfalls auf dieser Seite des Wettkampfs ziehen die Ritter der Tafelrunde ins Turnier.

Allegorische Darstellungen dieser Art wurden bisweilen auch in Form von Schauspielen dargeboten. Das Turnier eignete sich bestens dazu, war es doch seinem Wesen nach selbst mehr eine theatralische Aufführung, als es vielleicht je eine simulierte Schlacht gewesen ist. Philipp von Novara beschreibt ein Turnier, dessen Teilnehmer die Personen der Artussage von 1223 darstellten, als diese bei einem Fest in Zypern anläßlich der Aufnahme eines jungen Mannes aus dem Geschlecht der Ibelin (Barone und Kreuzritter von Beirut) in den Ritterstand waren. Der Ritter Ulrich von Lichtenstein wurde dadurch bekannt, daß er in den Jahren 1227 und 1240 zwei Reisen durch Europa unternahm, die als *Venusfahrt* und *Artusfahrt* Berühmtheit erlangten. Auf diesen Reisen besuchte er einmal als Venus, dann als Artus verkleidet Burgen und Städte und bot jedem Interessierten an, sich mit ihm im Turnier zu messen. Später kam es sogar zur Aufführung ganzer Theaterstücke. Damit sind jedoch weniger Formen wie jene gemeint, die aus dem Jahr 1490 überliefert wird, in der sich zwei Reihen von Bologneser Rittern gegenüberstanden, wobei – in einer Art humanistischer Auslegung der *pugna spiritualis* – die einen im Namen der Weisheit blau, die anderen im Namen des Schicksals grün gekleidet waren, als vielmehr die tatsächlichen Theater- und Turnieraufführungen, die in Italien »tornei a soggetto« (Stegreifturniere), in Frankreich *pas d'armes* und in Spanien *pasos honrosos* genannt wurden. Berühmte Beispiele dafür finden sich in Frankreich zur Zeit des Hundertjährigen Kriegs oder aber in Form der sogenannten »cavallerie« von Ferrara während des frühen 16. Jahrhunderts. Man dachte sich eine in der Regel allerdings recht dünne Handlung aus: eine Burg, die überfallen oder verteidigt werden sollte, ein Turm, eine Brücke oder ein Brunnen, die es zu bewachen galt, eine Jungfrau, die gerettet werden mußte. Um diesen kleinen erzählerischen Entwurf wurden die verschiedenen Wettkämpfe zwischen den Rittern gruppiert, die nach den jeweiligen Erfordernissen der einzelnen Szenen gekleidet waren. Eine Zeitlang schien es, als würden sich diese Aufführungen auf die Höfe beschränken; zwischem dem 13. und 14. Jahrhundert spielte man jedoch auch in den Städten, vor einem Volk, das daran ebenso großen Gefallen fand wie an den possenhaften und parodistischen Turnieren, die von Bürgern oder aber von Schurken oder Außenseitern aufgeführt wurden. Des weiteren gab es Vogelturniere, Wettkämpfe zwischen Geistlichen und Rittern, Mönchen und Nonnen usw. Unter den volkstümlichen Veranstaltungen erlangte vor allem das Turnier Berühmtheit, das zum Ende des Winters, während des Karnevals und der Fastenzeit abgehalten wurde und bei dem es sich ebenfalls um eine unterhaltsame Aufführung handelte, von der unter anderem auch der Erzähler Sabadino degli Arienti berichtet. Es fehlten nicht einmal die »Damenturniere«, mit dichterisch-musikalischen Darbietungen, begleitet von Tänzen.

Die Verbindung zwischen Allegorie, Theater und militärischen Spielen wird anhand zweier, sich ergänzender Schriften aus dem 15. Jahrhundert deutlich, die René von Anjou, Herzog von Lorena und nominaler König von Neapel, verfaßt hat: Die erste, das *Livre des Tournois* , ist die wahrscheinlich umfassendste und vollständigste theoretische und beschreibende, wissenschaftlich maßgebende Abhandlung über Turniere. Von Bedeutung sind darin insbesondere die Stellen, die von der Kleidung, den Insignien und den »sanften«, in der Regel nicht aus Eisen, sondern Leder und Holz bestehenden Waffen handeln. Die zweite, das *Livre de Coeur d'Amour épris*, erzählt dagegen in Form des Ritterromans von den zahlreichen Wechselfällen der Liebe und beschreibt anhand von Reisen, Duellen und Initiationsriten die Phasen der Umwerbung und der erotischen Beziehung. Im Verlauf der Darstellung, die auf den gerade erst in Turnierplätze umgewandelten Schlachtfeldern ihren Ausgang nimmt und bei den am Hof aufgeführten Spielen endet, erhalten wir außerdem einen Hinweis auf die von der ritterlichen Kultur zwischen dem 12. und 16. Jahrhundert beschriebene Lebensbahn; zugleich zeigt sich darin der Verlust konkreter militärischer und sozialer Werte, dem die mit der Ritterwürde Ausgezeichneten ausgesetzt waren.

Daß sich der spätmittelalterliche Adel aus dem Rittertum entwickelt habe, darin bestand die bekannte These Marc Blochs, die später von einem Großteil vor allem der deutschen Mediävisten abgelehnt oder eingeschränkt, in jüngster Vergangenheit aber – wie Giovanni Tabacco in einem meisterhaften Essay gezeigt hat – erneut überprüft und in gewissem Umfang auch neu bewertet wurde. Eins steht fest: Kaum daß sich die soziale und kulturelle Bedeutung der Ritterwürde abzuzeichnen begann und sich das Rittertum von einer freien Bruderschaft Bewaffneter, die sich in einer Gruppe um einen Anführer versammelten, zu einer festen Einrichtung zu entwickeln schien, versuchten die europäischen Feudalfürsten auch schon, die Aufnahme in den Ritterstand mit Hilfe der Kooptation einzudämmen und den Zugang zu dem doch recht heterogenen Kreis der Auserwählten des *cingulum militare* zu kontrollieren. Die ersten einschränkenden Maßnahmen, von denen wir mit Sicherheit wissen (und die wir gewöhnlich mit ihrem deutschen Namen als Abschließungen bezeichnen), werden aus England, dem normannischen Sizilien und dem Deutschland der Hohenstaufer berichtet. Wir befinden uns damit mitten im 12. Jahrhundert, doch gibt es in einigen Gegenden Europas klare Hinweise auf derartige Maßnahmen schon zu einem früheren Zeitpunkt. In der Praxis hielt man sich daran, jedem das Recht auf die ritterlichen Insignien des Gürtels und der Sporen abzusprechen, in dessen Familie und direkter Verwandtschaft es nicht bereits einen Ritter gab. Auch wenn die Ritterwürde als solche nie zu einer vererbbaren Angelegenheit erklärt wurde, so traf dies doch auf die Eigenschaften zu, die erforderlich waren, um sie zu erlangen. Ähnlich verhielt es sich mit den Privilegien aber auch Pflichten, die mit dem Status des Ritters verbunden waren. Auf längere Sicht sollten die Pflichten weit schwerer wiegen, dies um so mehr, als allein schon die Aufnahmezeremonie mit dem Bad, der Waffenwache, den Geschenken (vor allem Kleider) und dem Festmahl, das der junge Ritter den Teilnehmern anbieten mußte, eine große finanzielle Belastung darstellte – es sei denn, man ergriff die Gelegenheit beim Schopf, die sich mit einer bevorstehenden bzw. einer gerade geschlagenen Schlacht oder der Reise eines Fürsten an einen entfernten Ort ergeben konnte: bei derartigen Anlässen wurden nämlich bisweilen regelrechte Massenaufnahmen durchgeführt. Aus den hohen Kosten erklärt sich, warum während des 13. Jahrhunderts viele, die dazu berechtigt gewesen wären, auf die Ritterwürde verzichteten und – vor allem in England – *squires*, *damoiseau*, »Knappen«, also Waffenträger blieben: es handelte sich dabei um den dem Ritter unmittelbar untergeordneten Rang. Als solche dienten die, die eines Tages selber die vergoldeten Sporen umschnallen wollten, die es jedoch in Anbetracht des nötigen Aufwands und der Verpflichtungen nicht selten vorzogen, ihr Leben lang »Anwärter« zu bleiben. Bekanntlich wurde der *squire* auf britannischem Boden zum typischen Vertreter des Kleinadels.

Mit der Zeit differenzierte sich das Rittertum in regionaler und nationaler Hinsicht, was – da sich diese Prozesse normalerweise in den Vererbungslinien niederschlugen – vor allem in der Heraldik seinen charakteristischen ideologisch-kulturellen Ausdruck fand. Diese Entwicklung ließ den allgemeinen Begriff *miles* unberührt, der alle Mitglieder jenes Gebildes umfaßte, das als übernationale Waffenbrüderschaft bezeichnet werden könnte und in dem sich die Insignien und Traditionen der Einkleidung einander angenähert hatten. Der Notwendigkeit, gerade in Zeiten ausgeprägter sozialer und ökonomischer Veränderungen, wie sie für das 13. und 14. Jahrhundert festzustellen sind, eine bestimmte soziale Durchlässigkeit zuzulassen, wurde in Frankreich durch die sogenannten *lettres d'anoblissement* entsprochen. Sie erlaubten, von den restriktiven Vorschriften abzuweichen, damit auch Leute niederer Abstammung in den Besitz der Ritterwürde und eines Wappens gelangen konnten: dies war das wesentliche Kennzeichen für die Zugehörigkeit zu dem sich herausbildenden Adel. Auch in den Städten Nord- und Mittelitaliens, wo die Ritterwürde gegen Ende des 13. Jahrhunderts von den verschiedenen, aus Unternehmern und Händlern bestehenden »Volks«-Regierungen als eines der Merkmale betrachtet wurde, das die »Magnaten«-Schichten kennzeichnete, die man von der Machtausübung fernhalten wollte, erwies sie sich schon bald als ein Ziel, das eben diesen »neuen Leuten« selbst begehrenswert erschien. Diese zogen es im übrigen vor, ihr Vermögen in Ländereien und Kastellen zu investieren sowie eine adlige Lebensführung zu übernehmen, die sie von französischen oder deutschen Aristokraten (oder aber der feudalherrschaftlichen Aristokratie des eigenen Landes) kopierten. Innerhalb kurzer Zeit entstanden die bewaffneten Ritter »des Volks«. 1378 beanspruchten die Wolltucharbeiter in Florenz, die Ciompi, für sich das Recht, die herrschaftliche Tätigkeit des Ritterberufs auszuüben. Im übrigen wurde die Ritterwürde von dem verlangt, der nach bestimmten Ämtern, wie z.B. dem des Stadtvogts oder Stadthautmanns strebte.

Der Begriff »Ritter« schien sich mit der Zeit immer weniger zu eignen, um denjenigen, der die Ritterwürde besaß, zu bezeichnen. Der zu Pferd geführte Kampf beispielsweise wurde auch unabhängig von dieser Würde ausgeübt. Deshalb wurde es langsam immer notwendiger, Unterscheidungen einzuführen, wie etwa die zwischen einfachen und »ausgestatteten« *milites* (die also zum Ritter geschlagen worden waren), oder, wie man sehr viel später sagte, *equites aurati*, ein Ausdruck, der von den volkstümlichen italienischen Quellen als »Ritter mit goldenen Sporen« wiedergegeben wird. Es handelte sich dabei jedoch um eine soziale Auszeichnung, deren Inhaber sich davor hüteten, ein Pferd zu besteigen. Was die militärischen Streitkräfte anbelangt, seien es nun städtische, herrschaftliche oder Söldnertruppen, so berechtigte der begründete Besitz der Ritterwürde gewöhnlich zu einem höheren Einstellungssold – zu nicht mehr und nicht weniger. Dementsprechend zahlreich mußten die Fälle des Mißbrauchs sein.

Noch im späten Mittelalter wurde das Rittertum als Kern der Streitmächte angesehen. Entsprechend ihres Rangs bezeichneten sich die Ritter als »Fahnenträger« (wobei die Fahne die Gerichtsbarkeit symbolisierte, die sie selbst auf ihren Ländereien und damit auch über ein gewisses Gefolge ausübten) oder als »Bakkalaurei«, ein Ausdruck, der im Französischen synonym und homophon mit *bas chevalier* wiedergegeben wird. In Wirklichkeit hatte sich der Abstand zwischen »hohem« und »niederem« Adel mittlerweile vergrößert – ganz abgesehen von der nicht unbeträchtlichen Anzahl derer, die ärmlicher oder jedenfalls nicht adliger Herkunft waren und durch königlichen Beschluß in den Ritterstand gelangt waren. Es zeichnete sich bereits deutlich ab, daß das Rittertum in seinen zahlreichen Erscheinungsformen eine niedere, wenn nicht sogar die unterste Schicht einer Aristokratie zu bilden begann, die in eine Krise geriet, als die Grundlagen ihrer Macht und ihres Ansehens (der Boden und die Waffen) nicht mehr mit den Entwicklungen der neueren Zeit Schritt halten konnten. Sie wurden bestimmt von den Zentralisierungsbestrebungen der Monarchien, die sich von feudalen (oder, wie in Italien, von regionalstaatlichen) zu absoluten Herrschaftsgebilden wandelten, und vom Aufkommen der Geldwirtschaft, die von Bankiers, Kaufleuten und Unternehmern vorangetrieben wurde. Zwar schätzten auch diese das ritterliche Gepränge (einschließlich der entsprechenden Sonderrechte) und die heraldischen Insignien, aber sie dachten nicht im Traum daran, den Beruf des Ritters zur Grundlage ihrer Existenz zu machen oder sogar zu kämpfen.

In Frankreich fanden die Ritter vom Rang eines Bakkalaureus, die im Besitz eines Lehens waren, das oftmals kaum dazu ausreichte, um einen einzigen Krieger auszustatten (»Schildlehen«), lange Zeit eine auf ihre Art und Weise lohnende Beschäftigung im Hundertjährigen Krieg. In Deutschland bestritten sowohl die freien als auch die bediensteten Ritter (die *ministeriales*) – die im übrigen immer schon strikt vom hohen Adel abgesondert gewesen waren und die durch das System der *Heeresschildordnung* auf den Status des niederen Adels verwiesen wurden – ihren Lebensunterhalt durch die Bewirtschaftung ihrer bisweilen wirklich armseligen Äcker und trösteten sich mit der Teilnahme an den Turnieren, die inzwischen zu einer festen Einrichtung geworden waren; oftmals wurden sie jedoch, notleidend und von Schulden erdrückt, regelrecht dazu gezwungen, sich in *Raubritter* zu verwandeln, die es dann vor allem auf die reichen Kaufleute der Städte, von ihnen verächtlich »Pfeffersäcke« genannt, abgesehen hatten. Diese wiederum reagierten darauf, indem sie Strafexpeditionen gegen die Ritterburgen organisierten oder ihrerseits Ritter engagierten, die ebenso bedürftig wie ihre zu Räubern gewordenen Kollegen waren, sich aber dazu hergaben, ihren Rang zu verraten (»Händler mit Blut« wurden sie von den anderen genannt) und zu Jägern der Gesetzlosen zu werden, auch wenn diese Kampfgürtel und goldene Sporen trugen. Das erklärt die Häufigkeit, mit der sich diese stolzen und verzweifelten Adligen, die außer kämpfen schließlich nichts gelernt hatten, als Söldner anwerben ließen. Auch wenn es sich bei diesen Söldnertruppen um – wie Mario dal Treppo gezeigt hat – regelrechte Unternehmen handelte, so lebte in ihnen doch etwas von jener alten Rittertugend weiter.

Ein ähnliches Schicksal erlitten die spanischen Ritter, die stolzen *hidalgos*, die – im Gegensatz zu vielen ihrer Kollegen in anderen Gegenden

Europas – nie dazu bereit gewesen waren, sich als Ackerbauern zu betätigen, und die es allein als ihrer würdig ansahen, vom Ertrag des eigenen Schwerts zu leben. Als mit der Heirat Ferdinands von Aragon und Isabellas von Kastilien, der beiden »katholischen Königshäuser«, die lange Periode der Unruhen und Bürgerkriege endete, die auf die *Reconquista* gefolgt war, flüchteten sich viele dieser *hidalgos* in die Fußtruppen, jene ruhmreichen *tercios*, auf die Kaiser Karl V. zu Recht so stolz war. Andere suchten das überseeische ritterliche Abenteuer, wobei sie den Nachhall der mittelalterlichen kosmographischen Sagen, die sich auf Asien bezogen (das man bekanntlich mit der Neuen Welt in Verbindung zu bringen suchte) und die vom Irdischen Paradies, dem Jungbrunnen und den Amazonen berichteten, mit der Realität der Heldentaten der *conquistadores*, die aus Massakern und Plünderungen bestanden, vermischten. Auch dies war ähnlich wie später die Indianerkriege für die jungen romantischen Offiziere Seiner britischen Majestät, die inmitten des 19. Jahrhunderts eine Art *revival* des Rittertums durchlebten – eine konkrete Form des Abenteuers.

Angesichts dieser fortgesetzten Reihe von Mißdeutungen und Widersprüchen, aus denen die Geschichte des Rittertums besteht, muß allerdings auch betont werden, daß die mittelalterliche aristokratische Kultur in starkem Maße von den ritterlichen Wertvorstellungen geprägt worden war. Bezeichnenderweise konnte Thomas Malory im England des 15. Jahrhunderts einen Roman verfassen, der noch vor den Meisterwerken eines Ariost oder eines Cervantes zum Besten gehörte, was die späte Ritterliteratur hervorgebracht hat: und er hatte ihn dem Tod des Artus und dem Ende der ruhmvollen, ritterlichen Sitten gewidmet. Das tatsächliche Ritterleben war jedoch zu einer recht armseligen Angelegenheit heruntergekommen: teilweise bestand es nurmehr aus äußerlichem, käuflichem Blendwerk, teilweise handelte es sich um einen Haufen hochmütiger, aber mittelloser Krieger, die ständig auf der Suche nach Möglichkeiten waren, um ihr Leben zu fristen. Eine Ausnahme bildete zwischen dem 16. und dem 17. Jahrhundert der kleine polnische Adel, die *szlachta*, dem es gelang, seinen sozialen Status zu bewahren, zum einen, weil sich das Land in einer Situation ständiger Unsicherheit befand und daher Krieger benötigte, zum anderen, weil die »Preisrevolution« im Westen den Wert seiner Ländereien und Erzeugnisse spürbar erhöht hatte.

Die Herrscher der entstehenden europäischen Zentralstaaten reagierten in zweierlei Hinsicht auf die Krise des Rittertums: Erstens arbeiteten sie darauf hin, Macht und Vorrechte des niederen Adels (und, wo es ihnen möglich war, auch des hohen) sowohl in rechtlicher als auch in sozio-politischer Hinsicht auszuhöhlen; es handelte sich dabei um einen langwierigen Prozeß, der zwar nicht frei von Stagnationsphasen und gelegentlichen Rückschlägen (wie der berühmten »Refeudalisierung« der vormodernen Epoche) war, der aber im Grunde genommen relativ einheitlich verlief. Zweitens schufen sie, in der Absicht, den Adel enger an sich zu binden, eine Reihe »höfischer Orden«, die den religiös-militärischen sowie den aus der Ritterliteratur bekannten Vorgaben (deren typischste natürlich die Tafelrunde war) folgten, die phantasiereiche Zeremonien, prächtige Insignien und prunkvolle Gewänder einschlossen, im Hinblick auf den höfischen (Macht-)Apparat jedoch ohne jede Bedeutung waren. Diese Orden – des Heiligen Georg oder des Bades in England, des Sterns in Frankreich, des Schiffs im Reich des Hauses Anjou von Neapel, des Halbmonds in Lorena, des Goldenen Vlies in Borgogne, in Österreich, im habsburgischen Spanien usw. – sind die direkten Vorläufer der modernen ritterlichen Ehrenauszeichnungen: In ihnen war jedoch ein Kodex gültig, der den christlichen Glauben und die Dienstbarkeit den Damen gegenüber (die Fixpunkte der »weltlichen« ritterlichen Mythologie) mit der Treue dem König gegenüber verband. In diesem Sinne spielten sie bei der Hinwendung eines Teils des Adels zur Monarchie, der bis tief in das 15. Jahrhundert hinein alles andere als einheitlich und geschlossen hinter dem Thron und dem regierenden Herrscherhaus steht, eine nicht unbedeutende Rolle.

Dem »Niedergang« des Rittertums und seiner teilweisen Umstellung auf die Friedenswirtschaft zwischen dem 13. und dem 16. Jahrhundert liegen tiefgreifende Veränderungen in den militärischen Techniken zugrunde. Erste Anzeichen dafür gab es seit dem 12. Jahrhundert, als auf den Schlachtfeldern sowie bei Belagerungen jene Waffe auftauchte, die in ihrer tragbaren Ausführung aus den Steppen Asiens kam und die die Kirche angesichts der tödlichen Wucht ihrer Geschosse lange Zeit für unzulässig erklärte: die Armbrust. Obwohl ihre Benutzung in den Auseinandersetzungen zwischen Christen von der Kirche verboten worden war, setzte sich die Armbrust durch. Zusammen mit ihr verbreitete sich der englische *long bow* mit einer großen Reichweite und hoher Schußgeschwindigkeit (zwei Vorzüge gegenüber dem abgeschossenen Armbrustbolzen). Diese Schußwaffen zwangen die Ritter, ihre Rüstungen spürbar zu verstärken: dem eisernen Kettenpanzer (der sich vom Kettenhemd des

11. und 12. Jahrhunderts in einen, am Körper anliegenden Schutzanzug verwandelt hatte) wurden an den kritischen Stellen geformte Eisenplatten hinzugefügt, am Hals, an der Brust und dem Rücken, an den Ellbogen, den Handgelenken und den Knien. Aufgrund dieser zusätzlichen Verstärkungen verlor umgekehrt der Schild an Bedeutung, der übrigens auch beim Stechen hinderlich war, bei dem der Ritter, der zwischen Achsel und rechtem Arm die schwere Lanze hielt, die linke Hand zum Zügeln des Pferdes benötigte. Der Schild verschwand deshalb allmählich, aber er behielt seine Bedeutung als Wappenträger; war er zur Zeit des 11. und 12. Jahrhunderts groß und von der Form einer Mandel gewesen, so verwandelte er sich im 13. Jahrhundert in eine weitaus kleinere, dreieckige Waffe, um in der Folge phantastische, ästhetische und dekorative Formen anzunehmen, die jedoch nicht mehr dem Kampf auf offenem Feld oder im Turnier dienlich waren und deshalb von dort verbannt wurden. Dieser allmähliche Prozeß führte im 15. Jahrhundert zu der vollständig aus »Platten« bestehenden Rüstung: der von Kopf bis Fuß gestählte Ritter erschien im Schlachtgetümmel wie ein unbezwingbarer Panzer; es genügte jedoch, ihn einzukesseln und vom Pferd zu werfen, um ihn hilflos dem auf ihn einschlagenden Fußvolk auszuliefern. Dies kam häufig vor, bis hin zu jener berühmten »Schlacht der Sporen«, wie die Auseinandersetzung von Courtray im Jahr 1302 genannt wurde, bei der die bürgerlichen Fußtruppen den Rittern eine herbe und eindringliche Lektion erteilten. Das 14. Jahrhundert war die Zeit der Niederlagen des Rittertums. Öfters sahen sich die Ritter gezwungen – wie z.B. in Crézy –, aus dem Sattel zu steigen, den hinteren Teil ihrer Lanze abzubrechen und damit zu versuchen, wie eine Art schwere Fußtruppe, den Angriff des Feindes abzuwehren. Das zunehmende Gewicht der Rüstung bewirkte nicht nur ein rasches und deutliches Ansteigen der Kosten, sondern hinderte die Ritter auch daran, längere Zeit im Sattel zu sitzen und zwang sie, immer stärkere und widerstandsfähigere Pferderassen zu züchten; je langsamer er jedoch wurde, desto länger war der Krieger zu Pferd dem Stoß des Gegners ausgesetzt. Um diesen Nachteil auszugleichen, versuchte man die Angriffszeiten zu verkürzen und die Strecke, die zurückgelegt werden mußte, um mit dem Feind in Kontakt zu kommen, zu verringern. Wenn sich jedoch auf der Gegenseite, von den in einer Reihe aufgestellten, großen rechteckigen Schildern (»Pavesen«) verdeckt, Bogen- und Armbrustschützen befanden, konnte der Angriff vergebens sein oder sogar ruinös enden. Dasselbe war zu befürchten, wenn der herangaloppie-

rende Ritter gezwungen wurde, vor den zu einem Zaun aufgereihten langen Piken der Fußtruppen anzuhalten (sowohl die schweizerischen als auch die süddeutschen »Landsknechte« waren als Spezialisten dafür bekannt, in geschlossene Pikeniertruppen eingereiht zu kämpfen). Was dem Rittertum blieb, waren die Ausrüstung, die Turniere und die »Zweikämpfe«. Die im 14. Jahrhundert aufkommenden Feuerwaffen versetzten der militärischen Funktion und dem Ansehen des berittenen Kämpfers den letzten, entscheidenden Schlag: als »verdammtes, abscheuliches Zeug« hatte Ariost die Arkebuse bezeichnet und damit den Abgesang auf das mittelalterliche Rittertum eingeleitet. Einer seiner letzten Protagonisten, der edle und tapfere Baiardo, wurde durch den Schuß aus einem Falkonett, einer Art leichter Artillerie, getötet; sein Tod ist damit gewissermaßen paradigmatisch.

Und das schöne ritterliche Abenteuer? Was ist mit ihm? Verschwand es in einem Wald von Piken, im Staub, der von den Steinschleudermaschinen aufgewirbelt wurde, angesichts befestigter Wälle? Wurde es beseitigt unter der Gewaltherrschaft der absoluten Herrscher des 16. Jahrhunderts? Ja und nein. Sicherlich trat der berittene Kämpfer zu Beginn des 16. Jahrhunderts in den Hintergrund, aus dem er jedoch im darauffolgenden Jahrhundert als Pistolenschütze, Lanzenreiter oder Dragoner (oder auch als Husar bzw. Ulan) wieder auftauchte. Im Harnisch und mit der Pistole erschien der Kämpfer zu Pferd erneut auf den Schlachtfeldern Europas. Ansehen und Faszination der Ritter hatten lange Zeit Bestand. Sie verdankten dies natürlich auch der überaus reichhaltigen Mythologie und der Ritterliteratur, die in der europäischen Kultur eine bedeutende Stellung einnimmt. Der Zauber, der vom Ritterwesen ausgeht und der in Legenden, Ausrüstungen und *revivals* weiterlebt, hat sich bis in unsere Tage erhalten: er hat sich den Verhältnissen angepaßt und begegnet uns im Mythos des *cowboys* sowie in der Welt der Comics und der Science fiction-Romane wieder.

Das Rittertum kommt bereits tot zur Welt: Kaum ist es da, beklagt es auch schon den Tod Rolands, der bei Ronceveaux ermordet wurde. Es weint dabei um einen Helden, der schon seit geraumer Zeit tot ist – wenn man bedenkt, daß die historische Figur Rolands im 8. Jahrhundert gelebt hat, die *chansons* jedoch aus dem 11. Jahrhundert stammen. Die »hohe Tugend« ist immer diejenige der »alten Ritter«. Dies ist eine Voraussetzung dafür, daß die ritterliche Mythologie zum Bestandteil eines Geschichtsverständnisses werden kann, das sich wiederholt dem Thema der *mundus senescens* bzw. der korrupten Gegenwart zuwendet, der gegenüber die Gestalt des Helden ohne Furcht und Tadel beschworen wird. Die Erwartung an den Ritter ist Teil eines tiefgreifenden soterischen Bedürfnisses: es ist daher auch kein Zufall, daß sich unter den jüngsten Exegesen des Mythos vom Hl. Georg Arbeiten von Psychoanalytikern finden. Gleichzeitig haben sich – diesmal jedoch nicht in psychoanalytischer Hinsicht, sondern auf die konkrete geschichtliche Entwicklung bezogen – die ritterlichen Institutionen sowie die Kultur, die zwischen dem 11. und 18. Jahrhundert, vielleicht auch darüber hinaus, zu ihrem Ansehen beigetragen hat, als eine der stärksten Antriebskräfte im Hinblick auf den Prozeß der Individualisierung und der Entstehung des Selbstbewußtseins des westlichen Menschen erwiesen, dessen also, was Norbert Elias als Prozeß der Zivilisation bezeichnet hat. Dies ist ein Ergebnis, dessen Bedeutuung nicht verkannt werden sollte und auf das auch wir Menschen von heute nicht verzichten können.

Kapitel 3

Der Bauer

Giovanni Cherubini

Die bäuerliche Welt, wie sie sich in Europa während der letzten zwei oder drei Jahrhunderte des Mittelalters entwickelt hat, im Rahmen eines kurzen Aufsatzes darzustellen, ist kein leichtes Unterfangen. Die Landwirtschaft, ihre Arbeits- und Umweltbedingungen in ganz Europa waren sehr vielgestaltig. Gemeinsam war der überwältigenden Mehrheit der Bauern die Zugehörigkeit zu einer Gruppe von kleinen Produzenten, von »Primär«-Erzeugern (die sich einerseits von den Sammlern der Stämme und den nomadischen Hirten, andererseits von den Lohnarbeitern und den kapitalistischen bzw. kollektivistischen Bauern unterscheiden lassen). Dabei ist vorauszuschicken, daß die geographische Ausdehnung des latinisierten Europa, auf das sich unsere Untersuchung beschränkt, im Lauf der Zeit größere Veränderungen erfuhr. Im 13. Jahrhundert gewann es an Raum durch die erfolgreiche Verdrängung der Mauren von der iberischen Halbinsel; schon vorher war Sizilien zurückerobert worden. In der Mitte des Kontinents und auf dem Baltikum stand die Latinität – auch wenn die Linien noch nicht überall klar gezogen waren – dem griechisch-orthodoxen Christentum oder Bevölkerungen noch heidnischen Charakters gegenüber, die gerade in den von uns betrachteten Jahrhunderten durch Ritter des Deutschen Ordens zwangsweise christianisiert wurden. Zu dem Europa, wie wir es damit umrissen haben, kamen noch ganz Rußland sowie die Territorien des Byzantinischen Reichs, die kurzzeitig, während des von den Teilnehmern des vierten Kreuzzugs 1204 errichteten Kaiserreichs, das nur bis 1261 bestand, von der Latinität beeinflußt wurden. Verschiedentlich werden wir im folgenden auch auf dieses nicht lateinische Europa zu sprechen kommen.

Der Versuch, einige den europäischen Bauern und ihren Tätigkeiten gemeinsame Merkmale zu benennen, wird durch eine Reihe von Umständen zusätzlich erschwert: so z. B. die außerordentlichen Unterschiede in geographischer und klimatischer Hinsicht, die Verschiedenartigkeit der Böden sowie die in den verschiedenen Zonen des Kontinents unterschiedlichen Bedingungen der landwirtschaftlichen Entwicklung. Deren Einfluß auf die landwirtschaftliche Arbeit und das Leben der Menschen wog aufgrund der im Mittelalter noch wenig entwickelten Techniken schwerer als heute.

Im Hinblick auf die Lage der landwirtschaftlich genutzten Gebiete kann Europa grob in zwei Bereiche unterteilt werden, wobei natürlich bereits der größte Teil Norwegens, Schwedens, Finnlands sowie des nördlichen europäischen Rußlands aufgrund seiner ungünstigen klimatischen Bedingungen ausgeschlossen werden muß. Der erste der beiden landwirtschaftlich nutzbaren Bereiche, der aus dem größten Teil Spaniens, dem Südosten Frankreichs, einem Großteil Italiens, Griechenlands sowie der Balkanhalbinsel unterhalb der Karpaten besteht, weist eine Höhe von durchschnittlich 500 Metern über dem Meer auf und umfaßt große, überaus gebirgige Gegenden (die einzigen Ausnahmen bilden die Poebene und das Donaubecken). Der zweite, nördlich des ersten gelegene Bereich erstreckt sich von Südengland und der Westküste Frankreichs bis zum Ural und Kaukasus und umfaßt weite Tiefebenen, die selten über 200 Meter hoch gelegen sind.

Die Niederschlagsmengen verteilen sich sehr ungleich über das Jahr. In den westlichen und zentralen Gebieten der großen europäischen Ebene fallen die Niederschläge regelmäßiger als in den Mittelmeerländern. Dort kommt es vor allem im Herbst und Frühjahr, bisweilen aber auch im späten Sommer, zu heftigen, oft großen Schaden anrichtenden Platzregen. Oberhalb einer bestimmten Höhe in den Gebirgsregionen der ersten Zone wird der landwirtschaftliche Anbau unmöglich. Was die Böden anbelangt, sind die west- und zentraleuropäischen Hochebenen sowie die »schwarzen Böden« Rußlands natürlich weitaus ertragreicher als die des Mittelmeerraums. Dabei ist jedoch daran zu erinnern, daß einige, potentiell sehr ergiebige Böden der Ebene damals nicht landwirtschaftlich genutzt werden konnten, weil sie noch sumpfig waren, wie dies zum Beispiel in Italien für die niedriger gelegenen Gebiete der Poebene, die Valdichiana und die Maremmen zutraf. Aufgrund der stark voneinander abweichenden Quellen lassen sich für die damalige Zeit keine genauen

Angaben über Bevölkerungsdichte, Siedlungsformen oder über Tendenzen der Bevölkerungsentwicklung machen.

Der Stellenwert der Landwirtschaft, der Umfang von Wäldern und unbebautem Land sowie die Viehhaltung, ob sie nun an einem Ort, halb nomadisch oder in einem ständigen Wechsel der Weideplätze betrieben wurde, waren in den Regionen sehr unterschiedlich. Teilweise war die landwirtschaftliche Urbarmachung ausschließlich oder überwiegend eine interne Angelegenheit, die nur das eigene Land betraf. Verschiedentlich ging sie jedoch – wie im Fall des Vordringens der Deutschen in slawisches Gebiet oder der christlichen Wiedereroberung des südlichen Teils der iberischen Halbinsel – mit einem politisch motivierten Vorstoß einher. Es kam auch vor, daß sie sich von Gebieten, die seit langem besiedelt waren, wie etwa den Ufern bestimmter norwegischer Fjorde oder den Ebenen der südlichen Schweiz in höher gelegene, menschenleere und noch bewaldete Zonen ausdehnte. Nicht überall hatte die Landwirtschaft zusätzlich die Aufgabe, eine städtische Bevölkerungsgruppe von einer fest umrissenen Größe kontinuierlich versorgen zu müssen. In bestimmten Regionen, wie in Sizilien, in Spanien oder in den germanisierten slawischen Gebieten lebten die unterschiedlichsten Arten von Bauern dicht nebeneinander, was natürlich zu einer Vielgestaltigkeit der die Landwirtschaft kennzeichnenden Merkmale führte.

Europa erreichte nach einigen Jahrhunderten langsamer, aber beständiger Zunahme der Bevölkerung den Höhepunkt seines demographischen Wachstums während der ersten Jahrzehnte des 14. Jahrhunderts. Die große Pest von 1347–50, der noch zahlreiche weitere Epidemien folgten, dezimierte die Bevölkerung bis zur Mitte des 15. Jahrhunderts um die Hälfte bzw. – gegenüber dem Beginn des 14. Jahrhunderts – um zwei Drittel. In der Folge zeichnete sich ein leichter Wiederaufschwung ab. Während des Höhepunkts der demographischen Entwicklung zählte Europa, so wurde behauptet, insgesamt ungefähr 73 Mio. Einwohner. Diese Zahl ist jedoch, zumindest für bestimmte Regionen, im Verhältnis zu den Produktionskapazitäten der Landwirtschaft sowie angesichts einer Bevölkerungszahl von 50 Mio., die Mitte des 15. Jahrhunderts erreicht wurde, von vielen als überhöht angesehen worden. Indirekte Indikatoren für ein Anwachsen der europäischen Bevölkerung seit dem 10. oder 11. Jahrhundert bilden in erster Linie die Zunahme von Städten und ihrer Bevölkerung, die Rodung von Wäldern, die Trockenlegung von Sümpfen und die Ausdehnung kultivierter Böden, die Wanderbewegung von einzelnen Bauern, Gruppen von Familien oder ganzen Gemeinschaften auf der Suche nach Land, die zur Neugründung von Dörfern, dem Bau von Kirchen und einer wachsenden Ausdifferenzierung in Häuser und Familien führte. Gerade was die Gewinnung neuer Böden anbelangt, haben die Wissenschaftler umfangreiches Material zusammengetragen. Von dem ständigen Kampf des Bauern gegen eine übermächtige Natur – ob die Bodenbestellung nun allein oder von adligen Grundherrn, Abteien oder Städten organisiert und betrieben wurde (letzteres war vor allem in der italienischen Poebene der Fall) – zeugen noch viele Spuren, die sich in den Namen zahlreicher Dörfer des Kontinents erhalten haben: »villenove«, *bourgs* im westlichen Teil Frankreichs, *abergements* im östlichen (vor allem in Burgund), und *bastides* in den südwestlichen Landesteilen. Im deutschsprachigen Raum gibt es Dorfbezeichnungen, die sich aus einem Eigennamen und einem der Suffixe *berg, feld, dorf, rode, reuth* zusammensetzen. Ein Beispiel für den mühseligen Kampf gegen das Wasser, das Meer oder die Sümpfe ist insbesondere die Errichtung der flandrischen *Polder*. Aber auch die englischen Bauern wehrten sich mit Hilfe der *fens* erfolgreich gegen das Meer, ebenso die Bretonen und die Bewohner des Poitou. Die italienischen Bauern der Poebene sowie anderer, kleinerer Gebiete hatten sowohl gegen die Sümpfe als auch gegen die Überschwemmungen durch die Flüsse vorzugehen.

Umgekehrt wurde der demographische Rückgang von einer Ausweitung der Viehzucht gegenüber dem landwirtschaftlichen Anbau, von der Aufgabe kultivierter Böden, die unbedeutender und weniger ertragreich waren, sowie vom Verschwinden ganzer Dörfer begleitet. Diese Entwicklung war nicht überall gleich stark ausgeprägt und wirkte sich auch auf die Agrarwirtschaft und die Siedlungsformen unterschiedlich aus. Unabhängig von den großen Schwankungen der Bevölkerungszahl blieb das Europa des späten Mittelalters – auch wenn in ihm städtische Agglomerationen wie in Flandern, der Toskana oder dem Pariser Becken entstanden – eine grundlegend agrarisch geprägte Gesellschaft, in der ungefähr neun Zehntel der Bevölkerung auf dem Land und von der Feldarbeit lebten. Die ländliche Siedlungsdichte differierte ganz erheblich, nicht nur von einem Land zum anderen, wie z.B. zwischen den Gebieten der Ile de France und denjenigen Osteuropas, Norwegens oder Islands, sondern auch innerhalb ein- und derselben Region bzw. zwischen aneinander angrenzenden Regionen, je nach den klimatischen und geologischen Bedingungen.

Diese grundlegenden Unterschiede lassen sich deutlich anhand der Gesamtbevölkerung ablesen, die von der historischen Bevölkerungsstatistik – aufgeschlüsselt nach den großen geographischen Gebieten des Kontinents – errechnet wurde. Danach zählte Südeuropa (Griechenland, die Balkanländer, Italien und die iberische Halbinsel) im Jahr 1340 annäherungsweise 25 Mill. und im Jahr 1450 19 Mill. Einwohner; West- und Mitteleuropa (Frankreich, Niederlande, die britischen Inseln, Deutschland und Skandinavien) wiesen im Jahr 1340 35,5 Mill. und im Jahr 1450 22,5 Mill. Einwohner auf; ganz Osteuropa kam 1340 auf 13. Mill., 1450 auf 9,5 Mill. Aus diesen Zahlen geht deutlich hervor, wie außerordentlich gering die Bevölkerung im östlichen Teil des Kontinents war. Rußland insgesamt dürfte nicht mehr als 6 Mill., das ausgedehnte polnisch-litauische Gebiet nicht mehr als 2 Mill. Einwohner gehabt haben. Aber auch innerhalb Mittel-, West- und Südeuropas gab es beachtliche Unterschiede in der Bevölkerungsdichte. Mit seinen 10 bis 7,5 Mill. Einwohnern in den Jahren 1340 bzw. 1450 war Italien weitaus dichter besiedelt als die gesamte iberische Halbinsel mit 9 bzw. 7 Mill. Einwohnern; die 19 bzw. 12. Mill. Einwohner Frankreichs und der Niederlande lassen auf eine deutlich gleichmäßiger verteilte Bevölkerung schließen, als die 11,5 bzw. 7 Mill. Einwohner, die für das gesamte deutsch-skandinavische Gebiet angenommen werden, innerhalb dessen wiederum die skandinavischen Länder eine besonders niedrige Bevölkerungsdichte aufwiesen.

Die Beziehung der ländlichen Bevölkerung zu den Städten war damit nicht überall die gleiche. Wenn sich auch in beinahe alle Städten eine mehr oder weniger hohe, in der Regel aber gleichbleibende Zahl von Grundbesitzern fand, so gab es umgekehrt nicht überall Landarbeiter im eigentlichen Sinne. Während man sie in den kleineren und wirtschaftlich weniger entwickelten Städten wie beispielsweise in bestimmten Zentren des italienischen Mezzogiorno oft in großer Zahl antraf, waren sie in den großen Manufaktur- und Handelszentren wie Florenz, Pisa, Siena und Gent so gut wie unbekannt. Die Landbevölkerung lebte meist zusammengedrängt in Dörfern, teilweise unbefestigt, teilweise durch Mauern oder Verteidigungsanlagen geschützt. Sie wurden morgens verlassen, um auf den umliegenden Feldern zu arbeiten, in den Wäldern Früchte zu sammeln, das Vieh auf die Weide zu treiben oder auf die Jagd und zum Fischen zu gehen. Im Unterschied zu früheren Annahmen bestanden die bäuerlichen Familien in der Mehrzahl der Fälle aus Kern- oder erweiterten Kernfamilien, also aus den Eltern, ein, zwei oder drei Kindern, sowie der Großmutter und/oder dem Großvater. »Groß«-Familien scheinen dagegen eher selten gewesen zu sein. Im allgemeinen ist die bäuerliche Familie jedenfalls um so gefestigter und beständiger, je besser ihre materiellen Lebensbedingungen sind, je größer das Land ist, über das sie verfügt und je zahlreicher ihr Vieh, insbesondere das zur Arbeit verwendbare, ist.

Die europäischen Bauern lebten in Agrarlandschaften, die sich stark voneinander unterschieden; entsprechend verschiedenartig waren die landwirtschaftlichen Arbeiten, die das Jahr über verrichtet werden mußten. Die Gebirgszonen – von den Pyrenäen bis zum Zentralmassiv, von den Alpen bis zum Apennin und dem Balkan – wiesen im allgemeinen nur verhältnismäßig bescheidene Flächen für den Getreideanbau auf; dagegen dominierten hier weitläufige Wälder und Weiden. Einige der tiefer gelegenen, wenig bevölkerten, sumpfigen und malariaverseuchten Gebiete wie beispielsweise die Maremmen oder auch Teile Sardiniens hatten mit den Gebirgsgegenden in gewisser Hinsicht manches gemein. Wieder andere Gebiete, wie die Meseta, das innere Sizilien und viele Gegenden Mitteleuropas waren durch den umfangreichen Anbau von Weizen oder anderen Getreidesorten gekennzeichnet. Anderswo begann sich dagegen – wie in den Hügeln der Toskana oder in anderen Teilen Nord- und Mittelitaliens –, vor allem in den letzten Jahrhunderten des Mittelalters, ein intensiver Mehrfachanbau von Getreide, Wein und Fruchtpflanzen durchzusetzen. In anderen Regionen, insbesondere dem Mittelmeerraum, war man im Gegensatz dazu zur Anpflanzung baumartiger Mono- oder doch zumindest in starkem Maße baumartig geprägter Kulturen übergegangen, wie zum Beispiel dem Olivenbaum in der Umgebung Sevillas, in Apulien, an den Ufern der italienischen Voralpenseen sowie in bestimmten Teilen Liguriens, oder dem Weinanbau in den »Gärten« der Conca d'Oro (wo auch, in bescheidenerem Umfang allerdings, Zitrusfrüchte angepflanzt wurden) und in der Umgebung zahlreicher Dörfer in Kalabrien und Kampanien. Einzelne Gebiete, wie bei Valencia, Sevilla oder Palermo, wiesen Spuren der hochentwickelten arabischen Landwirtschaft, vor allem im Hinblick auf die Bewässerungssysteme, auf. In anderen Gegenden, wo das Klima den Olivenanbau nicht ermöglichte, oberhalb bestimmter Breitengrade also, setzte man auf den Anbau der Nuß, die sich nicht nur für die Vorratshaltung eignete (in noch größerem Maße galt dies allerdings für die getrocknete Feige), sondern auch zur Gewinnung von Speise- sowie von Leuchtöl benutzt werden konnte. In zahlreichen Agrarlandschaften, nicht nur in Gebirgsgegenden, dominierte die Weidewirtschaft: dies läßt sich für die Provence, die Meseta, Apulien und die in der Toskana und Latium gelegenen Maremmen feststellen.

Die Art des Anbaus schrieb natürlich die Rhythmen und Zeiten der landwirtschaftlichen Arbeit vor. Überall und in jedem Fall bestand die Hauptsorge des Bauern darin, für die eigene Familie und für diejenigen, die unter Umständen Rechte auf das von ihm kultivierte Land oder seine Produkte besaßen (der Grundherr, der städtische Eigentümer, die lokale Kirche), den Anbau von Getreide sicherzustellen, das Hauptnahrungsmittel – vor allem für die ärmeren Schichten. Auch wenn das Getreide den Hauptbestandteil ausmachte, war dieser doch alles andere als einheitlich. Gerade an der Qualität des Brotes (ob es sich um Weißbrot, Mischbrot oder Brot aus minderwertigem Getreide wie Spelt oder sogar Hirse handelte) zeigten sich nämlich die hierarchischen Abstufungen zwischen den sozialen Ständen. Angesichts des überall mühevollen Getreideanbaus entstand das Bedürfnis nach wirtschaftlicher Unabhängigkeit und Eigenständigkeit, das in allen ländlichen Gegenden und sogar bei städtischen Eigentümern und höheren gesellschaftlichen Ständen anzutreffen war (das sich in gewissem Umfang aber auch auf andere Erzeugnisse, insbesondere den Wein bezog). Die Gefährdung der Landwirtschaft durch die Launen der Natur, die Bedrohung durch jederzeit mögliche Hungersnöte sowie die Schwierigkeiten, die mit dem Transport agrarischer Erzeugnisse über weitere Entfernungen verbunden waren, erklären dieses Autarkiebedürfnis. Dies bedeutet allerdings nicht, daß überhaupt keine landwirtschaftlichen Produkte von einer Region in die andere gebracht worden wären. Wir werden später – in Zusammenhang mit dem Wein – darauf zurückkommen. An dieser Stelle mag der Hinweis genügen, daß die am dichtesten besiedelten Gebiete Mittel- und Norditaliens beinahe regelmäßig aus Sizilien Weizen importierten.

Auch wenn der Getreideanbau – vom Pflügen des Ackers über die Aussaat bis zur Ernte und zum Dreschen – überall ein hohes Maß an Arbeit und Aufmerksamkeit erforderte, so gab es doch beträchtliche Unterschiede, die von vier Faktoren abhingen: dem Fruchtwechsel, der Art des benutzten Pflugs, den zur Arbeit verfügbaren Tieren und der Ergiebigkeit der Böden. Ein weiterer Faktor ließe sich hinzufügen, der jedoch noch nicht für alle europäischen Länder ausreichend erforscht ist und der sich sowohl auf die Qualität des Bodens, als auch auf das von den agrarischen Techniken und Gewohnheiten erreichte Niveau bezieht: die Frage, wie oft ein Acker gepflügt werden mußte, um ihn für die Aussaat vorzubereiten. Die Ergiebigkeit der Böden war – an heutigen Maßstäben gemessen – überall sehr niedrig (der Ertrag des Saatguts dürfte in Europa im Durchschnitt bei nicht mehr als 4:1 gelegen haben, wobei nach oben hin Spitzenwerte von 7–8 oder sogar 10:1 erzielt wurden und die untersten Werte bei 2–3:1 lagen). Die Ergiebigkeit war bei den leichten Böden des Mittelmeerrraums geringer als bei den tieferen und festeren Böden Mittel- und Westeuropas, so wie sie auch in den höher gelegenen Regionen schlechter ausfiel als in den Ebenen. Nicht alle Bauern verfügten des weiteren gleichermaßen über Zug- und Arbeitstiere, die sie vor den Pflug spannen konnten (bisweilen wurden zwar auch Pferde dazu verwendet, doch benutzte man normalerweise für diese Arbeit paarweise oder, bei besonders schweren Böden, zu mehreren Paaren eingespannte Ochsen), so daß sie die Tiere von anderen ausleihen mußten. Bezeichnenderweise bildete der Besitz eines oder mehrerer Paare von Arbeitstieren in den bäuerlichen Gemeinschaften ein entscheidendes Merkmal der sozialen Stellung. Die Bauern, die sich auf den festen und tiefen Böden West- und Mitteleuropas niedergelassen hatten, benutzten einen technisch versierteren und schwereren Pflug mit einem Vordergestell, das auf Rädern lief, mit Kolter und Streichblech, wie sie sich im Verlauf des hohen Mittelalters verbreiteten. Die Bauern südlich des Apennin und in den trockenen Gebieten des Mittelmeerraums benutzten dagegen noch den antiken Pflug mit symmetrischer Pflugschar, der den Boden nur aufriß, ohne jedoch die Scholle umzugraben. In manchen Gegenden, wie im Inneren Siziliens oder in Sardinien, überlebte sogar noch der primitive Hakenpflug, bei dem lediglich die Spitze manchmal eisenverstärkt war. Auch im Hinblick auf die Fruchtwechselwirtschaft unterschied sich das feuchte Europa mit seinen tiefen Böden von dem trockenen Europa der leichten Böden. Während das letztere nur den Wechsel zwischen Brache und Wintergetreide kannte, wechselte das erstere zwischen Wintergetreide, Frühjahrsgetreide bzw. Hülsenfrüchten und Brache, wobei jeweils immer ein Drittel des Bodens ruhte.

Das Ernten des Getreides erfolgte mit einer kleinen Sense, die wahrscheinlich nicht immer, wie früher angenommen wurde, aber doch oft gezackt war. Wie auch auf den herrlichen Darstellungen der kalendarischen Monatsbilder in zahlreichen Kirchen Westeuropas zu sehen ist, wurden die Stiele hoch abgeschnitten, um das Feld, nachdem es von den Ährenlesern abgesucht worden war, noch als bescheidene Weide nutzen zu können, aber auch, um auf diese Weise ein Düngemittel für den Boden zu erhalten.

Gab es auf den Feldern oder in ihrer unmittelbaren Nähe keine Baumkulturen, wurden die Stoppeln zusammen mit dem Unkraut oftmals abgebrannt. Die dabei anfallende Asche wirkte als Dünger. In ihren kalendarischen Monatsbildern gaben die Künstler die Umweltbedingungen und klimatischen Gegebenheiten genau wieder. Je weiter man sich vom Mittelmeerraum entfernt, desto mehr verschiebt sich der Zeitpunkt der Ernte. Zum Dreschen, auch das ist vielfach bildlich dargestellt und im übrigen gut dokumentiert, benutzte der Bauer den Dreschflegel. Das Dreschen wurde oft zu zweit oder zu mehreren durchgeführt. In den südlicher gelegenen Ländern, wo es aufgrund des Klimas möglich war, im Freien zu arbeiten, ließ man die Ähren durch Ochsen und Pferde, in manchen Gegenden auch durch Maulesel zertrampeln. Zum Mahlen brachte der Bauer – abgesehen von nicht besonders gut belegten Ausnahmen, in denen zuhause von Hand gemahlen wurde – sein Getreide zum Müller. Die Mühle wurde mit Wasserkraft betrieben (während der letzten Jahrhunderte des Mittelalters dominierte dieser Typ von Mühle in beinahe ganz Europa); in wasserarmen und/oder windreichen Gegenden gab es jedoch auch Windmühlen.

Was die mit den baumartigen Kulturen verbundenen Arbeiten anbelangt, so beschränken wir uns hier auf den Weinanbau. Zum einen, weil sich der Anbau der Weinrebe trotz der durch Höhenlagen und Klima bedingten Schwierigkeiten auf beinahe alle Böden auszudehnen begann (bekanntlich gelangte die Weinrebe sogar einmal nach England, von wo sie anscheinend erst durch die zwischen dem 13. und 14. Jahrhundert eingetretene klimatische Verschlechterung wieder vertrieben wurde), zum anderen, weil sich die mit dem Weinanbau und der Weinherstellung verbundenen Arbeiten im Grunde genommen über das ganze Jahr hinzogen; des weiteren, weil der Wein, neben dem Brot, einen wesentlichen Bestandteil der Nahrung bildete (in verschiedenen Gegenden wurde er durch den Apfelwein oder das Bier ersetzt); und schließlich, weil die Versuche zur Erzeugung hochwertiger Weine (und die damit einhergehende Entstehung einer spezifischen Weinbaukunde) in den hier betrachteten Jahrhunderten zu einem Unterscheidungsmerkmal der höheren, städtischen und nicht-städtischen Stände wurden. Wir wissen beispielsweise von der Nachfrage mittel- und norditalienischer Städte (und nicht nur von diesen) nach den Likörweinen des Mezzogiorno und Korsikas, sowie von dem Bedarf Englands und der Niederlande an Bordeaux-Weinen. Ebenso bekannt ist, daß die ausländische Nachfrage, in Verbindung mit der Möglichkeit von Flußtransporten, die Entwicklung des Weinanbaus in den Tälern der Rhone, der Saône, der Seine, der Mosel und des Rheins beeinflußte. Sieht man einmal von der wirklich schweren körperlichen Arbeit ab, die das Anlegen eines Weinbergs erforderte (was oft wiederholt geschehen mußte, da jene – neben den Siedlungen und Getreidevorräten, die in Brand gesteckt wurden – zu den bevorzugten Zielen kriegerischer Zerstörungsaktionen gehörten), so verlangte die Weinrebe eine ganze Reihe von Tätigkeiten, die vom Beschneiden über das Umhacken, das Düngen, das Ausrichten der Triebe, die Vorbereitung der Weinfässer, die Ernte, bis zur Beaufsichtigung der Gärung reichten. Hierfür waren nicht nur die erwachsenen Männer, sondern, während der frohen Zeit der Weinlese, auch Frauen und Kinder im Einsatz.

All dies war beim Olivenbaum nicht notwendig, der jedoch zur Zeit der Ernte und der Auspressung der Oliven bestimmten ländlichen Gegenden und städtischen Ortschaften, wie der Umgebung von Bari oder Salent, einen unverwechselbaren Charakter verlieh. In einem ähnlichen, wenn nicht sogar noch stärkeren Maße wurde das gemeinschaftliche Leben von der in der Landwirtschaft vorherrschenden Gewächsart nur in den Regionen mit Kastanienkulturen geprägt. Dies traf natürlich vor allem auf die Zeit der Ernte zu, aber auch auf die darauf folgende, mühselige Suche der Armen des Dorfes nach liegengebliebenen Früchten, das anschließende Weiden der Schweine, die sich von den letzten Überbleibseln ernährten, das Trocknen der Kastanien, das Mahlen sowie die Einlagerung des Kastanienmehls in Kästen, die in den Häusern aufbewahrt wurden.

Ein wichtiger Impuls für die landwirtschaftliche Entwicklung war neben dem Wunsch nach Autarkie der besondere Nahrungsmittelbedarf in den stark besiedelten Gebieten und die Nachfrage nach Rohstoffen für die Produktion in den städtischen Handwerken. Was den ersten Aspekt betrifft, so ist die Vermutung geäußert worden, die Forderungen der Krone und der Barone könnten – wie zum Beispiel in Sizilien – die Möglichkeit des Getreideanbaus auf der Insel überstrapaziert haben, was sich in der Folge negativ auf die Lebensbedingungen der ländlichen Bevölkerung ausgewirkt hätte. Im Hinblick auf den zweiten Aspekt ist daran zu erinnern, daß die Wollverarbeitung, die ja nicht nur von italienischen Städten betrieben wurde, zum vermehrten Anbau von Pflanzen führte, die sich – wie der Färberwaid und die Färberröte – als Färbemittel eigneten.

Darüber hinaus bewirkte die Wollherstellung eine Zunahme der Schafzucht. Die Beteiligung bäuerlicher Familien am Markt scheint jedoch, insgesamt gesehen, bescheiden gewesen zu sein. Die Bauern waren weniger Lieferanten von Grundnahrungsmitteln, wie Getreide oder Wein (die eher von den adligen Grundherren, der Kirche und dem größeren städtischen Grundbesitzer verkauft wurden), als vielmehr von den Erzeugnissen der eigenen Stallhaltung und Viehzucht, von frischem und getrocknetem Obst, Käse und Milch, von Waldfrüchten und kleineren handwerklichen Arbeiten, die sie auf die Märkte der Dörfer oder der Stadt brachten.

Grundverschieden vom Leben der Bauern oder der Bauernhirten mit festem Wohnsitz war das Leben der umherziehenden Hirten. Die Sommerzeit zwischen Mai und September verbrachten sie zurückgezogen in kleinen Hütten in den Bergen und im Herbst, vor dem ersten Frost, stiegen sie mit ihren Herden, die Mähren mit ihrem Hausrat beladen, in die etwas wärmeren Ebenen hinunter. Die älteren wurden oft von jüngeren Hirten, manchmal noch Kindern, unterstützt. Das Leben des Hirten war ausgefüllt mit der Käseherstellung, der Pflege der Schafe und vor allem der Lämmer, dem Scheren, dem Beschützen der Herde vor Wölfen (unverzichtbare Helfer waren dabei die großen Hunde mit ihren eisenverstärkten Halsbändern). Außerdem hatten sie darauf zu achten, daß ihre Herden nicht kultivierte Böden niedertrampelten. Ihr Nomadentum brachte sie im Gegensatz zu den seßhaften Bauern mit vielen Regionen und fremden Menschen in Berührung, so daß sie, obwohl sie sich meistens in der Einsamkeit des weiten Lands aufhielten, über reiche Erfahrungen und Kenntnisse verfügten.

Die Viehzucht der seßhaften Bauern hielt sich dagegen überall in engen Grenzen. Zum Teil lag dies daran, daß in den entwickelteren Gegenden, wie in der Umgebung zahlreicher toskanischer Städte oder im Norden Italiens, Böden, die zuvor unbebaut waren und der gemeinschaftlichen Nutzung zur Verfügung standen, nun privatisiert und kultiviert wurden und sich gleichzeitig die Weidemöglichkeiten auf den privatisierten Flächen verringerten. Hinzu kam, daß in manchen Gegenden die Patrone und Grundherren ihrem eigenen Vieh das Vorrecht auf den Weide- und unkultivierten Flächen sicherten. Die bäuerliche Tierhaltung bestand weniger aus Rindern, als vielmehr aus Schafen, Schweinen und Ziegen. Darauf deutet auch die bäuerliche Speisekarte hin, wie sie – zumindest in den südlichen Regionen – aufgrund zahlreicher archäologischer Ausgrabungsfunde bestimmt werden konnte. Hierbei traten auch lokale und regionale Eigentümlichkeiten zum Vorschein: während in den trockenen Gegenden des europäischen Südens die Ziege dominierte, war es in Mitteleuropa das Schwein. Verschiedentlich kam es in Gegenden mit feuchten und weidereichen Ebenen – in Italien traf dies auf die Umgebung von Parma, Reggio Emilia und Piacenza zu – gegen Ende des Mittelalters zur Aufzucht von Milchkühen und der damit verbundenen Käseherstellung.

Was die Waldarbeiter betrifft, so waren sie oftmals auch kleine Grundbesitzer oder besaßen eine kleine Tierzucht. Ihre Arbeit, die vor allem im Schlagen von Holz und dem Brennen von Holzkohle bestand (aus diesen beiden Tätigkeiten sollten sich erst zu einem viel späteren Zeitpunkt zwei eigenständige Berufe entwickeln), war jahreszeitlich gebunden: in den Wintermonaten konnte sie nicht ausgeübt werden. In diesem Zusammenhang ist daran zu erinnern, daß die bäuerliche Welt sich nie allein auf im eigentlichen Sinne landwirtschaftliche Arbeiten beschränkte, sondern – vor allem im Winter – auch kleinere, handwerkliche Verrichtungen, wie die Anfertigung von Körben sowie die Herstellung und Reparatur des Arbeitsgeräts mit umfaßte. Die Frauen waren damit beschäftigt, für den häuslichen Bedarf zu spinnen und zu weben; in verschiedenen Gegenden, in denen sich der Handel schon weiter ausgebreitet hatte, webten sie auch für städtische Wollhändler. Zum Haushalt der Familie trugen im übrigen sämtliche Mitglieder, einschließlich der jüngsten, bei. Die Kinder hatten meist das Vieh auf die Weide zu treiben. Wenn der Ertrag des Bodens zur Ernährung der Familie nicht mehr reichte, wurde nach verschiedenen Auswegen gesucht: Manchmal wurden die Töchter schon von Kind an dazu angehalten, im Haushalt einer städtischen Familie zu arbeiten; die Söhne versuchte man bei einem Handwerker unterzubringen, damit sie dort einen Beruf erlernten; die Ehefrau suchte Arbeit als Amme für die Kinder irgendeines wohlhabenden Städters oder für die in einem »Krankenhaus« untergebrachten Findlinge.

Fast überall kam es im Winter zu dem aufregenden Ereignis der Schlachtung eines Schweins, wovon es auch viele bildliche Darstellungen gibt, die eine tiefgehende Vermischung von christlicher Spiritualität und agrarischem Charakter des mittelalterlichen Lebens bezeugen. Das monotone, durch ständig sich wiederholende Tätigkeiten gekennzeichnete Leben des Bauern wurde von geselligen Anlässen unterbrochen: dem sonntäglichen Gottesdienst oder dem Besuch der Dorfschenke (einer Art Gegenkirche oder »Kirche des Teufels«, als die sie wiederholt, aber vergebens, von den Predigern verdammt wurde), den Markttagen und dem Gang zur Mühle oder zum Schmied. Zu diesen gewöhnlichen Unterbrechungen kamen andere, außergewöhnliche, wie z. B. die großen, alljährlich stattfindenden religiösen Feste, das Fest des Schutzheiligen der örtlichen Kirche und vor allem die Hochzeiten. Jedes dieser Feste bot, vor allem im Hinblick auf Essen und Kleidung, eine Abwechslung. Wenn möglich, stellte man den bäuerlichen Reichtum zur Schau und veranstaltete große Festessen und außerordentliche Trinkgelage, die einen notwendigen Gegenpol zur ärmlichen Ernährung an den normalen Tagen bildeten.

Der Bauer hatte also eine Lebensweise, die sich deutlich von der des Handwerkers oder des Städters unterschied: Im Mittelpunkt stand die Familie, die für ihn die erste und natürliche Zelle bildete. Aber er war auch Mitglied einer Pfarrei, die ihn von Geburt an an das Christentum band, unabhängig davon, ob er die religiöse Botschaft auch als Erwachsener übernahm. Wichtig war für ihn schließlich die lokale bäuerliche Gemeinschaft, auch dann, wenn er in großer Einsamkeit lebte (die wirtschaftliche Entwicklung hat die Zahl der Entwurzelten, der Vagabunden, Bettler, Briganten und Delinquenten bäuerlicher Herkunft erhöht). In ganz Europa war die bäuerliche Gemeinschaft einem weltlichen oder kirchlichen Herrn unterstellt, bei dem es sich um einen Großgrundbesitzer oder um einen kleinen lokalen Patron, um einen mit großer Macht ausgestatteten Adligen oder um einen bloßen Bezieher von Steuern und Dienstleistungen handeln konnte. Das soziale und politische Leben des Bauern erschöpfte sich weitgehend in seinem jeweiligen Verhältnis zur Gemeinschaft und zum Grundherrn, sowie in der Beziehung bzw. dem Konflikt zwischen dem Grundherrn und der Gemeinschaft. Die Monarchie oder die übergeordneten Machthaber waren für den Bauern weit weg, obgleich er ihre Macht durchaus zu spüren bekommen konnte.

In dieser überaus traditionellen Welt begannen sich jedoch in einigen Teilen Europas Veränderungen abzuzeichnen, die sich auch auf die bäuerlichen Lebensbedingungen und Mentalitäten auswirkten. Dies war vor allem in denjenigen Gegenden Italiens zu beobachten, in denen die Kommunen einen raschen Aufschwung erlebten. Dabei kam es während der letzten Jahrhunderte des Mittelalters zu einer grundlegenden Neuordnung ländlicher Herrschaft oder doch zumindest zu einer politischen, verwaltungsbezogenen, richterlichen, militärischen und wirtschaftlichen Reorganisation der Territorien, die von den Stadtregierungen vorangetrieben wurde. Städtische Grundbesitzer drängten auf das Land, vertrieben die Bauern und brachten so zahlreiche bäuerliche Gemeinschaften in eine schwere Krise. Aber es gab auch Gebiete, die keinem lokalen Herrn unterstellt waren, und den dortigen bäuerlichen Gemeinschaften Sonderbedingungen boten. Dies traf auf die Gegenden des italienischen Mezzogiorno zu, die von der Monarchie zu »Domänen« erklärt worden waren und damit direkt der Krone unterstanden. Obwohl es sich bei ihnen im Grunde um städtische Zentren handelte, die von einem schmalen Streifen Land umgeben waren, wurden sie von einer ausgesprochen bäuerlichen Bevölkerung bewohnt. Ferner scheint es in Europa besondere Randgebiete gegeben zu haben, wie zum Beispiel Island, in denen die Einwohner in starke bäuerliche Gemeinschaften eingegliedert waren, die noch nicht oder noch nicht gänzlich einem richtigen Herrn unterstanden.

Die Abhängigkeitsverhältnisse gegenüber dem Grundherrn waren für die einzelnen Bauern einer lokalen Gemeinschaft nicht dieselben. Gerade im Hinblick auf den Besitz von Land konnte es vorkommen, daß einige Einwohner – im Unterschied zu der verbreiteten Form des bäuerlichen Besitzes, auf die wir gleich zu sprechen kommen – über Land verfügten, das frei von allen Steuern und Dienstleistungen war. Normalerweise wurde ein Dorf jedoch von einem oder von mehreren Herren beherrscht. Das Land wurde dann schematisch in drei große Flächen aufgeteilt: die erste wurde von dem Patron selbst bebaut, die zweite wurde – unter den Bedingungen formaler oder faktischer Erblichkeit – an bäuerliche Familien vergeben und die dritte, die aus Wäldern und unbebautem Land bestand, diente der gemeinschaftlichen Nutzung. Die Kultivierung der eigenen Böden (*pars dominica*, »Teil des Herrn«) ließ der Herr durch Knechte oder Tagelöhner verrichten; manchmal wurden aber auch die Bauern zur Ableistung von Arbeitstagen verpflichtet, zu denen sie dann ihre Ochsen mitzubringen hatten. Im Verlauf des 12. Jahrhunderts ging diese Art der Dienstleistung zunehmend zurück. In dem südlich der Loire und Burgund gelegenen Teil Frankreichs, im armorischen Westen sowie in Mittel- und Norditalien wurde sie völlig abgeschafft, in England scheint sie hingegen noch eine ganze Zeitlang fortbestanden zu haben. Auch wurden die Frondienste in diesem und im darauffolgenden Jahrhundert leichter, aber nicht überall, wie z.B. im Süden Italiens. Um sich von den Arbeitstagen völlig loskaufen oder um sie doch zumindest verringern zu können, mußten die Bauern den Herren eine bestimmte Geldsumme zahlen oder aber die Geld- und Naturalabgaben, die sie für das entliehene Stück Land zu entrichten hatten, erhöhen. Die Nutzung der unbebauten Böden als Viehweide sowie das Sammeln von Holz oder von frei wachsenden Früchten führten oft zu Spannungen zwischen Herrn und Bauer, denn in der Regel neigte der Herr dazu, einen Teil zu seinen

Gunsten zu »privatisieren«, ganz abgesehen davon, daß er für das eigene Vieh eine Art Weidevorrecht beanspruchte. Diese zunehmenden Reglementierungen, die sich in ähnlicher Weise auch bei der Jagd fanden, bewirkten einen wachsenden Ausschluß des Bauern von der Nutzung eines Teils der Natur. Andererseits muß auch gesehen werden, daß die Bauern überall dem Fischfang und der Jagd einen nicht unbeträchtlichen Teil ihrer Ernährung sowie ihrer Verdienstmöglichkeiten verdankten, wobei sie dies für ihr Recht oder doch zumindest für naturgegeben hielten.

Zu dem Gewinn, den der Grundherr aus dem von ihm geerbten Land zog und den er wieder »investierte«, kamen in zunehmendem Maße die Abgaben, die er von den Bauern für das Recht verlangte, innerhalb der bäuerlichen Gemeinschaft, manchmal aber auch über ihre Grenzen hinaus, mit ihren Erzeugnissen Handel zu treiben. Die höchsten Gewinne erzielten die Herren jedoch nicht unbedingt aus den von den Bauern bebauten Böden. In bestimmten Fällen, in denen die Verwaltung eines Herrn sehr umsichtig vorging, waren die Erträge aus der Bewirtschaftung des eigenen Landes sehr viel größer, auch wenn – zumindest vor dem großen Bevölkerungsrückgang – allerorten die Tendenz zu einer Verringerung der eigenen Fläche zu überwiegen schien. Diese Entwicklung zur Vergabe eines immer größeren Teils des Landes an die Bauern stand in direktem Zusammenhang mit der bereits erwähnten Zunahme der Bevölkerung. So kam es, daß mancher Herr bald nicht mehr als einfacher Bezieher von Zins- und Pachtgeldzahlungen war.

Einen beträchtlichen Teil ihrer Einkünfte bezogen die Herren aus der Monopolstellung, die sie mittlerweile auf dem Gebiet der gewerblichen Nutzung der Wasserkraft hatten (dazu kam, zumindest in bestimmten Gegenden, das Monopol über den Backofen und die Dorfschenke). Der Herr hatte das Recht, hydraulische oder Walkmühlen zu betreiben, aus deren Betrieb er Geld einnahm oder einen festgelegten Teil des Gemahlenen einbehielt. Die Mühle betrieb er entweder in eigener Regie oder mit einem Bediensteten, manchmal verpachtete er sie auch. Einige europäische Chroniken berichten mitunter von Konflikten zwischen den Bauern und ihren Herren, wenn diese ihnen verbieten wollten, das Getreide weiterhin von Hand mit dem eigenen Mühlstein zu mahlen, und vorschrieben, die »bannrechtlich« vorgesehene Mühle zu benutzen (die »Bannherrschaft« beinhaltete das allgemeine Recht zu befehlen, zu zwingen und zu bestrafen). Um diese Vorschrift »didaktisch« zu vermitteln, ging man in einem Fall – es handelt sich um eine berühmte, in der Umgebung

Londons gelegene Abtei – sogar so weit, den Sprechsaal des Klosters, in den die Bauern kamen, um ihre Abgaben zu entrichten oder um eine Audienz zu bitten, mit den Trümmern zerstörter Mühlsteine zu füllen und so die Erinnerung wachzuhalten.

Die Beziehungen zwischen dem Bauern und dem Grundherrn waren allerdings nicht nur wirtschaftlicher Natur, sie hatten auch politische Bedeutung. Der Grundherr hatte die Gebietshoheit und in militärischer wie rechtlicher Hinsicht mehr oder weniger weitreichende Machtbefugnisse. Er übte in seinem Gebiet die Rechtsprechung in den Angelegenheiten der Dorfbewohner aus, zumindest was die niedere Gerichtsbarkeit anbelangte; höhere Gerichtsbarkeit und Hinrichtungen blieben Sache der übergeordneten Gebietsherren oder der Monarchie. Mitunter verhängten aber auch lokale Herren Todesstrafen und körperliche Strafen. Dies traf beispielsweise auf zahlreiche Herren in Mittel- und Norditalien zu, auf Gebiete, in denen die Macht der Monarchie oder auch einer Stadt sich noch nicht durchgesetzt hatte. Ähnliches ließ sich auch im Verlauf des 15. Jahrhunderts im Süden Europas beobachten, als sich im Konflikt zwischen Monarchie und Baronen letztere durchsetzten und einen erheblichen Zuwachs an politischer Macht verzeichnen konnten. Als Gerichtsherr hatte der Grundherr nicht nur Macht über die Dorfbewohner, sondern auch eine zusätzliche Einnahmequelle.

Überdies aber verfügte er über eine mehr oder weniger schlagkräftige Gruppe Bewaffneter für Kleinkriege gegen andere Herren. Diese stellte er auch zur Unterstützung größerer Herren oder der Monarchie für die Aufstellung ganzer Heere zur Verfügung. Es wäre im einzelnen zu untersuchen, auf welche Weise die Bauern an den militärischen Aktivitäten ihres Grundherrn beteiligt wurden, in welchem Maße sie seine kriegerischen Unternehmungen finanzierten, ob sie selbst daran teilnahmen oder ob das Waffenhandwerk einer auf lokaler Ebene gebildeten, besonderen Gruppe von Einwohnern vorbehalten blieb, zu der auch Personen mit dem Rittertitel gehörten. Für die bäuerliche Gemeinschaft bedeutete Krieg die Abwesenheit der erwachsenen Männer, und sei es auch nur für wenige Tage, oder, schlimmer noch, Schäden, Zerstörungen und Raub des Viehs bei Angriffen auf das eigene Dorf. Bei den Bauern stieß der Krieg damit auf wenig Begeisterung. Andererseits war aber auch die bäuerliche Welt – nicht anders als andere Bereiche der Gesellschaft – durch Gewalttätigkeiten gekennzeichnet, die den Gebrauch des Messers, blutige Schlägereien und die Geißel der Blutrache einschlossen. Dies gilt vor allem für diejenigen peripheren bäuerlichen Gemeinschaften in unwirtlichen Gegenden oder in Grenzgebieten, wie zum Beispiel die Dörfer des nördlichen Apennin. Abneigung gegen den Krieg einerseits, eine andererseits zur Gewaltanwendung neigende Mentalität – dieser Widerspruch verweist auf das ambivalente Verhältnis des Bauern zu den Waffen, das sich nicht einfach mit der Untersuchung politischer und institutioneller Faktoren erfassen läßt. Hinzu kommt auch, daß die Bauern an der militärischen Funktion des Grundherrn und der damit verbundenen Herausbildung des Berufsstandes des Kriegers durchaus deren Schutz- und Verteidigungsaspekt zu schätzen wußten. Die nachträgliche Befestigung von Dörfern und kleinen Ortschaften oder die Errichtung neuer, von Mauern umgebener Siedlungen, wie es zum Beispiel für das Italien des 11. und 12. Jahrhunderts, einschließlich der damit verbundenen Herausbildung politisch-territorialer Hierarchien untersucht und nachgewiesen worden ist, wurde von der Landbevölkerung mit Sicherheit als Schutz vor den Gefahren begriffen, die der eigenen Person, der eigenen Familie, der Ernte, den Gütern und den Tieren von außen drohten. Diese Schutzfunktion erfüllten mancherorts auch die robusten Mauern einer Abtei oder einer, sich im Besitz eines Barons befindlichen, kleinen Burg, ebenso wie die Stadtmauern den Bauern Schutz boten, die auf den vor der Stadt gelegenen Feldern lebten oder arbeiteten.

In der Regel war die bäuerliche Gemeinschaft weitaus älter als die Herrschaft. Bisweilen reichte die Geschichte eines Dorfes, z. B. in vielen Regionen des Mittelmeerraums, bis in das römische Zeitalter oder sogar in prähistorische Zeiten zurück. Gemeinschaften dieser Art waren erst im Verlauf des Mittelalters, manchmal sogar nicht vor Beginn des Hochmittelalters, und auch dann nur allmählich, mit den Rechten und Ansprüchen weltlicher oder kirchlicher Herrscher konfrontiert worden. Andere Dörfer und Gemeinschaften waren um die antiken römischen »Landgüter« herum entstanden, das heißt auf den Latifundien der späten Kaiserzeit. Sie gingen dann an die germanischen Invasoren und später an die fränkische Aristokratie über, wodurch sich im Lauf der Zeit auch die Lebensbedingungen der antiken Sklaven, die Bewirtschaftung der Böden und die Stellung der Verwalter der »Landgüter« nach und nach veränderten. Wieder andere Dörfer bzw. Gemeinschaften wurden in der Phase des Bevölkerungszuwachses während des 11. und 12. Jahrhunderts in bis dahin menschenleeren und bewaldeten Gegenden gegründet. Es handelte sich dabei um unbebautes Land, das die jeweiligen Besitzer, große Familien oder Herrscher, an Abteien verpachtet hatten. Verschiedentlich kam es auch vor, daß Dörfer zusammen mit der Errichtung einer Herrschaft entstanden, wie dies anläßlich der Kolonisierung der slawischen Gebiete östlich der Elbe durch Gruppen von deutschen Bauern der Fall war. Diese Gebiete, die auch eine innere Kolonisierung kannten und in denen die weiten bewaldeten Flächen zugunsten der Gewinnung von Ackerland zurückgedrängt worden waren, erlebten zwischen dem 12. und dem 13. Jahrhundert einen starken Zustrom deutscher Siedler.

Die Annahme, die bäuerliche Gemeinschaft sei im allgemeinen viel älter als die Herrschaft gewesen, stützt sich nicht nur auf eine ganze Reihe urkundlicher Beweise, sondern mehr noch auf logische Schlußfolgerungen, die sich aus der Art und Weise ziehen lassen, wie die Dorfbewohner das ländliche Leben organisierten, auf vereinzelte Zeugnisse aus dem Frühmittelalter sowie auf das, was wir über die Antike wissen. Folgt man der schriftlichen Überlieferung, so entsteht der Eindruck – Hunderte von »Freibriefen«, »Schutzbriefen«, *consuetudines*, von *Weistümern* und »Statuten« deuten darauf hin –, als sei es den bäuerlichen Gemeinschaften in den letzten Jahrhunderten des Mittelalters, vereinzelt aber auch schon seit dem 11. Jahrhundert, in zahlreichen Regionen Europas gelungen, sich von ihren Herren ein Stück weit zu befreien, indem sie diese nämlich dazu zwangen, sowohl den Umfang der bäuerlichen Verpflichtungen als auch die sie selbst betreffenden Aufgaben sowie abgeschlossene Verträge schriftlich niederzulegen. Mehr noch als das Entstehen einer bäuerlichen Gemeinschaft selbst scheinen diese schriftlichen Zeugnisse – auch in Fragen, die die Gemeinschaft direkt betreffen – die Rückkehr zum Geschriebenen zu bezeugen. Ohne die keineswegs nur rein formale, sondern auch politische Bedeutung dieses Umstands schmälern zu wollen, muß darauf hingewiesen werden, daß die Bauern auch schon vorher innerhalb des eigenen Dorfs oder sogar zwischen verschiedenen Dörfern ein Minimum an gegenseitiger Zusammenarbeit entwickelt hatten und aufrechterhielten: Äcker und Weiden waren aufzuteilen, die Nutzung der Wasserkraft war zu regeln, die Bearbeitung des Bodens und die Ernte, der Schutz des kultivierten Bodens vor Beschädigungen durch Menschen oder Vieh, und schließlich die Bekämpfung gefährlicher Tiere (z. B. Wolf, Bär und Fuchs) waren zu organisieren. Es ist nur schwer vorstellbar, daß all dies – vor allem unter den Bedingungen einer zu dieser Zeit bestenfalls rudimentären Verwaltung – ausschließlich zwischen den Bauern (die dabei nicht immer als Einzelpersonen, sondern als lokales Kollektiv auftraten und behandelt wurden) und den Bediensteten des Grundbesitzers, der Abtei oder des adligen Grundherrn geregelt und ausgehandelt worden sein könnte.

Was das Verhältnis zwischen örtlicher Gemeinschaft und Grundherrn angeht, so kam es in den von uns betrachteten Jahrhunderten durchaus vor, daß, ebenso wie ein Abt, ein Bischof oder ein Baron Herren über mehrere Dörfer sein konnten, auch der umgekehrte Fall eintrat, daß ein einzelnes Dorf unter mehreren Herren aufgeteilt wurde. Auch wenn die Zusammenarbeit zwischen bäuerlicher Gemeinschaft und Herr aus den angeführten Gründen unumgänglich war (man könnte sogar behaupten, daß die vollständige Entfaltung der Herrschaft das Gemeinschaftsleben überhaupt erst ermöglicht hat, insofern sie auf bäuerlicher Seite zum Entstehen eines Bewußtseins der eigenen Identität sowohl als einzelne wie auch als Kollektiv beitrug), ebenso unvermeidlich war der Interessenkonflikt. Der Bauer konnte dem Herrn vieles vorwerfen: seine Bereitschaft, sich in nicht enden wollende kriegerische Auseinandersetzungen zu stürzen, die Habgier seiner Bediensteten, ein ungerechtes Urteil oder die Auferlegung verschiedener, bis dahin unbekannter Abgaben oder Dienstleistungen. Dazu zählen z.B. die schon erwähnten Vorschriften, die der hydraulischen Mühle des Herrn eine Monopolstellung verschaffen sollten, ebenso die Einrichtung der »Steuer«, die aus einem Geldbetrag bestand, der zumindest anfänglich vom Herrn willkürlich festgesetzt wurde und mit dem der von ihm gewährte Schutz entgolten werden sollte. Der Konflikt nahm immer häufiger Formen des stillschweigenden oder abgesprochenen Widerstands an. Wiederholt kam es aber auch zum offenen Aufruhr, der sich manchmal, wenn die Bauern gemeinsame Interessen hatten und es fähige lokale Anführer gab, sogar zu regionalen oder überregionalen Aufständen ausweiten konnte. Zu den bekanntesten, der bäuerlich-herrschaftlichen Gesellschaft gewissermaßen eingeschriebenen Ereignissen dieser Art (M. Bloch hat die These vertreten, daß der bäuerliche Aufstand ähnlich mit ihr verbunden war wie der Streik mit der kapitalistischen Gesellschaft) zählten – zumindest in der hier in Betracht gezogenen Periode und mit der Einschränkung, daß es sich um komplexe Erscheinungen handelte, die sich nicht auf die bloße Unzufriedenheit der ländlichen Bevölkerung beschränkten – in Frankreich die Jacquerie des Jahres 1358 und in England die große Bauernerhebung von 1381, in deren Verlauf sich die Aufständischen nicht nur Londons bemächtigten, sondern während derer sich für kurze Zeit auch der junge Herrscher selbst in ihren Händen befand.

Die Konflikte und Spannungen zwischen dem Grundherrn und dem Bauern entzündeten sich – je nach der Gegend, dem Zustand der herrschaftlichen Institution sowie der Stärke des Einflusses übergeordneter Instanzen – an Fragen der rechtlichen Stellung der Personen, den Bodenverhältnissen, der Nutzung unbebauter Flächen, der Rechtsprechung, den herrschaftlichen Monopolen sowie an der Frage der Willkürlichkeit oder Rechtmäßigkeit der verschiedensten herrschaftlichen Rechte. Statuten, Freibriefe und schriftliche Verträge beschäftigen sich natürlich vor allem mit dieser Thematik, des weiteren aber auch mit den verschiedensten Angelegenheiten, die in irgendeiner Form mit dem geordneten und friedlichen ländlichen Leben in Zusammenhang standen, wie zum Beispiel die Beaufsichtigung der kultivierten Böden, den Schutz der Pflanzen, das Einbringen des Heus oder die Maßnahmen zur Verhütung von Feuer. So groß die Unterschiede regional auch sein mochten, die Gewißheit darüber, was man dem Herrn schuldete, und der Kampf gegen neue oder als neu empfundene Auflagen bildeten eine gemeinsame Erfahrung. Die Höhe der Abgaben und der Versuch, das Mühlenmonopol des Herrn wenn nicht aufzuheben, so doch zumindest zu verringern, standen dabei im Mittelpunkt der Auseinandersetzungen. Zumindest für den Fall der Mühle wird dies durch die Verträge belegt, mit denen einzelne bäuerliche Dorfgemeinschaften Mittelitaliens, die gegen ihre Herren rebellierten, sich der nächsten Stadt unterstellten. In diesen wurde ihnen – über die Übertragung aller Nutzungsrechte an den unbebauten Böden und die Möglichkeit des Freikaufs von Steuern und Dienstleistungen hinaus – auch die Rückkehr des Monopols über die Mühle in die eigene Gemeinschaft zugesichert.

Das gemeinsame Interesse der Bauern bestand darin, durch Freikauf oder Aufhebung von den obligatorischen, auf den Feldern des Grundherrn abzuleistenden Arbeitstagen entbunden zu werden, eine Verringerung der Steuern und Pachtgelder durchzusetzen sowie eine größere Entscheidungsfreiheit bei der Wahl des Ehepartners zu erreichen. Neben diesem Streben nach größerer persönlicher Freiheit gab es den in gewissem Maße damit notwendig zusammenhängenden Versuch, mit Hilfe erweiterter Rechte bezüglich seines Verkaufs, seines Erwerbs oder seiner Erblichkeit eine größere Unabhängigkeit vom Boden durchzusetzen. Wenig belegt ist dagegen – auch in dieser Hinsicht bilden allerdings Mittel- und Norditalien eine Ausnahme – ein von der Dorfgemeinschaft ausgehender Druck, der etwa darauf abzielt, die herrschaftlichen Vorrechte auf dem

Gebiet der Rechtsprechung oder, allgemeiner, der Politik zu begrenzen bzw. zu kontrollieren.

Die Erfolge der Bauern bei ihrem Streben nach mehr persönlicher Freiheit und mehr Verfügungsgewalt über den Boden –, die im übrigen nur deshalb genutzt werden konnten, weil die Bauern des späten Mittelalters bisweilen schon Erspartes hatten, das aus ihren Verkäufen in den inzwischen gewachsenen Städten und den sich entwickelnden Märkten stammte – führten innerhalb der Dorfgemeinschaften zu sozialen Differenzierungsprozessen. Die Differenzierung wurde oft durch besondere Bedingungen forciert, z.B. die Ausübung eines dem Bauern vom Grundherrn übertragenen Amts (womit sich gewöhnlich mehr oder weniger legitime Möglichkeiten eröffneten, sein Glück zu machen) oder aber die Ausübung des Wuchergeschäfts. Diese Phänomene machten sich dort stärker bemerkbar, wo die Stadt und die städtischen Interessen präsenter waren. Diese reich gewordenen Bauern änderten meist auch ihren Lebensstil, auch wenn sie weiterhin inmitten der anderen Dorfbewohner lebten. Sie übten ein Handwerk aus, trieben Handel und sorgten dafür, daß ihre Söhne Priester oder sogar Notar wurden. Je nach ihrer Einstellung zur Stadt förderten sie die Verstädterung oder beschränkten sich darauf, die Dörfer ihrer Heimat zu beherrschen.

Noch nicht richtig geklärt ist der Einfluß des großen Bevölkerungsrückgangs auf die Entwicklung des Verhältnisses von Herrschaft und bäuerlicher Gesellschaft. Im Westen kam es zu einer Schwächung der herrschaftlichen Macht; der unmittelbare herrschaftliche Landbesitz verringerte sich, die Freiheitsspielräume des Bauern wuchsen und die soziale Differenzierung der bäuerlichen Gesellschaft schritt weiter fort. In Frankreich und England entschieden sich zahlreiche große Grundherren dazu, ihre gesamten Herrschaften – auch aufgrund des Rückgangs ihrer Einkünfte – zu verpachten. In Spanien und Süditalien, wo König und Adel nicht mit einem gefestigten Bürgertum konfrontiert waren, kam es dagegen zu einem Erstarken der Latifundienwirtschaft. Im Osten Deutschlands gelang es dem Adel, sich der aufgrund des demographischen Rückgangs von den Bauern aufgegebenen Böden zu bemächtigen und diese zu einem ausgedehnten Grundbesitz zusammenzufügen; angesichts der Schwäche der Monarchie gelang es ihnen darüber hinaus, eine Art neues Bannrecht einzuführen und die Bauern zu zusätzlichen Arbeitsleistungen auf den herrschaftlichen Gütern zu zwingen. Mit dem Wiederanstieg der Bevölkerungszahl im späten 15. Jahrhundert zeichnete sich, auch im Westen, ein Wiederaufschwung der Herrschaften ab. Es scheint, als ob davon auch Mittel- und Norditalien betroffen gewesen wären, obwohl hier in der vorangegangenen Periode die mit Abstand größte wirtschaftliche und soziale Entwicklung auf dem Kontinent stattgefunden hatte. In England war die Situation von Anfang an durch das System der *enclosures* gekennzeichnet: Der Grundherr bemächtigte sich der offenen Felder der Gemeinschaft, auf denen bis dahin Getreide angebaut worden war, sowie der seit Jahrhunderten kollektiv genutzten Weiden, schlug sie zu seinen übrigen Ländereien und verpachtete diese – als große Weidefläche für Schafe – an einen Woll- oder Viehhändler. Ähnlich wie in England, wo man davon sprach, daß »die Schafe die Menschen auffressen«, wurden auch in anderen Gegenden – bedingt wohl durch den Bevölkerungsrückgang – die Schafzucht ausgeweitet und entsprechende Abgaben geschaffen: die spanische *Mesta*, der auf die Einfuhr von Schafen in Apulien erhobene Zoll, der Weidezoll der Kommune Siena in der südlichen Toskana sowie der Schafzoll im benachbarten Kirchenstaat.

Es bleibt schließlich die Frage, was die Menschen auf dem Land dachten, was sie empfanden und wonach sie strebten. Daß es darauf keine zufriedenstellende Antwort gibt, liegt an der in dieser Hinsicht nicht nur dürftigen, sondern auch tendenziösen Überlieferung. Abgesehen von ganz wenigen Ausnahmen haben die Bauern selbst keine direkten Zeugnisse von sich hinterlassen. In den Beschreibungen, die die anderen sozialen Stände – Klerus, Adel, Händler und Handwerker – von ihnen geben, werden sie oft nur auf eine verzerrte oder doch zumindest sehr indirekte Weise dargestellt. Doch manche Quellen, vor allem aus den letzten Jahrhunderten des Mittelalters, verraten mehr darüber. So finden wir beispielsweise recht häufig in den verschiedenen weltlichen oder kirchlichen Sammlungen von Gerichtsurteilen Beschreibungen einzelner Bauern. Besonders aufschlußreich sind dabei die Akten einer bischöflichen Untersuchung, die in einem winzigen, in den Pyrenäen gelegenen Dorf durchgeführt wurde, in dem es noch zu Beginn des 14. Jahrhunderts katharische Häretiker gab. An ihnen wird deutlich, daß ein Gerichtsprotokoll – so sehr es auch vom normalen Alltagsleben abweichende oder außergewöhnliche Vorgänge zum Gegenstand haben mag – einen anschaulichen Eindruck von Mentalitäten und materiellen Lebensverhältnissen vermitteln kann. Von diesem Dorf, seinen Einwohnern, seinen Herrn, seinem Pfarrer und seinen umherziehenden Hirten erhält man anhand dieser Akten nicht nur Aufschluß über die wirtschaftliche Situation, religiöse Überzeugungen, Ernährungsgewohnheiten und Familienstrukturen, sondern auch über weit schwerer faßbare und sich der Fixierung entziehende Erscheinungen wie die Liebe, die Beziehungen zwischen den Geschlechtern oder die allgemeine Vorstellung von der Welt.

Innerhalb der europäischen Literatur nimmt die antibäuerliche Satire einen bemerkenswerten, fest umrissenen Platz ein. Je nach Region, Autor oder Publikum variieren die Schwerpunkte: Während der Bauer beispielsweise in einer rein feudalen Umgebung wiederholt der Feigheit bezichtigt wird, findet sich in rein bürgerlichen Kreisen, wie zum Beispiel in jenen der Toskana des 14. und 15. Jahrhunderts, zu einer Zeit also, in der es bereits zu den ersten Konflikten zwischen Eigentümern und Halbpächtern kommt und sich die bäuerliche Polemik gegen die Ungerechtigkeit der Halbierung der Erträge richtet, die wiederholt gegen den Bauern vorgebrachte Beschuldigung, ein Dieb zu sein, der die Landbesitzer bestiehlt. Und fast immer betont die Satire neben der Schmutzigkeit, der Armut der Kleidung und der Roheit der Nahrung einen tierhaften Zug im Wesen des Bauern, der ihn bisweilen auf einer zwischen Tier und Mensch gelegenen Stufe angesiedelt erscheinen läßt. Die erwähnten Quellen und eine aufmerksame, kritische Lektüre eben dieser Satire zeigen jedoch im Gegenteil, daß der europäische Bauer trotz der harten Lebensbedingungen, der Ernährungsmängel, der Eintönigkeit der Arbeit, des täglichen Kampfs um das Überleben, der Geißel der Hungersnöte und der immer wiederkehrenden Epidemien, der Krankheiten und der Gefahren des Krieges keineswegs jener dumpfe Unmensch war. Auch der Analphabetismus der bäuerlichen Bevölkerung war weniger verbreitet, als man vermuten möchte. Dies gilt vor allem für die wirtschaftlich entwickelteren und unter städtischer Herrschaft stehenden Gebiete, z.B. bestimmte Teile der Toskana, wo mancher reichere Bauer oder kleine Grundbesitzer, dem der Dorfpfarrer Grundkenntnisse beigebracht hatte, wenn auch mit Mühe schreiben, zumindest aber lesen konnte. Daß Pfarrer diese Arbeit leisteten, war keine Seltenheit und beschränkte sich nicht auf einzelne Gegenden. Auch kam es vor – wenigstens läßt sich dies für Mittel- und Norditalien belegen –, daß Dorfgemeinschaften, sobald sie etwas größer waren und sich ein kleiner Kern reicher Bauern herausgebildet hatte, gegen Entgelt einen Schulmeister beschäftigten, von dessen Arbeit unter Umständen auch der eine oder andere Bauer profitierte. Die Gewohnheit bzw. Notwendigkeit, ihr Leben im engen Rahmen des Dorfes zu verbringen, schloß jedoch für die Bauern andere Erfahrungen nicht gänzlich aus: Sie konnten sich aus den Beziehungen zur nahen Stadt ergeben, aus der Teilnahme an einer Pilgerfahrt zumindest zu den in der Nähe gelegenen Kultstätten, aus den durch Arbeitssuche bedingten Veränderungen (daß Bauern beispielsweise vorübergehend als ungelernte Bauarbeiter beschäftigt wurden, war eine überall gebräuchliche Praxis) oder aber durch die jahreszeitlich bedingten Wanderbewegungen, die keineswegs nur die Hirten ärmerer Gegenden wie dem Apennin betrafen.

Das Bewußtsein und die Mentalität der Bauern scheint jedoch auf das engste mit der Religiosität des Volks und den Beziehungen zwischen bäuerlicher Welt und kirchlicher Hierarchie einerseits sowie den Ketzersekten andererseits verbunden zu sein. Viele der bäuerlichen Glaubensvorstellungen hatten ihre Wurzeln in der vorchristlichen Zeit. Die Kirche hatte, vor allem auf der Ebene der Pfarreien, eine Vielzahl von Versöhnungsriten, animistischen Praktiken sowie magischen Beschwörungsformen zu integrieren. In einigen Fällen scheute selbst der Pfarrer nicht vor magischen Praktiken zurück, was von den einfachen Gemütern der Pfarrkinder ohne weiteres als Teil der sakralen Handlung betrachtet wurde. In der bäuerlichen Mentalität standen viele der kirchlichen Aktivitäten mit den immer wiederkehrenden landwirtschaftlichen Produktionszyklen in Zusammenhang. Die Beziehung des Bauern zu den Heiligen hatte offenkundig Vertragscharakter, genauer gesagt, sie wies eine magische Färbung auf, insofern den Heiligen Opfer gebracht wurden, damit sie ihrerseits das Gelingen der Ernte, die Gnade des Himmels und die Gesundheit von Mensch und Tier gewährleisteten. Die Bindung des Bauern an die Kirche, vor allem an die seines Dorfes, war im allgemeinen in jeder Hinsicht sehr tiefgehend. Die Dorfkirche war nicht nur Ort des Gebets, sondern gewissermaßen das Herz der Gemeinschaft, was sich auch an dem äußeren Erscheinungsbild des heiligen Gebäudes im Verhältnis zu den Hütten der Einwohner zeigte (in dieser Hinsicht ließen sich manchmal jedoch auch Ähnlichkeiten mit den Türmen und Palästen der Herren feststellen). In der Kirche, auf dem Kirchplatz oder im Kirchhof wurden, solange es noch kein eigens dafür eingerichtetes Gebäude gab, die Versammlungen der Gemeinschaft abgehalten; der Pfarrer verlas in der Kirche die verschiedensten Ankündigungen von allgemeinem Interesse; in Augenblicken der Gefahr fanden die Menschen samt ihren Gütern in der Kirche Zuflucht; in der Kirche wurden zahlreiche Feste gefeiert, die nicht immer und nicht nur religiösen Charakter hatten. Zusammen mit dem ihr angegliederten Friedhof bildete die Kirche den Ort des kollektiven Gedächtnisses der Gemeinschaft. Die Glocken riefen nicht nur zum Gebet, sondern läuteten auch die Stunden des Tages, da die Bauern noch nicht daran gewöhnt waren, sich nach der neuen »Zeit des Händlers« zu richten; des weiteren wurden sie bei Unwetter geläutet, manchmal aber auch, um die Wölfe vom Ort fernzuhalten, um den Ausbruch eines Feuers zu melden oder um kriegerische Auseinandersetzungen anzukündigen. Ähnlich wie die Beteiligung an den Aktivitäten der Dorfgemeinschaft stellte auch die Teilnahme am Leben der Pfarrei eine Art von Erziehung des Bauern dar. Der Bauer beobachtete das Verhalten des Pfarrers und beteiligte sich an der Pflege und Instandhaltung des Gotteshauses. Die Gemeinschaft schuf zu diesem Zweck eigene Organisationen, die von Ort zu Ort verschiedene Namen trugen (»Werk«, »Bau«, usw.). Mancherorts entstanden in den letzten Jahrhunderten des Mittelalters, zum Teil auf Initiative der Bettelorden, Bruderschaften, die sich dem Gebet, der Buße und der Barmherzigkeit widmeten.

Um den Idealen und den politischen und sozialen Forderungen der Bauern Ausdruck zu verleihen, eigneten sich die christlichen Elemente der Religiosität mehr als die heidnischen. Die Bauern verstanden nicht nur den Trost, den die Sakramente spenden konnten, sondern auch das historische Beispiel der einfachen Kirche, deren Häupter den unteren Bevölkerungsschichten viel näher waren als die Äbte und Bischöfe ihrer Zeit, die sich in nichts – es sei denn durch eine umsichtigere und damit anspruchsvollere Verwaltung – von den weltlichen Herren unterschieden. Angesichts dessen ist es nicht immer nachvollziehbar, welcher Art die Beziehung zwischen unzufriedenen Bauern und den Ketzerbewegungen war. Dies auch aus dem Grund, weil die Ketzereien mit dem östlichen Manichäismus oder millenarischen Endzeiterwartungen in Verbindung standen, die vermutlich die in den Städten lebenden Armen mehr ansprachen als die Bauern, die doch Besitzer, wenn auch kleiner landwirtschaftlicher Betriebe waren. Gewöhnlich neigten die Bauern auch mehr dazu, das goldene Zeitalter in einer weit zurückliegenden Vergangenheit zu suchen als in einer vagen und nicht genau zu bestimmenden Zukunft. In diesem Zusammenhang ist zudem die unter den Bauern verbreitete Überzeugung zu sehen, daß sich der Zustand der Welt im Lauf der Jahrhunderte nur verschlechtert und verschlimmert hätte. Der Konflikt zwischen Herren und Bauern nahm für letztere – ob er nun eher unterschwellig blieb oder offen ausbrach – unter den Bedingungen des Christentums zunehmend die Form eines Freiheitskampfes an. Stellvertretend für viele gleichlautende sei nur dieser eine, durchaus typische Satz zitiert: »Wir verlangen, daß alle Leibeigenen befreit werden, da Gott alle befreite, indem er das kostbare Blut vergoß.«

Die Feindseligkeit der Bauern gegenüber anderen sozialen Gruppen war Ursache und Ausdruck ihres, wenngleich noch sehr elementaren, politischen Bewußtseins. Sie richtet sich ab einem bestimmten Zeitpunkt und in einem von Region zu Region wechselnden Ausmaß nicht nur gegen ihre Herren, sondern auch gegen den Stand der Bürger und die Stadtbewohner im allgemeinen. Das gespannte Verhältnis zu letzteren begegnet uns hauptsächlich in Mittel- und Norditalien, wo die Existenz zahlreicher großer Städte, der Aufschwung kommunaler Regierungen, die sich in der Folge zu Stadtherrschaften entwickelten sowie das Entstehen und die Festigung einer bunten Palette bürgerlicher Berufe zu einem besonderen Verhältnis zwischen Stadt und Land führten. Die Städter ihrerseits waren davon überzeugt, daß der Bauer in seinem Innersten, entgegen der von ihm zur Schau getragenen Ehrerbietung und Ruhe, verbittert und voller Neid und Haß war. Mitunter kam es auch zu kollektiven Aufständen oder einzelnen Akten der Auflehnung, wenngleich diese in den Gebieten mit Halbpacht aufgrund der sich hier bereits ankündigenden Krise der bäuerlichen Gemeinschaft seltener vorkamen. Die Bauern assoziierten mit der Stadt in erster Linie ein Steuersystem und eine Ernährungspolitik, die der ländlichen Umgebung Schaden zufügte, sie spürten die Verachtung der Städter der Landbevölkerung gegenüber, und warfen den in ihr lebenden Grundbesitzern vor, der Armut und der Mühsal des bäuerlichen Daseins gegenüber völlig gleichgültig zu sein.

Kapitel 4

Der Städter

Jacques Rossiaud

Am Ende des 12. Jahrhunderts äußert sich Richard de Devizes, Mönch von Winchester, über die Londoner und ihre Stadt wie folgt: »Ich mag diese Stadt überhaupt nicht. Dort kommen alle möglichen Leute aus allen möglichen Ländern zusammen; jede Rasse schleppt ihre eigenen Laster und Bräuche ein. Niemand lebt dort, ohne auf irgendein Verbrechen zu verfallen. Jeder Stadtteil wimmelt von widerwärtigen Scheußlichkeiten ... Je schuftiger ein Mann, desto angesehener ist er. Man begebe sich nicht unter das Volk in den Herbergen ... Die Zahl der Schmarotzer ist dort unendlich groß. Schauspieler, Possenreißer, Weichlinge, Mohren, Speichellecker, Lustknaben, Päderasten, Tänzerinnen und Sängerinnen, Scharlatane, Bauchtänzerinnen, Geisterbeschwörer, Erpresser, Nachtschwärmer, Zauberer, Pantomimenspieler, Bettler, solches Volk füllt diese Häuser. Wenn man also keinen Umgang mit diesen Schurken haben will, lasse man sich nicht in London nieder. Ich sage nichts gegen die Gebildeten, nichts gegen die Frommen oder die Juden. Dennoch glaube ich, daß die dort nicht so makellos sind wie anderswo, weil sie mitten unter Schelmen leben ...«

William Fitz Stephen, ein Zeitgenosse des Mönchs Richard, ist da ganz anderer Meinung: »Von allen erhabenen Städten der Welt hat London, Thronsitz des Königreichs England, auf der ganzen Welt seinen Ruhm, seinen Reichtum, seine Waren verbreitet und das Haupt am höchsten erhoben. Die Stadt ist vom Himmel gesegnet; ihr gesundes Klima, ihre Frömmigkeit, die Länge ihrer Befestigungen, ihre günstige Lage, der gute Ruf ihrer Bürger, die Ehre ihrer Damen, alles gereicht ihr zum Vorteil ... Die Einwohner Londons werden allenthalben wegen der Eleganz ihrer Manieren und ihrer Kleidung und wegen der Genüsse ihrer Tafel gerühmt. Andere Städte haben Bürger, London hat Barone. Bei ihnen genügt ein Eid, um jeden Streit zu schlichten. Die Frauen von London gleichen den Sabinerinnen...« (Beide Zitate aus M. Th. Lorcin, *Société et cadre de vie en France, Angleterre et Bourgogne (1050–1250)*, Paris 1975, S. 318)

Hier haben wir also den Städter, der in der Stadt entweder die Hure Babylon oder das gelobte Jerusalem erblickt. Alte Bilder, die sich aber in zwei Jahrhunderten heftig verlaufener Verstädterung verfestigt haben und hervorragend belegen, daß die Stadt zum Ort eines ganz besonderen Menschenschlags wird, den die einen verdammen, die anderen loben und preisen.

Halten wir uns an Fakten: um 1250 ist das Städtenetz des vorindustriellen Europa im wesentlichen ausgebildet. Nach heutigen Maßstäben sind die Ergebnisse bescheiden: ein einziges Stadtungeheuer – Paris – mit mehr als 100000 Einwohnern, ein gutes halbes Dutzend Großstädte – bis auf Gent alle in Italien – mit mehr als 50000 Seelen; insgesamt 60 bis 70 Städte mit mehr als 10000, und ein paar hundert mit mehr als 1000. Das Ganze ungleich verteilt wie Nebelsterne von unterschiedlicher Dichte. In Wachstumszonen ist jeder dritte oder vierte, in Stagnationsgebieten nur etwa jeder zehnte Bewohner Städter. Doch das ist schon aus zwei Gründen nicht das Wesentliche: die Städte – riesige Nekropolen der ländlichen Welt – verbrauchen maßlos Menschenmaterial, das rasch wieder ergänzt wird. Zweitens ist ihr Einfluß merkwürdigerweise größer als ihr demographisches Gewicht: Schulen werden gegründet, Bettelorden lassen sich nieder, Fürsten machen sie zu ihrer Hauptstadt, das Handwerk gewinnt in ihnen an Vielfalt, und ihr Markt dehnt ihr Einflußgebiet immer weiter aus. Die Stadt ist Ort der Entwicklung einer komplexen Gesellschaft, die sich mit dem System der Feudalherrn und dessen Ideologie abfindet, jedoch ihre eigenen Hierarchien ausbildet.

Drei Fragen drängen sich also auf: Was gibt es Gemeinsames zwischen dem Bettler und dem Bürger, dem Kleriker und der Hure, Städter allesamt? Zwischen dem Einwohner von Florenz und dem von Montbrison? Zwischen dem Neubürger des ersten Wachstumsschubs der Städte und seinem Nachfahren im 15. Jahrhundert? Zwar ist ihre Lage so verschieden wie ihre Mentalität, doch der Domherr kreuzt zwangsläufig den Weg der Prostituierten, des Bettlers und des Bürgers. Sie alle können nicht ohne einander und gehören in diese kleine, dichtbesiedelte Welt, die dem

Dorf unbekannte Formen des gesellschaftlichen Umgangs, eine spezifische Lebensweise, den täglichen Gebrauch von Münzgeld und für manche eine erzwungene Öffnung zur Welt verlangt. Wilhelm von Auvergne, Bischof von Paris, fiel dies bereits um 1230 auf. Hüten wir uns dennoch, einem Mythos zu erliegen, der so alt ist wie die Stadtgeschichte und der die Vorzüge der Stadt im Vergleich zur Trägheit der Landleute maßlos verherrlicht. Zwischen dem Bauern und dem Städter besteht lediglich ein kultureller Unterschied.

Ist aber die städtische Kultur in Florenz und Montbrison, in Siena und Saint-Flour dieselbe? Hier gibt es nur graduelle Unterschiede, keine grundsätzlichen; der Wortschatz ist verschieden (und auch das nicht immer: man denke nur an die Geschlechter in Metz, die wie die Sieneser oder Florentiner ihre »brigate« haben), doch sie sprechen die gleiche Sprache; es ist nicht wie in einer geschlossenen Festung: »Die Stadt kann nicht für sich allein beurteilt werden« (F. Braudel), sie unterhält eine Reihe von (religiösen, kommerziellen, handwerklichen) Beziehungsnetzen, über die die Vorbilder aus den Großstädten verbreitet werden. Insgesamt gibt es kein »Städtesystem«; vielmehr entwickelt sich ein städtisches Abendland, dessen Angehörige alle ein wenig verwandt sind, zu einer Art Klan gehören, der Reiche und Arme umfaßt, bei dem aber die Blutsverwandtschaft entscheidend ist.

Schließlich zur dritten Frage: die Stadtkultur, dieses gesunde und häufig auftrumpfende Selbstbewußtsein in Tätigkeit und Lebensart, hat Jahrhunderte zu ihrer Entfaltung gebraucht. Jede geschichtliche Epoche hat also ihren Typus des Städters. Im übrigen wächst er häufig nicht in der Stadt auf, sondern wandert im frühen Jugendalter ein. Ich werde daher versuchen, diese beiden Zeiten – die eine kurz, die andere lang – der Akkulturation, des schwierigen Lernens zusammen abzuhandeln und dabei die wichtigen Formen des gesellschaftlichen Umgangs hervorzuheben, die Ideologien und Mythen erzeugen, denn schon der hervorragende Spezialist für das Stadtleben, der Franziskaner Fra Paolino (1314) meinte: »Mit vielen zusammenzuleben, kann einem zur Hauptbeschäftigung werden.«

Wenn ein französischer Bauer um 1150 durch das Tor einer Stadt hereinkam, um dort Arbeit zu finden oder womöglich seßhaft zu werden, war er sich sicher bewußt, daß er in »eine von ihren Privilegien beschirmte Welt« (F. Braudel) eintrat, wie auch seinesgleichen noch zwei Jahrhunderte später. »Stadtluft macht frei«, der geläufige deutsche Rechtssatz, noch vor kurzem zur allgemeingültigen Wahrheit erhoben, galt damals noch nicht unbedingt überall. Lille ließ um das Jahr 1200 weder unehelich Geborene noch entflohene Leibeigene ein. Bologna und Assisi besteuerten Unfreie höher; überall hatte der Feudalherr ein Jahr Zeit, seinen Leibeigenen wieder einzufangen, und in vielen Kleinstädten auf dem Lande war man nicht besser dran als in diesen großen Städten. Im übrigen waren im vielgerühmten Stadtrecht Illusionen mit recht konkreten Vorteilen verwoben: Freiheit bedeutete zunächst eher ein langsames Ansammeln von erkämpften, erkauften, erhandelten, gewährten oder entrissenen Rechten und Gewohnheitsrechten, ein Privileg aufgrund einer Charta oder eines Gesetzes. Ein Gesetz galt nur so weit, wie ein Gemeinwesen die Macht hatte, es durchzusetzen. Für die Städte sprachen Geld, Menschenzahl und ihre gefürchtete gegenseitige Hilfe. Der alte Schlachtruf *commune* hatte in der Picardie oder in Flandern noch um 1300 einen mitreißenden Klang. Deshalb hatten städtische Gerechtsame auch eine ganz andere Geltungskraft als die der Dörfer.

Die Städter und vor allem die Kaufleute hatten also überall die notwendigen Freiheiten für ihre Tätigkeit erlangt. Bereits Ende des 12. Jahrhunderts war drückendes oder entehrendes Gewohnheitsrecht mancherorts auf ein Minimum geschrumpft. Ein Stadtrecht wurde über parallele Gerichtsbarkeiten (die Gerichtsbezirke, in die die Stadt aufgeteilt war) gesetzt, und selbst wenn die gesamte Gerichtsbarkeit dem Feudalherrn blieb, wurde das Personen- und Sachrecht durch die Rechtsprechung der von den führenden Bürgern eingesetzten Gerichte tendenziell vereinheitlicht. Die Geschäftsleute verfügten über ein Recht, das hemmende Formalitäten beseitigte: Sie konnten ohne Einschränkung die für die Werkstätten nötigen Arbeitskräfte anwerben, Maße und Gewichte bestimmen, Märkte und Messen kontrollieren, Beschäftigung und Zunftwesen reglementieren und wirksam für ihre Bürger eintreten, wenn diese durch Raub oder willkürliche Beschlagnahme Schaden litten.

Bevor diese kollektive Solidarität gewährt wurde, mußte man allerdings das schwer erlangbare Bürgerrecht erwerben. Dies setzte eine Zulassung, eine Patenschaft, einen häufig mehr als einjährigen Wohnsitz, die Zugehörigkeit zu einer Zunft oder sogar den Erwerb eines Hauses voraus. Zum Stadtvolk zu gehören, wurde nicht leicht gemacht, und eine Mehrheit mittelloser Einwohner konnte die von wachsamen Minderheiten errichteten inneren Mauern nicht überwinden. Dies stand jedoch der einfachen Tatsache keineswegs entgegen, daß ein Dauerwohnsitz in der

Stadt – abgesehen vom Traum sicherer Arbeit und sozialen Aufstiegs – bereits zu einigen grundlegenden Hoffnungen berechtigte: zunächst zu einem Leben in relativer Sicherheit, hinter einer Mauer vor Raubrittern und Plünderern geborgen, dann Sicherheit vor dem Hungertod, denn die Stadt hatte soviel Reserven, Kapital und Macht, daß Getreidelieferungen auch richtig ankamen; schließlich die Hoffnung, sein Leben in Zeiten der Arbeitslosigkeit und der Not von Almosen fristen zu können, den Krümeln vom Tische der Bereicherung, der Macht und der Wohltätigkeit, jener drei Schwestern, die den Schutz des Stadtwalls genossen.

Zwar beginnt die Stadt »an der Grenze ihres Weichbilds wie ein Haus mit dem Eingang zum Garten« (A. Lombard Jourdan), doch ist die Stadtmauer durchaus entscheidende Grenze zwischen zwei Räumen. Im Abendland – von England einmal abgesehen – hat jede Stadt ihren Wall. Als Symbol der tatsächlichen Einheit oder als Werk des Fürsten ist der Mauergürtel gleichbedeutend mit der Stadt. Und was sind die Städter? »Von Mauern eingeschlossene Bauern,« verkünden deutsche Adlige voll Besorgnis über das Wachstum der Städte. Jede Stadt ist umwallt und erweitert ihre Befestigungen nach militärischen und politischen Notwendigkeiten entsprechend ihrem Wachstum – Gent fünfmal zwischen 1150 und 1300, Florenz dreimal. Wenn sie damit säumt, wird sie vom Krieg gezüchtigt.

Als erhebliches, gebundenes Kapital (für Reims im 14. Jahrhundert 100 000 bis 150 000 *livres*) drückt der steinerne Ring, Gegenstand des Stolzes, aber teuer im Unterhalt, dem Stadtleben insgesamt seinen Stempel auf. Er untergliedert die ständige Bevölkerung, die die Bewachung der Mauerabschnitte und Stadttore unter sich aufteilt, bestimmt die Tageszeit – die Tore werden bei Einbruch der Nacht geschlossen – heiligt, was er umschließt, verwandelt aber vor allem den Raum und prägt zum großen Teil die umliegende Landschaft mit seinem typischen Umriß.

Außerhalb der Tore ist nicht alles anders: Die nähere Umgebung wird von städtischen Besitzungen und Kapitalien beherrscht und ist von den Landsitzen der Bürger durchsetzt; die Bauern ziehen regelmäßig zum Markt, begegnen auf ihrem Weg den selbst in den großen Städten immer noch zahlreichen Landwirten, durchqueren innerhalb der Mauern Gärten und Weinberge, scheuchen Hühner und Schweine wie in ihren Dörfern auf, die aber innerhalb der Mauern ausgebrütet bzw. geworfen wurden und fett werden. Einen Unterschied gibt es jedoch, und zwar einen großen: eine Landstadt ist mehr als ein großes Dorf, und für die abendländische Stadt ist landwirtschaftliche Produktion nicht typisch. Grundstücke sind in Mailand im 12. Jahrhundert 36 mal teurer als im Umland, und der Reichtum vieler Bürgerfamilien in Gent, Genua oder Pisa verdankt sich erfolgreicher Bodenspekulation. Die ungewöhnliche Konzentration von Menschen auf engem Raum verleitet Bonvicino de la Rippa zu seiner Zahlenschwärmerei, und die dichte Bebauung – besonders in den Mittelmeerstädten – bestimmt die Struktur der Landschaft und der Architektur: viele Kirchtürme, ein wuchtiger Dom, eine Fülle von Adelstürmen, zumindest in den Stadtkernen, aneinandergebaute Häuser, die zunehmend in die Höhe streben (in Paris, Genua oder Siena sind vier- oder fünfstöckige Wohnhäuser keine Seltenheit).

Durch Erweiterung oder im Gegenteil durch Zerstörung immer wieder umgeformt, ist diese Stadtlandschaft überdies schwer zu lesen, ohne klare Perspektiven. Winkel, Verschachtelungen, das steinerne Netz von Sträßchen, Höfen und Gassen machen die Stadt für den Neuankömmling zu einer fremden und faszinierenden Welt, die man lange erforschen muß, um sie halbwegs zu verstehen.

Arm sein und in der Stadt leben, heißt zunächst zu zweit oder zu dritt in einer Kammer ganz oben, in einem fensterlosen Loch oder einer Hinterhofdachstube hausen. Mit ein wenig Geld kann man in einer Taverne logieren, ein oder zwei Zimmer für seinen Haushalt mieten, muß aber Brunnen und Küche immer mit anderen teilen. Der Handwerker wohnt zwar im eigenen Haus mit Herd, Keller und Speicher, doch zusammen mit dem Gesinde und den Lehrlingen. Man muß sich also daran gewöhnen – nur eine Minderheit kann sich dem entziehen –, auf engstem Raum mit Nachbarn unterschiedlichster Lebensumstände und Berufe zusammenzuleben.

Städter sein heißt außerdem für zwei von drei Einwohnern, das ganze Jahr oder einen Teil davon vom Markt abhängig zu sein, sein Brot, seinen Wein, sein Gemüse kaufen zu müssen. Schließlich bedeutet es für alle, unter den Unbequemlichkeiten des Eingemauertseins zu leiden; bisweilen ohne Trinkwasser zu schmachten, weil die Brunnen verseucht sind, in einem jauchigen Miasma zu vegetieren, weil in schweren Jahren viele Stadttore zugemauert worden sind und die angesammelten Exkremente Infektionen und endemische Krankheiten verursachen. Der Magistrat mochte wohl seine Leprakranken in Spitäler außerhalb der Mauern abschieben und sanitäre Verordnungen erlassen, doch ist er völlig unfähig, wirksam gegen die Pest vorzugehen, die bei ungünstiger Witterung im Stadtkern und in den Handwerkervorstädten blitzartig ausbricht.

Ansteckungskrankheiten können in diesen Räumen der Begegnung und der Massen auch geistiger Art sein: bei Belagerung, Krieg oder Rückkehr der Pest zieht sich die Stadt monate- oder jahrelang auf sich selbst zurück und reagiert empfindlich auf Gerüchte, Ängste, die sich genauso schnell ausbreiten wie Seuchen. »Schrecknisse«, »Aufwallungen«, kollektive Greueltaten entstehen häufig aus dieser Einschließungspsychose, aus dieser Angst der Masse, die übrigens nicht weniger prompt ihre Freude oder ihren Schmerz über einen Friedensschluß oder den Tod eines Königs äußert. Eine Vorbedingung jeder städtischen Kultur ist, daß man im bunten Chaos leben lernt und vor allem den Fremden mit seinen Bräuchen und seiner Sprache die Stirn bietet.

Das Wachstum der Städte wurde vom flachen Lande genährt. Vermutlich wandten sich anfänglich (um Amiens, Macon, Toulouse, Florenz) Wohlhabende der Stadt zu, angezogen von deren Freiheiten und Aufstiegschancen. Das galt für das Umland von Florenz noch zu Beginn des 13. Jahrhunderts, als reiche Familien den anderen ihren Aufstieg in der Stadt vorführten, jene Minderheit von Zuwanderern, die immer und überall anzutreffen ist.

Genauso gewiß ist jedoch, daß den Wohlhabenden bereits im 12. Jahrhundert Flüchtlinge, Arme, »Staubige« folgten, die mit dem Wachstum der Städte immmer zahlreicher wurden. Die städtischen Werkstätten zogen den Bevölkerungsüberschuß der Dörfer ab: Söhne von Parzellenbauern oder (in der Gegend von Pisa, aber auch von Beaucaire und Saint-Gilles) kleine Bauern, die der Sog des städtischen Markts und die Erweiterung von Weideflächen zu Lasten von Getreidefeldern zugrunde gerichtet hatte. Das Einzugsgebiet der Stadt – um so ausgedehnter, je aktiver das Zentrum – erfaßte daher tendenziell immer entferntere Dörfer, die jedoch auf dem Höhepunkt der demographischen Entwicklung immer noch in der Region lagen. Um 1300 ist Arles eine provenzalische Stadt, Amiens eine picardische, und Lyon eine frankoprovenzalische. Nur die Hauptstädte der Politik, des Handels und der Universitäten weisen eine hohe Zahl Fremder auf. Überall jedoch übersteigt die Zahl der Zugewanderten die der Ortsansässigen bei weitem (in manchen Sprengeln von Pisa gab es um 1260 50–66% Zuwanderer).

Diese beiden Merkmale: Erweiterung der Einzugsgebiete, Übergewicht der Zuwanderer, wurden durch die schwere Not im 14. Jahrhundert noch verstärkt. Um 1450 kamen die Zuwanderer in Florenz wie in den Rhônestädten aus größerer Entfernung, nahm der Anteil der Fremden ständig zu und wuchs durch den relativen Lohnverfall auf dem Lande die Schar der Armen – und Frauen – auf der Suche nach Unterhalt stetig. Die Zuwanderer warfen nicht immer schwere Eingliederungsprobleme auf – bei weitem nicht. Abhängig war dies von ihrer Zahl und Herkunft, und kleine Städte behielten selbst in Zeiten lebhaftester Expansion ihre Blutauffrischung stets im Griff; die Ankömmlinge sprachen dieselbe Sprache und pflegten ähnliche Bräuche. Anders wurde es, als der jährliche Zustrom nach Tausenden zählte. In Florenz rekrutierte sich das Gros der Neubürger um 1450 aus Piemontesen und aus Leuten von jenseits der Abruzzen; in Avignon lebten um 1370 Menschen aus dem ganzen Abendland in denselben Sprengeln miteinander; in Dijon gab es ein Nebeneinander von Zuwanderern aus der Franche Comté, von Picarden, Burgundern und Lothringern. Die einen wie die anderen behielten lange Zeit ihre Eigenheiten bei, pflegten ihre Schwiegerverwandtschaften, Gemeinsamkeiten, Kontakte mit der Heimat...

Für die Magistrate und für die stabilste und wohlhabendste Fraktion der städtischen Gesellschaft waren die Neuankömmlinge notwendig und gefährlich zugleich. Unternehmer und Lebensmittelhändler waren an einer Öffnung interessiert, doch beim Handwerk trug die kleinste Rezession dazu bei, alte Feindseligkeiten zu beleben oder die Distanz zwischen den Neubürgern und den Alteingesessenen zu vergrößern. Geld erleichterte gewiß die Eingliederung, löste aber nicht alle Probleme. Bei gleichem Vermögensstand hatte ein Zugewanderter nicht das gleiche Netz von Beziehungen, nicht die Beschäftigungschancen, die Zulassung zu einem Handwerk oder die politischen Beteiligungsrechte wie die Einheimischen, die mit großer Findigkeit immer neue juristische oder faktische Barrieren vor ihm aufrichteten.

Für Dante löst der »Gestank der raffgierigen Zuwanderer«, die »Verwirrung der Menschen« den moralischen Niedergang von Florenz aus. P. Villani spottet über die *contadini*, die Bauern, die gerade erst den Pflug hinter sich gelassen haben und sich schon um Ämter bewerben. Zwei Jahrhunderte später äußert sich der Lyoner Symphorien Champier nicht anders und beschuldigt das »fremde Volk«, es sei ungehobelt und bringe Laster und Chaos mit sich.

Deswegen denken sich die *gente nuova* aus dem Kaufmannsstand Ahnen und Begründer ihres *domus* mit sagenhaft langem Stammbaum aus (so auch G. Morelli trotz seiner scheinbaren Zurückhaltung), während die Chronisten die inneren Konflikte mit dem Vorhandensein unversöhnlicher Rassen unter den Stadtbewohnern erklärten. Die Erschütterungen infolge der Zu- und Abwanderungen, die ständigen und umfangreichen Verwerfungen in der Bevölkerung hinterlassen tiefe Spuren beim Städter, sei er nun aus altem Geschlecht oder erst seit kurzem ansässig, prägen letzteren aber stärker, da er ohne Verwandtschaft ist.

Nicht, daß die großen Familien in der Stadt unbekannt wären, oder daß das Selbstbewußtsein der alten Patriziergeschlechter vorzeitig geschwunden wäre: die Geschlechter beherrschen das gesellschaftliche und politische Leben der Mittelmeerstädte mindestens bis zum 14. Jahrhundert. Im 11. und 12. Jahrhundert haben sie ihren Zusammenhalt gefestigt, ihr genealogisches Gedächtnis aufgefrischt, ihren Zugriff auf das Familienerbe gestrafft und darum gekämpft, die *domus magna* und die Herrschaft über die Gruppe auf den ältesten Sohn zu übertragen. In Florenz, Metz, Reims, Valenciennes oder Verdun ist Macht gleichbedeutend mit Abstammung, »die Familie schafft Macht, wie umgekehrt Macht die Familie schafft« (H. Bresc). Waren sie gefährdet oder schwach, schufen sich die Patriziergeschlechter unter einem Totemnamen weitgespannte Scheinverwandtschaften.

Selbst wenn sie nicht unter einem Dach leben, haben verwandte Familien eine ganze Reihe von gemeinsamen Interessen (Familienerbe, Heirat, tägliche oder saisonale gegenseitige Hilfe). Die Untersuchung ihrer Haushalte darf also nicht von ihren Bindungen untereinander absehen, die sich selbst bei den *mediocres* als recht stark erweisen können. Zu bemerken ist noch, daß Großfamilien selten sind, die meisten einfachen Leute kein Bewußtsein für Abstammung und Familiennamen haben und nie die Freuden der Großfamilie kennenlernen, die den Moralisten lieb und teuer ist. Die allgemeine Tendenz ist Zersplitterung.

In ihrer großen Masse scheint die Bevölkerung aus kleinen Haushalten mit geringer Kopfzahl zu bestehen. Die Familie in der Stadt ist kleiner als die auf dem Land und schon von ihrer Struktur her brüchig, zumindest in den Mittel- und Unterschichten. Selten können Väter ihre Töchter schon in der Pubertät, im Alter von 12 bis 15 Jahren verheiraten. Das durchschnittliche Heiratsalter steigt auf 16/18 (Florenz, Siena 1450), 20/21 (Dijon 1450), und das Wehgeschrei des Hl. Bernardinus von Siena (in Mailand seien im Jahre 1425 20000 Mädchen unverheiratet) hat ein Echo von den Schöffen von Rodez (auf 265 Haushalte kämen 60 Mädchen von mehr als 20 Jahren, die wegen Armut noch unverheiratet seien). Wir wissen auch, daß Männer sehr spät heirateten: mit über dreißig Jahren in der Toskana, um fünfundzwanzig in Tours und Dijon, und das zu einer Zeit, wo die Gründung eines

Hausstands durch den höheren Lebensstandard und die berechtigte Hoffnung auf sozialen Aufstieg leichter war als zwei Jahrhunderte früher. Die Heirat ist also in der Stadt wie auf dem Land ein »Sieg über die Gesellschaft« (P. Toubert), am Ende einer langen Jugend teuer erkauft. Dieses Hinausschieben der Heirat beunruhigt die Notablen, die darin den Keim unzähliger Sünden erblickten und so taten, als wüßten sie nicht, daß hierin für die einfachen Leute das einzige Mittel lag, nicht im Elend zu versinken. Dieser Strukturdefekt der Stadtfamilien, in Genua bereits im 12. Jahrhundert spürbar (wenn die Handwerker heiraten, sind ihre Eltern schon tot), zieht einen weiteren nach sich: die häufige Scheidung. Eine Ehe hält in Venedig zwischen 1350 und 1400 durchschnittlich nur zwölf Jahre (beim Adel sechzehn). Spätes Heiratsalter und Trennungen erklären die geringe Kinderzahl, zusammen mit der abnehmenden Fruchtbarkeit der Frauen, der Kindersterblichkeit, von der die Armen stärker betroffen sind, der Häufigkeit der Abtreibung (in Dijon praktisch bis zum dritten Monat erlaubt) und den Praktiken der Empfängnisverhütung, die sicher in den italienischen Städten entwickelt wurden (aber in den französischen Städten noch unbekannt oder sehr selten sind), während der Altersunterschied zwischen Mann und Frau die Witwe mehr noch als auf dem Lande zu einer vertrauten Gestalt macht.

Doch wird bei kleinen Handwerkern oder Gesellen häufig nach Neigung geheiratet, weil kein Familienerbe und kein Machtwort der Verwandtschaft hineinregieren. Die Stadtfamilie erscheint also im Vergleich zur Landfamilie anpassungsfähiger, aber auch brüchiger und weniger gefestigt. Selbst die »frérèches«*, seltener als auf den Dörfern und meist auf Zeit geschlossen, können durch Willenserklärung der Vertragspartner leicht aufgelöst werden. Die »familiäre Flurbereinigung«, auf dem flachen Lande klar erkennbar, scheitert an den Stadtmauern, und diese künstliche Familie ist in den unteren Schichten nur vertraglich und von kurzer Dauer.

Die Städter sind sich über die Brüchigkeit der Familie durchaus klar, beklagen die gewachsene Distanz zwischen Verwandten, die durch Erwerbstätigkeit, Lebensweise und bisweilen Wohnsitz voneinander getrennt sind und sich verfeinden. Daß der Adel bewundert wird, geht zum Teil auf folgendes zurück: der Bürger in bescheidenen Verhältnissen träumt von der Solidarität des Geschlechts, von aktiven und großzügigen

* Gemeinschaftsbesitz des freien Landeigentums im Familienverband zur Verhinderung der Bodenzersplitterung durch Erbteilung. (Anm. d. Übers.)

Verwandtschaften. Die Verfasser von picardischen »fabliaux«, altfranzösischen Erzählungen in Versen, bringen es auf den Punkt: die Vettern komplimentieren einen hinaus, wenn man sie anpumpen will. So wird die Stadt kraft ihrer Ökonomie, ihres Milieus, ihres Ethos für die Masse zur Zerstörerin der Familienbande. Seuchen schlagen zu, die Solidarität schwindet, tödliche Gefahren lauern, die Autorität des Familienoberhaupts wird ausgehöhlt. Der Städter, häufig ohne Ahnen und ohne Hab und Gut, kann nur auf »Freunde in Fleisch und Blut« zählen: Diese Strukturschwäche ist nicht nur auf die große Zahl der Menschen ohne Namen und Familie zurückzuführen, sondern auch darauf, was Wohlstand in der Stadt bedeutet – nämlich den Besitz von Geld.

Es wäre unsinnig und vergeblich, in ein paar Zeilen die außergewöhnliche Vielfalt der städtischen Erwerbstätigkeit und Gesellschaft beschreiben zu wollen. Bekannt ist, daß hinter den Stadtmauern in immer anderen Verhältnissen Domherrn und Studenten, Adlige und Winzer, Patrizier und Tagelöhner, Großkaufleute und Kleinhändler, hochqualifizierte Handwerker und Handlanger miteinander verkehren, letztere von den Launen des Einzelschicksals und der Konjunktur zwischen Arbeit und Bettelstab hin- und hergeworfen. Ebenfalls bekannt ist, daß die einfachen Arbeiter zahlreicher waren als die Unternehmer, und die Patrizier an einer Hand abgezählt werden konnten. Dazu nur ein Beispiel: um 1300 werden in St. Omer 5 bis 10 Ritter, 300 Reiche, 3000 Besitzbürger und insgesamt 10 000 Haushaltsvorstände gezählt, von denen 2500 bis 3000 Arme sind (A. Derville). Außerdem bewirkten statusbezogene, herkunftsmäßige, ordens- und standesspezifische, kurz qualitative Unterschiede noch weitere Spaltungen über die des Vermögensstands hinaus. Nichtsdestotrotz bleibt der Bürger das gesellschaftliche Musterbild des Städters und das Geld das hauptsächliche Unterscheidungskriterium. Allenthalben unterteilt der Stadtmensch die Menge, die ihn umgibt, in *majores* und *mediocres*, in *Fette* und *Magere*, in *Große* und *Kleine*, bestimmt die Stellung des einzelnen in der Hierarchie nach seinem Einkommen, seinem Preis. Die Experten des städtischen Steueramts fragen mehr nach dem Produkt des Kapitals als nach der Herkunft. Das bedeutet, daß bis auf wenige Ausnahmen (Juden und Ausländer) das gesellschaftliche Wirken immer wichtiger ist als bloßer Status, Rücksichtnahme wichtiger als Herablassung, und es trotz zeitweiliger Hemmnisse mit Geld möglich ist, vom Handwerksunternehmen zum Handel zu wechseln, sich die Aufnahme in eine Hanse, in einen Markt, einen Kreis von Reichen zu erkaufen, schließlich ins »Patriziat« aufgenommen zu werden.

Die Funktionen in der Stadt mögen vielfältig sein und differenzieren sich immer mehr, doch die Kaufmannsmentalität setzt sich durch, prägt Empfindungen und Verhaltensweisen. Wie R. Lopez hervorgehoben hat, sind viele Handwerker Teilzeithändler. Der Lohnhandwerker vermietet seine Fertigkeiten, der Hauseigentümer eine Wohnung oder ein Zimmer, der Jurist seine Rechtswissenschaft, der Professor sein Wissen, der Handlanger seine Körperkraft, der Jongleur seine Geschicklichkeit, die Hure ihren Leib. Ihre *ministeria*, ihre Berufe, sind nach einem System wechselseitigen Austauschs, das die einen (die Theologen) als Gemeinwohl und die anderen (die Bürger) als Markt bezeichnen, nach einem gerechten Preis in klingender Münze geordnet, der täglich auf dem Markt oder auf dem Heuerplatz festgelegt wird. Denn das Geld ist das Blut der Stadt, ihr Lebenssaft (L.K. Little) und ihr Ordnungsprinzip. Wenn der Kaufmann in einem *chanson de geste*, einem *fabliaux* oder einem Sprichwort auftaucht, handelt es sich um einen natürlichen Vertreter »klingender Münze«. Wenn ihn die Kleriker nicht des Wuchers zeihen, werfen sie ihm seine *avaritia* vor, sein Gewinnstreben.

Bürgerliche Vermögen bewahren nämlich fast stets einen Teil ihrer ursprünglichen Herkunft: ihre Beweglichkeit. Mit Leichtigkeit zu verbergen und umzuschichten, aus Barren, Münzen, kostbarem Geschirr, dann Kreditbriefen und Kontrakten – Ordern, *colleganza*, Kriegsdarlehen, Bankguthaben – zusammengesetzt, sind diese Vermögen dynamisch und lebhaft. Sogar mit Erfolg verwandelt, bleiben sie relativ geschmeidig: Häuser, Fleischereien, Nähstuben, Ländereien in Stadtnähe sind leicht verkäuflich. Die Patrizier hingegen, Besitzer von Gütern und Wappen, werden nie reine Rentiers, sondern sind häufig noch im 14. Jahrhundert Geldwechsler, Maut-, Zoll- und Steuereinnehmer wie die Ritter von Arles, Marseille oder Pisa, die im 12. Jahrhundert ihre Macht auf der wucherischen Pachtung der Salz-, Weizen- oder Tuchsteuer errichten.

Die liberale Geschichtsschreibung, die sich vom Geldüberfluß, von der Vollkommenheit der Handelstechniken und den ungeheuren Chancen für die Privatinitiative blenden ließ, erblickte in jedem Einwohner einer italienischen oder flämischen Großstadt den Glücksschmied seines kommerziellen Erfolgs. Lassen wir uns von dieser goldenen Sage nicht täuschen. Viele Menschen konnten und wollten ihre mageren Ersparnisse oder ihr Seelenheil nicht in Unternehmen des Seehandels oder des Wuchers aufs Spiel setzen. Dennoch achtete jeder Städter, ob er wollte oder nicht, auf den Kurs des Geldes, auf die Geldbewegungen, auf Ereignisse, die den Markt bei Ankauf und Verkauf beeinflussen konnten. Pisaner und Genuesen, weil sie vom Weizen der Romagna, Siziliens oder des Rhônetals abhängig waren, flämische Weber und Tuchwalker, weil sie die Arbeitslosigkeit fürchteten, wenn die englische Wolle ausblieb, Pariser oder Lyoner Gesellen um 1430, weil der Friede von Burgund ihnen ein leichteres Leben verhieß...

Der entwurzelte Bauer, hinter Mauern wieder seßhaft geworden, entdeckte also eine Welt ferner Horizonte und sah sich alsbald gezwungen, über den Wert der Arbeit und der Zeit nachzudenken. Wo das Herz der neuen Ökonomie schlug – auf dem Markt oder auf dem Heuerplatz – mußte er feststellen, daß sich die Preise wie die Moden und Bedingungen ständig änderten.

An den Fassaden der Dome wird im 12. Jahrhundert das uralte Thema des Glücksrads entfaltet, das Gesellschaften oder Individuen ohne Unterlaß zum Erfolg oder in den Untergang reißt. Das Bild ist entlarvend: Es ängstigt (die Reichen) und beschwichtigt (die Armen), und reagiert bewundernswert auf die Empörung der Anhänger der traditionellen Ideologie über das typisch städtische Ärgernis des ständigen Wechsels des Zustands und der Lage.

Chroniken, Geschichten, Lieder sind übervoll von »Emporkömmlingen«, von Männern, die mit nichts anfingen und sich durch Wucher, Handel und sogar durch die Arbeit ihrer Hände zum Gipfel der Macht aufschwangen. Doch wissen wir heute, daß man selbst in Zeiten besten Wirtschaftswachstums, wenn man zu Wohlstand kommen wollte, vor allem eins haben mußte: Geld. Und daß viele der Patrizierkaufleute des 12. Jahrhunderts Söhne von reichen Männern (Steuerpächtern oder Rittern) waren, und viele »Neureiche« nur zugewanderte Reiche aus einer anderen Stadt. An solchen »Geschichten« ist dennoch etwas Wahres: die Genueser Großkaufleute vervierfachen um 1200 ihr Kapital in fünf Jahren, und in Venedig ermöglichen die Erträge aus dem Fernhandel im 15. Jahrhundert noch 40% Gewinnausschüttung. Man kann also schnell reich werden und ebenso blitzartig Bankrott machen. In seinem *Jeu de la feuillée* schildert Adam de la Halle die Neureichen von Arras, beklagt aber zugleich das Schicksal von Thomas de Bourriane, der seinen Tuchhandel aufgeben mußte, um schlichter *brasseur de goudale* zu werden. Aufsehenerregende Konkurse sind genauso häufig wie Erfolge. »Fortuna folgte dem Zufall« schrieb um 1430 der *Bourjeios de Paris*, als der ganz neue *catasto* von Florenz massenweise große Namen verzeichnet, die in tiefe Armut gestürzt sind...

Im Laufe langer Jahre lösen »alte Häuser«, Patrizier, Unternehmer, Provianthändler, Juristen einander an der Spitze und in den Räten ab, während die Scharen von kleinen Leuten Zuwachs durch verschämte Arme erhalten, die bisweilen tief gefallen sind, meist aber aus den Reihen der Lohnabhängigen stammen, die durch chronische Arbeitslosigkeit ständig anfällig dafür sind. Aufdringlichem Reichtum entspricht daher offenkundige, schreiende Armut, die nur dann Aufsehen erregt, wenn Stadtleute davon betroffen sind. Über die anderen regt sich kaum jemand auf. Ist eine große Bettlerschar nicht ein Zeichen städtischen Wohlstands? Die Distanz zwischen Reichen und Armen kann sogar bisweilen abnehmen – so zwischen 1350 und 1450 –, bleibt aber noch immer ungeheuer, wie auch die Bewegung, von der die Menschen durcheinandergeworfen werden, auch dann noch rasant bleibt, wenn sie langsamer wird.

Doch der soziale Wandel ist nicht die einzige Erscheinung, mit der der Städter konfrontiert ist. Wie L.K. Little und J. Le Goff hervorgehoben haben, wirft die Spezialisierung der Arbeit in der Stadt besondere, im Dorfe unbekannte Probleme auf. Die Individuen nehmen höchst differenzierte Aufgaben wahr und stehen häufig vor Entscheidungsproblemen – man braucht hier nur die ständigen Neuentfaltungen in Handel und Gewerbe zitieren, die alle Volkswirtschaften zwischen den Jahren 1200 und 1500 bewältigen müssen – und damit vor ethischen Problemen. Die Wirtschaftstätigkeit in der Stadt wirft immer mehr »Gewissensfragen« über den Wert von Arbeit, Gewinn, Kredit, Reichtum und Armut auf. Desgleichen stellt das lange Unverheiratetsein der Jungen, die Nachbarschaft zugänglicher Frauen, die Allgegenwart der Kleriker eine Sexualmoral in Frage, die den neuen Daseinsbedingungen nicht angepaßt ist. Diesen drängenden Problemen widmen sich mehrere Generationen von Intellektuellen und versuchen Antworten zu finden. Denn die Gesellschaft verfügt über die Instrumente zu ihrer eigenen Kritik: die Dialektik und die Scholastik, welche den einzelnen anhalten, sich zu engagieren, ihn daran gewöhnen, daß alles unablässig in Frage gestellt wird und welche geistreiche Leute mit der Praxis der Diskussion, der Meinungsvielfalt, dem Gedanken- und Erfahrungsaustausch vertraut machen, den Kleriker, Kaufleute und die Männer der mechanischen Künste eine Zeitlang pflegen. Die großen Werkstätten des Geistes mögen sich zwar zunehmend abschotten, in Paukuniversitäten verwandeln, doch war das Bündnis dauerhaft genug, um die Geisteshaltungen durchaus zu verändern. Bestehen bleiben übrigens viele Orte des geistigen oder moralischen Meinungsstreits, der Konfrontation: vor der Kanzel des Mendikantenpredigers, der seinen Zuhörern die Leviten las, dort, wo sich die öffentliche Meinung bildete, in der Taverne, auf den Brettern des weltlichen Theaters, in den Gruppen von Jugendlichen, die sich gegen die gestandenen Männer finden und durchsetzen mußten. Der Verfasser der *Enfances Vivien* schildert einen Bürgersohn, der die Mentalität seines Vaters nicht mehr versteht, und Christine de Pisan deutet an, daß Junge und Alte im Paris ihrer Zeit einander »nicht ausstehen« konnten.

Dieser Meinungsstreit äußerte sich bisweilen im Gelächter, in den Ritualen des Karnevals, in aufsehenerregenden Brüchen – Franz von Assisi legte öffentlich seinen Mantel ab. Sie vermehrten die Spannungen, die von den ungleichen Tauschrelationen, den Rivalitäten zwischen Patriziergeschlechtern und anderen Familien hervorgerufen wurden und machten die Stadt zu einer Welt ständiger Konfrontation. Sie trugen dazu bei, allmählich eine neue Kultur zu schmieden, weckten aber Ängste und schürten Gewalt.

Die Geschichte der Städte des Abendlands ist durchzogen von gewalttätigen Episoden, Schrecknissen oder Aufständen, bei denen es um Familienehre, Beteiligung an den Magistraten oder um Arbeitsbedingungen ging. In diesen Kämpfen geraten vor allem Magnaten und niederes Volk aneinander, stehen sich in Italien von Klans beherrschte Parteien gegenüber. In den großen Städten Flanderns arten sie in wahre Klassenkriege aus, geprägt von Massakern, Vertreibung und Zerstörung. Zwischen 1250 und 1330 häufig, münden sie überall in eine Niederlage der Altreichen und eine Erweiterung der Oligarchie. Eine zweite Welle, deren gesellschaftliche Färbung viel eindeutiger ist (*Ciompi* in Siena und Florenz, *Maillotins* in Paris) erschüttert die Welt der Städte am Ende des 14. Jahrhunderts. Mit der Niederlage der kleinen Leute enden die Spannungen nicht, die sich hie und da in kurzen Schreckenstaten entladen, aber fast dauernd in hartnäckigen »atomisierten« Kämpfen zum Ausdruck kommen, die sich in den Gerichtsakten kaum von normaler Delinquenz unterscheiden lassen. Steine, nachts einem Meister in die Fenster geworfen, körperliche Mißhandlung eines Gläubigers, eine Schlägerei zwischen konkurrierenden Handwerkern werden von den Richtern leichthin wie übliche Gewalttaten behandelt.

Bleiben also vielen Städtern, auch wenn sie Zeiten anhaltender und schwerer Spannungen durchmachen, die Schrecken des Aufstands und seiner Unterdrückung erspart, so müssen sie fast täglich mit einer Atmosphäre der Gewalttätigkeit umgehen. Wozu die Beispiele mehren? In Florenz, Venedig, Paris, Lille, Dijon, Avignon, Tours oder Foix enthüllen die Justizarchive eine eindrucksvolle Reihe von kaltblütig verübten Racheakten, von hitzigen Einzel- oder Gruppengefechten, die mit dem Messer oder eisenbeschlagenem Stock ausgetragen werden, von gemeinschaftlichen Vergewaltigungen, mit denen nachts aus ihrer Kammer gezerrte und zusammengeschlagene arme Mädchen für ihr Leben gezeichnet werden.

Diese Gewalttaten werden meist von Jungen oder Erwachsenen aus bescheidenen Verhältnissen begangen, die sich in nichts von ehrsamen Einwohnern unterscheiden. »Die Stadt treibt zum Verbrechen«, wie z.B. Chevalier treffend formuliert. Tatsächlich scheint die Kriminalität in den Loirestädten doppelt so hoch zu sein wie in ihrem Umland, und auf dem flachen Lande um Lyon wie in der Grafschaft Comtat sind Verurteilungen nach Gewalttaten eindeutig seltener als in Lyon oder Avignon.

Mit dem Wein – Trunkenheit ist oft die Ausrede – ist nicht alles zu erklären, auch nicht mit den Waffen, die jedermann trotz städtischer Verordnungen trägt. Das Beispiel wird von oben gegeben: selbst im Reims zu Beginn des 14. Jahrhunderts sind die Justizbehörden nicht in der Lage, die Patriziergeschlechter daran zu hindern, ihre Streitigkeiten mit der Waffe auszutragen. Doch staatliche Gewalt (Hinrichtungen, Foltern, Rutenlaufen durch die Stadt usw.) wird als Spektakel inszeniert, und die Spießermoral sieht sie nur zu gern. Überdies traut niemand der Justiz, die eher gefürchtet als geschätzt, ineffizient und teuer ist. Wenn er verunglimpft wird, rächt sich der einzelne daher selbst, um seine Ehre zu wahren, und auf die Ehre berufen sich auch die jungen Männer, wenn sie Mädchen strafen, die angeblich gesündigt haben. Wie die Gewalt ist die Ehre in den Stadtgesellschaften ein sehr verbreiteter Wert (Mächtige werden ehrenwert genannt). Kein guter Ruf ohne Ehre, keine Ehre ohne Durchsetzungsvermögen. Die Ehre des Reichen wird von seinem Geld und seinen Freunden gefestigt, der mittellose Handwerksgeselle hält seinen guten Ruf für sein wichtigstes Kapital. Deswegen gibt es in Lille oder Avignon immer wieder Schlägereien zwischen Gleichen. Plätze, Straßen, alle öffentlichen Orte werden zu Schauplätzen, wo Ehre erlangt oder verloren werden kann. In Tavernen am Schnittpunkt mehrerer Stadtviertel ist es angebracht, dem guten Rat der Spinnerinnen aus den *Evangiles de quenouilles* zu beherzigen: »Wenn zwei Freunde zusammen essen, sollen sie nacheinander trinken, damit sie einander notfalls beistehen können.«

Die Gewalt erzeugte Beunruhigung: die Notablen wetterten bisweilen dagegen (Venedig oder Dijon), versuchten sie aber nicht wirklich auszurotten. Für die kleinen Leute kam diese Angst zu anderen Befürchtungen hinzu: der Furcht, im Stich gelassen zu werden wie die *dame Pauvreté*, von Jean de Meung mit einem alten Sack zugedeckt beschrieben, »ein wenig abseits von den anderen... kauernd und krumm wie ein armer Hund«, traurig und verschämt, ungeliebt.

Upicino de Canistris, Verfasser eines Werkes über den Ruhm von Pavia (*Liber de laudibus civitatis ticinensis*, 1330), erklärt, in dieser Stadt von ungefähr 5000 Einwohnern »kennen sich alle, so daß man auf Verlangen eine Adresse sofort bekommt, selbst wenn die gesuchte Person am andern Ende der Stadt wohnt, und das ist so, weil sich die Einwohner zweimal täglich entweder auf dem Marktplatz oder dem benachbarten Domplatz versammeln...« Ulpicino machte aus Pavia so eine Wunderstadt, denn mit Sicherheit kannten sich die Bewohner nicht mehr alle. Er träumte von einer idealen Stadt, wie sie im *inurbamento* des 12. und 13. Jahrhunderts verlorengegangen war. Nur die *majores* waren noch in der Lage, täglich zweimal zur Piazza zu pilgern. Die übrigen Städter mußten sich zuerst wieder ihre Welt, ihr Dorf schaffen, sich Freunde, vielleicht Verwandte suchen. Und das in ihrem eigenen Viertel, unter ihren Nachbarn.

»Wenn Ihr gute Nachbarschaft haltet, braucht Ihr nicht unter Fremden zu leben«, rät Paolo de Certaldo, und der Lyoner François Garin echot: Nachbarn sind Freunde, oder müssen sich wie solche verhalten. Die mittelalterliche Urbanität kam im Leben in den Stadtvierteln zum Ausdruck und machte dieses leichter. In einer Stadt mit häufig mehreren Kernen bewahrten die ehemaligen Marktflecken ihre Eigenheiten, bisweilen auch ihre Bräuche und Privilegien. Die Familienzusammenschlüsse des Adels zerteilten das Stadtgebiet in mehr oder minder innengerichtete Räume. In ihren von Wehrtürmen überragten Vierteln konzentrierten sich die aus einem Geschlecht abstammenden Großfamilien um einen Palast, eine Loggia, einen Hof, eine Kirche, wo Verwandte, Schwiegerverwandte, Klienten und Diener wohnten.

Dagegen sammelten sich die Zuwanderer in denselben Sprengeln, weil sie nur schwer zu einer Wohnung oder einem Broterwerb kamen, das Ansässigwerden in der Stadt weitgehend von Freundschafts- und Verwandtschaftsbanden bestimmt war, weil sie das Bedürfnis hatten, untereinander oder auf der Straße dieselbe Sprache zu sprechen. So fanden sich die Nachbarn vom Lande gemeinhin wieder als Nachbarn in der Stadt. Diese ethnischen Dominanten sind in Florenz wie in Rom, in Paris wie in den kastilischen Städten zu beobachten (dort bisweilen sehr ausgeprägt und von den Behörden erzwungen) und sind häufig durch deutliche Ansammlung gleicher Berufe (besonders Metzger, Gerber, Färber) zu erklären.

Innerhalb des Stadtviertels fördern die Anordnungen der Wohngebäude, die Erfordernisse der Verteidigung und des Wachwesens den Partikularismus einer Flußinsel (in der Langue d'oc *moulon*, auf provenzalisch *gache* genannt), einer Straße, einer Häusergruppe um einen oder mehrere Innenhöfe. So sieht die Nachbarschaft aus, deren Grenzen recht deutlich gezogen sind, die jedoch ihr politisches Zentrum, ihre sakralen Stätten, ihre Landschaft und ihre eigene Färbung hat.

Das Viertel bildet für den Neubürger einen Raum, in dem er sich unschwer orientieren kann und dessen Bezugspunkte oft Orte zwangloser Geselligkeit sind: die Taverne, wo sich die Männer versammeln, der Friedhof, wo Kinder und Jugendliche spielen und tanzen, der kleine Platz oder Hof wie ein Dorfplatz, wo recht offen über städtische Angelegenheiten gesprochen wird, der Brunnen oder Backofen, um den die Frauen wie angewachsen verharren.

Unter den Leuten aus dem Viertel, denen man tausendmal begegnet ist und die man an Gestalt oder Stimme erkennt, fühlt sich jeder auf vertrautem Gebiet. In der Nähe des Zuhauses achtet man – zumindest in Frankreich – weniger auf seine Worte oder Gebärden als anderswo, und auf der Straße, die weniger öffentlicher Bereich als eine den Anwohnern gehörende Verlängerung des Wohnraums oder des Ladens ist, verbringt man einen großen Teil seiner Zeit. Kinder können sich dort gefahrlos tummeln, Mädchen sogar noch im heiratsfähigen Alter spazierengehen (in Italien müssen sie das Straßenleben von ihrem Kammerfenster aus betrachten). In Dijon spinnen Frauen jedes Familienstandes in der warmen Jahreszeit mit Spindel oder Spinnrad vor dem Haus und tratschen über die Ereignisse aus der näheren Umgebung. Es ist ihnen nicht verboten, aufzublicken und Männer mit Namen anzurufen. Diese schenken an heißen Tagen vor der Tür Wein an ihre Freunde aus oder versammeln sich im Faßlager des Erdgeschosses beim Wein (in Avignon hat der Erdgeschoßraum wie in der Toskana große Öffnungen nach draußen), während die Weiber – aus der weiteren Nachbarschaft – fast täglich im einen oder anderen Haus zusammenkommen, um eine Braut zu schmücken, eine Ehefrau zu trösten, eine Wöchnerin zu bewundern oder bei einer Toten vor dem feierlichen Leichenzug Wache zu halten.

In Dijon geht die Demoiselle Marie, Gattin des Bürgers Pierre Damy, mit ihren Nachbarinnen am Tag vor großen Festen in die Badestuben, bisweilen von deren Männern begleitet, einem Winzer und einem Maurer (1460). Die Reichen hingegen halten »gute und fröhliche Festmähler« ab; die Berbisey dinieren mit der guten Gesellschaft des Sprengels Saint-Jean bei den Molesmes, während in Florenz um 1370 nach Angaben Franco Sacchettis die Bardi und die Rossi sich an der Tafel ihres Nachbarn, eines Goldschmieds, gütlich tun. Im Winter kommen die einfachen Leute zu Abendvergnügungen zusammen, bei denen sich Männer, Frauen und Mädchen, Müßiggänger und Schwerarbeiter in einem geeigneten Haus, einer speziell errichteten Bude oder meist in der Kirche versammeln, wo die Gemeindemitglieder zuhause sind... Gesellen und junge Männer gehen lieber zum Wein und Gesang in die Taverne, versuchen ihr Glück in einer Spielhölle, bevor sie zu nächtlichen Streichen, einer Jagd auf Mädchen oder rivalisierende Banden in ein anderes Viertel aufbrechen.

Ein ungewöhnlicher Zwischenfall oder Ehestreit, ein Hilferuf, und die Nachbarn sind zur Stelle, vermitteln, schlichten, helfen. Das sind die unscheinbaren Tatsachen dieses Zusammenlebens auf engem Raum, dieser »täglichen Hilfe auf Gegenseitigkeit«, mit der junge Leute und neu Zugezogene sanft eingegliedert und rechthaberische Greise auf ihren Bänken vor dem Haus beschwichtigt werden. Dies gilt zumindest unter guten Nachbarn, denn die *vicinanza* bietet nicht das rührende Bild, das von Literaten oder Moralisten so häufig gezeichnet wird. Dennoch hat die Nachbarschaft selbst in den unfreundlichsten Stadtteilen (bis auf die Elendsviertel) einige grundlegende Funktionen. Sie pflegt die Identität und schafft sie häufig sogar, indem sie Lehrlinge oder Gesellen, die meist nur mit ihrem Vornamen angekommen sind, alsbald mit einem Zunamen ausstattet – meist dem Namen seines Heimatdorfs –, der später zum Vaternamen wird; sie gliedert den jungen Mann in eine Gruppe ein, die durch gemeinsame Gelage, Kämpfe und Spiel zusammengeschmiedet wird. Die Nachbarschaft erkennt das Zusammenleben eines zugewanderten Paars und eine Ehe auch dann an, wenn sie nicht feierlich von einem Priester geschlossen worden ist (so in Italien), macht sie durch lärmende und derbe Demonstrationen um den Hochzeitszug und in der Hochzeitsnacht legitim, erlaubt Zweitehen nach einer Verteilung von

Spenden an Witwenkassen und Jugendbünde oder bestraft sie mit grausamem Schabernack, fordert dem Fremden Lösegeld ab, wenn er ein Mädchen aus dem Sprengel wegholt, gestattet Konkubinen, wenn sie die Ehrbarkeit nicht herausfordern, duldet sogar private »Freudenhäuser«, wenn sie die Ruhe des Viertels nicht durch Raufereien und seinen Frieden nicht durch unerlaubte Ausschreitungen gefährden. Nur ein Beispiel dazu: In Avignon, wo der gesetzliche Rahmen doch recht eng war, waren die Büttel des provisorischen päpstlichen Gerichts berechtigt, unter dem Vorwand in Wohnungen der Stadt einzudringen und sie auf Unzucht, Ehebruch und Konkubinat zu überprüfen. Es kam zu »Übergriffen«. Papst Paul II. entschied (1465), solches Einschreiten dürfe fortan nur auf förmliche und schriftliche Beschwerden von Freunden, Verwandten und Nachbarn der angeblichen Missetäter erfolgen. Keine versehentliche oder unübliche Konzession: der Pontifex Maximus ratifizierte damit nur Gegebenheiten, wie sie ähnlich aus vielen anderen Städten bekannt waren. So wurde der männlichen Bevölkerung der territorialen Gruppen das Recht zuerkannt, ihre eigenen Sozialpraktiken festzulegen. Nachbarn schließlich bahren bis ins 14. Jahrhundert und vielfach später noch die Leiche des Verstorbenen auf und begleiten sie zum Kirchhof.

Die Dokumentenlage gestattet selten genaue Angaben über die sozialen Bindungen innerhalb des Viertels oder Sprengels, doch scheinen sie stets verblüffend eng. In Lyon heirateten die Schiffer und Burschen des Viertels Saint-Vincent (kurz nach 1500) vier von fünf Mädchen des Sprengels weg. In Florenz wurden im 15. Jahrhundert die meisten Ehebünde innerhalb des *gonfalon* geschlossen, und sogar Männer, die wegen ihrer Vermögensentwicklung oder politischen Ambitionen das Viertel »verließen«, suchten sich für ihre Kinder Paten unter ihren Nachbarn und Freunden. Das Begräbnis in der Gemeinde schließlich ist vor allem bei den kleinen Leuten weitaus beliebter als der Armenfriedhof, und niemand vergißt in seinem letzten Willen das Vermächtnis an das Kirchenstift (B. Chevalier).

Regelmäßig verstärkt wird dieser Zusammenhalt (»die Apotheose der erweiterten Privatsphäre«, um einen Ausdruck von Ch. de la Ronciere aufzugreifen) durch Feste, vor allem Familienfeiern. Taufen, Hochzeiten und Leichenschmäuse sind großartig, wenn es sich um Mächtige handelt, z.B. die Baudoche oder Gournay in Metz oder die Ruccellai in Florenz. Die Gäste zählen nach Hunderten oder Tausenden, doch die Nachbarn bekommen das Beste und haben einen Tisch in der Nähe der Loggia. Kleiner ist der Kreis, wenn kleine Leute feiern, doch Gesellen und Handwerkskollegen geleiten den Helden des Tages, das Kind, den Bräutigam, oder die Leiche. Zu den Freudenfesten von Karneval und Mai gestalten die Nachbarn gemeinsam ihre Festwagen oder Maskeraden, und beim Fest des Schutzheiligen versammeln sich die Familien nach einer feierlichen Messe und einer erbaulichen Predigt in ihrem mit Grün geschmückten Viertel und schmausen mit dem »Königspaar« und dessen Kindern. Verwandte, Freunde, Nachbarn sind an diesem Tage völlig eins, und Festkönige von allen anerkannt.

Die profanen und kirchlichen Riten des Gemeinwesens einzuhalten, gleicht dem religiösen Glaubensbekenntnis. Unter dem gemeinsamen Mantel von Wahrheiten, Ängsten und Hoffnungen gibt es eine Fülle von Ritualen für jede Territorialgruppe. Der wahre Katholik muß zunächst den Bräuchen der Gemeinde treu sein, der rechte Priester die Riten des Sprengels genauestens ausführen. Die Feste als große Liturgien des Nachbarschaftseifers beleben den Geist der guten Nachbarschaft und machen eine Norm (*fama*) erträglich, die bei weitem nicht immer demokratisch gesetzt wurde. Das Viertel hat seine Oberhäupter, Patrizier oder kleine Notablen, und sehr häufig eine Bruderschaft (*comitiva*, Almosenfonds, Armenpflege usw.) auf gegenseitige Hilfe, die aber auch ein scharfes Auge auf die Mitglieder hat und den Ausschluß verfügen kann.

Ein anschauliches Beispiel: Die *vicina sancti Donati* von Genua umfaßt um die Mitte des 15. Jahrhunderts die Bewohner um das Obertor, die *Porta Soprana*. Nur Nachbarn haben Mitgliedsrecht in der Gesellschaft; sobald ein Mitglied aus dem Viertel wegzog, wurde es sofort ausgeschlossen. Für die Aufnahme eines neu Zugezogenen war die Zustimmung von drei Vierteln der Mitbrüder erforderlich. Man kann daher voraussetzen, daß die Mitgliedschaft in der *vicina* für die Haushaltsvorstände Pflicht war, drakonische Aufnahmebedingungen aber als machtvolles Anpassungs- und Zwangsinstrument fungierten. Ebenso berechtigt ist die Annahme, daß ein von der *vicina* abgelehnter Nachbar früher oder später das Viertel verlassen, zumindest ohne die kollektive Hilfe, Wohltätigkeit und den geistlichen Beistand der Gemeinde auskommen mußte. Dasselbe galt vermutlich für die Bruderschaften der Sprengel oder Stadttore. Die Macht ihrer Hauptleute war noch gefürchteter, weil sie Mittler waren: Sie vertraten zugleich die Nachbarschaften im Stadtrat und die städtische Vollzugsgewalt im Viertel, konnten Freundschaftsdienste erweisen (Steuern nachlassen, vom Wachdienst befreien) oder Druck ausüben (Verdächtige anzeigen), den Zusammenhalt der Nachbarschaft stärken oder schwächen. Das Vorhandensein der Bruderschaften der Stadtviertel (anders als die Frömmigkeitsbruderschaften, die sich aus Verpflichtungen anderer Art ergeben) beweist schon, daß gute Nachbarschaft kein natürliches Phänomen war. Wie jedes Gemeinwesen erlebte auch die *vicinanza* Zeiten der Ruhe, aber auch der Unruhe und des Sturms. Schweres Unglück machte es immer wieder nötig, sie neu aufzubauen. Diese Brüchigkeit war nicht nur der Pest anzulasten, sondern auch der inneren Schwäche. In den Vorstädten von Dijon schritt die Nachbarschaft bei vier von fünf nächtlichen Überfällen aus Furcht nicht ein, und in Venedig kamen Ehebruch und Vergewaltigung am häufigsten innerhalb des Viertels vor.

Bei manchen ging mit dem süßen Gefühl der Zugehörigkeit auch dessen Verneinung einher: der Wunsch nach Unabhängigkeit. Der Bürger aus dem *Ménagier de Paris* möchte still und zufrieden mit seiner Gattin leben und »estre estrange des autres«, den anderen fremd sein, doch obwohl nach dem seit dem 13. Jahrhundert allgemein verbreiteten Sprichwort »jeder bei sich zuhause König ist«, können nur wenige dieses Königtum genießen. Franco Sacchetti berichtet uns von den Schlichen eines Mannes, der Zwietracht bei einem Ehepaar sät, von dem er nur durch eine dünne Wand getrennt ist. »Die Enge der Gassen fördert einen diffusen Voyeurismus ... nichts Wichtiges kann dem Spürsinn der Nachbarn lange verborgen bleiben.« (Ch. de la Ronciere)

Renard le Novel stellt einen Großbürger vor, der »allerorten reich« ist und ein Landhaus besitzt, wo er »bessere Luft atmen kann als in der Stadt«. Ist die Stadtluft faulig? Der Mensch hatte indes Möglichkeiten, sich in der Stadt einen Rest von Privatleben zu erhalten. Mit ihrem jahreszeitbedingten Rückzug auf ihre Ländereien folgten die Städter gewiß nicht nur vielfältigen ökonomischen, sanitären und (in Italien) klimatischen Notwendigkeiten, sondern mit Sicherheit auch ihrem Bedürfnis nach Alleinsein und Erholung. In ihrem Landhaus fanden die Großbürger die Zeit, sich zu vergnügen, nachzudenken und zu lesen. Seit dem 13. Jahrhundert macht Stadtluft auch schon unfrei. Bereits zu Beginn des 14. Jahrhunderts wettert der *Bourgeois de Valenciennes* gegen die Versammlungspflicht, die ihm vom Geiste wie von den Sitten her fremd ist: »Es gab keine andere Wahl, als zu diesem Bankett zu kommen, ebenso war jedermann, ob arm oder reich, bei hoher Buße gezwungen, zum Tanze zu erscheinen.« In Valence beklagten sich die Handwerker 1440 zu Recht über die Riten, die ihnen die Burschen vom Tordéonstor bei der Hochzeit und bei Zweitehen aufzwangen, sie klagen, wie brutal und beschwerlich diese seien. Diese *mediocres* hatten für Endogamie wenig übrig und fanden die Gemeindebräuche lästig. Die Notwendigkeit, sich mit Familien von gleichem Rang zu verschwägern, ließ die Größten sogar Schwiegerverwandtschaften außerhalb des Viertels, bisweilen außerhalb der Stadt suchen. Während sein Vater für die Töchter Nachbarn als Gatten ausgesucht hat, äußert der Florentiner Lapo di Giovanni Nicolini seinen Willen, aus dem Viertel herauszukommen; keiner der Männer seiner Familie heiratet im Viertel Santa Croce, und die Brautsuche gilt häufig den Familien des Viertels Santa Maria Novela am andern Ende der Stadt. Selbst im *popolo minuto* ist die Endogamie bei Leuten mit etwas Besitz weniger verbreitet als bei echten »Proletariern«.

Daß Literaten und Moralisten absichtlich Verwandtschaft, Freundschaft und Nachbarschaft verwechselten, zeigt, daß letztere für viele ein schwer erreichbares Ideal war. Darum wurde in Karnevalsriten der nächste Nachbar für den Hausfrieden verantwortlich gemacht und widrigenfalls auf dem Esel vorgeführt; mit solchen Riten sollte gute Nachbarschaft zur Freundespflicht erhoben werden.

Das Wesentliche aber ist, daß das Viertel nicht alles ist: Unmöglich kann man sein Leben nur unter Nachbarn zubringen, oder gar nur unter befreundeten. Die Erfordernisse des Alltags zwingen den Städter, die Straßen der Luxusläden aufzusuchen, ein schönes Stück Fleisch in der großen Schlachterei zu kaufen, in einer angesehenen Taverne einen seltenen Wein zu probieren. Der Pariser geht auf dem *Grand Pont* spazieren, der Einwohner von Arras oder Siena auf der *Grande Place* oder der *Piazza.* Zu sehen gibt es dort immer etwas. Alle aber gehen von Zeit zu Zeit, auch wenn sie nicht regelmäßig an örtlichen Messen teilnehmen, in die Kirche, um sich zu sammeln, den Priester die heilige Hostie weihen zu sehen oder eine Predigt zu hören.

Schon die Arbeitspflichten halten die meisten Stadtleute ständig in Bewegung. Der Ort der Arbeit und der des Familienlebens sind nicht untrennbar miteinander verbunden, wie dies traditionelle Genrebildchen glauben machen wollen. In Florenz wohnen die meisten Handwerker, die ihre Werkstätten gemietet haben, nicht in derselben Straße und bisweilen nicht einmal im Stadtteil. In Paris können sich bedürftige Büttel und Prokuratoren am Beginn ihrer Laufbahn keine Wohnung in der Nähe des Châtelets oder des Palasts leisten, und es ist bekannt, daß die Lohnarbeiter der flandrischen Tuchzentren mit blauverfärbten Fingernägeln bisweilen in den Vorstädten wohnen mußten, da sie von den Herren der Stadt nach Ende des Arbeitstages nicht mehr innerhalb der Mauern geduldet wurden.

Selbst wenn sie ihre Werkstatt wenige Schritte von ihren Wohnräumen hatten, mußten Kaufleute und Handwerker auf den Markt oder ihre Arbeit städtischen Prüfern vorlegen; andere zogen mit ihrer Belegschaft von Gesellen und Lehrlingen von Werkstatt zu Werkstatt. Die Mittellosesten schließlich gingen jeden Morgen auf den Heuerplatz und waren dazu verdammt, eine Gelegenheitsarbeit nach der anderen anzunehmen, ohne sich je niederlassen zu können. Instabilität war also das gemeinsame Schicksal einer Masse von Städtern, die in bescheidenen Umständen oder im Elend lebten (so in Paris, Arles oder Pisa). An der Armut der Lohnarbeiter zerbrach die lokale Solidarität genau dann, wenn sie sich hätte bilden können. Sie war der guten Nachbarschaft fremd.

Den Gefahren der Stadt die Stirn bieten zu können, doch zusammen mit Freunden seinen Lebensunterhalt, das eigene Leben und einen gelassenen Tod zu sichern, das sind die Hauptmotive, die jeden dazu treiben, sich »Bruderschaften« anzuschließen. Krisen und Not des Spätmittelalters machen diesen Anreiz noch größer, und daher verwandelt die Bruderschaftsbewegung zwischen 1250 und 1500 die Struktur der Städte des Abendlands.

Lange Zeit hatten nur die Mächtigen die Anerkennung ihrer Zünfte oder Gilden erreicht und in der Bequemlichkeit geteilter Verantwortung und gegenseitigen Schutzes leben können, die sie den anderen vorenthielten. Die aufkommenden Bruderschaften erscheinen wie gefährliche Keimzellen des Aufruhrs oder der Ketzerei. Nachdem sich die Zünfte und Künste in der Macht eingerichtet hatten, behielten sie lange Zeit diese Einstellung gegenüber den kleinen Leuten bei, und die streng überwachten Gesellenbruderschaften mußten sich noch um 1400 in Florenz oder Straßburg in die Familien und freien Künste als Rahmen der gesellschaftspolitischen Organisation einordnen. Nachdem sie jedoch die Stadt erobert hatten, begriffen die Mendikanten oder Bettelorden sehr rasch, welchen Nutzen sie aus diesen kleinen Gemeinschaften gleichgelagerter Interessen ziehen konnten. Sie begrüßten oder betrieben ihr Zustandekommen, wie die Magistrate, die viel später ihre Nützlichkeit entdeckten und sie, außer in Zeiten politischer oder sozialer Spannungen, förderten.

Um 1300 noch selten, weiteten sich die Bruderschaften schließlich stark aus. Innerhalb von zwei Jahrhunderten werden in Avignon mehr als hundert Gründungen verzeichnet, etwa 60 in Bordeaux und 75 in Florenz. Um 1500 gibt es in Frankreich in einer mittleren Stadt ungefähr dreißig (so in Arles, Aix oder Vienne), von denen jede zwischen einigen Dutzend und einigen hundert Mitgliedern hat. Eine Mehrheit der erwachsenen männlichen Bevölkerung – die Jungen haben ihre *abbayes* (Abteien) – ist so organisiert.

Gewiß ist diese Bewegung nicht stadtspezifisch, doch selbst in den Landschaften, die am stärksten von der Stadt beeinflußt werden (so in der Toskana) sind Bruderschaften weniger zahlreich. Der Bauer hat nicht die große Auswahl, die sich nach 1450 den Mitgliedsgelüsten des Städters bietet. Als fromme oder büßerische, zünftige oder bürgerliche Bünde, als Fest- oder Spital-, Spieß- oder Spielbruderschaften überziehen sie den städtischen Raum mit sich überlappenden Kreisen und erzeugen eine neue Struktur. Ein Familienoberhaupt gehört zwei, drei, sechs oder zehn solcher Bruderschaften an: Bei den Reichen und den Mittelschichten ist die Mehrfachmitgliedschaft zur Norm geworden. Kleine Leute sind da sparsamer – die Mitgliedschaft kostet Beitrag –, aber ihre Anhänglichkeit gegenüber der Gruppe ihrer Wahl, die menschliche Wärme schafft und vielleicht sozialen Aufstieg bedeuten kann, ist deswegen nicht weniger stark.

Eine Bruderschaft umfaßt nämlich Männer verschiedener ethnischer Herkunft aus fast immer verschiedenen Stadtteilen; sie bietet ihren Mitgliedern also ein weitgespanntes soziales Netz. Sogar die berufsständische Bruderschaft hat ihren dritten Stand (die ersten beiden sind Meister und Gesellen) von Verwandten und Freunden, die geringere Beiträge zahlen, aber an den gemeinsamen Gebeten und Banketten teilnehmen dürfen.

Der Neuankömmling fraternisiert also mit Fremden, ohne seine Ehre zu riskieren. Wie er haben sie bei ihrer Aufnahme auf die Heiligen Evangelien geschworen, den Frieden zu wahren, sich aller Worte und Gebärden zu enthalten, die Zwietracht säen und Gottes oder der Menschen Rache auf die Gruppe heraufbeschwören könnten. Eintracht und Nächstenliebe zu pflegen ist die Hauptaufgabe der Obleute (*bayles, prieurs, courriers, capitaines*): die Trunkenbolde, Krachmacher, Streithähne fernhalten, Differenzen zwischen Mitbrüdern schlichten und Rebellen ausschließen. In den Kreis der Bruderschaft eintreten heißt also, sich nach allgemein anerkannten Regeln zu verhalten. Dieses Lernen des Sozialverhaltens ist bei den Bruderschaften der Jugend – *brigades* oder *abbayes* sind vor allem im 15. Jahrhundert häufig – die Hauptsache: In ihnen sind

Jugendliche verschiedenen Alters und verschiedener Herkunft zusammengefaßt und ihre hierarchischen, patriarchalischen oder ideologischen Binnenstrukturen scheinen nicht so zwingend, ein Geselle kann zum Vorbeter oder Lieutenant gewählt werden – und ihre Vorführungen, ihre gezügelte Gewalt lassen der Freude und Spontaneität freien Lauf.

Diese Bruderschaften haben eine zweifache Befriedungs- und Schutzfunktion: Materiell kann die gemeinsame Kasse in Not geratenen Mitbrüdern aushelfen, ihnen Darlehen gewähren, die zwar rückzahlbar sind, aber zu niedrigsten Zinsen, oder ihnen ein Bett in einem Spital der Gruppe oder einem anderen verschaffen. In einer Gesellschaft, in der Empfehlungen und Verbindungen von besonderer Bedeutung sind, verschafft die Bruderschaft die Unterstützung durch neue Ketten der Begünstigung. Als Vermittlerin tritt sie für ihre Mitglieder (gegenüber den Gewalten) um so wirksamer auf, als die Munizipalisierung der Unterstützungsleistungen, die den Hauptteil der Mittel den Armen vorbehält, die Stadt von Wohlfahrt entlastet und die Spitäler in Altenheime verwandelt, deren Plätze von den Bürgern wucherisch verschoben werden.

Als vertikale Solidargemeinschaften haben diese Gruppen ihre natürlichen Fürbitte im Paradies – die Schutzheiligen –, und wenn die von der Bruderschaft bestellten Messen und Gebete dazu beitragen, die Seelen Verstorbener zu retten, treten diese im Fegefeuer als Fürsprecher auf. Dieses spirituelle Versicherungswesen sorgt für einen sanften Tod durch den Beistand der *bayles* und Mitbrüder, die das Hinscheiden leichter machen, die Kranken besuchen, die Beichte abnehmen, die Verstorbenen, mit der kostbaren Fahne der Zunft bedeckt, geleiten und sie bisweilen in ihrer Kapelle aufbahren.

Diese Kapellen befinden sich meist in einer Mendikantenkirche. In Florenz sind die Kirchen, in denen die Bruderschaften der *laudesi* unterkommen, nie reine Gemeindekirchen, und in Avignon gehören im 15. Jahrhundert 55 der insgesamt 95 Kapellen den vier Bettelorden (Minoriten, Dominikaner, Karmeliter, Augustiner). Diese Stätten der Einkehr und des Gebets dürfen daher nicht mit den Treffpunkten des Stadtteils verwechselt werden, sondern sind etwas ganz anderes. Denn die Orden betrachten die ganze Stadt als ihren Sprengel und lockern daher die traditionellen Bindungen der Nachbarschaft und Verwandschaft.

Als Spezialisten für den Tod, die von allen im 14. und 15. Jahrhundert um das letzte Geleit gebeten werden, vermitteln die Bettelorden dem Städter, vor allem aber dem Mitbruder eine offenere Betrachtung der

Stadt. Sie unterstützen und begleiten daher die stadtübergreifende Intention der Bruderschaften und großen *abbayes,* die die Binnengrenzen außer Acht lassen, oder die der Zunftbruderschaften, die ein Monopol beanspruchen und alljährlich mit ihrer feierlichen Prozession vom ganzen Stadtgebiet Besitz nehmen.

Die Bruderschaft beschränkt sich übrigens nicht darauf, ihren Mitgliedern einen neuen Sinn für ihr Territorium zu vermitteln, sie stößt ihnen auch die Stadttore auf. Wohlgemerkt, der ärmere Mitbruder kann nicht auf einen Sitz im Stadtrat hoffen. Zwischen der französischen Stadt und dem italienischen oder deutschen Stadtstaat gibt es einen gemeinsamen politischen Nenner: Die Stadtregierung bestimmt selber die kleine Gruppe, von der sie gewählt wird, und kommt notfalls ohne das Volk aus. Überall hält ein ausgefeiltes System der Kooptierung eine Oligarchie des Alters, des Vermögens und der Qualität an der Macht.

Jedenfalls ist die Bruderschaft eine Kommune im kleinen, deren Wahl- und Verwaltungsrituale von den gesamtstädtischen abgeleitet sind oder umgekehrt (so in Westfrankreich). Das Wappen dieser »Republik« findet sich auf Büchern, Kerzen, und in ihren Stätten der Begegnung fließen Staatsverehrung und religiöse Verehrung ineinander (in Italien und im Römischen Reich deutscher Nation) oder ergänzen sich (in Frankreich). Als Mikrokosmos der Stadt ist die Bruderschaft nach dem anschaulichen Bild der Statuten der Florentiner Gesellschaft von St. Domenico (1478) »ein Hügel, der das Gebirge stützt«. Die rasche Erneuerung der Vorstände – einige Monate oder ein Jahr –, die systematische Kollegialität und die damit zusammenhängende breite Machtverteilung geben einer Mehrheit der Mitglieder die Möglichkeit, eine Rolle zu spielen, sich verantwortlich zu fühlen. Kurz, der Städter ist in seiner Bruderschaftsgruppe Bürger oder kann es werden.

Sicher löst sich der Sinn für Hierarchien darin nicht auf, ebensowenig wie der Ordnungssinn; die Verantwortlichen sind Leute im reifen Alter, und in den berufsständischen Organisationen haben die Gesellen kaum etwas zu sagen. Dennoch verbreiten die Bruderschaften des 15. Jahrhunderts den Sinn für Gleichheit. Ihre Rituale wie die der Hanse, der Gilden, der ersten kommunalen Vereinigungen, räumen den vordersten Platz dem Schwur auf Gegenseitigkeit ein, der Gleichgestellte auf eine Kollektivität verpflichtet, deren Organisationsprinzip die Unterschiede reduziert. Aus den Festgelagen machen sie die wichtigste Liturgie des Jahres: *»faire confrérie«* bedeutet zunächst, an dem Mahl teilzunehmen, das auf die Messe und die Prozession folgt und für das die Mitbrüder häufig das Wesentliche zum gemeinsamen Schmaus beisteuern. Hier wird das Essen nicht wie bei einer Patrizierhochzeit an Klienten ausgeteilt, sondern unter Brüdern geteilt, die Napfrecht aufgegeben haben, Seite an Seite sitzen und über ihrer Kleidung häufig eine Schärpe, einen Schal oder sogar eine Paradeuniform als Ausdruck eines Status und Symbols der Gleichheit tragen.

So wird der einzelne in der sozial hierarchisierten Stadt viele Male im Leben dazu angehalten, mit Leuten zu schwören, die seinesgleichen sind oder so zu tun als ob. Auch wenn die Hierarchien bald wieder zutage treten, versammelt die gesellschaftliche Dynamik immer wieder Freiwillige, die eine Zeitlang an die Gleichheit glauben. Deswegen waren städtische Unruhen alles andere als bloße Gefühlsausbrüche. Vor der Rückkehr zur Gemeinschaft, zum Goldenen Zeitalter oder zum Tausendjährigen Reich wollten viele Menschen (so die *Commune* von Damme 1280, die *Ciompi* von Siena oder Florenz in den 1370er Jahren usw.) Fortschritte machen in Richtung auf eine realere und gerechtere Stadt. Doch vor allem aus folgendem Grund waren Unruhen so selten. Die Netze der städtischen Gemeinschaften banden den einzelnen zugleich in ein Territorium, in die Ketten ungleicher Verpflichtung und in Gemeinsamkeiten von Gleichen ein. Diese Bande kaschierten die Hauptwidersprüche, dämpften den Zusammenprall, verhinderten die Entfesselung der Leidenschaften und entwickelten und verbreiteten schließlich viele Werte und Lebensweisen, kurz eine Kultur, die *mediocres* und kleinen Leuten tendenziell gemeinsam wurde. Vor allem dank ihrer Bruderschaften lernten die Städter richtig leben, bevor sie als Gerechte starben.

Kurz nach 1350 tauchten die Begriffe *urbanité* und *civilité* in der Sprache auf. Zunächst nur von Gelehrten verwendet, setzten sie sich rasch durch. Mit ihnen wurde fortan eindeutig (der Bischof Wilhelm von Auvergne kannte sie bereits) eine stadtspezifische Lebensart bezeichnet, eine Gesamtheit von Geisteshaltungen, die sich seit zwei Jahrhunderten aus der »Ländlichkeit« herausentwickelt hatten, ohne indes über die traditionellen Werte zu obsiegen. Selbst die Florentiner sollten ihr *Ethos* importieren, ganz wie ihre Wolle oder ihre Rohseiden. Die Verfeinerungen der Urbanität werden gewiß nicht allen zuteil; die Stadt schaffte es nie, alle Rauheiten der Menschen zu glätten, die durch ihre Tore hereinkamen, doch gelang es ihr, den meisten eine »einheitliche und einigende Weltanschauung« (B. Chevalier) zu vermitteln. Bürgerliche Rituale, Sakraltheater, Massenpredigten trugen wie das Leben in den Bruderschaften dazu bei; doch ergab sich die Urbanität in Wirklichkeit aus Lebensweisen, gegen die strenge Kanzelprediger ständig wetterten. Wenden wir uns den offensichtlichsten Erscheinungsformen dieser »Liebe zur Welt« zu; denn sie sind grundlegend.

Alle Verfasser von *fabliaux* und *chansons* betonen die Leidenschaft der Bürger, sich den Wanst vollzuschlagen; sie übertreiben kaum. Die Stadt ist bevorzugter Ort des Lebensmittelkonsums, sowohl in Bezug auf die Verbrauchsmenge als auch auf Vielfalt und Qualität des Angebots. Das Brot ist von guter Qualität, fast überall backen die Bäcker drei Sorten, die sich nach der Art des Mehls und seiner Aussiebung unterscheiden. Der Arme ißt ein braunes Brot mit Kleie darin, der Reiche ein reines Weißmehlbrot, doch ab 1400 ist Weißbrot für den Arbeiter nicht mehr unerreichbar und Schwarzbrot wird zur Schneidunterlage für das Fleisch und nach dem Essen den Tieren hingeworfen.

Doch vor allem erfordert Brot vom 14. Jahrhundert an nur noch einen kleineren Teil der Ausgaben für das Essen (etwa 30 %). Im toskanischen Bürgertum wird über den Mann gespottet, der Brot zu seinen Spaghetti ist. Phantasiert wird nicht mehr über das Allernotwendigste, sondern über Fleisch und Fisch. Die Städter sind entschieden Fleischesser geworden, mehr aus Notwendigkeit denn aus Vorliebe, da die Bedürfnisse der Textilindustrie sich stark auf die Eßgewohnheiten auswirkten. Der Einwohner von Frankfurt/Oder verzehrt in den ersten Jahren des 16. Jahrhunderts mehr als 100 kg Schlachtfleisch, und selbst der Einwohner von Carpentras des 15. Jahrhunderts ist mit seinen 26 kg jährlich noch eindeutig besser gestellt als sein Nachfahre im 19. Jahrhundert. Wenn das Vieh bisweilen von weit her getrieben werden muß, erholt es sich auf Pachtweiden der Metzger in Stadtnähe. Da die Bauern alte Tiere für sich behalten, ist die Fleischqualität auf dem Lande schlechter, wo übrigens die Metzgereien nur sehr unregelmäßig geöffnet sind. Diese ungleiche Versorgung findet sich auch an den 160 Tagen des Jahres, an denen Salz- und Süßwasserfische in Hülle und Fülle die Auslagen der Fischläden zieren, die auf dem Lande unbekannt sind.

Natürlich bleibt das Niveau der Ernährung unterschiedlich: wenn der ungelernte Arbeiter nicht auf der Baustelle oder am Tisch des Meisters verköstigt wird (wie der Geselle oder Lehrling), muß er sich mittags mit Brot, Zwiebeln und Käse begnügen, und sein Abendessen besteht wie das des kleinen Handwerkers aus einer Suppe, in der ein kleines Stück Fleisch lange gekocht worden ist. Braten gibt es nur an Feiertagen. Bei den Reichen gibt es um einen und den andern Tag Gesottenes und Gebratenes mit Teigwaren und Soßen als Beilagen mit teuren, für den gemeinen Mann unerschwinglichen Gewürzen. Die Qualität des Fischs – Forelle, Aal, Neunauge oder Stör – zeigt, wie erlesen eine Fastenspeise ist, ebenso der Kapaun oder die Schöpsenkeule bei einem Fleischgericht.

Der Bürger widmet der Tafel große Aufmerksamkeit, weil es hier um die Familienehre geht, desgleichen die Fachleute von Herd und Kochtopf – keine Stadt ohne Pastetenbäcker, Garköche, Gastwirte und Meisterköche –, die mitunter Gastmähler in der Stadt, Hochzeitstafeln und Gelage der Bruderschaften ausrichten. Die gute Küche kann übrigens zum Bestandteil des Rufs der Stadt werden. Die Schöffen von Amiens gewährleisten durch ihre wöchentlichen Kontrollbesuche, daß die Pastetenbäcker »gutes Fleisch, gute Küche und gute Pasteten« verkaufen und daß die Sahneaufläufe des berühmten Gilles Castel immer so lecker bleiben. Franco Sacchetti hält sich kaum mit dem Geschmack der Gerichte auf, im Gegensatz zu dem Sieneser Sermini, doch die guten Geschichten fallen ihm beim Essen ein. Die Verfasser der picardischen *fabliaux* hatten daher nicht Unrecht: der Geist des Städters, wenn er sich nicht in der Taverne verpflegt, entfaltet sich an einer guten Tafel, zu Hause, oder bisweilen auch an den Weinfässern in Gesellschaft von Frauen.

Zur Zeit Sacchettis hielten die Stadtväter Huren für doppelt notwendig. Sie trugen dazu bei, Gewalttätigkeiten einzudämmen, waren ein Schutz für die Ehre von Jungfrauen und Gattinnen und hielten außerdem – was genauso wichtig war – die Liebestollheit im Zaum. Die Veralltäglichung sexueller Beziehungen dämpfte, so glaubte man, die Herzenswirrungen, die der Autorität der Familie Abbruch taten.

Doch die *meretrices* wurden zunächst verfolgt, und Unzucht wurde als strafwürdig erachtet. In den *fabliaux* wurde Freudenmädchen nicht das Recht zuerkannt, einen Hausstand zu gründen (M. T. Lorcin). Im 13. und 14. Jahrhundert wurden Bordelle noch nachts und während der ganzen Fastenzeit geschlossen, und selten gestatteten die Städte gar die öffentliche Prostitution. Nach 1350 wurden die Einschränkungen gelockert, das Schandmal an der Kleidung wurde unauffälliger oder verschwand ganz, und vor allem machten die Magistrate die Prostitution zur ständigen Einrichtung. Um 1400 in Venedig, Florenz, etwas später in den französischen

Städten, erhoben die Stadtväter sie zum Bestandteil der bürgerlichen Werte, zum Instrument des öffentlichen Wohls, und dies im besten Einvernehmen mit der Geistlichkeit.

Seit Mitte des 13. Jahrhunderts hatten nämlich die klarsichtigsten Theologen die Sündigkeit der einfachen Unzucht beträchtlich abgemildert, und nach 1300 scheinen sie die Verfasser von Traktaten oder Beichtbüchlein irgendwo unter die Sünden der Fleischeslust einzuordnen. Mit der Frage nach der Qualität des Gewinns, der Qualität der Arbeit, also nach dem Tarif der *meretrices,* führten die Kleriker zugleich ein Element der Messbarkeit und Rationalität in die fleischliche Hingabe ein. Um die Wende vom 14. zum 15. Jahrhundert erreichten die Ideen der größten Neuerer die herrschende Orthodoxie: Ihre Moralisten lehrten, die Fleischeslust sei natürlich und müsse in der Ehe ausgelebt werden, doch da sie eine Spätehe nach reiflicher Überlegung und Beratung mit der Verwandtschaft empfahlen und heftig wider alle Verbrechen gegen die Natur wetterten, gestatteten sie den Junggesellen letztendlich, mit den *meretrices* Unzucht zu treiben, sofern sie nur nach der Heirat davon abließen.

Kein Wunder also, daß Bernhardin von Siena kein Wort über die soeben eröffneten oder erweiterten Sieneser oder Florentiner Bordelle verliert, daß Frater Richard in Paris kein Wörtchen über die Prostitution verlauten läßt, daß die Jungen allein oder gruppenweise hinter ihren Abbés freudig ins Bordell ziehen ... Väter gaben ihren Söhnen Geld für Mädchen und Wein. Doch die Blüte der Prostitution, die vor allem für die Jungen organisiert war, ist nicht allein durch ihre Kundschaft zu erklären. Einfache Ehemänner gehen in das große Haus, die größten Genießer haben Badehäuser, die zugleich die Vergnügungen im Bad, an der Tafel und im Bett anbieten. Dieselbe jungenhafte Sexualität, völlig unbekümmert, macht sich in Zunftbräuchen, Liedern, Kleidung der Bänkelsänger oder Miniaturen breit.

J. Le Goff hat vor kurzem nachgewiesen, daß sich das Fegefeuer in der christlichen Lehre um die Wende vom 12. zum 13. Jahrhundert durchgesetzt hat. Diese Zwischenstation war eine Hoffnung für viele Sünder, die entweder wegen der Schwere ihrer Sünden oder schon wegen ihres Standes kaum Aussichten hatten, um die Hölle herumzukommen. Fortan ermöglichte die Reue auf dem Totenbett, der Verdammnis zu entgehen und an diesen Ort der Leiden, aber auch der Hoffnung zu gelangen. Mit der Aussicht auf einen angenehmen Tod und damit der Hoffnung, durch das Fegefeuer zum Heil zu gelangen, kann man das Leben in vollen Zügen genießen. Um den notwendigen Übergang zu bewerkstelligen, braucht man Geld, doch wird der angenehme Tod durch das immer dichtere Netz geistlicher Betreuung und die »Demokratisierung« der Messen erschwinglich.

Die neuen Strukturen des Jenseits, die der brüderlichen Geselligkeit, bestärkten daher die Städter in ihrer Lebensweise. Sie waren der Lohn für die von den Bettelorden verherrlichte Arbeit hinieden, verhießen ein tätiges Leben und gerechte Verteilung der Reichtümer. Vergebens verdammten manche Prediger des Jüngsten Tages das neue Babylon und errichteten Scheiterhaufen, um eitlen Tand zu verbrennen. Wenn die Feuer erloschen waren, waren die Bannflüche vergessen, und Kaufleute und Handwerker konnten sich ohne Verlegenheit wieder ihren Aktivitäten und Vergnügungen widmen.

Noch Mitte des 12. Jahrhunderts fürchteten manche Kaufleute in der unruhigen Stadt um ihr Seelenheil, ließen ihr Hab und Gut im Stich, um wieder zu den Armen zu zählen. Die Anklage des Wuchers lastete auf den Reichen, der Verdacht der Käuflichkeit auf der Justiz oder der Lehre, die Verachtung auf vielen Handwerksberufen. Für die Anhänger einer traditionellen Moral war das Geld ein Werkzeug des Teufels, die Stadt eine Tochter Kains und die Arbeit einfach Buße. Fünfzig Jahre später geht diese Moral zu Bruch. Homobonus, Kaufmann zu Cremona, hatte ohne Unterlaß die Armen gepflegt, aber auch unablässig gerackert und Geld verdient. Er wurde in seinem Kaufmannsstand kurz nach 1200 kanonisiert, und bald gab es sein Standbild direkt neben dem von Maria am Hauptportal des Doms. Franz von Assisi konnte – wie der Erzbischof von Pisa 1261 lehrte – Schutzpatron der Händler werden ...

Auch Cremona hatte einen Handwerker – genauer einen Goldschmied – als Schutzheiligen, der eigenständig das große Silberkreuz im Dom ziseliert hatte. Andere, weniger illustre Werktätige ließen ihre Schutzheiligen und ihre Arbeitswerkzeuge in den Glasfenstern der Kirchen und später auf den Altarbildern ihrer Bruderschaftskapellen darstellen. Schon seit dem 13. Jahrhundert entfaltet sich die lange Prozession der ikonographischen Darstellungen der städtischen Zünfte in Kirchen oder öffentlichen Bauten: am Portal von San Marco in Venedig, an der Basis des Campanile in Florenz, im Stadtpalast von Siena. Der Schutzpatron der Zunft wird im Dekor der Werkstatt dargestellt, ihre Meisterwerke werden bisweilen am Domportal ausgestellt, die Produkte der Arbeit bei Prozessionen zur Schau gestellt, während Kaufleute, Zimmerleute oder Maurer im profanen oder sakralen Schauspiel auftreten und die Gebärden ihres Handwerks vollführen.

Diese Werktätigen tauchen vor allem in den Reflexionen von Theologen (besonders in Paris um Pierre le Chantre) auf, die sich darum drehen, jeden Beruf als Beitrag zum Allgemeinwohl zu rechtfertigen. Damit tritt eine Kohorte von Handwerkern in den bürgerlichen Bereich, deren Tätigkeiten früher als ehrlos galten, während eine Moraltheologie entwickelt wird, die an die Schwierigkeiten und Gefahren jedes Standes und Berufes angepaßt ist. Sicher ist die Rechtfertigungsethik vor allem die der herrschenden Gruppen, und die Männer der mechanischen Künste, die sich körperlich abmühen, werden von den Reichen und Intellektuellen verachtet: »Ich bin kein Handarbeiter«, verkündet Rutebeuf. Wichtig jedoch ist, daß die Arbeit nicht mehr den Weg zum Heil blockiert und Handwerker oder Kaufleute nicht an ihrer Würde oder ihrer gesellschaftlichen Bedeutung zweifeln. In der Stadt verläuft die wesentliche moralische Scheidelinie zwischen denen, die für die *res publica* wirken, und den anderen. Kardinal Robert de Courson schlägt vor, die Müßiggänger von den politischen Rechten in der Stadt auszuschließen, Dante behält den unrühmlichsten Platz im Jenseits jenen vor, »die träge dahinlebten, ohne Schimpf oder Lob zu verdienen«, der Lyoner François Garin verherrlicht das tätige Leben. »Besser, vergebens zu handeln, als vergebens müßig zu gehen«, sagt Paolo da Certaldo. Warum ruhende Kapitalien behalten? Kein ruhender Schatz in der Stadt, selbst die Kirchenschätze müssen arbeiten. Sogar die sterblichen Hüllen der Heiligen, denen man sich im Dunkel der Krypten nähern mußte, werden zu Zeiten der Gefahr und der hohen Feste aus ihren Kirchen geholt und sind für die Verteidigung genauso wichtig wie die Mauern der Stadt.

Daher die Verwünschungen der Kleriker gegen die Wucherer – diese Müßiggänger –, die im Schlaf reicher und fetter werden, die Feindseligkeit aller *mediocres* gegen die alten Orden, der Widerwille der französischen Bürger des 15. Jahrhunderts, ihre Töchter der Jungfräulichkeit und dem Gebet weihen zu lassen, das immer heftigere Mißtrauen gegen den Bettelstand, vor allem den freiwillig gelobten. Daher auch der Wille und die Vorliebe, sich nach erlangtem Wohlstand vom Adligen darin zu unterscheiden, daß man sich weiter mit einem Handel oder einer Bank beschäftigt oder Nutzen aus einem Amt zieht, schließlich das Bemühen, den Reichtum nicht zu vergeuden, der fortan nur von Narren oder Predigern des Tausendjährigen Reichs verurteilt wird.

1260 hält Albert der Große in Augsburg eine Lobrede auf die Stadt, fest und mächtig dank der Reichtümer, die in schweren Zeiten ihre Wacht gewährleisten, den Arbeitenden Waffen und Lebensmittel schaffen, ohne die sie nicht überleben könnten. Gewiß sind nicht alle Mittel zum Erwerb von Reichtum akzeptabel, doch Reiche und Reichtümer werden verherrlicht, während sich das Gewissen hinsichtlich der Erwerbsmittel erst langsam entwickelt: Die Kasuistik von Risiko und Schäden trägt dazu bei, daß viele (so in Florenz um 1340) glauben, Wucher sei nur eine läßliche Sünde. »Es ist eine gute Sache und eine große Wissenschaft, zu wissen, wie man Geld verdient«, lehrt Paolo da Certaldo; außerdem sei es eine Gnade Gottes, fügt der Dominikaner Giovanni Dominici kurz vor 1400 hinzu. Reichtum ist nicht nur legitim, sondern er fördert auch Entfaltung, Tugend, Heil. Die Kanzelprediger verdammen nur die Übertreibungen, lassen die Spitzhauben der Damen verbrennen und eifern gegen den Luxus der Putzsucht, schildern aber die Apostel als ehrbare Handwerker, die bürgerlich leben, und die Jungfrau Maria als Dame, die ihre Freunde in einem prunkvollen Haus empfängt.

Der Städter braucht also seinen Reichtum nicht verbergen. Dieser kann auf dem Altarbild, das dem Schutzheiligen dargebracht wird, genauestens aufgeführt sein, oder an der Hausfassade entfaltet und vor der ganzen Stadt zur Schau gestellt werden. Bisweilen von aufständischen Armen vernichtet, wird sie bei Festen rituell ikonisiert: so während des Festes des Johannes des Täufers in Florenz, der Santa Maria Formosa in Venedig, den Mai- oder Karnevalsumzügen in Metz. Reichtum ist ebenso eine bürgerliche wie eine persönliche Tugend, er darf nicht verschwendet werden; man muß sich großzügig zeigen, aber mit Maßen. Jeder Städter lernt mit seinen Einnahmen und Ausgaben, seiner Zeit, seinen Reden und Gebärden haushalten. Bildung läßt dies geraten sein, Ausbildung macht es häufig erst möglich.

»Laß Deine Söhne in der Schule bei einem guten Magister lernen, der viel weiß«, empfiehlt François Garin, nicht um Romane und Geschichten zu lesen, die zum Träumen, gar zum Lieben verführen, sondern um gut *zählen* zu lernen und »mehr zu wissen und zu verstehen, wie man Gold und Geld zählt«. Eine recht praktische Sorge also, die bereits von den Kaufleuten des 12. Jahrhunderts geteilt wurde, die aber zu ihrer Zeit revolutionär war, denn sie führte, wie H. Pirenne bereits 1929 hervorhob, im Abendland zum Entstehen der ersten Laienschulen seit dem Altertum. Nicht, daß die Klerikerschulen nicht von den Bedürfnissen der

Stadt geprägt gewesen wären – in Laon ist eine Handschrift aus dem 12. Jahrhundert mit 80 sehr konkreten Rechenaufgaben zu Maßen und Geld erhalten –, doch dies war nicht ihr Hauptanliegen, es wurde viel gesungen, und gesprochen wurde Latein.

Allenthalben entstanden immer mehr Grundschulen als städtische oder private Gründungen, ausgerichtet an den Bedürfnissen der Söhne von Kaufleuten und Handwerkern, zuerst in Flandern und Italien, und sie wurden zumindest in den Großstädten durch Abakusschulen ergänzt, regelrechte technische Fachschulen. Die schulische Organisation blieb dennoch während des ganzen Mittelalters häufig mangelhaft, leicht zu beeinträchtigen durch die Widerstände der Kirche, die Konkurrenz der Hauslehrer, die mangelnde Ausdauer der Lehrer und den unregelmäßigen Schulbesuch der Schüler – die selbst in Florenz zwischen Laden und Schule und Schule und Werkstatt pendeln. Doch diese Mängel dürfen ein wesentliches Faktum nicht verdecken: daß der Bürger seinen Söhnen in der Schule, zuhause oder bei einem Notar so viel Ausbildung zuteil werden lassen konnte, daß sie private Geschäfte führen oder gegebenenfalls an öffentlichen Angelegenheiten mitwirken konnten. Wie hoch war der Anteil der Städter, die Lesen und Schreiben lernten? Wir werden das sicher nie erfahren, doch verleiht das Schulwesen der städtischen Gesellschaft eigene Wesenszüge, ungeheure Kräfte und prägt alle kulturellen oder festlichen Manifestationen. Konkret übernehmen die Stadtschulen die Umgangssprache, erteilen praktische Lektionen, entwickeln eine nicht so elegante, aber schnelle und gut leserliche Schrift (die in den toskanischen Städten zu Beginn des 14. Jahrhunderts verbreitete *scriptura mercantesca* belegt dies, z.B. in den Notariatsakten), bieten bisweilen (so in Brügge um 1370) Kurse in neuen Sprachen an und lehren vor allem, richtig »zu zählen«. In der privaten Buchhaltung oder der städtischen Kameralistik werden Fehler selten und wird die Handhabung der Zahlen überall beherrscht, auch wenn sie nicht immer die Buchhaltungskünste der Venezianer oder Toskaner erreicht.

Das Bemühen der städtischen Chronisten alles zu zählen, läßt diese neuen Gepflogenheiten erkennen, und die Poetik der Zahl, die zunächst hineinspielt, macht allmählich einem Bemühen um Genauigkeit Platz, das durch die Katastrophen des 14. Jahrhunderts noch verstärkt wird: sichtbar wird es ebenso in der Einschätzung der Macht einer Stadt wie in der Familienchronik (der Florentiner Lapo di Giovanni Nicolini kann ganz genau angeben, wie lange seine Mutter im Stammhaus des Geschlechtes lebte – 67 Jahre, 2 Monate und 26 Tage). Diese Ausbildung, welche die Mentalität der Städter prägt, verwandelt die Riten der sozialen Kontrolle und der Justiz ebenso wie die Betrachtung des Jenseits und die religiöse Praxis. In einer Kaufmannsstadt ist alles *ratio*; der Städter muß nach Berechnung und logischer Schlußfolgerung *ragionevole* handeln, doch *ragione*, die Fähigkeit, die Vergangenheit zu verstehen, die Gegenwart zu analysieren und die Zukunft vorherzusehen, setzt auch eine Weltordnung, also ein Zeitmaß voraus.

»Campane dicuntur a rusticis qui habitant in campo qui nesciunt judicare horas nisi per campanas« schreibt Jean de Garlande Anfang des 13. Jahrhunderts. Nicht, daß die Städter bereits an mechanische Uhren und Automaten gewöhnt wären, doch sie haben seit mindestens zwei Jahrhunderten ihre eigenen Glocken im Firstreiter der Kirche oder in einem Glockenturm. Deren Geläut verkündet die Zeit der Arbeit, signalisiert das Öffnen oder Schließen der Tore, gibt das Abendgeläut oder ruft zur Ratssitzung, kurz, gibt den Rhythmus einer Zeit der Laien und Städter vor.

Nach 1300 sind sie nur noch Verstärkung der Turmuhren, deren Zifferblätter und später bewegliche Zeiger gleich lange Stunden anzeigen und sie mit ihrem Glockenspiel oder den Glockenschlägen ihrer Automaten schlagen. Die astronomischen Uhren dagegen, wahre Wunderwerke, geben den günstigsten Augenblick dafür an, zu den Heiligen zu beten, eine Reise anzutreten oder eine allgemeine Prozession zu veranstalten. Trotz der Unzuverlässigkeiten, der Stillstände, der Nachlässigkeiten des mit der Wartung betrauten »Mechanikus«, auch trotz des spezifischen Charakters der städtischen Zeit ist die Uhr ein Grundbestandteil des gemeinschaftlichen Lebens. Dank der mechanischen Stundenzählung überwacht der Meister die Arbeitszeit, die von den Gesellen alsbald angezweifelt wird, während die Kleriker und die Fürsten darin ein Mittel sehen, die Massen zu disziplinieren: »Die Maschine, die so genau die zwölf Stunden des Tags unterteilt, wird lehren, Recht und Gesetz zu achten,« verkündet kurz nach 1500 eine Inschrift über der Uhr des Pariser Stadtpalasts. 1481 teilen die Domherrn der Stadtkirche Saint-Nizier in Lyon, die sich eine Glocke wünschen, den Ratsherrn und Schöffen mit: »Würde eine solche Glocke gegossen, kämen mehr Kaufleute zu den Messen, würden die Bürger sehr getröstet, freudig und glücklich, und würden ein ordentlicheres Leben führen wollen.« Indem sie eine bessere Regelung der Mahlzeiten, der Gebets- und Mußezeiten, das genaue Nacherleben der Stunden der Passion ermöglicht, wird die Uhr zu einem Element der städtischen *ratio*, die in Gebärden und Verhalten maßhält.

Als Grundwert der Urbanität zeigt sich der Anstand der Sitten unmittelbar in Einstellungen und Gebärden. Alle Verfasser von *chansons* oder Lobliedern auf die Stadt betonen, wie höflich ihre Mitbürger seien: die *citains* von Mainz bei *Guillaume de Dole* sind von vollendeter Höflichkeit. Die Frauen von Mailand haben laut Bonvicino eine königliche Haltung, und für Upicino erweisen sich alle Einwohner Pavias »gefällig und vertraut in ihrem Umgang miteinander; gesellig, höflich, stehen sie auf, wenn jemand das Zimmer betritt«. Als Gegenbeispiel definiert die Darstellung von Bettlern oder Armen, die stets verkommen sind, die Codes des städtischen Anstands.

In dieser Hinsicht ist die Stadt eine außergewöhnliche Schule der Gebärde, doch sprechen ihre Einwohner, wie häufig auch anderswo, zwei Sprachen. Jede berufssoziologische Gruppe verfügt über ihren eigenen Code – die Formensprache aller Milieus –, übernimmt aber auch die gemeinsame Gebärdensprache, die beispielhafte Höflichkeit der Großen, die nach unten sickert und vereinfacht, mit den gruppenspezifischen Anstand vermengt oder darin eingepaßt wird. Die Erziehung in der Familie ist hier grundlegend, alle Verfasser von *ricordi* betonen das. Doch wird diese Leibesdisziplin auch von Mitbrüdern, Predigern, Mysterienspielern, Künstlern oder Ratsherrn beeinflußt. Die Beherrschung geht nicht nur von den Spielen oder Worten der Patrizier aus, sondern auch von den Zwängen der Arbeit, der Überwachung der Märkte oder des öffentlichen Platzes.

Höflichkeit ist keine bloße Nachahmung; nirgendwo ist es wichtiger als in der Stadt, sich einen Code anzueignen. Das ist Ehrensache und bisweilen Sache von Leben und Tod. Es war gefährlich, sich an einem geweihten Ort Unanständigkeiten zu erlauben, in Pestzeiten seinen Schmerz allzulaut zu verkünden, oder den Ruf der Mitbrüder in einer Prozession zu schädigen. Überdies keine Aufrichtigkeit ohne Formalismus, keine Religion ohne Höflichkeit. Lebensart bezieht sich nicht nur auf die Lebenden, sie bestimmt auch die Einstellung zu den Heiligen und zu Gott. So ist Gott auf das Verhalten der Gläubigen, auf ihre Manieren (Franciso da Barberino vergleicht Leute, die sich mit ihren Tischnachbarn nicht vertragen, mit solchen, die bei der Heiligen Kommunion streiten) angewiesen, auf ihre Art, die Mächtigen zu ehren (R. Trexler).

Der Städter lernt also, wie man mit Mäßigung und ohne lautes Schmatzen ißt, die Speisen serviert, in eine Kirche eintritt, sich dem Altar nähert, einen Fremden nach seinem Rang anspricht, die Stimme beim Beten moduliert, sich Äußerungen des Schmerzes enthält, sich nicht ungebührlich vor einem Heiligenbild, auf dem Markt oder der Piazza benimmt. Er lernt vor allem, Freundschaft auszudrücken, seinen Gefühlen oder seiner Liebe Ausdruck zu geben, sich höflich zu zeigen; denn es gibt städtische Umgangsformen, die von denen des Hofes verschieden sind. Bei den Patriziern zieht zwar Verfeinerung ein, doch die Seigneurs von Metz wissen ihre Turniere mit Narrenpossen aufzulockern, zum Klang der Hirtenflöte zu tanzen, auf die Dreistigkeiten des Marktplatzes entsprechend zu reagieren. Anderswo in der sozialen Schichtung ist eine Spielart der Höflichkeit noch wichtiger, da sich die Heirat häufig aus einer individuellen Strategie und Entscheidung ergibt. Der voreheliche Umgang ermöglicht, die sittlichen oder körperlichen Eigenschaften eines potentiellen Partners auszuloten, und Besuche, Ständchen, Tanzvergnügen sind Zwischenstationen dieser fortschreitenden Annäherung.

Sangesbruderschaften und andere Gruppierungen trugen dazu bei, diese Beziehungen zu ritualisieren, die Gewalt aus ihnen zu verbannen, Umgangsformen und Äußerungen zu theatralisieren. Dies gelang ihnen nur zum Teil, und die Höflichkeit des städtischen Gesellen vermengte Brutalität und Zartheit, mündete aber bisweilen in gemeinsame Freuden. Die Liebe wird im 15. Jahrhundert zu einem schlimmeren Übel als die Pocken, eine städtische Krankheit, die selbst von »honetten Kurtisanen« propagiert wird.

Maß, Ordnung, Höflichkeit; die Städter übernahmen langsam und auf verschiedene Weise diese Urbanität, dank der Rituale, die sie zwangen, Frieden miteinander zu halten, ihre Gewalttätigkeit oder Furcht zu zügeln, sich von ihrer Narrheit frei zu machen, ihre Zugehörigkeit oder ihren Gehorsam zu bekunden.

Lachen und Herausforderung bildeten ein notwendiges Ganzes mit der Feierlichkeit der städtischen Umzüge. Im Dezember, im Karneval oder im Mai, während der festgelegten Zeit scheinbar ungetrübter Feste, bei denen die Spontaneität der Beteiligten vom mitbrüderlichen Rahmen gedämpft wurde, gingen Narretei und Ernst Hand in Hand. Doch konnte der Städter mehrmals jährlich seiner Freude freien Lauf lassen, sich in seiner Jugend in Freudenfesten betäuben, mit der Hahnenfeder am Hut mit seinen Kumpanen, den Lautenschlägern und Landstreichern Gebärdenspiel treiben, mit den Obernarren lachen, die von ihren Brettern herunter, ihr Narrenzepter schwingend, ihren Zitatenschatz an Ge-

gengesängen und Wortspielen ausbreiteten, aufgeschnappt auf dem Marktplatz, in der Schule oder in den Innenhöfen; er konnte zur Zeit des Rollentauschs im Karneval Possenjustiz üben, sich in Schabernack oder Katzenmusik verausgaben und die souveräne Macht der satirischen Herausforderung gegen Mächtige und Heuchler ins Feld führen. Er konnte auch gegen einen rivalisierenden Stadtteil kämpfen, der eine Brücke in Venedig oder über die Rhône in Beaucaire streitig machte, und zwar mit Freuden inmitten aller Bürger; Narrheit und Sagentraum miteinander verbinden, indem er das Wams der Bogenschützen anlegte, die sich einen wilden Wald unter den Mauern ausdachten und sich dort mit Jagd und Zielschießen ergötzten (wie die von Galbert von Brügge zitierten jungen Leute mit ihrem Schützenkönig, oder später die »yeomen/youngmen« der Städte und Marktflecken Englands hinter Robin Hood, dem Maikönig), und danach einen ordentlichen Umzug hielten oder ihre gerechte Beute in Gesellschaft ihrer Opfer verpraßten, die den Wein zahlen mußten.

Rituell konnte sich der Städter – ob jung oder alt – auch mit Gefühlen betäuben, auf dem Marktplatz angesichts eines heiligen Wundertäters, der die Menge stundenlang (wie ein Mysterienspieler) zum Lachen oder Weinen brachte, Trivialgeschichten und schreckliche Beschwörungen durcheinander mengte, gegen Volkszersetzer, prassende Mönche, weibliche Tücke wetterte, aber auch Gehorsam gegenüber dem Vater, dem Meister, dem Magistrat predigte. Diese Wiederherstellungs- und Reinigungsriten förderten die Einhelligkeit; sie paßten in eine Staatsreligion, deren wichtigste Liturgien sich auf den Hauptstraßen nach einem zeremoniellen Tor, zum Marktplatz oder zum Rathaus hin abspielten.

Die Magistrate hatten sehr rasch begriffen, daß Prestige ein hervorragendes Herrschaftsmittel war. Die mächtigsten Kaufmannsgilden hatten in Flandern oder im Artois stolze Markthallen, Glockentürme neben den Marktplätzen errichten lassen. In Italien wurden nach dem Sieg des Volkes, im Elsaß nach dem Sieg der Zünfte Paläste gebaut, die die neuen kommunalen Institutionen aufnehmen sollten und die Adelstürme (in Italien) überragten und neben riesigen, allmählich freigeräumten Plätzen den Ruhm der Stadt verkündeten. In französischen Städten folgten solche Bemühungen erst viel später. Dort diente häufig ein Kirchturm in Städten ohne Wachturm als Glockenturm oder eine Kirche der Bettelorden als Versammlungsstätte.

Städtische Monumente sind zwar nicht immer im topographischen Mittelpunkt gelegen, wohl aber im Zentrum eines sozialen, historischen oder sakralen Raums, der durch die theatralische oder zeremonielle Praxis erweitert wurde. Die in Wirklichkeit krumme Straße, die vom Stadttor zur Kirche oder zum Stadtpalast führte, wurde durch die Prachtentfaltung zur großartigen Hauptader, während die erhöhten Bogengängen, Zinnen und Terrassen der Paläste zu majestätischen Bühnen der kollektiven Macht wurden.

Hier formierten sich Umzüge und Prozessionen, und hier begannen sie. Dramatisches, narratives oder symbolisches Beiwerk konnte recht gut mit ihnen verbunden werden, da die Prozession die Hauptform des bürgerlichen Festes darstellte. Hinter ihren Kreuzen, unter der Schirmherrschaft ihrer Heiligen zeigte die Männergemeinschaft der Bürger den Randgruppen ihre Macht; der Umzug als lange narrative Silhouette formuliert klar die politischen Regeln, die erst viel später in theoretischen Schriften auftauchen; er macht der Masse der Zuschauer die Rangfolge der Würdenträger unmittelbar deutlich. Wenn gelegentlich Konflikte über den Vortritt auftreten, dann innerhalb des Zeremoniensystems, und nicht außerhalb. Nie wurde eine venezianische *Senza*, ein florentinisches *Johannes der Täufer-Fest*, ein Straßburger *Schwörtag* zum Anlaß für Aufruhr oder Revolte. Die Bürger wissen, daß ihre periodischen zeremoniellen Versammlungen (13 Generalprozessionen jährlich in Brügge, 16 Dogenprozessionen in Venedig; das kleinste Städtchen veranstaltet mehrere, unter denen die des *Corpus Christi* allerorten in eine Bürgerdemonstration verwandelt wird) für den Zusammenhalt ihrer Gemeinschaft unentbehrlich sind. Der liturgische Kontext, im dem die Prozessionen gebildet werden, heiligt die hierarchische Anordnung: Jeder stellt sich hinter seinem Banner in der Reihe auf, in die er von den städtischen Ordnern eingewiesen wird. Der Umzug drückt ostentativ die Versammlung der territorialen oder bündischen Gewalten um den Magistrat aus; er überschreitet die alten innerstädtischen Grenzen, und in den Schaubildern, die ihn unterbrechen oder besser den Festweg säumen, mischt sich das Repertoire der Volksüberlieferungen mit den Erfindungen kultivierter Eliten. Die Prozession ist wirksam – wie ihre Verbote und Triumphe bezeugen –, sie erinnert daran, daß die Vereinigung der Bürger hinter ihren Magistraten und Kreuzen der Pestgeißel Einhalt geboten, den Feind entmutigt, den Sieg ermöglicht hat. Anders gesagt, veranschaulicht die Prozession durch ihre Ordnung, ihre symbolischen Stationen, die Gesänge, die Ausschmückung der Straßen die ideellen Kräfte der städtischen Theologie; sie überzeugt die Teilnehmer, daß die Stadt durchaus wie in der Metapher Wilhelm von Auvergnes ein gemeinsamer Bau freier Bürger ist, die dank der Eintracht in einem prächtigen Rahmen einig leben. Die Stadt als Ort physischer und sozialer Harmonie triumphiert schließlich – die Stadtgeschichte lehrt dies – über Chaos und Feinde. Sie vernichtet Ungeheuer – wie in den Sagen –, verbreitet Frieden – die Fresken der Stadtpaläste zeigen es. Älter als Rom, bisweilen zerstört, aber stets wieder aufgebaut, entsteht die Stadt unerschütterlich aufs neue dank ihrer schützenden Mächte, ihrer eigenen Vorzüge, dem Mut ihrer Einwohner; als heilige oder höfliche Schöne erscheint sie im lebenden Bild in den Pantomimen, oder in Stein gehauen in Pisa, zwei Jahrhunderte später in Toulouse.

Alles trägt zu der Überzeugung bei, daß die städtischen Triumphzüge bis zum 16. Jahrhundert wirksame Instrumente blieben, den städtischen Werten beim Volk Geltung zu verschaffen, weil die Zeit der Festtage auch die Zeit der Mildtätigkeit war; sogar die Verfemten erhielten Geschenke, und Phantasiefürsten verteilten Marken, die gegen Almosen eingetauscht werden konnten. Die Magistrate wußten die Masse zu entlohnen, der Wein floß in Strömen, die Armen erhielten ihren Anteil, sofern sie nicht vor Beginn der Zerstreuungen davongejagt worden waren, in einem städtischen Rahmen, der durch blumenbestreute Straßen, falsche Fassaden oder aufgespannte Himmel verfremdet war.

Verlassen wir den Städter mit diesem festlichen Bild. Irgendwo im städtischen Europa des 15. Jahrhunderts, und sei es als Handwerker, betrachtet er inmitten der Prozession die Männer, die zwar feierlich mit den Bürgern hinter den königlichen Beamten oder Fürstendienern vorbeiziehen, aber sich in Gedanken und aus Dünkel von der Stadt lösen. Manche leben mehr in ihrem Landschloß als hinter Stadtmauern, andere haben sich Stadtpaläste bauen lassen, deren Pracht von der Straße abgewandt ist; sie isolieren sich in ihrem Prunk und pflegen mit ihresgleichen nicht mehr die frühere Vertrautheit.

Doch er selbst macht sich über die Bauernkreuze lustig, wenn sie von allen Seiten zum Dom ziehen, spielt den Schäfer in seinem Landhaus und zeigt zugleich Härte gegenüber den Störenfrieden oder den Bauerntölpeln, die erst seit kurzem in der Stadt sind. Er verhält sich genau wie die alteingesessenen Bürger vor dreißig Jahren ihm gegenüber. Seit damals seßhaft, in bescheidenen Umständen lebend, aber genug zu essen, wegen seines sozialen Netzes von Freunden oder Mitbrüdern ohne Angst vor Armut, Gott fürchtend, aber nicht mehr das Hinscheiden – er hat Ablaß gekauft –, in Frieden hinter den Mauern lebend, bisweilen Erster in seinem Stadtteil, ist es ihm nicht wichtig, ob die Großen laute Reden führen, oder ob die Ärmsten der Armen eines Morgens wegen drohender Pest davongejagt werden. Dreißig Jahre Leben in der Stadt unter den Zwängen der Herrschaft haben ihm ein ruhiges Gewissen verschafft: er glaubt an die Stadt. Das ist sein Anteil am Gemeingut, der Frucht von vier Jahrhunderten Erfolg. Das ist auch seine Kraft und die seiner Kaufmannsnachbarn. Sie hat ihre Söhne in alle Welt entsandt...

Kapitel 5

Der Intellektuelle

Mariateresa Fumagalli Beonio
Brocchieri

Jemand, der zwischen dem 11. und dem 15. Jahrhundert geboren wurde, hätte keine Schwierigkeit gehabt, die Begriffe Frau (*mulier*), Ritter (*miles*), Städter (*urbanus*), Kaufmann (*mercator*) oder Armer (*pauper*) zu verstehen: die Bedeutung des Wortes »Intellektueller« (*intellectualis*) hätte er jedoch nicht verstanden. Für den, der die Schule besucht hatte, war der Mensch zwar ein rationales Wesen (ein *animal rationale* und leider auch *mortale*), doch handelte es sich dabei um eine Definition, die auf das ganze Menschengeschlecht zutraf und die bis auf Aristoteles zurückging. Als Adjektiv wurde »intellektuell« in Verbindung mit verschiedenen Substantiven und in unterschiedlicher Bedeutung gebraucht. Die »intellektuelle Substanz« bezeichnete (im Gegensatz zur »materiellen Substanz«) den Geist oder die Seele, während das »intellektuelle Erkennen« (im Gegensatz zum »sinnlichen Erkennen«) eine Art von Begreifen meinte, das die sinnliche Wahrnehmung überschritt und zu einem Erfassen der Formen vordrang. Die Aristoteliker sprachen auch von einem »intellektuellen Vergnügen« (das einem Kreis von Auserwählten vorbehalten blieb und streng von dem »sinnlichen Vergnügen« unterschieden wurde), sowie von einer »intellektuellen Tugend« (im Unterschied zur »moralischen Tugend«), wobei sie sich auf die *Nikomachische Ethik* bezogen.

Der moderne Begriff »Intellektueller«, der weniger eine Qualität als vielmehr eine bestimmte Kategorie von Personen bezeichnet, findet erst zu einem relativ späten Zeitpunkt Verbreitung: gegen Ende des 19. Jahrhunderts taucht er in Frankreich im *Manifeste des intellectuels* auf (in dem sich eine Gruppe von Schriftstellern in der *Dreyfusaffäre* mit Zola solidarisch erklärte). Obwohl sie noch verhältnismäßig jung ist, eignet sich diese Bezeichnung, so erstaunlich dies zunächst klingen mag, für unser Vorhaben, jene Gruppe von Menschen näher zu betrachten, die während der Jahrhunderte des Mittelalters »mit dem Wort und dem Verstand arbeiteten«, die weder von einer Bodenrente lebten, noch »mit den Händen arbeiten« mußten, und die sich, wenngleich in unterschiedlichem Maße, ihrer besonderen Stellung in der Gesellschaft bewußt waren.

Daß sich der Begriff »Intellektueller« auf eine Gruppe »mittelalterlicher« Menschen anwenden läßt, hängt auch mit einem spezifischen, unausgesprochenen Unterton zusammen, der in dem Adjektiv »intellektuell« mitschwingt, das zu dieser Zeit in Verbindung mit Tugend, Erkenntnis oder Vergnügen gebraucht wurde. In allen erwähnten Zusammenhängen wird unter »intellektuell« etwas verstanden, das für wertvoll und seinem Gegenüber erhaben erachtet wird und etwas unbestritten Positives darstellt. Die Selbsteinschätzung der mittelalterlichen Intellektuellen läßt sich auf folgenden gemeinsamen Nenner bringen: ihrer Tätigkeit oder ihrem Beruf kommt – im Verhältnis zu anderen Tätigkeiten oder Berufen – ein besonderer Wert zu (auch wenn dies oftmals von den anderen bestritten wird). Es scheint daher legitim, aus unserer heutigen Sicht von dem »mittelalterlichen Intellektuellen« zu sprechen, und die Einteilung nach den verschiedenen Typen wird dies untermauern.

Natürlich benutzte der mittelalterliche Mensch andere Begriffe, um diejenigen zu bezeichnen, die wir Intellektuelle nennen. Sie sind insofern aufschlußreich, als sie verschiedene Typen von Intellektuellen erkennen lassen. Lehrer und Professor waren identische Begriffe, die dieselbe Tätigkeit bezeichneten: es handelte sich um Personen, die nach Abschluß ihrer Studien selbst unterrichteten. Es ist merkwürdig, aber während *magister* immer auf moralische Erhabenheit und unbestreitbare Würde hindeutet, schwingt bei *professor* häufig ein ironischer Unterton mit, der sich auf die Anmaßung und Dünkelhaftigkeit einiger Personen bezieht, »die zu sehr auf ihr Wissen vertrauen«. Diesen abwertenden Bedeutungsgehalt finden wir zum Beispiel auch bei Abaelard, wenn er von den »Professoren der Dialektik« spricht, sowie bei Johannes von Salisbury, der sich über ihre »Weitschweifigkeit« amüsiert und wundert.

»Gelehrter« und »Gebildeter« sind neutralere Bezeichnungen für denjenigen, der studiert und Wissen aus Büchern angesammelt hat. Weniger eindeutig ist in gewisser Hinsicht der Begriff »Philosoph«: Gegenüber demjenigen, der überwiegend die Heilige Schrift studiert, haftet ihm ein leichter Verdacht der Weltlichkeit an und macht seine Verwendung eher selten. Philosophen bleiben in erster Linie diejenigen der Antike, auch wenn einige, in überaus großem Selbstbewußtsein, die Bezeichnung für sich reklamieren: so Abaelard, der sich zum »Philosophen der Welt« und gleich darauf zum »Philosophen Gottes« erklärt, oder Siger von Brabant und die Anhänger des Averroismus. Einige dieser Gelehrten empfinden sich als *Männer der Wissenschaft* (so Bradwardine im 14. Jahrhundert). Viele fühlen sich dem *spekulativen Denken* verbunden, worunter aus platonisch-aristotelischer Sicht die höchste aller menschlichen Tätigkeiten verstanden wird. Sie alle werden *Literaten* genannt und bezeichnen sich auch selbst so.

Literat ist die am weitesten gefaßte und damit zugleich ungenaueste Kategorie: *Literaten* waren all diejenigen, die lesen und schreiben konnten und die Welt der Wörter beherrschten (also Rede und Schrift, Predigt, Vorlesung oder Abhandlung). Gegenüber der großen Gruppe der Illiteraten (die auch als *idioti*, *simplices* oder *rudes* bezeichnet wurden) bildeten sie in diesen Jahrhunderten eine verschwindend kleine Minderheit. Auch der Begriff »Illiterat« hatte eine weit gefaßte Bedeutung: Er meinte diejenigen, die weder lesen noch schreiben konnten (die wir als Analphabeten bezeichnen), aber auch die, die des Lateinischen, der Sprache schlechthin, nicht oder kaum mächtig waren (wie die englischen *lords* des 14. Jahrhunderts) oder jene, die das Lateinische zwar nicht schreiben konnten, es aber doch ein wenig verstanden.

Eins steht fest: Der Literat war beinahe immer, vor allem bis zum 11. Jahrhundert, aber auch später noch, ein Kleriker, weshalb die beiden Bezeichnungen so gut wie identisch waren. Isidor von Sevilla (7. Jahrhundert) gab eine zwar richtige, aber inhaltliche vage Definition: »Kleriker ist, wer sich dem religiösen Leben widmet und nach moralischer Vervollkommnung strebt.« Etwas später, im 13. Jahrhundert, erklärt Jakob von Viterbo: »Fälschlicherweise werden Literaten bisweilen als Kleriker bezeichnet, und dies allein aufgrund des Umstands, daß die Kleriker Literaten sein müssen.« Als Konrad von Megenberg ein Jahrhundert später die Schulordnung beschreibt, nennt er jedes einzelne Mitglied der Schule, ungeachtet der Studiendauer und der Fakultät »Kleriker«. Unabhängig von diesen Schwankungen oder genauer, dem ungewöhnlichen Prozeß der Laisierung dieser Figur erscheinen die Kleriker als eine fest umrissene Gruppe, die in der Gesellschaft dieser Jahrhunderte eine führende Position einnimmt.

Vielleicht ist es hilfreich, zwischen intellektuell in einem engen und in einem weiten Sinn zu unterscheiden, wobei es zwischen diesen beiden Polen eine Vielzahl von Tätigkeiten gibt, die zu Recht intellektuell genannt werden. Als intellektuell im engeren Sinne wäre der zu bezeichnen, der nicht nur eine intellektuelle Tätigkeit ausübt, sondern auch damit befaßt ist, seine Fähigkeit zur Forschung mit Hilfe der dazu benötigten Instrumente für eine bestimmte Zeit und mit klar umrissenen Zielen zu vermitteln; er ist in erster Linie Lehrer, ein *magister* an einer der damaligen Schulen. Intellektuelle im weiten Sinne dagegen bedienen sich zwar der Intelligenz und des Wortes, wechseln jedoch häufig ihre Tätigkeit und zeigen gegenüber dem Ziel der eigenen Arbeit eine gewisse Gleichgültigkeit. Es handelt sich um Diplomaten, Kurialen, Bischöfe, *free lance*-Schriftsteller oder Hauslehrer, wie etwa Johannes von Salisbury und Vinzenz von Beauvais. Bei ihnen läßt sich ein weniger stark ausgeprägtes Bewußtsein ihres »besonderen Werkes« feststellen, was wohl damit zusammenhängt, daß ihnen, ebenso wie den Handwerkern in der Werkstatt, das spezifische Interesse des Lehrers abgeht, dem Schüler die Arbeitsinstrumente selbst zu vermitteln und in die Hand zu geben.

Da wir dem Intellektuellen im engeren Sinne gleich zu Beginn unserer Untersuchung in einem fest umrissenen Kontext, dem der Stadt und der Schule, begegnen, soll zunächst die Situation Europas mit ihren grundlegenden Veränderungen seit dem 11. Jahrhundert skizziert werden.

Das Wiederaufleben der Städte, mit dem sich eine Umkehrung jener Entwicklung abzeichnet, die die Periode seit dem 3. Jahrhundert der christlichen Zeitrechnung charakterisiert hatte, vollzieht sich zwar langsam, hat sich aber bis zum 12. Jahrhundert soweit konsolidiert, daß es nicht erst aus heutiger Sicht, sondern schon von den Menschen der damaligen Zeit – mit durchaus unterschiedlichen Gefühlen (mit Wohlgefallen, Stolz oder Grausen) – als unumstößliche Tatsache wahrgenommen wurde.

Im Europa des 11. Jahrhunderts gab es noch wenige und nur verhältnismäßig kleine urbane Zentren. Die kulturelle Initiative lag deshalb in den Händen der Abteien und der wenigen Kathedralen, die dazu in der Lage waren, einen Unterricht zu organisieren und durchzuführen. Als in gewisser Weise typisch für dieses Jahrhundert können die beiden parallel verlaufenden Karrieren des Lanfranc von Pavia und des großen Anselm von Canterbury angesehen werden, doch sie kamen selten vor und haben deshalb Ausnahmecharakter. Lanfranc, wenige Jahre nach der Jahrtausendwende geboren, hatte in Bologna Recht und Freie Künste studiert und in Frankreich in der Nähe von Avranches eine Schule gegründet. Nach seinem Eintritt in das Kloster Bec in der Normandie leitet er die dortige Schule, die in den kulturellen Kreisen dieser Zeit zunehmend an Ansehen gewinnt (an ihr studiert unter anderen auch der große Kanonist Ivo von Chartres Recht). Im Jahr 1070 wird er zum Erzbischof von Canterbury ernannt, wo er zwanzig Jahre später stirbt. Diese typisch mittelalterliche und in unseren Augen etwas sonderbare Laufbahn wird gern zitiert; schließlich handelt es sich dabei um eine internationale Karriere, die sich, was die gesprochene Sprache anbelangt, in recht unterschiedlichen Regionen abspielt, und das zu einer Zeit, in der die Verbindungen weder bequem noch zuverlässig waren. Allerdings boten die lateinische Sprache sowie die monastischen Einrichtungen jenes Mindestmaß an Einheitlichkeit, auf das ein Intellektueller, auch wenn es sich dabei um einen Organisator handelte, angewiesen war.

Bei Lanfranc lesen wir: »... auch wenn der Gegenstand des Disputs besser unter Anwendung der Regeln der Logik geklärt werden kann, versuche ich, diese Regeln in Ausdrücke des Glaubens zu kleiden, weil ich nicht den Anschein erwecken will, als würde ich in die Logik mehr Vertrauen haben als in die Wahrheit und die Autorität der Heiligen Väter...« In dieser Einstellung, die gewiß nicht nur von der Vorsicht diktiert wird, kommt – zusammen mit den ersten zaghaften Ansätzen eines grundlegenden Vertrauens in die Logik –, die eigentliche Grundlage des monastischen Lebens zum Ausdruck. Von der Kultur der städtischen Schule, die innerhalb kurzer Zeit eine bedeutende Rolle spielen wird, unterscheidet es sich auch in theoretischer Hinsicht: während das Problem ersterer im *certificare fidem* bestehen wird, scheinen die Mönche in erster Linie mit dem *clarificare fidem* beschäftigt zu sein.

Man kann sich des Eindrucks nicht ganz erwehren, daß die an sich schon interessante Karriere des Lanfranc jene noch bekanntere und eindrucksvollere des Lombarden Anselm von Canterbury in gewisser Weise ankündigt. Anselm wird im Jahr 1063 Prior und 1078 Abt, und zwar ebenfalls im Kloster von Bec, das von dem normannischen Ritter Herluin gegründet worden war. Auch er wird, im Jahr 1093, zum Erzbischof von Canterbury ernannt, zu einer Zeit also, in der der Streit um die Investitur zwischen dem englischen König Heinrich Beauclerc und Papst Paschalis II. seinen Höhepunkt erreicht. Anselm kann nicht ohne weiteres als Intellektueller bezeichnet werden: er wird ganz durch die ernste Umgebung des Klosters und seine durch Meditation geprägte Atmosphäre in Anspruch genommen und widmet sich weniger der Forschung. Aber wie viele Eigenschaften eines Intellektuellen besaß dieser Heilige, Mönch und Erzbischof! An erster Stelle wäre sein Bedürfnis zu nennen, im Glauben »Intelligenz« zu finden; des weiteren sein Bemühen um das Gespräch mit seinen Mönchen, die ihm zugleich Mitbrüder und Schüler waren, wobei es sich um eine Beziehung handelte, die zweifellos intellektueller und kultureller Art war; oder der Aufbau eines seiner größeren Werke, des *Monologion*, das in Form einer *disputatio* angelegt war; schließlich wäre seine intellektuelle Redlichkeit zu erwähnen, mit der er die argumentative und leidenschaftliche Auseinandersetzung suchte, wie zum Beispiel mit dem »Törichten«, der Gott leugnet, im *Proslogion*.

Daß der Glaube eine individuelle Angelegenheit und an sich nicht übertragbar sei: diese Überzeugung Anselms liegt seiner Lehre zugrunde und unterscheidet diese von den in den allmählich entstehenden städtischen Schulen vertretenen Auffassungen. Die Schüler, die Anselm in der geschützten Stille des Klosters unterrichtet, sind wie gesagt gleichzeitig seine Mitbrüder; das Verhältnis zwischen Lehrer und Schüler ist damit nicht von jener wirtschaftlichen Art, wie sie außerhalb des Klosters, als »realistische« Beziehung zwischen einem Gebenden und einem Nehmenden anzutreffen ist. Die Forschung, die Anselm betreibt, ähnelt noch sehr dem Gebet. Sie besteht aus der stillen, in sich selbst versunkenen Meditation, deren Ergebnisse dann den Ordensbrüdern mitgeteilt werden.

Roscellino ist ein jüngerer Zeitgenosse Anselms, der, soviel bekannt ist, zu seinen Schülern (er unterrichtete in Compiègne, Tours und Loches) ein ganz anderes Verhältnis gehabt haben soll. Er, der Bischof in Soissons, später Erzbischof in Reims und städtischer Lehrer war, unterhält, wie wir dem Brief eines Außenstehenden entnehmen können, zu seinem begabtesten Schüler, Abaelard, keinerlei vertrauliche Beziehung: Abaelard war ein einfacher und wahrscheinlich wenig geschätzter, zahlender Schüler.

Die Kathedralschule von Tours war eine jener Einrichtungen, die seit dem Ende des 11. Jahrhunderts von den vermehrten Aktivitäten des französischen Episkopats zeugten. Verglichen mit dem beinahe leeren Deutschland und den noch wenig entwickelten italienischen Regionen boten die Schulen von Laon, Reims, Chartres, Orléans, Tours und Paris ein ganz anderes Bild, wozu der von den Kapetingern garantierte Friede ebenso beitrug wie die außergewöhnliche wirtschaftliche Entwicklung der »süßen Region Galliens«. Jedes dieser Zentren war für eine andere Disziplin berühmt: nach Laon ging man, um sich in der Theologie unterrichten zu lassen (von dem man allerdings auch, wie der unruhige Abaelard, enttäuscht sein konnte); in Chartres wurden *physica*, eine Verbindung aus Naturphilosophie und *Heiliger Schrift* gelehrt; in Orléans konnte man die Dichtkunst studieren und in Paris Rhetorik, Dialektik sowie Theologie.

Das Leben in den Städten war mittlerweile durch Spezialisierung und Arbeitsteilung geprägt: die Lehrtätigkeit wurde ebenso wie die des Handwerkers oder des Händlers zu einer unter anderen Arbeiten. In diesem Zusammenhang entstand die Notwendigkeit, sie genauer zu definieren. Dies geschah durch die Benennung ihrer Ziele, ihres Nutzens, der Orte ihrer Ausübung sowie der Zeiten, die die Arbeit des Dozenten und des Studierenden regelten. Dazu ein Beispiel: Während eines seiner ersten Aufenthalte in Paris unterrichtet Abaelard, um etwaige *querelles* zu vermeiden, auf dem Berg der heiligen Genovefa (auf den er Jahre später als reifer, berühmter und unglücklicher Mann zurückkehren wird), der sich außerhalb der Gerichtsbarkeit des *scolasticus* befindet. Dieser war nämlich vom Bischof eingesetzt worden, um die *licentia docendi* zu vergeben (zwar war diese im Prinzip kostenfrei, doch erhielt sie nur, wer über bestimmte, für unverzichtbar angesehene Fähigkeiten verfügte).

In einem ähnlichen Kontext, der sich allerdings mit der Vergrößerung der neuen Zentren, den neuen Zugeständnissen, die Lehrenden und Studenten im Hinblick auf ihren sozialen und rechtlichen *Status* gemacht werden sowie der zunehmenden Verfestigung der Strukturen zu verändern beginnt, ist das Entstehen der Universität zu sehen. Einen ersten Versuch, dieses Wachstum zu regeln, bildet der Erlaß des Lateranischen Konzils von 1179, der jedes Kapitel einer Kathedrale dazu verpflichtet, eine Schule einzurichten. Allerdings tauchen in den verschiedenen Zentren noch andere »Satzungen« auf zur Steuerung der Entwicklung dieser neuen Einrichtung. Während einige von ihnen den Willen der Kirche widerspiegeln, in diesem Bereich eine Monopolstellung zu erhalten, verweisen andere auf den Widerstand von Lehrern und Schülern. Dies führte zu Spannungen: Erst als Papst und König im Jahr 1200 darin übereinkamen, den Studenten dem Kleriker gleichzustellen, hörten die blutigen Unruhen auf, zu denen es in den zwischen der Kirche von Saint-Germain-des-Près und den am Fluß gelegenen Straßen und Tavernen gekommen war. Wie es häufig zu beobachten ist, schwächen die »Satzungen« und Gesetze mit ihren Regelungen zugleich den vitalen Elan ab, den die Entwicklung ursprünglich aufwies, und wenn sie sich dessen später bewußt werden, trauern manche dieser ersten ungeordneten und lebendigen Phase nach. Dies gilt auch für den Kanzler Philipp von Grève, der 50 Jahre später schreiben wird: »Damals, als jeder Lehrer noch auf eigene Kosten unterrichtete und man von der Universität nicht einmal den Namen kannte (...), gab es noch eine Liebe zum Studium. Heute (...) sind die Vorlesungen selten geworden, der Unterricht beschränkt sich auf weniges und die Zeit, die man den Vorlesungen genommen hat, wird mit fruchtlosen Diskussionen zugebracht.«

Wenn wir einen Blick auf den Kontext werfen, in dem unser Intellektueller zwischen der Mitte des 12. und dem 13. Jahrhundert als Lehrender arbeitete, stellen wir fest, daß die materiellen Bedingungen sich von Zentrum zu Zentrum stark unterscheiden, je nach den Verbindungen, die zwischen der Schule und den verschiedenen politischen Gewalten bestanden (dem König von Frankreich in Paris, dem Kaiser in Bologna, dem Papsttum überall), während die Entwicklung der Lehre selbst viel einheitlicher verläuft und in den verschiedenen Universitäten einer ähnlichen Tendenz folgt. Dasselbe gilt auch für die Entwicklung der Gestalt des Lehrers und seiner Kompetenzen.

Die verschiedenen Disziplinen waren entsprechend der antiken Gliederung in die sieben Freien Künste unterteilt: das Trivium (Grammatik, Logik und Rhetorik) und das Quadrivium (Arithmetik, Geometrie, Musik und Astronomie). Dieser »Weg zur Weisheit« wurde als eine Art Vorstufe des höchsten Ausdrucks menschlichen Erkennens, das heißt der Lehre von der Errettung der Seele, der Theologie, verstanden. Die Beziehung zu dieser war jedoch nie so geradlinig, wie sie sich im klassischen Verhältnis zwischen *domina* (der Theologie) und *ancillae* (den anderen Disziplinen) darstellt. Auch wenn das Studium und die Unterrichtung der Theologie als Höhepunkt und Krönung sowohl der Lehre als auch der Karriere des Intellektuellen galten, erhielten die Disziplinen, die zu den propädeutischen und Vorbereitungskursen gerechnet wurden (diejenigen der Freien Künste sowie Medizin und Recht) faktisch mancherorts schon recht bald einen autonomen Status. Die Ausweitung und die »Befreiung« der Disziplinen erfolgt unter dem Eindruck zweier Phänomene: Einerseits vervielfachen sich die Inhalte jeder einzelnen Wissenschaft des Triviums und des Quadriviums mit der Zunahme der Quellen, andererseits zerbricht die »siebenteilige« Struktur selbst und erweitert sich um neue Forschungsfelder.

In der ersten Hälfte des 12. Jahrhunderts gibt es eine Person, die über beinahe alle Eigenschaften eines Intellektuellen im engeren Sinne verfügt: Abaelard. Die von ihm in seiner autobiographischen *Historia calamitatum mearum* abgegebene Erklärung hat exemplarischen Charakter (nebenbei, eine Autobiographie ist für die damalige Zeit ein höchst seltenes Phänomen). Sie lautet folgendermaßen: »Damals zwang mich meine unerträgliche Armut, eine Schule zu eröffnen (...) Ich kehrte damit zu dem einzigen Beruf zurück, den ich kannte, und anstatt mit den Händen zu arbeiten, bediente ich mich der Sprache«. Abaelard bezieht sich hier auf seine Tätigkeit an der in der Nähe von Troyes gelegenen Schule des Paraclet, wo er die beiden Disziplinen unterrichtete, an denen ihm am meisten lag, die Logik und die Theologie.

Dieser dickköpfige Bretone machte schon früh von sich reden: Er verzichtete auf sein Erstgeburtsrecht und damit auch auf eine Karriere als Ritter und stürzte sich voll kämpferischer Leidenschaft auf das Studium der Logik, die er mit Augustin als »Wissenschaft von den Wissenschaften« bezeichnete. Dem Beginn seiner Karriere kommt – im Hinblick auf die Frage nach dem Intellektuellen zur Zeit des 12. Jahrhunderts, der Epoche seiner »Wiedergeburt« –, exemplarische Bedeutung zu, was durch seinen unnachgiebigen Charakter und seine durchweg originellen Stellungnahmen zusätzlich verstärkt wird: Wir befinden uns damit in der glücklichen Lage, nicht nur eine Persönlichkeit, sondern auch einen Typus vor uns zu haben. In seiner Autobiographie macht er, wie bemerkt wurde, von einem militärischen Vokabular Gebrauch: er möchte »die Zitadelle der Studien, Paris, bezwingen«, bereitet sich auf lange Belagerungen von Schulen und Lehrstühlen vor und studiert und erprobt »verschiedene Strategien« der schrittweisen Annäherung, angefangen mit Melun und Corbeil, an das ersehnte Zentrum, das neue Athen. Auch wenn er sich in seinem Bericht häufig der Sprache des Ritters bedient, so ähnelt sein Verhalten, wie wir dem Satz bezüglich Paraclets entnehmen konnten, doch eher dem des Händlers. Wie dieser seine Zeit verkaufte (und wir wissen um die Kämpfe, die es kostete, bis die Ethik des Händlers anerkannt wurde), so verkaufte der Lehrer sein Wissen. Zeit und Wissen waren jedoch Gaben Gottes, ja, er verfügte über sie: Der Lehrer in der Stadt mußte hart um die Anerkennung seiner Lehrtätigkeit kämpfen, der man – da sie eben nicht unter dem stillschweigenden Schutz der monastischen Einrichtungen stand – mit Mißtrauen begegnete.

Zahlreiche Episoden aus dem bewegten Leben Abaelards lassen jene Charakterzüge erkennen, die wir mit dem Typ des »Vollzeit«-Intellektuellen in Verbindung gebracht haben. Einige möchte ich hier erwähnen. An erster Stelle wäre die Bereitschaft und Fähigkeit zur Kritik zu nennen, die er verschiedentlich unter Beweis stellte, angefangen mit dem berühmten »Universalienstreit«, den er mit dem alten Lehrer Wilhelm von Champeaux führte, bis zur Kritik an der Schrift, mit der er sich bisweilen regelrechte Schlägereien einhandelte (so zum Beispiel mit den Mönchen des Heiligen Dionysius, einem Streit, bei dem es um die Figur des Schutzheiligen ging). Häufiger jedoch verwandte er seine Fähigkeit zu kritischem Denken auf die Erstellung meisterhafter Analysen, wie z.B. im Prolog von *Sic et Non*, in dem er Regeln zur Interpretation von »Diskordanzen« aufstellte. Dieselbe Methode führte ihn im *Dialogus*, dem letzten seiner Werke, zu einem subtilen, jedoch keineswegs zweifelhaften Einvernehmen zwischen Christ und Philosoph.

Neben dieser Fähigkeit wäre sein leidenschaftliches und beständiges Engagement für die Lehre, die Verbreitung seiner Ideen und seines Buchwissens zu nennen. Auch wenn er krank, müde und enttäuscht war, fuhr er – so berichtet der Abt Petrus Venerabilis – in Cluny fort, »zu unterrichten, zu schreiben und zu diktieren«, so wie er es in den jungen und glücklichen Jahren in Paris und den schöpferischen und beschwerlichen im Kloster Paraclet getan hatte. Abaelard besitzt jedoch noch eine weitere Gabe, die den Intellektuellen charakterisiert: Was ihm – an jedem Ort und zu jedem Zeitpunkt seiner Lehrtätigkeit – am meisten am Herzen liegt, ist, mehr noch als der Untersuchungsgegenstand, die Forschungsmethode, mehr noch als das einzelne Thema, die theoretische Struktur der Analyse. Kennzeichnend ist für ihn sowohl sein ungeheures Vertrauen in die Forschungsmethode (die gewöhnlich rationaler, in der Theologie analoger Art ist), als auch durch sein Bewußtsein darüber, nie der Wahrheit selbst, »sondern immer nur ihres Schattens, ihrer Wahrscheinlichkeit« habhaft werden zu können: »In allem, was ich darlege, behaupte ich nicht die Wahrheit, sondern sage nur meine Meinung«.

Zwischen Abaelard und Johannes von Salisbury, den wir als Intellektuellen im weiteren Sinn bezeichnen können, gibt es sowohl etwas Verbindendes als auch etwas Trennendes. Was sie verbindet, ist die große Verehrung, die der Schüler Johannes dem Meister entgegenbringt, sowie der Einfluß, den dieser auf Ideen und Sprache des Engländers ausgeübt hat. Während der zweiten Hälfte des 12. Jahrhunderts zeichnete sich jedoch eine große Veränderung ab: Die Bibliothek des Gelehrten wurde um den »zurückgekehrten« Aristoteles bereichert (der zunächst aus dem Arabischen, dann aus dem Griechischen übersetzt worden war); gleichzeitig setzt die Verbreitung der ersten Texte der moslemischen Wissenschaft und Philosophie ein. Schon jetzt begann sich die zukünftige Entwicklung des Wissens (aber auch ihrer Probleme), wie sie aus dem gewaltigen Prozeß der Bereicherung und Veränderung hervorgehen würde, in Umrissen abzuzeichnen. Auch Paris, das der Schüler Johannes voller Wissenshunger im Jahre 1136 besuchte, war nicht mehr das des zwanzigjährigen Abaelard. Die Schulen konzentrierten sich um das »Kloster«, auf der Insel und dem linken Ufer (es unterrichteten dort Adam von Petit Pont, Abaelard auf dem Berg der heiligen Genovefa, die Viktoriner in der Abtei). An der Schule, die Johannes besuchte, waren berühmte Lehrer vertreten: Otto von Freising, Arnold von Brescia, zahlreiche künftige Bischöfe, sogar ein künftiger Pontifex, Roland Bandinelli. Das politische Leben harrte jedoch noch unseres Engländers: die schnelle, anschließende Rückkehr nach dem Athen des Nordens ernüchterte ihn. Seine Erklärung ist bezeichnend: »Ich hatte die Freude, die alten Freunde und Mitschüler wiederzusehen, die noch mit dem Studium der Logik befaßt waren (...); als wir unsere jeweiligen Fortschritte verglichen, (...) wurde mir sofort klar, daß sie höchstens um einen kleinen Schritt weitergekommen waren.«

Handelt es sich hier noch um dieselben Personen, die Johannes bereits an anderer Stelle zitiert hat, wenn er von jenen Professoren spricht, »die die Ergebenheit eines Liebhabers der Philosophie«, eines Laien wie er einer ist, »geringschätzen und schlecht vergelten«? Jedenfalls wird hieran der Bruch zwischen dem Intellektuellen, der in der Lehre tätig ist, und dem, der nach Abschluß seiner Studien wieder mit dem Alltag und der Politik konfrontiert wird, deutlich. Ungeachtet seiner »Ergebenheit« fällt das Urteil von Johannes hart aus; in ihm bringt er sein Unbehagen gegenüber einer Kultur deutlich zum Audruck, die in seinen Augen fast nur aus Wörtern, unüberprüfbaren Analysen und Abstraktionen besteht. Als Sekretär von Thomas Becket und Zeuge dramatischer Ereignisse blieb Johannes wenig Zeit, um seine geliebten *Litterae* zu pflegen. Trotz seiner Idealvorstellung von Kultur, die sich an Cicero orientierte, widmete er sich beinahe ausnahmslos und mit großer Beharrlichkeit den Angelegenheiten der Kurie und der Politik. In der von ihm entwickelten, übergeordneten und seine »zwei Leben« vereinigenden Vorstellung des

»Dienens« erhält das (bisweilen erniedrigende, wie Johannes gesteht) politische Alltagsgeschäft einen Sinn und macht es gleichzeitig der philosophischen Reflexion zugänglich. Das ciceronianische *otium* bildete für diesen so begabten Schüler, der nicht Lehrer wurde, den Gegenwert für den Frieden, den andere im Kloster suchten.

Bevor wir das 12. Jahrhundert verlassen, sei noch kurz auf eine andere große Persönlichkeit hingewiesen, über die wir allerdings nur wenig wissen: Arnold von Brescia, ebenfalls ein Schüler von Abaelard, dessen große Fähigkeiten Johannes von Salisbury ausdrücklich bestätigt. War Arnold ein Intellektueller? Über seine Lehrtätigkeit auf dem Berg der Heiligen Genovefa findet sich in den Quellen so wenig, daß wir auf Vermutungen angewiesen sind. Fest steht, daß es sich bei ihm um einen Mann handelt, »der in einer Weise vom christlichen Leben spricht, die denjenigen mißfällt, die ein christliches Leben nur dem Namen nach führen«. Mit Sicherheit stehen auch seine Aktivitäten als Reformer in engem Zusammenhang mit der überlieferten Tatsache, daß er arme Studenten unterrichtete, »mit denen er betteln ging, um sich zu ernähren«.

Häufig sind die großen Universitätslehrer des 13. Jahrhunderts eher als eine Art von Zelebranten der Kultur gesehen worden, denn als kämpferische Intellektuelle und entschlossene Männer der Tat – und nicht nur des Gedankens –, die sie in Wirklichkeit waren.

Über die Universitäten des 13. und 14. Jahrhunderts wissen wir zwar viel, aber bei weitem noch nicht genug. Sicher ist, daß es sich bei ihnen um ambivalente und widersprüchliche Arbeitszusammenhänge handelte, was jedoch für die Tätigkeit der Lehrer nicht unbedingt von Nachteil sein mußte. Auch muß man sich den »zeitlich begrenzten« Charakter der Universitäten als Korporationen vor Augen halten, die zwar nach denen der Handwerker ausgerichtet waren, sich aber gleichzeitig grundlegend von diesen unterschieden: Die Studenten gehörten der Korporation nur vorübergehend an und kamen aus den unterschiedlichsten Regionen Europas (um sich untereinander zu verständigen, waren die verschiedenen *nationes* gezwungen, das Lateinische zu benutzen).

Einer, der ebenfalls diesen Kreisen angehört und der sich sehr wohl dessen bewußt ist, was wir als »intellektuelle Verschiedenheit« bezeichnet haben, ist Bonaventura von Bagnoregio, der Anführer des konservativsten Flügels der Theologen, der sich nicht nur mit den Lehrern der Artistenfakultät, sondern auch mit Thomas von Aquin anlegte. Obwohl er das Werk des Aristoteles, der damals als Philosoph schlechthin galt, als gefährlich für die christliche Kultur einschätzte, erkannte Bonaventura die Legitimität der intellektuellen, philosophischen und wissenschaftlichen Forschung an (natürlich nur in dem Maße, in dem sie sich auf die Erforschung der theologischen Wahrheit »eingrenzen« ließ). Anläßlich einiger Erläuterungen zur Arbeit der Franziskaner führt er unter anderem aus:

»Wenn wir rein von der Handarbeit leben müßten, wären wir von der zu verrichtenden Arbeit in einem solchen Maß in Anspruch genommen, daß wir uns um nichts anderes mehr kümmern könnten; weder wäre es uns möglich, die Messe in würdiger Weise zu zelebrieren, noch könnten wir uns im erforderlichen Umfang dem Gebet widmen (...) Tatsächlich ist es aber so, daß wir alle, von den Kranken abgesehen, arbeiten: einige, indem sie studieren, um die Gläubigen unterrichten zu können, andere, indem sie die Messe lesen und Gott in Lobgesängen preisen, einige, indem sie um Almosen für den gemeinsamen Lebensunterhalt bitten und wieder andere, indem sie in freiem Gehorsam die häuslichen Arbeiten verrichten...«

Merkwürdig, aber bezeichnend ist seine Einstellung zu einer für die Intellektuellen zu allen Zeiten heiklen Frage: soll man Bücher ausleihen? Etwas pedantisch, aber nicht ohne Humor gibt er zu bedenken:

»Da wir von den Geheimnissen des menschlichen Herzens nichts wissen, ist es ein Zeichen von Unüberlegtheit, dort etwas Schlechtes zu unterstellen, wo bisweilen auch in guter Absicht und ohne Schuld gehandelt worden sein kann (...) Die eigenen Schriften nicht an andere auszuleihen kann demnach ebenso verurteilenswert wie untadelig sein (...) Es zeugt von Besonnenheit, eine Schrift, die man ständig oder häufig benötigt, nicht an andere auszuleihen, weil niemand gehalten ist, andere mit Dingen zu versorgen – vorausgesetzt, sie sind nicht lebensnotwendig –, wenn er damit seine eigenen Interessen vernachlässigen muß. Bücher nicht auszuleihen, ist also nicht verwerflich, solange jemand, wenn auch nicht ständig, so doch häufig seinen Band benötigt und nicht lange ohne ihn sein kann. Wie sich beobachten läßt, sind nämlich viele sehr eifrig, wenn es um ihre Bitte, aber langsam, wenn es um die Rückgabe geht (...) Bisweilen gibt aber auch derjenige, der sich ein Buch ausgeliehen hat, dieses an einen anderen weiter, ohne jedoch den Besitzer um Erlaubnis zu fragen, jener an einen dritten, und so weiter, bis der Besitzer nicht mehr weiß, von wem er es zurückverlangen soll und die Kette des Ausleihens sich bis zu dem Punkt von ihm entfernt hat, an dem keiner von denen, die das Buch einmal in Händen gehalten haben, von sich aus mehr antwortet.«

Der Gegensatz zwischen Handarbeit und geistiger Arbeit findet sich auch in den Schriften eines berühmten Zeitgenossen Bonaventuras, Thomas von Aquins, der ebenfalls – soweit bekannt ist, mindestens zwei Mal – in Paris Lehrer war. Dabei ist zu bedenken, daß Thomas, der dem Dominikanerorden angehört, unter »geistigem Arbeiten« in erster Linie »unterrichten und predigen« versteht.

Einige Beobachtungen über den Unterschied zwischen den beiden Tätigkeiten sowie das hierarchische Verhältnis, in dem sie sich zueinander befinden, sind für unsere Thematik des Intellektuellen und seiner Beziehung zur Gesellschaft von Interesse:

»All diejenigen, die anders als durch ihrer Hände Arbeit leben, *sind nicht dazu verpflichtet, mit den Händen zu arbeiten*; andernfalls müßten sich alle Reichen, ob Kleriker oder Laien, im Zustand der Verdammnis befinden: das ist jedoch widersinnig«.

Darüber hinaus stellt Thomas fest, daß

»*es manchmal besser ist, mit den Händen zu arbeiten, manchmal nicht.* Solange die Handarbeit nicht von der Schaffung eines nützlicheren Werks abhält, ist es besser, mit den Händen zu arbeiten (...) *Wenn die Handarbeit jedoch die Vollendung eines Werks von größerem Nutzen verhindert*, ist es besser, sich ihrer zu enthalten, wie es in Lukas, IX, im Abschnitt »Vergiß die Toten nicht«, geschrieben steht (...) und wie es am Beispiel der Apostel deutlich wird, die ihre Arbeit niederlegten, sobald sie Gelegenheit zur Predigt hatten. Dabei bildet die Handarbeit für die heutigen Prediger sicherlich ein größeres Hindernis als für die Apostel, denen ihre Predigten auf dem Weg der Erleuchtung eingegeben wurden. Dagegen müssen sich die heutigen Prediger durch unablässiges Studieren auf die Predigt vorbereiten (...); für manchen ist es sogar eine öffentliche Aufgabe, sich der Lektüre zu widmen, wie dies auf die religiösen und weltlichen Lehrer und Studenten zutrifft, die in den Schule unterrichten oder lernen (...) Ebenso ist es für manchen eine öffentliche Aufgabe, sich mit dem Wort Gottes zu befassen, wie dies auf den zutrifft, der öffentlich zum Volk predigt (...) Viele erfüllen diese geistigen Tätigkeiten im Sinne eines öffentlichen Amts und akzeptieren berechtigterweise die Speise, die sie von den Gläubigen im Austausch für ihre Arbeit erhalten, da sie ja dem Gemeinwohl dienen«.

Sowohl Bonaventura als auch Thomas geben eine, wenn auch vorsichtig formulierte Erklärung für den Unterschied, der die beiden menschlichen Tätigkeiten voneinander trennt. In Wirklichkeit handelte es sich jedoch um zwei verschiedene Gruppen von Menschen: diejenigen, die arbeiteten und diejenigen, die studierten. Die zwischen beiden bestehende Trennung wurde von den Gelehrten noch betont. Man kann höchstens zwischen verschiedenen Abstufungen wählen: Die Spannbreite reichte von der ausdrücklichen Verachtung, mit der Wilhelm von Conches schon im 12. Jahrhundert denjenigen, der nicht studieren konnte, mit Schimpfnamen bedachte, über Albertus Magnus, der den als »roh« bezeichnete, der nicht verstand, bis zu Roger Bacon (auch er!), der vom *ventosa plebs* sprach, sowie zur herablassenden Güte des Bartholomäus Anglicus, der vorgab, auch für die *rudes ac simplices* zu schreiben. Die grundlegende Überzeugung kommt auch in den groben Späßen der Studenten in den *Carmina burana* zum Ausdruck, wo es heißt: »Der Illiterat ist wie das Tier der Kunst gegenüber taub und stumm«. Die theoretische Grundlage dieser Überzeugung war in dem Attribut »rational« zu suchen, das einen festen Bestandteil der allgemein akzeptierten Definition des Menschen bildete. Mit ihm wurde nicht nur der Unterschied zwischen dem Menschen und den anderen Lebewesen betont; gleichzeitig verlangte es auch, daß dieser Unterschied weiter vertieft würde.

Wir verdanken Thomas eine intellektuelle Arbeit von großer historischer Bedeutung, eine meisterhafte Analyse, die auch die Welt außerhalb der Schule nicht aus den Augen verloren hat. Sein Vertrauen in die Vernunft und die aristotelische philosophische Lehre veranlaßt ihn zu dem ungewöhnlichen Versuch, die Theologie (die schließlich als *domina*, als Königin der Wissenschaft angesehen wurde) entlang der Struktur zu rekonstruieren, die Aristoteles als typisch für die *Wissenschaft an sich* angesehen hatte. Dabei handelt es sich um ein präzises Vorgehen, das auf unzweideutigen Normen aufbaut und – ausgehend von klaren Grundsätzen – zu Schlußfolgerungen gelangt, die die Grenzen der Erkenntnis erweitern. Dieser auf den ersten Blick theoretisch und scholastisch anmutende Gedanke sollte sich jedoch als äußerst folgenreich und als in einem Maße »wirklichkeitsnah« erweisen, daß er sich auf die gesamte Gesellschaft auswirkte. Die Behauptung, daß es sich bei der Theologie um eine Wissenschaft (oder beinahe um eine solche) handelte, kam der Behauptung gleich, daß man sie auch denjenigen, die nicht an die *Heilige Schrift* glaubten, vermitteln könnte. Damit verband sich die Hoffnung, die Ungläubigen (insbesondere die nächsten Rivalen, die Muselmanen) mit den Mitteln der Vernunft bekehren zu können.

Thomas lebte in einer unruhigen Zeit. Auch wenn die Bettelorden nicht an den Universitäten entstanden waren, so hatten sie sich – mit der ihnen eigenen Voreingenommenheit der bereits bestehenden Korporation gegenüber – dieser Einrichtung bald bemächtigt. Daher die Ablehnung von Streiks, die Weigerung, Honorare anzunehmen und eine im allgemeinen größere Beachtung der Ordensregeln als der Beschlüsse der Universität. All dies findet sich in einem Brief, den die »weltlichen« Lehrer (die also weder dem Orden der Dominikaner noch dem der Franziskaner angehörten) im Jahr 1254 schrieben und in dem sie vor den Gefahren warnten, die aus der Zunahme der Lehrer, die Mitglied eines Ordens waren, entstehen konnten. Trotz der verschiedenen, auch vom Papst unterstützten Vermittlungsversuche nahmen die Spannungen derart zu, daß die »weltlichen« Lehrer den Gehorsam verweigerten, woraufhin sie exkommuniziert wurden: die Universität blieb für einige Jahre geschlossen.

In diesem Klima institutioneller und kultureller Auseinandersetzungen lebt auch Roger Bacon, der sich in vielem von Thomas unterscheidet. Seine Polemik richtet sich, genauer gesagt, gegen den Franziskaner Alexander von Hales und Albertus Magnus, den Ordensbruder und Lehrer von Thomas. In aller Schärfe kritisiert er sie wegen ihrer »Unkenntnis der Naturphilosophie und weil ihre Bücher voller Unwahrheit und Dummheit sind«. Es handelt sich dabei um keine Anschuldigungen, die vom akademischen Neid diktiert werden. Im Mittelalter läßt sich schwerlich eine klarere und wirksamere Vorstellung von der sozialen Funktion des »christlichen Wissens« finden: Die »Republik der Gläubigen« ist für Bacon ein organisches Ganzes, eine einheitliche Gesellschaft, die solange expandieren wird, »bis die Griechen und Tataren bekehrt und die Sarazenen vernichtet sein werden«. In der Baconschen Utopie kehrt damit die Vorstellung eines gemeinsamen Interesses von Macht und Wissenschaft wieder, eines Interesses, das sich im Papst, der den göttlichen Plan verwirklicht, verkörpert. Diese auf den ersten Blick so traditionelle Konzeption enthält jedoch durchaus auch neue Elemente: den Primat einer Erkenntnis, die dazu imstande sein wird, eine neue Moral zu begründen und die korrupten Zeiten zu beenden; die Bedeutung von Sprachkenntnissen, die nötig sind, um den Weg der göttlichen Offenbarung des Wissens nachvollziehen zu können (vom jüdischen Volk bis zu den griechischen und arabischen Philosophen); die Bevorzugung der Mathematik vor der Logik (die ihm »zerbrechlich und mißverständlich« erscheint); die Bedeutung der *scientia experimentalis*, »die, ohne verbale Argumente zu benötigen, Gewißheit über die Dinge verschafft, und ohne deren Hilfe man nicht einmal zur philosophischen Vervollkommung gelangt«. Dieser einsame und verfolgte Intellektuelle war, im Gegensatz zu vielen seiner Zeitgenossen, in hohem Maße an den Dingen und den Menschen interessiert. So hielt er es für wichtig, daß »die Gemeinschaft der Gläubigen im Gebrauch der irdischen und nützlichen Dinge angewiesen würde (...), um die Gesundheit des Körpers, ein langes Leben und die materiellen Güter zu erhalten«; er träumte von schnelleren Fahrzeugen und beschäftigte sich mit Möglichkeiten zur Konservierung von Speisen oder zur Erhöhung der landwirtschaftlichen Produktivität und bewies dabei eine erstaunliche Weitsicht.

Bonaventura und Thomas, zwei Kirchenheilige, und Bacon, ein verfolgter Ordensbruder, sind drei Beispiele für die *Intelligentsia* des 13. Jahrhunderts. Was sie verbindet, ist das Wissen, daß sie eine von der Mehrzahl der Menschen verschiedene Tätigkeit ausüben; was sie trennt, ist die Verschiedenheit ihrer Vorstellungen zur Veränderung der Wirklichkeit (in religiöser, politischer und kultureller Hinsicht), die sie jedoch alle drei in erster Linie von der Kraft der Erkenntnis und des Wortes erwarten. Intellektuellen im engen Sinn hat schon immer an der Vermittlung ihrer Theorien gelegen: Bacon versuchte mit Hilfe seiner (allerdings nie vollendeten) Enzyklopädie eine Verbreitung seiner Ideen zu erreichen, die sogar noch über die Möglichkeit, die die universitäre Lehre bot, hinausgehen sollte.

Im Jahr 1255 werden die Werke von Aristoteles von der Pariser Artistenfakultät in ihr Lehrprogramm aufgenommen; nur wenig später löste das Studium der Kommentare des Arabers Averroes innerhalb der christlichen Philosophie eine neue und von vielen argwöhnisch beobachtete Entwicklung aus. Dies hing mit zwei Umständen zusammen: zum einen mit der Umwandlung der Freien Künste von einer vorbereitenden Fakultät, in der die Dialektik unterrichtet wurde (als eine Art Grundunterricht für das darauf aufbauende Studium der Philosophie und des Rechts), in eine faktisch selbständige Fakultät, in der Philosophie betrieben wird (der innerhalb einer Fakultät, die sich ihrer wissenschaftlichen Unabhängigkeit immer bewußter wird, natürlich große Bedeutung zukommt), zum anderen mit dem Charakter der averroistischen Lehre, die der christlichen Tradition Augustinischer Herkunft fremd gegenüberzustehen schien.

Die averroistische Lehre enthält einige Elemente, die sich stimulierend auf die Herausbildung eines neuen Typus von Intellektuellem auswirken, der sich sowohl in theoretischer Hinsicht als auch in Hinblick auf seine Unterrichtspraxis stark von dem traditionellen Bild des Lehrers (aber auch von den drei berühmten Persönlichkeiten, denen wir bereits begegnet sind) unterscheidet.

Worin besteht der wichtigste Unterschied? Ich denke, daß er in einem besonderen Selbstbewußtsein zu sehen ist. Siger von Brabant und Boethius von Dacien (bei denen es sich, wenn man eine nicht unumstrittene Bezeichnung verwenden will, um »Averroisten« handelt) unternehmen erstmals den Versuch, die ideale Vorstellung des Philosophen mit dem Berufsalltag an der Artistenfakultät in Verbindung zu bringen. Siger schreibt: »Die Aufgabe des Philosophen besteht darin, die Lehre von Aristoteles darzulegen, ohne sein Denken abzuändern oder zu verfälschen, auch wenn es der Wahrheit (Theologie) widerspricht.« Diese einfache Aufforderung trennt auf eine äußerst klare (und moderne bzw. eine unserer Auffassung sehr nahestehende) Weise die verschiedenen Berufs- und Forschungsfelder voneinander. Diejenigen, die in Übereinstimmung mit der Tradition die Vorstellung von der christlichen Kultur als umfassender Einheit vertraten, konnten diese Konzeption natürlich nicht akzeptieren.

Besonders kraß sollte der Unterschied anläßlich der Verdammungen von 1277 hervortreten, als zahlreiche, an der Fakultät entstandene und der aristotelisch-averroistischen Lehre nahestehende Texte (wie zum Beispiel über die Ewigkeit der Welt und die Einheit der menschlichen Vernunft) von dem Bischof Tempier verboten wurden. Die hiermit eingeschlagene Wende machte sich auch an der theologischen Fakultät bemerkbar: sogar Thomas von Aquin war davon betroffen. All dies bezog sich jedoch mehr auf ideengeschichtliche Fragen und weniger auf Gestalt und Funktion des Intellektuellen, es sei denn, unter den verurteilten Behauptungen fänden sich solche wie diese: »Kein Stand ist besser als der des Philosophen« oder »Die einzigen Weisen auf der Welt sind die Philosophen«.

Unter dem Eindruck der *Nikomachischen Ethik* von Aristoteles entsteht ein neuer Typ: »Er findet am Denken Gefallen, und dies um so mehr, je vornehmer die Gegenstände sind, mit denen sich sein Verstand beschäftigt. Deshalb führt der Philosoph ein Leben, das reich an Freuden ist«. Der Philosoph ist der wahre Adlige: »Was die Vollkommenheit der menschlichen Natur anbelangt, so sind die Philosophen, die über die Wahrheit nachdenken, adliger als Könige und Fürsten.« Der Druck, den die Mehrheit der Traditionalisten auf diesen neuen Typus von Professor auszuüben begann, der »in der Erkenntnis des Wahren eine wahre Quelle der Freude fand«, war stark. Menschen dieser Art schienen absonderlich und gefährlich. In den Worten von Jacques de Douai schwingt Bitterkeit mit: »Viele sind der Meinung, daß es sich bei den Philosophen, die sich dem Studium und der philosophischen Kontemplation widmen, um böse, ungläubige und außerhalb der Gesetze stehende Menschen handelt, deren Ausschluß aus der Gemeinschaft daher rechtens sei – so sagen sie; und deshalb werden alle, die sich dem Studium und der philosophischen Kontemplation widmen, verleumdet und verdächtigt.«

»Wahres Glück erwirbt man sich durch die Kontemplation über die Wahrheit«: darin besteht das Ziel der Philosophie, wie es Dante ganz »averroistisch« in seinem *Convivio* formuliert. Dante war jedoch weit davon entfernt, die metaphysischen Behauptungen dieser Strömungen zu teilen. Finden wir bei ihm eigentlich jene Charakterzüge, die wir als wesentlich für die Bestimmung des Intellektuellen angesehen haben?

In vielerlei Hinsicht scheint Dante eher dem Typ eines Intellektuellen im weiteren Sinn zu entsprechen, zumindest insofern, als er mit seiner Intelligenz und seiner Wortgewandtheit nicht an einem der eigens dafür bestimmten Orte und auch nicht in einem Zusammenhang wirkte, der es ihm ermöglicht hätte, sowohl seine Ideen als auch die Handhabung seiner »Arbeitsinstrumente« zu vermitteln (wie dies auf den Fall des Verhältnisses zwischen Lehrer und Schüler in der Schule zutraf). Bezeichnenderweise beklagt er es wiederholt, nicht an dem für ihn eigentlich »natürlichen Ort«, »nicht an seinem Platz«, sondern anderswo zu sein, wo es ihm nicht möglich ist, seine Fähigkeiten in einem umfassenderen Sinn zum Ausdruck zu bringen: »Weil es den Bürgern von Florenz, der schönsten und berühmtesten Tochter Roms, gefiel, mich aus ihrem süßem Schoß zu vertreiben (...), bin ich, für beinahe alle, an die sich diese Rede richtet, ein Auserwählter, als Bettler weggegangen (...) Wie ein Schiff ohne Segel und ohne Steuer bin ich, von einem trockenen Wind geplagt, zu verschiedenen Häfen getrieben worden...« Wir fanden diesen Aspekt der Persönlichkeit Dantes auch durch seine Einschreibung in die Zunft der Ärzte und Apotheker bestätigt. Die Teilnahme am politischen Leben, die sich für den Intellektuellen aufgrund seiner Lehrtätigkeit sozusagen *naturaliter* ergab, war für ihn nur durch einen so konventionellen Vorgang wie die Eintragung in das Register einer ihm vollständig fremden Berufsgruppe möglich.

Intellektuelle und Politik – eine Beziehung, mit der wir uns im folgenden beschäftigen werden. Grundsätzlich ist dabei anzumerken, daß »politisches Engagement« für den mittelalterlichen Intellektuellen in der Regel bedeutete, sich für eine der beiden dominierenden Gewalten entscheiden zu müssen: Papsttum oder Kaisermacht.

Einer der großen Intellektuellen des 14. Jahrhunderts, der Engländer Wilhelm von Ockham, ist nie *magister* gewesen. Er hatte im Franziskanerkloster von Oxford studiert, wo er – dies war der erste Schritt seiner Karriere – den Universitätsgrad des Bakkalaureus erwarb. Dazu verfaßte er, wie dies üblich war, einen Kommentar zu den *Sentenzen* des Petrus Lombardus. Als er im Jahr 1324 zum Sitz des Papstes nach Avignon gerufen wurde, um sich für verschiedene, darin aufgestellte Thesen zu rechtfertigen, war er bereits als Autor einiger größerer Abhandlungen zur Logik bekannt, in denen er die im 12. Jahrhundert entstandene nominalistische Lehre erneut aufgriff und weiterzuentwickeln versuchte. Diese waren jedoch nicht Gegenstand der Anklage, denn die Logik war eine Disziplin der Freien Künste und stand als solche in keinem direkten Zusammenhang mit dem in Glaubensfragen eingenommenen Standpunkt. Man kann sich allerdings nicht ganz des Eindrucks erwehren, daß es zwischen den beiden Wissensgebieten, denen sich Ockham in seinem Leben ausführlich widmete, eine innere Verbindung gab: Schließlich hatte der Nominalismus zur Aufhebung der *res universales*, der allgemeinen Strukturen, die eben auch dem göttlichen Schöpfungsplan zugrunde lagen, geführt. Bei Ockham wird Gott wieder zum Omnipotenten, zu einem Schöpfer, der sich nicht nach im voraus festgelegten Plänen richtet, sondern kraft eines absoluten und freien Willens handelt. Dieser Gedanke, dessen Wurzeln auch in einem mystischen und individuellen Franziskanertum liegen, durchzieht das gesamte Werk des Philosophen. Seine politischen Schriften stammen aus der zweiten Hälfte seines Lebens, aus der Zeit nach seiner Flucht aus Avignon, die er – in der Umgebung von Kaiser Ludwig dem Bayern – zunächst in Italien, dann in Bayern verbrachte. In diesen Schriften dominiert die Vorstellung von der Kirche als einer »Kongregation der Gläubigen«, die auf Macht und Reichtum verzichtet und sich ausschließlich der Verbreitung der Werte des Evangeliums widmet. Aus Sätzen dieser Art kann zweifellos auch die Forderung nach Unabhängigkeit des Kaisertums herausgelesen werden.

Die weltliche Macht erstreckt sich aus der Sicht Ockhams auf die Körper und die irdischen Güter; ihre Aufgabe besteht – gewissermaßen negativ gefaßt – darin, Konflikte zwischen einzelnen vermeiden zu helfen: dazu ist der Rückgriff auf vorbeugende und Unterdrückungsmaßnahmen politischer und physischer Natur erforderlich. Aus einer solchen Sicht gibt es natürlich keinen Raum für wie auch immer geartete politische Idealvorstellungen: die Haltung und das politische Engagement Ockhams sind mehr durch die Flucht aus Avignon als durch Begeisterung für das Kaisertum geprägt. Die religiöse Utopie von einer armen Kirche und einem Papst, der nicht Herrscher sondern Vater der Gläubigen ist, bildet dagegen ein zentrales Moment im Denken dieses großen Franziskaners, der anhand der Heiligen Schrift nachweist, daß »das Kaisertum nicht aus dem Papsttum hervorgeht« und daß »jeder Versuch, der darauf abzielt, die Abhängigkeit der weltlichen Macht vom Papst zu begründen, sophistisch ist«.

Wie sehr sich Theologie und politische Leidenschaft bei ihm verbanden, kam in einer klaren und selbstbewußten Stellungnahme zum Ausdruck: »Dem Papst gegenüber (es handelte sich um Johannes XXII.) ›habe ich mein Gesicht zu Stein werden lassen‹ (Jesaja, 50.7); solange ich Hände, Papier, Tintenfaß und Tinte habe, wird mich nichts von der Kritik an seinen Fehlern abbringen: weder der Versuch, mich zu verleumden und mit Schmach zu bedecken, noch die Verfolgung, die meinen Körper, nicht aber meine Person treffen kann, noch die große Zahl der Anhänger des Papstes...« Seinen *Brief an die Brüder* beendete er folgendermaßen: »Ich glaube, daß ich in den letzten Jahren mehr zur Veränderung der Gepflogenheiten meiner Zeitgenossen beigetragen habe, als wenn ich mit ihnen dieselbe Frage jahrelang erörtert hätte (...) Es ist dies eine Zeit der Prüfung, in der sich die Gedanken vieler offenbaren.« Wir können hinzufügen – und der Intellektuelle Ockham war sich dessen sehr wohl bewußt –, daß es auch eine Zeit der Entscheidungen war.

John Wyclif: auch er ein Intellektueller, der sich, einige Jahrzehnte später, ähnlich wie Ockham für eine der beschwerlichsten Arten des politischen Engagements entschied. Es ist lohnenswert, sich mit der Karriere dieses Professors der Logik und der Theologie in Oxford genauer zu beschäftigen, der im Jahr 1372 in den Dienst der englischen Krone eintritt und in der Folge zwei große Werke über die Herrschaft (die göttliche und die weltliche) veröffentlicht, in denen er die Forderung nach Unabhängigkeit der weltlichen Herrschaft von der kirchlichen unterstützt, und sich damit auf die Seite seines Herrschers stellt. Der Papst verurteilt die beiden Texte in einer Bulle, in der er auf ihre Ähnlichkeit »mit den abartigen Thesen des Marsilius von Padua« hinweist. Kurze Zeit später beginnt Wyclif auch praktisch mit seinem Werk als Reformator, indem er jene

Gruppe »armer Priester« organisierte, die die Thesen zur »Armut Christi und seiner Kirche« in englischer Sprache (der Meister hatte sie in Latein verfaßt) verbreitete. Nach dem Aufstand von 1381 begannen sich auch die weltlichen Reichen, die ihn bislang in seinem Kampf gegen den Papst unterstützt hatten, von ihm abzuwenden: Das Programm der »armen Priester« stieß bei den *lords* auf wenig Gegenliebe, da es in ihren Augen allzusehr den Forderungen der Aufständischen ähnelte. Seine letzten Jahre verbringt Wyclif – verdächtigt und isoliert – in großer Einsamkeit, doch bewahrt ihn der stillschweigende Schutz der Universität von Oxford vor der Verfolgung.

Eine exemplarische Karriere, einer der wenigen mittelalterlichen Lebensläufe, zu denen wir Zugang zu haben glauben, weil die wichtigsten theoretischen Formulierungen der Philosophie Wyclifs schon sehr bald praktische Wirksamkeit erlangen. Sein philosophischer Realismus hatte ihn von einer »unsichtbaren Kirche« sprechen lassen (gegenüber der sichtbaren und korrupten Kirche Roms). Seine Analyse der göttlichen Herrschaft (der im übrigen einzig vollständigen) wird für die Untersuchungen der verschiedenen Formen weltlicher Herrschaft »maßgeblich«. Bezeichnenderweise erklärt Wyclif auch – mit Hilfe einer zugleich logischen und theologischen Deduktion –, daß die einzig legitime weltliche Herrschaft, die sich damit bereits der göttlichen annähert, diejenige ist, die durch die »Teilnahme der Guten« entsteht: die des Staates der Gemeinschaft. Vor diesem Hintergrund ist die Zustimmung des Lehrers der Logik zum Aufstand der Bauern zu sehen, die sangen: »Als Adam grub und Eva spann, wo war denn da der Edelmann?«

Wyclif ist im übrigen von der Wichtigkeit des Übergangs von der Theorie zur politischen Praxis sowie von der Notwendigkeit, jede Analyse, auch die seiner damaligen Welt, mit Hilfe eines genauen konzeptuellen Instrumentariums philosophisch zu begründen, fest überzeugt: »Meine Analyse kann auch den gewöhnlichen Politikern von Nutzen sein, weil die Kenntnis der Prinzipien der göttlichen Herrschaft und des Besitzes auch hinsichtlich ihrer Anwendung auf die Welt der Lebewesen von Bedeutung ist.« Wyclif, dem sehr an der Wirksamkeit seines Diskurses gelegen ist, vernachlässigt auch nicht – was in den Texten der Scholastik selten vorkommt – den rhetorischen und auf Überzeugung zielenden Aspekt seiner Rede: »Was spricht dafür, den Pomp und den Hochmut eines fetten, eitlen Priesters zu verteidigen, ihm schöne Pferde, elegante Sättel und verziertes Zaumzeug zu schenken, das laut klingelt, wenn er des Weges kommt in seinen grellen Kleidern, und was spricht dafür, so frage ich, daß die Armen dagegen unter Hunger und Kälte leiden?«

Im Jahr des Bauernaufstands findet auch eine prunkvolle Hochzeit statt: Richard II. von England heiratet Anna von Böhmen. Viele Tschechen, die in Oxford studieren, sind bei der Vermählung zugegen, bringen von dort die Texte und Ideen Wyclifs in ihre Heimat mit. Gegen Ende des Jahrhunderts wird Hus sein handschriftliches Exemplar des *De dominio* mit begeisterten Kommentaren versehen und Hieronymus von Prag wird erklären, daß der *Dialogus*, ein anderes Werk des Engländers, »die Wurzel der wahren Erkenntnis« sei.

Zu Beginn des 15. Jahrhunderts, zu der Zeit also, in der Hus und Hieronymus leben, ist die soziale und kulturelle Situation in Böhmen durch starke Spannungen gekennzeichnet. Nach 1378, dem Jahr des Schismas, hatten sich hier tiefe Risse aufgetan: Während der König und die tschechische Bevölkerung sich im Streit der Päpste neutral verhielten und diejenigen Kardinäle unterstützten, die für eine Kirchenreform eintraten, standen der Erzbischof und die deutsche Bevölkerung auf der Seite Gregors XII. Diese Spaltung machte sich auch an der Universität bemerkbar, wo sich die Deutschen unter den hier vertretenen *nationes* zwar mittlerweile in der Minderheit befanden, aber immer noch über Einfluß verfügten. Hinzu kam das religiöse *pathos*, zu dem die Prager Bevökerung neigte und das sich mit einer großen Bereitschaft zur radikalen Erneuerung verband. Die »Bethlehemskapelle« wurde zum Zentrum dieser Bewegung und Hus, der ihr Rektorat übernommen hatte, predigte dort seit 1402 beinahe täglich.

Ähnlich wie für Wyclif ist auch für Hus die Benutzung der nationalen Sprache (in diesem Fall des Tschechischen) ein nicht unbedeutendes Merkmal intellektueller Tätigkeit, mit der zugleich eine Haltung der Opposition in sozialer (gegen den Stand der Reichen), politischer (gegen die Deutschen) und religiöser Hinsicht (gegen die römische Kirche) zum Ausdruck gebracht wird. Daran läßt sich der Intellektuelle erkennen, der in den unruhigen Zeiten des späten Mittelalters eine Entscheidung für das politische Engagement getroffen, sich auf die Seite des Dissens und der Reform gestellt und gegen die Tradition gewandt hat. Wyclif und Hus entschließen sich zur Aufgabe des Lateinischen, der Sprache, die sie als Intellektuelle kennzeichnete und kenntlich machte. Beide verstehen die Übersetzung der Bibel und die Predigt in der Sprache des Volkes als Mittel, »die Dinge zu verändern«, und nicht nur als Möglichkeit, eine größere Zuhörerschaft zu erreichen.

Dann überstürzen sich in Prag die Ereignisse. Es entsteht ein explosives Gemisch aus religiösen Reformforderungen, der Ablehnung der innerkirchlichen Hierarchie (insbesondere der Unterscheidung zwischen Laien und Geistlichen) und der heftigen Kritik am Luxus als Erscheinung sozialer Ungerechtigkeit. Hus hält an den Zielen seiner Lehre fest und verteidigt das Recht der Universität, auch Texte von Ketzern zu benutzen (zu einem solchen war Wyclif erklärt worden, dessen Bücher verbrannt werden sollten). Der Erzbischof verhängt über die Stadt Prag das Interdikt, doch verhindert König Wenzel seine Anwendung. Hus verteidigt daraufhin die Rechtmäßigkeit des königlichen Vorgehens, wobei er sich einer Argumentation bedient, die auf den Lehrer von Oxford zurückgeht. Der König, so behauptet er, ist ein Diener Gottes, und als solcher übt er seine Macht aus, die darin besteht, die Guten zu beschützen und die Bösen zu bekämpfen, unabhängig davon, welchem Orden sie angehören, ob es sich um Laien oder Geistliche handelt. Das Eingreifen König Wenzels scheint damit einer übergeordneten Zielsetzung zu folgen, nicht politischen, sondern »höheren« Charakter zu haben. Der Erzbischof dagegen behindert in erster Linie den apostolischen Auftrag der Priester. Die Reform der Kirche hat damit für Hus ebenso wie für Wyclif mit Hilfe der heiligen Macht der Herrscher zu erfolgen, die auf den alttestamentarischen Büchern der Könige gründet.

Am Tag bevor er zum Scheiterhaufen geführt wird, schreibt Hus »an alle gläubigen Tschechen«: »Ihr müßt wissen, daß das Konzil, das mich verurteilt, meine Bücher in tschechischer Sprache weder gehört noch gelesen hat. Auch wenn sie ihnen vorgelesen worden wären, hätten sie sie nicht verstanden, weil auf dem Konzil nur Italiener, Engländer, Franzosen, Spanier und Deutsche waren ...« Es ging nicht nur darum, daß das gemeinsame Verständigungsmittel der mittelalterlichen Intellektuellen, die lateinische Sprache, in Trümmern lag, sondern auch darum, daß der Entschluß, in der Landessprache zu schreiben und zu predigen, zum Zeichen einer grundsätzlichen Entscheidung in sozialer und politischer Hinsicht geworden war.

Trotz der mittlerweile offenkundigen Spannungen und zentrifugalen Tendenzen, bot Europa noch das Bild eines großen und zusammenhängenden Szenariums – das Echo der Predigten in der Prager Kapelle und der Reden, die Wyclif vor den Bauern hielt, vernahm man noch bis in die Universität von Paris. Dem Kanzler Gerson fiel die Aufgabe zu, die verschiedenen Urteile und Stellungnahmen zu sammeln, zu prüfen und zu bewerten. Auch wenn es sich dabei um eine Aufgabe handelte, die seinem persönlichen Wesen, das sich eher zum Mystischen und Kontemplativen hingezogen fühlte, widersprach, so erfüllte er sie doch – entsprechend der allgemeinen Vorstellung des »Dienens« – mit großer Gewissenhaftigkeit.

Johannes Gerson wollte die Pariser Universität wieder zu neuem Leben erwecken und ihr den Glanz und Ruhm des 13. Jahrhunderts wiedergeben. Den Studenten des Kollegiums von Navarra schreibt er: »Wir folgen dem begangenen Weg (*tritum iter*), der der geziemendste ist, der verständlich ist und Irrtümer und Skandale meidet.« Darin scheint seine größte Sorge bestanden zu haben. Bei einer Befragung des Hieronymus von Prag bemerkt er: »Hieronymus, als Du in Paris warst, hast Du Dich für einen Engel gehalten, mit Deiner starken und mächtigen Redegewandtheit; mit Deinen abwegigen Thesen hast Du aber die Universität gestört...« Es ist verständlich, daß ihm als Rektor in einer Epoche großer kultureller *querelles* weniger an der Freiheit der Forschung, als an dem inneren Frieden der Universität gelegen sein mußte, der aus seiner Sicht von polemischen Übertreibungen bedroht wurde, mit denen die wissenschaftlichen Lehren draußen, von wissenschaftlich ungebildeten Menschen aufgenommen wurden: »Wenn eine Behauptung falsch, skandalös und für fromme Ohren beleidigend ist, ist es gerechtfertigt, sie zu verurteilen, auch wenn sie in grammatischer oder logischer Hinsicht als wahr angesehen wird.«

Es wäre jedoch ungerecht, nicht zu erwähnen, daß dieser übervorsichtige Verwalter auch ein scharfsinniger Intellektueller war. Die Standpunkte, die er auf dem Gebiet der Philosophie und der Theologie vertrat, waren alles andere als gewöhnlich. So empfahl er den Theologiestudenten, Durandus von San Proziano zu lesen, einen Dominikaner, der sich Thomas entgegengestellt hatte und dafür hart kritisiert worden war. Er sah im Realismus (der »offiziellsten« philosophischen Tradition) die Wurzel aller ketzerischen Bewegungen, deren berühmte Wortführer, Wyclif und Hus, er selbst verurteilt hatte. Schließlich bezog er sich auf die aristotelische *Ethik*, um nachzuweisen, daß das kontemplative Leben edler ist als das Engagement im Alltagsleben, und sei dieses noch so tugendhaft.

Wyclif, Hus und Gerson: drei Beispiele von Intellektuellen, die sich auf der Seite des Dissens und der Reformvorhaben oder auf der Verwaltung und Erhaltung der Gesellschaft befinden und dabei jeweils eine (im typisch »mittelalterlichen« Sinn des Wortes) führende Position einnehmen. Unter den damaligen Bedingungen (vor allem aber aufgrund des Zusammenfallens von Kirche und christlicher Gesellschaft) empfand der mittelalterliche Intellektuelle die Teilnahme an Aktivitäten, die in einem kollektiven Rahmen stattfanden, oft als natürlich und geboten. Die nachlassende Kraft vieler Ideale, das Ende des Universalismus, sowie die Krise des alten Vertrauens in die Macht des Verstandes als praktischem und politischem Instrument begannen das Klima jedoch nach und nach zu verändern.

Der Versuch, ein allgemeines und einheitliches Bild des humanistischen Intellektuellen und der für ihn typischen Charaktereigenschaften zu zeichnen, bereitet zweifellos größere Schwierigkeiten: der Übergang vom »mittelalterlichen« zu jenem »neuen« Intellektuellen scheint mit einer Aufsplitterung der Typologie des Intellektuellen einherzugehen.

Das Umfeld dessen, der »mit Verstand und der Sprache arbeitet«, hat sich inzwischen verändert. Die Welt der Universität bietet ein uneinheitliches Bild. Teilweise läßt sich eine Verwicklung in politische und nationale Auseinandersetzungen beobachten (wie im bereits erwähnten Fall der Prager Universität, aber auch der von Paris, die sich im Hundertjährigen Krieg auf die Seite Englands stellte und sich des Prozesses der Jeanne d'Arc annahm). Bisweilen läßt sich aber auch eine unmittelbare politische Zweckgebundenheit feststellen, wie dies auf die italienischen Universitäten zutrifft, die ihre Kommunen mit Beratern und Verwaltungsfachleuten versorgten, die sich aber auch in wirtschaftlicher Abhängigkeit von der Stadt befanden, welche in der Regel die Einstellung der von ihr bezahlten Professoren kontrollierte. An den berühmten Universitäten entwickelt sich der Professorenstand zu einer Art geschlossener Kaste. Zusätzlich zu dem Gehalt, das sie von der Stadt beziehen, erhalten die Professoren das Honorar der Studenten sowie die Zinsen von den Darlehen, die sie bedürftigen Schülern gewähren. Sie befinden sich damit in mehr als nur einem Fall in einer ausgezeichneten wirtschaftlichen Lage. Auf der anderen Seite begann sich auch die Studentenschaft zu einer sozialen und wirtschaftlichen Elite zu entwickeln.

Der Kampf, den die *magistri* seit Bestehen der Universität führten, erfolgte in zweifacher Richtung: nach unten gegen die *rustici* oder den Plebs, nach oben gegen die Grundbesitzer oder den Adel. Während sie im ersten Fall mit ausdrücklicher Verachtung reagierten, entwickelten sie im zweiten eine Gleichsetzung von Tugend und Adel. Dazu zwei Beispiele. Im 13. Jahrhundert schrieb Wilhelm von Auvergne: »Die Masse des Volks ist arm im Geist und lebt wie die rohen Tiere (...), sie raubt und mordet ähnlich wie die Wölfe (...). Die Weisen dagegen beherrschen ihre Leidenschaften und machen auf sittliche Weise von ihrem freien Willen Gebrauch.« Die Schlußfolgerung daraus lautet, daß von »vernünftigen Menschen« eigentlich nur im Zusammenhang mit dem Gelehrtenstand gesprochen werden kann. Was ihre Bestrebungen zur anderen Seite hin anbelangt, so reichen diese von den recht anschaulichen Erklärungen Jean de Meungs (»Die Gelehrten sind weitaus adliger als jene, die ihr Leben damit verbringen, Hasen zu jagen oder sich um ihren Besitz und die Misthaufen, die sie geerbt haben, zu kümmern.«) bis hin zu den langen Abhandlungen eines Dante oder eines Salutati.

Diese zweifache Polemik ist insofern verständlich, als die Gelehrten beinahe immer mit den Lehrern gleichgesetzt wurden, denjenigen also, die das Wissen vermittelten. Seit dem Ende des 14. Jahrhunderts beginnt diese Situation in Bewegung zu geraten und problematischer zu werden. Das Panorama der intellektuellen Zitadelle gestaltet sich vielfältiger: mit den Juristen und Notaren entsteht in Italien ein neuer intellektueller Stand, zu dem sich eine neue Art von Künstlern gesellt. Beispielhaft ist in dieser Hinsicht die Entwicklung von Dürer, der sich nach seinen Reisen in Italien, wo er die Debatten der Humanisten verfolgt, vom Goldschmied und Kunsthandwerker zum Intellektuellen wandelt, der Traktate verfaßt und die Bücher befreundeter Schriftsteller illustriert (weshalb ihm bezeichnenderweise von seiner Ehefrau Vorwürfe gemacht wurden, die ihn aufforderte, »in seinen Laden zurückzugehen und sich nicht auf den Umgang mit höheren Leuten einzulassen«).

Der Jurist Coluccio Salutati war zuerst Notar gewesen, dann Kanzler in Todi und Florenz. Die theoretischen Vorstellungen, die in seinen Schriften durchschimmern, hat er aus seinem eigenen Leben gewonnen: »das spekulative Denken ist nicht der letzte Zweck des Menschen« und

»*das aktive Leben ist dem spekulativen vorzuziehen,* welches zu überspannt ist (...). Würdest Du wirklich den weise nennen, der die himmlischen und göttlichen Dinge in einer Weise verstehen gelernt hat, wie es nur der menschliche Verstand kann, der dabei aber nicht für sich selbst gesorgt hat? Wenn er den Freunden, der Familie, den Verwandten, dem Vaterland keine Hilfe und nicht von Nutzen sein konnte? Was mich anbelangt, so gebe ich klar und offen zu, daß ich Dir und jedem, der sich anschickt, mit Hilfe des spekulativen Denkens den Himmel zu erforschen, gerne und ohne ein Gefühl des Neids oder des Zwiespalts zu empfinden, alle anderen Wahrheiten überlasse, vorausgesetzt, mir bleibt das Wissen um die menschlichen Dinge«.

In seiner Polemik gegen das aristotelische Ideal der spekulativen Glückseligkeit ruft er aus: »Glaube nur nicht (...), daß die Flucht vor der Masse, das Vermeiden des Anblicks schöner Dinge, das Einschließen in einem Kloster oder die Absonderung in einer Einsiedelei den Weg zur Vollkommenheit bilden.« Bei der Beurteilung seiner Epoche erscheinen ihm nur wenige derjenigen Intellektuellen, denen auch wir in diesem Aufsatz begegnet sind, »gut« zu sein: unter diesen befinden sich Abaelard und vor allem Johannes von Salisbury, dessen politisches Werk, den *Policraticus*, er kannte. Es ist bezeichnend, daß es sich bei diesen um Autoren handelt, die vor der Verbreitung der Universitäten gelebt haben, die Liebhaber der Klassiker waren und mitten im aktiven Leben standen.

Die in der italienischen Poebene gelegenen Universitäten entwickeln sich zu Zentren der neuen humanistischen Kultur: Der ursprünglich aus Rom stammende Lorenzo Valla, der in der Umgebung von Florenz gelebt hatte, schreibt seine bedeutendsten Werke in Piacenza und Pavia, wo er Professor ist. Sein Denken unterscheidet sich in vieler Hinsicht von der während des Mittelalters an den Universitäten vorherrschenden intellektuellen Tradition und steht teilweise sogar im Gegensatz zu ihr. In diesem Zusammenhang wäre vor allem seine Betonung des Genießerischen zu nennen, was besonders auf sein *De voluptate* zutrifft, das er in Pavia verfaßt hat, und in dem er die Ansprüche der Wünsche und des menschlichen Wirkens gegenüber einer zum Moralismus erstarrten Moral geltend macht. Im Vordergrund steht hier die Behauptung einer irdischen Glückseligkeit sowie einer Tugend, die als gerechte und ausgeglichene Ordnung von Freuden verstanden wird: »Die Künste, und zwar nicht nur die freien, befriedigen grundlegende Bedürfnisse, geben dem Leben aber auch Eleganz und Zierde, ebenso wie dies auf die Landwirtschaft, die Architektur, die Kunst des Webens, des Malens und des Schnitzens, die Gewinnung von Purpur oder die Ausrüstung von Schiffen zutrifft.« Damit verbunden ist auch der Überdruß, der ihn nicht nur angesichts »einer Wissenschaft, die dumm macht«, befällt, insofern diese sich vergebens müht, das unergründliche göttliche Geheimnis zu erkunden, sondern auch angesichts einer Metaphysik, die zu den abstraktesten Disputen führt, sowie angesichts der Dürrheit der letzten Debatten der Nominalisten, die Valla unnütz erscheinen und deren Logik ja tatsächlich von einem praktischen Lebenszusammenhang losgelöst und ohne Verbindung zur Konkretheit der Grammatik und zur Wirksamkeit der Rhetorik ist. Diese Themen interessieren uns allerdings weder in philosophischer Hinsicht noch als Ausdruck einer gelehrten Polemik; in erster Linie dienen sie uns dazu, die neuen Eigenschaften des Menschen zu umreißen, der in der Kultur tätig ist, des Professors beispielsweise, dem vor allem daran gelegen ist, die Schule mit der Arbeit der Menschen, und sei sie noch so alltäglich, in Verbindung zu bringen.

Neben den weltlichen Intellektuellen, zu denen auch Salutati und Valla gehörten, gibt es auch im »kirchlichen Lager« eine Reihe bedeutender Humanisten: Enea Silvio Piccolomini, Sekretär von Papst Kalixtus III., Bischof von Triest und Siena, Kardinal und anschließend selbst Papst; Marsilio Ficino, ein vierzigjähriger Priester; Angelo Poliziano, der von Lorenzo il Magnifico für die Kardinalswürde vorgeschlagen wurde. Tatsächlich ist die Verbindung zwischen Kirche und humanistischer Kultur weitaus enger und facettenreicher, als man auf den ersten Blick annehmen möchte: Viele Intellektuelle empfanden die Kirche als die mächtigere Organisation und – so merkwürdig es klingt – als die tolerantere Beschützerin (vor allem was das Privatleben angeht.)

Die Zersplitterung des Kontexts, in dem sich der Intellektuelle bewegt, ist wie gesagt seit dem Ende des 14. Jahrhunderts zu beobachten. Neben der Universität beginnen sich andere Orte zu kulturellen Zentren zu entwickeln: der Zirkel und die Akademie, zu einem späteren Zeitpunkt auch die Bibliothek, in erster Linie aber der Hof. Mit der Konzentration der Macht am Hof verliert der Intellektuelle die Beziehung zum politischen Leben und zur sozialen Umgebung im weitesten Sinne. Es ist kein Zufall, daß das Lateinische, das ja bereits zugunsten der Vulgärsprache aufgegeben worden war, wieder zu der – von der Alltagssprache deutlich unterschiedenen – literarischen Sprache wird.

Der höfische Intellektuelle verfügt über mehr Freiheiten als der Pariser Universitätsprofessor, der nie sicher sein konnte, daß seine Thesen nicht verurteilt wurden (wie im Fall des Siger von Brabant, des Boethius von Dacien, des Durandus von San Porziano, ...); aber standen die Sieger in den Debatten, an denen ersterer teilnahm, und die oft den Charakter politischer Auseinandersetzungen hatten, nicht schon von vornherein fest? Ich glaube nicht: Während des 15. Jahrhunderts wird die Freiheit in zunehmendem Maße als privater und innerhalb der Grenzen der Familie und des *otiums* liegender Bereich definiert. Die Entscheidungen grundsätzlicher Art (für oder gegen die Reform, den Papst oder den Kaiser, den Papst oder den Herrscher) sind dem Einfluß des Intellektuellen, der Gast am Hof der Gonzaga, der Malatesta, der Medici oder der Rucellai ist, entzogen. Dies führt schon sehr bald zu einer für die moderne Epoche charakteristischen Spaltung des Intellektuellen in eine öffentliche und eine private Gestalt. Während erstere auf eine oftmals sanfte, niemals aber leidenschaftliche Art und Weise die Interessen der Macht unterstützt, flüchtet sich die zweite, die skeptische, in die stille Reflexion und die Melancholie.

Mit dem Thema der Melancholie hatten sich schon viele beschäftigt, angefangen mit Aristoteles, der sie zu einer »heroischen« Haltung vor allem des genialen Menschen stilisierte, bis hin zu den Vätern des Christentums, die sie als einen der schlimmsten Feinde der Seele bezeichneten. Die Melancholie erzeugte Trägheit, Kleinmütigkeit, oder aber eine gewisse Kurzsichtigkeit in der Betrachtung der Dinge, ein unruhiges und unstetes Umherschweifen der Phantasie, die zu Geschwätzigkeit oder aber zu ihrem Gegenteil, dem Verstummen führen konnte. Thomas von Aquin faßt das Urteil über diese gefährliche Haltung kurz und bündig zusammen: sie stürze den Menschen in »wahre Verzweiflung« und bringe ihn zu der Überzeugung, daß die Rettung der Seele unerreichbar oder, schlimmer noch, vergeblich sei.

Bei Petrarca erhält die Melancholie noch eine etwas andere Färbung. Neu ist, daß sich mit der Niedergeschlagenheit ein »gewisser Genuß des Schmerzes« und die Suche nach Einsamkeit verbinden. Es handelt sich dabei um eine Art zu empfinden und zu sein, die viel mit der des mittelalterlichen Intellektuellen gemeinsam hat, gleichzeitig aber auch etwas von dem vorwegnimmt, was für den modernen Literaten und Philosophen kennzeichnend sein wird:

»Um Mitternacht erhebe ich mich und verlasse das Haus in der Morgendämmerung; draußen tue ich dasselbe wie im Haus, ich studiere, denke nach, lese, schreibe... Hier, in diesem engen kleinen Tal versammle ich um mich all meine gegenwärtigen und vergangenen Freunde aus den verschiedensten Gegenden und vergangenen Zeiten (nicht nur diejenigen, die ich persönlich kenne, sondern auch all die anderen, die schon einige Jahrhunderte vor mir gestorben sind und die mir nur aus meinen literarischen Studien bekannt sind). Mich verlangt es mehr, mich mit diesen zu unterhalten als mit jenen, die sich einbilden zu leben, nur weil sie, beim Atmen in der kalten Luft, merken, daß ihr Atem ich weiß nicht was für eine ranzige Spur hinterläßt. So gehe ich umher, frei und ruhig...«

Stadt oder Land? Teilnahme am politischen Leben oder Einsamkeit des Studiums als eine Art geschütztes und heiteres *otium*? Dieser krasse Gegensatz kennzeichnet die Situation des Intellektuellen zur Zeit des Mittelalters, und zwar nicht so sehr im Hinblick auf den historischen Kontext und die Tätigkeit, sondern vielmehr auf die unterschiedlichen Vorstellungen von Kultur. Lesen wir diese zornigen Sätze Petrarcas:

»Wir verlassen die Stadt und haben nicht die Absicht, zurückzukehren... Man muß das, was den Kummer verursacht, ausrotten und die Brücken abbrechen... Beeilen wir uns und überlassen wir die Stadt den Händlern und Advokaten, den Maklern, Nießnutzern und Notaren, den Ärzten, Parfümhändlern, Metzgern, Köchen, Wurstmachern, Schmieden, Kassierern... den Musikanten, Scharlatanen, Architekten, den Kupplern, den Dieben und den Faulenzern, die mit ihrem immer wachen Geruchsinn die Düfte des Marktes auffangen: darin besteht ihre einzige Freude.«

Und hochmütig fügt er hinzu: »Ich gehöre einer anderen Rasse an«. Für Petrarca bleibt die Stadt (wie schon zwei Jahrhunderte zuvor für den Mönch Bernhard von Clairvaux) ein verdorbenes Babylon. Mehr noch: Sein Zurückfallen hinter Einstellungen und Meinungen, die die Würde der Handarbeit anerkennen, trennt ihn (auf geradezu dramatische Weise) von den Berufen und Tätigkeiten seiner Zeit. Vergessen scheinen die Worte Hugos von Sankt Viktor, der von der Architektur, der Navigationskunst, der Weberei und den anderen »Artes Mecchanicae« als »viertem Teil der Philosophie« sprach, da »diese menschlichen Tätigkeiten, die die Nachteile unserer sterblichen Existenz mildern (...), in sich eine regulative Weisheit tragen«.

Aus religiösen, aber den tatsächlichen Gegebenheiten auch angemessenen Gründen rechtfertigte dagegen Bonaventura im 13. Jahrhundert die Entscheidung, in der Stadt zu leben: »Auf dem Land sind die Dorfbewohner so verzweifelt und ohne Hoffnung, daß es schwierig ist, sie zu den Predigten zusammenzubringen... In den Städten dagegen, wo es Nahrungsmittel im Überfluß gibt, lebt eine große Zahl von Personen: dort besteht die Hoffnung, größere Früchte zu ernten.«

Der Franziskaner Eiximenus, der im 14. Jahrhundert in Valenza als Berater des Königs lebte, vermittelt einen lebendigen Eindruck von der mittlerweile vorherrschenden Einstellung: »Wenn man die Stadt betritt, trifft man Leute, das Herz wird einem leichter und es läßt sich fröhlich umherschlendern... Die Stadt ist ein ausgezeichneter Ort, an dem sich der Mensch von der Unwissenheit befreien kann. In der Stadt ist es schwierig, traurig zu sein, und die Traurigkeit trocknet die Knochen aus und macht das Leben zunichte.« Und weiter: »In den dicht besiedelten und gut regierten Städten findet der Mensch vieles, was ihm Ruhe verschafft. Er lebt in Sicherheit, seine materiellen Bedürfnisse werden besser als anderswo befriedigt, er sieht andere Menschen und kann mit ihnen sprechen...«

Was die Einstellung des Intellektuellen zu einem anderen, ebenfalls recht heftig diskutierten Thema anbelangt, der Ehe und der Familie, können wir eine ungebrochene Kontinuität feststellen. Während des 12. Jahrhunderts findet ein regelrechtes *dossier*, das sich gegen die Ehe richtet, Verbreitung, in dem die Gedanken des heiligen Hieronymus (*Contro Gioviniano*) wieder aufgenommen werden. Es gibt eine aufschlußreiche Dokumentation, die von einer intellektuellen Frau, Heloise, der Geliebten und späteren Ehefrau des Philosophen Abaelard, zusammengestellt wurde. Es ist wiederum Petrarca, ein begeisterter Leser der Autobiographie Abaelards, der sie zwei Jahrhunderte später in einer kurzen Würdigung kommentiert. Unter den zahlreichen, von Heloise gegen die Ehe gesammelten Argumenten lassen sich verschiedene Schwerpunkte unterscheiden: der Einfluß des klassischen philosophischen Repertoires, das die Ehe als Quintessenz des sinnlichen Lebens ausmalt, als Sammelpunkt alltäglicher, lästiger Pflichten und materieller Bedürfnisse, als verhängnisvolle Abwendung vom idealen Reich der Philosophie; die »Argumentation der Heiligen«, die die Ehe als ein Heilmittel gegen die Lüsternheit beschreiben, das leicht zu eben dem Bösen abgleiten kann, das es abzuwenden versucht; schließlich jenes untergründige und tiefsitzende Unbehagen einer Einrichtung gegenüber, die der wahren und »selbstlosen« Liebe nichts hinzufügen kann. Dieser letzte Aspekt verweist auf den Einfluß von Ciceros *De Amicitia*, und wird sowohl von der wissenschaftlichen als auch der höfischen Literatur aufgegriffen (»Man benutze nicht das Wort Liebe, wenn man das Gefühl meint, das die Gatten in der Ehe aneinander bindet.«). Die meisten empfanden die Ehe, wie man sieht, in verschiedener Hinsicht als Belastung: einige mochten asketisch-religiöse Gründe anführen, andere direkt moralische, doch war es mit Sicherheit schwierig, einer philosophisch derart diskreditierten Einrichtung gegenüber Enthusiasmus aufzubringen und dies auch noch zu begründen.

Auch Siger von Brabant, der »Averroist« der Künste, fragt sich, »welcher Stand dem Philosophen angemessener ist, der jungfräuliche oder der der Ehe«, und er antwortet, daß »der Philosoph die Bedingung anstreben muß, die ihn bei der Erforschung der Wahrheit am wenigsten behindert.« Es scheint, daß die Ehe »zu viele irdische Tätigkeiten« mit sich bringt und man deshalb demjenigen, der »intellektuelle Freuden« sucht, ohne weiteres von ihr abraten muß.

Aus unserer heutigen Sicht scheint die Gestalt des mittelalterlichen Intellektuellen oftmals im Schatten der *auctoritates* zu stehen, auf die er sich bezog. Allerdings muß man sich vor Augen halten, daß die heute vorherrschende Bedeutung des Begriffs »Autorität« ein Produkt der modernen Welt ist: Im Mittelalter verstand man unter *auctoritates* die Autoren, die Texte und die Bibliothek, mit der man arbeitete. Dabei gab es eine zweifache Bibliothek, die der Heiligen und die der Philosophen. Wie ein Gelehrter des 12. Jahrhunderts scharfsinnig bemerkt hatte, bestand letztere aus Autoren, die »ihr Leben lang zu keinem gegenseitigen Einvernehmen gekommen waren, weshalb es auch zwecklos war, sich damit abzumühen, bei ihnen nach übereinstimmenden Meinungen zu suchen«. Einerseits gibt es eine umfangreiche Produktion von Kommentaren und Erläuterungen zu Platon, Aristoteles, den Evangelisten, aber auch zu mittelalterlichen Denkern, die als »Autoritäten« anerkannt wurden (wie zum Beispiel Petrus Lombardus); andererseits zeugen die Unterschiedlichkeit der Kommentare, die Vielfalt der Stellungnahmen, die teilweise heftigen Debatten und die harten Gegensätze von einer konkreten, oftmals persönlichen, manchmal sogar mutigen Vorgehensweise.

Abschließend möchte ich noch einige Erklärungen anführen, die das Bewußtsein und den kritischen Verstand des mittelalterlichen Intellektuellen deutlich zum Ausdruck bringen. Zu Beginn des 12. Jahrhunderts tadelte Adelard von Bath »die schlechte Angewohnheit dieser Generation, nur die Entdeckungen für annehmbar zu halten, die von den Alten und den anderen gemacht wurden«, und er fügte hinzu: »Ich weiß sehr wohl, welches Schicksal diejenigen erwartet, die die Wahrheit lehren, dabei jedoch eine Theorie vertreten, die ich als Theorie meiner arabischen Lehrer bezeichnen würde...« Der *auctoritas* anstelle der *ratio* zu folgen, bedeutet für ihn, »sich der schlimmsten Leichtgläubigkeit hinzugeben und in eine gefährliche Falle zu laufen.« Der große dominikanische Lehrer Albertus Magnus bemerkte: »Wer glaubt, Aristoteles sei ein Gott gewesen, muß davon überzeugt sein, daß dieser sich nie geirrt hat. Glaubt man jedoch, daß er ein

Mensch gewesen ist, dann könnte er zweifellos ebenso wie wir irren.« Siger, der in diesem Punkt mit ihm übereinstimmte, stellte fest, daß die bloße Autorität zur Erforschung der Wahrheit dieser These nicht ausreicht. »Viele, die sie vertreten haben, wurden dazu aus unterschiedlichen Gründen bewogen. Wir sind jedoch genau wie sie Menschen. Warum sollten wir uns also nicht ebenso wie sie bei der Suche nach der Wahrheit des Verstandes bedienen?«

Kapitel 6

Der Künstler

Enrico Castelnuovo

Wer hat das siebentorige Theben erbaut? Diese berühmte Frage Brechts konfrontiert die vielen Unbekannten, die im Schatten Geschichte machen, mit den wenigen Bekannten, die uns als Hauptdarsteller vorgeführt werden. Dieselbe Frage könnte im Hinblick auf die Situation der Künstler im Mittelalter gestellt werden: Wer hat die Mosaikbilder von San Vitale entworfen, wer hat die Fresken von Castelseprio gemalt, wer hat die Kapitelle von Cluny gemeißelt, wer hat die Kathedrale von Chartres erbaut?

Wenn wir versuchen, uns das Mittelalter bildhaft vorzustellen, spielen die Kunstwerke dabei eine wichtige Rolle. Zweifellos werden die Vorstellungen, die wir uns von dieser Epoche machen, durch die Denkmäler, Überlieferungen und Quellen in eine bestimmte Richtung gelenkt. Wie keine andere erscheint uns diese Zeit geprägt durch die Kirchen, in denen es von Skulpturen wimmelt, die bunten Mosaikbilder und Kirchenfenster, die schimmernden Goldschmiedearbeiten, die mit kolorierten Miniaturen reichhaltig ausgeschmückten Bücher, die Elfenbeinschnitzereien, gewaltigen Bronzetüren, Emailverzierungen, Wandmalereien, Gobelins und Stickereien, die in schillernden Farben gehaltenen und einzigartig gemusterten Stoffe und Gewebe sowie die goldgrundierten Tische. Doch gegenüber der Fülle und Vielfalt der künstlerischen Erzeugnisse, die unsere Bewunderung erregen und unsere Phantasie entfesseln, können wir nur eine begrenzte Zahl von Künstlernamen anführen. Überdies handelt es sich dabei sehr oft um Namen, die nur mit einem einzigen Werk verbunden sind. Auch der Schöpfer eines so äußerst bedeutsamen Bauwerks wie der palatinischen Kapelle in Aachen, einem Meisterwerk mittelalterlicher Architektur, bleibt im

Dunkeln, nicht faßbar. Wer war Odo von Metz? Wie ihn beschreiben, einordnen?

Im Gegensatz zu der an den modernen Künstlern beklagten Egozentrik, Exaltiertheit und Eitelkeit wurden einst Hingabe und Bescheidenheit als die Tugenden des mittelalterlichen Künstlers beschworen, der nach keiner anderen Belohnung als jener, die Gott ihm gewähren würde, verlangte, dem die Hervorhebung des eigenen Namens fernlag, der demütig und zufrieden in der Anonymität lebte und nur von dem Wunsch erfüllt war, am Überschwang des kollektiven Glaubens teilzuhaben.

Diese Sicht der Dinge entspringt einer romantischen Auffassung, die mit der Realität allerdings nur wenig zu tun hat. Auch wenn die Urheber einer Vielzahl von Arbeiten unbekannt bleiben werden, so sind uns doch zahlreiche Namen und Signaturen mittelalterlicher Künstler erhalten geblieben. Vieles spricht dafür, daß die Situation anders war, als sie oft beschrieben worden ist: Neben der Demut fand sich der Hochmut, neben dem Ruhm und der Berühmtheit die Anonymität. Auch wenn uns dies befremden mag, so schließen Hochmut und Stolz eine gleichzeitig demütige Haltung keineswegs aus, ebenso wie der Ruhm der wenigen in keinem Widerspruch zur Anonymität der vielen steht. Die Verhaltensweisen der Künstler des Mittelalters unterscheiden sich für uns in vielem von denjenigen der Künstler, die vor oder nach ihnen lebten. Es scheint, als wäre der Raum, in dem sie sich bewegten und in dem sie eine außerordentliche, unübertroffene Schaffenskraft entfalteten, deutlich von demjenigen unterschieden, in dem andere Künstler davor und danach wirkten.

Wie müssen wir uns also die Arbeit der Künstler im Mittelalter vorstellen? Worin bestand ihre Rolle, welche Auffassung hatten sie von ihrer Tätigkeit, welche Vorstellungen machten sich ihre Zeitgenossen von ihr, welchen Platz nahmen sie in der Gesellschaft ein? Um dies beantworten zu können, ist es zunächst hilfreich, ihre Situation mit der ihrer Kollegen im klassischen Altertum zu vergleichen. Nur durch den Vergleich können wir feststellen, ob, wann und inwiefern ein Wandel stattgefunden hat, welcher Art er war und wie er sich in der Zunftordnung der Künstler, ihrer Arbeitsweise, den gebräuchlichsten Techniken, ihren Beziehungen zu den Auftraggebern und der Gesellschaft im allgemeinen, den Vorstellungen, die ihre Zeitgenossen von ihnen hatten, sowie in der Funktion, die ihren Werken zugeschrieben wurde, niederschlug.

Auf Fragen wie diese wird man jedoch – abgesehen von einzelnen Ausnahmen – schwerlich präzise Antworten erhalten. So besteht keine Einigkeit über die Zunftordnung der Künstler im klassischen Altertum, ob und inwiefern sich diese von der der Handwerker unterschied, über die gesellschaftliche Stellung des Künstlers, seine wirtschaftliche Situation, sowie über die Vorstellung, die er selbst davon hatte. Genoß der Künstler allgemeine Anerkennung, oder sah man in ihm eher einen *banausos*, also eine Person, die einem unteren oder gar dem niedrigsten Stand angehörte? Wir sind zwar im Besitz zahlreicher Signaturen von Künstlern aus dieser Periode, aber wissen wir denn, welche Bedeutung zum Beispiel die der Keramiker hatten? Kam in ihnen der Stolz des Künstlers zum Ausdruck oder bildeten sie eher ein Markenzeichen, eine Art *copyright*?

Zahlreiche antike Quellen, die die Namen von Künstlern überliefern, treffen dabei offenkundig eine Auswahl und bringen einigen von ihnen besondere Bewunderung entgegen. Wie ist dann aber jener berühmte Satz des Plutarch in seiner *Vita* des Perikles zu verstehen, demzufolge »... angesichts des olympischen Zeus und der Hera von Argos bis heute noch nie in einem jungen und begabten Adligen der Wunsch entstand, es einem Phidias oder einem Polyklet gleichzutun«? War der Beruf des Künstlers nun anerkannt oder wurde er eher geringgeschätzt? Oder bezog sich die Bewunderung nur auf seine Werke, nicht aber auf den Menschen und seine Tätigkeit? Altertumsforscher und Archäologen haben diese Fragen lange diskutiert. Auch wenn sie keine Übereinstimmung zu erzielen vermochten, so haben sie doch eine Fülle von Informationen und Fragen zutage gefördert. Jedenfalls steht fest, daß es große Schwierigkeiten bereitet, zu einer zufriedenstellenden Definition zu gelangen, die für unterschiedliche Zeiten und Orte, ja für die gesamte Dauer der langen Epoche, die als klassisches Altertum bezeichnet wird, ihre Gültigkeit behält. Der Künstler, der im 6. Jahrhundert in Athen arbeitete, befand sich in einer ganz anderen Situation als derjenige, der im 5. Jahrhundert am Hof Alexanders tätig war, ganz zu schweigen von den Unterschieden, die zwischen der hellenischen und der römischen Gesellschaft bestanden, sowie von den gegensätzlichen Einstellungen, die die Autoren aufgrund ihrer jeweiligen sozialen, kulturellen und politischen Stellung in ihren Texten vertraten.

Wenn wir schon in bezug auf die Stellung des Künstlers in der klassischen Welt unsicher sind, so gilt dies in einem noch stärkerern Maße für die Welt des Mittelalters. Dies vor allem aus dem Grund, weil sich hinter jenem Oberbegriff ein ganzes, in seinem Inneren vielfach untergliedertes Jahrtausend verbirgt, aber auch weil die Forschung hier bislang weniger intensiv betrieben wurde, als sich dies für das klassische Altertum feststellen läßt.

Die Krise der antiken Welt führte zu einschneidenden Umwälzungen im Bereich der künstlerischen Arbeit sowie des Stellenwerts ihrer einzelnen Bestandteile und löste eine allgemeine Umorientierung und Neuausrichtung alter Rollen und Einstellungen aus. Die reichen und anspruchsvollen Sammler verschwanden, in den berühmten künstlerischen Zentren verringerte sich die Produktion bis zum Stillstand oder wurde in einem nurmehr sehr geringen Umfang aufrechterhalten. Auftraggeber und Typologien wechselten, Funktion und Konzeption des Kunstwerks veränderten sich grundlegend. Bilder, die traditionell der heidnischen Welt und Kultur verbunden waren und möglicherweise den Götzendienst förderten, konnten Argwohn und Feindseligkeit hervorrufen. In zunehmendem Maße bemächtigte sich die Kirche der Malerei, um sie zur Verbreitung ihrer Botschaft sowie ihres Erlösungs- und Errettungsgedankens zu benutzen; bisweilen betrachtete man sie sogar als Lektüre-Ersatz für die Ungebildeten. Im Jahr 600 schreibt Papst Gregor an den Bischof von Marseille: »... was die Schrift für diejenigen ist, die des Lesens mächtig sind, ist die Malerei für die Analphabeten; in ihr können diejenigen lesen, die die Buchstaben nicht kennen; deshalb eignet sich die Malerei grundsätzlich zur Unterrichtung der Leute«.

Im allgemeinen blieb der Stempel der Minderwertigkeit, der in der klassischen Welt dem anhaftete, der mehr mit der Handarbeit als mit intellektuellen Tätigkeiten befaßt war, auch während der Jahrhunderte des Mittelalters ein Zeichen der Diskriminierung. Dies geht auch aus den Worten von Papst Gregor hervor, der in der Malerei für denjenigen, der nicht lesen kann, einen Ersatz für die Schrift entdeckt. Wenn die Lektüre eine höhere und vornehmere Tätigkeit ist als die Betrachtung einer gemalten Szene, folgt daraus, daß diejenigen, die schreiben, dementsprechend höher zu achten sind als diejenigen, die malen.

Die auf Martianus und Cassiodorus zurückgehende Einteilung, die die im Trivium und Quadrivium zusammengefaßten Freien Künste gegenüber den als niedrig angesehenen manuellen Tätigkeiten bevorzugt, kennzeichnet die Situation des Künstlers, der ja auch Handarbeiter ist, für Jahrhunderte. Zumindest läßt sich dies bis zu dem Zeitpunkt feststellen, an dem die alten kulturellen Vorstellungen, die durch das ungestüme Anwachsen der Städte und die damit verbundenen sozialen und mentalen Veränderungen umgewälzt werden, während des 12. Jahrhunderts in die Krise geraten.

Andererseits findet sich in den Enneaden Plotins aus dem 3. Jahrhundert eine auch für das Mittelalter folgenreiche, apologetische Darstellung der Tätigkeit des Künstlers: Phidias wird hier dafür gepriesen, Zeus nicht nach den Regeln und Gesetzen der sichtbaren Realität abgebildet zu haben, sondern so, »wie der Gott selbst erscheinen würde, wollte er sich unseren Augen zeigen«. Damit spricht er dem Künstler die besondere Fähigkeit zu, eine Realität sichtbar werden zu lassen, die jenseits dessen liegt, was wir mit unseren Sinnen wahrnehmen können. Auch wenn die durch die Unterteilung der Künste festgelegte Hierarchie ihre Gültigkeit über einen langen Zeitraum behalten wird, dürfte der Gedanke Plotins, der sich bisweilen auch in der mittelalterlichen Kultur wiederfindet, zumindest indirekt die besondere Achtung der künstlerischen Tätigkeit gefördert haben.

In den mittelalterlichen Texten findet sich kein Begriff für diejenigen, die wir heute Künstler nennen. Als *artifices* werden gewöhnlich die Handwerker bezeichnet, und mit ihnen auch die Künstler: »Obiit Berengarius huius matris ecclesiae artifex bonus«, vermerkt das Totenbuch der Kathedrale von Chartres ohne weitere Angaben. So fragen wir uns vergebens, welche Kunst er wohl ausgeübt haben mag (vermutlich handelt es sich um den Architekten, der den Wiederaufbau der Kathedrale nach dem Brand von 1020 geleitet hatte). Was den Begriff »Künstler« anbelangt, dem man bisweilen begegnet, so bezeichnet er eine Person, die studiert oder die Freien Künste ausübt. Erst gegen Ende des 13. Jahrhunderts wird der Begriff – und zwar in der Chronik des Salimbene – zur Kennzeichnung einer Person verwendet, die über besondere technische Fähigkeiten verfügt.

Auch innerhalb des Bereichs künstlerischer Tätigkeiten gibt es klare hierarchische Abstufungen. Besonderes Ansehen genoß der Architekt, dessen Arbeit aufgrund ihres entwerfenden (und damit auch mentalen) Charakters sowie ihres organisierenden Moments anerkannt wurde. Die Vorstellungen, die man sich im Mittelalter vom Beruf des Architekten macht, sind jedoch äußerst vielfältig. Einer bestimmten, aus dem klassischen Altertum stammenden Sicht zufolge, die sich bis in die karolingische Zeit hält, ist er derjenige, der für die Projektierung und die Organisierung der Baustelle verantwortlich ist. Für Isidor von Sevilla, der zu Beginn des 7. Jahrhunderts eine Enzyklopädie verfaßte, die zu den am weitesten verbreiteten des Mittelalters zählte, bis sie im 13. Jahrhundert von den scholastischen *Summae* verdrängt wurde, ist der Architekt Maurer (caementarius) und Planer in einer Person – eine Definition, die im karolingischen Zeitalter von Rabanus Maurus übernommen wird. In dieser Auffassung von seiner Tätigkeit war noch etwas von der Sicht Vitruvius' spürbar. In der Folge wird der Architekt jedoch zunehmend mit dem Erbauer gleichgesetzt: der praktische Aspekt der Arbeit gewinnt über den theoretisch-projektierenden die Oberhand – eine Akzentsetzung, an der sich längere Zeit nichts mehr verändern wird.

Ein bezeichnendes Beispiel dafür, welche Fähigkeiten und technischen Geheimnisse man dem Architekten zutraute, bietet eine recht unwahrscheinliche Begebenheit, die Ordericus Vitalis in seiner um 1135 verfaßten *Historia ecclesiastica* erzählt. Danach soll ein Architekt namens Lanfredus, »dessen Ruhm und Begabung die eines jeden in Frankreich zu dieser Zeit arbeitenden Künstlers übertrafen«, enthauptet worden sein, nachdem er den Turm des Kastells von Ivry in der Normandie erbaut hatte, damit er anderswo nicht einen ähnlichen errichten konnte. Eine andere, in den *Heldentaten* der Äbte von Saint-Trond enthaltene Anekdote ist insofern aufschlußreich, als sie einen Hinweis auf das neue Bewußtsein des Architekten von der eigenen Arbeit gibt. Ein berühmter »latomus« soll einem Abt, der einen seiner Vorschläge kritisierte, geantwortet haben: »Wenn Euch das, was ich entworfen habe, nicht gefällt, wäre mir daran gelegen, wenn Ihr Euch einen anderen Handwerker suchen würdet.« Der Unterschied zwischen Ordericus Vitalis' Architekt als Hexenmeister und dem selbstbewußten Gesprächspartner des Abts von Saint-Trond ist augenfällig.

Eine, wie wir noch sehen werden, ebenfalls höhere Stellung nahmen die Goldschmiede ein, die wertvollstes Material bearbeiteten, sowie die Glasermeister, die eine schwierige Technik beherrschten. In den Quellen finden sich außerdem umfangreiche Würdigungen der Fähigkeiten einiger in Italien geschätzter Maler, wie zum Beispiel Johannes, den Otto III. nach Aachen rief, oder des Lombarden Nivardus, eines äußerst fähigen Malers, der von dem Abt Gauzlinus, einem unehelichen Sohn Hugo Capets und großzügigen Auftraggeber, in das Kloster von Fleury (Saint-Benoit-sur-Loire) zur Anfertigung einiger Arbeiten gerufen wurde. Übrigens sind die Grenzen zwischen den einzelnen Techniken eher fließend: sehr häufig erwähnen die Quellen vielseitige Künstler, die dazu in der Lage waren, in den verschiedensten Bereichen zu arbeiten.

Die hauptsächlichen Quellen, über die wir verfügen, um etwas über die mittelalterlichen Künstler in Erfahrung bringen und die Vorstellung einschätzen zu können, die sich ihre Zeitgenossen von ihnen machten, bilden die klösterlichen und bischöflichen Chroniken, die Totenbücher der Abteien und Kathedralen sowie die Briefe von Bischöfen und Äbten. Auf diese Weise sind uns zahlreiche Namen bekannt geworden, während wir andere – allerdings in einem zunächst ungleich geringeren Umfang – durch ihre Signaturen und die Inschriften, mit denen sie ihre Werke versahen, kennen. Hinzu kommen weitere Dokumente, wie die Zahlungsbelege, die Verträge und die Statuten der Zünfte.

In der Toskana erscheint der Künstler seit dem Beginn des 14. Jahrhunderts auch in der Literatur, insofern sein Name von Dichtern und Schriftstellern gepriesen wird. Doch handelt es sich dabei vorläufig noch um eine Ausnahme, die auf ein eng begrenztes kulturelles Umfeld beschränkt bleibt.

Zunächst läßt sich für das Frühmittelalter ein Verschwinden der Signaturen von Künstlern beobachten (vorausgesetzt, man sieht von denjenigen der Präger auf den Münzen ab, wobei es sich in diesem Fall jedoch um eine Maßnahme handelt, die die Echtheit garantieren soll). Es ist sicherlich kein Zufall, daß die Praxis des Signierens zuerst wieder in Italien eingeführt wird, wo sich die Traditionen länger erhalten hatten und lebendiger geblieben waren. Aus dem Jahre 712 ist bekannt, daß ein »Ursus Magister« mit seinen beiden Schülern Juventinus und Juvianus »einen Tabernakel in der Kirche des Heiligen Georg in Valpolicella signiert« hat, während sich eine Inschrift gleichen Namens (Ursus magister fecit) auf der Stirnseite des Altars der Abtei von Ferentillo in der Nähe von Terni findet. Deren Datierung ist aufgrund der Erwähnung des Auftraggebers, Hildericus Dagileopa, bei dem es sich wahrscheinlich um den Hildericus handelt, der im Jahr 739 Herzog von Spoleto wurde, möglich. In diesem Fall war dem Künstler daran gelegen, sich – neben dem Auftraggeber – auf eine elementare und einfache Weise, mit Hammer und Meißel in der Hand, darzustellen. Daß sich die beiden Signaturen, zusammen mit dem Titel Magister in Gegenden finden, die unter langobardischer Herrschaft stehen, ist bezeichnend: Zwei Artikel eines Edikts, das König Rotari im Jahr 643 erlassen hatte, enthielten Vorschriften, die die Ausübung des Architektenberufs im langobardischen Staat regeln sollten. Im Lauf der Zeit führte das *memoratorium de mercedibus commacinorum* zur Herausbildung einer Hierarchie unter den »commacinorischen« Arbeitern (der Ursprung dieses Begriffs ist umstritten; es ist nicht sicher, ob es sich um einen Hinweis auf eine geographische Herkunft handelt, wie später im

Fall der »antelamischen Magister«, oder ob er sich auf eine bestimmte Art von Ausrüstung bezieht: »cum machina«), deren *équipes*, die sich aus verschiedenen Personen zusammensetzten, aus Lehrlingen, Gesellen und Mitarbeitern unterschiedlichen Grades, von besagten »Magistern« geleitet wurden.

Eine der ersten Künstlerbiographien, die nach dem Ende des klassischen Altertums geschrieben werden, ist dem Hl. Eligius gewidmet, jenem großen Goldschmied und Münzer aus Limoges, der am merowingischen Hof schon bald zu einer der bedeutendsten Persönlichkeiten zählte, später zum Bischof von Noyen ernannt und schließlich heiliggesprochen wurde. Der Biograph widmet der künstlerischen Tätigkeit des Eligius keine übermäßige Aufmerksamkeit, da diese – aus der Sicht des Biographen – nur einen Aspekt seiner Persönlichkeit und Lebensgeschichte unter anderen darstellte. Voller Begeisterung schildert der Biograph seine außergewöhnliche Geschicklichkeit bei der Ausübung des Goldschmiedehandwerks und anderer Künste (»aurifex peritissimus atque in omni fabricandi arte doctissimus«), seine Frömmigkeit und Barmherzigkeit, seine Vertrautheit mit den Monarchen, aber auch sein Aussehen, seine langen aristokratischen Finger und die kostbaren Gewänder, die er trug. Dem Porträt merkt man die Absicht an, neben den künstlerischen Fähigkeiten und der tiefen Religiosität vor allem den hohen sozialen Status des Porträtierten in den Vordergrund zu rücken. Er verzichtet auch nicht darauf, die Vorstellung von der Überlegenheit der geistigen über die materielle Arbeit in einer kleinen Episode zum Ausdruck zu bringen. So wird erzählt, wie der in die Arbeit vertiefte Eligius eine aufgeschlagene Handschrift vor seinen Augen hatte, um auf diese Weise einer zweifachen Pflicht zu genügen: einer manuellen für die Menschen, einer geistigen für Gott (»manus usibus hominum, mentem usui mancipabat divino«).

Daß es sich bei dem Beruf des mittelalterlichen Goldschmieds um eine gehobene soziale Stellung handelte, wird auch dadurch bestätigt, daß der Schöpfer des goldenen Altars des heiligen Ambrosius von Mailand (um 840), »Voulvinus magister phaber«, sein Werk signiert und sich auf eine Art und Weise darstellt – nämlich vom heiligen Ambrosius gekrönt –, die derjenigen ähnelt, in der der – ebenfalls vom Heiligen gekrönte – Auftraggeber, Erzbischof Angilbertus II., erscheint. Einen bezeichnenden Unterschied gibt es jedoch zwischen den beiden Darstellungen: Während das Haupt des Auftraggebers, Angilbertus Dominus, der gerade im

Begriff ist, sich vor dem Heiligen niederzuknien und ihm den Altar anzubieten, von einem viereckigen Glorienschein umrahmt ist, kniet Voulvinus ohne Glorienschein und mit leeren Händen in einer auffallend demütigen Haltung nieder. Sowohl die Signatur als auch die Selbstdarstellung und die zur Schau gestellte annähernde Gleichheit mit dem Auftraggeber sind bezeichnend für die hohe soziale Stellung und das Ansehen, das der Goldschmied genießt. Das Verhältnis zwischen Künstler und Auftraggeber ist im Mittelalter normalerweise jedoch durch Ungleichheit gekennzeichnet: Die Stellung, die der Auftraggeber in der gesellschaftlichen Hierarchie einnimmt, seine finanziellen Möglichkeiten, oftmals aber auch seine Kultur, drücken den Rang des Künstlers tief nach unten. »Ars auro gemmisque prior. Prior omnibus autor.« Die Kunst ist Gold und Edelsteinen überlegen, über allem aber steht der Auftraggeber – daran erinnert diese Inschrift, die sich auf einer Emailmalerei mit dem Bildnis von Henri de Blois, dem Erzbischof von Winchester (um 1150) findet.

Ein anderer eindrucksvoller Goldschmied war Adelelmus, der in einer gegen Ende des 10. Jahrhunderts niedergeschriebenen Predigt erwähnt wird, die von der Erscheinung des Abts von Mozac, Robert, sowie dem Bau der Kathedrale von Clermont berichtet. Diese hatte eben jener Adelelmus entworfen, ein Kleriker adliger Herkunft, der über große Geschicklichkeit in der Bearbeitung von Stein und Gold verfügte und einen im Vergleich zu den Künstlern der Vergangenheit einmaligen Bekanntheitsgrad erreichte (»Nam similem ei, multis retroactis temporibus, in auro et lapide omnique artificio nequimus assimilare«). Er war aber auch der Schöpfer des berühmten Reliquienschreins bzw. der Statue der Jungfrau Maria von Clermont, die der wieder auflebenden Bildhauerei zum Vorbild diente. Bei dem Kleriker Adelelmus handelt es sich, ebenso wie im Fall des heiligen Eligius, um einen kirchlichen Künstler. Das trifft auch auf eine andere große Persönlichkeit des 10. Jahrhunderts, auf den Hl. Dunstanus zu, der zugleich reformerischer Mönch und Geschäftsmann ist, Experte im Gesang ebenso wie im Spiel der Harfe, der Bildhauer, Goldschmied und Bronzearbeiter (»in cera, ligno, vel ossa sculpenti et in auro, argento, vel aere fabricando«), Maler und Kalligraph ist und der zum Zeitpunkt seines Todes das Amt des Erzbischofs von Canterbury bekleidete.

Für viele Jahrhunderte nahm die Goldschmiedekunst innerhalb der mittelalterlichen Künste eine führende Stellung ein. Sie bildete ein Handwerk, an dem sich die besten Künstler versuchten, ein Gebiet, auf dem die neuesten und bedeutendsten Werke geschaffen und die modernsten Experimente durchgeführt wurden. Der Wert des verwendeten Materials, sein Preis und seine Seltenheit wurden vom Künstler als Herausforderung aufgefaßt, und wiederholt findet man (ob es nun in einem Text von Suger von Saint-Denis aus dem 12. Jahrhundert oder in einem von dem Engländer Mathew Paris verfaßten aus dem 13. Jahrhundert ist) den antiken Ovidschen *Topos*: »materiam superabat opus« – die Arbeit des Künstlers übertraf den Wert des Materials. Diese Behauptung war jedoch nicht frei von Widersprüchen. Eine auf einem ottonischen Kreuz im Dom von Magonza angebrachte Inschrift hielt genau fest, daß eine Summe von sechshundert Pfund Gold aufgewandt worden war. Ähnlich wurden auf dem Altar von San Remaclus, der im Jahr 1148 von Wibaldus, dem Abt von Stavelot in Auftrag gegeben worden war, die Kosten des Silbers, des Goldes sowie der gesamten Arbeit einzeln vermerkt. Was den Wert des Künstlers anbelangt, der die Arbeit ausgeführt hatte, so kam es häufig vor, daß das Werk bei Bedarf eingeschmolzen wurde, um das Material wiederzugewinnen, wodurch es letzten Endes einen sehr provisorischen und vergänglichen Charakter erhielt. Gleichzeitig bildeten die Erzeugnisse der Goldschmiedekunst – aufgrund der finanziellen Opfer, die ihre Herstellung erforderte, sowie ihres glänzenden Äußeren und der zahllosen biblischen Bezüge, die sich zu ihnen herstellen ließen – die höchste Form der Ehrerbietung, die der Auftraggeber Gott, der Jungfrau Maria oder dem Schutzheiligen entgegenbringen konnte, so daß ein der außerordentlichen Bedeutung dieses Vorgangs entsprechender Einsatz der besten Kunsthandwerker erforderlich war.

Im Gebiet der Maas wurde die zu Beginn des 12. Jahrhunderts erfolgte Ausdehnung der großen Handelszentren von einer Blüte der künstlerischen Aktivitäten vor allem auf dem Gebiet des Schmelzens und der Goldschmiedearbeit begleitet, deren Hauptvertreter durchaus bedeutende öffentliche Ämter bekleiden und wichtige Funktionen im öffentlichen Leben wahrnehmen konnten. Rénier de Huy, der das bronzene Taufbecken in der Kirche Saint-Barthelemy in Lüttich hergestellt hatte, das sowohl im Hinblick auf seine Ikonographie – es handelt sich um eine in Verbindung mit neu-testamentarischen Figuren erfolgte Neubearbeitung des in der Bibel beschriebenen »Bronzemeeres« –, als auch aufgrund seines frühen (1118) und vollendeten Klassizismus von außergewöhnlicher Bedeutung ist, war ein städtischer Patrizier und wahrscheinlich Ministeriale des Bischofs von Lüttich. Zu dieser Zeit kommt es auch vor, daß Goldschmiede als Helden in ungewöhnlichen Sagen auftauchen, wie der von der Kopf-Relique des Hl. Servatius, die Kaiser Heinrich III. in Auftrag gegeben hatte (und die sich in den *Heldentaten des heiligen Servatius* findet, die um das Jahr 1126 verfaßt wurden).

Das Werk erregte derart den Zorn des berühmten Auftraggebers, daß er seine Künstler ins Gefängnis werfen ließ; dies aus dem Grund, weil die mit Edelsteinen nachgebildeten Augen des Heiligen in dem verehrten Gesicht einen Effekt bewirkten, der dem Schielen ähnelte. Des Nachts erschien dem Kaiser der Heilige, zeigte ihm sein Gesicht und erklärte, die Hände der Künstler hätten ihn nach dem Willen Gottes geformt. Die wundersame Erscheinung befreite die beiden Goldschmiede aus dem Gefängnis, gerade weil sie dazu in der Lage waren – als besonderes Zeichen der Ehrerbietung – die menschlichen Gesichtszüge so zu gestalten, wie Gott sie geformt hatte.

Die Goldschmiede von der Maas genossen ein außergewöhnlich hohes Ansehen: Suger von Saint-Denis, einer der größten und bekanntesten Auftraggeber des Mittelalters, holte sechs oder sieben von ihnen zu Arbeiten an der von ihm um 1140 teilweise umgebauten Abtei, die mit prunkvollen, neuen Ornamenten, mit Glasfenstern, Goldschmiedearbeiten, Skulpturen und bronzenen Türen ausgestattet wurde. Obwohl Suger eine ausführliche Aufzählung und Beschreibung der Kunstwerke gibt, ihres Aussehens, ihrer Ikonographie in Verbindung mit den reichhaltigen Goldschmiedearbeiten, der hellen Glasfenster und der lichtvollen Architektur, nennt er keinen einzigen Künstlernamen, außer seinem eigenen, der in allen, von ihm Wort für Wort abgeschriebenen Inschriften auf den Fenstern, den Goldschmiedearbeiten und den Türen wiederkehrt.

Aus derselben Zeit, in der Suger keinen Hehl daraus macht, daß er die Künstler als Persönlichkeiten nicht sehr schätzte und daß er vor allem nicht willens war, ihre Namen der Geschichte anzuvertrauen, gibt es ein anderes, einzigartiges Beispiel dafür, daß die Beziehung zwischen einem Goldschmied und seinem Auftraggeber auch sehr eng sein konnte. Dies geht aus einem Briefwechsel zwischen dem Abt Wibaldus von Stavelot und einem Goldschmied im Jahr 1148 hervor, dessen Name mit dem Buchstaben G. anfing und bei dem es sich wahrscheinlich um den bekannten Godefroy de Huy handelte, der auch Godefroy de Claire genannt wurde. Der Bischof schreibt:

»Die Männer, die dieselbe Kunst wie Du ausüben, neigen oft dazu, ihre Versprechen nicht einzuhalten, und dies aus dem einfachen Grund, weil sie mehr Arbeiten annehmen, als sie ausführen können. Die Habgier ist die Wurzel allen Übels, aber Dein edler Geist, Deine emsigen und rührigen Finger, lassen gar nicht erst den Verdacht der Unaufrichtigkeit aufkommen. Auf daß das Vertrauen Deine Kunst begleite und Dein Werk von der Wahrheit begleitet werde...

Wozu also dieser Brief? Einfach um Dich daran zu erinnern, daß Du Dich ausschließlich den Arbeiten widmest, die wir Dir aufgetragen haben und alle anderen Aufgaben, die deren Ausführung behindern könnten, solange zurückstellst, bis unsere Arbeiten beendet sind. Du weißt also, daß wir uns über unsere Wünsche rasch im klaren sind, und daß wir das, was wir wollen, ohne Verzögerung wollen. ›Gib dem zweimal, der sich bemüht‹, schreibt Seneca in seinem Traktat *De Beneficiis*. Für die Zukunft nehmen wir uns vor, Dir des längeren über die Führung Deines Hauses, Deiner Familie und Deiner Frau zu schreiben. Lebewohl!«

Darauf antwortet der Goldschmied:

»Voller Freude und Gehorsam habe ich die Ermahnungen erhalten, die von Deinem großen Wohlwollen und Deiner Weisheit zeugen. Sie verdienen meine Aufmerksamkeit aufgrund der Eindringlichkeit, mit der sie vorgebracht werden, und des Ansehens desjenigen, der sie mir hat zukommen lassen. Ich habe sie mir ins Gedächtnis eingeprägt und werde dessen eingedenk sein, daß das Vertrauen meine Kunst empfehlen, die Wahrheit mein Werk prägen und mein Versprechen durch seine Einhaltung gekrönt werden soll. Demjenigen, der verspricht, gelingt es allerdings nicht immer, sein Versprechen zu halten, insbesondere dann, wenn der, dem das Versprechen gegeben wurde, es selbst unmöglich macht oder seine Erfüllung verzögert. Wenn Du Dir deshalb, wie Du sagst, über Deine Wünsche rasch im klaren bist und das, was Du willst, sofort willst, dann beeile Dich nun Deinerseits und sorge dafür, daß ich mich schnellstens an Deine Arbeiten setzen kann. Was mich anbelangt, so beeile ich mich und werde es auch in Zukunft so halten, solange keine Hindernisse auf meinen Weg gelegt werden. Mein Beutel ist leer und keiner von denen, für die ich gearbeitet habe, bezahlt mich ... Also stehe mir in meinen Schwierigkeiten bei, mach von dem Heilmittel Gebrauch, gib rasch und am besten doppelt, und Du wirst mich treu, beständig und ganz Deiner Arbeit hingegeben finden. Lebewohl!«

Der Brief endet mit einem ironischen und anspielungsreichen Postskriptum: »Bedenke wieviel Zeit zwischen Anfang Mai und dem Fest der heiligen Margarete liegt und wie lange es dann wieder bis zum Fest des heiligen Lambrecht dauert. Sapienti sat dictum est!« (was man übersetzen könnte mit: »derjenige, der weiß, um was es geht, versteht auch ohne viele Worte«). Der Briefwechsel gibt nicht nur einen Einblick in die Beziehung, die ein berühmter Goldschmied des 12. Jahrhunderts zu seinem Auftraggeber unterhielt, er zeigt auch dessen angespannte finanzielle Situation und vermittelt darüber hinaus einen Eindruck von der anspruchsvollen literarischen Kultur, der Ironie sowie der rhetorischen Kunstgriffe, deren sich der Verfasser bedient, um auf die Ermahnungen des mächtigen Abts zu antworten. Dieses Verhalten stimmt mit dem Godefroys de Huy überein, den das Totenbuch der Abtei von Neufmoutier – in der er Ehrenkanoniker geworden war – als »vir in aurifabricatura suo tempore nulli secundus« beschreibt, als einen Schöpfer berühmter Werke, der der Abtei sogar eine wertvolle Reliquie gespendet hatte. Gilles d'Orval, ein während des 13. Jahrhunderts lebender Geschichtsschreiber der Bischöfe von Lüttich, widmet sich ausführlich den Fähigkeiten, den Verdiensten, Reisen und Werken von »Godefroid ... maistre d'orfeivrie, li miedre et li plus expers et subtils ouvriers que on sawist en monde à chel jour, et qui avoit cherchiez toute regions.«

Neben den Goldschmieden nehmen diejenigen eine besondere Stellung ein, die Metall bearbeiten, die Spezialisten im Schmelzen. In der *Vita* Gauzlinos, des Abts von Fleury, wird ein gewisser Rodulfus erwähnt, der nicht nur ein aktives Mitglied der Abtei, sondern auch ein Schöpfer bedeutender Werke und »in der Schmelzkunst sehr erfahren« war, weshalb er als neuer Beseleel bezeichnet wird. Der Name des mythischen Schöpfers der Bundeslade, von dem das Buch vom Exodus (XXXI.2; XXV,30) sagt, er sei, mit Gottes Hilfe, dazu imstande, Gold, Silber, Bronze, Marmor, Edelsteine und die Hölzer aller Bäume zu bearbeiten, war bereits zur Zeit Karls des Großen für Eginardus in Anspruch genommen worden, der sich um die kaiserlichen Bauten verdient gemacht hatte, um in der Folge wieder in verstärktem Maße auf diejenigen Künstler angewandt zu werden, die verschiedene Techniken beherrschten. Es ist unter Umständen sogar denkbar, daß sich hinter der erstaunlichen Vielseitigkeit, die die mittelalterlichen Quellen bestimmten Künstlern zuschreiben, das zum *topos* gewordene biblische Motiv verbirgt.

Bisweilen kommt es vor, daß von den Schöpfern der großen Bronzetüren, dieser außergewöhnlichen Werke, die das ganze Mittelalter über Gegenstand der Bewunderung bleiben, nicht nur die Namen erwähnt, sondern sogar die Gesichtszüge abgebildet werden. Auf der Tür von San Zeno in Verona ist der Modellierer bei der Arbeit abgebildet, allerdings ohne Namensnennung; auf den Türen der Sankt-Sophien-Kathedrale in

Nowgorod, die von sächsischen Künstlern gegossen und bearbeitet wurden, finden sich Darstellungen des Schmelzers Riquin mit einer Waage zum Abwiegen der Metalle, des jungen Waimuth, der einen Schmelztiegel voll kochenden Metalls mit einer Zange hält, sowie eines dritten Meisters, Abraham, mit einem Schmelztiegel in der einen und einem Hammer in der anderen Hand.

Uns sind auch die Namen und die Bilder einer Reihe von Handschriftenmalern der romanischen Zeit bekannt. Einige von ihnen zeichneten die Texte mit ihrem Namen und fügten dem – was allerdings seltener vorkam – eine Art Selbstportrait hinzu; von anderen wiederum berichten zeitgenössische Quellen. Die bedeutendste und mit dem höchsten gesellschaftlichen Ansehen verbundene Stellung innerhalb eines Skriptoriums ist die des »scriptors«, des Kopisten. Von ihnen haben wir zahlreiche Namen und Bilder. Ihre Arbeit wird höher geschätzt und für intellektueller gehalten als die Handarbeit der Maler. Kopisten der göttlichen Worte, der Schriften der Heiligen – auf sie strahlt der Glanz des *Wortes* zurück. Eine Handschrift aus Cambridge enthält eine Seite, die vom Höhepunkt eines Schreibers zeugt: das herrliche Portrait des Mönchs Eadwinus, der, in die Arbeit vertieft, an seinem Schreibtisch sitzt, wird gänzlich von einer Inschrift eingerahmt, die sich an den Leser wendet, dem sie Eadwinus und seine Geschöpfe, die Buchstaben, vorführt. Der »scriptor« erklärt sich zum Obersten aller Kopisten, zum Herrscher über Ehre und unvergänglichen Ruhm, und er lädt dazu ein, die Buchstaben zu befragen, um herauszufinden, wer er sei. Der Buchstabe erklärt, daß der Ruhm des Eadwinus, der auf dem Bild dargestellt ist, für alle Zeit andauern wird. Von seinem Geist zeugt die Schönheit des Buches, dessen Geschenk Gott anzunehmen bittet. Die Form dieser höchsten Lobpreisung läßt den Eindruck entstehen, daß es sich hierbei weniger um ein zu Lebzeiten des Eadwinus angefertigtes Portrait, als vielmehr um eine posthume Ehrung handelt, die das scriptorium von Canterbury seinem berühmtesten und fähigsten Kopisten entgegengebracht hat.

Zu den ersten Selbstbildnissen von Handschriftenmalern zählt jenes, in dem sich der Mönch Hugo Ende des 11. Jahrhunderts in einem Text des Hl. Hieronymus (Oxford, Bodl. Ms 717) darstellt, entsprechend des üblichen Schreiberportraits mit Feder und Radiermesser, obwohl er sich als Maler und Illuminator des Werks bezeichnet. Vermutlich war er Mönch in der großen normannischen Abtei von Jumièges. In einer anderen Handschrift (Paris, B. Nat.) findet sich sein Bild, das mit »Levit Hugo«

unterzeichnet ist. Ein weiteres Selbstportrait eines Miniaturmalers, das aus derselben Zeit stammt, ist jenes von Robertus Benjamin, der sich kniend abbildet und sein Zeichen in die Initiale eines Kommentars zu den *Psalmen* des Augustinus setzt, der sich in der Bibliothek der Kathedrale von Durham (Ms B ii 13) befindet. Eine kleine Szene von der Art, wie sie auf der letzten Seite eines Manuskripts des *Gottesstaats* des Augustinus entworfen wird, das sich in der Bibliothek des Kapitels von Prag befindet und um das Jahr 1140 entstand, führt uns in das Innerste des *ateliers*: Auf einem Schreibpult, das von einem Löwen gestützt wird, liegt ein Buch. Ihm gegenüber sitzt eine Person auf einem eindrucksvollen Thron, die in prachtvolle lange Gewänder (eine Tunika mit besetzten Borten, einen Königsmantel) gehüllt ist und die ein Schriftzug als Hildebertus bezeichnet. Er ist als »scriptor« dargestellt, als Amanuensis, eine Feder hinter das Ohr gesteckt, andere Federn, zwei Gefäße mit Tinte und Minium sowie ein Radiermesser auf dem Schreibpult. Die Darstellung ähnelt offenkundig der eines Evangelisten: darauf verweisen der Thron und der Löwe, der das Schreibpult trägt, was für die Abbildungen des Evangelisten Markus typisch ist. Weiter unten ist Everwinus, ein Gehilfe, abgebildet, der auf einem niedrigen Schemel sitzt und auf einen Bogen Pergament eine aus Blattwerk bestehende Verzierung zeichnet. In der Nähe befindet sich ein gedeckter Tisch, der von einer Maus in Unordnung gebracht wird, die bereits ein gebratenes Huhn und eine Schüssel hinuntergeworfen hat und nun dabei ist, ein großes Stück Käse wegzuschleppen. Hildebertus, dadurch von seiner Arbeit abgelenkt, wendet sich wütend um und erhebt die Hand, um mit einem Schwamm nach der Maus zu werfen. Das Buch auf dem Schreibpult enthält seinen zornigen Ausruf: »Möge Gott dich so oft büßen lassen, schlimme Maus, wie du mich schon wütend gemacht hast!« Derselbe Hildebertus, der sich hier »H pictor« nennt, findet sich, ebenfalls zuammen mit Everwinus, in der Miniatur einer anderen Handschrift, der sogenannten *Uhr von Olumuc*, einem Sammelband, der sich heute in der Bibliothek von Stockholm befindet. Im unteren Teil einer Seite, unterhalb einer großen Miniatur, die den Hl. Gregor inmitten einer Menschenmenge zeigt, stellt sich Hildebertus selbst dar, wie er eine Schriftrolle bemalt, deren andere Seite von einem Mönch-Schreiber bearbeitet wird, während ihnen ein Schüler die Gefäße mit den Farben reicht.

Gegentlich kam es auch vor, daß der »scriptor« zugleich Miniaturmaler war oder der Miniaturmaler noch andere Techniken beherrschte. So findet sich die Unterschrift Sawalos, eines Mönchs aus Saint-Amand, hintereinander auf sechs verschiedenen Manuskripten, die das »scriptorium« der Abtei zwischen 1160 und 1170 verließen; in derselben Form (»Sawalo monachus me fecit«) erscheint sie darüber hinaus auf dem aus Elfenbein geschnitzten Handgriff eines kleinen Messers, das heute im Museum von Lille aufbewahrt wird. Die meisterliche Beherrschung verschiedener Techniken, die die Quellen bei zahlreichen mittelalterlichen Künstlern rühmen, konnte also nicht nur mit dem durch die biblische Gestalt des Beseleel inspirierten *topos* zusammenhängen.

Die Möglichkeit, das *atelier* eines Künstlers des 12. Jahrhunderts zu betreten, seine Vorstellung von der eigenen Arbeit, von seiner Rolle in der Gesellschaft sowie von der Beziehung, in der diese zur Religion und den Gaben des Heiligen Geistes steht, kennenzulernen, etwas über seine Begeisterung für die eigene Tätigkeit, über seine ästhetischen Vorlieben, seine literarische Bildung und seine Techniken sowie das Wesen und die Geheimnisse seines Berufs zu erfahren, diese Möglichkeit gibt uns das Traktat *De diversis artibus*. Sein Verfasser ist ein künstlerisch tätiger Mönch namens Rüdiger mit dem Pseudonym Theophilus, der zu Beginn des 12. Jahrhunderts in einem deutschen Kloster lebte. Vermutlich handelte es sich dabei um Rüdiger von Helmarshausen, einen Mönch, der um 1100 als Meister in der Bearbeitung von Metallen bekannt wurde und von dem einige Werke erhalten geblieben sind.

Die Schrift des Theophilus ist in drei Bücher unterteilt: Das erste handelt von der Malerei, ihren Techniken und Materialien, und erstreckt sich von der Miniatur- über die Wand- bis zur Tafelmalerei; das zweite ist dem Glas gewidmet, den verschiedenen Formen seiner Bearbeitung und Anwendung, die vom Haushaltsgegenstand bis zum Kirchenfenster reichen; das dritte, umfangreichste, schließlich behandelt die unterschiedlichen Arten der Bearbeitung von Metallen: Darin geht es um die Bearbeitung von Eisen, Kupfer, Silber und Gold, um die verschiedenen Techniken, die dabei angewandt werden können, um die unterschiedlichen Anwendungsbereiche, seien es Emailarbeiten oder Elfenbeinschnitzereien, sowie um die Bearbeitung von Edelsteinen. Es handelt sich dabei nicht um bloße Rezeptsammlungen, wie bei anderen mittelalterlichen Texten, beispielsweise dem *De coloribus et artibus romanorum* von Heraklius, der *Mappae clavicula* und anderen Schriften über die Malerei und die Farben, sondern um eine Art Autobiographie, in der der Autor auf eine sehr persönliche und leidenschaftliche Weise von seiner Arbeit, seinen Absichten, seinem Glauben und seinen Überzeugungen spricht. Die

Abhandlung läßt die vielseitigen Fähigkeiten, verschiedenen Fertigkeiten und unterschiedlichen Gebiete, auf denen sich ein romanischer Künstler betätigen konnte, geradezu mit Händen greifen, und wie bereits der Brief des Goldschmieds G. an den Abt von Stavelot, bestätigt auch sie das hohe literarische Bildungsniveau, über das ein Künstler des 12. Jahrhunderts verfügen konnte.

Der streng gegliederte Aufbau der Künste ist mittlerweile in eine Krise geraten. Sowohl im *Didascalion* Hugos von Sankt Viktor als auch in den Werken des Honorius von Autun oder dem *Policraticus* des Johannes von Salisbury gewinnen die mechanischen Künste an Eigenständigkeit – trotz wiederholt vorgebrachter Behauptungen, die auf ihrer untergeordneten Stellung bestehen und ungeachtet dessen, daß derselbe Hugo von Sankt Viktor sie in seiner Darstellung als nur für »plebei et ignobilium filii« geeignet hält. In Italien ist die Entwicklung bereits etwas weiter fortgeschritten. Hier vertritt zum Beispiel Otto von Freising, der Biograph Barbarossas, die Meinung, auch Personen, die auf dem Gebiet der mechanischen Künste tätig sind, könnten im militärischen und zivilen Bereich gehobene Positionen einnehmen. Es ist dies eine Zeit, in der wir, gerade in Italien, eine große Anzahl von Signaturen von Künstlern vorfinden.

Das bisher Gesagte wirft eine Reihe von Fragen auf: Die erste betrifft die Stellung des Künstlers: je nachdem ob er frei tätig war oder in einem persönlichen Abhängigkeitsverhältnis stand, ob er Laie war oder der Kirche angehörte; die zweite berührt das Problem der großen Persönlichkeiten, also Bischöfe, Erzbischöfe oder Äbte, die unmittelbar, und nicht nur in der Funktion von Auftraggebern in die künstlerische Produktion eingriffen; die dritte bezieht sich auf die Hierarchie der Techniken sowie den Umstand, daß die Künstler gleich mehrere von ihnen beherrschten; die vierte schließlich betrifft die ersten Biographien von Künstlern und die gesellschaftliche Anerkennung ihrer Arbeit.

Die Künstler: Wir haben unter ihnen Geistliche getroffen, die große Berühmtheit erlangten, wie der Hl. Eligius, der Hl. Dunstanus oder der berühmte italienische Maler Johannes, der an den Hof Ottos III. gerufen und zum Bischof ernannt wurde. Gleichzeitig gab es unter ihnen aber eine Reihe weltlicher Künstler, die in den Städten (so bestätigt ein Kapitular Karls des Kahlen aus dem Jahr 846 die Privilegien der Pariser Goldschmiede), an den Höfen (am Hof Karls des Kahlen arbeiteten im Jahr 862 zwei weltliche Glasermeister, Baldricus und Ragerulfus, einschließlich ihrer Ehefrauen und Kinder), aber auch in den Klöstern tätig waren.

Ein Plan des Klosters von Sankt Gallen aus dem 9. Jahrhundert zeigt, daß zwei Gebäude auf dem Gelände der Abtei eigens dazu bestimmt waren, weltliche Handwerker und Künstler zu beherbergen. Im Fall des Klosters von Corvey werden im Rahmen einer Art Zählung der »kirchlichen Familie« Anzahl und Qualifikationen der im Kloster tätigen weltlichen Goldschmiede, Schmelzmeister, Pergamentbeschrifter usw. genannt. Bei einem der größten Künstler der karolingischen Zeit, dem Goldschmied Voulvinus, muß es sich, der Kleidung nach zu urteilen, mit der er sich auf dem Altar des Hl. Ambrosius dargestellt hat, um einen Laien gehandelt haben. Die Grenze zwischen den beiden Bereichen ist übrigens durchlässig. So kann es durchaus vorkommen, daß ein Laie, der für Klöster und Bischofssitze arbeitet, zum Ehrenkanoniker ernannt wird, wie dies von einem Glasermeister bekannt ist, der zur Zeit des 11. Jahrhunderts für den Bischof Godefroy de Auxerre arbeitet. Ähnliches gilt im 12. Jahrhundert für Godefroy de Huy sowie jenen Daniel, von dem gesagt wird, daß er »pauper vitri tractor et fere laicus« sei, und der um die Mitte des Jahrhunderts zum Stellvertreter des Abts der Ramsey Abbey, später zum Abt von Saint-Benet-at-Holme ernannt wird und dem es – mit Unterstützung des Königs – beinahe gelungen wäre, Erzbischof von Canterbury zu werden. Für eine lange Zeitspanne, die sich mindestens bis zum Ende des 11. Jahrhunderts erstreckt, sind viele der uns bekannten Künstler Geistliche. Allerdings liegt dies auch an der Auswahl, die die Quellen getroffen haben, bei denen es sich schließlich um bischöfliche bzw. von Abteien verfaßte Werke handelt. Die Situation verändert sich spätestens mit der Ende des 11. Jahrhunderts einsetzenden raschen Entwicklung der Städte.

Ein bedeutendes Dokument dieser Zeit vermittelt einen Eindruck von der sozialen Stellung und der Entschädigung, die ein Künstler erhielt. Es handelt sich um ein Abkommen zwischen Girardus, dem Abt von Saint-Aubin de Angers, und einem gewissen Fulco (»pictoris arte imbutus«), der sich dazu verpflichtet, das gesamte Kloster unter Verwendung von Motiven, die ihm vorgegeben werden, zu verzieren und die Fenster neu zu verglasen. Fulco wird zum Klosterbruder und zu einem freien Mann des Abts. Der Abt und das Kloster geben ihm einen Weinberg und ein Haus zu Lehen, unter der Bedingung, daß er sie instandhält, und sie nach seinem Tod wieder an das Kloster fallen, es sei denn, er habe einen Sohn, der die väterliche Kunst ausübt und bereit ist, diese in den Dienst von Saint-Aubin zu stellen.

Auch wenn die Bedingungen, die Fulco angeboten werden, nicht von besonderer Großzügigkeit zu zeugen scheinen, so bildete die mit ihm vereinbarte Art von Vergütung, die es erlaubte, einen Künstler zeit seines Lebens und mit seiner ganzen Person zu binden, zu dieser Zeit keine Ausnahme. So bekräftigt ein Dokument aus den Jahr 1095 die Verpflichtung zur Rückgabe eines Weinbergs an den Bischof von Grenoble, der bereits den Vorfahren der jetzigen Betreiber überlassen worden war, die damals von den Bischöfen als Maurer zur Errichtung von Kirchen beschäftigt wurden. Eine bessere Behandlung wird dem Lombarden Raimundus in Aussicht gestellt, der sich dem Bischof von Urgel gegenüber dazu verpflichtet, innerhalb von sieben Jahren die Kirche der Jungfrau Maria zu errichten und der dafür eine Rente auf Lebenszeit erhält, deren Höhe dem Verdienst eines Kanonikers entspricht. Nach Ablauf der sieben Jahre und unter Voraussetzung, daß die Arbeit ordnungsgemäß beendet worden ist, steht es Raimundus frei, mit der Ehre und dem Geld, das er bei diesem Unternehmen verdient hat, zu machen, was er will. Seit dem Vertrag, den Fulco abschloß, ist inzwischen allerdings beinahe ein Jahrhundert vergangen (wir befinden uns nunmehr im Jahr 1175), und bei Raimundus handelt es sich um einen gefragten Techniker, der dazu in der Lage ist, eine Kirche zu errichten und dazu eine Gruppe zur Verfügung hat, die aus fünf seiner Landsleute besteht.

Vereinzelt kam es auch vor, daß Künstler soviel verdienten, daß sie selbst als Spender von Kunstwerken auftreten konnten. So begegnen uns im Lauf des 12. Jahrhunderts Künstler, die Klöstern kostbare Werke spenden, wie zum Beispiel Godefroy de Huy, der der Kirche von Neufmoutier einen äußerst wertvollen Reliquienschrein mit einer Reliquie von Johannes dem Täufer vermacht, die ihm wiederum der Bischof von Sidone geschenkt hatte; oder aber der Glasmaler Gherlacus, der um die Mitte des 12. Jahrhunderts der prämonstratensischen Abtei von Arnstein an der Lahn ein herrliches Fensterglas schenkt, das mit Begebenheiten aus dem Leben des Moses bemalt ist. Im unteren Teil hat er sich selbst dargestellt: dieses Selbstportrait, das zu den außergewöhnlichsten des Mittelalters zählt, zeigt ihn beim Malen, mit einem Pinsel in der Hand, wobei das Bild gänzlich von einer Inschrift eingerahmt wird, mit der er sich dem Herrn anempfiehlt: »Rex regum clare Gherlaco propiciare« (Oh verehrter König der Könige, sei Gherlacus wohlgesonnen).

Die Frage der kirchlichen Künstler ist auf das engste mit der der Bischöfe, Äbte und anderer hochgestellter Persönlichkeiten der Kirche verbunden, die nicht nur als Auftraggeber in Erscheinung traten, sondern unmittelbar auf die künstlerische Produktion Einfluß nahmen. Zweifel sind immer möglich, da die verschiedenen Formeln, denen man in den Quellen begegnet, wie jenes »fecit« oder »accomplevit« und andere sowohl die Person des Künstlers als auch die des Auftraggebers meinen können. Ähnliches gilt für Bezeichnungen wie »aedificator«, »fabricator« oder erst recht für »architectus«. Nicolaus Pevsner hat betont, daß das Interesse, das das Mittelalter der schöpferischen Persönlichkeit entgegenbrachte, nicht so groß war, daß es sinnvoll wäre, auf einer begrifflichen Unterscheidung zwischen Auftraggeber und Künstler zu bestehen. Allerdings lassen die Quellen keinen Zweifel daran, daß es berühmte kirchliche Auftraggeber gab, die sich persönlich, man ist versucht zu sagen, professionell in die künstlerische Tätigkeit einmischten.

Der bekannteste Fall ist der des Bischofs Bernward von Hildesheim zu Beginn des 11. Jahrhunderts, dessen Kenntnisse sowohl auf dem Gebiet der freien als auch der mechanischen Künste schon im ersten Kapitel seiner Biographie betont werden, wo es heißt:»... und obgleich er sich unwiderstehlich zu jeder der freien Wissenschaften hingezogen fühlte, zwang er sich, auch jene Künste von geringerer Bedeutung zu studieren, die mechanische genannt werden. Er glänzte in der Schrift, übte aber auch die Malerei aus und beherrschte die Techniken des Schmiedens und Schmelzens...« Die Biographie, die die verschiedenen Fähigkeiten des Bischofs hervorhebt, wurde von Thangmar, dem Dekan des Kapitels von Hildesheim und Rektor der Kathedralschule, die auch Bernward besucht hatte, verfaßt. Er beschreibt seine Geschicklichkeit in der Bearbeitung von hartem Gestein und von Bergkristallen, im Ziselieren von Goldschmiedearbeiten, Reliquienschreinen und -behältern, Kelchen und Einbänden von Handschriften, er betont seine Fähigkeiten als Maler, Konstrukteur und Architekt. Sein Name findet sich auf einer ganzen Reihe von Werken, insbesondere auf den prächtigen bronzenen Türflügeln von Hildesheim. Neben der von Thangmar verfaßten Biographie sind einige autobiographische Abschnitte von Bernward selbst erhalten, die, was die mit seiner Funktion als Auftraggeber verbundenen Interessen angeht, sehr aufschlußreich sind. Sein übermäßiges Engagement gibt Anlaß zu der Vermutung, daß er den Künstlern, die für ihn arbeiteten, mehr als nur Anweisungen gegeben und sich auf verschiedene Art und Weise direkt in ihre Arbeit eingemischt haben könnte.

Auch die Biographien anderer kirchlicher Persönlichkeiten betonen bisweilen deren eigenes künstlerisches Engagement. Zu Beginn des 11. Jahrhunderts, also zur Zeit Bernwards, gibt Abt Ekkehart IV. von Sankt Gallen in einer Geschichte der Abtei ein kurzes Portrait des Mönchs Toutilus, der im 9. Jahrhundert lebte. Seine Tugenden sollen so zahlreich gewesen sein, daß sogar der Kaiser den Umstand bedauerte, daß ein solcher Mann Mönch geworden war. Unter anderem werden die Schönheit und Vornehmheit seines Äußeren, sein athletischer Körperbau, seine klare und gewandte Stimme, seine musikalischen Fähigkeiten, seine Kultur und seine Sprachkenntnisse erwähnt. Im Kloster unterrichtet er die jungen Adligen und befaßt sich ansonsten vor allem mit künstlerischen Tätigkeiten. Er malt, fertigt Elfenbeinschnitzereien und Goldschmiedearbeiten an und ist darüber hinaus Schöpfer zahlreicher kostbarer Gegenstände für das Münster von Konstanz, wie zum Beispiel von Altären, Reliquienschreinen sowie eines mit Edelsteinen besetzten Kreuzes aus Gold. Für seine eigene Abtei schnitzte er bewunderungswürdige Elfenbeintische (die noch erhalten sind); für Metz fertigte er ein Bild der Madonna mit Kind an, für das ihm die Jungfrau Maria persönlich – die ihm auf wundersame Weise erschien – als Modell gedient haben soll.

Eine weitere Künstlerbiographie ist die des Malers Johannes, der von Otto III. aus seinem Heimatland Italien geholt wurde, um die palatinische Kapelle von Aachen zu bemalen. Die *Vita* des Bischofs Baldericus von Lüttich – um das Jahr 1050, also ungefähr fünfzig Jahre später verfaßt – läßt im Leser Bewunderung für die, wenngleich inzwischen etwas angegriffenen Bilder aufkommen, die der Maler dort zurückgelassen hatte. Darüber hinaus erwähnt sie weitere Bilder, die er in Lüttich, der Stadt, in der er begraben sein wollte, hergestellt hat. Wie des weiteren berichtet wird, ernannte ihn der Kaiser – gewissermaßen um seine Verdienste zu honorieren – zum Bischof einer italienischen Diözese. Johannes verzichtete jedoch darauf und zog es vor, fern der Heimat am Hof zu leben, wo er zu einer Art Mitglied der kaiserlichen Familie geworden war, die ihn mit besonderer Freundlichkeit behandelte – nur um nicht gezwungen zu werden, die Tochter des Herzogs der Region, deren Bischof er werden sollte, zu heiraten, wodurch er die Regel des Zöbibats verletzt hätte.

Daß sich ein Bischof auch als Architekt betätigen konnte, zeigt die Biographie Bennos von Osnabrück (ca. 1028–1084), der die Bauarbeiten der beiden Kaiser Heinrich III. und Heinrich IV. leitete. Wie sein Biograph berichtet, war Benno – »architectus praecipuus caementarie operis solertissimus erat dispositor« (unter den Architekten galt er als besonders geschickter Mauerkonstrukteur) – sowohl auf dem Gebiet der Planung tätig, als auch auf dem der eigentlichen Bautechnik. So leitete er den Bau der Kathedrale von Spira sowie die Errichtung bedeutender Bauwerke in Goslar und Hildesheim, wo er Probst des Doms war.

Zu Beginn des 12. Jahrhunderts macht sich in Italien eine neue Einstellung dem Künstler gegenüber bemerkbar. In Pisa und Modena werden die Künstler, die am Bau der neuen Kathedralen mitgewirkt haben, von Inschriften, die an den Wänden angebracht sind, auf geradezu überschwengliche Weise gepriesen. In Modena erinnert eine Gedenktafel, die von Aimo, dem Lehrer der Kathedralschule angefertigt wurde und die sich in der Apsis befindet, an die Gründung des Gebäudes. Sie rühmt die Kirche, in der der Körper des Hl. Geminianus ruht, die in jedem ihrer Teile in poliertem Marmor erstrahlt, und preist den Architekten Lanfranc, der für seine Fähigkeiten berühmt, der gebildet und tüchtig, der der Kopf, Leiter und Meister des Bauwerks ist (»Est operis principes huius rectorque magister«). Auch in dem Bericht über die Überführung des Körpers des Hl. Geminianus, einem zeitgenössischen Dokument, das die ersten Phasen des Baus schildert, wird Lanfranc eingehend gewürdigt. Der Bericht betont die Schwierigkeiten, die die Suche nach einem Architekten bereitete, der ein derartiges Werk planen und errichten konnte (»tanti operis designatur, talis structure edificator«) und verweist auf die außergewöhnlichen Fähigkeiten Lanfrancs, dieses bewundernswerten Künstlers und bewunderungswürdigen Konstrukteurs (»mirabilis artifex, mirificus edificator«). Die Miniaturen, die den Text begleiten und ihn illustrieren, zeigen Lanfranc, wie er den Erdarbeitern, den Hilfsarbeitern und den Maurern (»operaii, artifices«) Anweisungen gibt und wie er, entweder in Begleitung des Bischofs oder der Gräfin Matilde, an den feierlichsten Zeremonien teilnimmt. Seine langen Gewänder, die Art, wie er das Haar trägt, den Stab in der Hand, alleinstehend, und mit der Haltung dessen, der Befehle erteilt, all dies hebt ihn in den Bildern, die die erste Bauphase illustrieren, deutlich von den anderen ab. Diese Miniaturen sind jedoch zu Beginn des 13. Jahrhunderts entstanden, und es ist keineswegs sicher, ob sie nicht ihrerseits wieder auf ältere Darstellungen zurückgreifen. Es ist sogar anzunehmen, daß das Bild, das sie von Lanfranc vermitteln, eher der Vorstellung des Architekten entspricht, wie sie für das 13. Jahrhundert typisch war.

An der Vorderseite derselben Kirche befindet sich eine weitere Gedenktafel, die ebenfalls an die Gründung erinnert und dabei den Bildhauer Wiligelmus rühmt: »Inter scultores quanto sis dignus honore claret scultura nunc Wiligelme tua« (Daß Du der Ehre unter den Bildhauern würdig bist, zeigt nun, oh Wiligelmus, Deine Skulptur). Damit werden die bedeutendsten Teile der neuen Kathedrale, Apsis und Vorderseite, von den Namen der Künstler, die an ihr gearbeitet haben, geprägt.

In Pisa befindet sich an der Vorderseite des Doms das Grab seines ersten Architekten, Buscheto: ein antiker Sarkophag mit einer Inschrift, deren Verse seinen Sieg über Odysseus rühmen, weil seine Fähigkeiten auf dem Gebiet des Erbauens, die des griechischen Helden jedoch nur auf dem des Zerstörens liegen; ebenso ist er Dädalus überlegen, dem Erbauer des finsteren Labyrinths in Kreta, während sein neues Gotteshaus schneeweiß ist: »Non habet exemplum niveo de marmore templum« (eine Kirche aus Marmor, weiß wie Schnee, wie es sie bislang noch nicht gegeben hat). Der Vergleich des Architekten mit Dädalus ist nicht gänzlich neu: bereits in der karolingischen Zeit fragt ein Text – anläßlich des Entwurfs eines Labyrinths für die Abtei von Sankt Gallen – mit Blick auf den Architekten, der zur Zeit Ludwigs des Frommen an der Abtei arbeitete: »... quid est Winihardus nisi ipse Daedalus?« Die Inschrift von Pisa spricht jedoch sogar von der Überlegenheit des Architekten der Kathedrale über den sagenumwobenen Griechen. Die technischen Fähigkeiten und der Einfallsreichtum Buschetos werden in Form sich steigernder Episoden gepriesen: so die Geräte, die es zehn Mädchen ermöglichten, Gewichte zu heben, die zu bewegen sich tausend Ochsen vergebens mühten, oder aber die Bergung eines Schiffes, das beim Transport riesiger Säulen untergegangen war.

Das Grab Buschetos befindet sich an der Vorderseite der Kathedrale; da aber die gegenwärtige Stirnseite nicht mit der ursprünglichen Konstruktion Buschetos übereinstimmt, muß das Grab versetzt und in die neue Konstruktion eingefügt worden sein, was auf den ausdrücklichen Willen verweist, die Erinnerung an den großen Architekten wachzuhalten. Ebenfalls an der Vorderseite findet sich der Name desjenigen, der den Erweiterungsbau des Gebäudes leitete, in dessen Verlauf der vordere Teil, einschließlich der Stirnseite verändert wurde. Seine außergewöhnlichen Qualitäten werden von einer Inschrift gewürdigt: »Hoc opus eximium tam mirum tam pretiosum Rainaldus prudens operator et ipse magister constituit mire sollerter et ingeniose« (Dieses ebenso wunderbare wie kostbare, hervorragende Werk wurde von Rainaldus, dem Meister und umsichtigen Erbauer auf bewundernswerte Weise mit großem Geschick und Einfallsreichtum errichtet). Unter dieser Würdigung befindet sich eine weitere Inschrift zu Ehren von Rainaldus, die eine marmorne Einlegearbeit umrahmt, auf der eine Gestalt dargestellt ist, die zwischen zwei furchterregenden wilden Tieren steht und ein Kreuz in der Hand hält: »De ore leonis libera me domine et a cornibus unicornium humilitatem meam!« (»Befreie mich, oh Herr, vom Rachen des Löwen und beschütze mich Geringen vor dem Horn des Einhorns!«) und die wie eine Zauberformel oder ein Gebet des »prudens operator et ipse magister« selbst anmutet.

Pisa und Modena sind Städte, an denen sich die Veränderung der sozialen Stellung des Künstlers zu Beginn des 12. Jahrhunderts besonders deutlich ablesen läßt, und es ist kein Zufall, daß es sich bei ihnen um zwei wohlhabende Kommunen handelt. Das in zunehmendem Umfang zu beobachtende Wiederauftauchen der Signaturen von Künstlern steht mit den großen künstlerischen Initiativen und Bauvorhaben dieser Kommunen in Verbindung: Der Umstand, daß es ihnen gelingt, sich der besten Künstler zu versichern und mit ihrer Hilfe die außergewöhnlichsten Bauten zu errichten, sichert ewigen Ruhm und erhöht das Ansehen der Stadt. Gleichzeitig wachsen aber auch soziale Stellung und Ansehen des Künstlers durch seine Beziehung zu diesem neuen kollektiven Auftraggeber.

Während des 12. Jahrhunderts erreichen die mit Künstlersignaturen versehenen Inschriften vor allem in Italien, aber auch in Frankreich und Deutschland einen außerordentlichen Umfang, wenngleich sie von unterschiedlicher Bedeutung und unterschiedlichem Charakter sind. In Italien sind es Architekten sowie Stein- und Bildhauer, die ihre Werke signieren. So findet sich an der Vorderseite des Doms von Foligno eine monumentale Inschrift, die an die im Jahr 1133 erfolgte Restauration des Bauwerks erinnert, die unter Bischof Markus von Atto, einem Steinhauer (»lathomus«), bedeutenden Mann (»magnus vir«) und Dorfschulzen (»Extitit vir magnus lathomus Acto chomarcus quos [der Bischof Markus und der Steinhauer Atto] Christus salvet benedicat, adiuvet. Amen«) durchgeführt wurde. Derselbe Atto bringt seinen Namen an der Stirnseite der Kirche San Pietro in Bovara, das in der Nähe von Foligno liegt, an und erklärt, mit seiner eigenen Hände Arbeit (»sua dextra«) Kirche und Rosette hergestellt zu haben (»Atto sua dextra templum fecit atque fenestram cui deus eternam vitam tribuat atque supernam«). Dieser Fall ist insofern von großem Interesse, als es sich bei Atto um einen Steinhauer handelt, der in der Stadt als angesehene Persönlichkeit gilt (»magnus vir ... chomarcus«), der aber zugleich erklärt, selbst Hand angelegt und sich nicht nur auf Planung und Leitung des Unternehmens beschränkt zu haben (»sua dextra templum fecit«).

Daß zwischen verschiedenen Funktionen und Aufgaben wie der Anfertigung der Entwürfe, der Leitung der Arbeiten sowie der Stein- und Bildhauerei differenziert wurde, war bereits an den Inschriften von Modena und Pisa zu beobachten gewesen, und zwar sowohl bei Lanfranc (wo auf der Gedenktafel von einem »operis princeps huius rectorque magister« die Rede ist, in der zitierten Chronik von einem »operis designator, structure edificator«, sowie schließlich von einem »mirabilis artifex, mirificus edificator«), als auch bei Rainaldus (»prudens operator et ipse magister«). Ein Versuch, die Aufgabenteilung zu umreißen, ergibt folgendes Bild: Zunächst wären die Architekten zu nennen, die mit der Planung und der Leitung der Arbeiten befaßt sind, dann die Erbauer, bei denen es sich nicht nur um fähige Steinhauer handelt, die beim Zuschneiden der Steine selbst mit anfassen (auf das erstaunliche Arbeitsgerät, das beim Bau der Kathedrale von Foligno eingesetzt wird, ist Atto zu Recht stolz), sondern auch um Maurermeister und Zimmermänner; schließlich die Kunsthandwerker, die mehrheitlich Bildhauer sind und als solche ihre Arbeiten auch signieren und die durchaus über eigenes Personal verfügen und direkte Verantwortung für Teile des Baus tragen können. Je nach der Art des Bauvorhabens wird der Schwerpunkt natürlich mehr auf der einen oder der anderen Qualifikation liegen.

Während des 12. Jahrhunderts gewinnt in Italien neben dem Beruf des Architekten auch der des Bildhauers an Einfluß. Wiligelmus ist Bildhauer, ebenso wie Niccolò: Auf dem Portal der Abtei von San Michele della Chiusa, für das er eine Darstellung der Tierkreiszeichen angefertigt hat, wendet er sich an den Betrachter und fordert ihn dazu auf, das von ihm geschaffene Pflanzengewirr zu bewundern, in dem sich wilde Tiere und Ungeheuer verbergen (»flores cum beluis comixti cernitis«), und die Bedeutung seines Werks zu entschlüsseln (»hoc opus intendat quisquis bonus exit et intrat«), die sich über die Betrachtung der Bilder und die Entzifferung der Inschriften erschließt (»... vos legite versus quos descripsit Nicolaus«). Eine Inschrift, die sich in der Kathedrale von Ferrara befindet, preist das Können von Niccolò und sagt ihm großen Ruhm voraus (»artificem gnarum qui sculpserit haec Nicolaum hic concurrentes laudent per secula gentes«).

Auf einer Kanzel, die er zwischen 1159 und 1162 für die Kathedrale von Pisa meißelte (die anderthalb Jahrhunderte später, als Giovanni Pisano eine neue Kanzel hergestellt hatte, nach Cagliari gebracht wurde), betonte Wiligelmus in einer Inschrift (»prestantior in arte modernis«) seinen Anspruch, zu den modernen Künstlern zu zählen. Sein Grab wurde, ebenso wie das von Buscheto, an der Vorderseite der Kathedrale untergebracht, wo heute eine Inschrift an ihn erinnert (»Grab des Meisters Wiligelmus, der die Kanzel der Kathedrale errichtete«). Zwischen Pisa, Lucca und Pistoia nimmt die Praxis des Signierens der eigenen Werke das ganze Jahrhundert über zu. Wiederholt signiert Biduinus seine Werke auf eine gekünstelte, die Klassiker nachahmende Art (»Hoc opus quod cernis Biduinus docte perfecit« – das Werk, das Du siehst, hat Biduinus auf geschickte Weise ausgeführt – so lautet die Inschrift auf einem Säulenbalken von San Cassino in Settimo). Gruamonte nennt sich auf einem Balken von Sant'Andrea in Pistoia ebenso wie sein Bruder Adeodatus »Magister bonus«. »In arte peritus« erklärt sich Robert auf dem Brunnen von San Frediano in Lucca, und hier ist es auch, daß Guidetto seinen Namenszug auf der Vorderseite der Kathedrale anbringt. In Mailand dagegen hinterlassen der Architekt Anselmus (»Dedalus alter«) und der Bildhauer Girardus (»pollice docto«) ihren Namen, mit diesen klassischen Schnörkeln versehen auf der Porta Romana, die nach den Zerstörungen Barbarossas wiederaufgebaut wurde.

Im Verhältnis zur Situation in Italien kommt es ansonsten – zur Zeit des 11. und 12. Jahrhunderts – eher selten vor, daß Bildhauer und Architekten namentlich erwähnt werden. Ein Umbertus hinterläßt seinen Namen auf einem der Kapitelle jenes Turms, von dem der Abt Gauzlinus verlangt hatte, daß er ganz Gallien zum Vorbild dienen sollte; vermutlich handelt es sich bei ihm um einen der Künstler, die der Abt aus Fleury hatte kommen lassen. Später, gegen Ende des 11. Jahrhunderts, signiert Bernardus Gelduinus – wahrscheinlich ein Elfenbeinschnitzer oder ein Goldschmied, der auch Marmor bearbeitete – die Platte des Hauptaltars der Kirche von Saint-Sernin in Toulouse. Eines der großartigsten Werke der französischen Romantik, das Tympanon mit der Darstellung des Jüngsten Gerichts in der Kathedrale von Autun, ist von einem Gislebertus signiert worden, dem – aus Gründen stilistischer Übereinstimmungen – auch ein Großteil der Kapitelle im Inneren der Kirche zugeschrieben werden können. Ebenfalls in Autun signiert ein Mönch namens Martinus auf geradezu kunstvolle Weise das Grab des heiligen Lazarus, während ein Brunus seinen Namen in Saint-Gilles hinterläßt, ein Gilbertus sich in Toulouse als »vir non incertus« bezeichnet und ein Robertus die schönen Kapitelle von Notre Dame du Port in Clermont signiert. Diese Aufzählung ließe sich noch um einiges verlängern. Doch für einige der großartigsten bildhauerischen Werke der französischen Romantik finden wir keine Namen. Dazu gehören das Kloster und das Portal von Moissac, das Portal von Souillac, das von Conques, Vézelay usw., gerade so, als wäre die Situation der Bildhauer in Frankreich gänzlich verschieden von der ihrer Kollegen in Italien gewesen. Es ist sicher auch kein Zufall, daß die Namen der Bildhauer in den großen gotischen Kathedralen – wie wir im folgenden noch sehen werden – vollständig verschwinden.

Zahlreicher sind die Namen romanischer Bildhauer wiederum in Deutschland, wo beispielsweise in Goslar an der unversehrt gebliebenen Vorderseite des Doms eine Inschrift erklärt: »Hartmannus statuam fecit basisque figuram«. Im Chor der Kathedrale von Worms findet sich auf einem Relief der Schriftzug »Otto me fecit«, während in der Krypta der Kathedrale von Freising ein gewisser Liuptprecht erwähnt wird. Eine Sonderstellung nehmen die Ikonographie und die Inschriften des Tympanons der Kirche von Larrelt in Ostfriesland ein. Der Mittelpunkt des Tympanons wird von dem Portrait des Auftraggebers, dem Priester Hippo sowie dem des Erbauers Meinhard eingenommen. Auch der Name des Bildhauers Menulfes, des Schöpfers des Reliefs, wird genannt. In einer Inschrift heißt es: »Ippo non parcus fuit / Artifici mihi largus« (Hippo ist mir, dem Künstler gegenüber nicht sparsam, sondern großzügig gewesen). Die bildliche Darstellung und namentliche Erwähnung des Trios stellt einen ungewöhnlichen Vorgang dar, der mit dem traditionellen ikonographischen Schema bricht, demzufolge das Bild eines Heiligen in das Tympanon gehört, und der sich nur aus der abgeschiedenen Lage des Gebäudes erklären läßt. Das wäre an einem Ort, an dem die Tradition und die von ihr ausgehende Kontrolle ein größeres Gewicht gehabt hätte, mit Sicherheit nicht möglich gewesen.

Im Verlauf des 12. Jahrhunderts erscheinen die Namen und Signaturen der Bildhauer – wenn auch in unterschiedlicher Form, so doch in einem tendenziell zunehmendem Maße – von neuem im ganz Europa und verweisen damit auf die erneut gestiegene Bedeutung der Bildhauerei sowie eine genauere Festlegung der Rolle des Bildhauers. Dabei gibt es jedoch wie gesagt Unterschiede: Während in Italien die Rolle des Bildhauers, der zugleich Architekt ist, an Konturen und Bedeutung gewinnt, ist es in Frankreich der Architekt, der sich eine dominierende Stellung zu erobern beginnt.

Ein großer Künstler, der gegen Ende des 12. Jahrhunderts in Norditalien wirkte, ist Bildhauer und Mitglied der Gruppe »antelamischer Magister«, bei denen es sich um lombardische Steinhauer handelt, die aus dem Val d'Intelvi stammen. Auf seiner Darstellung der *Kreuzabnahme* (1178), die sich im Dom von Parma befindet, unterzeichnet er mit Benedikt (»Antelami dictus sculptor fuit hic Benedictus«). Auch wenn er sich als Bildhauer bezeichnet, so ist Benedikt Antelami, der Schöpfer des Baptisteriums von Parma, doch zugleich ein genialer und äußerst fähiger Architekt, der sich Neuem gegenüber aufgeschlossen zeigt; er ist der erste große gotische Künstler Italiens. Es gibt eine ganze Reihe von Künstlern, die sich zwar als Bildhauer verstehen, gleichzeitig aber auch den Bau eines größeren Gebäudes, wie zum Beispiel einer Kathedrale zu leiten verstehen. Dies trifft auf Niccoló aus Ferrara, auf Benedikt Antelami, auf Nicola und Giovanni Pisano und viele andere zu (besonders zahlreiche Beispiele ließen sich aus der Zeit des 14. Jahrhunderts anführen). Die Tatsache, daß es sich bei ihnen in erster Linie um Bildhauer handelt und sie sich auch selbst so bezeichnen, ist Ausdruck des Ansehens, das die Technik inzwischen erlangt hat, die in Italien eine enge Beziehung zur klassischen Kultur aufweist und in deren Architekturvorstellungen der plastisch-dekorative Aspekt eine wichtige Rolle spielt. Diese Entwicklung verläuft jedoch nicht überall gleich.

In Frankreich gewinnt der Beruf des Architekten im Verlauf des 13. Jahrhunderts zunehmend an Bedeutung. Die Tätigkeit, die der Architekt auf einer großen Baustelle ausübt, unterscheidet sich deutlich von der des Steinhauers oder des Maurers. Er ist derjenige, der das Gebäude plant und die Arbeiten der verschiedenen Berufsgruppen und Künstler, der Bildhauer, Maler, Glasermeister, Goldschmiede, Schmelzer, Zimmermänner, usw. koordiniert. In einer Predigt entwirft Nicolas de Biard (1261) ein Bild des Architekten, wie dieser, mit Handschuhen ausstaffiert und den Stab in der Hand auf der Baustelle eintrifft und einen Steinhauer anweist, wie er einen Stein zu bearbeiten hat und der, ohne selbst direkt Hand anzulegen, dennoch ein höheres Gehalt bezieht. Dieses Verhalten, das der dominikanische Prediger tadelt und das er nur deshalb anführt, um bestimmte moderne Prälaten anzuklagen, ist in Wirklichkeit Ausdruck einer bereits fortgeschrittenen Arbeitsteilung. Allein aus den ersten Jahrzehnten des 13. Jahrhunderts sind uns eine ganze Reihe von Architekten bekannt, die die Errichtung verschiedener großer gotischer Bauwerke beaufsichtigen und leiten: Robert de Luzarches, Thomas de Courmont und Renault de Courmont in Amiens, Jean Pierre Deschamps in Clermont Ferrand, Jean le Loup, Jean d'Orbais, Gaucher de Reims und Bernard de Soissons in Reims, Gauthier und Pierre de Varinfroy sowie Nicolas de Chaumes in Meaux und Sens, Jean und Pierre de Chelles, Pierre, Eudes und Raoul de Montreuil, Jean Ravy und Jean le

Bouteiller in Paris (Notre-Dame, Saint-Denis und Sainte-Chapelle) sowie Jean d'Andely in Rouen. Entweder sind ihre Namen in die Gebäude eingemeißelt (im südlichen Querschiff von Notre-Dame in Paris erinnert eine Inschrift daran, daß mit dem Bau dieses Teils der Kathedrale im Februar 1257 unter Leitung von Jean de Chelles begonnen wurde), oder sie werden in den Grabinschriften, bisweilen aber auch in den mäanderförmigen Labyrinthen genannt, die auf die Fußböden mancher Kirchen gezeichnet wurden. In den Kathedralen von Amiens und Reims werden in der Mitte und den Ecken des Labyrinths, das das Haus des Dädalus, des mythischen Stammvaters dieses Berufs symbolisiert, die verschiedenen Architekten dargestellt, die sich in der Leitung der Arbeiten abwechselten.

Der Umstand, daß es hier bereits zu Beginn des 12. Jahrhunderts gebräuchlich war, eine Verbindung zwischen dem Architekten und Dädalus herzustellen – wie im Fall der Inschrift auf dem Grab von Buscheto in der Kathedrale von Pisa –, sowie die Tatsache, daß sich die Darstellung eines Labyrinths schon zu einem außerordentlich frühen Zeitpunkt im Portikus der Kathedrale von San Martino in Lucca findet, verweisen darauf, daß Italien in dieser Hinsicht eine besondere Rolle gespielt haben muß. Die auf den Gräbern der Architekten angebrachten Darstellungen und Inschriften sind voll des Lobes: Guillaume, dessen Grab sich im Chor von Saint-Etienne in Caen befindet, wird als »petrarum summus in arte« bezeichnet. Von Pierre de Montreuil, dem Architekten der Abteikirchen von Saint-Denis, Saint-Germain-des-Près sowie der Sainte-Chapelle in Paris, heißt es 1267 auf der Platte seines Grabs in der Kapelle der Jungfrau Maria in Saint-Germain-des Près, er sei »doctor lathomorum« gewesen, womit er – gewissermaßen um den Angriffen der Scholastik auf die mechanischen Künste mit ihren eigenen Mitteln zu begegnen – in den Rang eines Universitätsgelehrten erhoben wird. Hugues Libergier, der Architekt der – heute zerstörten – Kirche von Saint-Nicaise in Reims, wird auf der Grabplatte in einer festlichen Kleidung dargestellt, die einem akademischen Talar ähnelt; in der Hand hält er das Modell der von ihm erbauten Kirche – ein Privileg, das bislang dem Auftraggeber vorbehalten war.

Der neue und aufsehenerregende Stil der französischen gotischen Architektur stößt auf großes Interesse. Die französischen Architekten sind in ganz Europa gefragt: Schon zu einem relativ frühen Zeitpunkt (1178) beginnt Guillaume de Sens mit dem Bau des Chors der Kathedrale von Canterbury, der ganz dem neuen Stil folgt. Etienne de Bonneuil wird im

Jahr 1287 aus Paris nach Schweden gerufen, um an der Kathedrale von Uppsala Veränderungsarbeiten vorzunehmen. Um das Jahr 1270 wird der Wiederaufbau der am Rand des Schwarzwalds gelegenen Kirche von Wimpfen im Tal, der nach gotischen Stilprinzipien erfolgen soll, einem »peritissimo architectoriae artis latomo« anvertraut, der aus Paris gekommen ist. Villard de Honnecourt dagegen hält sich in der Mitte des Jahrhunderts in Ungarn auf. Von ihm ist ein Skizzenbuch erhalten, in dem sich neben Zeichnungen von Pflanzen Aufrisse, Ansichten und Detailstudien von Bauwerken in Meaux, Laon, Reims und Lausanne, sowie Entwürfe von Skulpturen, antiken Monumenten und Maschinen finden. Auch die Skizzen von Villard bestätigen, daß der im 13. Jahrhundert in Frankreich für eine große Baustelle Verantwortliche in erster Linie damit befaßt war, die Arbeiten der verschiedenen Spezialisten zu koordinieren und zu leiten. Daraus erklärt sich wahrscheinlich das Phänomen, daß es in Frankreich während des gesamten 13. Jahrhunderts keine einzige Signatur eines Bildhauers gibt, während diese im vorangegangenen Jahrhundert äußerst zahlreich gewesen waren, und nur eine einzige Signatur eines Glasermeisters bekannt ist, nämlich die des Glasers Clemente aus Chartres, der seinen Namen auf einem Fenster der Kathedrale von Rouen hinterläßt. Es gibt Grund zu der Annahme, daß es sich bei den Verantwortlichen für die großen gotischen Baustellen mehrheitlich um Bildhauer gehandelt hat: So behaupten die Quellen von Gaucher de Reims, der zwischen 1247 und 1255 den Bau der Kathedrale von Reims leitete, daß er »ouvra aux voussures et portaux«, weshalb einige der Skulpturen an den Türen und Bögen aller Wahrscheinlichkeit nach von ihm stammen. Ähnliches trifft vielleicht auch auf Etienne de Bonneuil zu, der nach Uppsala gerufen wurde, um »ouvrer de taille de pierre«. Man kann davon ausgehen, daß sich in Frankreich zur Zeit des 13. Jahrhunderts außer den Architekten nur die Goldschmiede das Recht bewahren, ihre Arbeiten mit ihrem Namen zu zeichnen. Auch sie sind in ganz Europa sehr gefragt, und nicht nur dort, wenn man an das Abenteuer von Etienne Boucher denkt, der sich ebenso wie Villard de Honnecourt in Ungarn aufhielt, dort aber von den Tataren gefangen genommen und in China Goldschmied des großen Khans wurde – so berichtet es zumindest Wilhelm von Rubruquis in einer seiner orientalischen Reisebeschreibungen.

Am französischen Hof sowie an denen, die seinem Beispiel folgen, läßt sich gegen Ende des 13. und zu Beginn des 14. Jahrhunderts ein neuer und bis dahin ungebräuchlicher Vorgang beobachten: die Erhebung des Künstlers in den Adelsstand. Allerdings ist dieses Phänomen sowie seine mögliche Tragweite bislang noch viel zu wenig erforscht worden. Fest steht aber beispielsweise, daß Philipp der Schöne im Jahr 1270 seinem Hofgoldschmied Raoul einen Adelstitel verleiht und im Jahr 1289 der Name Pierre d'Agincourt, der als Architekt am Hof der Anjou von Neapel tätig ist, in einem Dokument in Verbindung mit dem Titel eines »miles« erwähnt wird. Sofern es sich nicht um einen Fall von Namensgleichheit handelt, könnte es sein, daß ähnliche Ehren auch Simone Martini während seines Aufenthalts in Neapel zuteil wurden. Es fragt sich allerdings, ob die Aufnahme der Künstler in die »Familie« des Herrschers in Anerkennung und Würdigung ihrer Arbeit erfolgte, oder ob es sich nicht vielmehr um Sonderfälle handelte, in denen weniger der Künstler als der Angehörige des Hofs in den Adelsstand erhoben werden sollte. Zumindest besteht darüber Gewißheit, daß in Frankreich, England und Neapel mit der Vergrößerung und der damit einhergehenden Veränderung der Höfe in zunehmendem Maße eine neue Person auftaucht: die des höfischen Künstlers. Sicherlich eröffnet dies den Weg zu einer neuen sozialen Stellung und einer neuen Anerkennung des Künstlers. Besonders deutlich und ausgeprägt stellt sich diese veränderte Situation, die Albrecht Dürer während seines Venedigaufenthalts zu dem Ausruf »Hier bin ich ein Herr« veranlaßte, in Italien dar.

Im Unterschied zu Frankreich gibt es in Italien kein derart erdrückendes und übermächtiges Zentrum wie Paris. Die kommunalen Städte, die auf dem Höhepunkt ihrer wirtschaftlichen Macht stehen, haben im Gegenteil zur Herausbildung eines lebendigen und widerstandsfähigen Polyzentrismus beigetragen. Auch kam es hier nicht zu jener absoluten Vorherrschaft des Architekten, wie sie für die französische Situation kennzeichnend ist.

Die Aktivitäten der Maler konzentrieren sich vor allem auf die Städte der Toskana: Pisa, Lucca, Florenz, Siena, Arezzo und Pistoia zählen zu den bedeutendsten Zentren. Hier lebt eine große Zahl von Malern, von denen wir durch ihre Signaturen oder ihre urkundliche Erwähnung wissen. So zum Beispiel Giunta Pisano, Bonaventura Berlinghieri, Coppo di Marcovaldo, Meliore, Guido aus Siena, Margarito d'Arezzo oder Manfredino aus Pistoia, um nur einige zu nennen. Die ersten Verträge für Kunstwerke werden hier abgeschlossen, wie zum Beispiel jener für die Madonna Rucellai von Duccio oder diejenigen, die Coppo di Marcovaldo unterzeichnet. Papst und Kardinäle holen Künstler nach Rom, das die letzten Jahrzehnte des 13. Jahrhunderts in einer Art lichtvollem Spätsommer verlebt; die Dekoration der Basilika des heiligen Franziskus in Assisi erfordert die Arbeit zahlreicher Künstler unterschiedlicher Herkunft. Große Anziehungskraft auf Künstler üben schließlich in Süditalien der Hof Friedrichs II. und später der der Anjou in Neapel aus.

Auch in dieser dynamischen, polyzentrisch ausgerichteten und durch Initiativenreichtum gekennzeichneten Situation ist es wiederum ein Bildhauer, der am deutlichsten einen Eindruck davon vermittelt, worin die neuen Ziele des Künstlers bestehen und wie das Bewußtsein von sich selbst und der eigenen Arbeit beschaffen sein könnte: Die Rede ist von Giovanni Pisano, einem der bekanntesten Künstler des Mittelalters. Er bildet eine Art Grenzfall als ein Künstler, der von der Bedeutung der eigenen Arbeit vollständig überzeugt und sehr von sich eingenommen ist, der nicht davor zurückschreckt, sich mit den Auftraggebern anzulegen oder gar mit ihnen zu brechen, ein Künstler also, der die Grenzen und Fesseln, die den mittelalterlichen Künstler durchaus einengen und regelrecht ersticken konnten, offensichtlich sprengen will.

In Siena kam es zu dramatischen Auseinandersetzungen mit den Auftraggebern, in deren Verlauf er seine Arbeit als Baumeister der Kathedrale niederlegte und die Stadt überstürzt verließ. Sein Stolz und sein ausgeprägtes Selbstbewußtsein kommen jedoch nicht nur in seinem Verhalten zum Ausdruck, sondern zeigen sich auch in den Inschriften, die er auf seinen Arbeiten anbrachte. In einer Inschrift auf der Kanzel von Sant'Andrea in Pistoia betont er seine familiären Bindungen, erklärt jedoch im selben Atemzug seine Überlegenheit und behauptet – entgegen jeder Gewohnheit –, er sei besser als der Vater: »Diese Arbeit hat Giovanni angefertigt, der noch nie Mittelmäßiges geschaffen hat (qui res non egit inanes), Sohn des Nicola, aber mit größerem Wissen als dieser ausgestattet (Nicoli natus scientia meliore beatus), gelehrt über alle Maßen (doctum super omnia visa)«. Ein Verhalten, das sich deutlich von dem eines Tino di Camaino unterscheidet, der – ungefähr zwanzig Jahre später – in der Inschrift eines Grabs, das er in der Kathedrale von Florenz für den Bischof Orso anfertigt, erklärt, er wolle sich solange nicht Meister nennen, solange der Vater, Crescentino, am Leben sei (»Hunc pro patre genitivo decet inclinari / ut magister illo vivo nolit appellari«).

In zwei Inschriften auf der Kanzel der Kathedrale von Pisa vertraut Giovanni den Nachfahren ein persönliches Bekenntnis an. In einer bringt er seine Vorstellungen über die Kunst und die Kreativität zum Ausdruck, die er als göttliche Gaben betrachtet (»laudo deum verum per quem sunt optima rerum / Qui dedit has puras hominem formare figuras«). Er selbst, der mit Hilfe der verschiedensten Techniken aus den unterschiedlichsten Materialien prachtvolle Werke schafft (»sculpens in petra, ligno, auro splendida«) und der, selbst wenn er es wollte, gar nicht dazu in der Lage ist, Häßliches herzustellen (»tetra sculpere nescisset vel turpia si voluisset«), ist mit dieser göttlichen Gabe in höchstem Maße ausgestattet (»Christe miserere / cui talia dona fuere«). Zwar gibt es viele Bildhauer, doch gebührt allein ihm für seine außerordentlichen Skulpturen und verschiedenartigen Figuren die Ehre des Ruhms: »Plures sculptores: remanet sibi laudes honores./ Claras sculpturas fecit variasque figuras./ Quisquis miraris tunc recto iure probaris.«

In der anderen Inschrift entwickelt Giovanni eine Art persönlicher Verteidigung, wobei er an die ungerechten Kritiken erinnert, die er zu ertragen hatte. Der Anfang spielt auf das Werk, seine kosmogonische Bedeutung und seinen Schöpfer an: »Circuit hic amnes mundi partesque Johannes«: Die von Giovanni angefertigten Skulpturen der Evangelisten und der Tugenden, die die Kanzel halten, bilden demnach eine allegorische Darstellung der Flüsse des Paradieses und der Erdteile. Das Werk und sein Schöpfer sind untrennbar miteinander verbunden und mit der Betonung der Anstrengung, die ihn die Anfertigung gekostet sowie die Erfahrungen, die er dabei gemacht hat (»plurima temptando gratis discenda, parando / queque labore gravi«), rückt der Aspekt der persönlichen Verteidigung in den Vordergrund. Vor allem ist dies dort zu beobachten, wo es um die Anschuldigungen und Verleumdungen, sowie um den Vorwurf, mangelnde Vorkehrungen getroffen zu haben (»non bene cavi«), geht. Abschließend fordert er diejenigen, die ihn verleumdet und kritisiert haben, heraus, indem er seine eigene, absolute Überlegenheit betont: »Se probat indignum reprobans diademate dignum / Sit hunc quem reprobat se reprobando probat« (Es erweist sich der als unwürdig, der den kritisiert, der einer Krone würdig ist, und der den Beweis schuldig bleibt, daß er sich nicht selbst tadelnswert verhält).

Die Werke, das Verhalten und die Bekenntnisse des Giovanni Pisano sind nicht nur als Ankündigung, als Vorwegnahme des Renaissance-Künstlers zu verstehen, er *ist* bereits ein solcher, auch wenn er im Moment noch einen Einzelfall bildet, der zunächst ohne Folgen bleibt. Die trotz allem nach wie vor durch Unterordnung gekennzeichnete Situation der bildenden Künste verändert sich erst, als es zu einer Art Bündnis zwischen Künstlern, Intellektuellen, Literaten und denjenigen kommt, die über jenen privilegierten Bereich wachen, zu dem über Jahrhunderte hinweg nur die Verehrer der Freien Künste Zutritt hatten.

Der akademische Titel eines »doctor«, mit dem Pierre de Montreuil in einer Inschrift auf seinem Grab ausgezeichnet wurde, war schon einmal einem Künstler verliehen worden, und zwar jenem Solsternus, der im Jahr 1207 das große Mosaik an der Vorderseite der Kathedrale von Spoleto entworfen hatte und den man zum »Doctor Solsternus – hac summus in arte modernus« erklärte. Wie wir bereits gesehen haben, werden Zusätze wie »doctus« und »doctissimus« zur Zeit des 12. und 13. Jahrhunderts vor allem in Verbindung mit Stein- und Bildhauern benutzt: Bei Redewendungen wie der vom gelehrten Daumen des Bildhauers Gerardo aus Mailand oder von der gelehrten Hand des Nicola Pisano handelt es sich um rhetorische Versuche der Künstler, aus dem Ghetto der mechanischen Künste auszubrechen. Einen tatsächlichen Einschnitt bildet vor diesem Hintergrund der Umstand, daß Dante im 11. Gesang des Purgatoriums zwei Handschriftenmaler, Oderis aus Gubbio und Franco Bolognese, sowie zwei Maler, Cimabue und Giotto, namentlich erwähnt und diese mit Gelehrten vergleicht. Daß die Namen von Gelehrten und Malern in ein- und demselben Zusammenhang genannt werden, ist von größter Bedeutung, und dies um so mehr, als diese Namen in einem Text auftauchen, dem ein derart rascher und großer Erfolg beschieden sein sollte wie der *Göttlichen Komödie.*

Die teilweise Befreiung der Künstler aus der untergeordneten Stellung, in der sie sich aufgrund der Nähe ihrer Tätigkeit zu den mechanischen Künsten befanden, kommt hier deutlich zum Ausdruck. Die florentinische Kultur bietet die besten Voraussetzungen für diese Entwicklung. Hier haben die Worte Dantes großes Gewicht, und hier wirkt Giotto als innovatorischer Künstler. Um ihn herum bildet sich schon bald ein Kreis von Bewunderern. Die Art und Weise, in der sein Name und seine Werke von den zeitgenössischen Quellen erwähnt werden, vermittelt einen Eindruck von seinem außergewöhnlichen Ruhm. Ein Testament aus dem Jahr 1312 erinnert an das Kruzifix in Santa Maria Novella, das von dem ausgezeichneten Maler Giotto di Bondone angefertigt wurde. Im Jahr 1313 zitiert ein sehr an der Malerei interessierter Gelehrter wie Francesco da Barberino ein von ihm stammendes Bild (l'Invidia), das sich in der Kapelle der Scrovegni befindet. 1330, als er in Neapel arbeitet, wird er als Vertrauter des Königs bezeichnet, als »protopictor« und »protomagister«. Anläßlich seines Rufs nach Florenz, drei Jahre vor seinem Tod, wird in einer feierlichen Erklärung betont, daß man keinen fähigeren als den Florentiner Meister Giotto hätte finden können, und daß nun, dank seiner Niederlassung in der Stadt, viele von seinem Wissen und seiner Lehre profitieren werden. In Florenz wird ihm das Amt des Architekten der Kommune anvertraut: einerseits handelte es sich dabei um das höchste Amt, das ihm die Kommune anzubieten vermochte, andererseits erkannte man, daß seine Gabe, Zeichnungen anzufertigen und Projekte zu entwerfen, auf anderen Gebieten eingesetzt werden konnte.

Der berühmte Abschnitt in Dantes *göttlicher Komödie* wurde von den zeitgenössischen Kommentatoren immer wieder aufgegriffen, hin und her gewendet und auf sehr unterschiedliche Weise interpretiert. Es fehlte auch nicht an denen, die sich darüber wunderten, daß der Dichter Personen von so niederem Rang erwähnte. Im Verlauf des Jahrhunderts bemächtigten sich die Gelehrten jedoch regelrecht dieser Gestalt, um sie zu einer der ihren zu machen, zu einem Künstler also, der einer Elite angehört und der von dieser Elite verstanden wird. In einer Novelle des *Dekameron,* in der Giotto als Hauptfigur auftritt, erklärt Boccaccio, daß »er, der diese Kunst wieder ans Licht geholt hat, die für viele Jahrhunderte unter den Irrtümern einiger, denen mehr daran gelegen war, die Augen der Ungebildeten zu ergötzen als den Verstand der Gebildeten zu befriedigen, begraben war, er verdient es, daß etwas von dem Licht des florentinischen Glanzes auch auf ihn abfällt«. Und Petrarca, der 1370 in seinem Testament dem Herrn von Padua einen Tisch von Giotto vermacht, bemerkt dazu, daß seine Schönheit, die von den Ungebildeten nicht erkannt wurde, die Meister in Erstaunen versetzte (»cuius pulchritudinem ignoranti non intelligunt, magistri autem stupent«).

Mit dieser Unterscheidung zwischen Gelehrten und Ungebildeten, die schließlich ein wertendes Moment einführt, nähern sich die bildenden Künste den Freien Künsten an – nach den verschiedenen und wiederholten Versuchen zur Selbst-Legitimierung, die die Künstler unternahmen, indem sie, vor allem in ihren Signaturen, den gebildeten und gelehrten, jedenfalls nicht mechanischen, sondern intellektuellen Charakter ihrer Arbeit betonten. Petrarca ist es, der die Namen von Vergil und Simone Martini zusammenbringt, und zwar in der glücklicherweise wiedergefundenen allegorischen Darstellung Vergils, die er Simone auf die erste Seite einer Handschrift Vergils zeichnen ließ, und in der betont wird, daß ebenso wie Mantua Vergil (»qui talia carmina finxit«), Siena Simone hervorgebracht hat (»digito qui talia pinxit«): Auch wenn das Spiel zwischen »finxit« und »pinxit« sowie die Erwähnung des Umstands, daß das Werk mit den Fingern angefertigt wurde, eine subtile Anspielung auf die antike Unterscheidung darstellt, besteht darin der Kern der Annäherung. Gegen Ende des Jahrhunderts werden Giotto und andere florentinische Maler von Filippo Villani in seine Würdigung der berühmtesten Männer der Stadt Florenz aufgenommen, da »viele nicht zu Unrecht der Meinung sind, daß gewisse Maler nicht geringer geschätzt werden sollten als diejenigen, die Meister in den Freien Künsten waren«. Die Herstellung einer Verbindung zwischen ihnen und den Intellektuellen, denjenigen also, die per definitionem auf dem Gebiet der Freien Künste tätig sind, setzt sich zunehmend durch und veranlaßt eine Stadt wie Florenz schon zu einem recht frühen Zeitpunkt zu einer Ausweitung der alten Einteilung der Künste sowie ihrer, den neuen Bedürfnissen angemesseneren Umstrukturierung.

Kapitel 7

Der Kaufmann

Aron J. Gurjewitsch

Der Weg, den die westeuropäische Kaufmannschaft zwischen dem 11. und dem 15. Jahrhundert zurücklegte, spiegelt die wichtigsten Wandlungen wider, die sich in jener Zeit in wirtschaftlicher, gesellschaftlicher und kultureller Hinsicht in Europa vollzogen haben. Während der Händler zu Beginn des Mittelalters ein zwar bedeutendes, aber doch eher zweitrangiges Mitglied einer überwiegend landwirtschaftlich geprägten Gesellschaft war, entwickelte er sich allmählich zu einer zentralen Gestalt, zum Träger neuer Beziehungen, die die überkommenen Grundlagen des Feudalismus sprengen sollten. An dieser Stelle interessiert uns jedoch weniger die eigentliche wirtschaftliche Tätigkeit der Kaufleute, als vielmehr die Frage, wer sie waren, wie sie lebten und was sie dachten. Die Mentalität der Kaufleute unterschied sich in vielerlei Hinsicht von derjenigen der Ritter, Geistlichen oder Bauern. Das Weltbild, das im Verlauf des sich entwickelnden Bewußtseins der Kaufmannschaft nach und nach entstand, trat in Widerspruch zu demjenigen der anderen Schichten und Stände der feudalen Gesellschaft. Beruf und Lebensweise der Geschäftsleute trugen zur Ausformung neuer sittlicher Haltungen und Verhaltensregeln bei.

Obwohl zu Beginn des 11. Jahrhunderts die überwiegende Mehrzahl der europäischen Bevölkerung in dörflichen Siedlungen lebte, gab es doch Städte und in ihnen Kaufleute, deren Rolle gar nicht einmal so unbedeutend war. Die Herrscher, die Kirchenfürsten, der Adel und teilweise auch breitere Bevölkerungskreise benötigten verschiedene Waren und Produkte, die nicht an Ort und Stelle hergestellt werden konnten und deshalb von anderswoher, mitunter aus weiter Ferne eingeführt werden mußten. Nicht nur prächtige Gewänder und Stoffe, Schmuckstücke und Raritäten, die das Luxusbedürfnis der herrschenden Oberschicht befriedigten, sondern auch Dinge des täglichen Gebrauchs wurden zu Wasser und zu Lande von den Händlern herbeigeschafft. Als Haupthandelswege dienten die Meere Süd- und Nordeuropas, die großen Flüsse sowie die alten Landstraßen aus der Römerzeit.

Der Kaufmann der Frühzeit unterschied sich stark von dem des Hoch- und Spätmittelalters. Davon vermitteln die Menschen einen Eindruck, die sich während der Wikingerzeit in Nordeuropa als Händler betätigten: Der Wikinger war Krieger, Eroberer, Plünderer, kühner Seefahrer und Kolonisator. Unter den Überfällen der skandinavischen Wikinger hatten die Bewohner Frankreichs und Englands, des alten Rußlands und der Mittelmeerländer zu leiden. Wo sie auftauchten, gingen Dörfer und Städte in Flammen auf, verwandelten sich Klöster in Trümmerhaufen, wurden Menschen und Vieh hingeschlachtet. Die Wikinger machten reiche Beute, vor allem aus den Klosterschätzen, und viele zu ihren Sklaven. In ganz Europa flehte man zu Gott um die Befreiung von der Plage der Normannen. Jedoch darf man nicht übersehen, daß die Wikingerzüge eng mit dem Handel verbunden waren, denn im Zuge ihrer Unternehmungen kam es auch zum Tausch von mitgeführten Erzeugnissen der Jagd oder des Handwerks gegen Dinge, die sie benötigten. Unter den zahlreichen archäologischen Funden aus der Wikingerzeit kommen neben Waffen auch Waagen und Gewichte vor, die von den skandinavischen Seefahrern benutzt wurden; und bei weitem nicht alle Schatzfunde von Gold- und Silbermünzen stammen aus Plünderungszügen. Ein Teil des Geldes wurde im friedlichen Handelsverkehr erworben. Wie jedoch die isländischen Sagas berichten, endete die Handelsreise eines Skandinaviers oftmals damit, daß er über die ortsansässige Bevölkerung herfiel und sich mit Gewalt nahm, was er nicht durch Tausch hatte bekommen können. Handel und Raub gingen Hand in Hand.

Aber auch diejenigen Kaufleute der Frühzeit, die sich nicht mit Plünderungen abgaben, waren nicht ganz frei von kriegerischem Gebaren. Sie mußten mit ihren Karawanen in ferne Länder reisen und sich unter fremden Menschen und Völkern bewegen. Dabei hatten sie viele Gefahrensituationen zu meistern, ob sie es nun mit Piraten und Räubern oder mit den einheimischen Machthabern zu tun hatten, die oftmals – Räubern ganz ähnlich – nach den Reichtümern der Händler trachteten, indem sie ihnen entweder Zölle auferlegten oder ihnen die mitgebrachten, bzw. eingetauschten Güter einfach wegnahmen. Auf dem Meer drohten Stürme und zu Lande war oft sehr unwegsames Gelände zu überwinden. Der Gewinn aus dem Handel mit seltenen Waren konnte ganz beträchtlich sein, aber das damit verbundene Risiko war nicht geringer. Der englische Abt und geistliche Schriftsteller Aelfric hat zu Beginn des 11. Jahrhunderts verschiedene Berufe in Form von Gesprächen beschrieben: neben dem Mönch, dem Bauern, dem Hirten, dem Weber, dem Salzsieder, dem Fischer, dem Jäger und dem Schmied auch den Kaufmann, den er folgendes sagen läßt: »Ich bin dem König, dem Adel, den Reichen und dem ganzen Volke nützlich. Ich begebe mich auf ein Schiff und segle mit meinen Waren übers Meer in ferne Länder und tausche sie gegen Kostbarkeiten, die es hierzulande nicht gibt. Ich bringe sie unter großer Gefahr zurück und erleide mitunter Schiffbruch; dann verliere ich all meine Habe und rette kaum das nackte Leben.« Der Kaufmann bringt kostbare Stoffe und Gewänder, Edelsteine und Gold, Wein und Öl, Elfenbein, Eisen und sonstige Metalle, Glas und eine Menge anderer Dinge mit. Von seinem Gesprächspartner gefragt: »Verkaufst du diese Sachen zu dem Preis, für den du sie gekauft hast?«, antwortet er: »Nein. Was brächten mir dann meine Mühen ein? Ich verkaufe teurer, als ich selber gekauft habe, um einen gewissen Gewinn zu erzielen und meine Frau und meine Kinder ernähren zu können.«

Allerdings ist nach Aelfrics Auffassung die Arbeit des Bauern für die Gesellschaft besonders wichtig, da dieser alle ernährt. Das ›ökonomische Denken‹ des Frühmittelalters überschreitet nicht den durch die Naturalwirtschaft vorgegebenen Rahmen. Genauso haben die Theoretiker der feudalen Gesellschaft nur zwischen der Geistlichkeit (den Betenden), der Ritterschaft (den Kämpfenden) und den Bauern (diejenigen, die die Erde pflügen) unterschieden. An der Spitze dieses dreigliedrigen Gefüges stand der Herrscher. Die Stadtbevölkerung, die Handwerker und Kaufleute, wurden von ihnen jedoch nicht erwähnt. Dies nicht etwa deshalb, weil deren Rolle ohne Bedeutung gewesen wäre, sondern weil in der Gesellschaft des 11. und 12. Jahrhunderts das alte Begriffsschema noch in einem Maße wirksam war, daß man glaubte, neuere Entwicklungen nicht zur Kenntnis nehmen zu müssen. Während die Arbeit des Bauern für den Bestand des sozialen Organismus ebenso unabdingbar war wie die Gebete der Mönche und Weltgeistlichen sowie die Kriegstaten der Ritter, blieben die Beschäftigungen der Städter und insbesondere die der Kaufleute vom Standpunkt der herrschenden Ethik aus betrachtet zweifelhaft und verdächtig. Das Mißtrauen, das die Bauern, und der Hochmut, den die Adligen dem Händler gegenüber zeigten, fanden ihre Entsprechung und Begründung in der Lehre der Kirche.

Die Haltung, die die Gesellschaft dem Kaufmann gegenüber einnahm, war widersprüchlich. Einerseits konnte sie kaum auf ihn verzichten. Die Lehren, die der Vater seinem Sohn im ›Königsspiegel‹ gibt, einem Werk, das die verschiedenen sozialen Schichten Norwegens aus der Sicht eines gebildeten Norwegers im ersten Drittel des 13. Jahrhunderts beschreibt, beginnen mit einer Schilderung der Tätigkeit des Kaufmanns. »Der Mann, der ein Kaufmann sein soll«, sagt der Vater, »muß sich mancher Lebensgefahr aussetzen, manchmal auf dem Meere, manchmal in heidnischen Ländern und fast immer unter fremden Völkern. Stets muß er daran denken, sich dort richtig zu verhalten, wo er sich befindet. Auf dem Meere muß er rasche Entschlossenheit und starken Mut haben. Aber wenn du dich auf Handelsplätzen befindest oder wo du immer bist, da zeige dich gesittet und gefällig, das macht den Mann beliebt bei allen guten Leuten.« Große Sorgfalt mußte jedoch nicht nur auf gebührliches Verhalten gelegt werden, das dem Handel am Zielort dienlich sein konnte. Besonders wichtig war es darüber hinaus, das Handelsrecht zu kennen. Damit der Kaufmann bei seinen Geschäften vorankam, mußte er Fremdsprachen, vor allem Latein und Französisch beherrschen. Um sich orientieren zu können, war es notwendig, daß der seefahrende Händler grundlegende Kenntnisse über die Stellung der Himmelskörper, den Wechsel der Tageszeiten sowie die Lage der Länder der Welt hatte. »Das sollst du auch immer dir vornehmen, daß dir kein Tag vergeht, ohne daß du irgend etwas lernst, was dir nützlich ist, wenn du klug heißen willst.« Den Kaufmann zeichnen Friedfertigkeit und Zurückhaltung aus, aber »wenn notwendige Veranlassungen dich zu einem Streit zwingen, sinne nicht hastig nach Rache, bevor du siehst, daß sie ausgeführt werden kann und dort trifft, wo es recht ist.« Besondere Umsicht ist bei der Auswahl der Mitfahrenden zu entwickeln. »Immer sollst du den allmächtigen Gott und die heilige Jungfrau Maria einen gewissen Anteil mit dir in der Handelsgemeinschaft haben lassen, ebenso den Heiligen, den du besonders um Fürbitte anrufst.«

Beachtet man all diese Ratschläge, so kann man reich werden. Da sich der Verfasser des ›Königsspiegels‹ der großen Gefahren bewußt ist, die mit dem Handel übers Meer verbunden sind, empfiehlt er dem jungen

Kaufmann: »Und wenn du siehst, daß durch die Handelsreisen dein Vermögen in vollem Ernst groß geworden ist, da nimm zwei Teile heraus und lege sie in gutem Lande an, denn diese Art des Vermögens scheint doch am ehesten sicher zu sein, ob jemand es nun selbst genießen kann oder seine Nachkommen.«

Es ist merkwürdig, daß ein solcher Rat gerade in Norwegen erteilt wird, denn in diesem Land fehlten die großen Flächen für die Landwirtschaft. Die Anlage des aus dem Handel gewonnen Kapitals in Grundeigentum ließ sich in den meisten Staaten des europäischen Festlands beobachten, von Deutschland bis Italien. Es waren die vielfältigen Gefahren sowie das soziale und ökonomische Risiko seines Berufs, die den Kaufmann dazu veranlaßten, in den sichereren Bereich des Grundbesitzes zu investieren.

Andererseits war das Sozialprestige der Kaufleute sehr niedrig. Ein Reicher rief Neid und Mitgunst hervor, an seiner Redlichkeit und Ehrlichkeit bestanden ernsthafte Zweifel. Der Kaufmann blieb – in den Worten eines heutigen Historikers – ein ›Paria‹ der frühmittelalterlichen Gesellschaft. Woraus fließt dann sein Gewinn? Er kauft für einen bestimmten Preis und verkauft die Ware teurer. Hierin liegen möglicher Betrug und unredlicher Gewinn verborgen; und die Gottesgelehrten erinnerten gern an die Worte: »Das Gewerbe des Händlers ist Gott nicht wohlgefällig«. Aus der Sicht der Kirchenväter war es nämlich kaum zu vermeiden, daß sich in die Beziehungen des Kaufs und Verkaufs die Sünde drängte. In den Aufzählungen von Berufen, wie sie die Gottesgelehrten gewöhnlich vornahmen, wurde der Handel fast regelmäßig als ›unehrlich oder ›unrein‹ bezeichnet. Da die Geistlichkeit die irdische Welt verwarf und sie gegenüber der himmlischen entwertete, konnte sie nicht umhin, den Handel zu verurteilen, da er eine Beschäftigung war, die auf Gewinn abzielte.

Allmählich sah sich die Kirche jedoch gezwungen, die Veränderungen zur Kenntnis zu nehmen. Der Wandel wurde im 13. Jahrhundert spürbar. Recht aufschlußreich ist in diesem Zusammenhang, daß die Kirche das Schwergewicht der Anstrengungen, ihre religiösen und ethischen Lehren zu verbreiten, nunmehr vom Land in die Stadt verlagern mußte. Die neuen Bettelorden der Franziskaner und Dominikaner hatten ihre Grundlage vornehmlich in den Städten, und ihre Predigt wandte sich in erster Linie an deren Bewohner. Nach den Ausführungen eines Kirchenmanns bildeten die Städte, in denen sich die Masse der Bevölkerung zusammenballte und in die es auch die Bewohner des flachen Landes zog, einen Nährboden für die

Ketzerei, die deshalb auch hier ausgerottet werden mußte. Selbst in dieser Zeit blieb das Verhältnis zum Beruf des Kaufmanns widersprüchlich. Obwohl die Kirche die Bedeutung des Handels für den Bestand der Gesellschaft anerkannte, ihm bisweilen Schutz gewährte und aus ihm Nutzen zog, hielt sie doch an ihren Vorurteilen fest. »Der Handel hat etwas Schimpfliches an sich«, schrieb Thomas von Aquin, dem doch völlig bewußt war, daß die Gesellschaft ohne den Handel nicht auskommen konnte.

Die widersprüchliche Stellung des mittelalterlichen Kaufmanns tritt auch in der Predigt der Bettelmönche klar zutage. Dabei ist daran zu erinnern, daß der Stifter des Franziskanerordens aus einer Familie reicher Tuchhändler stammte. Franz von Assisi war vom Gedanken der evangelischen Armut in einem Maße durchdrungen, daß er Geld und Gut zurückwies und mit seiner Familie brach, um eine Bruderschaft Gleichgesinnter zu gründen, die sich rasch in einen Mönchsorden verwandelte. Angesichts der wachsenden Unzufriedenheit, die das Volk gegenüber den Reichtümern der Kirche, des Adels und der städtischen Oberschichten bekundete, einer Unzufriedenheit, die Ketzereien hervorbrachte, fand es die Kirche zweckmäßig, die Bettelmönche unter ihren Schutz zu nehmen und in ihr Gefüge einzugliedern. Sie wünschte, »daß die Nackten dem nackten Christus folgten« – aber unter ihrer Führung und nicht etwa im Strom der Ketzerbewegungen. Die Predigten der neuen Orden stellten die Vermögenden vor ein ernsthaftes moralisches Dilemma: Das Himmelreich war denen bereitet, die der irdischen Güter entsagten; Habsucht, die Quelle der Reichtümer, galt als eine der schlimmsten Todsünden. Die Prediger wurden nicht müde, Blitze auf die Häupter der Eigensüchtigen und Reichen zu schleudern.

Besonderen Zorn erregten diejenigen Reichen, die Geld gegen Zinsen verliehen. Dieses Verfahren, das Kapital zu mehren, war unter den Händlern weitverbreitet. Viele zogen es vor, Geld zu verleihen, anstatt die mit beträchtlichem Risiko verbundenen Handelsreisen in die Ferne zu unternehmen; oder sie betrieben den Geldverleih neben dem Handel. Geld brauchten alle, die Herrscher und der Adel ebenso wie die Krämer, die Handwerker und die Bauern. Die christlichen Schriftsteller hatten den Wucher stets verurteilt und den Wucherern Höllenqualen im Jenseits vorausgesagt. Im Jahre 1179 verbot die Kirche den Christen, Wucher zu treiben. Diese Verbote erklären in beträchtlichem Maße die Rolle, die Juden im Wirtschaftsleben des Westens spielten. Als Andersgläubige konnten sie einer Tätigkeit nachgehen, die tatsächlich unentbehrlich war, von der

Kirche jedoch als unchristlicher Beruf entschieden verurteilt wurde. Allerdings betätigten sich auch viele Christen als Wucherer.

Die Predigten des 13. Jahrhunderts und der folgenden Zeit formulieren eine scharfe Gesellschaftskritik. Ausgehend von den Grundsätzen der christlichen Sittenlehre brandmarkten die Mönche schonungslos jeden, der von ihr abwich. Im Grunde galt dies aber für alle – für die Herrscher, die Ritter, die Städter, die Bauern und sogar für die Geistlichkeit: Es gab niemanden, der frei von Sünde gewesen wäre. Trotzdem ergossen sich die schlimmsten Schimpfreden über die Häupter der Wucherer. In den ›Beispielen‹ (exempla), die in die Predigten eingeflochten und der volkstümlichen Überlieferung oder der Literatur entlehnt waren und erbauliche Lehren enthielten, wird der Wucherer als moralisches Ungeheuer gezeichnet. Die den Wucherern gewidmeten ›Beispiele‹ kreisen unermüdlich um ein und dieselbe Vorstellung: Der Wucherer ist Gottes, der Natur und des Menschen Feind. Unrechtmäßig erworbenes Geld, das in einen Kasten gelegt wird, in dem sich Münzen befinden, die Mönche als Spenden erhalten haben, verzehrt diese Geldstücke buchstäblich. Oder: Während einer Seereise reißt ein Affe den Geldbeutel eines Wucherers an sich, klettert auf den Mast des Schiffes, schnuppert an den Münzen und wirft alle die über Bord, die aus Wuchergeschäften stammen. Das Urteil über die Seele des Wucherers wird im Augenblick seines Todes gesprochen, und scheußlich anzusehende, böse Geister zerren seine Seele geradewegs in die Hölle, wobei sie ihm glühende Münzen in den Mund stekken. Der Wucherer ist der treueste Diener des Teufels, der mitunter hinter seiner Seele sichtbar wird und dem Unglücklichen nicht die geringste Frist läßt, den von ihm verursachten Schaden gutzumachen oder Vergebung für seine Sünden zu erflehen. Halten wir uns die Qualen der Sünder aus Dantes ›Hölle‹ vor Augen! Nichts kann die Seele des Bankiers retten, der von den Zinsen gelebt hat – es sei denn die vollständige Rückgabe des gesamten, unrechtmäßig angehäuften Reichtums an diejenigen, die er zu Lebzeiten ausgenutzt hat. Verabscheuungswürdig erscheint der Wucher in den Augen Gottes und der Menschen vor allem deshalb, weil es keine andere Sünde gibt, die – ähnlich wie diese – unaufhörlich begangen würde: Die Ehebrecher, Mörder, Lügner, Gotteslästerer ruhen von ihren Sünden aus, während der Wucherer unablässig weiteren Gewinn macht. Mit seiner Tätigkeit mißachtet er den gebotenen Wechsel von Arbeit und Ruhe. Der Wucher zerstört die Verbindung zwischen der Persönlichkeit und ihrer Betätigung, denn selbst wenn der Wucherer ißt, schläft oder einer Predigt zuhört, wachsen die Zinsen weiter an. Der Herr hat dem Menschen geboten, sein Brot im Schweiße seines Angesichts zu essen; der Wucherer aber wird ohne Mühe reich. Indem er mit dem Warten auf Geld, also mit der Zeit Handel treibt, stiehlt er die allen Geschöpfen gehörende Zeit; daher soll der, der das Licht des Tages und die Ruhe der Nacht verkauft hat, das nicht besitzen, was er verhandelt hat, nämlich das ewige Licht und die ewige Ruhe.

Die Last des Fluches, der auf der Seele des Wucherers liegt, ist so groß, daß Nachbarn eines solchen Mannes bei seinem Begräbnis nicht in der Lage waren, seinen Leichnam aufzuheben. Die Priester weigerten sich, die Geldleute in geweihter Erde zu bestatten, und als man die Leiche eines Wucherers auf einen Esel geladen hatte, trug das Tier sie aus der Stadt und warf sie auf den Misthaufen unter dem Galgen. In einem anderen ›Beispiel‹ versucht ein reicher Wucherer auf dem Sterbebett seine Seele zu überreden, ihn nicht zu verlassen, indem er ihr Gold und Silber verspricht, und verweist sie voller Zorn in die Hölle, als er sein Ziel nicht erreicht. Wucherer, die sich der Sündhaftigkeit ihres Tuns bewußt sind, werden manchmal von gräßlichen Gesichten heimgesucht. Einer von ihnen, der in seinem Bett schlief, sah sich plötzlich vor dem Jüngsten Gericht und hörte schon den Spruch, der ihn dem Teufel auslieferte. Er wachte auf und lief in einem Anfall von Wahnsinn aus dem Haus, ohne jedoch Reue zu üben und angerichteten Schaden zu ersetzen. Da erschien auf dem Fluß ein Schiff, das in schnellem Lauf gegen die Strömung fuhr, ohne von jemandem gesteuert zu werden. Der Wucherer brach in den Ruf aus, daß das Schiff voller Teufel sei, woraufhin sie ihn ergriffen und mit ihm davonfuhren.

Der Zorn, den der Wucher bei den Predigten hervorrief, kannte keine Grenzen. Wie erklärt sich dieser Eifer und warum mußte man gerade in der Predigt unablässig auf den Wucherer zu sprechen kommen? Es ist anzunehmen, daß die kasuistischen Ausführungen der Gottesgelehrten über die Sündhaftigkeit des Wuchers darauf abzielten, der Abneigung, die die Zuhörerschaft der Prediger gegenüber den Wucherern hegte, gelehrte Begründungen zu verschaffen. Man kann sich kaum vorstellen, daß all die Geschichten von den Wucherern, die sich in den Predigten finden, das geistige Eigentum der Verfasser der ›Beispiele‹ sind. Spiegelten sie teilweise nicht direkt die öffentliche Meinung wider? Aus etlichen ›Beispielen‹ spricht die feindliche Haltung der Städter gegenüber den Geldverleihern. Ein Priester, der zeigen wollte, daß der Wucher ein so schändliches Treiben ist, daß niemand sich in der Öffentlichkeit zu ihm zu bekennen wagt, sagte während einer Predigt: »Ich will einem jeden von euch je nach dem Beruf und der Tätigkeit Sündenerlaß gewähren: Die Schmiede sollen aufstehen.« Die Schmiede erhoben sich von ihren Sitzen und erhielten Vergebung. Nach ihnen wurde den anderen Handwerkern Vergebung gewährt. Schließlich rief der Prediger: »Die Wucherer sollen sich erheben und Vergebung empfangen.« Obwohl ihre Zahl größer war als die der Vertreter aller anderen Berufe, stand keiner von ihnen auf. Unter allgemeinem Gelächter entfernten sich die Wucherer voller Bestürzung. Die Beschämung der Wucherer wird in den ›Beispielen‹ oftmals als Begebenheit geschildert, die – als ein öffentliches Ärgernis – in den Mittelpunkt des städtischen Lebens rückt. So fand im Jahre 1240 in Dijon ein Wucherer während einer Vermählungsfeier vor den Türen der Kirche den Tod. Ihm hatte ein steinerner Geldbeutel das Haupt zertrümmert, der von der Abbildung eines Wucherers herabgefallen war, die sich über dem Westportal des Doms befand, dem Platz, der der Darstellung des Jüngsten Gerichts gebührte.

Die Abneigung gegen die Wucherer war weit verbreitet. Matthias Paris, ein Geschichtsschreiber der ersten Hälfte des 13. Jahrhunderts, schrieb über die Lombarden (so nannte man nördlich der Alpen die italienischen Bankiers und Wucherer): »Die Lombarden sind sehr gewandte Menschen. Verräter sind sie und Betrüger ... Sie verschlingen nicht nur die Menschen und Haustiere, sondern auch Mühlen, Schlösser, Bauernhöfe, Wiesen, Gehölze und Wälder ... In einer Hand halten sie ein Blatt Pergament und in der anderen eine Feder, mit deren Hilfe sie den Einheimischen das Letzte wegnehmen, um mit deren Silber ihre Beutel zu füllen ... Sie mästen sich mit der Not der anderen und sind wie Wölfe, weil sie Menschen verschlingen.« Pogrome und Mordanschläge gegen die italienischen Wucherer kamen im Westen, besonders in Frankreich, gegen Ende des 13. und während des 14. Jahrhunderts ebenso häufig vor wie die Judenpogrome, mit dem einzigen Unterschied, daß letztere auch religiös motiviert waren. Übrigens lesen wir in der ›Straßburger Chronik‹(Ende des 14. – Anfang des 15. Jahrhunderts): »Wenn die Juden arm wären und die Herren bei ihnen nicht in der Schuld ständen, würde man sie nicht verbrennen.«

Der Wucher stürzt nicht nur die Seelen der Geldverleiher ins Verderben, sondern auch die ihrer Kinder, wenn diese den unrechtmäßig erworbenen Reichtum erben, ohne den von ihren Vätern angerichteten Schaden wiedergutzumachen. In diesem Zusammenhang ist auch folgende Vision zu sehen: Aus dem Bauch eines Menschen, der in den höllischen Flammen liegt, wächst ein großer Baum, an dessen Ästen Menschen hängen, die von diesem Feuer verzehrt werden. Was bedeutet das? Der unten Liegende ist der Ahn all der Geschlechter, die infolge des Wuchers emporgekommen sind; die Nachfahren müssen leiden, weil sie den Spuren des Ahnherrn gefolgt sind. Ein Priester verkündete in seiner Predigt: »Betet nicht für die Seele meines Vaters, denn er war ein Wucherer und wollte die Mittel nicht zurückgeben, die er durch den Wucher angehäuft hatte. Verflucht sei seine Seele, und ewig leide sie in der Hölle, damit er das Antlitz Gottes niemals erschaue und den Klauen der Teufel niemals entrinne.«

In der ständisch gegliederten Gesellschaft zählten nur die vornehme Abstammung und die mit ihr verbundenen ritterlichen Tugenden. Der Städter, sogar der reiche Kaufmann stieß bei den Adligen auf Verachtung; von ihm war kein ritterlicher Mut zu erwarten. In den Augen der vornehmen Ritter und Damen ähnelte er der Canaille, dem Bauerntölpel. Die wohlhabenden städtischen Kaufleute und Wucherer strebten jedoch nach einer ihrem Reichtum entsprechenden Stellung. Folgende Geschichte, die von einem französischen Prediger des 13. Jahrhunderts berichtet wird, zeigt, wie der Aufstieg nichtadliger Neureicher von ihrer Umgebung wahrgenommen wurde: Ein mit Grind bedeckter Junge kam als Bettler in die Stadt und wurde unter dem Spitznamen ›der Krätzeknabe‹ bekannt. In dem Maße, in dem er aber durch Wuchergeschäfte reich wurde, wandelte sich sein Ruf. Zunächst hatte man ihn ›Martinus scabiosus‹ genannt, dann ›domnus Martinus‹. Als er jedoch zu den führenden Reichen der Stadt zählte, hieß er ›dominus Martinus‹ und schließlich ›meus dominus Martinus‹. Auf Französisch lauteten diese Titel: maître, seigneur, monseigneur. In dem ›Beispiel‹ endet dieser Aufstieg eines Wucherers auf der sozialen Stufenleiter natürlich mit seinem Abstieg in die Hölle.

Die Habsucht ist das verwerflichste Laster. »Du magst das Kreuz aus der Hand des Papstes empfangen, übers Meer segeln, mit den Heiden kämpfen, das Heilige Grab erobern, für Gottes Sache fallen und sogar im Heiligen Grab ruhen,« sagt der deutsche Franziskaner Berthold von Regensburg zu einem Wucherer, den seine Predigt in Angst und Schrecken versetzt hat, »und doch ist deine Seele trotz all deiner Heiligkeit verloren.« Denn nichts vermag einen Wucherer zu erlösen – außer der vollständigen Wiedergutmachung des von ihm verursachten Schadens.

Die Haltung, die die Kirche dem Wucher gegenüber einnahm, blieb auch in den folgenden Jahrhunderten ablehnend. Wenn der Erzbischof Antoninus von Florenz in seinen theoretischen Abhandlungen auch den Geldgeschäften einige Zugeständnisse macht, die ja in den italienischen Städten während des 14. und 15. Jahrhunderts ihren höchsten Stand erreicht hatten, so führt Bernardinus von Siena in seinen Predigten auf beeindruckende Weise aus, wie der Wucherer von allen heiligen Gewalten, ja sogar vom ganzen Weltall verworfen ist: »Alle Heilige, Selige und Engel im Paradies rufen: ›In die Hölle, in die Hölle mit ihm!‹ Die Himmel schreien mit ihren Sternen: ›Ins Feuer mit ihm, ins Feuer!‹ Die Planeten erheben ihre Stimme: ›In die Tiefen der Hölle, in die Tiefen der Hölle.‹ Und die Elemente stehen gegen ihn auf mit dem Ruf: ›Übergebt ihn den Qualen, den Qualen.‹ Und das Haus, wo der sich zum Sterben niedergelegt hat, wird nicht müde, mit den Wänden und Balken die Strafen gegen ihn herabzuflehen.«

Predigten und Verurteilungen konnten der Tätigkeit der Wucherer keine Grenzen setzen, obgleich sie zu Winkelzügen Zuflucht nehmen mußten, um der öffentlichen Schmach zu entgehen. Trotzdem wäre die Vorstellung, daß diese Entlarvungen keine Bedeutung gehabt hätten, verfehlt; ihre Wirkung war vor allem sozialpsychologischer Art. Das Bewußtsein des Widerspruchs zwischen der einträglichen wirtschaftlichen Tätigkeit und deren außerordentlich niedrigen moralischen Bewertung mußte die seelische Welt des Wucherers zwangsläufig spalten, zumindest solange er ein frommer Mann war.

Die Ethik der Geldanhäufung führte nicht nur zu Konflikten mit der religiösen Lehre. Sie stand auch im klaren Widerspruch zur Grundhaltung des Adels, dem die sichtbare und zeremonielle Vergeudung von Reichtümern in der Öffentlichkeit ruhmvoll erschien. Ausgaben zu machen, ohne auf die Einkünfte zu achten, galt als Zeichen von Vornehmheit und Freigebigkeit. Ein Kaufmann jedoch muß das Geld zusammenhalten und umsichtig über seine Mittel verfügen, wenn er auf Gewinn hoffen will. In der Mitte des 14. Jahrhunderts entstand in England eine Dichtung, deren Verfasser unbekannt ist: ›Der kurze und gute Streit zwischen dem Sparsamen und dem Verschwender.‹ Bei dem Erstgenannten handelt es sich um einen Kaufmann und Rechtsgelehrten, während der Zweite Ritter oder Adliger ist. Der Sparsame, der sich an der Betrachtung seiner Reichtümer erfreut, lobt alle, die wenig ausgeben. Er versteht es, bescheiden zu leben, und er hat die Dinge im Griff. Die Torheit des Verschwenders, die in dessen

Kleidung, Speisen und Getränken zum Ausdruck kommt, ruft bei ihm Unverständnis und Entrüstung hervor. Allein die Aufzählung der Gerichte, die bei einem Gastmahl im Hause des Verschwenders gereicht werden, bietet Stoff für eine kulinarische Abhandlung. Leute, die keinen Pfennig in der Tasche haben, aber seltene Pelze, wertvolle Gewänder und andere teure Luxusgegenstände erwerben, erregen bei dem Gewinnsüchtigen Mißtrauen und Ablehnung. Er wirft dem Müßiggänger vor, sich nicht um den Ackerbau zu kümmern und die Arbeitswerkzeug zu verschleudern, um seine kriegerischen Abenteuer und Jagdbelustigungen zu finanzieren. Völlerei und Trunksucht sind der Grund, warum ererbte Güter verpraßt werden. Vergebens drängt er den Prasser, seine Ausgaben einzuschränken, sich vor dem Zusammenbruch zu hüten und seine Nächsten zur Arbeit anzuhalten. Dem Gewinnsüchtigen ist klar: Was den Prasser zur Verschwendung der Reichtümer treibt, ist Hoffart.

Der Verschwender seinerseits wirft dem Sparsamen vor, daß die von ihm angehäuften Schätze niemandem Nutzen brächten: »Welchen Sinn haben diese Reichtümer, wenn man sie nicht ausgibt? Ein Teil wird rostig, ein anderer vermodert oder fällt den Ratten zum Opfer.« Im Namen Christi wird der Gewinnsüchtige aufgerufen, die Truhen nicht mehr zu füllen, sondern sein Silber mit den Armen zu teilen. Der Verschwender verweist auf die Eitelkeit des Reichtums und nennt die Übel, die er verursacht: Je wohlhabender ein Mensch ist, desto feiger ist er. Verdient nicht ein kürzeres, aber glückliches Leben den Vorzug?

Der Streit zwischen dem Gewinnsüchtigen und dem Verschwender, der vor den englischen König getragen wird, bleibt unentschieden. Bei dem Prasser und dem Sparer handelt es sich weniger um bestimmte soziale Typen als um Verkörperungen verschiedener Lebensgrundsätze und entgegengesetzter Wertsysteme. Allerdings besteht kein Zweifel, auf welcher Seite in dieser Auseinandersetzung der Kaufmann zu suchen ist.

Wie bereits erwähnt, hatten die kirchlichen Schriftsteller des 11. und 12. Jahrhunderts bei ihrer Schilderung der Gesellschaft auf das dreigliedrige Schema Mönch – Ritter – Bauer zurückgegriffen. Schon im 13. Jahrhundert geriet dieses Schema in Widerspruch zur gesellschaftlichen Wirklichkeit. In der Predigt der Bettelmönche wird die ständische und berufliche Vielfalt dagegen anerkannt. Die Abkehr von der überkommenen Auffassung des Gesellschaftsgefüges war vor allem mit der Zunahme der städtischen Bevölkerung, insbesondere der Händlerschicht verbunden.

Von Berthold von Regensburg stammt ein besonders interessanter und aussagekräftiger Versuch, die Vielfalt und Kompliziertheit des gesellschaftlichen Gefüges zu erfassen.

Die ständischen Abstufungen betrachtet er gewissermaßen als Entsprechungen der himmlischen Hierarchie, von der die irdischen Einrichtungen ihre Rechtfertigung und Begründung erhalten. Den neun Chören der Engel, von denen einstmals Pseudo-Dionysius geschrieben hatte, entsprechen neun Gruppen von Menschen, die verschiedene Aufgaben erfüllen. Wie die niederen Chöre der Engel den höheren dienen, so sind die unteren Gruppen der Menschen den höheren unterworfen. In der Hierarchie der Engel stehen drei Chöre am höchsten; und geradeso erheben sich drei Gruppen von Menschen über alle anderen, die der Schöpfer selbst auserwählt hat, und denen alle übrigen unterworfen sind. Bei den drei höchsten Gruppen handelt es sich um die Priester mit dem Papst an erster Stelle, die Mönche sowie die weltlichen Richter, zu denen der Kaiser, der König, die Herzöge, Grafen und alle weltlichen Herren gerechnet werden. Die beiden ersten Gruppen kümmern sich um die Seelen der Christen, die dritte um ihr irdisches Wohlergehen, indem ihre Vertreter die Witwen und Waisen schützen.

Wer bildet nun die übrigen sechs Gruppen? Hier ist vor allem hervorzuheben, daß der Prediger bei ihrer Beschreibung auf Abstufungen verzichtet; sie stehen gewissermaßen auf einer Ebene. Die Hierarchie, die ihre Bedeutung für die höhere Welt behält, verliert sie aus seiner Sicht für die menschliche Welt, die in der Predigt mit der städtischen Welt identisch ist. Die erste der sechs Gruppen oder ›Chöre‹ bilden alle diejenigen, die Kleidung und Schuhe herstellen. Die Handwerker, die mit eisernen Werkzeugen arbeiten (die Goldschmiede, Grobschmiede, Zimmerleute, Steinmetzen) machen den zweiten ›Chor‹ aus. Der dritte ›Chor‹ besteht aus den Kaufleuten. Sie schaffen Waren von einem Reich ins andere und segeln über das Meer; das eine bringen sie aus Ungarn herbei, anderes aus Frankreich. Den vierten ›Chor‹ bilden die Verkäufer der Nahrungsmittel und Getränke, von denen die Bevölkerung mit lebensnotwendigen Dingen versorgt wird. Der fünfte ›Chor‹ sind die Bauern, der sechste die Ärzte. So ergeben sich neun Chöre. Und wie der zehnte Chor der Engel von Gott abgefallen ist und sich Satan angeschlossen hat, so umfaßt der zehnte ›Chor‹ der Menschen die Gaukler und Schauspieler, deren Seelen dem Verderben preisgegeben sind. Wie seine Beschreibung der verschiedenen Berufsgruppen zeigt, tritt Berthold die Vielfalt der Beschäftigungen vor allem in den Städten vor Augen. An alle Städter und die Bauern wendet sich Berthold mit der Auffassung, zu arbeiten sowie redlich und ohne Betrug zu dienen. Die Unterscheidung zwischen den großen Kaufleuten, die Fernhandel treiben, und den Krämern war ein nicht wegzudenkendes Merkmal der mittelalterlichen Stadt. Im Mittelpunkt der Aufmerksamkeit des Predigers standen die städtischen Berufe; und Berthold, der doch nicht müde wird, die »Habgierigen« und Reichen mit Flüchen zu überschütten, läßt den Handel und die Kaufmannschaft ungeschoren: Sie sind für den Bestand des Ganzen unabdingbar; ihre Beschäftigungen werden als Berufe bewertet, die der Schöpfer genauso vorherbestimmt hat wie den Beruf des Bauern, des Richters oder des Mönchs. Redlicher Handel lautet das Ideal des Berthold von Regensburg wie auch anderer Prediger des 13. Jahrhunderts.

Daß Bertholds ›soziologisches‹ Denken auf die städtische Bevölkerung gerichtet ist, geht aus seiner Beschreibung des sozialen Gefüges deutlich hervor. Interessant ist in diesem Zusammenhang auch seine Deutung des Gleichnisses von den ›Silbernen Talenten‹, die ein Herr seinen Knechten anvertraute. Hier zeigt sich, wie sehr das Leben selbst den Prediger dazu veranlaßte, die übliche Form der Auslegung eines heiligen Textes mit einem neuen Inhalt zu füllen. Was sind diese ›Pfunde‹ oder ›Talente‹, die dem Menschen vom Schöpfer gegeben sind? Das erste ›Pfund‹ ist »unsere eigene Person«, die Gott nach seinem Bilde geschaffen und geadelt hat, indem er ihr die Freiheit des Willens gab. Das zweite ›Pfund‹ ist »dein Dienst, dein Amt, zu dem Gott dich bestimmt hat, indem er jedem Menschen seine Stelle anwies.« Die Gesellschaft besteht aus Menschen, die die ihnen übertragenen, sozialen Aufgaben erfüllen; und jedes Amt, sei es hoch oder niedrig, ist wichtig und unverzichtbar für den Bestand des Ganzen. Dabei muß hervorgehoben werden, daß Berthold von Regensburg Einzelwesen vor Augen hat, die bestimmte Aufgaben erfüllen, während das alte dreigliedrige Schema von Ständen ausging, die eine Masse bildeten, deren Angehörige anonym blieben. Ausgangspunkt seiner Überlegungen ist die Persönlichkeit, nicht der Stand. Die Aufgaben sind nach dem Willen des Herrn klug verteilt, und keiner kann seinen Platz verlassen und von einer Gruppe in die andere wechseln. Allerdings gibt es Beschäftigungen, die keine der von Gott vorgesehenen Berufungen darstellen. Das gilt für den Wucher, den Kauf aus zweiter Hand, den Betrug und den Diebstahl. An dieser Stelle schmäht Berthold die Händler, die Wasser als Wein ausgeben, »Luft anstelle von Brot« verkaufen, Wachs und Bier verfälschen oder falsche Maße und Gewichte benutzen. Wenn also Gottes erste Gabe an den Menschen die Person ist, so ist seine zweite nichts anderes als die soziale Aufgabe des Individuums, seine Berufung in einen Stand und einen Beruf. Die Persönlichkeit erscheint nach Bertholds Auffassung als sozial bestimmte Persönlichkeit, deren Eigenschaften aufs engste mit ihrer Zugehörigkeit zu einer Klasse, einem Stand oder einer Gruppe der Gesellschaft in Verbindung stehen. Anstatt zu asketischer Entsagung und Abkehr von der Welt aufzurufen, verweist der franziskanische Prediger darauf, daß die sozial nützliche Beschäftigung als Grundlage des Bestehens der Gesellschaft unabdingbar ist.

Das dritte ›Pfund‹ oder ›Talent‹, das Gott dem Menschen anvertraut hat, ist die Zeit, die ihm für sein Leben zugeteilt wurde und von der Gott wissen will, wie wir sie gebrauchen. Die Zeit ist uns zur Verrichtung unserer Arbeiten gegeben und darf nicht vergeudet werden. Für die Zeit, die ohne Nutzen verrinnt, muß man Rede und Antwort stehen. Die Zeit ist zur Erlangung des Heils und nicht zur Vermehrung der Qualen im Jenseits zu nutzen.

Das vierte von Gott gewährte ›Talent‹ ist der irdische Besitz. Es gehört sich, ihn mit Verstand zu nutzen und gut mit ihm umzugehen. Eigentum ist, was rechtmäßig, durch ehrliche Arbeit erworben wurde. Wenn Berthold von den »Habsüchtigen«, »Dieben« und »Spitzbuben« spricht, empört er sich nicht über die ungerechte Verteilung, sondern die schlechte Verwendung des Eigentums. Der Herr hat alles in ausreichendem Maße geschaffen, so daß alle ernährt werden können. Die Ungleichheit der Vermögen und die Unterschiede zwischen Reichen und Armen treten gegenüber der ursprünglichen Gleichheit der Menschen vor Gott in den Hintergrund. Alles nimmt von IHM seinen Ausgang, und zu IHM kehrt letzten Endes alles zurück. Deshalb läßt der Prediger kein absolutes Eigentumsrecht gelten. Das Vermögen ist seinem Besitzer von Gott ebenso anvertraut wie seine Person, die Zeit und das Amt, so daß er nur als Verwalter eines Reichtums erscheint, über dessen Verwendung er Rechenschaft ablegen muß.

Die fünfte Gabe (das fünfte ›Pfund‹) schließlich ist die Liebe zum Nächsten, den man wie sich selbst lieben muß. Auf welche Weise dies zu geschehen hat, werden wir gleich sehen.

Die fünf Gaben, die dem Menschen ausgehändigt werden und die die hauptsächlichen Werte bilden, über deren Verwendung er dem Allmächtigen Rechenschaft abzulegen hat, sind also seine Persönlichkeit, sein Beruf, seine Lebenszeit, sein Vermögen sowie seine Beziehungen zu anderen Menschen. Und die Seele? Sie wird nicht genannt, ist aber nach Auffassung des Predigers als unsichtbarer Brennpunkt vorhanden, in dem sich all die aufgezählten Gaben des Schöpfers sammeln. Etwas anderes zieht die Aufmerksamkeit jedoch auf sich: der Umstand nämlich, daß der ›Dienst‹ in der Predigt als ebenso unabdingbare Eigenschaft des Menschen erscheint wie seine eigene Person. Die Persönlichkeit beschränkt sich demzufolge nicht auf die Einheit von Körper und Seele, sondern schließt die soziale Funktion des Menschen ein. Ganz folgerichtig erweist sich die Zeit des menschlichen Lebens als dritte Gabe des Schöpfers. Gewiß wird die Zeit in dieser Predigt nicht verweltlicht; sie hat sich nicht völlig von einer ›Zeit der Kirche‹ in eine ›Zeit der Händler‹ verwandelt; sie bleibt die Zeit des Herrn. Der Mensch ist gehalten, vor Gott Rechenschaft abzulegen, wie er die ihm überlassene Zeit verausgabt hat. Die Zeit des irdischen Lebens, die Zeit des Heils ist in den Augen des Priesters noch kein selbständiger Wert; sobald die Rede auf die Ewigkeit kommt, verliert sie an Gewicht. Dennoch ist es von großer Bedeutung, daß in der Predigt ›Von den fünf Pfunden‹ die Zeit als wesentlicher Wert des menschlichen Lebens und als Voraussetzung dafür angesehen wird, daß der Mensch seinen Dienst, seinen Beruf erfüllen kann. Offensichtlich hatte die Zeit im Verständnis der Prediger der Bettelorden, die vor allem in den Städten tätig waren, einen neuen Wert gewonnen; auch wenn sie diesen Wert auf alte Weise in der herkömmlichen theologischen Verschlüsselung erfaßten, war die Tatsache von Bedeutung, daß der Begriff des menschlichen Lebens mit den Begriffen der Persönlichkeit und des Berufs verknüpft wurde. Es ist anzunehmen, daß die hohe Bewertung der Zeit ebenso wie der Zugehörigkeit zu einer Körperschaft, die für die Kaufmanns- und Händlerschaft einer hochmittelalterlichen Stadt selbstverständlich war, ihren Einfluß auf die Predigt ausgeübt hat.

Auch die Art, in der Berthold von Regensburg vom Reichtum sprach, unterschied sich von früheren Zeiten. Seiner Meinung nach dient das Vermögen dazu, die Bedürfnisse des Menschen und seiner Familie zu befriedigen. Gewiß muß man den Armen und Bedürftigen helfen; gewiß muß man gute Werke tun – ohne dabei jedoch sich selbst zu vergessen. Wiederholt und in verschiedenen Predigten kommt Berthold zu dem Gedanken zurück, daß der Reichtum ungleich verteilt sei: Die einen haben viel, die anderen wenig oder gar nichts. Welche praktischen Folgerungen ergeben sich jedoch aus dieser Feststellung? Ist der Wohlhabende verpflichtet, mit dem Bedürftigen zu teilen, etwa wenn er mehrere Kleider besitzt? Auf diese Frage, die der Prediger eine seiner erfundenen Gestalten stellen läßt, lautet die Antwort: »Ja, ich habe schöne Kleidung; aber ich gebe dir nichts ab. Indessen wünschte ich, daß du nicht weniger oder sogar mehr als ich hättest. Die Liebe zum Nächsten zeigt sich darin, daß man ihm dasselbe wünscht wie sich selbst. Wünschst du dir das Himmelreich, so wünsche es auch dem anderen.« Zu Bertholds Zeiten wurde die Lehre, daß, wer zwei Hemden hat, sie mit einem Armen teilen sollte, schon als Ketzerei betrachtet. Im Bewußtsein der Kaufleute und der Städter war der Reichtum mit der Persönlichkeit, ihrem ›Amt‹ und ihrer Bestimmung so eng verbunden, daß die ›Nächstenliebe‹ im Vergleich zu früheren Zeiten blutleer und kraftlos wurde.

Können wir daran zweifeln, daß in dieser Umwertung der christlichen Werte der Einfluß jener neuen Ethik der Arbeit und des Eigentums sichtbar wird, wie sie sich in der Stadt entwickelt hatte? Die Ideale des Predigers, der vornehmlich in einer städtischen Umgebung tätig war, unterschieden sich grundsätzlich von den traditionellen mönchischen Idealen. In der Predigt über die ›Talente‹ oder ›Pfunde‹ gibt es einen Widerspruch, ein eigenartig gespanntes Verhältnis zwischen dem herkömmlichen theozentrischen Weltbild und dem sich allmählich im gesellschaftlichen Bewußtsein des Bürgertums herausbildenden Weltbild, in dessen Mittelpunkt der Mensch mit seinem irdischen Streben und seinen irdischen Interessen steht. Das neue, im Entstehen begriffene Weltbild stellt die Rolle des Schöpfers keineswegs infrage und ist in diesem Sinne auch theologisch; aber es schließt bereits neue Möglichkeiten ein. Berthold von Regensburg konnte nicht umhin, die Impulse aufzunehmen, die aus der Mitte der Bürger, der Kaufleute kamen. In diesem Zusammenhang ist daran zu erinnern, daß die süddeutschen Städte, in denen er sich als Prediger betätigte (Augsburg, Regensburg und andere), im 13. Jahrhundert mächtige Handelszentren mit einer reichen Kaufmannschaft waren.

In dieser Zeit wandelte sich das Christentum von einer ›Priesterreligion‹ zu einer ›Massenreligion‹. Berthold von Regensburg, der Gottesgelehrter und Prediger blieb, hielt strikt an der Denkweise des mittelalterlichen Christentums fest. Doch begann sich diese Denkweise – beinahe unmerklich für die Zeitgenossen – zu verändern. Die Gewichte verlagerten sich, und junger Wein begann in die alten Schläuche zu fließen. Erst im 14. Jahrhundert sollten die Veränderungen stärker hervortreten; ihre Voraussetzungen lassen sich jedoch schon bei dem deutschen Prediger während der Mitte des 13. Jahrhunderts erkennen. Die von ihm entwickelten Gedanken brachten in ethischer und religiöser Hinsicht die Erwartungen und Bestrebungen von Menschen zum Ausdruck, die kaum bereit gewesen wären, sie selbständig zu äußern. Daß diese Bedürfnisse in seinen Reden theologische Untermauerung fanden, verlieh ihnen besondere Wirksamkeit und Bedeutung. Irdische Sorgen und materielle Interessen erhielten eine höhere Rechtfertigung; ihnen wurde der Rang zuerkannt, göttliche Pläne auszuführen. Die menschliche Persönlichkeit, die ihrer selbst bewußt zu werden begann, faßte sich, ihre Stellung in der Gesellschaft und im Berufsleben, ihr Eigentum und ihre Zeit als Gaben Gottes auf, als ›Pfunde‹, als ›Talente‹, die dem Schöpfer als wohlverwaltete und vermehrte Güter zurückzugeben waren. Die Persönlichkeit konnte noch nicht in sich selbst Grund fassen; aber in ihrer Unterwerfung unter den Schöpfer war die Quelle ihrer Überzeugung verborgen, daß die Werte, über die sie verfügte, absolute Werte waren. Indem das Einzelwesen sie verteidigte, nahm es unmittelbaren Anteil an dem allumfassenden Kampf zwischen dem höchsten Gut und dem metaphysisch Schlechten.

Ebenso wie mit ihrer Predigertätigkeit trugen die Theologen, die Mönche der Bettelorden, in Handbüchern für Beichtväter und theologischen ›Summen‹ dazu bei, den Handel und das Kaufmannswesen ethisch und religiös zu rechtfertigen.

Während des 13. und zu Beginn des 14. Jahrhunderts erlebte die Kaufmannschaft eine Blütezeit. In vielen europäischen Städten bildete die kaumännische Oberschicht, die große Reichtümer angehäuft hatte, die herrschende Schicht, das Patriziat, das auf die Geschicke der Stadt entscheidenden Einfluß nahm. Obwohl diese Kaufleute und Unternehmer nur einen unbedeutenden Teil der städtischen Bevölkerung ausmachten, verfügten sie in der Stadt über die gesamte Macht. Sie stellten die Stadträte, betrieben eine für sie vorteilhafte Steuerpolitik und hielten Gericht und örtliche Gesetzgebung in ihren Händen. Von ihnen waren zahllose Lohnarbeiter, Diener, kleine Handwerker und Krämer abhängig. In Florenz trug diese Minderheit den bezeichnenden Namen »fettes Volk« (popolo grasso) – im Gegensatz zum »dünnen, kleinen Volk« (popolo minuto). Nach der Überzeugung eines italienischen Geschichtsschreibers war »das Volk« (populus) derjenige Teil der Bevölkerung, der von Kauf und Verkauf lebte«, wogegen er diejenigen, »die von der Arbeit ihrer

Hände lebten« nicht als »Volk« gelten ließ. Ein deutscher Geschichtsschreiber, der von einem Aufruhr in Mainz berichtet, bezeichnet diesen Pöbel als »Pestmasse« (pestilens multitudo) und als »gefährliche Menge«.

Die Vornehmheit eines Ritters beruhte in erster Linie auf seiner Abstammung. Auch der Kaufmann konnte in bestimmten Fällen auf seine erfolgreichen Vorfahren oder Eltern verweisen (unter den Kaufleuten gab es auch Abkömmlinge des Adels), aber im allgemeinen mußte er sich auf seinen eigenen Unternehmungsgeist verlassen. Der Lübecker Kaufmann Berthold Rucenberg erklärte nicht ohne Stolz in seinem Testament (im Jahre 1364), daß er von seinen Eltern nichts geerbt, sondern alle Reichtümer durch eigene Arbeit erlangt hätte. Selbstverständlich war der erfolgreiche Kaufmann dem Zeitgeist entsprechend geneigt, das Wachstum seiner Einkünfte aus der Gnade und Geneigtheit Gottes zu erklären. Doch nicht die Abstammung, sondern die eigenen Fähigkeiten und ihre kluge Anwendung waren die vorzüglichsten Eigenschaften des Kaufmanns. Der Kaufmann war ein Selfmademan.

Wie stellte sich nun ein solcher Neureicher dar, wenn er in die Reihen der Patrizier aufgestiegen war? Wie allgemein bekannt ist, konnte die Ausbeutung der Bauern durch die adligen Grundherren außerordentlich drückend sein. Dennoch haftete den feudalen Beziehungen etwas Persönliches an. Für die Beziehungen zwischen den Geldleuten, die sich in Handel und Gewerbe betätigten, und den von ihnen abhängigen Kleinproduzenten, galt dies in keiner Weise mehr. Die kleinen Leute, die Handwerker, die Armen, die vorproletarischen Elemente der mittelalterlichen Stadt waren einer schamlosen und unaufhörlichen Ausbeutung ausgesetzt. Während in der Landwirtschaft die grundherrschaftlichen Verhältnisse einen gewissen Patriarchalismus hervorgebracht hatten, wurde dieser durch die Jagd nach barem Geld aus der mittelalterlichen Stadt verdrängt.

Als Beispiel mag in diesem Zusammenhang der Hinweis auf die in vielerlei Hinsicht typische Gestalt des flandrischen Tuchhändlers Jehan Boinebroke genügen, der um das Jahr 1286 gestorben ist. Es gab keine Machenschaft, zu der dieser Patrizier aus Douai nicht gegriffen hätte, wenn es um die Vermehrung seiner Einkünfte ging. Die kleinen Handwerker und die Arbeiter, die er schonungslos ausbeutete, waren in seinen Augen bloße Werkzeuge zur Vermehrung seines Gewinns. Boinebroke beschränkte sich nicht darauf, sie auszusaugen und zugrundezurichten, sondern ließ auch keine Gelegenheit aus, sie zu demütigen und zu verspotten. Der Erforscher von Boinebrokes Archiv beschreibt ihn als einen Mann des Geldes, dessen einziges Lebensziel darin bestand, sich zu bereichern. Diesem Streben dienten alle seine Gedanken, Worte und Taten. Die Unmoral und der Zynismus der Mittel, zu denen er Zuflucht nahm, bis hin zu Schandtaten, Diebereien und Erpressungen, beunruhigten ihn überhaupt nicht. Ein Grundsatz, von dem er sich leiten ließ, lautete: Bezahle deine Schulden nicht, und nimm dir, was dir nicht gehört. Personen und Umstände kümmerten ihn nicht. Boinebroke führte sich wie ein zügelloser Tyrann, wie ein regelrechter ›Industriegangster‹ auf, bemerkte der Forscher zum Schluß und betonte, daß seinem Urteil keinerlei Übertreibung anhafte. Trotzdem konnte dieser Tuchhändler nicht von der Gewißheit loskommen, daß seiner Seele im Jenseits die Vergeltung harrte – seinem letzten Willen gemäß leisteten seine Erben später denen Genugtuung, die er zu Lebzeiten ausgesogen hatte.

Die Ausbrüche von Haß, die die westeuropäischen Städte vom 13. bis zum 15. Jahrhundert erschütterten, legen die Vermutung nahe, daß Boinebroke keine Ausnahme darstellte. Von ebenso unmäßigem Erwerbsstreben war beispielsweise Bertram Mornewech, ein Habenichts, der schwindelerregend schnell zu Reichtum gekommen war und es bis zum Mitglied des Rats von Lübeck gebracht hatte. Er starb im selben Jahr wie Boinebroke, und seine Witwe war Gläubigerin vieler reicher Familien.

Eine Ausnahme bildete eher Godrich von Finchale, ein Kaufmann, der an der Wende vom 11. zum 12. Jahrhundert lebte – eine Ausnahme gewiß nicht in dem Sinne, daß er in kurzer Zeit von einem kleinen Krämer zu einem Großkaufmann aufstieg, der auf der Ostsee umherfuhr und aus dem Handel mit seltenen Waren große Gewinne erzielte, sondern in dem Sinne, daß dieser vom Glück begünstigte Neureiche schließlich von seinem einträglichen Handel abließ und sich auf ein frommes Leben verlegte, um seine Seele zu retten, weshalb er nach seinem Tod heiliggesprochen wurde. Übrigens ist auch er keine Ausnahme. Ein Jahrhundert später wurde der Kaufmann Homobono aus Cremona zum Heiligen erhoben. Er hatte bis ans Ende seiner Tage Handel getrieben und war aufgrund seines Testaments heiliggesprochen worden. Im Jahre 1360 gab ein Kaufmann aus Siena namens Giovanni Colombini seine Geschäfte auf und gründete den Bettelorden der Jesuates. In diesem Zusammenhang muß man unwillkürlich an eine Gestalt aus dem Dekameron denken, den Ser Ciappelletto aus Prato, einen berüchtigten Meineidschwörer und

Gotteslästerer, der auf dem Totenbett einen Mönch mit einer falschen Beichte täuscht, woraufhin er nach seinem Tod als Heiliger gilt. Allerdings sollte auch erwähnt werden, daß Ciappelletto angesichts des Todes aus einem Gefühl der Verbundenheit mit florentinischen Wucherern noch eine Sünde auf seine Seele geladen hatte...

Die ›neuen Männer‹, die durch ihre Betätigung im Handel und Geldverkehr nach oben drängten, zeichneten sich nicht nur durch Tatkraft, Unternehmungslust und Gewandtheit, sondern ebenso durch Unverschämtheit, Selbstsucht und Skrupellosigkeit gegenüber allen patriarchalischen Normen ihrer Zeit aus. Allerdings bot der Besitz bloß beweglicher Güter in der feudalen Gesellschaft noch lange keine Garantie für Ansehen und Prestige. Folgende Begebenheit zeigt die Verachtung,mit der die Adligen der vermögenden städtischen Oberschicht gegenübertraten: Als sich in einer deutschen Stadt ein Angehöriger des Rates kritische Bemerkungen gegenüber einem einflußreichen Ritter erlaubte, brach dieser in den Ruf aus: »Obwohl auch der Wirt und die Schweine unter einem Dach leben, besteht zwischen ihnen keine Gemeinsamkeit.« In genau derselben Weise wies ein Ritter einen Bürger aus Ravensburg in die Schranken, als dieser versuchte, ihn in einem Brief zu duzen, weil auch der Ritter das Du gebrauchte: Der Ritter betonte daraufhin seinen echten Adel, während sein Briefpartner nichts anderes als ein Bürger und Kaufmann wäre. Er solle nur in seine Bierstube gehen und sich nach den Lieferungen aus Alexandria und Barcelona erkundigen, nicht aber seine Herkunft dartun... In Italien wäre die Scheidung zwischen Adel und Patriziat wenn auch nicht aufgehoben, so doch untergraben, in Deutschland indessen nicht.

Vor diesem Hintergrund wird verständlich, daß das städtische Patriziat alles daran setzte, die ständische Distanz, die es vom Adel trennte, zu überwinden. Einige Kaufleute versuchten ›nach oben‹ zu gelangen, indem sie umfangreichen Grundbesitz erwarben und Mischehen eingingen, zu denen sich verarmte Ritter bereiterklärten, um ihre Lage durch eine Heirat mit einer reichen Kaufmannstocher zu verbessern. Einzelnen reichen Städtern gelang es, die Ritterwürde zu erhalten. Im allgemeinen kennzeichnete die patrizischen Kaufleute das Streben nach einer aufwendigen Lebensweise. Um ihr Ansehen zu erhöhen und Eindruck auf die Gesellschaft zu machen, ließen sie steinerne Häuser und Paläste errichten, die mit Türmen gekrönt waren. Auf die spätgotischen Gebäude der süddeutschen Kaufleute hätte der Adel neidisch sein können. In den Fenstern der Häuser des Patriziats erschienen Glasscheiben, die Zimmer waren reich ausgestattet, die Wände mit Teppichen geschmückt. Wie die Adligen widmeten sich die Kaufleute der Jagd, dem ›Sport der Vornehmen‹. In Kleidung und Schmuck wetteiferten sie mit dem Adel, ebenso bei den Leichenbegängnissen, die sie mit höchsten Aufwand ausstatteten. Über ihren Gräbern erhoben sich prächtige Denkmäler: Das Patriziat war darauf aus, seinen Ruhm zu verewigen. Einige verfielen auf Absonderlichkeiten: In einem Verzeichnis, das anläßlich der Hochzeit eines Patriziers aus Pistoia im Jahre 1415 angelegt wurde, sind seine großen Aufwendungen aufgelistet – unter anderem die Kosten für ein Gefolge aus acht Reitern, den Kauf von sechs Kleidern für die Braut, die mit Pelz verbrämt und mit Silber geschmückt waren, ferner die Truhen, Kleinodien, die Bettwäsche und anderes mehr; für all das wurde ein Vermögen bezahlt: fast 600 Florint.

Auch das Königtum begann zur kaufmännischen und unternehmerischen Oberschicht Beziehungen aufzunehmen, da es auf deren Unterstützung in finanziellen und politischen Angelegenheiten angewiesen war. Einzelne besonders erfolgreiche Kaufleute standen dem Hof sehr nahe. Der Bankier Jacques Coeur, der ›erste Finanzmagnat Europas‹ (etwa 1395–1456), der sein Kapital in den verschiedensten gewinnträchtigen Unternehmungen angelegt hatte und seine Interessen über ganz Europa verfolgte, wurde zum Schatzmeister und Minister des französischen Königs Karl VII. ernannt und hatte an der Durchführung von Staatsreformen ebenso Anteil wie an der Militärpolitik und Diplomatie Frankreichs. Der unerhörte Aufstieg und anschließende Sturz Coeurs – nachdem er in Ungnade gefallen war, mußte er aus Frankreich fliehen und starb in der Verbannung – machte auf seine Zeitgenossen einen unauslöschbaren Eindruck.

Ein abenteuerliches Leben führte auch der Kaufmann Buonaccorso Pitti (1354–1430), ein älterer Zeitgenosse Coeurs. Er nahm lebhaften Anteil an den Angelegenheiten seiner Heimatstadt Florenz uund beteiligte sich an Kriegen und politischen Intrigen. Auf der Suche nach ›Fortuna‹ begab sich Pitti von Florenz nach Nizza, von Avignon nach Den Haag und Brüssel, von Augsburg nach Zagreb. In London, Paris und am Hof des Kaisers erledigte er diplomatische Aufträge; in der florentinischen Republik bekleidete er höchste Ämter. Obwohl er ein umsichtiger Kaufmann war, liebte er das Würfelspiel, bei dem er Unsummen gewann und verlor, was er mit peinlicher Genauigkeit festhielt. Pitti war ein Glücksritter, Geschäftsmann und Schriftsteller, der sich mit der von ihm verfaßten ›Chronik‹ ein Denkmal gesetzt hat. In diesem Werk berichtet er von seinem an Abenteuern reichen Leben, von den Angehörigen seiner Familie, näheren und weiteren Verwandten, von Zweikämpfen und Ränken, an denen er teilnahm; auch erwähnt er darin politische Zusammenstöße, deren Zeuge er zufällig geworden war.

In keinem anderen Land Europas erreichte die Kaufmannschaft eine so große wirtschaftliche und politische Macht wie in den Städten Italiens. In keinem anderen Land war ein so großer Teil der Bevölkerung in die händlerische Tätigkeit einbezogen. Ein Reisender, der kurze Zeit nach der großen Pest des Jahres 1348 durch Venedig kam, gelangte zu dem Schluß: »Das ganze Volk besteht aus Kaufleuten« (tutta gente sono mercatanti). Von den Leuten in Genua bemerkte er jedoch: »Aus Genua – das bedeutet: Kaufmann«. Solche Aussagen waren insofern berechtigt, als die große Kaufmannschaft nicht nur im wirtschaftlichen, sondern auch im sozialen und politischen Leben dieser italienischen Städte den Ton angab. In den Städten Italiens war der Beruf des Kaufmanns moralisch rehabilitiert, und Jakobus de Voragine, Erzbischof von Genua und Verfasser der berühmten ›Legenda aurea‹ verglich (ähnlich wie der Erzbischof von Pisa, Federigo Visconti) sogar Christus mit einem Kaufmann: Auf dem Schiff des Kreuzes kommt er herangesegelt, um den Menschen die Möglichkeit zu geben, die vergänglichen irdischen Güter gegen ewige einzutauschen. Reich zu sein ist nicht länger verwerflich – schließlich waren, wie Jakobus de Voragine hervorhebt, die Erzväter der Bibel und Christus selbst reich.

Im 13. Jahrhundert und danach gab es eine beträchtliche Anzahl von Kaufleuten, die gefährliche Seefahrten über weite Entfernungen hinweg unternahmen. An dieser Stelle ist vor allem an den berühmten Reisenden Marco Polo zu erinnern. Im Jahre 1291 begaben sich die Brüder Vivaldi aus Genua auf eine Fahrt, zu der nach den Worten eines Zeitgenossen »bis dahin niemand den Mut aufgebracht hatte«: Auf der Suche nach dem sagenhaften, reichen Indien fuhren sie von Gibraltar westwärts. Mochten sie nun in den Westteil des Atlantischen Ozeans fahren oder Afrika im Süden umsegeln: Es gab auf jeden Fall keine Vorgänger oder Orientierungshilfen, nach denen sie sich hätten richten können. Diese kühnen Entdekker und Reisenden, in denen sich Erwerbsstreben mit Neugier und Abenteuerlust verbanden, wurden von Indien, China, Afrika und dem Nahen Osten angelockt. Ohne weiteres konnte sich der Kaufmann in einen Seeräuber verwandeln. Auch im Dekameron findet sich eine solche Episode:

Ein Kaufmann, den man ausgeplündert hat, verlegt sich selbst auf den Seeraub und kehrt – reich geworden – nach Hause zurück. Die Kaufleute begaben sich bewaffnet auf ihre Handelsreisen. Im Jahre 1344 wurde beispielsweise in Genua ein Gesetz erlassen, das ihnen verbot, weiter als nach Sizilien oder Mallorca ohne Bewaffnung zu fahren.

Der Kaufmann, der auf der Suche nach Waren weite Reisen unternimmt und seinen Reichtum, ja sein Leben aufs Spiel setzt, ist Gegenstand zahlreicher *fabliaux*. Die Verfasser heben zwar das Einträgliche am Beruf des Kaufmanns hervor, betonen aber zugleich, daß er Gewandtheit, Tatkraft, Kühnheit und eine Neigung zu gefährlichen Abenteuern erfordert. Wie die ›Erzählung von den Kaufleuten‹ (Le Dit des Marchands) zeigt, verdienen diese unbedingte Achtung, da ihre Dienste für die Kirche, die Ritterschaft, ja für die gesamte Gesellschaft wichtig sind. Sie scheuen keine Gefahren, um auf ihren Reisen seltene Güter von einem Land ins andere und von einer Provinz in die nächste zu bringen. In den *fabliaux* werden die Kaufleute gewöhnlich den reichen Städtern gegenübergestellt: Während letztere ein seßhaftes Leben führen, bilden die Kaufleute ein umherziehendes und unstetes Völkchen. Ein reicher und schon bejahrter Bürger von Paris, der gegen Ende des 14. Jahrhunderts ein Buch mit Ratschlägen für seine junge Frau verfaßte, riet ihr, falls sie Witwe würde und erneut einen Kaufmann heiraten wollte, unbedingt für die Bequemlichkeit ihres Mannes zu sorgen, da er ja bei Regen, Sturm oder Schnee reisen und alle Unbilden solcher Fahrten erleiden müßte. Er vergaß auch nicht, daran zu erinnern, daß sie die Flöhe in ihrem Zimmer und Bett zu bekämpfen hätte...

Der Beruf des Kaufmanns war untrennbar mit der Bewältigung von Gefahren verbunden. Gefahren drohten auf den weiten Reisen, vor allem auf den Meeren, wo es zu Schiffbruch oder aber zu Überfällen von Seeräubern oder konkurrierenden Kaufleuten kommen konnte. Gefahr erzeugten die Wirren des Marktes. Gefährlich konnten aber auch die Leute werden, mit denen der Kaufmann Beziehungen einging. In den Aufzeichnungen und Leitfäden, die Kaufleute verfaßt haben, finden sich immer wieder Warnungen vor Vertragspartnern, Mitbürgern, Freunden und sogar Verwandten. Dem Kaufmann wird empfohlen, ständig auf der Hut zu sein. Der im hohen Alter stehende, reiche Francesco Datini aus Prato legte seinem jungen Gehilfen nahe: »Du bist jung, aber wenn du mein Alter erreicht hast und mit so vielen Leuten in Berührung gekommen bist wie ich, wirst du begreifen, daß der Mensch eine Gefahr darstellt und daß es bedenklich ist, mit ihm zu tun zu haben.« Wie sich ein Kaufmann aus Köln ausdrückte, hatte er sein Leben in Mühen, Gefahren und Sorgen zugebracht. Die Bildung von Handelsgenossenschaften, durch die das Risiko für den Fall des Verlusts zwischen einem Kaufmann, der das Grundkapital stellte, und einem, der übers Meer fuhr, geteilt wurde, war eine Antwort auf die für beide bedrohlichen Gefahren: Der erste riskierte Geld und Waren, der zweite sein Leben und bescheidenere Güter, die er in das Unternehmenn steckte: in die ›colleganza‹ (in Venedig), die ›commenda‹ (in Genua) oder die ›Wedderlegginge‹ (in Norddeutschland).

Allmählich begann sich jedoch eine Veränderung abzuzeichnen: Im Unterschied zu demjenigen, der zu Lande oder zu Wasser reiste und sich einer Vielzahl von Gefahren aussetzte, wickelte der Kaufmann seine Geschäfte zunehmend mit Hilfe von Beauftragten und mit Hilfe des Schriftverkehrs ab. Dieser Wandel hatte weitreichende Folgen für das gesamte Wesen der Kaufleute, ihre Mentalität und ihre Kultur.

Die bislang angeführten Beschreibungen von Geschäftsleuten, die sich mit Handel und Wucher abgaben, stammten größtenteils von Leuten, die selber keine Kaufleute waren. Dies ist kein Zufall. Lange Zeit war die Kenntnis der Schrift das Vorrecht, wenn nicht gar der Alleinbesitz der Geistlichen gewesen. Im 13. Jahrhundert beginnt sich dies überall, von Frankreich bis Italien, zu ändern. Der Handelsverkehr erforderte bestimmte Kenntnisse und eine größere Bildung. Ein Kaufmann war kaum dazu in der Lage, seine Geschäfte erfolgreich zu führen, wenn er nicht lesen und schreiben konnte. In den Städten entstanden weltliche Schulen, in denen die Kinder der Vermögenden Lesen, Schreiben und Rechnen lernten. Während man sich in der kirchlichen Lehranstalt heiligen Texten widmete und die Arithmetik vor allem zur Kalenderberechnung benutzte, eignete man sich in der neuen stadtbürgerlichen Schule die Kenntnisse für praktische Zwecke an. Dementsprechend änderten sich auch die Lehrmethoden. Das Schwergewicht verlagerte sich von der klassischen auf die angewandte Bildung. Die Bedürfnisse der Kaufmannschaft begünstigten den Übergang von den römischen zu den arabischen Ziffern, die sich bei Rechnungen besser verwenden ließen, sowie zur Einführung der Null. Allmählich entstand eine ›arithmetische Mentalität‹, das heißt eine Neigung zu genauem Rechnen und auch eine gewisse Freude daran. Die Arithmetik blühte nicht nur in den Studierstuben der

Gelehrten oder den Rechnungskammern der Könige auf, sondern auch in den Kontoren der Kaufleute, so daß ein Satiriker des 13. Jahrhunderts im Scherz das Wort zu *aerismetica* ›Geldkunst‹ verdrehte. Wie wir im Testament eines venezianischen Kaufmanns aus dem Jahre 1420 lesen, sollten seine Kinder den ›Abakus‹ beherrschen lernen, »um sich den Gang der Handelsgeschäfte anzueignen«. Solche ›Abaki‹, Leitfäden für geschäftliche Rechnungen, mitunter in rhythmisierter Form, die das Lernen erleichtern sollten, wurden seit dem 13. Jahrhundert abgefaßt.

Giovanni Villani, ein Kaufmann und Bankier, der sich zugleich als Geschichtsschreiber von Florenz in der ersten Hälfte des 14. Jahrhunderts betätigte, war der erste Verfasser, der Interesse an der Statistik bekundete. In den sechs Schulen seiner Heimatstadt zählte er acht- bis zehntausend Schüler, die die Mathematik erlernten. In London wurden die Goldschmiedelehrlinge durch eine besondere Satzung verpflichtet, die Schule zu besuchen. In den Bürgerschulen wurde Latein gelehrt: aber Briefe und amtliche Schriftstücke verfaßte man des öfteren bereits in der Volkssprache. Unter den überlieferten italienischen Texten stellt das Fragment einer Kaufmannsrechnung aus Siena aus dem Jahre 1211 ein besonders altes Stück dar. Die im Verlauf des 12. und 13. Jahrhunderts erfolgte Veränderung der Schrift, die von der karolingischen Minuskel zu einer Kursive zurückreichte, war unmittelbar mit der Entwicklung der kaufmännischen Geschäftskorrespondenz verbunden.

Die Kinder von Geschäftsleuten besuchten häufig die Universität. Der Rat von Hamburg setzte Stipendien aus, um Bürgersöhnen ein Studium an der Rostocker Universität zu ermöglichen. Achtzehn junge Leute, die drei Generationen einer Ratsherrenfamilie einer norddeutschen Kleinstadt angehörten, besuchten so die Universität. Allerdings kehrten längst nicht alle Söhne von Kaufleuten zu den Geschäften ihres Vaters zurück, nachdem sie eine höhere Bildung genossen hatte. Manche wurden Geistliche, Ärzte oder Rechtsgelehrte, und im Jahre 1360 erlangte der Sohn eines Lyoner Tuchhändlers die Würde eines Doktors des römischen Rechts. Andere, die es zu einem Sitz im Stadtrat gebracht hatten oder Bürgermeister geworden waren, gaben deshalb den Handel nicht auf. Die Räte etlicher deutscher Städte bestanden zur Hälfte aus Männern mit Universitätsbildung.

Beträchtliche Bedeutung maß man dem Erlernen von Fremdsprachen bei. So eigneten sich die Söhne italienischer Kaufleute das Englische und Deutsche an, und Deutsche aus den Hansestädten sowohl das Russische, das für eine erfolgreiche Geschäftsführung in Nowgorod unerläßlich war, als auch das Estnische, um mit Partnern im Baltikum verkehren zu können. Für die Bedürfnisse der Kaufleute verfaßte man Wörterverzeichnisse und Gesprächsbücher, darunter Leitfäden zum Erlernen morgenländischer Sprachen. Ganz besonders verbreitet waren das Italienische als Verkehrssprache des Mittelmeerraums und das Mittelniederdeutsche im Umkreis der Ostsee.

Nunmehr hielt das Buch, das vormals ein ausschließlicher Besitz der Geistlichkeit gewesen war, in den Häusern der Kaufleute und reichen Bürger Einzug. Auch wenn Bücher bis zum Ende des Mittelalters unter ihnen nicht sehr verbreitet waren und eher Luxusgegenstände blieben, befanden sich beispielsweise auf Sizilien mehr als hundert Bibliotheken im Besitz von Bürgern. Welche Werke gehörten zum Bestand einer kaufmännischen Bibliothek? Vor allem Heiligenleben, die Bibel, der Psalter, zugleich aber auch die Werke des Boethius, Ciceros, der römischen Dichter, die Göttliche Komödie und schließlich Boccaccio. Den Räten deutscher Städte standen nach damaligen Begriffen recht ansehnliche Büchereien zur Verfügung.

In seinem Rechnungsbuch hielt der Kaufmann neben den Einnahmen und Ausgaben auch verschiedene Ereignisse fest, die seiner Meinung nach Beachtung verdienten. Sein Gesichtskreis erweiterte sich nicht nur durch die Reisen in ferne Länder und Städte, sondern auch durch die Lektüre von Büchern. Seine Vertrautheit mit europäischen und morgenländischen Märkten sowie seine Kenntnisse der Bräuche und Einrichtungen verschiedener Völker ermöglichten es ihm, diese mit der Geschichte und Kultur der eigenen Stadt und des eigenen Landes zu vergleichen.

Es entstanden praktische Handbücher für die kaufmännische Tätigkeit mit Aufzählungen von Waren, Maßen und Gewichten, mit Verzeichnissen der Geldkurse und Zölle, aber auch mit Hinweisen, wie man die Behörden hintergehen konnte, wenn sie von den Kaufleuten Abgaben forderten. Hier fand man Beschreibungen von Handelswegen, Muster für Rechnungen und Kalender sowie Ratschläge zur Anfertigung verschiedener Erzeugnisse. Nicht das abstrakte Wissen der Scholastik, das dem Alltagsleben mit Verachtung gegenüberstand, sondern Mitteilungen über das Konkrete, Gegenständliche und Faßbare bildeten das, was sich im Mittelpunkt der Aufmerksamkeit der Verfasser dieser kaufmännischen und unternehmerischen Handbücher befand.

Der Geschäftsmann führte einen lebhaften Briefwechsel. Entweder schrieb er die Briefe selbst oder er ließ sie nach seinem Diktat von einem Sekretär schreiben. Die Kenntnis des Lesens und Schreibens bildete die grundlegende Voraussetzung für eine erfolgreiche Geschäftsführung. Wenn die Schiffe mit ihrer Fracht in See stachen, führten sie stets kaufmännische Schreiben mit sich. Im Archiv des bereits erwähnten Francesco Datini, jenes bedeutenden Kaufmanns aus Prato, wurden mehr als 150000 Geschäftsbriefe aufbewahrt. Der Florentiner Paolo da Certaldo stellte in den sechziger Jahren des 14. Jahrhunderts eine Sammlung von Anweisungen zusammen, in der fromme Lehren mit Ratschlägen ganz praktischen Inhalts wechselten, wobei er der Geschäftskorrespondenz große Bedeutung beimaß. Sobald du Briefe erhältst, schreibt er, lies sie durch; triff, wenn es nötig ist, unverzüglich deine Verfügungen, und schicke einen Boten ab, falls es um Kauf oder Verkauf geht. Fremde Briefe, die dir zugestellt werden, gib jedoch nicht weiter, bevor du deine Geschäfte geregelt hast, denn sie können Mitteilungen enthalten, die dir schaden. Schließlich brauchst du anderen nicht in der Zeit zu helfen, die deinen eigenen Geschäften günstig ist.

Bei Paolo Certaldo findet die kaufmännische Ethik einen klaren Ausdruck. Man muß Geld zu erwerben wissen; aber noch wichtiger ist es, das Geld in der richtigen Weise und mit Verstand auszugeben. Wie bemerkt wurde, lauten die Schlüsselwörter seines Werkes »arbeitsam«, »beharrlich« und »eifrig«. Certaldo ist überzeugt, daß der aus eigenen Kräften erworbene Reichtum dem ererbten vorzuziehen ist. Ebenso wie andere schreibende Kaufleute seiner Zeit ist auch Certaldo fromm. Um was für eine Frömmigkeit handelt es sich dabei? Die Hölle droht dem Unbedachten. Da man nicht umhin kann, den Tod zu fürchten, muß man ständig auf ihn vorbereitet sein, was damit gleichbedeutend ist, alle Angelegenheiten in Ordnung zu halten und vor dem Hinscheiden die Rechnungen mit Gott und den Teilhabern beglichen zu haben. Die Schuld gegenüber dem Schöpfer steht in Certaldos Bewußtsein auf derselben Stufe wie alle anderen Verbindlichkeiten des Kaufmanns. Die Widersprüche, die zwischen den Anforderungen des Alltagslebens und den ethischen Idealen der Religion bestanden, sind dem Blick dieses Kaufmanns und Schriftstellers nicht verborgen geblieben; er schwankte zwischen beiden Polen, ohne daß dies jedoch zu einer seelischen Tragödie geführt hätte, weil er den Konflikt implizit zugunsten des kaufmännischen Bewußtseins entschied.

Daß aus der Mitte der Kaufmannschaft Verfasser von ›Familienchroniken‹ hervorgingen, ist nicht weiter verwunderlich. Allerdings konnte bislang nicht geklärt werden, ob diese Chroniken unter dem Einfluß historischer Werke entstanden sind, die ihrerseits, vor allem in Florenz, von Abkömmlingen der Kaufmannschaft verfaßt wurden und das Interesse der ›Geschäftsleute‹ an der Wirtschaft, Statistik und faktischen Genauigkeit widerspiegelten, oder ob sich die ›große Geschichtsschreibung‹ parallel zu der ›kleinen‹ der Händlerfamilien entwickelte. Jedenfalls gab es in der großen europäischen Stadt eine einheitliche geistige Strömung, die mit dem Aufschwung des individuellen und kollektiven Selbstbewußtseins eines besonders entwickelten, vermögenden und tatkräftigen Teils der Bevölkerung, nämlich der Geschäftsleute einherging. Wesentlich ist, daß die ›Familienchroniken‹ nicht nur Aufzeichnungen über Geburten, Hochzeiten und Todesfälle enthielten, sondern auch Mitteilungen rein historischen Inhalts. Bezeichnenderweise lautet der Titel eines solchen Werkes: ›Buch des Giovenco Bastari über alle seine Angelegenheiten, Gläubiger, Schuldner und denkwürdige Begebenheiten‹ (*Libro di Giovenco Bastari di tutti i suoi fatti, creditori, debitori e ricordanze notabili*). Zum Teil hängt dies sicher damit zusammen, daß die Geschäfte der Kaufleute oftmals unmittelbar von politischen Veränderungen bzw. den in der Stadt oder im Lande eintretenden Wirrnissen abhingen.

Auf die Aufzeichnungen der weiter oben erwähnten Bonaccorso Pitti, die dieser fast bis zum letzten Tag seines Lebens geführt hat, trifft die Bezeichnung ›Familienchronik‹ nicht ganz zu, da seine eigene Person unverrückbar im Mittelpunkt des Werkes steht. Es handelt sich eher um eine Autobiographie, und Pittis egoistisches Ich spricht auf jeder Seite seiner Denkwürdigkeiten von nichts anderem als von sich selbst.

Eine ähnlich ausführliche Darstellung der Persönlichkeit sowie der wesentlichen Lebenswerte eines italienischen Kaufmanns enthalten die ›Denkwürdigkeiten‹ (Ricordi) des Giovanni di Pagolo Morelli (1371–1444). Dieser Abkömmling von Färbern und Tuchmachern gehörte nicht zu den führenden Familien der Florentiner Oberschicht und verfügte über keinen großen Reichtum. Als Kaufmann mittlerer Größe hatte er sich durch Fleiß und Umsicht ein gewisses Vermögen zusammengespart, und legte nun in seinen nicht zur Veröffentlichung bestimmten Aufzeichnungen ziemlich unverhüllt seine Grundsätze dar, die zweifellos viele seiner Klassengenossen in Florenz teilten.

Anders als Pitti, der lange Zeit in der politisch lebendigen Stadt Florenz lebte und in die ungewöhnlichsten Intrigen verwickelt wurde, war Morelli ein überaus vorsichtiger und bedachtsamer Mensch. Er vertritt die Meinung, daß man ohne Risiko reich werden kann, und lehnt es ab, nach Gewinn zu jagen, wenn dies mit Gefahren verbunden ist. In diesem Sinne hat Morelli wohl eher als Vertreter der späteren mittelalterlichen Kaufmannschaft mit ihrer Hinwendung zum Grundsatz der ›Mäßigkeit‹ zu gelten. Morellis Patriotismus wird von der Liebe zum eigenen Haus und zur eigenen Familie in den Hintergrund gedrängt. Seine ›Denkwürdigkeiten‹ sind reich an Ratschlägen folgender Art: Bemühe dich, die Höhe deiner Einkünfte vor der Gemeinde zu verbergen, damit du von der Zahlung von Steuern verschont bleibst; stelle es nach Möglichkeit so dar, als ob du nur die Hälfte deines wirklichen Besitzes hättest. Sei immer mit denen befreundet, die an der Macht sind, und schließe dich der stärkeren Partei an. Trau keinem, weder deinen Dienern noch deinen Verwandten noch deinen Freunden, denn die Menschen sind lasterhaft und voll von Betrug und Verrat. Wo es ums Geld geht oder um ein anderes Gut, findest du keinen Verwandten oder Freund, der sich mehr um dich als um sich kümmern würde. Bist du reich, dann sei zufrieden, wenn du dir mit deinem Geld Freunde gewinnst, sofern du sie nicht mit anderen Mitteln erlangen kannst. Morelli gibt Ratschläge, wie man Anleihen und Bürgschaften ablehnen kann, wie man es anstellen soll, daß einen die Verwandten nicht arm essen, oder wie man ein Auge auf die Diener zu haben hat. Seiner Meinung nach ist der Wucher an sich nicht verwerflich; allerdings kann er wegen des schlechten Rufs, der dem Wucherer anhaftet, gefährlich werden. Die egoistische Moral des prinzipienlosen Gewinnstrebens fließt mit äußerster Klarheit aus Morellis Feder.

In Morellis Augen sind das Gute und der Nutzen eins; unter Tugend versteht er dementsprechend nichts anderes als den Vorteil, unter dem Bösen den Verlust. Bezeichnend ist, daß Morelli sich in seinen Denkwürdigkeiten nicht recht an die Zahl der Kinder erinnert, die seine Schwiegertochter geboren hat, die Höhe ihrer Mitgift jedoch genau angeben kann.

Wie die Kaufleute der Neuzeit mißt Morelli einer gründlichen Ausbildung in der Buchhaltung große Bedeutung bei. Trotzdem lehnt er es ab, sich auf das rein Praktische zu beschränken. Außer der Buchhaltung und der Grammatik ist die Kenntnis von Vergil und Boethius, Seneca und Cicero, Aristoteles und Dante wünschenswert, von der Heiligen Schrift ganz zu schweigen. Zu empfehlen sind Reisen und der Erwerb von Weltkenntnis. Dieser kaufmännische Individualist, der die Fähigkeit, sein Schäfchen ins Trockne zu bringen, in seinem Wertsystem obenan stellte, war Zeitgenosse einer breitgefächerten Kulturströmung, die ihn nicht gleichgültig ließ. Ebenso wie die Kultur zur Entwicklung derjenigen Fertigkeiten beiträgt, ohne die eine unternehmerische Tätigkeit nicht möglich ist, gewährt sie gleichzeitig innere Befriedigung. Freilich wendet Morelli die Maßstäbe des Kaufmanns auch auf diesen Lebensbereich an: »Du wirst durch die Beschäftigung mit Vergil in seiner Gesellschaft weilen können, sooft es dir in den Sinn kommt«, schreibt er, »und er wird dein Lehrer sein, ohne Geld oder sonst einen Lohn zu fordern«.

Morellis Glaube stiftete Frieden zwischen Gott und dem kaufmännischen Eigentum. Wie er sich erinnerte, war sein Vater stets darum bemüht, die Liebe des Schöpfers zu verdienen und zugleich die Freundschaft guter, das heißt reicher und mächtiger Menschen zu erwerben. Den Klugen hilft Gott, und sie helfen sich selbst. Erfolgreicher Handel gilt Morelli als Gottesdienst. In dieser Beziehung erscheint er wiederum alles andere als selbständig. In zahllosen Geschäftsschreiben, die Handelsabmachungen festhalten, finden wir die Anrufung des Schöpfers, der Jungfrau Maria und der Heiligen: »Im Namen Gottes, unseres Herrn Jesus Christus und der Heiligen Jungfrau Maria, seiner Mutter, sowie aller Heiligen im Paradies! Sie mögen uns Glück und Heil gewähren, auf dem Meere und zu Lande. Unsere Kinder und Reichtümer sollen sich mehren, und erlöst werden sollen unsere Seelen und Körper.« In den Rechnungsbüchern der Kaufleute und Handelsgenossenschaften wurden besondere Konten Gottes geführt (il conto di Messer Domeneddio). Hier trug man die Summen ein, die von den Kaufleuten an die Armen und für gottgefällige Anstalten gespendet wurden, damit ihre Seelen gegen die Mißhelligkeiten nach dem Tode versichert waren. Mit Gott verkehrte man wie mit einem Mitglied der Handelsgenossenschaft, und seine Anteile hingen von der Größe des Gewinns ab, den die Genossenschaft erzielte. Auf diese Weise mußte Gott selbst daran interessiert sein, daß der Unternehmer einen möglichst großen Profit erzielte! Es handelt sich um ein durch und durch rationelles Verfahren, den Schöpfer dazu zu bringen, den Gebeten der Kaufleute und Bankiers sein Ohr zu leihen. Die Frömmigkeit der Kaufleute war in eben dem Maße vom Geist des Handels durchdrungen, wie das Streben nach irdischen Gütern von ihnen als Gottesdienst begriffen wurde. Eine redliche Führung der Geschäfte stand der Erlangung des Seelenheils nicht etwa im Wege, sondern begünstigte sie sogar.

Dieser Meinung war auch der Verfasser der Inschrift, die sich auf dem im 15. Jahrhundert errichteten Gebäude der Handelsgenossenschaft von Valencia befindet: »Der Kaufmann, der nicht mit seiner Zunge sündigt, die seinen Mitmenschen gegebenen Eide hält und Geld nicht zu Wucherzinsen verleiht, wird reich und gewinnt das ewige Leben.« Auf den Siegeln englischer Kaufleute fanden sich Wahlsprüche folgender Art: »Des Herren Hand hat mich erhöht«, »Hilf, Gott, diesem hervorragenden Mann«. In ihren Testamenten sprachen sie von dem Vermögen, »das ihnen Gott verliehen hatte«.

Kehren wir zu Giovanni di Pagolo Morelli zurück. Wie viele seiner Zeitgenossen ist er zutiefst pessimistisch. Die Menschen sind von Natur aus schlecht, das Leben ist schwer, das Schicksal erbarmungslos, und zwar heute mehr denn je. Für die italienischen Kaufleute jener Zeit liegt das goldene Zeitalter in der Vergangenheit. In der Gesellschaft und den Geschäften herrschen Betrug und Treulosigkeit vor. In bezug auf Morelli ist von ›händlerischem Pessimismus‹ gesprochen worden: Er war nicht an zusätzlichem Gewinn und Mehrung des Reichtums interessiert, sondern am Erhalt des Vorhandenen. Unter solchen Umständen bildete die Familie die einzige Zuflucht. Das Leben erschien diesen Kaufleuten als Drama, als unaufhörlicher, erbarmungsloser Kampf. Morellis Pessimismus ist – im Hinblick auf die Weltsicht der Menschen der Renaissance – höchst aufschlußreich. Heute wird die starre Vorstellung vom Optimismus der Renaissance und ihrem Glauben an die Allmacht des Menschen zunehmend in Zweifel gezogen. Dagegen wird mit immer größerem Nachdruck der entgegengesetzte Standpunkt vertreten: Die Menschen der Renaissance waren aufgrund ihrer ständigen Konfrontation mit Tod und Elend aller Art keineswegs von zuversichtlichen Gefühlen und feiertäglichen Stimmungen erfüllt. Das Bewußtsein von der Unbeständigkeit und Verwundbarkeit des menschlichen Daseins und die pessimistische Betrachtung der Natur des Menschen finden sich bei zahlreichen Humanisten, aber auch bei schriftstellernden Kaufleuten wie Giovanni Morelli.

Das ›kaufmännische Epos‹ Morellis entstand zur Zeit der schweren wirtschaftlichen und sozialen Krise, die Italien Mitte des 14. Jahrhunderts erfaßt hatte. Vor dem Hintergrund dieser Krise entfaltete sich die italienische Renaissance. Zwischen dem händlerischen Utilitarismus des ›fetten Volks‹ und dem Humanismus lagen Welten. Die Humanisten waren in ihrem eigenen künstlichen Kultur-Universum eingeschlossen, während die Kaufleute ihren rein irdischen Interessen nachgingen. Die von den Dichtern, Künstlern und Denkern geschaffene Kultur und die Welt der idealen Werte war von der der Geschäftsleute weit entfernt – allerdings nicht so weit, daß es zwischen ihnen überhaupt keinen Zusammenhang gegeben hätte. Dabei geht es nicht darum, daß eine beträchtliche Anzahl der Humanisten dem Handel und dem Bankwesen durchaus nahestand. Vielmehr stellt sich die Frage, ob das Weltverständnis der Humanisten nicht in gewisser Weise ein sublimierter, künstlerisch und literarisch umgeformter Ausdruck der Bestrebungen eben des Bürgertums war, das, wenn es sein Innerstes öffnete, ein anderes Aussehen bloßlegte, eines, das nicht idealisiert, sondern ganz irdisch und prosaisch war? Auf den Gemälden und Bildnissen der italienischen und flämischen Meister erscheinen die reichen Kaufleute in erhabener Pracht, als gottesfürchtige Menschen und mildtätige Spender, die Hospitäler gründeten und Kirchen unterstützten, während sich in den persönlichen Aufzeichnungen und ›Familienchroniken‹ ihr mitleidloser Egoismus sowie ein Verhalten enthüllte, das nur als skrupellose Ausnutzung der Mitbürger und Geschäftspartner bezeichnet werden kann. Der Geschäftsmann der Renaissance hatte zwei Gesichter. Er verband die Kultur mit dem Handel, Frömmigkeit mit Rationalismus, Gottesfurcht mit Unmoral. Indem er die Politik von der Moral löste, war er wirklich »macchiavellistisch vor Macchiavelli«. Sein Streben richtete sich danach, das Verhältnis zwischen Moral und Religion so umzugestalten, daß der Glaube an Gott seinen nicht allzu sauberen Machenschaften nicht hinderlich werden konnte.

Letzteres gelang jedoch nicht immer, und so manche Kaufleute und Bankiers sahen sich aus Furcht vor den Flammen der Hölle – wenn auch erst in der letzten Lebensstunde – gedrängt, ihre Reichtümer unter die Armen und an die Kirchen zu verteilen. Bei der Melancholie (malinconia), die sich so häufig in den philosophischen Abhandlungen und in der Kunst der Renaissance findet, handelte es sich um keine sentimentale Schwermut, sondern (was am ehesten beim Lesen der ›Familienchroniken‹ und Testamente klar wird) um die bedrängende, unüberwindbare Furcht vor der ewigen Verdammnis, die im Unglauben an die Möglichkeit des Heils lag. Am Ende des hier behandelten Zeitabschnitts wird ›Melancholie‹ zur allgemein gebräuchlichen Bezeichnung für die unter den Kaufleuten vorherrschende Stimmung. Verschiedentlich wird die Renaissance auch als das ›goldene Zeitalter der Melancholie‹ bezeichnet. Wissenschaftler haben darauf hingewiesen, daß das Wort ›Verzweiflung‹, das in der vorhergehenden Zeit verhältnismäßig selten gebraucht wird, in den Texten der Renaissance sehr häufig vorkommt. Das ›schlechte Gewissen‹ des Geschäftsmanns und seine Furcht vor der Wandelbarkeit der irdischen Geschicke, die sich aus Angst vor den Strafen des Jenseits verdoppelte, waren ein Symptom des Individualismus und begleiteten ihn.

Andererseits hinderten die Ängste um das Seelenheil die Kaufleute aus dem Mittelmeerraum nicht daran, mit den Feinden der Christenheit, den Mohammedanern, Handel zu treiben. Sowohl spanische als auch italienische Kaufleute verstießen wiederholt gegen das Verbot, an die Araber und Türken Waffen zu liefern. Der Handel mit christlichen Sklaven war so gewinnträchtig, daß Petrarca betrübt von der »schmutzigen Menge« der Sklaven schrieb, die die Gassen Venedigs bevölkere und die prachtvolle Stadt entweihe.

Geriet der Kaufmann dadurch nicht in einen sittlichen Zwiespalt? Aufgrund der allgemeinen Verurteilung des Wuchers sahen sich die Behörden von Florenz dazu veranlaßt, die Höhe der Zinsen zu begrenzen, so daß ein Gewinn als Wucher galt, wenn er über 15 oder 20 vom Hundert lag. Die Konstanzer Behörden verboten den Bürgern, mehr als 11 Prozent vom Darlehen zu verlangen. Die Testamente vieler Geschäftsleute vermitteln einen Eindruck von ihren Gewissensqualen und Ängsten angesichts der Strafen des Jenseits: Sie setzten einen beträchtlichen Teil des Vermögens zugunsten der Armen aus. Francesco Datini verlegte sich im Alter auf die Buße, unternahm Wallfahrten, fastete und verfügte schließlich, daß beinahe sein gesamtes riesiges Vermögen (75000 Florint) für mildtätige Zwecke verwandt werden sollte, was ihn allerdings nicht von dem Gefühl der Schuld und der ›Melancholie‹ befreien konnte. Unter den venezianischen Dogen gab es einige reiche Männer, die ihr Amt aus moralischen Bedenken niederlegten, ihre Geschäfte schlossen und ins Kloster gingen.

Gewiß wurden nicht alle Kaufleute von derartigen Skrupeln gequält. Interessanterweise suchten die Italiener eher nach Auswegen, die kirchlichen Wucherverbote zu umgehen, als beispielsweise die hansischen Kaufleute.

Das Mittelalter hatte von der Antike das Bild der Fortuna übernommen, die ständig ihr Rad dreht, so daß es alle, die sich an ihm festklammern, um das Glück zu erlangen, bald emporhebt und bald hinabwirft. Vielleicht paßte dieses Bild auf keinen in der mittelalterlichen Gesellschaft so sehr wie auf den Kaufmann: Das Wort fortuna hat zwei Bedeutungen: ›Schicksal, Glück‹ und ›eine große Summe Geld, Reichtum‹. Das ständige Gefühl der Unsicherheit mit dem der Kaufmann lebte, förderte die Vorstellung von einem Schicksal, das mit dem Menschen spielte. Gegen Ende des Mittelalters wurde der Gedanke an ein Schicksal, das den Menschen Glück und Unglück willkürlich zuteilt, besonders drückend – sowohl bei den Kaufleuten, die schnell reich und noch schneller arm geworden waren (denken wir nur an den Zusammenbruch der bedeutenden Florentiner Bankhäuser Bardi und Peruzzi) als auch bei den Denkern der Renaissance. Gewiß handelte es sich nicht mehr um die Fortuna des Altertums, sondern um eine bestimmte Gewalt, eine Akzidenz Gottes. Ein Augsburger Kaufmann schrieb, daß Gott seinem Ahnen »Gnade, Glück und Gewinn« (gnad, glück, gwin) gewährt hätte. Unter den Bedingungen der allgemeinen Krise wurde unter dem Begriff ›fortuna‹ jedoch immer nachdrücklicher eine zerstörende, verderbliche, mit Todesgefahr gesättigte Kraft, ›Un–Glück‹ also, verstanden.

Um sich gegenüber den Wechselfällen des Schicksals abzusichern, benötigten die Kaufleute einen Schutzherrn. Als Patron des Handels und der Seefahrt galt der heilige Nikolaus von Myra. Seine Reliquien, die seit dem Ende des 11. Jahrhunderts in Bari verwahrt wurden, lockten Scharen von Pilgern an. Allerdings waren die venezianischen Kaufleute davon überzeugt, daß die echten Reliquien des Heiligen in ihrer Stadt ruhten; der händlerische Wettbewerb fand also gewissermaßen seine Fortsetzung in der Verehrung des Heiligen. Als Patron der Kaufleute hatte der heilige Nikolaus auch im nördlichen Europa, im gesamten Umkreis der Ostsee Geltung erlangt. In dem Maße, in dem sich das Gefühl der wirtschaftlichen Unbeständigkeit verstärkte, gingen die italienischen Stadtbürger dazu über, ihren Kindern die Namen von Heiligen zu geben, um sie damit vor den Unbilden des Lebens zu bewahren. Ebenso begann man damit, Handelsschiffen Namen von Heiligen zu geben, was als eine Art von ›Versicherung‹ gegen Schiffbruch verstanden wurde.

Angesichts der ungünstigen Handelskonjunktur und in dem Bestreben, das mit dem Fernhandel verbundene Risiko zu vermeiden, ging ein Teil der Kaufleute dazu über, sicherere Geldanlagen zu bevorzugen. So auch die venezianische Familie Barbarigo. Schon der Kaufmann Andreas der Ältere zog es am Ende seines Lebens vor, Land aufzukaufen. Sein Sohn Niccolo trug seinem Sohn Andreas dem Jüngeren testamentarisch auf, überhaupt keine Kapitalien mehr in den Handel zu stecken. Ebenso stellt Matteo Palmieri, der Verfasser des Werkes ›Das Bürgerleben‹ (1438–1439), die Beschäftigung mit der Landwirtschaft noch über den kaufmännischen Handel (für den er im übrigen voll des Lobes ist), weil sie ein ruhiges Leben verbürgt. Die Abkehr vom Handel und die Hinwendung zu Geldanlage und Grundbesitz hat die Teilnahme der italienischen Geschäftsleute an den Entdeckungsfahrten über den Atlantischen Ozean verhindert. Die geographischen Entdeckungen an der Wende vom 15. zum 16. Jahrhundert fielen mit dem beginnenden wirtschaftlichen Niedergang Italiens zusammen, das weitab von den neuen großen Handelswegen lag.

Der Rückgang der wirtschaftlichen Tätigkeit und die großen Bevölkerungsverluste durch den Schwarzen Tod 1348–1349, der von den Zeitgenossen als Ausdruck des göttlichen Zorns angesichts der Sünden der Menschen aufgefaßt wurde, bildeten die Quelle einer tiefgreifenden sozialpsychologischen und moralischen Krise, die auch die Kaufmannschaft erreichte. Der Tod wurde zu einer allgegenwärtigen Bedrohung. Die heiteren Geschichten, die im Dekameron, jenem ›kaufmännischen Epos‹ erzählt werden, müssen in diesem Zusammenhang gesehen werden. Das bedrückende Bild der von der Pest verursachten allgemeinen Verwüstung und menschlichen Verwilderung, des Zerfalls aller persönlichen Beziehungen, auch der verwandtschaftlichen, mit dem der erste Tag des Dekamerons anhebt, bildet den Hintergrund, vor dem sich der Gang der Erzählung entfaltet. Die spaßigen Vorfälle und frivolen Begebenheiten, von denen dieses Werk strotzt, werden erzählt, während die ungeheuerliche Pest wütet, vor der zehn Mädchen und Jünglinge aus Florenz Zuflucht auf dem Land gesucht haben. Ihre Geschichten sind nur die eine Seite der Wirklichkeit. Die schreckliche Kehrseite, die in Boccaccios Erzählung ebenso vorhanden ist wie im Bewußtsein seiner Zeitgenossen und Leser, kann man als Triumph des Todes bezeichnen. Im Vorwort zu seinen Novellen schrieb Franco Sacchetti, daß die Leute Geschichten hören wollten, die geeignet waren, ihnen inmitten so vieler Unglücksfälle, der Pest und des Todes Unterhaltung und Vergnügen zu bieten. Um eine Vorstellung zu gewinnen, in welchem Maße die Geschäftsleute der Renaissance vom Gedanken an den Tod und der auf ihn folgenden Vergeltung besessen waren, braucht man nur an das Werk des mit Boccaccio befreundeten Tuchhändlers Angelo Torini zu erinnern, das der Beschreibung des Elends und der Vergänglichkeit des menschlichen Daseins gewidmet ist.

Von dem auflodernden religiösen Fanatismus, wie er in den Umzügen der Geißler in verschiedenen europäischen Ländern zum Ausdruck kam, ließ sich auch die städtische Oberschicht hinreißen. Zeitweise neigte sie sogar dem Ketzertum zu, obwohl die Rolle, die die Kaufmannschaft dabei spielte, unklar ist. Andererseits war das reiche Bürgertum ständig Gegenstand des Hasses der von ihm ausgebeuteten Armen. In diesem Zusammenhang sei nur an den Ciompi-Aufstand in Florenz (1378) erinnert, der bereits Züge eines Klassenkampfs des Proletariats gegen die Bourgeoisie aufwies. Ein Jahrhundert später wurde das eben von der Tyrannis der Medici befreite Florenz zum Schauplatz der Aktivitäten des Reformators und Apostels der Askese Savonarola, der gegen die Reichen und die Geistlichkeit auftrat. Sein Ideal war eine in ein riesiges Kloster umgewandelte Stadt, aus der der Luxus, der Reichtum und der Wucher zusammen mit der weltlichen Kunst und Literatur verbannt waren. Dabei handelte es sich allerdings um Ausnahmeerscheinungen und Extremfälle der Abneigung gegen die Reichen. Ansonsten bestand die Idealvorstellung des Mittelalters vom Handel eher in der Kleinproduktion, die für einen begrenzten Markt und einen beschränkten Warenaustausch bestimmt war, wo der ›gerechte Preis‹ und ›mäßiger Gewinn‹ zu herrschen hatten, der nicht über den vom Kaufmann aufgewandten Kosten und den Bedürfnissen seiner Familie liegen sollte. Allerdings befanden sich solche Idealforderungen im deutlichen Gegensatz zur Wirklichkeit. Die Religiosität des Kaufmanns verband sich mit Erwerbssucht, mit der Gier, Reichtümer zu besitzen; und dieser Sucht war letzten Endes seine gesamte Ethik untergeordnet.

Wir haben bereits die Worte jenes Priesters angeführt, der seine Gemeinde aufforderte, nicht für die Seele seines Vaters zu beten, weil dieser ein Wucherer gewesen sei und deshalb in Ewigkeit verdammt wäre. Diese Worte finden sich in einem erbaulichen ›Beispiel‹ (exemplum); und es ist kaum zu bezweifeln, daß sie erdichtet sind. Diese Art von Erdichtung überhöhte jedoch lediglich eine alltägliche Praxis. So finden wir in dem Testament des florentinischen Kaufmanns Simone di Rinieri Peruzzi einen solchen Fluch beinahe Wort für Wort wieder, nur daß ihn hier nicht der Sohn gegen den Vater, sondern der Vater gegen den Sohn schleudert: »Verflucht sei mein Sohn in Ewigkeit, von mir und von Gott. So soll es sein. Falls er nach meinem Ende noch am Leben ist und ich ihn nicht nach Gebühr strafen kann, mögen ihn die göttlichen Strafen als einen Treuebrüchigen und Verräter treffen.« Was konnte einen so fürchterlichen Zorn des Vaters ausgelöst haben? – Der Sohn hatte aus der Kasse des Vaters ein wenig Silber genommen.

Es wäre jedoch verfehlt, aus solchen Begebenheiten zu folgern, daß die kaufmännische Familie keine feste emotionale Grundlage gehabt hätte. Im Gegenteil, gerade hier beginnen sich die Umrisse der neuzeitlichen Familie abzuzeichnen. Das vom Haupt der Familie geführte Geschäft ist das Geschäft der ganzen Familie und wird vom Vater auf den Sohn vererbt. Gerade in diesen Familien wurde – bei aller Anerkennung der Obergewalt des Vaters – das Kind als das Wesen, das das väterliche Geschäft fortführen sollte, zum innersten Kern der Familie. Die Familie war das bestimmende Strukturelement in der Organisation des Fernhandels und Geldverleihs. Die Genossenschaften, die im Wirtschaftsleben des 14. und 15. Jahrhunderts die Vorherrschaft hatten, bestanden vornehmlich aus Familiengesellschaften. Die Familien der reichen Bürger verfügten erblich über die höchsten Ämter der städtischen Behörden. Zum Beispiel besetzten in Köln Angehörige der Familie Overstolz während des 13. und 14. Jahrhunderts fünfundzwanzigmal die Stelle des Bürgermeisters. Die Familienchroniken enthalten deutliche Hinweise auf ein entwickeltes ›familiäres Selbstbewußtsein‹. In ihnen wurden Familie und Einzelwesen, Stadt und Staat, Vergangenheit und Gegenwart mit einem lebhaften geschichtlichen Interesse erfaßt. Albertis Abhandlung ›Die Familie‹ (Della Famiglia 1432–1441) ist nur eines der zahlreichen Werke, die einen Eindruck davon vermitteln, wie die Aufmerksamkeit am Familienleben wuchs und sich die Kräfte des familiären Zusammenhangs festigten. Ist es ein Zufall, daß am Ende des Mittelalters auch in der religiösen Malerei die Neigung zunimmt, Begebenheiten der Heiligen Geschichte in der Form des Familienlebens darzustellen? Gerade in dieser Zeit wird der Innenraum des Hauses immer häufiger zum Handlungsort der Malerei; der häusliche Herd nimmt die Eigenschaft eines sammelnden Mittelpunkts an. Die Bürgerfamilie wird zum Gegenstand des Gruppenbildnisses, das in der Kunst jener Zeit immer mehr in den Vordergrund trat. Die Darstellung einer Familie im Innenraum war eine neue Erscheinung. In dem Bestreben, sich zu verewigen, gaben die Kaufleute und Bankiers die Anfertigung von Bildnissen in Auftrag, und die Künstler malten sie in ihrer tatsächlichen Umgebung, im Innern des Hauses, in der Schreibstube, mit ihren Frauen und Kindern.

Die Tätigkeit der Geschäftsleute, die nach einem neuen Wertesystem verlangte und zu seiner Herausbildung beitrug, kam in der Literatur keineswegs sofort zur Geltung. Dante blickte mit Verachtung auf die Kaufleute herab, Petrarca nahm sie überhaupt nicht wahr. Das kaufmännische, städtische Leben setzte sich schließlich in der italienischen Novelle des 14. und 15. Jahrhunderts durch. Ein berühmter Kenner der italienischen Literatur bezeichnete das Dekameron zu Recht als »eine wahre Odyssee des Handels«. An die Stelle des Ritters oder Kriegers trat ein neuer Held, der unternehmungslustige und tatkräftige Kaufmann, »der wahre Bahnbrecher des Spätmittelalters«. Diese »Ritter des Handels« schufen die Grundlagen einer neuen Welt, und Boccaccio war der erste, der ihnen den gebührenden Platz in der Literatur anwies.

In immer stärkerem Maße begann der Geldverkehr die alten Denk- und Verhaltensweisen zu verändern und umzuformen. In Italien und Frankreich waren bereits während des 15. Jahrhunderts Redensarten gebräuchlich wie »Der Mensch ist so und so viel Gulden wert.« Das Denken nach Kaufmannsart, die Neigung, die verschiedensten Seiten der Wirklichkeit durch das Prisma von Rechnung und Quittung zu betrachten, wurde in allem sichtbar. Im Rechnungsbuch des Venezianers Jacopo Loredano findet sich der Vermerk: »Der Doge Foscari ist mein Schuldner wegen des Todes meines Vaters und meines Oheims.« Nachdem sein Feind und dessen Sohn beseitigt waren, notierte der Kaufmann mit Befriedigung auf der gegenüberliegenden Seite des Kontos: »Bezahlt«.

Die Veränderungen erstreckten sich bis in den Bereich des Jenseits. Während des 13. Jahrhunderts wurde eine neue Instanz sichtbar: das Fegefeuer. Zuvor hatte auf die Seele des Toten nach den damaligen Vorstellungen entweder das Paradies – sei es unmittelbar, sei es nach dem Jüngsten Gericht – oder aber (mit weit größerer Wahrscheinlichkeit) die Hölle gewartet. Nunmehr bot sich die neue Aussicht, nach mehr oder weniger langen Qualen im Fegefeuer in den Himmel zu gelangen. Um die Verweildauer in den Flammen des Fegefeuers zu verkürzen, ließ man Seelenmessen feiern, gewährte der Kirche großzügige Spenden und erwies den Armen Unterstützung. Während des 14. und 15. Jahrhunderts bestimmten zahlreiche vermögende Personen in ihrem letzten Willen, daß die Erben und Testamentsvollstrecker nach ihrem Hinscheiden eine ungeheure Anzahl von Messen (hunderte oder tausende) lesen lassen sollten, damit ihre Seelen möglichst rasch von den Martern des Fegefeuers erlöst würden und ins Paradies gelangen konnten. Die Verfasser der Testamente waren regelrecht von dem Gedanken besessen, daß es unabdingbar sei, eine Höchstzahl von Messen aufzubieten. Die Furcht vor den Qualen des Jenseits war einer der Gründe dafür, daß sich gegen Ende des Mittelalters die Abfassung von Testamenten derart verbreitete. Die Vorstellung, daß die auf der Erde vollbrachten ›guten Werke‹ entsprechend in der anderen Welt belohnt würden, gewann an Gewicht. Der Reiche, der Kaufmann war bemüht, sich nach Möglichkeit im Jenseits mit Annehmlichkeiten auszustatten.

In der Malerei fand die neue Weltsicht ihren Ausdruck darin, daß die Linearperspektive an Bedeutung gewann, die dem Bild des Raumes entspricht, wie es sich aus der Sicht des einzelnen ergibt. Die Stellung des Betrachters bildete den Ausgangspunkt der neuen, sich der Perspektive bedienenden Malerei; sein Blick ergründete aktiv die Tiefe des vielgegliederten Raumes, der vor allem ein städtischer Raum war.

Die Navigationshandbücher, die Beschreibungen von Häfen und Seewegen, die Landkarten Europas sowie die Weltkarten kamen dem Bedürfnis der seefahrenden Kaufleute nach; die Land- und Seereisen des 14. und 15. Jahrhunderts führten zu einem Aufschwung der Kartographie und bewirkten, daß man sich des Raumes in verstärktem Maße rational bemächtigte.

Der Besuch von Messen, die Nutzung günstiger Konjunkturen zur gewinnträchtigen Abwicklung von Handels- und Geldgeschäften sowie zu erfolgreichen Spekulationen – all das brachte es mit sich, daß der Zeit mehr Aufmerksamkeit geschenkt wurde. Veränderungen in der Zeitauffassung gingen mit der Umgestaltung des Raumes Hand in Hand. Wie wir gesehen haben, drang die geschichtliche Zeit in die Familienchroniken ein. Der Nürnberger Kaufmann und Patrizier Ulman Stromer verfaßte Ende des 14. Jahrhunderts eine Geschichte seiner Familie, die mit der Erwähnung eines ritterlichen Ahnherrn anhebt, der zu Beginn des 13. Jahrhunderts gelebt hatte. Das in der Malerei immer häufiger anzutreffende Portrait brachte das Bedürfnis zum Ausdruck, einen bestimmten Augenblick der individuellen Lebenszeit hervorzuheben und ihm Ewigkeit zu verleihen. Die Zeit der Händler behauptete nachdrücklich ihre Eigenständigkeit gegenüber der Zeit der Kirche, die an Einfluß zu verlieren begann. Den Kaufleuten genügte der kirchliche Kalender mit seinen beweglichen Festen und einem Jahresanfang, der zwischen dem 22. März und dem 25. April schwankte schon längst nicht mehr. Sie brauchten eine Vorlage, die eine genauere Zeitrechnung ermöglichte; im Zusammenhang mit diesem Erfordernis wurde der Jahresanfang auf den Tag der Beschneidung Jesu, den 1. Januar festgelegt.

Die Kaufleute benötigten jedoch auch eine genaue und gleichmäßige Unterteilung kleinerer Zeitabschnitte, d. h., sie brauchten Uhren, deren

Zifferblatt in gleich große Abstände eingeteilt war. Ende des 13. Jahrhunderts wurden die Räderuhren erfunden, die man sogleich auf den Türmen der städtischen Rathäuser und Dome anbrachte: 1300 in Paris, 1309 in Mailand, 1314 in Cannes, 1325 in Florenz, zwischen 1326 und 1335 in London, 1344 in Padua, 1354 in Straßburg und Genua, 1356 in Bologna, 1359 in Siena, 1362 in Ferrara. Seitdem wird der Tag in 24 Stunden eingeteilt, die durch den Schlag der Uhren oder wie in Straßburg durch den Schrei eines künstlichen Hahns bezeichnet werden. Die neue Erfindung bot praktische Vorzüge, versinnbildlichte aber vor allem, daß die Zeit in den Dienst der Bürger, Patrizier und weltlichen Mächte getreten war. Im 15. Jahrhundert kamen Räderuhren zum persönlichen Gebrauch auf. An die Stelle der ungenauen, annähernden Zeit des Mittelalters, einer Zeit, die mit der Liturgie verbunden war, trat die verweltlichte, meßbare Zeit, die in gleichgroße Abschnitte eingeteilt wurde. Die ›theologische‹ Zeit wurde von der ›technologischen‹ verdrängt. Es verstärkte sich das Empfinden für den Gang der Zeit. Die Notare in Genua vermerkten bei der Abfassung von Urkunden nicht nur den Tag, sondern auch die Stunde ihrer Niederschrift.

Die Wertschätzung der Zeit nahm zu; während man sie vormals als Eigentum Gottes zu schätzen gewußt hatte (in einem Sinne, in dem auch die Worte des heiligen Bernhard zu verstehen sind, daß nichts kostbarer sei als die Zeit) faßte man sie nunmehr als Eigentum der menschlichen Persönlichkeit auf. Oder wie es Seneca zum Ausdruck brachte: »Nichts gehört uns so vollständig wie die Zeit; alle anderen Dinge bleiben uns fremd, die Zeit allein ist unser.« »Es gibt drei Dinge, die der Mensch als sein Eigen bezeichnen kann,« schreibt Leo Battista Alberti, »sie sind dir von der Natur gewährt, und niemals scheiden sie sich von dir: erstens: die Seele, zweitens: ›das Werkzeug der Seele‹, der Körper, drittens: das Kostbarste. Es ist in höherem Maße mein als meine Hände und meine Augen: Es ist die Zeit.« Und er fügt hinzu: Alles Verlorene ist zu ersetzen, nur nicht die Zeit. Der bereits erwähnte Pariser Bürger, der für seine Frau ein ganzes Buch voller Ratschläge verfaßt hatte, erinnert sie daran, daß in jener anderen Welt jeder sich wegen sinnlos vertaner Zeit zu verantworten habe. Ähnlich hob Gianozzo Manetti, ein Mitglied der Florentiner Regierung, hervor, daß jeder am Ende seines Lebens Rechenschaft abzulegen habe, wie er die ihm von Gott zur Verfügung gestellte Zeit genutzt hat, wobei Gott nicht nur nach den vergeudeten Jahren und Monaten, sondern auch nach Tagen, Stunden und Augenblicken fragen wird. So weit das Urteil eines Humanisten. Francesco Datini, ein Bankier und Unternehmer, erteilt dagegen den Rat: »Wer anderen zuvorkommt, weiß seine Zeit besser auszugeben.« Paolo da Certaldo, ein Freund Boccaccios, gibt in seinem ›Buch der guten Sitten‹ (Libro di buoni costumi) Zeitpunkte an, während derer der Kauf und Verkauf dieser oder jener Erzeugnisse zu empfehlen ist. Das Paradies und die Hölle fallen in seinem Werk mit den Preisen für Getreide, Öl und Wein zusammen, die Ewigkeit mit den Zeitabschnitten des händlerischen Jahreskreises. Ein Jahrhundert später schreibt ein venezianischer Kaufmann nieder, in welchen Monaten des Jahres die Nachfrage nach Geld zunimmt und man es mit besonderem Vorteil anlegen kann: in Genua im September, Januar und April, wenn die Schiffe in See stechen, in Valencia wegen der Getreideernte jedoch erst im Juli und August, während in Montpellier der Bedarf an Geld zur Zeit der Messen besonders hoch ist, die hier dreimal im Jahr stattfinden. Bei ihren Berechnungen der Möglichkeiten, ihre Mittel zu mehren, beachten die Kaufleute mit großer Aufmerksamkeit den Kalender. Zeit ist Geld!

Freilich ist die ›Zeit der Händler‹ nicht dasselbe wie die ›Zeit der Humanisten‹ – die Geschäftsleute bewerten die Zeit nach sehr viel prosaischeren Grundsätzen als die Dichter oder Philosophen. Der Geist jedoch, der die Aussagen über die Zeit der einen wie der anderen durchdrang, war letzten Endes von gleicher Beschaffenheit. Die Zeit wurde subjektiviert, ›vermenschlicht‹. Das Bedürfnis, sich die Zeit ›anzueignen‹, sie zu besitzen, empfanden die Geschäftsleute ebenso wie die Gelehrten, die Dichter und die Künstler, die die Zeit für den Kenntniserwerb schätzten, um »Tag für Tag zu werden, was wir vorher nicht waren.«

Die Geschäftsleute in Florenz und anderen italienischen Städten bildeten im Grunde genommen die gesellschaftliche Basis des Humanismus. Ihr Mäzenatentum, ihre Aufträge gaben – neben denen der Päpste, Tyrannen und anderer adliger Herren – dem Schaffen der Architekten, Bildhauer und Maler die materielle Grundlage, die Dome und Paläste zu errichten und sie mit Fresken und Skulpturen zu verzieren. In ihrem Bestreben, den Adel nachzuahmen und sich ihm anzugleichen, scheuten die reichen Bürger keine Ausgaben, wenn diese der Stadt und damit ihrem eigenen Ruhm zugute kamen. Die Teilnahme am künstlerischen Leben erhöhte ihr Sozialprestige und förderte zugleich die Erweiterung ihres geistigen Horizonts. Die von Göttern belebte, utopische Kulturwelt, wie sie von den Meistern der Renaissance geschaffen wurde, warf ihren Abglanz auf das Alltagsleben der Kaufleute und Unternehmer und veredelte es. Ebenso wie sie das Geld zählen und anhäufen konnten, vermochten sie es großzügig zugunsten hoher geistiger Werte auszugeben. Die Bildung des Kaufmanns beschränkte sich nicht auf utilitaristische Interessen; er empfand durchaus eine eigene Befriedigung beim Anblick der Kunstwerke und beim Lesen schöngeistiger Bücher. Die Beziehungen der Geschäftsleute zu den Künstlern und Dichtern zeigten eine große Vielfalt, die von der Verehrung bis zur Ausnutzung dieser Männer als bloßer Lohnarbeiter reichte. Allerdings mußten sie anerkennen, daß die Kunst etwas Feierliches und Erhabenes in ihr praktisches Leben brachte und es mit einem höheren Sinn erfüllte. Das neue Verständnis der Natur, das Vermögen, sie genau zu betrachten, die perspektivische Aneignung des Raums und das Interesse an der realistischen Einzelheit, das grundlegend veränderte Zeitgefühl und das Erfassen der Geschichte, die ›Humanisierung‹ des Christentums sowie die neue Hochschätzung der menschlichen Individualität – all das entsprach einer rationalistischeren Weltsicht und den innersten Bedürfnissen einer neuen Klasse, dem Frühbürgertum. Zwischen der Tätigkeit der Kaufleute und dem Schaffen der Genies der Renaissance lag eine Kluft, ebenso wie sich die Auffassungen von Individualität, Werten und Tugenden zwischen Humanisten und Geschäftsleuten unterschieden. Die einen wie die anderen arbeiteten jedoch an einem gemeinsamen Werk; sie nahmen teil an der Errichtung einer neuen Welt.

Die Lage der Geschäftsleute in der mittelalterlichen Gesellschaft war im höchsten Maße widersprüchlich. Indem das kaufmännische Patriziat Geld an Adlige und Monarchen verlieh (deren Zahlungsunfähigkeit oder Zahlungsverweigerung oftmals zum Zusammenbruch großer Bankhäuser führte), indem es Grundbesitz erwarb, in Ritterfamilien einheiratete und sich um Adelstitel und Wappen bemühte, wuchs es tief in das Innere der feudalen Gesellschaft hinein und bildete einen nicht wegzudenkenden Bestandteil dieser gesellschaftlichen Ordnung. Handel und Handwerk, Stadt und Geldverkehr waren ein organischer Teil des entwickelten Feudalismus. Gleichzeitig unterhöhlte das Geld die Grundlagen der Herrschaft des grundbesitzenden, kriegerischen Adels und stieß die Handwerker und Bauern in Armut. In Großunternehmen, die Kaufleute gegründet hatten, wurden Lohnarbeiter beschäftigt. Das Geld, das zu einer gewaltigen gesellschaftlichen Kraft geworden war, der internationale Fernhandel, der Erwerbssinn der Kaufleute, entpuppten sich gegen Ende des Mittelalters als Vorboten einer neuen sozio-ökonomischen Ordnung, des Kapitalismus.

Wie sehr der Großkaufmann sich auch mühte, in das Gefüge des Feudalismus hineinzuwachsen und sich ihm anzupassen, stellte er doch sozialpsychologisch einen Gegentypus zum Feudalherren dar. Er war ein Ritter des Erwerbs, der Wagnisse nicht auf dem Schlachtfeld unternahm, sondern in seiner Niederlassung, in der Schreibstube, auf dem Handelsschiff oder in der Bank. Dem Heldenmut und der jähen Gefühlsaufwallung der Edlen stellt er nüchterne Vorausberechnung entgegen, der Irrationalität die Rationalität. Unter den Geschäftsleuten bildete sich eine neue Art von Frömmigkeit heraus, die auf paradoxe Weise den Glauben an Gott und die Furcht vor den Qualen des Jenseits mit einer kaufmännischen Auffassung von ›guten Werken‹, für die man Rückerstattung und Belohnung im rechten Verhältnis erwartete, vereinte.

Wenn es Europa gegen Ende des Mittelalters gelingt, die Schranken des Altüberlieferten zu überwinden und mit seiner raschen Ausbreitung das Zeitalter der Weltgeschichte zu eröffnen, so gehören zu denen, die entscheidend zu diesem Umbruch beigetragen haben, in erster Linie die Kaufleute.

Kapitel 8

Die Frau und die Familie

Christiane Klapisch-Zuber

Zu Beginn des 11. Jahrhunderts räumt das Schema der drei Ordnungen, das die gängigen Vorstellungen von der christlichen Gesellschaft beherrscht, den Frauen keinerlei eigenen Platz ein. Es stellt ein hierarchisches System von »Ordnungen« oder »Kategorien« dar – Ritter, Mönche, Bauern –, doch ist in dieser Pyramide, in der Betende und Kämpfende oder Rechtsprechende einander den ersten Platz streitig machen, die Frau nicht vertreten.

Trotzdem haben die Männer des Mittelalters »das Weib« lange als Kategorie begriffen. Erst spät jedoch bezogen sie soziale Unterschiede und berufliche Tätigkeiten zur Abstufung in die Verhaltensmodelle ein, die den Frauen geboten wurden. Die Frau war nicht so sehr Bäuerin, Schloßherrin oder Heilige, sondern wurde zuerst über ihren Leib, ihr Geschlecht und ihr Verhältnis zur Familie definiert. Ob Eheweib, Witwe oder Jungfer, immer wurden ihre rechtliche Situation und ihre Sitten durch den Bezug auf einen Mann oder eine Gruppe von Männern charakterisiert.

Wir wollen hier also nicht die vielen Gestalten, welche Frauen im Laufe eines halben Jahrtausends auf dem Spielfeld der Gesellschaft angenommen haben, in einer Art Porträtgalerie nebeneinander stellen, sondern sie in dem Rahmen sehen, der ihnen von ihren Zeitgenossen zugewiesen wurde, sie in der Gesamtheit der von Verwandtschaft und Familie auferlegten Zwänge betrachten, die der Entwicklung der Frau zu einer wirtschaftlich, rechtlich und moralisch vollwertigen Person entgegenwirkten. Wir beschränken uns auf den Zusammenhang der Familie und betrachten das Verhältnis zwischen den Geschlechtern dort, wo es sich offensichtlich und alltäglich zeigt: in der Aufteilung der häuslichen Aufgaben und Zuständigkeiten, die Ausdruck der Absichten und Hoffnungen der Familie und der Verwandtschaft sind.

Es könnte den Anschein haben, als gehe ein solches Vorhaben von einem Standpunkt aus, der mit den Blindheiten und Vorurteilen des Mittelalters geschlagen und zugleich von jenen der früheren und heutigen Mediävisten geprägt ist. Schildert es nicht die Frau am Herd, das Gewicht einer Tradition, die lange Zeit zur Norm erhoben wurde und die Frauen ohne Widerrede in die stickige Luft des Haushalts, in eine glanzlose Sphäre eingesperrt hat? Wenn man darauf verzichtet, die Herausgehobenheit anzuführen, die manche Frauen der Klosterkultur ihrer adligen Abstammung, dem geistigen oder mystischen Leben verdanken, ist man dann nicht dazu verdammt, die Frau wieder einmal über ihren Körper und ihre Natur zu definieren, sie in den grauen Alltag der Haushalts- und Mutterpflichten ohne Ruhm und Beruf zu verweisen – kurz, eine Elendsschilderung abzuliefern, die einen Großteil der Tatsachen außer Acht läßt und sich letztendlich mit einer reduktionistischen Sicht der »Situation der Frau« zufrieden gibt? Die Gefahren eines solchen Vorgehens liegen auf der Hand. Wir schlagen daher zunächst vor, die Familie als eine Verwandtschaftseinheit zu sehen, die über die Grenzen des Einzelhaushalts hinausgeht. Denn für die Frauen spielt sich nicht alles in diesem engen Rahmen ab. Aufforderungen und Weisungen an sie reifen in einer größeren, schwer eingrenzbaren Sphäre, in der Bindungen nicht nur auf Blutsverwandtschaft und Heirat beruhen, sondern auch auf Freundschaft, wirtschaftlicher Kooperation oder politischen Interessen. Durch den Beitrag der Sozialanthropologie ist der Fächer der Probleme, Werkzeuge und Ideen bereichert worden, über den die Historiker verfügen, die sich mit dem Bereich der Familie und der Situation der Frau beschäftigen und die sich traditionell auf die Rechtsgeschichte spezialisiert hatten. Durch diesen Beitrag konnten sie ihre Forschungen auf die Modalitäten und Perspektiven der Schwiegerverwandtschaft ausdehnen und die Interpretation von deren Einfluß allmählich revidieren. Wir werden hier also zunächst nach der Stellung der Frauen innerhalb der Verwandtschaft und der Schwiegerverwandschaft fragen.

Sodann werden wir versuchen, die Hoffnungen und Ängste nachzuzeichnen, die bei den Männern von den Frauen ihrer Familie geweckt wurden, indem wir das heterogene und bisweilen schwer interpretierbare Material heranziehen, das von Bevölkerungshistorikern für diese noch im Dunkeln liegenden Jahrhunderte zusammengetragen worden ist. So ungesichert und verstreut sie auch sind, eröffnen die Angaben der historischen Demographie doch neue Möglichkeiten der Interpretation beispielsweise der Sexual- und Ehepraktiken, der Beziehungen zwischen Ehepartnern und Generationen, der Bedeutung von Intimität und Ehrbarkeit, und damit einer Betrachtung, die zwar für sehr frühe Zeitabschnitte nur über Quellen aus Rechtsprechung und Gesetzgebung verfügt, sich aber für das Spätmittelalter auf eine unendlich reichere Auswahl an Dokumenten aus Verwaltung, Rechtsprechung oder Familie stützen kann.

Aus nur wenigen Texten und Bildern von Frau und Familie ist die Stimme der Hauptbetroffenen vernehmbar. Die täglichen Mühen und Freuden, die Höhepunkte und Kleinkriege des Ehelebens werden uns, eingefärbt von Verständnis, Bosheit oder offener Feindseligkeit, viel häufiger von Männern als von Frauen überliefert. Zu dieser ersten und massiven Einschränkung kommt eine zweite hinzu, die für jede Untersuchung über die Frau und die Familie gilt: Alle unsere Kenntnisse auf diesem Gebiet stammen von Quellen aus den höheren Schichten der Gesellschaft und sind entsprechend verzerrt; für die früheste Periode nur aus dem Ritterstand und für das Ende des Mittelalters aus dem Bürgertum der Städte. Nun geben aber feudalherrliche Höflichkeit und bürgerlicher Spott die Sitten und Empfindungen des gemeinen Volkes genauso wenig wider wie die Ermahnungen und Bußauflagen der Kleriker des Hochmittelalters. Vertrauen wir also nicht allzu sehr darauf, daß das von uns restaurierte Gemälde faktentreu ist: Unsere Beobachtungen sind ganz offensichtlich von dem Wohlstand, der Kultur und dem Geschlecht unserer Gewährsleute geprägt.

Im Mittelalter bedeutet eine Schwiegerverwandtschaft vor allem einen »Friedensschluß«. Am Ende einer langen Fehde, bisweilen eines offenen Krieges zwischen verschiedenen Familien wird mit einer Heirat ein Frieden geschlossen und besiegelt. Einem anderen Familiengeschlecht zur Versöhnung eine Frau zu geben, heißt, diese Gattin zum Mittelpunkt des Bündnisses machen. Als Unterpfand und Instrument der Eintracht wird ihr so eine Rolle zugewiesen, die über ihr Einzelschicksal und ihre persönlichen Wünsche hinausgeht.

Das Bündnis zwischen den beiden Gruppen zu pflegen, indem sie jedes anstößige Verhalten vermeidet, zum Fortbestand des Schwiegergeschlechts beizutragen, indem sie Nachwuchs gebiert, getreulich ihren

Leib und die Mitgift verfügbar zu halten: Das ist ihr vielleicht noch zwingender auferlegt als die ehelichen Pflichten. Langsames Reifen der in kirchlichen Kreisen entstehenden Reflexion über die Grundlagen der ehelichen Gemeinschaft, sowie tiefgreifende ökonomische und soziale Umwälzungen sollten erforderlich sein, bevor das Ehepaar aus diesem Netz von Zwängen hervortritt und sich die Gestalt der »guten Gattin« abzeichnet.

Es gibt unzählige Beispiele für Eheschließungen, bei denen Frauen eingesetzt wurden, um Freundschaftsbande zwischen zwei Geschlechtern zu knüpfen oder wiederherzustellen. Die ersten, die solche Vereinigungen anstrebten, sind natürlich die Häupter der Christenheit selbst: Ein König von Frankreich, Heinrich I., begibt sich im 11. Jahrhundert auf Brautschau ins ferne ukrainische Fürstentum Kiew. G. Duby hat auf einer etwas tieferen gesellschaftlichen Ebene die diplomatischen Verwicklungen einer solchen Auffassung des Bündnisschlusses durch Austausch von Frauen aufgezeigt, dem die Feudaldynastien des 11. und 12. Jahrhunderts je nach territorialen Ansprüchen und politischen Interessen frönten.

Noch tiefer in der sozialen Hierarchie, im städtischen Patriziat des 13. bis 15. Jahrhunderts, werden alte Haßgefühle und endlose Rachefehden ebenfalls durch einen spektakulären Austausch von Frauen beendet, während dagegen Privatkriege oder Kriege zwischen Städten und Staaten ausbrechen, wenn eine solche Ehe scheitert. In Florenz schließt sich um 1300 die Partei der Weißen um den 1288 geschlossenen Ehebund zwischen einer Cherchi und einem Adimari zusammen, mit dem eine alte Feindschaft beendet wird, während die ehelichen Schwierigkeiten des Oberhaupts der Schwarzen Partei mit seiner ersten Gattin eben aus dem Geschlecht der Cherchi und seine Zweitehe mit einer Kusine, einer reichen Erbin, die der Gegenpartei entführt wird, Leidenschaften und Bürgerkrieg erneut aufflammen lassen. Einige Jahre später berichtet ein anderer Florentiner, Giotto Peruzzi, in seinem *Libro segreto*, welcher Anteil jedem Mitglied seines Familiengeschlechts an der Zahlung der riesigenn Mitgift aufgebürdet wird, die seine Tochter in das Geschlecht der Adimari einbringt, einer verfeindeten Familie, mit der die Peruzzi soeben einen feierlichen Frieden – »mit einem freundschaftlichen Treffen beider Seiten auf der Piazza dei Priori« – geschlossen hat. Wie eine Schachfigur zwischen den Familien verschoben, garantiert die Frau hier die Einhaltung des Vertrages; sie ist das Unterpfand des Friedens, der großen Bestrebung des Mittelalters.

Die in den Chroniken und in dokumentarischen Belegen ausgiebig beschriebenen Bündnisstrategien haben zwar eine von Klerikern inspirierte oder von ihnen geschriebene Literatur entstehen lassen, liefern jedoch nicht genügend Material zur Formulierung einer Theorie. In den Äußerungen des Hl. Augustin wird die Pflicht, Nichtverwandte zu heiraten, also die Aufforderung zur Exogamie, mit der Notwendigkeit verglichen, die soziale Verbundenheit zu gewährleisten, den Zusammenhalt der Gesellschaft auf der Grundlage der Liebe und der Nächstenliebe zu verwirklichen, die Schwiegerverwandte einander schulden. Blutsbande hingegen bedeuteten die Gefahr, daß zu sehr in sich selbst geschlossene Familien aufeinander losgingen.

Diese Betrachtung steht nicht im Widerspruch zu den familiären Praktiken, die einem Bemühen um Frieden und soziales Gleichgewicht entsprechen. Die Kirche beruft sich indes darauf, um ihre zwischen dem 6. und dem 13. Jahrhundert ständig verschärften Verbote von Verwandtenehen zu begründen. Damit sperrt sie sich gegen eine der vorrangigsten Pflichten der Familiengeschlechter: das von den Vorfahren übernommene Familienerbe für die Nachkommen zusammenzuhalten. Die Laien sind bereit, schon vorhandene Verwandtschaftsbande zu ignorieren, um ihre Kinder miteinander zu verheiraten, wenn das Vermögen der Familie es verlangt, während die Kleriker die beabsichtigte Vereinigung zum Inzest erklären.

Die Sehnsucht nach Frieden und die damit einhergehende Verpflichtung zum Austausch von Frauen haben für die Männer der Kirche und die Gesellschaft der Laien nicht dieselben Auswirkungen. Für erstere schließen sie jede Heirat zwischen zu engen Verwandten aus, während sie Letztere im Gegenteil darin bestärken. Der Konflikt zwischen den beiden Standpunkten bricht bei Fürsten- und Königshochzeiten um die Wende zum 11. Jahrhundert offen aus. Im Laufe der Jahre sollte die Kirche ihre Vorschriften mildern: Im Jahre 1215 lockerte das 4. Lateranische Konzil die Exogamiesperre von der Verwandtschaft siebten Grades auf den vierten Grad: Fortan durfte die Nachfahrin eines gemeinsamen Vorfahren vierten Grades geheiratet werden. Im Gegenzug konnte auch der einfachste Christenmensch nicht mehr so tun, als wisse er nicht über seine Verwandtschaftsbeziehungen Bescheid: Die Kirche verschafft sich die Mittel, ihre Kontrolle über die Rechtmäßigkeit der Eheschließung zu verstärken, sie führt vorweg zu verkündende Eheverbote ein, um zu gewährleisten, daß der »Inzest« nicht auf Brautleute lauert, die nicht genau wissen, in welchem verwandtschaftlichen Verhältnis sie zueinander stehen.

Als Friedenskeim oder -verheißung bezieht das Ehebündnis Status und Ehre der Familie mit ein. Ob Familien eine Frau weggeben oder empfangen, entscheiden natürlich das Ansehen oder die materiellen Vorteile, die sie mit einer solchen Heirat gewinnen. Für uns ist hier wichtig, daß die zur Heirat weggegebene Frau häufig zugleich einer doppelten Lageveränderung unterworfen ist: einer Überführung zu ihrem Mann und dazu einer vertikalen Bewegung – dem Aufstieg in eine gesellschaftlich höherstehende Familie oder dem sozialen Abstieg. Es konnte nachgewiesen werden, daß bei den meisten Heiratsplänen innerhalb des Ritterstands im 11. und 12. Jahrhundert oder bei denen der Aristokraten und Bürger im 14. bis 15. Jahrhundert die Väter Schwiegertöchter von höherer Geburt aussuchen. Ein großer Teil, vielleicht die Mehrheit der Frauen, erlebt so durch Heirat einen sozialen Abstieg, wird Männern von minderem Blute oder Rang anvertraut, denen sie dennoch Gehorsam schulden.

Die streitsüchtige und verbitterte Frau, die ihrem Mann ständig seine niedrige Herkunft vorhält, ist Dauerthema der mittelalterlichen Literatur, desgleichen die Furcht der Männer, einem solchen Drachen mit Wappen und Stammbaum entgegenzutreten. Boccacio liefert eine gelungene Karikatur in jener wiederverheirateten Witwe des »Corbaccio«, wenn sie unermüdlich *»la nobilità e le magnificenze de' suoi«* »den Adel und die Verdienste der Ihren« preist, als sei sie *»della casa di Soave«* »vom Hause der Saove« oder »von königlicher Abstammung«; Auch ein Zeitgenosse Boccacios, Paolo da Certaldo, rät dazu, in zweiter Ehe eine Frau zu nehmen, die nicht von höherer Geburt ist als die erste, damit sie dir nicht sagen kann: »che non sia meglio nata che la primaia, si ch'ella non ti possa dire: ›Hast du mich deshalb genommen, weil ich aus besserem Haus und höherer Abstammung bin?‹

Der Wechsel einer Frau von einem Familiengeschlecht zum anderen bedeutet nicht nur ihre körperliche Übereignung, sondern auch die Übergabe von Reichtümern. Auf beiden Ebenen geht es um die Familienehre. Damit sie sozial anerkannt wird, erfordert die Heirat nämlich ohne Rücksicht auf Milieu, Zeitalter oder geltendes Rechtssystem, daß Geld und Gut, und sei es noch so wenig, von einer Gruppe zur anderen »gegeben« wird, wenn die Abtretung der Frau angebahnt wird und später, wenn sie vollzogen wird. Im Frühmittelalter wurden diese Güter vom Ehemann oder seiner Familie an die Familie der Braut zum »Ausgleich«

des Verlusts gegeben, den diese durch die Abtretung einer ihrer Töchter erlitt. Später gehen sie an die Braut selbst, die wiederum Gegenstände, Liegenschaften oder Bargeld mitbringt, die sie ihrem Mann »schenkt« oder die in ihrem Besitz bleiben. Auf diese Weise sichert sie ihren Unterhalt nach dem Tode ihres Gatten. Doch die tiefere Absicht dieser Leistungen und Gegenleistungen liegt woanders: Sie sollen die beiden Familien, die sich auf dieses raffiniert abgestufte Spiel von Geschenk und Gegengeschenk eingelassen haben, fest miteinander verbinden, symbolisieren ihre Freundschaft und geben zugleich ihre jeweilige soziale Stellung an.

Vom 12. Jahrhundert an nimmt die von der Frau eingebrachte Mitgift zu und gewinnt allmählich an Gewicht gegenüber der Morgengabe oder den Geschenken und Leistungen des Mannes: Von letzteren werden manche einfach abgeschafft, wie die 1143 gestrichene genuesische *tertia* fränkischen Ursprungs (d.h. der Anspruch der Witwe auf ein Drittel des Vermögens ihres Gatten). Auf die Handschrift der Chronik, in der über dieses Ereignis berichtet wird, hat der Schreiber zwei Weiber mit klagenden Gebärden gekritzelt. Die Mitgift wird schließlich vor allem in den Ländern, in denen die Grundlagen des römischen Rechts wiederhergestellt werden, zur zentralen Leistung des Austauschs, an der sich die Erbverhältnisse zwischen Gatten gegen Ende des Mittelalters hauptsächlich orientieren. Ohne auch nur eine Spur der früheren Leistungen des Gatten erkennen zu lassen, tritt sie fortan in den Vordergrund. Abgeschlossen ist die Entwicklung im 14. und 15. Jahrhundert, als die verheiratete Frau in Südfrankreich, in Italien und schließlich in Spanien an der Mitgift ihrer Familie gemessen wird. Weiter nördlich hält sich die Morgengabe des Ehemanns bis in die Neuzeit. Hinzuzufügen wäre noch, daß die Frau überall das Recht einbüßt, uneingeschränkt über das von ihr eingebrachte oder von ihrem Gatten »geschenkte« Gut zu verfügen, während sie dieses Recht zuvor als Witwe oder sogar während der Ehe behielt. Zu ihren Lebzeiten verwaltet fortan der Mann dieses Vermögen und verfügt über seine Erträge; bei seinem Ableben hat die Frau allenfalls den Nießbrauch und kann es auch nicht nach Belieben testamentarisch übertragen.

Die Gründe für eine derartige »Enteignung« der Frauen sind komplex. Häufig wird als Erklärung angeführt, daß die Feudalisierung des Verhältnisses zum Boden die Frauen von der Übertragung von Hab und Gut, Schlössern und Lehen ausschließe. In den städtischen Milieus, die von Handel und Handwerk leben, ist die Wirtschaftstätigkeit infolge der zünftischen Geschlossenheit der Berufe den Männern vorbehalten. Die Mitgift ermöglicht, Frauen vom eigentlichen Familienerbe fernzuhalten: Sie verzichten zugunsten ihrer Brüder und geben nach ihrer Heirat die Verfügungsgewalt über das Vermögen auf, das ihnen theoretisch zusteht. Ungeachtet vieler Varianten von einer Region und einem Gewohnheitsrecht zum andern ist die Entwicklungsrichtung überall ungefähr gleich: Die Frauen haben am Ende des Mittelalters in Vermögenssachen viel weniger Rechte als in früheren Zeiten.

Die Verschlechterung der ökonomischen Rolle der Frau und die Einschränkung ihrer Befugnis zur Verwaltung ihres Vermögens führen alsbald auch zu einer Minderung ihres »Wertes«. Die Frauenfeindlichkeit, von der so viele Texte in den letzten drei Jahrhunderten des Mittelalters durchtränkt sind, hat mit Sicherheit noch andere Gründe als die Abwertung der finanziellen und juristischen Stellung der Frau – und wäre es nur die unbezwingbare Furcht der Kleriker vor dem verbotenen Geschlecht. Daß ihnen die freie Verfügung über das auf ihren Namen eingetragene Vermögen entzogen und sogar der Umfang von Vermögensschenkungen an sie beschränkt wurde, hat dazu beigetragen, daß abwertende Gemeinplätze über sie in Umlauf gesetzt wurden und eher mißtrauische und negative Einstellungen verbreitet waren.

In einem großen Teil Europas ließen sich die Familien am Ende des Mittelalters in eine regelrechte Inflationsspirale der Mitgifte hineinziehen, die zur Quelle neuer Vorwürfe der Männer wurde: Dante ist einer der ersten, die beklagen, daß die gute alte Zeit, das »buon tempo antico« vorbei sei, »als das Heranwachsen der Tochter dem Vater noch keine Angst machte, als Zeit und Mitgift noch nicht davonliefen und mit ihnen jedes Maß«. Die Familien lassen sich auf diese Entwicklung, für die sie der Habsucht und Eitelkeit der Frauen die Schuld geben, deswegen ein, weil sie mit der Mitgift und anderen Hochzeitsgaben ihre soziale Stellung festigen und die Anerkennung dieses Status durch die Gemeinschaft erwirken, kurz, ihre »Ehre« wahren und vergrößern können. Für die Frauen, die mit der Mitgift zu einem Mann geschickt werden, dessen Familiengeschlecht oft keine Hoffnung auf eine vermögensausgleichende Gegenheirat zu bieten hat, folgt aus dieser Entwicklung, daß es finanziell gesehen ziemlich teuer ist, sie zu verheiraten. Diese Investition ohne Ertrag erhöht ihr Ansehen bei den Männern der eigenen Familie nicht, die sie ja aufbringen müssen. Bei jeder Eheschließung kostet die Familienehre bares Geld, doch kann man ohne Übertreibung sagen, daß die Männer ihre Frauen für die erkaufte Ehre teuer bezahlen ließen.

Diese Ehre beruht nicht nur auf der materiellen Macht und dem Ansehen des Familiengeschlechts; sie hat eine stark sexuelle Komponente und ist zudem vom Verhalten der Frauen als den Vektoren des Ehebündnisses abhängig. Zur selben Zeit, als sich das Prinzip der männlichen Erbfolge durchsetzt, kommt die Erörterung medizinischer Theorien aus der Antike über die aktive oder passive Funktion der Frau bei der Empfängnis wieder in Gang. Viele glauben, das »Blut« des Vaters müsse in der geschwängerten Frau völlig rein bleiben, die das Kind lediglich reifen lasse und forme. Jedes »angesehene Familiengeschlecht« befürchtet, ihm könne fremdes Blut untergeschoben werden. Die außerehelichen Kinder eines Mannes stören zwar den empfindlichen Mechanismus des Erbrechts, doch kann man sie wenigstens offen erkennen. Die durch den Ehebruch der Gattin gezeugten Kinder, die eine um so größere Bedrohung darstellen, je besser die Mutter ihren Fehltritt vertuschen kann, sind aus einem Betrug hervorgegangen und, sofern sie am Leben bleiben, dem doppelten Vorwurf ausgesetzt, aus einer Sünde des Fleisches und dem Verrat ihrer Mutter an der Schwiegerfamilie entsprossen zu sein. Die sexuelle Treue der Frauen steht im Mittelpunkt des Familienverbands: Ihr Körper muß lückenlos überwacht werden, um betrügerischen Fehltritten vorzubeugen, die das Familiengeschlecht insgesamt schädigen würden.

In die unangenehme Situation einer häufig ungleichen Ehe versetzt, schulden die Frauen den Interessen beider Familien Treue und Hingabe, die durch sie miteinander verbunden worden sind. Diese Anforderungen können in Konflikt geraten mit der Zuneigung und dem Gehorsam, den sie auch ihrem Gatten schuldig sind, und dies um so mehr, als hier Auffassungen der Kirchenväter in die Gemeinschaft der Ehe hineinwirken. Gegen Ende des Mittelalters wird der Gehorsam gegenüber dem Familiengeschlecht dadurch gemindert, daß sich auch die Laien dessen stärker bewußt werden.

Solange sie Tochter ist, wird von der Frau gefordert, daß sie dem Vater, dem Bruder oder dem Vormund ohne Widerrede gehorcht, ihre geheimen Wünsche verschweigt und den Mann nimmt, den man für sie ausgesucht hat. Doch die Kirche, die, wie bereits gesagt, einschreitet, um die Heirat mit einer Kusine zu verhindern, beharrt seit Ende des 11. Jahrhunderts immer energischer auf der Notwendigkeit, die gebührende und ordentliche Zustimmung beider Partner einzuholen und diese nicht schon in einem Alter zu verheiraten, in dem ihr Jawort ohne Wert ist. Für sie kann die Gründung einer neuen Familie nur unter Beachtung der Freiheit der Vertragspartner erfolgen, die in erster Linie die beiden künftigen Eheleute sind. Diese Blickverschiebung bedingt zumindest theoretisch eine bemerkenswerte Veränderung: Sie räumt der Frau bei der Verleihung des Sakraments der Ehe den gleichen Platz ein wie dem Manne. Indessen müssen wir die praktischen Auswirkungen einer solchen Umwälzung abschätzen.

Die Aneignung von Frauen durch Gewalt, im Frühmittelalter noch weit verbreitet, wird in der Folge seltener und findet immer weniger gesellschaftliche und religiöse Anerkennung. Dennoch muß man sich angesichts der Entführungen – häufig praktiziert, um die Zustimmung der Familien zu erzwingen – oder des Schweigens der Frau, das von den besten Theologen als schamhafte Einwilligung gedeutet wird, vor einer allzu optimistischen Interpretation der Situation hüten, in der die Frauen das Recht erhielten, ein Wort mitzureden. Bis in die Renaissance hinein findet man zahlreiche Gruselgeschichten von Töchtern, die gegen ihren Willen verheiratet oder ins Kloster gesteckt wurden. Sogar die Riten, die von der Kirche geschaffen oder übernommen wurden, um die freie Zustimmung zu gewährleisten, werden bisweilen zu anderen Zwecken mißbraucht.

Zwischen dem 11. und dem 14. Jahrhundert konzentrieren sich die Hochzeitsrituale auf mehrere entscheidende, manchmal kurze, häufig jedoch sehr lange Momente des Verfahrens, in dem das neue Paar miteinander verbunden wird. In der Normandie zum Beispiel wird die traditionelle Übergabe des jungen Mädchens durch den Vater oder Vormund an den Bräutigam, eine während des ganzen Hochmittelalters weithin private Zeremonie, von der Kirche mit ergänzenden Riten ausgestattet und aus dem privaten Haushalt auf die Vortreppe der Pfarrkirche verlegt: Dort empfängt der Priester die Verlobten, die vor ihm ihr Jawort tauschen. Die Öffentlichkeit des Ortes, der Beistand der Trauzeugen, die Feierlichkeit durch die Anwesenheit des Priesters verleihen der Stimme der Frau gewiß ein ungewohntes Gewicht. Einer Stimme, die indes nicht überall und auch nicht in allen Milieus unter derart geschützten Umständen laut wird: Die Reichen und Mächtigen sollten diese Zeremonie bis weit in das 14. Jahrhundert hinein in einem rein familiären Rahmen und allein vor dem Notar begehen. Schon durch seine Förmlichkeit enthüllt das religiöse Ritual um das Jawort die Grenzen des praktischen Einflusses der Kirche in einem Bereich, in dem die Familien verbissen darum kämpfen, ihre Handlungsfreiheit und Verfügungsgewalt zu wahren. Jahrhunderte von Hirtenbriefen sollten erforderlich sein, bevor der Gedanke an eine Ehe verinnerlicht wurde, die nicht nur ohne Zwang akzeptiert wird, sondern auf Intimität und gegenseitiger Anziehung beruht.

Nun verbieten aber der Kirche die Zwecke, die sie selbst damals der Ehe zuschreibt, den gefühlsbetonten und sinnlichen Grundlagen der Ehe zu trauen. »Besser heiraten als heftig verlangen«, hatte der Hl. Paulus gesagt, womit er den Ehestand rechtfertigte, aber zugleich den Gedanken sät, die Heirat sei ein Notbehelf. Denn in den Augen eines Klerikers des Mittelalters ist das Verlangen in der Ehe kaum akzeptabler als die fleischlichen Gelüste, die außerhalb befriedigt werden. Nur das Bemühen um die Zeugung von legitimen Nachkommen rechtfertige, daß man sich auf diese niedere Ebene begibt. Die Kirche wird von ihrer Auffassung des Sakraments der Ehe allerdings veranlaßt, Ehen als gültig und daher unauflöslich zu erklären, die auf einem echten Jawort der Gatten vor Zeugen beruhen, deren Gründe aber ganz und gar fleischlich sind und deren rituelle Formen die Riten der Kirche selbst überflüssig machten. Öffentlich verkündete Heiratsversprechen, die mit einem Glas Wein, einer geteilten Frucht oder dem Austausch kleiner Geschenke besiegelt wurden, wie sie sich junge Leute machen, waren in den Augen der Kirche ebenso rechtskräftige Verlobungen wie die kirchlichen, die sie einzuführen bemüht war. Die Prozesse vor den Episkopalgerichten, die in dieser Frage Recht zu sprechen hatten, beweisen die Aufrichtigkeit vieler dieser Liebenden, die sich einander nach überlieferten Bindungsriten versprachen und häufig ihre Ehe vollzogen, ohne auf anderes zu warten. Sie zeigen auch, daß manche Familien diese Riten nutzten, um ihre Kinder zu verheiraten, wenn sie sie in flagranti ertappten. Die Kleriker, die fleischliche Hingabe ebenso tadelten, wie sie den Mißbrauch der familiären Macht verabscheuten, gingen so in ihre eigene Falle: Sie mußten häufig solche rituell vereinigten Paare legitimieren, auch wenn sie verurteilten, wie diese zustandegekommen waren. Erst das Konzil von Trient klärte im 16. Jahrhundert die Ungereimtheiten der religiösen Positionen; es näherte sie denen der Familien an und beendete so die relativ liberale Handhabung, wie sie für die Anwendung des Rituals am Ende des Mittelalters typisch war.

Es ist daher richtig, die Sprengkraft zu betonen, welche die Notwendigkeit des Jaworts, auch das der Frau, für die Familienverhältnisse und das Verhältnis zwischen den Geschlechtern enthielt. Wie René Nelli bemerkt hat, waren es allerdings nicht die Kirchenväter, die die Neigungsehe erfunden haben, sondern junge Menschen, die kühn genug waren, initiativ zu werden, und denen es gelang, ihre persönlichen Wünsche durch die wohlbedachte Anwendung ritueller Worte und Gesten durchzusetzen. Die Fleischeslust drängte sich sozusagen klammheimlich in den Akt der Trauung – und der Argwohn des Klerus gegenüber der Sexualität hinderte ihn daran, sich die Folgen seiner Lehre von den Grundlagen des Sakraments der Ehe einzugestehen.

Wünschte die Kirche, wie kürzlich der Anthropologe Jack Goody vertreten hat, daß nur die kleinstmögliche Zahl von Ehen geschlossen wurde – diese Notlösung, um den Fortbestand der Menschheit zu gewährleisten – und daß die meisten Menschen wenig fruchtbar blieben, damit um so mehr Hab und Gut der Kirche einheimfiel? Derlei leicht machiavellistischen Betrachtungen verstärken bei den Klerikern die Angst vor der Sexualität und vor dem Körper des Weibes und lassen sie immer weitere Hindernisse auf dem Weg in den Ehestand aufrichten. Sie erheben sich zu Richtern über die Sexualpraktiken bis in den Ehestand, der allein die Sexualität rechtfertigen könne. Lassen sich die Laien ohne weiteres davon überzeugen?

Seit dem sehr frühen Mittelalter haben die Männer der Kirche einen theoretisch reichlich beschränkten Kalender der Termine aufgestellt, an denen sich Mann und Frau vereinigen dürfen, ohne daß die Kirche Einspruch erhebt. Überprüfen, ob die Verbote Wirkung zeigen, die vor allem aus der repressiven Literatur der Bußregister bekannt sind, welche für jeden möglichen Verstoß eine Buße festsetzen, ist eine ganz andere Sache. In den späteren Zeiten, die uns hier interessieren, führen die Instruktionen für Beichtväter die verbotenen Tage nicht so akribisch auf, doch wachen sie weiterhin streng über sexuelle Praktiken, Stellungen beim Koitus und über den Zeitpunkt der ehelichen Liebe. Vor ihrem Beichtvater müssen Gläubige vom 13. Jahrhundert an für ihre Abweichungen von der Norm Rechenschaft ablegen. So wird ein Junggeselle zum Richter über die Bettfreuden verheirateter Leute, und zwar einer, den die Reformer der Gregorianischen Bewegung seit dem 11. Jahrhundert unablässig an sein Gelöbnis der Keuschheit und sexuellen Reinheit erinnern – ein Mann, der auf die Gründung einer Familie und auf jede Fleischeslust verzichten muß. Dennoch sind Priester mit Konkubinen und Nachkommen noch im 13. Jahrhundert häufig: Die *Lamentations de Mahieu*, das Werk eines Priesters von Boulougne, den das Konzil von Lyon 1274 zwingt, zwischen Frau und Pfründe zu wählen, belegt, welche Schwierigkeiten sie damit hatten, ihre profanen Neigungen mit den Pflichten ihres geistlichen Standes in Einklang zu bringen. Kein Zweifel, daß die Präsenz so vieler Kleriker, die im Ehestande lebten (ganz zu schweigen von den geschickten Verführern schöner Pfarrkinder, nach dem Beispiel des Pfarrers von Montaillou, die Laien dazu bewog, deren Vorwagen in den Treibsand der Sexual- und Ehemoral *cum grano salis* zu betrachten oder sogar wie in den *fabliaux* und *contes* in saftigen Reimen zu verspotten.

Die familiäre Ordnung der Laien hingegen ermöglicht Formen des Erlernens und Ausprobierens der Sexualität, die später für Kirchenmänner und »wissenschaftliche« Beobachter zu einer regelrechten Herausforderung werden. Wie kommt es, daß Familien, die bei der Verheiratung und »Familiengründung« ihrer Kinder so wählerisch waren, so gewagte Formen der Liebeswerbung zuließen? Daß der Jungknappe, der bei seinem Herrn den Waffengebrauch lernte, auch von der Schloßherrin in die Freuden und Schrecken der Liebe eingeführt wurde? Daß die Jungfrau der Ritterromane, die den geplagten Ritter in ihrem verwunschenen Waldschloß empfing, ihm ihre Bettstatt und ihren Leib für alle Liebesspiele »bis auf das letzte« überließ? Daß junge Landleute vielerorten paarweise im warmen Stall das Lager teilten, ohne daß es zur Schwangerschaft kam? In allen selbstbestimmten Liebesbeziehungen haben die Frauen die Sache in der Hand und legen die Schwelle zwischen Traum, Verlangen und Vollzug fest, die nicht überschritten werden darf. Übrigens erlaubten die Familien solche keineswegs rein literarischen Abenteuer, was uns zwingt, unsere Einschätzung ihrer Heiratsstrategien etwas zu nuancieren: Weder Neigung noch Lernen noch sexuelle Spiele sind ausgeschlossen, solange die Gruppe das letzte Wort über die Verwendung von Leib und Vermögen der Frau in einer anderen Familie behält. Alles Weitere ist Sache von Geistlichen oder Dichtern.

Lebensfähige Erben erzeugen ist die große Herausforderung, der sich die Familien in einer Zeit stellen müssen, in der der Tod häufig und unerbittlich zuschlägt. Im Mittelpunkt des mittelalterlichen Hauses liegt die Kammer, in der die Frau verweilt, arbeitet, empfängt, gebiert, und wo sie sterben wird. Wir wissen erst sehr wenig über das biologische Leben der verheirateten Frau und darüber, wie sich die Funktionen, die ihr zugewiesen wurden, auf ihren Körper und auf ihr Verhalten auswirkten. Die Quellen sind uneinheitlich, verstreut und häufig widersprüchlich. Zumindest läßt sich überall ersehen, daß ihre Rolle für die Reproduktion der Gruppe die häufigsten Erörterungen und Ermahnungen und die eindringlichsten Vorsichtsmaßregeln und Lobeshymnen auslöst.

Der Schlüssel zu dieser Rolle ist also die Heirat. Während des Frühmittelalters vermitteln barbarische Gesetze und Konzilstatuten, Heiligengeschichten und Beschreibungen der großen Literatur den Eindruck einer recht großen Altersübereinstimmung und Reife junger Leute bei ihrer ersten Hochzeit, mit Ausnahme allerdings des Adels, wo die Töchter bereits im zarten Alter verheiratet wurden. Um die Mitte des Mittelalters erfolgt hier allerdings eine Rückwende in ganz Europa: Töchter werden kaum der Kindheit entwachsen einem sehr viel älteren Mann gegeben. Um 1200 verheiraten Adel und städtisches Patriziat in Flandern oder England, in Italien und in Frankreich ihre kaum erwachsenen Töchter. Verfasser von Heiligengeschichten erwähnen gewöhnlich ein Alter um 12 oder 13 Jahren – das Alter, in dem man nach kanonischem Recht die Ehe eingehen oder ein religiöses Gelübde ablegen kann –, wobei diese Autoren jedoch in der Mehrzahl aus betuchten Familien stammten. Seltener sind vor dem 14. Jahrhundert Angaben über die Heirat in ländlichen und niederen Volksschichten. Doch liegt das Durchschnittsalter der Mädchen bei ihrer ersten Heirat auch dort trotz der Übervölkerung, die zum Hinausschieben der Heirat drängt, selten höher als 17 oder 18 Jahre.

Seit dem Ende des 12. Jahrhunderts scheinen die Männer wiederum in späterem Alter als früher »ins Netz der Ehe« zu gehen. Exemplarisch dafür sind die Junggesellen des Ritterstandes, die mit der Ehe warten müssen, bis sie ein Lehen erhalten, selbst erben oder eine Erbin aufspüren. Ebenfalls spärlich sind Auskünfte über die Bräuche anderer Bevölkerungsgruppen vor dem 15. Jahrhundert; die Literatur der *fabliaux* macht sich im 13. Jahrhundert allerdings häufig über vollkommen ungleiche Ehen zwischen altersschwachen Greisen und jungen Mädchen lustig.

Reichhaltiger werden die Angaben nach der Schwarzen Pest, in der zweiten Hälfte des 14. und im 15. Jahrhundert. Häufigere Volkszählungen, die leider selten so faktenreich und einheitlich sind wie die florentinischen *catasti* des 15. Jahrhunderts, lassen indes Schätzungen des durchschnittlichen Heiratsalters zu. Für Frauen liegt es unter 18 Jahren, mit einer Tendenz in der Landbevölkerung und in städtischen Unterschichten, die Ehe um ein oder zwei Jahre später einzugehen, und bei den Reichen, sie etwa auf das 15. Lebensjahr vorzuverlegen. Anhand der erhaltenen, vorwiegend toskanischen Familienstammbücher und »ricordanze« kann man schließlich das weibliche Heiratsalter mit Gewißheit errechnen: im florentinischen Bürgertum etwa zwischen 1340 und 1530 beträgt das Durchschnittsalter 136 junger Bräute 17,2 Jahre. Die Schwankungen in diesem langen Zeitraum sind gering, obwohl eine gewisse Tendenz zum Aufschieben der Heirat sichtbar wird. Um 1500 heiraten die Florentinerinnen durchschnittlich etwa ein Jahr später als vor 1400. Die Stabilität insgesamt ist indessen bemerkenswerter als dieser leichte Alterszuwachs.

Ähnliche Berechnungen für eine ebenso große Gruppe junger Männer aus Familien des Kaufmannstands belegen, daß sie bei ihrer ersten Hochzeit durchschnittlich älter als 27 Jahre sind. Ihr Heiratsalter unterliegt größeren Schwankungen als das der Mädchen, es sinkt nach Zeiten höherer Mortalität und knickt im letzten Drittel des 15. Jahrhunderts spürbar in die den Frauen entgegengesetzte Richtung. Wichtig ist indessen, daß zwischen dem Heiratsalter der Männer und dem der Frauen konstant ein gutes Dutzend Jahre liegt.

Ein Mann, der auf die Dreißig zugeht, ein Erwachsener also, nimmt eine Jugendliche in sein Haus auf: Das ist die assymmetrische Situation im Spätmittelalter, eine Situation, die merkwürdig an die römischen Bräuche der Antike erinnert. Was Wunder also, daß in der Moralliteratur und in Traktaten über die Hauswirtschaft vom Ende des Mittelalters Empfehlungen auftauchen, die unmittelbar auf Aristoteles' *Politik* und Xenophon's *Oeconomicos* zurückgehen? Indem sie die Praktiken ihrer Umgebung und ihrer Zeit widergeben, erheben Männer wie L. B. Alberti in seinen *Libri della famiglia* folgendes zum Vorbild: Der Mann muß das volle Mannesalter erreicht haben, bevor er heiraten kann, die Frau dagegen soll jung einem Mann gegeben werden, damit sie beim Warten auf die Heirat nicht Schaden nimmt, »damit sie nicht den Lastern verfalle, während sie auf das warte, was die Natur verlangt«. Andere beklagen eine nach ihrer Meinung neuere Entwicklung, die ihre Zeitgenossen angeblich veranlaßt, ihre Töchter immer jünger wegzugeben. Alle sind sich dagegen einig, daß der Mann, um seine Autorität im Haushalt durchsetzen und die schönsten Kinder zeugen zu können, den Zeitpunkt seiner Heirat besser hinausschiebt. Ein spätes Heiratsalter – wie es für die Bevölkerung Westeuropas auch noch in der Neuzeit typisch bleiben sollte – scheint also vom 13. bis zum 15. Jahrhundert nur für die Männer Praxis und Norm zugleich zu sein.

Der praktisch nicht vorhandene Anteil von Erstgeburten in florentinischen Familien vor Ablauf des achten Monats nach der Hochzeit ist ein

Hinweis darauf, wie streng die Familien ihre jungen Mädchen hüteten, die ihren Zukünftigen bisweilen erst an dem Tage zu Gesicht bekamen, an dem er ihnen den Trauring an den Finger steckte. Entsprechend zeigt aber auch ein relativ großer Abstand zwischen Hochzeit und Erstgeburt, daß diese jungen Mädchen oftmals körperlich nicht weit genug entwikkelt waren, um sogleich ein Kind zu bekommen, was ihre Männer übrigens nicht davon anhielt, sie unverzüglich ins Eheleben einzuführen. Nach dem ersten Kind jedoch folgten Schwangerschaften und Geburten einander in raschem Rhythmus. So wurde in Arras 1461 eine Frau mit 29 Jahren Witwe, nachdem sie in dreizehn Jahren Ehe zwölf Kinder zur Welt gebracht hatte. Das war nichts Außergewöhnliches: Die seltenen französischen Familienstammbücher und die zahlreichen italienischen »ricordanze« aus der Zeit zwischen dem 14. und 15. Jahrhundert liefern viele Beispiele für diese große Fruchtbarkeit, die zumindest für die Frauen gehobener städtischer Kreise typisch war. Eine Florentinerin aus guter Familie, die mit 17 Jahren geheiratet hatte und ihren Gatten nicht vor dem Klimakterium verlor, konnte hoffen, vor dem 37. Lebensjahr durchschnittlich zehn Kinder zur Welt zu bringen, also ein Kind mehr als die französischen Bäuerinnen der Neuzeit, die sieben bis zehn Jahre später heirateten als die italienischen Städterinnen. Die Töchter sehr jung zu verheiraten wirkt sich also spürbar auf die Fruchtbarkeit und die Gesamtzahl der Geburten aus. Indem sie das Heiratsalter senkten, wollten die Familien mehr oder minder bewußt die großen Lücken schließen, die von der damaligen Mortalität gerissen wurden.

Ihre Hoffnungen waren indes recht trügerisch, da selbst in den gehobenen Familien des Bürgertums einer der reichsten Städte Europas viele Ehen vorzeitig zu Ende gingen und die Kinderzahl niedriger war als das knappe Dutzend, das für Paare mit großer Lebenserwartung angegeben wird. Für die florentinischen Paare insgesamt, ob sie nun durch den frühen Tod eines der Gatten getrennt wurden oder nicht, sinkt die durchschnittliche Kinderzahl auf sieben. Immer noch eine eindrucksvolle Zahl, doch überlebten von diesen in rascher Folge dezimierten Nachkommen nur wenige ihre Eltern.

Halten wir zunächst fest, daß Schwangerschaften fast die Hälfte des Lebens verheirateter Frauen bis zum vierzigsten Lebensjahr ausmachten. In manchen Familien von Notabeln des französischen Limousin, über die wir aus ihren Familienstammbüchern ebenfalls gut Bescheid wissen, beträgt der durchschnittliche Abstand zwischen zwei Geburten um 21 Monate; das ist auch der Durchscnitt für 700 florentinische Geburten in ebenso wohlhabenden Haushalten. Er sinkt sogar auf weniger als 18 Monate, wenn man die außergewöhnlichen Fristen abzieht, die eindeutig auf geschäftsbedingte Abwesenheit des Ehemannes zurückzuführen sind, oder nur die Paare einbezieht, die während der gesamten Zeit ihrer natürlichen Fruchtbarkeit beieinander bleiben konnten. In Florenz wie im Limousin folgten zu dieser Zeit Schwangerschaften schneller aufeinander als zwei oder drei Jahrhunderte später. Praktisch bedeutet dies, daß die Schwangerschaft, die mit der Niederkunft und dem ersten Kirchgang der Wöchnerin endete, während neun von achtzehn Monaten der gewöhnliche Zustand einer Frau war.

Eine weitere Folge: Während der Hälfte seines Ehelebens durfte ein Paar wegen der Befürchtung, das Ungeborene zu »verderben«, theoretisch keinen Verkehr haben, zumindest nicht von dem Zeitpunkt an, wo dieses sich bewegte. Gegen dieses Verbot verstoßen war seit Albert dem Großen Mitte des 13. Jahrhunderts vielleicht eine verzeihliche Sünde, aber Sünde immerhin. Wenn die Mutter stillte, sollte sich das Paar ebenfalls enthalten, denn ein Nachkömmling konnte die Stillzeit verkürzen und damit das Leben seines älteren Geschwisters kosten. Hielten sich die Paare aus unseren französischen und florentinischen Beispielen an diese uralten Verbote? Schwer zu beurteilen. Zeitgenossen wiederholen bisweilen alte Tabus, die noch zu gelten scheinen, aber eher die Gefahr sexueller Beziehungen während der Regel betreffen: Der große Prediger Bernhardin von Siena und der Kaufmann Paolo da Certaldo ermahnen übereinstimmend – der eine die Frauen und der andere die Männer –, »wenn in dieser Zeit Kinder gezeugt werden, kommen diese unförmig und aussätzig zur Welt«, es seien »kranke und grindige« Kinder, und nie wird das in dieser Zeit gezeugte Geschöpf ohne einen großen Schaden geboren«. Der Makel falle auf den Vater zurück, der das Verbot nicht geachtet habe: »Und Du kannst Dir damit ein großes Unheil zufügen...«

Offensichtlicher und leichter überprüfbar ist die Befolgung religiöser Vorschriften bezüglich der Einhaltung der »verbotenen Zeiten«, d.h. vor dem Advent und in der Fastenzeit, für die die Kirche das Hochzeiten verbot und Enthaltsamkeit empfahl, ohne sie zur Pflicht zu machen. Klassisch wird die Einhaltung solcher Verbote an der Zahl der Hochzeiten und Geburten überprüft. Nun können wir im Limousin wie in der Toskana signifikante Einbuchtungen der Heiratskurve im Dezember und im

März und einen Rückgang der Geburten neun Monate nach der Fastenzeit feststellen. Zumindest bei den Stadtleuten, die von den Kanzelrednern leicht erreichbar waren, fanden die Ermahnungen der Kirche also Gehör.

Die Paare aus unseren französischen und toskanischen Beispielen lassen schließlich vermuten, daß sie keinen Gebrauch von verschiedenen Mitteln zur Empfängnisverhütung machten – Abtreibungstränke, Salben, Präservative aus Schafsdärmen und Schweinsblasen sowie Zaubermittel – zu denen Prostituierte und der Zauberei und Hexerei beschuldigte Frauen nach Angaben ihrer Kunden und Richter griffen. Alle Konzile vom Frühmittelalter bis zum 12. Jahrhundert bekräftigen ohne Unterlaß die Verbote und Bußauflagen für Verhalten, das eine Geburt verhüten will. Vom 13. Jahrhundert an haben die Kenntnis von Abhandlungen der arabischen Medizin und die Beliebtheit Ovids in manchen Kreisen vielleicht zur Verbreitung empfängnisverhütender Praktiken geführt: daß sie diskutiert werden, veranlaßt die Theologen jedenfalls, die Verbote ein wenig zu lockern. Manche Autoren verbieten unfruchtbaren Partnern nicht mehr, sich zu vereinigen, oder erlauben den Verkehr ohne Erguß: Ein Paar darf seine Lust leben, anstatt nur nach Fortpflanzung zu streben. Andere setzen Verhütung nicht mehr mit Kindermord gleich. Bis zum Ende unseres Zeitabschnitts kommen die Prediger ständig auf die Todsünde einer »widernatürlichen« geschlechtlichen Vereinigung zurück, die gegen »la forma del matrimonio«, »die Einrichtung der Ehe« verstößt. »Jedes Mal, wenn zwei sich auf eine Art und Weise vereinigen, die die Möglichkeit der Zeugung ausschließt, begehen sie eine Todsünde. Habe ich mich deutlich genug ausgedrückt? (...) Schlimmer ist nur noch der, der mit der eigenen Mutter verkehrt (...) Deshalb, Frau, merke dir: Wenn dein Mann von dir verlangt, daß du dich gegen die Natur versündigst, gib ihm niemals nach.« Der einzige Fall, wo die Frau selbst auf Gefahr ihres Lebens gegen ihre Pflicht zum Gehorsam gegenüber ihrem Manne verstoßen kann, liegt vor, wenn er eine Stellung bei der Vereinigung von ihr verlangt, die »gegen die gottgewollte Ordnung verstößt« und bewirkt, daß die Frau »sich in ein Tier oder ein Mannweib verwandelt« und am Empfangen gehindert wird.

Ob sodomitisch oder nicht, »widernatürliche« Praktiken der Gatten werden von den Gewissenswächtern bekämpft, weil sie eine Verhütungsabsicht unterstellen. Es hat indes nicht den Anschein, als hätten sich diese Praktiken fühlbar auf die Fruchtbarkeit der damaligen Ehepaare ausgewirkt! Die durchschnittlichen Abstände zwischen den Geburten bleiben bis zur vorletzten Geburt ziemlich gleich, was beweist, daß sich die Gatten nicht durch den einen oder anderen Kniff dauerhaft ihrer Pflicht zur Fortplanzung entzogen. Natürlich hatten Notabeln aus dem Limousin oder Kaufleute in Florenz die Mittel, die Erziehung ihres Nachwuchses zu finanzieren. Auch hier dürfen wir von ihrem Beispiel nicht auf alle Provinzen und alle gesellschaftlichen Kreise des Mittelalters verallgemeinern.

Ein völlig natürliches und legitimes Mittel gibt es, die Geburtenfolge zu verlangsamen, nämlich die Mutter den Säugling stillen zu lassen. Nun ist aber die Amme, vertraute Gestalt der *chansons de geste* und der höfischen Romane, in den letzten Jahrhunderten des Mittelalters nicht mehr das Privileg des Adels. Wiederum in Florenz verfügen die Patrizierfamilien im 14. Jahrhundert üblicherweise über eine Amme, und die Inanspruchnahme einer Frau vom Lande ist im Jahrhundert darauf im ganzen mittleren Bürgertum üblich geworden. Das hat einen doppelten Effekt: Arme Frauen, die ihr eigenes Kind lange stillten, vergeben nach dessen Tod ihre Milch gegen Entgelt; sie gewinnen damit außer einem Lohn die Möglichkeit, den Zeitpunkt einer weiteren Geburt hinauszuschieben. Die Reichen und Besitzenden, die Erben haben wollen und im Gegenteil vielköpfige Familien und die Fruchtbarkeit ihrer Frauen hochschätzen, können so ihre Geburten näher zusammenlegen und mehr Kinder bekommen. Unter den Dächern der Wohlhabenderen zählt man nämlich in der Toskana zu Beginn des 15. Jahrhunderts die größte Kinderschar. Das Bett der Armut ist damals nicht so fruchtbar wie das der Mächtigen.

Von Geburten gekennzeichnet, ist die fruchtbare Lebensperiode einer vor dem achtzehnten Lebensjahr verheirateten erwachsenen Frau wie gesagt etwa zwanzig Jahre später beendet. Von allen Kindern, die sie zur Welt gebracht hat, sind allerdings nur wenige unter dem Dach des Vaterhauses geblieben. Mutterschaft im Mittelalter ist sozusagen lückenhaft. Mütter, die ihr Kind alsbald nach der Taufe aus dem Haus an eine Amme geben, holen es, wenn es noch am Leben ist, erst nach eineinhalb oder zwei Jahren wieder ab. Inzwischen können einige seiner älteren Geschwister Krankheiten oder Pestausbrüchen erlegen sein, von denen die Bevölkerung regelmäßig zum Aderlaß gezwungen wird. Dies in einem Ausmaß, daß ein umfangreicher Nachwuchs – zehn, fünfzehn Kinder – völlig theoretisch bleibt: Er ist das Ergebnis der Rekonstruktion, von Historikern der Bevölkerungsentwicklung auf dem Papier errechnet! Nach dem täglichen Auf und Ab der Geburten und Todesfälle sind in den

Haushalten am Ende des Mittelalters im Durchschnit kaum zwei lebende Kinder vorhanden, wie aus Volkszählungen hervorgeht, und auch die Überlebenden, von Vater oder Mutter im Testament bedacht, übertreffen selten diese geringe Zahl.

Familienstammbücher lassen erkennen, daß bei den Kaufleuten mindestens ein Viertel der kleinen Florentiner, die in die Obhut einer Amme gegeben wurden, bei dieser starben. Schlimmer noch: 45 Prozent der in diese wohlhabenden Familien Hineingeborenen erreichen nicht das zwanzigste Lebensjahr. Der Tod umschleicht damals jedes Neugeborene und belauert die Mutter, die es zur Welt bringt. Gebärende sterben vielleicht seltener als gemeinhin behauptet im Kindbett. Und dennoch machen selbst die reichen Frauen dann einen der riskantesten Augenblicke ihres Lebens durch: Von den florentinischen Ehefrauen, die vor ihren Männern sterben, stirbt eine von dreien bei der Geburt oder an den unmittelbaren Folgen ihrer Niederkunft. Zählen wir noch die hinzu, die sich nach einer Geburt jahrelang mit einem »Gebärmutterleiden« hinschleppen, wie 1512 ein Ehemann diagnostiziert, dem seine Frau zu ihrem Unglück in 23 Jahren fünfzehn Sprößlinge geschenkt hat. Insgesamt stirbt in den immerhin wohlsituierten Familien eine von sieben oder acht Müttern an ihren Pflichten als Erzeugerin. Und selbstverständlich nimmt sie meist ihr Neugeborenes mit in den Tod.

Die Bürde der Schwangerschaften und der Geburten mündet also nur jedes weitere Mal in die Hoffnung, das Kind bis zum Erwachsenenalter zu behalten. Dadurch wird die christliche Ergebenheit verständlich hinter der sich die Eltern verschanzen, die wieder einmal ein Kind verloren haben, eine Schicksalsergebenheit, die uns verleitet, sie vorschnell der Gefühllosigkeit zu bezichtigen. Natürlich wurde die Entfaltung mütterlicher Gefühle oder väterlichen Interesses nicht gefördert, wenn Säuglinge sofort nach der Geburt zu einer Amme weggegeben wurden: Die Nachricht von ihrem Tod war kein Riß im Gefühlsgewebe, wie es durch die tägliche Beobachtung der Entwicklung des Kindes entsteht, häufig nachdrücklich durch die Trauer des Vaters belegt, wenn ein im Haushalt lebendes Kind dahinging. Wie könnte man an der Aufrichtigkeit des Vaters der 1509 gestorbenen dreijährigen Falchetta Rinuccini zweifeln, welcher schreibt: »Ich bin sicher, daß sie in den Himmel gekommen ist« und der darum betet, daß »dieses heilige, unschuldige Mädchen göttliche Barmherzigkeit für uns erbittet«; oder an dem Kummer des Giovanni Morelli, dem 1406 sein zehnjähriger Sohn stirbt: »Nie hätte ich gedacht, daß Gott mir meinen Sohn nehmen und dies einen so schneidenden Schmerz verursachen könnte«? Dennoch verhüllen die üblichen und schlichteren Formeln der Mitteilung über den Tod bei der Amme nicht völlig die tiefe Enttäuschung, die Frustration, die die Eltern so häufig bei ihrem Wunsche erlebten, den Namen und die Familie zu erhalten: »Gott gefiel es, genannten Lukas am 11. Tag des August 1390 zu sich zu rufen, welchen er mit seinem und meinem Segen erhalten hat«. Weiter heißt es im Nachruf eines Vaters, in den ein anderer einstimmt: »Und am 14. Tag besagten Monats und Jahres brachte ihn die Amme von Pian di Ripoli tot zu uns; vielleicht war er erstickt. Nun liegt er in San Iacopo begraben. Gott beschütze ihn und unsere anderen Verblichenen ... «

Außerhalb dieser begüterten Kreise, die ihre Gefühle und Nöte äußern konnten, sind unmittelbare Zeugnisse über das Verhältnis zwischen Eltern und Kindern selten. In der überwältigenden Mehrheit der Bevölkerung stillten die Mütter ihre Neugeborenen selbst. Dennoch ist die Zahl derer groß, die durch Not, Krankheit oder öffentliche Mißbilligung gezwungen waren, ihr Kind bald nach der Geburt im Stich zu lassen. Wie aber kann man vor Ende des Mittelalters den realen Umfang der Aussetzung ermessen und vom Kindesmord unterscheiden? Über die unterschiedlichen Praktiken der Kindestötung, mit denen auf den großen Domänen der Karolingerzeit unerwünschte Neugeborene weiblichen Geschlechts ausgesondert wurden, ist viel diskutiert worden. Damit wollte man das für diese Zeit festgestellte Ungleichgewicht zwischen den Geschlechtern erklären. Später, um die Mitte des Mittelalters, ist das Problem der Kindestötung und -aussetzung, von ihren Kritikern häufig verwechselt, immer noch sehr mangelhaft dokumentiert. Beide sind nachgewiesen, und vom 13. Jahrhundert an wird den Armenhospizen mancher Städte aufgetragen, der Kindestötung Abhilfe zu schaffen, einem Verbrechen, das um so schrecklicher ist, als es dem ohne Taufe gestorbenen Kinde den Zugang zum Paradies verwehrt; diese Einrichtungen nehmen daher außer Armen, Pilgern, niederkommenden Frauen, auch Findelkinder und Waisen auf. Doch erst im letzten Jahrhundert des Mittelalters lassen sich Umfang und Folgen der Aussetzung Neugeborener in den Archiven der Hospize, den Zugangslisten und den ersten Anfängen der Kirchenregister ermessen.

Ohne je das Ausmaß des Phänomens in der Neuzeit zu erreichen, scheint die Aussetzung Neugeborener zumindest in den Städten eine weitverbreitete Praxis gewesen zu sein. Zurückzuführen ist sie u.a. auf

Schwangerschaften von Mägden und auf chronische oder mit Versorgungskrisen zusammenhängende Armut: Die Ärmsten der Armen überlassen dem Stadthospiz ihre Kinder und wiegen sich dabei bisweilen in der Hoffnung, sie später wieder zu sich zu holen, und daß das Hospiz sie besser vor dem Hungertode bewahren könne als sie selbst. Dennoch ist die Sterblichkeit in den ersten spezialisierten Hospizen wie dem der Innocenti in Florenz erschreckend. Ein Kind aussetzen bedeutet durchaus, seine Aussicht auf einen frühen Tod vergrößern – also eine andere Art von Kindestötung, bei der die Eltern das irdische Wohl des Säuglings wohltätigen Seelen anheimgeben und dabei hoffen, sein Leben um ein Geringes zu verlängern und ihm das ewige Heil zu sichern. Unter den Findelkindern sind Säuglinge weiblichen Geschlechts zahlreicher: Es handelt sich durchaus um eine Diskriminierung, die Knaben schon bei der Geburt einen leichten Vorteil einräumt. Doch ist es schwierig, die in den Zetteln an den Lumpen der Kleinkinder nie erläuterten unbewußten Motive zu erfassen, die die Mutter oder die Eltern des Kindes bewogen haben, Knaben vorzuziehen.

Zwar veranlassen unerwünschte Geburten zahlreiche Eltern, auf ihre Erziehungspflichten zu verzichten, doch stellt auch die Notwendigkeit, ihren Nachwuchs zu stillen, ihr Verantwortungsgefühl gegenüber dem Säugling auf die Probe. Wir haben gesehen, daß die Kirchenväter die Eltern ermahnen, während der Stillzeit enthaltsam zu sein. Dieser Appell an Voraussicht und Mäßigung lenkt die Aufmerksamkeit der Erzeuger unablässig auf das Gedeihen ihres Nachwuchses und bereitet die Familien allmählich darauf vor, das Einzelschicksal ihrer Nachkommen mit weniger Fatalismus zu betrachten. Die Geistlichkeit betont noch einen weiteren Aspekt der elterlichen Verantwortung. In einem erbitterten Kampf gegen das »Erdrücken« von Säuglingen, die im Bett ihrer Eltern oder ihrer Amme erstickten, wobei den Eltern ständig eingeschärft wurde, sie machten sich damit eines fahrlässigen Verbrechens schuldig und seien sogar des Vorsatzes verdächtig, haben Priester und Beichtväter offenbar bei den Laien, die solche Unfälle lässig oder achtlos hinnahmen, ein heilsames Interesse dafür geweckt, daß das Kind am Leben blieb.

Insgesamt reift am Ende des Mittelalters langsam das Bewußtsein, das viel später die erste echte Empfängnisverhütung möglich machen sollte. Paradox ist dabei, daß der Ausgangspunkt für dieses Erwachen des Verantwortungsgefühls der Eltern, aufgrund dessen sie nach dem 17. Jahrhundert größere Abstände zwischen ihre Geburten legten, die absolute

Achtung vor dem Leben war, die gerade von den entschiedensten Gegnern jeder Empfängnisverhütung gepredigt wurde.

Von der Vielzahl der Vorschriften und Verbote für den Geschlechtsverkehr, mit denen die Beziehungen zwischen Männern und Frauen bis ins Intimste geregelt werden sollten, beachten Eheleute am Ende des Mittelalters vor allem den Appell zur Mäßigung, der von medizinischen »Autoritäten« seit dem Altertum allen empfohlen wird, die zahlreichen und gesunden Nachwuchs wünschen. Dies bedeutet nicht, daß alle Ehen von der Vernunft bestimmt waren, und auch nicht, daß jeder Ausbruch der Leidenschaft im »Familienleben« unzulässig gewesen wäre. Doch das Ideal der guten Ehe, dem Moralliteratur oder Satire in den letzten drei Jahrhunderten des Mittelalters huldigen, scheut übertriebene Erhitzung und unmäßiges Verlangen, die mit Völlerei verglichen werden, welche das innere Gleichgewicht der Säfte durcheinanderbringe. »Vereinige dich mit ihr (deiner Frau) auf maßvolle Weise und laß dich auf keinen Fall dabei gehen«: Dieser Rat, den ein Florentiner seinen Söhnen erteilt, soll sie davor bewahren, sich »die Nerven und das Kreuz zu ruinieren«, nur Töchter oder Söhne zu bekommen, die »schwindsüchtig« sind, und selbst ein »langweiliges, schwermütiges und trübsinniges« Leben zu führen.

Die Gattin richtig zu gebrauchen, erfordert nämlich, sich ständig vor ihrem Verlangen in Acht zu nehmen. Ihr Körper für den Fortbestand des Familiengeschlechts unerläßlich, sei den Launen einer zu unbeständigen Natur ausgesetzt. Vom mangelhaften Verstand der Frau schlecht beherrscht, verlange dieser Körper von seinem Herrn, dem Ehemann, daß sein Verlangen zurückhaltend und regelmäßig befriedigt werde, ohne daß dieser sich selbst dem Sinnesrausche hingeben dürfe; damit untergrabe er seine Autorität...

Autorität: Hier haben wir ein weiteres Schlüsselwort, das die männliche Sicht der Beziehung zwischen den Eheleuten beherrscht – das einzige, das uns direkt überliefert ist. Als zuerst geschaffen und gottgleicheres Ebenbild, als der von Natur Vollkommenere und Stärkere muß der Mann über die Frau herrschen. Solche abgedroschenen Phrasen finden im engen Bereich der Familie ihre Anwendung. Mit der Unterordnung der Frau begründen sie die Arbeitsteilung, die sich aus ihr ergibt. Der Mann hat »natürliche« Autorität über seine Ehefrau. Schwäche und Minderwertigkeit der Frau, von vielen Traktaten seit dem 13. Jahrhundert grundsätzlich unterstellt, erfordern seit dem Altertum, den Bereich, in dem die Frau eine gewisse Selbständigkeit genießt, genau festzulegen.

Dieser Bereich ist zunächst das Haus als zugleich geschützter und abgeschlossener Raum und innerhalb des Hauses einige gleichsam geheime Räume wie die bereits erwähnte Schlafkammer, die Nähstube, die in manchen Regionen bisweilen über oder neben der Wohnung getrennt gelegene Küche. Die Braut in die neue Umgebung einzuführen, erfordert stets gewisse Riten, mit denen ihr Eingang gebilligt wird, der aber auch eine Abschottung von der Außenwelt zur Folge hat. Anfälligkeit und Schwäche der Frau verlangen nach Schutz und Aufsicht. Ihre Gänge außerhalb des Hauses müssen sich auf wohlüberwachte Wege beschränken: zur Kirche, zum Waschhaus, zum öffentlichen Backofen oder Brunnen, wobei die Orte je nach sozialer Zugehörigkeit anders, aber jeweils genau bezeichnet sind. Orte auch, die bei den Männern Furcht und Neugier erwecken, weil dort so viel geschwatzt und getuschelt wird, was sich ihrer Kontrolle entzieht. Belege dafür finden sich in Texten wie dem *Evangile de quenouilles*, wo die gefürchtete Lebensklugheit der versammelten Klatschweiber die Zunge wetzt, oder in den *Quinze joies de mariage*, die die Faszination und Mißbilligung der Männer angesichts des Geschnatters der Frauen am Bett der Wöchnerin oder während ihres Aufbruchs zur gemeinsamen Pilgerfahrt schildern und wo stets Komplotte zum Verderben der Männer ausgeheckt werden.

Die Frau im Haus halten und beschäftigen, ist daher das unbestimmte Ideal der Männer. Dies prägt die Aufgaben, die ihr übertragen werden. Die Männer jedoch, die »Brotverdiener«, müssen außerhalb des Hauses Güter und Reichtümer beschaffen. Die Schablonen der mittelalterlichen Literatur über die Hauswirtschaft legen Gattinnen auf die Rolle fest, die Produkte, die die Männer in die Scheuern fahren, aufzubewahren und je nach Bedarf für den Verbrauch der Familie aufzubereiten. Die tägliche Verwaltung der Lebensmittel, die Beaufsichtigung und die Planung ihrer Verwendung, die Mühen der Zubereitung – all das sind Tätigkeiten, wo sich die Begabungen entfalten können, die man den Frauen nachsagt, wenn sie durch Fügsamkeit und Ausgeglichenheit gelenkt werden. Eine gute Gattin, eine kluge, sanfte und maßvolle Frau muß den Kreislauf der Güter regeln können, die der Mann von außen ins Haus bringt.

Als unverzichtbare Rädchen im Sozialbetrieb gewährleisten die Frauen, die ihre Rolle richtig erfüllen, also die angemessene Verteilung der Erzeugnisse männlichen Fleißes. Jede Übertreibung in ihren Ausgaben hat Auswirkungen auf Gesellschaft und Tauschverhältnisse insgesamt. Auch die Luxusgesetze, mit denen die äußeren Zeichen der gesellschaftlichen Rangordnung geschützt werden sollen, eifern gegen weibliche Verstöße. Eitelkeit, Völlerei, Verschwendungssucht seien alles Sünden, die von den ungeordneten Begierden genährt würden, welche das häusliche Leben der Frau ordnen und eindämmen müsse.

Mit Familie ist auch eine ganze Reihe von Personen gemeint, die die Hausfrau beaufsichtigen und denen sie den Rhythmus ihrer Tätigkeit vorgeben muß. Zunächst ihr Mann, der in der Wärme des Haushalts Ruhe und die Freuden eines heißen Bades, eines gedeckten Tisches, eines gemachten Bettes erwartet, wenn er geplagt von den Widerwärtigkeiten draußen heimkehrt; dann die Knechte und Mägde dort, wo die Familie sie sich leisten kann. Aufgabe der Hausfrau ist es, sie anzuleiten und zu »züchtigen«, wenn ihr Verhalten die Interessen des Hauses schädigen könnte, kurz, sie dazu anzuhalten, die Ehre des Hauses zu wahren. Auch die Kleinkinder, deren Früherziehung ihr unbestritten zukommt – eine Erziehung, die von ihrer Frömmigkeit und Sanftheit viel stärker getragen wird als von ihrer Eignung, ihnen die Anfänge des Lesens beizubringen. Die Gattin muß das friedliche Miteinander aller dieser Personen mit unterschiedlichen Bedürfnissen gewährleisten; sie ist Herrin über die Ordnung des Haushalts und den Hausfrieden.

Dieser Frieden würde den Haushalt zum Spiegel der Weltharmonie machen, wenn nicht die weibliche Natur trotz aller Zügelung und aller an sie gerichteten Predigten nicht immer wieder stören würde, was sie fördern soll. Denn die Frauen sind ungeheuer verlogen, leichtsinnig, trügerisch, und »alle großen Schandtaten, Sünden und Ausgaben werden einer Frau wegen begangen; ihretwegen zieht man sich Feindschaften zu und setzt Freundschaften aufs Spiel«. Diese unablässigen Vorhaltungen der Männer wurzeln in dem Gefühl, ständig von den Frauen hinters Licht geführt zu werden. Der Klatsch der Weiber stört die Ruhe des Hauses und trägt dessen Geheimnisse nach draußen; unterstützt von ihrer närrischen und ichsüchtigen Verschwendungssucht, bringt ihr streitsüchtiger Geist den gefaßtesten Männerverstand dazu, sich in tausend winzigen Sorgen zu verzetteln. All diese Schmähungen entstehen aus einem tiefen Gefühl des Versagens gegenüber den Illusionen von häuslicher Stabilität und Autorität, die die Männer damals hegen.

Die Gehorsamsverweigerung der Frauen ist übrigens nicht nur Gegenstand ehelicher Vorhaltungen, sie wird kollektiv bestraft. Verstöße gegen die normale Ordnung der Dinge, allzu bestürzende Umkehrungen der Autorität unterliegen dem Urteil und der symbolischen Bestrafung durch die Gemeinschaft. Seit Anfang des 14. Jahrhunderts ist diese öffentliche Kontrolle über die häusliche Entscheidungsgewalt durch erste Erwähnungen ritueller Possen belegt: Die Wiederheirat von Witwen oder, allgemeiner, Mehrfachehen einer Person fordern so den Bannstrahl der Jugend über ein schlecht zueinander passendes oder ausschweifendes Paar heraus. In ganz Europa werden allzu auffällige Verkehrungen der ehelichen Rollen mit dem Ritus des Eselsritts bestraft: Wenn die Frau ihren Mann unter dem Pantoffel hat, ihn grob behandelt oder an der Nase herumführt, müssen der Gatte oder ein Stellvertreter sich rückwärts auf dem verspotteten Reittier sitzend und mit dem Schwanze in der Hand durchs ganze Dorf führen lassen. Unbotmäßigkeit der Frauen bringt die ganze Weltordnung durcheinander und führt zu Riten, bei denen sie durch Schabernack wieder eingerenkt wird. Es gibt keine Privatsphäre, in der die einzelnen ihre Konflikte austragen können, ohne mit der Einmischung außenstehender Zensoren rechnen zu müssen.

Mangelnder Gehorsam oder gar Tücke bei Kindern führt hingegen nicht zu einem vergleichbaren Einschreiten der Gemeinschaft. Daß Söhne die Macht des Vaters in Frage stellen, ist eher Stoff für Tragödien als für Späße, und in dieser Situation geben »Freunde« und Verwandte Ratschläge, wobei es Außenstehenden nicht zugestanden wird, ihre Nase in Familienangelegenheiten zu stecken, bei denen es natürlich auch um Erbsachen geht. Die Moral der *fabliaux* über Generationsprobleme hat einen düsteren Klang, ganz anders als die bittersüßen oder spaßhaften Geschichten darüber, wie die Frau dem Manne Hörner aufsetzt. Dem Vater, der zugunsten seiner Kinder vorschnell auf sein Hab und Gut und folglich auf seine Autorität verzichtet, schärft der Erzähler ein, daß man diesen »nicht trauen kann, denn Kinder sind erbarmungslos«, daß »der Sohn dem Vater untertan ist und ihm gehorcht, solange dieser Herr im Haus ist; wenn jedoch der Vater die Herrschaft an den Sohn abtritt und es ihm überläßt, sein Hab und Gut zu verwalten, schwingt sich dieser voller Haß über den Vater auf, dem es vorkommt, als dauerte es tausend Jahre bis zu seinem Tod«.

Das oben gezeichnete Bild verweist auf die Ideale und Ängste des bürgerlichen »massaio«. Doch nicht auf allen sozialen Ebenen bleiben die Frauen so ans Haus gebunden und dem Manne untertan wie es Ehemänner und Theoretiker der »santa masserizia« gern hätten. Bäuerinnen arbeiteten hart auf dem Feld, Handwerkerfrauen in der Werkstatt oder im Laden ihrer Ehemänner, die sie bisweilen nach deren Tod übernahmen.

Selbst im Herren- oder Bürgerhaus läßt man Frauen oder Töchter nicht müßiggehen. Dazu ist abschließend noch ein wichtiger Aspekt dieser weiblichen Tätigkeiten hervorzuheben.

Pädagogen haben den Zweck der Arbeiten mit Nadel und Spindel aufgedeckt, die stets die freie Zeit der Frauen ausfüllen. Sie müssen stillsitzen und ihre Gedanken stumpfen ab, womit verhindert wird, daß sie in Wunschträume abschweifen, die gefährlich für ihre Ehre und die des Hauses sein könnten. Vom zartesten Alter an spinnen, weben, nähen und sticken sie pausenlos; sie haben um so weniger Zeit zum Spielen, Lachen und Tanzen, je wohlgeborener sie sind und je mehr sie auf ihre Ehre bedacht sein müssen. Sogar Adelstöchter beschäftigen daher ihre Hände und ihren flatterhaften Verstand mit feinen Stickereien auf Meßgewändern oder Altardecken: sie erlangen wenigstens Ablaß auf das Fegefeuer als Lohn ihrer endlosen Arbeit. Zur Begründung heißt es, der Vater müsse sie eine Kunstfertigkeit lernen lassen, mit der sie ihr Leben fristen können, wenn sie in Armut fallen; indes besteht die tiefere Absicht, die in den Texten zutage tritt, durchaus darin, die schwankende und wankelmütige weibliche Natur zu zügeln, indem man sie in ein Korsett endloser Tätigkeiten zwängt. Laut Francesco de Barberino, der zu Beginn des 14. Jahrhunderts ein Traktat über die Erziehung der Frauen schreibt, muß die Tochter eines »Ritters, eines Richters, eines Arztes oder irgendeines anderen vornehmen Mannes« lernen, »Taschen herzustellen, zu kochen oder zu spinnen (...), damit sie, wenn sie mit ihrem Mann zuhause ist, auf diese Weise schwermütige Gedanken vertreiben und ihm gleichzeitig eine Gefälligkeit erweisen kann.«.

Diese unaufhörliche textile Betätigung hat sicher auch eine ökonomische Funktion. Sie deckt den häuslichen Bedarf und wird manchmal auch auf Verdienst von außen ausgerichtet. Von den Armen versuchen viele, ihr karges Budget durch die Erzeugnisse der Frauenarbeit oder durch Spinnlohn aufzubessern. Wie es bei mehr als einem zitierfähigen Toskaner des 15. Jahrhunderts heißt, schlägt sich der eine »mit dem Spinnrocken der Frau« und der andere »mit der Spinnerei seiner Töchter« durch.

Viele Frauen üben vor allem vor den Krisen des 14. Jahrhunderts eine selbständige Tätigkeit außerhalb ihrer Familie aus. Für die meisten ist der Zwang zur Lohnarbeit unmittelbares Ergebnis ihres Ehestands oder des verlorenen Schutzes der Familie. Um ihre Mitgift oder Aussteuer zu erarbeiten, verdingen sich die Töchter armer Leute bisweilen schon als Kinder, häufiger im Jugendalter. Doch vor allem Witwen, allzu oft Opfer von

Einsamkeit und Elend, sollten den Hauptteil der Arbeiterinnen ausmachen. Selbst in den wohlhabenden Schichten der mittelalterlichen Gesellschaft droht Frauen im Witwenstand ein rascher sozialer Abstieg, durch den sie in Armut fallen, wenn sie nicht durchsetzen können, daß die Erben ihres Mannes ihre Rechte achten. Die Verwandten sind nicht die letzten, die Witwen und Waisen schröpfen. »Allein geblieben bin ich ohne Freund«, klagt in einer berühmten Ballade Christine de Pisan, die erste Frau, die ihren Lebensunterhalt mit ihrer Feder bestritt und die mit 25 Jahren und drei Kindern Witwe wurde. Die mittelalterlichen Romane sind voller düsterer Schicksale von Frauen nach ihrem Muster, die in den abenteuerlichsten Situationen ihr Leben fristen müssen; sie werden übrigens als durchaus fähig dargestellt, ihre Lage zu meistern.

Es sind Frauen ohne Familie, die sich außerhalb des »natürlichen« Rahmens stellen, der dem weiblichen Geschlecht von der mittelalterlichen Gesellschaft zugewiesen ist. Sie sind um so verletzlicher, und ihr guter Ruf hat von vornherein einen Makel. Als alleinstehende Witwen, Bettlerinnen, die ihr Brot mit Spinnen verdienen, als Klausnerinnen außerhalb einer religiösen Gemeinschaft sind alle rasch eines schlechten Lebenswandels verdächtig und werden leicht der Prostitution beschuldigt. Entwurzelte Frauen, die heiligen Männern wie Robert von Arbrissel im 11. Jahrhundert folgen, dem Gründer eines »gemischten« Klosters, dessen Leitung er einer Frau anvertraut; Frauen, die sich im 14. Jahrhundert den Geißlerzügen anschließen, rekrutieren sich aus den Kreisen, die schon wegen ihres Familienstands, ihrer Lebensweise und bisweilen ihrer wirtschaftlichen Selbständigkeit als Randfiguren bezeichnet werden.

Der schlechte Ruf der Arbeit außer Haus, der allzu eigenwilligen Manifestationen der Gläubigkeit oder der Wanderungen der Frauen zeigen nur zu gut, daß die Gesellschaften des ausklingenden Mittelalters sich die »Situation der Frau« nur schwer außerhalb ehelicher Verhältnisse vorstellen konnten. Sicher hat das Ehepaar in dieser Zeit eine gewisse Autonomie innerhalb der Verwandtschaftsgruppen erworben: Doch wurden Laster und Tugenden, Aufgaben und Verhaltensweisen der Frau nur in Verbindung mit der Familie wahrgenommen, deren Grundlage das Ehepaar war. Frauen blieben ein Rädchen in der Reproduktion der Familie. Dennoch wird diese Unterordnung häufiger gerechtfertigt, erklärt, kurz: erörtert. Ganz selbstverständlich ist sie nicht mehr.

Kapitel 9

Der Heilige

André Vauchez

Es ist eine der spezifischen Aufgaben des Historikers, falsche Kontinuitäten zu entlarven, die zumeist stillschweigend von der Sprache gesetzt werden, wenn sie dieselben Worte zur Bezeichnung von Realitäten, die sich je nach Epoche veränderten, verwendet, und uns so den Sinn für den Wandel zu nehmen droht. Angebracht ist dieses Mißtrauen auf dem Gebiet der Religion, vor allem beim Katholizismus, der ohnehin gern betont, wie unwandelbar seine Grundüberzeugungen und Institutionen über die Jahrhunderte hinweg geblieben seien. So glaubt man manchmal, wenn von Personen in heutigen Kirchenämtern die Rede ist, es gehe um einen Bischof aus dem Altertum oder einen Prediger aus dem Mittelalter. Zum Anachronismus kann diese Art des Analogieschlusses insofern werden, als durch die absolute Gleichheit des Wortschatzes Veränderungen aus dem Blick geraten, die in einigen Fällen von ganz erheblicher Tragweite sind.

Mit besonderer Schärfe stellt sich dieses Problem bei den Heiligen. Tatsächlich werden die Gefahren der Verzerrung und Verflachung der Wirklichkeit, wie sie bei jeder historischen Forschung gegeben sind, durch die Art der Dokumente, auf die man sich bei ihrer Untersuchung stützen muß, sogar noch verschärft. Lebensbeschreibungen von Heiligen und Berichte über Wundertaten sind dazu gedacht, die Gottesdiener an Muster anzupassen, die jeweils einer anerkannten Kategorie christlicher Vollkommenheit entsprechen – Märtyrer, Jungfrauen, Bekenner usw. – und sie obendrein der Gestalt Christi anzunähern. Jeder oder jede Heilige(r), die(der) den Namen Gottesknecht oder Gottesmagd verdiente, trachtete nämlich zu Lebzeiten danach, wenn nicht dem Gottessohn gleichzukommen, so doch dieser absoluten Norm so weit wie möglich zu entsprechen. Von dieser Warte aus verwundert es daher nicht, daß sie einander alle ähneln und die ihnen zugeschriebenen Wunder an die der Evangelien erinnern, von der Vermehrung der Brote bis zur Auferwekkung von Toten. Aufgrund von Berichten, deren Absicht eben darin bestand, Besonderheiten von Individuen »wegzuradieren« und ihr Leben zu Mosaiksteinchen einer Ewigkeit zu machen, kann man sich nur schwer vorstellen, wie das Erdendasein dieser Personen, das häufig auf eine Aneinanderreihung von Stereotypen reduziert wird, ausgesehen haben mag. Außerdem neigen Heiligenlegenden wie eine gewisse Geschichtsschreibung dazu, Heilige nicht nur als außergewöhnliche Wesen darzustellen, sondern vor allem als immer wieder auftretende Gestalten, deren einzig wandelbarer Bestandteil der Rahmen von Raum und Zeit war, und die ansonsten schematisch wie eine Art Kulisse festgelegt sind, vor der die Vollkommenheit des Helden oder der Heldin besonders gut zur Geltung kam.

Als Reaktion auf Auffassungen vom Ende des letzten Jahrhunderts, die mit ihrer Betonung des zeitlosen Charakters der Heiligkeit dieser letztendlich jegliche historische Dimension nahmen, erblickte eine kritische Strömung, die ihren Hauptsprecher in Frankreich mit P. Saintyves fand, in den christlichen Heiligen Nachfolger heidnischer Götter. Aufgrund gewisser kultureller Kontinuitäten der Stätten, die schon im Altertum als geweiht angesehen wurden (Quellen, Felsen und Haine), behauptete dieser Autor, bis weit ins Mittelalter hinein seien unter der Tünche des Christentums weiterhin Kulte gepflegt worden, wie sie die Römer in Gallien mit Halbgöttern oder Waldgeistern als Verkörperung der Naturkräfte zelebriert hätten. Obwohl gewisse Phänomene bisweilen in diese Richtung deuten, hat diese These wie die vorangegangene Interpretation den Mangel, daß sie den Heiligen aus der Geschichte herauslöst und seine Verehrung lediglich zu einer Tarnung macht, hinter der die Riten eines anderen Zeitalters fortdauern. Den Heiligenkult im Sinne von Überbleibseln definieren, verleitet jedoch unweigerlich dazu, daraus eine Art Aberglauben zu machen. Doch mit diesem unklaren Begriff kann die Stellung nicht hinreichend erklärt werden, welche die Verehrung dieser Diener Gottes in der Religionswelt des Mittelalters einnahm. Zudem läuft diese Betrachtung unter dem Deckmantel der Mythologie oder der vergleichenden Ethnologie darauf hinaus, die sehr einschneidende Entwicklung außer Acht zu lassen, die sich aus der Christianisierung für das Verhältnis des Menschen zur Natur ergab. Indem sie die heiligen Haine der Druiden abholzte und den Heiligenkult an die Stelle der Verehrung von Brunnen und Quellen setzte, ließ sich die Kirche schon am Ende des Altertums auf ein sehr langfristiges Unterfangen mit keinem geringeren Ziel als der Anthropomorphisierung des Weltalls und der Unterwerfung der Natur unter den Menschen ein. Die Heiligen haben in diesem Prozeß eine bedeutende Rolle gespielt, eine Tatsache, die allzu lange vernachlässigt worden ist. Nicht das Mittelalter hat den Heiligenkult erfunden, auch wenn es ihn kräftig weiterentwickelt hat. Und man würde von diesem grundlegenden Aspekt des Christentums nach dem Jahre 1000 nichts begreifen, würde man das Vermächtnis der ersten Jahrhunderte unberücksichtigt lassen.

Die Geschichte der Heiligen beginnt mit dem Kult der *Märtyrer*, lange Zeit die einzigen von den Christen verehrten Heiligen, die selbst dann, als andere Vorbilder sich durchsetzten, in der Kirche erhebliches Ansehen behielten. Entgegen einiger oberflächlicher Analogien hatten sie mit den griechischen oder römischen Heroen nichts gemein. Denn in der klassischen Antike war der Tod eine unüberwindliche Grenze zwischen Menschen und Göttern. Nun waren die Märtyrer aber aus christlicher Sicht gerade, weil sie als Menschen gestorben waren, um Christus nachzufolgen und seiner Botschaft treu zu bleiben, ins himmlische Paradies und zum ewigen Leben aufgefahren. Der Heilige ist ein Mensch, über den die Verbindung zwischen Himmel und Erde hergestellt wird. Sein Namenstag, an dem nach dem Tode seiner Wiedergeburt in Gottes Schoß gedacht wird, ist das christliche Fest schlechthin, um die heilbringende Fürbitte des für die Menschen gestorbenen Gottessohns zu erneuern. So ist der Märtyrerkult alles andere als das Eintrittsgeld einer neuen Religion oder als die Konzession christlicher Eliten an heidnische Massen, um deren Bekehrung zu erleichtern, sondern wurzelt in dem, was am Christentum im Vergleich mit anderen, damals konkurrierenden Religionen authentisch und ursprünglich war.

Das heißt allerdings nicht, daß der Heilige *ex nihilo* erfunden worden wäre. In der Spätantike gab es einen ziemlich verbreiteten Glauben an die Existenz von Schutzgeistern: Dämonen, Waldgeister, Engel, usw. Durch Übertragung der Beziehungen früherer Generationen zu Geisterwesen auf menschliche Wesen, auf Heilige, brachten einige große Bischöfe des

4. Jahrhunderts wie Paulinus von Nola und Ambrosius von Mailand Gläubige und Christengmeinde darauf, Männer und Frauen als Fürbitter zu gewinnen, die durch ihren heldenhaften Glauben Gott selbst als Beschützer erworben hatten. »Demokratisiert« wurde der Märtyrerkult über das System der Schutzheiligen, das auf denselben Vorstellungen fußte wie die Beziehungen einer Klientel: Treue des Beschützten, »Freundschaft« und Schutzpflichten des Patrons gegenüber denen, die sich ihm anbefohlen hatten. In einer von Zersplitterung bedrohten Gesellschaft, wo die einzelnen um ihre Identität und Freiheit bangten, kamen die Heiligen gerade recht, um wieder Vertrauen zu geben und Perspektiven des Heils im Alltag aufzuzeigen.

Zu den umstrittensten Behauptungen des englischen Historikers P. Brown über den Ursprung des Märtyrerkults gehört seine These, dieser sei zunächst auf privater Ebene organisiert worden, bevor er später von den örtlichen Kirchenhäuptern übernommen worden sei, die beunruhigt zusehen mußten, wie die Familienandachten, die sich um die Gräber entfalteten, die Einheit der Christengemeinde gefährdeten. Tatsächlich können wir anhand der archäologischen Belege selten weiter als bis zu den ersten Kultformen zurückblicken, die immer liturgischer Art sind. Doch trifft es deswegen nicht weniger zu, daß Bischöfe eine große Rolle bei der Verbreitung des Märtyrerkultes spielten und ihm eine im wesentlichen kirchliche Funktion zuwiesen, indem sie ihn unter ihre Kontrolle brachten. So erklärt sich, daß Papst Damasus die Katakomben Roms mit Beschlag belegte, und ebenso, daß die Reliquien des Hl. Gervasius und des Hl. Protasius in Mailand im Jahre 385 »erfunden« und sofort von Bischof Ambrosius zum Nutzen der Kirche übernommen wurden. Indem er zum himmlischen *Patronus* des Doms und der Stadt wurde, hob der Heilige das Ansehen seines Vertreters und bald auch Nachfolgers hienieden: des Bischofs. Überdies boten die immer größeren Ehren, die den Reliquien an den vom Kalender festgelegten Kirchenfesten zuteil wurden, und die Überführung der Gebeine dem städtischen Gemeinwesen Gelegenheit, seine Einheit zu bekräftigen und Randgruppen, Bauern oder Barbaren einzubeziehen. Über Prozessionen wurden neue Bande zwischen der Stadt und den *suburbia*, den Vorstädten geknüpft, wo die Friedhöfe und die *martyria* lagen, kleine geweihte Stätten, an denen die Gebeine der Märtyrer verwahrt wurden. Begünstigt von dieser mächtig aufstrebenden Liturgie, gelangen die Frauen, die darin eine große Rolle spielen, aus ihrer Vereinzelung heraus, während sich die Armen aus den überkommenen Klientenschaften lösen, die ab Ende des 4. Jahrhunderts in eine Krise geraten sind, um sich unter den Schutz eines Heiligen zu stellen und später in seine *familia* einzutreten. Doch auch die Mächtigen kommen auf ihre Rechnung: Von da an und bis zum Ende des Mittelalters sollte es eine der Pflichten der Machthaber in einer christlichen Gesellschaft sein, Kirchen als Hort der Reliquien der Gottesknechte zu errichten, die ihren Weg aus den Gräbern auf die Altäre gefunden hatten.

Während das Abendland nach Ende der Christenverfolgungen von der Verehrung der Märtyrer allmählich dazu überging, die Bischöfe zu verehren, welche die Gebeine hüteten und weihten, erlebte das Morgenland eine ganz andere Entwicklung, die alsbald tiefe Auswirkungen auf die gesamte Christenwelt haben sollte. Neben den Märtyrern tauchten nämlich in der nachkonstantinischen Zeit neue Typen von Heiligen auf: Glaubensbekenner wie der Hl. Athanasius (†371), der als Metropolit von Alexandria seine Kirche zur Fluchtburg gegen die Ketzerei des Arius machte, und vor allem die Asketen, die fortan fern der Welt nach Vollendung strebten, schwer zu erlangen im Rahmen einer Gesellschaft, die zwar oberflächlich christianisiert war, aber dem Geist des Evangeliums zutiefst fremd blieb. Die Eremiten der ägyptischen Wüste, darunter der Hl. Antonius (†356) als der berühmteste, der Held der Thebais, und die syrischen Styliten auf ihren Säulen verkörpern vom 4. Jahrhundert an ein Ideal der Heiligkeit, dem eine glänzende Zukunft beschieden sein sollte: das des Gottesmanns (*vir dei*), der die herrschenden Werte seiner Zeit (Macht, Reichtum, Geld, Stadtleben) verwirft, um in der Einsamkeit Zuflucht zu suchen und dort ein rein religiöses, d.h. der Buße und Kasteiung gewidmetes Leben zu führen. Erst in der Wüste wuchsen dem Gottesknecht, wie er uns in den ältesten Texten der Hagiographie wie den *vitae patrum* beschrieben ist, durch Abwehr jeglicher Versuchung die Kräfte zu, die er alsdann zum Nutzen der Menschheit einsetzte. Sehr rasch und trotz aller Versuche, ihr Charisma zu verbergen, wurden diese Personen durch die außergewöhnlichen Entbehrungen berühmt, die sie sich zumuteten. Nachdem sie die kultivierte Welt zugunsten der freien Natur verlassen hatten, ernährten sie sich fast ausschließlich von rohen Wildpflanzen und pflegten ihren Leib nicht mehr. Da sie das Minimum an menschlicher Ernährung, an Schlaf unterschritten, erschienen sie ihren Zeitgenossen als außergewöhnliche Wesen. Doch im Unterschied zu anderen Randfiguren, denen sie in manchen Punkten ähnelten, bewahrte sie ihre Festigkeit im Gebet und ihr enger Umgang mit Gott nicht nur vor dem Wahnsinn, sondern verlieh ihnen auch in den Augen derer, die ihr Leben beobachteten, ein großes, übernatürliches Ansehen, ein gerechter Lohn für ein entsagungsvolles Dasein.

Diese östlichen Auffassungen der Heiligkeit waren bald in der ganzen römischen Welt bekannt und verbreitet. Unter dem Einfluß von Hilarius von Poitiers und der aquitanischen Freunde des Hl. Hieronymus, später übernommen durch Johannes Cassianus von Marsilia und die provenzalischen Mönche des Klosters Lerinum, drangen die asketischen Einflüsse aus Ägypten und Syrien in der zweiten Hälfte des 4. Jahrhunderts bis ins Abendland und hatten dort einen Erfolg, der sich im bedeutendsten Werk der Hagiographie jener Zeit spiegelt, der *Vita Martini* (Leben des Hl. Martin von Tours, †397), zu Beginn des 5. Jahrhunderts von Sulpicius Severus verfaßt. Dieses Werk, das tiefen Einfluß auf die mittelalterlichen Heiligenlegenden haben sollte, will seinen Helden in der Tat als den Hl. Antonius des Abendlandes darstellen. Man sieht hier das Ideal des gallisch-römischen Asketismus triumphieren, das nach einem Worte des Bischofs Paulinus von Nola (Ep.2,12) als »unblutiges Martyrium« aufgefaßt wird. Wie die Einsiedler in der ägyptischen Wüste ist dieser Offizier aus Pannonien (Westungarn) von einem »Abt«, nebenbei von Hilarius von Poitiers, in die Wissenschaft der Askese eingewiesen worden und hatte in Ligugé ein asketisches Eremitenleben geführt. Im Jahre 371 zum Bischof von Tours ernannt, nimmt er energisch den Kampf gegen alle Spielarten des Bösen auf: gegen die arianische Ketzerei, die Götzenverehrung auf dem Lande, den Kult falscher Märtyrer, die örtlich vom Volke verehrt werden – seine Missionstätigkeit kann sich auf zahlreiche Wunder stützen. Doch eben in diesen Aspekten löst sich die *Vita Martini* von ihren morgenländischen Vorbildern: das Leben des Martin ist insofern »gemischt«, als er zugleich Mönch mit einem Hang zur Einsiedelei und weltzugewandter Prediger der Lehren des Evangeliums war. Zudem hebt Sulpicius Severus im Unterschied zur östlichen Hagiographie, deren Helden selten Priester sind, sein Priesteramt hervor, und so wurde das Kloster Marmoutier, das Martin am Ufer der Loire gründete, zur Pflanzschule für Bischöfe. Auf diese Weise gewinnt die abendländische Heiligkeit schon in ihren Anfängen einen weltgeistlichen Charakter und unterscheidet sich darin von der des Morgenlands, wo Weltgeistliche mit Ausnahme einiger großer Prälaten nicht als charismatische Persönlichkeiten angesehen wurden.

Vom Ende des 5. Jahrhunderts liegt die geistliche Macht in den zwei Hälften des ehemaligen Römerreichs, die sich fortan in verschiedene Richtungen entwickeln, nicht mehr an denselben Orten und bei den gleichen Personen: während im Osten die Verehrung des Kaisers als Oberhaupt der Christenheit zugleich mit der der Eremiten und Mönche wuchs, werden die Bischöfe in dem von Germaneninvasionen überrannten und auf mehrere Barbarenreiche aufgeteilten Abendland als Hüter der Reliquien und Verteidiger der Städte zu den Zentralgestalten des Kirchenlebens. Ob als Hl. Leo in Rom, Hl. Anianus in Orléans oder Hl. Desiderius in Cahors, das örtliche Oberhaupt der Kirche steht bereits zu Lebzeiten an vorderster Stelle des politischen, gesellschaftlichen und religiösen Tagesgeschehens und bleibt ganz selbstverständlich auch nach seinem Tode unbedingte Bezugsgröße, mit der die Stadt ihre Einheit und ihren kollektiven Lebenswillen kundtut. Die Zeit der Märtyrer ist vorbei; die der morgenländischen Eremiten sollte im Abendland nicht mehr werden als eine literarische Mode, und arme und einsiedlerische Büßer sollten alsbald in einer hierarchischen Kirche mißtrauisch beäugt werden, die sich die Praxis des Asketentums nur noch im Rahmen eines zenobitischen Mönchstums denken kann.

Während der Heilige der Spätantike Anhänger der *vita passiva* war und Vollkommenheit durch Weltentsagung erstrebte, war das Abendland des Frühmittelalters vor allem von Gestalten religiöser Oberhäupter und Gründer gekennzeichnet, die sich stark ins tätige Leben einmischten. Zu dieser Zeit war die Kirche nämlich treibende Kraft der Gesellschaft geworden, besonders in den Städten, wo sich gute Bischöfe durch ihren Eifer auszeichneten, mit dem sie die Einwohner gegen die Willkür des Königs und seiner Amtsverwalter verteidigten. Als Vertreter Gottes in einer profanen und brutalen Gesellschaft erscheint der heilige Prälat jener Zeit vor allem als Mann der handelnden und greifbaren Mildtätigkeit. Stütze der Schwachen, kämpft er gegen Unterdrückung und Vergewaltigung des Rechts, wird so für die Stadtbevölkerung zum Nothelfer gegen Willkür und zögert dabei nicht, den Mächtigen dieser Welt mit Gottes Strafe zu drohen. Diese Entwicklung zeigte sich faktisch in der Einrichtung des Kirchenasyls als einer Freistatt, wo Flüchtige unter dem Schutz der Reliquien des dort verehrten Heiligen standen. Gefördert wurde sie durch die Beteiligung an dem, was man heute als soziale Dienste bezeichnen würde: Spitäler *(xenodochia)*, Hospize, Häuser für Findelkinder, Verzeichnisse – oder Matrikeln – von Armen, die von der Gemeinde unterstützt wurden. Doch das Hauptgebiet der Nothilfe der Heiligen ist die Hilfe für Gefangene, die häufig wie Sklaven gehalten wurden. Ein Hl. Cäsarius von Arles oder ein Hl. Germanus von Paris veräußerten ihr kostbares Geschirr und sogar ihre Kirchenornate, um Gefangene loszukaufen, und dieser Akt der Barmherzigkeit scheint zu den Bestandteilen der *fama sanctitatis* gehört zu haben, die sie alsbald umgab. Nicht nur Kriegsgefangene waren betroffen. Das Leben des Hl. Desiderius von Cahors (†655) zeigt ihn uns, wie er die Gefängnistore aufstößt, ohne einen Unterschied zwischen Schuldigen und Unschuldigen zu machen, und sich damit befaßt, die so von ihm in Freiheit gesetzten wieder ins gesellschaftliche Leben einzugliedern, indem er sie taufen ließ, wenn sie ungetauft waren, und sie auf seine Kirchen und Klöster verteilte. Manche Missionare wie der Hl. Amandus ließen befreite Sklaven ohne Federlesen zu Geistlichen oder Mönchen ausbilden. Gewiß zählten Äbte und Bischöfe damals zu den größten Besitzern von Leibeigenen, doch der mögliche Widerspruch zwischen diesen beiden Haltungen wurde nicht wahrgenommen.

Zwar wird der Heilige damals zum Nothelfer der Armen und der Opfer von Ungerechtigkeiten, doch macht er sich deswegen – bis auf einige hochpolitische »Märtyrer« wie den Hl. Legerius von Autun (†678) – nicht zum Gegner der weltlichen Macht. Im Gegenteil, eines der typischen Merkmale der damaligen Zeit ist die Symbiose, die sich zwischen den herrschenden Klassen der Geistlichkeit und der Laien ergibt. Die Zeit zwischen dem Ende des 6. und dem Ende des 8. Jahrhunderts ist bisweilen als Hagiokratie bezeichnet worden, weil sie so viele Heilige aufweist, die bisweilen engste Beziehungen zur Macht hatten, wie der Hl. Eligius in Frankreich oder der Hl. Gregor (der Große) in Rom, der sich an die Stelle der verfallenden kaiserlichen Autorität setzte und die Verwaltung der Ewigen Stadt in die Hand nahm. Es handelt sich hier um einen Grenzfall, und nördlich der Alpen war die Situation spürbar anders: Dort gelangt nicht die Geistlichkeit an die Macht, sondern die fränkische, angelsächsische oder germanische Aristokratie, die ihren Zugriff auf die Kirche festigt und ihr zugleich dabei hilft, sich in ländlichen Regionen durchzusetzen, die sich bis dahin ihrem Einfluß entzogen hatten, und das Unternehmen der Christianisierung der immer noch heidnischen Germanenvölker durch Missionare wie den Hl. Bonifatius in Thüringen und den Hl. Korbinian von Freising in Bayern aktiv unterstützt.

Hauptfolge dieser engen Zusammenarbeit zwischen Klerus und herrschenden Kreisen war, wie K. Bosl nachgewiesen hat, die religiöse Legitimierung der herausgehobenen Stellung der Aristokratie im Vergleich zur übrigen freien oder unfreien Menschheit. Der Glaube, der damals entstand, wonach ein Heiliger immer adlig war und ein Adliger größere Aussichten hatte als irgendein anderer Mensch, zum Heiligen zu werden, war zumindest anfänglich kein ideologischer Überbau, von den herrschenden Gruppen oder von der Kirche aufgezwungen. Er wurzelte vielmehr in der Überzeugung, die dem spätantiken Christentum und dem germanischen Heidentum gemeinsam war und von Herrschenden wie Beherrschten geteilt wurde, daß sich moralische und geistige Vollkommenheit nur schwer außerhalb einer hervorragenden Abstammung entwikkeln könne. Daher die enge Verbindung, die damals faktisch hergestellt und später zum äußerst schwer widerlegbaren Gemeinplatz der Hagiographie von der Untrennbarkeit von Heiligkeit, Macht und Adel des Blutes wurde.

Die erste Konsequenz dieser Durchsetzung des »Adelsheiligen« war der Ausschluß von Leuten ungeklärter sozialer Herkunft vom Königsweg zur Heiligkeit, wie ihn damals Bischofsamt und Abtswürden darstellten. Von nun an und für lange Zeit konnten einfache Leute – jene anonyme Masse von Leibeigenen, die in den Augen der Aristokratie weder denken noch frei sein konnte – zu Altarruhm nur noch über das Eremitenleben gelangen, das bis zum 11. Jahrhundert im Abendland nicht sehr verbreitet war. In einer Gesellschaft, in der Armut und äußerste Askese an den Rand gedrängt wurden, waren die Diener Gottes, deren nach ihrem Tode gedacht wurde, vor allem Kirchen- und Klostergründer, da sich die Dankbarkeit der Mönche und Laienbrüder in der Abfassung einer *vita* oder in der Errichtung eines Kultes zu ihren Ehren äußerte. Adlige Familien stachelten übrigens häufig deren Eifer an, indem sie selbst die Reliquien ihrer berühmtesten Angehörigen unter die Leute brachten. Das taten beispielsweise die ersten Karolinger mit ihren Vorfahren, dem Hl. Arnulf, Bischof von Metz, oder der Hl. Gertrud, Äbtissin von Nivelles (†659) und Tochter des Hausmeiers Pippin I. sowie der Hl. Itta (od. Ituberga), Schwester der Hl. Begga. In diesen männlichen wie weiblichen Personen und in ihren Biographien zeigt sich eine neue Auffassung der Heiligkeit, die auf hoher Geburt, Ausübung von Autorität und häufig umfangreichem Vermögen beruht, das zur Verbreitung des christlichen Glaubens eingesetzt wird. Bisweilen kommt bei den Männern ein stattliches Aussehen und eine große Leutseligkeit im gesellschaftlichen Umgang hinzu. Das ist weit entfernt vom asketischen Ideal des 5. Jahrhunderts, und noch weiter von den Heiligen der Anfänge des Christentums.

Insgesamt sollte das Abendland vom Hochmittelalter an eine ganze Reihe geistiger Vorstellungen auf dem Gebiet der Heiligkeit übernehmen, die im Laufe der folgenden Jahrhunderte nur allmählich und teilweise in Frage gestellt wurden. Zu diesen Grundmerkmalen gehören das Überwiegen der Männer (90 Prozent der Heiligen jener Zeit), der Erwachsenen – die Kindheit weckt damals keinerlei besonderes Interesse – und vor allem die enge Verbindung zwischen aristokratischer Geburt und moralischer und religiöser Vollkommenheit.

In diesem besonderen religiösen Kontext – Widerspiegelung einer aufstrebenden Adelsgesellschaft und des engen Bündnisses zwischen Kirche und weltlicher Macht, wie er für die Karolingerzeit und die nachkarolingische typisch ist – treten die ersten *Königsheiligen* auf den Plan. Das Frühmittelalter hatte bereits einige erlebt, darunter den Hl. Sigismund (†523), König der Burgunder, der dem Arianismus abgeschworen und die Abtei von St. Moritz im Wallis gegründet hatte, oder dem Hl. Edmund (†839), König der Ostangeln, der von den Dänen erschlagen und später als Märtyrer des christlichen Glaubens angesehen wurde. Doch außer diesen wenigen Sonderfällen hatte das Ansehen, das Heiligkeit mit sich brachte, die Staatsoberhäupter des Abendlandes kaum interessiert, solange sie mit der Kontinuität einer heidnischen oder magischen Sakralität im Zusammenhang mit der Königsmacht oder gewissen Attributen ihrer Inhaber rechnen konnten, wie z.B. dem langen Haar der Merowinger. Dagegen begannen sich die neuen Dynastien, die sich in Europa zwischen dem 8. und dem 10. Jahrhundert festsetzten – Karolinger, Ottonen, Kapetinger usw., – in ihrem Streben nach Legitimierung auf die Kirche zu stützen. Hierzu erneuerten sie die Tradition des christlichen Kaiserreichs, wie sie sich in Byzanz gehalten hatte, und ergänzten sie um das Ritual der Salbung und Krönung, das in Spanien zur Weihe der Westgotenkönige entwickelt worden war. Durch die Weihen, die er an diesem Tag empfing, unterschied sich der König von der Laienaristokratie und geriet in die Nähe der *oratores,* wurde eine Art »weltlicher Bischof«, dessen Handeln zu lenken und moralisieren sich die Kirche bemühte. Um das Königsamt wurde in England wie auf dem Kontinent eine regelrechte Ideologie des *rex justus* entwickelt, die stark unter dem Einfluß des Alten Testaments stand. Ihren vollkommensten Ausdruck findet sie in der

Lebensbeschreibung des Kapetingers Robert (II.) des Frommen (†1031) durch den Mönch Helgaldus von Fleury, der unter Auslassung des sehr verwickelten und wenig erbaulichen Ehelebens des Herrschers den Schwerpunkt auf den liturgischen Aspekt des Priesterkönigs legte. Zwar wurde Robert nicht zum Heiligen erhoben, doch erscheint er in diesem Text zu Recht berühmt, als bevorzugter Fürsprecher zwischen den Menschen und Gott, der ihm das Privileg gewährt hatte, Wunderheilungen durch bloßes Handauflegen zu bewirken. So begann in Frankreich die Tradition der wundertätigen Könige, die unlängst von M. Bloch glänzend untersucht worden ist.

Zur selben Zeit nimmt der Prozeß der Sakralisierung der Macht des Königs in den vor kurzem christianisierten Randländern des Abendlands die Gestalt einer persönlichen Heiligung mancher Herrscher an. Das gilt besonders für solche, die unter tragischen Umständen einen gewaltsamen Tod fanden, wie König Wenzeslav (†929, der Hl. Wenzel) in Böhmen, auf Betreiben seiner Mutter und seines Bruders ermordet, oder für Olaf den Dicken (den Hl. Olaf) von Norwegen, 1030 in der Schlacht von Stiklestad erschlagen. Es ist schwer auseinanderzuhalten, was an der Verehrung, die diesen Personen alsbald zuteil wurde, von einer heidnischen Sakralisierung herrührt, und was von der Einmischung der Kirche. Olaf zum Beispiel war der letzte aus der Dynastie der Yngling, die göttliche Abkunft für sich beanspruchte, doch war er auch der Urheber der Christianisierung Norwegens gewesen. Die Geistlichen stellten ihn jedenfalls als einen Märtyrer dar, der wegen seines blutigen Todes und der darauffolgenden Wunder mit Christus zu vergleichen sei. Später sollte er zum Nationalheiligen seines Landes werden, als dessen *rex perpetuus* er gegen Ende des Mittelalters angesehen wurde. Neben Schweden und Dänemark, wo im 12. Jahrhundert mehrere ähnliche Fälle anzutreffen sind, muß vor allem Ungarn erwähnt werden, wo die Dynastie der Arpaden nach ihrer Bekehrung zum Christentum das Sakralprestige behielt, das sie in der heidnischen Zeit innehatte. Bereits 1083 erkannte die Kirche die Heiligkeit des Königs Stefan (†1038) an, der sein Volk hatte taufen lassen, und die seines Sohnes Emerich (†1031), zu dem sich wenig später auch noch König Ladislaus (†1095) von Ungarn und Kroatien gesellte. In England erlangt die Verehrung des angelsächsischen Königs Eduard des Bekenners (†1066) vom 12. Jahrhundert an landesweite Bedeutung, während das Haus Plantagenet versuchte, auch hier nach französischem Vorbild die Idee eines heiligen und wundertätigen Königtums zu verankern.

Selbst die Kerngebiete der Christenheit, wo der Typ des Königsheiligen Ausnahme blieb, erlebten mehr oder minder erfolgreiche Versuche, gewisse Fürstinnen mit einer »Aura« von Heiligkeit auszustatten, wie Königin Mathilde (†986), Gattin Heinrichs I., zu deren Ehren in Sachsen in der Ottonenzeit zwei *vitae* nacheinander verfaßt wurden, oder Kaiserin Adelheid (†999), Witwe Ottos I., die von Urban II. im Jahre 1097 heiliggesprochen wurde. Hervorgegangen aus einem Zusammentreffen zwischen der Selbstverherrlichungsabsicht eines Herrschergeschlechts auf dem Gipfel seiner Macht und der Dankbarkeit, die Mönche und Laienbrüder ihren Wohltätern unbedingt erweisen wollten, sind diese Kulte Ausdruck einer Gesellschaft, in der sich die Kirche herbeiließ, die Ahnen des Königs heiligzusprechen, um seine Legitimität zu verteidigen und eine Macht zu festigen, die in manchen Fällen vom wachsenden Feudalismus angetastet wurde.

Zur selben Zeit, als sich diese recht weltliche Heiligkeit endgültig durchsetzte, entwickelte sich bei den Klerikern ein Ideal, das den Mönchsberuf aufwertete und das Kloster zur Vorstufe des Paradieses machte. Solche Auffassungen waren nicht neu, doch wurden sie von dem Augenblick an glaubwürdig, wo das benediktinische Mönchstum, das sich durch sehr aktive geistige Elemente auszeichnete, sich zu reformieren begann. Diese Restauration geschah über die Wiedereinführung der regelmäßigen Observanz, besonders auf dem Gebiet der Liturgie, und durch Verherrlichung der Jungfräulichkeit, die als zentraler Punkt christlicher Vervollkommnung angesehen wurde. Mönche sind kollektiv heilig, weil sie beten und keusch sind. Diese Lebensweise, die sie den Engeln anglich und in Gegensatz zu den wenig erhebenden Sitten des weltlichen Klerus stand, trug ihnen die Gunst der Gläubigen ein. Als echter Soldat Christi (*miles Christi*) erfüllt der Mönch nach den Worten Odos von Cluny mit dem Verzicht auf jegliches Eigentum, auf Gewalt und auf Geschlechtsleben das Mysterium des Erbarmens und ermöglicht mit seinem Opfer die Rettung der sündigen Menschheit. Als Vorwegnahme des Reiches Gottes auf Erden ist das Kloster der Ort der Heiligung schlechthin, und es ist kein Zufall, daß die großen Äbte von Cluny ebenso wie später der Hl. Bernhard versuchen, alle Kleriker oder Laien zum Eintritt zu bewegen, an denen ihnen hervorragende menschliche und religiöse Eigenschaften auffielen, zum großen Mißbehagen mancher Päpste oder Bischöfe, die erleben mußten, wie viele der besten Christen sich aus einer Welt, wo die Kirche sie benötigte, ins Kloster absetzten.

In diesem stark vom asketischen Mönchstum der Benediktiner geprägten geistigen Klima zogen gewöhnlich Gestalten die Aufmerksamkeit ihrer Zeitgenossen auf sich, die das Mönchstum reformierten, wie Gerhard vom Kloster Brogne († 959) bei Lüttich, Johannes vom Kloster Gorze in Lothringen († 974) und vor allem die großen Äbte von Cluny, der Hl. Odilo († 1048) und der Hl. Hugo († 1109), unter dessen Leitung die burgundische Mönchsgemeinde den Höhepunkt ihrer Entwicklung erreichte. Doch um eine richtige Vorstellung von der Ausstrahlung dieser *Mönchsheiligkeit* zu gewinnen, muß man die Galionsfiguren noch um einige Dutzend Männer und nicht ganz so viele Frauen ergänzen, die diese oder jene Abtei oder Priorei mit der Intensität ihres vergeistigten Lebens auszeichneten. Vor allem ist der außergewöhnliche Einfluß des Mönchsideals auf alle anderen Formen des christlichen Lebens hervorzuheben, angefangen mit dem Bischof und Prediger bis zu den Laien, wie das Beispiel des Hl. Gerald von Aurillac († 909) belegt, eines Grafen aus der Auvergne, der sich in der Lebensgeschichte seines Biographen Odo von Cluny wie ein Mönch verhält, der sich im Jahrhundert geirrt hat.

Einer der Hauptfaktoren des ungewöhnlichen Durchsetzungsvermögens des mönchischen Vorbilds in der ersten Zeit des Feudalismus liegt darin, daß es vollkommen der Vorstellung entsprach, die sich die damaligen Menschen von der Heiligkeit machten, in ihren Augen eine Sache von »Professionellen«. Waren die »Söhne« des Hl. Benedikt nicht die einzigen, die sich ständig wie fromme Männer verhielten, im Unterschied zu den Gläubigen und sogar Klerikern, die das nur mehr oder minder vorübergehend taten? Stiegen ihre Gebete und das eucharistische Opfer, das sie zum Heil der Seelen darboten, nicht Tag und Nacht bis vor Gottes Thron hinauf? Außerdem überließen ihnen die Massen, die sich von vornherein nicht in der Lage fühlten, nach Heiligkeit zu streben, nur zu gern diese Funktion von Heilsmittlern zwischen Himmel und Erde, ohne die in den Augen der Menschen von damals keine Gesellschaft Bestand haben konnte.

Doch schon Ende des 11. Jahrhunderts zog die Lebensweise der klassischen Benediktiner herbe Kritik auf sich, und die anspruchsvollsten Geister suchen nach anderen Wegen zur Heiligkeit, besonders das Einsiedlerwesen, das damals einen bemerkenswerten Aufschwung nahm. Dies entsprach nicht nur einem Bedürfnis nach Verbreiterung der religiösen Erfahrung, verständlich in einer Gesellschaft, die aus langer Zurückgezogenheit herausfand und demographisch, ökonomisch und kulturell eine rasche Expansion erlebte. Tatsächlich verändert sich damals der Charakter der Heiligkeit selbst. Sie hört auf, die Frucht der Kontemplation über das unendliche Geheimnis eines ganz anderen und sozusagen unerreichbaren Gottes zu sein und wird zur *Nachahmung Christi*, des »sichtbaren Ebenbilds des unsichtbaren Gottes«, dem man Schritt für Schritt nachfolgen muß, um dereinst in die glückselige Ewigkeit einzugehen. Diese Wende, mit der Wiederentdeckung der Innerlichkeit verknüpft, hinterließ tiefe geistige Spuren. Auch wenn das Mönchstum im 12. Jahrhundert der Königsweg bleibt, auf dem man allein zur Vollkommenheit gelangen konnte, erliegt es indes dem Einfluß des neuen Klimas und ist bemüht, dem religiösen Streben der damaligen Zeit besser gerecht zu werden. Besonders den Cluniazensern wurde vorgeworfen, sie hätten mit ihrer Betonung der liturgischen und eschatologischen Aspekte des religiösen Lebens die Weltzugewandtheit im Sinne der Arbeit und der Predigertätigkeit aufgehoben. Der Hl. Bernhard, der mit Cîteaux (Cistercium) zum Buchstaben und Geist des Hl. Benedikt zurückkehrt, erblickt im Mönch vor allem einen Büßer, der sich von der Welt abgewandt hat, um seine Sünden zu beweinen. Es handelt sich nicht bloß um eine Erneuerung der Kasteiung und des äußerst einfachen Lebens gegenüber der realen und unterstellten Verweichlichung Clunys: In der Spiritualität der neuen mönchischen und kanonischen Orden zu Beginn des 12. Jahrhunderts ist das Asketentum nur Anfangspunkt eines Prozesses – der sieben Stufen der Liebe – der dem Ordensbruder ermöglicht, schrittweise zur göttlichen Ekstase zu gelangen, die Bernhard von Clairvaux zum letzten Ziel des geistigen Weges zu Gott erklärt.

Die Beständigkeit der institutionellen Formen des Mönchstums und des mönchischen Gedankenguts sollte uns nicht darüber hinwegtäuschen, wie tief die damaligen Verängerungen gingen. Daß die Zahl der Heiligen im Abendland beträchtlich wächst, ist nicht nur darauf zurückzuführen, daß die Männer und Frauen des 12. und 13. Jahrhunderts stärker vom Streben nach Vollkommenheit erfaßt waren als ihre Vorgänger. Doch zuvor konnte man fast nur im Rahmen eines *ordo* zum Heiligen werden, im wesentlichen in einem *ordo monasticus*, der an sich schon heiligende Eigenschaften besaß, oder durch vollkommene Erfüllung staatsmännischer Pflichten, was allein für Könige und Königinnen und allgemeiner für Inhaber der Macht galt. Die aufkommende neue Geisteshaltung dagegen betont die Notwendigkeit eines persönlichen Engagements des einzelnen. Bei den Zisterziensern oder den Prämonstratensern werden keine Kinder oder *oblati* mehr als Laienbrüder in die Klöster aufgenommen, sondern nur noch »Bekehrte«, d.h. Erwachsene, die sich aus freien Stücken für die Nachfolge Christi (*sequela Christi*) entschieden haben. Die Sanktifizierung wird also vor allem zum persönlichen Wagnis und zum inneren Anspruch, der je nach Person und Ort in unterschiedlicher Art und Weise empfunden wird, aber immer dem Antrieb der Liebe zu Gott gehorcht.

Die Auswirkungen dieses neuen Geisteszustands waren beträchtlich: »Dem nackten Christus nackt folgen«, wie die Formel hieß, von der sich Wanderprediger wie der Hl. Johannes Gualbert in Italien († 1073) oder Robert von Arbrissel in Frankreich († 1116) leiten ließen, hieß in der Tat in Armut und Askese leben, sich dem Dienst an den Armen und Leprakranken widmen und Prostituierte wieder auf den rechten Weg führen. Die bedauernswerten Freiwilligen wurden dafür gerühmt. Gregor VII. hatte den unheilvollen Charakter der weltlichen Macht unterstrichen und Kaisern und Königen ihr unchristliches Verhalten vorgeworfen. Auch wenn bei weitem nicht alle Kleriker dem Papst auf diesen extremen Pfaden folgten, ging die weltliche Macht aus dem Investiturstreit geschwächt und entheiligt hervor, und erkannte die Kirche fortan als Heilige nur noch die Herrscher an, die ihr wie der Hl. Ludwig († 1270) von Frankreich wohlgesonnen waren und zugleich in Frömmigkeit und sittlichem Verhalten ein Beispiel gaben. Dagegen wird der Niedergang der Heiligkeit kraft Amtes dadurch belegt, daß die Heiligsprechung Karls des Großen, 1166 auf Betreiben Friedrichs II. von einem Gegenpapst vorgenommen, von der Römischen Kirche nie bestätigt wird.

Gefördert wurde diese zunehmende Vergeistigung des Begriffs, der Heiligkeit durch die Entwicklung des Verfahrens der *Heiligsprechung*, die darauf hinauslief, dem Papst das alleinige Recht einzuräumen, auf diesem Gebiet die letzte Entscheidung zu treffen. Zu Beginn des 13. Jahrhunderts war dieser Prozeß abgeschlossen. Es handelte sich dabei nicht nur um einen Sieg der römischen Zentralgewalt oder ein Problem innerkirchlicher Disziplin. Daß der Heilige Stuhl alle Fälle von Heiligsprechung an sich zog, ging nämlich einher mit einer Kontrolle der Vorzüge und Wunder der Gottesknechte, die von der Kurie im Verlaufe eines Prozesses der Heiligsprechung genauestens überprüft wurden, nachdem zuvor jene Zeugnis abgelegt hatten, denen ihre Fürbitte geholfen hatte. Fortan gab es im Abendland zwei Kategorien von Heiligen: diejenigen, die nach ihrer Genehmigung und Anerkennung durch den Papst zum

Gegenstand eines liturgischen Kultes werden konnten, und die anderen, die sich mit lokaler Verehrung begnügen mußten.

Genau dieses neue Vorbild der apostolischen und himmlischen Heiligkeit, das auf dem Ideal der *sequela Christi* beruht, fördert die römische Kirche im 13. Jahrhundert nach Kräften, wie dies die Heiligsprechungen von Franz von Assisi und Dominikus belegen, den Gründern des Minoriten- bzw. Predigerordens und Anhängern der Armut und des Bettelmönchstums. Doch dieses Streben fand je nach Landstrich in ganz verschiedenen Menschentypen Ausdruck. Nördlich der Alpen blieb die seit dem Hochmittelalter bestehende Verknüpfung zwischen adliger Abstammung, Machtausübung und Heiligkeit sehr stark und die irdische Hierarchie war mit der himmlischen fast deckungsgleich. Gewiß gelangte eine wachsende Zahl von Laien und Frauen in dieser Zeit zu Altarruhm, doch sind es meist Könige wie der Hl. Ludwig, Kaiserinnen wie Kunigunde, die im Jahre 1200 heiliggesprochene Gattin Heinrichs II., oder Fürstinnen wie Elisabeth von Thüringen († 1231), Tochter des Königs Andreas II. von Ungarn, und die Hl. Hedwig († 1243), Herzogin von Schlesien. Selbst als sich die von den Bettelorden verbreiteten neuen religiösen Werte der Demut und Armut endgültig durchgesetzt haben, hält sich immer noch die Bevorzugung des Adels, und bleibt die Rekrutierung neuer Heiliger gesellschaftlich gesehen äußerst elitär. Das ging so weit, daß die Verfasser von Heiligenlegenden nördlich der Alpen Diener Gottes, deren Geburt dunkel oder ungewiß war, stets mit illustrer Herkunft ausstaffierten.

Ganz anders ging es zur selben Zeit in den Mittelmeerländern und besonders in Italien zu, wo der Anteil der Heiligen aus den herrschenden Klassen sehr viel geringer war. Die Bischofsheiligen, im 13. Jahrhundert in Frankreich und England zahlreich, verschwinden in dieser Zeit aus dem Bereich, aus dem sich die öffentliche Meinung ihre Vorbilder aussuchte. Dagegen hing die *vox populi* fast ausschließlich Männern und Frauen an, die nicht durch die Ausübung eines Amtes oder durch adlige Abstammung hervorstachen, sondern durch die Prüfungen, die sie aus Liebe zu Gott und zu den Nächsten durchgemacht hatten. Dabei geht es bis auf wenige Ausnahmen nicht mehr um einen gewaltsamen Tod oder Blutvergießen. Für das Zustandekommen eines Rufs der Vollkommenheit zählen vor allem die Entbehrungen und Leiden, die die Diener Gottes freiwillig auf sich genommen haben. Die mediterrane Heiligkeit beruht als Lebens- und Verhaltensmodell auf Armut und Entsagung. Doch handelt es sich von nun an um ein Asketentum der Anpassung, in dem der Mensch Christus, dem erbarmenswürdigen Opfer der Kreuzigung, ähnlich werden soll, »der nichts hatte, um sein Haupt niederzulegen«. Der Hl. Franziskus († 1226), der Arme von Assisi und Stigmatisierte vom Monte Alverno, hat dieses Bemühen um Verwirklichung des Evangeliums in einem irdischen Dasein gewiß am weitesten getrieben und sogar das Leiden Christi in seinem eigenen Fleische dargestellt. Sein Leben ist der vollendete Ausdruck der neuen Auffassung der Heiligkeit als Frucht einer innerlichen Erfahrung und einer Liebe, die sich bemühte, in allen Menschen, und vor allem bei den Ärmsten, das Antlitz Gottes wiederzufinden.

In den Mittelmeerländern werden ganz verschiedene Kategorien aufgrund einer Gleichsetzung mit dem barmherzigen und leidenden Christus unmittelbar als heilig wahrgenommen: Eremiten und Einsiedler, umherziehende Pilger auf Gottessuche, die unterwegs sterben, Gründer von Spitälern und Hospizen, Wohltäter der Armen wie der Hl. Homobonus von Cremona († 1197), der erste nichtadlige Laie, der heiliggesprochen wurde (1199). Durch solche mildtätigen Werke gelangen damals zahlreiche Laien bescheidener oder bürgerlicher Herkunft zu lokaler Verehrung. Doch selbst in den Regionen nördlich und westlich der Alpen, in denen aristokratische Vorbilder eindeutig dominierten, macht der Inhalt von Heiligenleben im Verhältnis zu früher eine erhebliche Veränderung durch.

Mit einem Vergleich zwischen zwei Gestalten Heiliger Fürstinnen aus dem 11. und dem 13. Jahrhundert läßt sich der Wandel erfassen, der mittlerweile stattgefunden hat: Als der Mönch Theodorich um 1105 das Leben der Hl. Margarete, Königin von Schottland († 1093) niederschreibt, ist er um den Nachweis bemüht, daß ihr Verehrung wegen ihres mustergültigen Verhaltens als Gattin, Mutter und Herrscherin gebührt, indem er sie wegen der guten Ratschläge preist, die sie ihrem Gatten wie ihren Kindern erteilte, und dafür, daß sie nie mit Unterstützung für die Männer der Kirche gespart habe. Weniger als eineinhalb Jahrhunderte später wird die Hl. Elisabeth († 1231), Gattin des Landgrafen Ludwig IV. von Thüringen, wegen ihrer Mildtätigkeit in ganz Deutschland und bald auch darüber hinaus berühmt. Doch bei genauerer Betrachtung ihrer Biographien haben die beiden Fürstinnen außer ihrer hohen Geburt nicht viel miteinander gemein: die ungarische Königstochter Elisabeth gründete weder eine Abtei noch eine Kirche, sondern ein Armenspital. Vor ihrer

Witwenschaft hatte sie durchaus das Leben einer Herrscherin geführt, aber nur dem Scheine nach, denn sie saß bei Festgelagen dabei, ohne selbst etwas zu essen, und nahm die Reste an sich, um sie an die Armen zu verteilen. Zur großen Entrüstung ihres Gefolges rührte sie Nahrungsmittel nicht an, die von bestimmten Domänen stammten, wo die Feudalgewalt ungerecht ausgeübt wurde. Nach dem Tode ihres Gatten verließ sie ständig ihren Familiensitz Wartburg und ließ sogar ihre Kinder im Stich, um die Lebensumstände der Armen und Aussätzigen zu teilen, für die sie ihr ganzes Vermögen einsetzte und die sie bis zu ihrem Tode eigenhändig pflegte. Hier zeigt sich klar der Prozeß der Verinnerlichung der Heiligkeit, die fortan ungeachtet der Unterschiede des sozialen Milieus auf einer gemeinsamen Hingabe an das Menschsein Christi und auf dem Bestreben beruht, ihm durch Nachahmung zu folgen.

Von Ende des 13. Jahrhunderts an gerät die Strömung der Verkünder des Evangeliums, die einige Jahrzehnte früher von den Bettelorden verkörpert worden war, mit der Kirche in Konflikt, wie an der Auflehnung der franziskanischen *Spirituales* gegen das Papsttum gut zu sehen ist. Diese wandten sich von einem fragwürdig gewordenen Ideal ab, dessen Themen zum Teil von Ketzerbewegungen wie der des Fra Dolcino oder von vereinzelten Papstgegnern aufgegriffen worden waren. Mit Avignon verschärfte sich der Prozeß der Klerikalisierung der Kirche und ihrer Verwandlung in einen Machtapparat noch weiter. Im Gegenzug werden wir Zeuge des Auftretens neuer Formen der Heiligkeit am Rande einer Institution, die immer weniger in der Lage ist, auf die religiösen Bedürfnisse der Gläubigen zu reagieren. In diesen Kontext ist der Aufschwung des Mystizismus einzuordnen, der sich bereits in der zweiten Hälfte des 13. Jahrhunderts in Deutschland, Flandern und Italien durchsetzte, bevor er um 1300 die gesamte Christenheit erfaßte, und vor allem die Zunahme des seherischen Prophetentums, dessen Einfluß infolge der Krisen nach dem großen Schisma von 1378 unaufhörlich zunahm.

Der sicher auffälligste Aspekt dieser Bewegung liegt in der Stellung der Frauen und vor allem der Laien. Von der Verkündung des Wortes in der Kirche ausgeschlossen, bemächtigen sie sich desselben unter Hinweis auf eine göttliche Berufung. Wohl stellen sie sich unter die Leitung von Beichtvätern oder Gewissenswächtern, doch kehren sie recht oft alsbald dieses Autoritätsverhältnis um, indem sie letztere zu ihren Schreibern und Sprechern machen. Die ältesten Fälle visionärer weiblicher Heiligkeit sind die der Margareta von Cortona († 1297), der Klara vom Kreuze, Äbtissin von Montefalco († 1308) und der Angela von Foligno († 1309). Bezeichnend ist, daß keine von ihnen im Mittelalter heiliggesprochen wurde, obwohl sie sowohl zu Lebzeiten als auch nach ihrem Tode großes geistiges Ansehen eben deswegen genossen, weil sie die Grundanschauungen des Franziskanertums auf eine andere Ebene hoben. Jedenfalls geschah es beim Prozeß der Heiligsprechung der Hl. Klara von Montefalco in Umbrien das erste Mal, daß paramystische Erscheinungen und Visionen von der römischen Kirche in Betracht gezogen wurden und Anlaß zu einer besonderen Prüfung gaben. Daß die Sache nicht zum Abschluß kam, liegt sicher ungeachtet aller Gelegenheitsmotive, die sich in jedem Einzelfall finden lassen, in dem Mißtrauen der Kleriker gegenüber Frauen, die ihnen mit der Behauptung, die Vereinigung mit Gott sei in der liebenden Verschmelzung des Willens hienieden möglich, ihre Rolle als unerläßliche Mittler zwischen den Menschen und dem Jenseits streitig zu machen drohten. Der prophetische Aspekt der weiblichen Heiligkeit verstärkte sich im 14. Jahrhundert, wie bei einer Hl. Birgitta von Schweden († 1373) festgestellt werden kann, die von 1343 an Visionen über die Notwendigkeit der Rückkehr des Papsttums nach Rom, die Reform der Heiligen Kirche und die Bekehrung der Ungläubigen hatte und verkündete, oder bei einer Hl. Katharina von Siena († 1380), die mit Leidenschaft dieselben Ziele verfolgte.

So verschieden ihre Empfindungen und ihre Kultur waren, gingen diese Frauen – und viele unbekanntere, die nur lokale Wirkung hatten – auf gleiche Weise vor: sie versuchten nicht, sich an das Volk zu wenden, sondern Reformen von oben zu fördern. Daher der gesellschaftlich elitäre Aspekt ihrer Beiträge, die die Form von Appellen annahmen und schriftlich oder mündlich an Päpste, Herrscher und Große dieser Welt gerichtet wurden. In den meisten Fällen stellen die Seher(innen) vorhandene Institutionen nicht in Frage, auch wenn sie ihre Unzulänglichkeiten kritisieren, sondern wollen sie im Gegenteil veranlassen, ihre vorgegebene Rolle auszufüllen. Der Papst solle sich von den politischen Problemen und den Sorgen der weltlichen Macht nicht völlig in Anspruch nehmen lassen; der König von Frankreich trotz der Einwände seiner schlechten Ratgeber seine heilige Sendung nicht vergessen! In ihren Eingebungen äußert sich ein Predigertum, das in den kirchlichen und gesellschaftlichen Strukturen keinen Platz mehr findet und versucht, durch Anrufung der Spitzen der Hierarchie Wirkung zu erzielen. Alle diese Heiligen erwarten von ihrem Rekurs auf den Papst und auf die Herrscher eine Zusammenfassung der Energien der von inneren Kriegen geschwächten Christenheit, und einen geistigen Aufbruch, der endlich jene Kirchenreform ermöglichen sollte, die alle erklärtermaßen herbeisehnen, die aber aus menschlicher Sicht unmöglich scheint. Zur Durchsetzung ihrer Ansichten verfügten diese Boten des Himmels nur über zwei Waffen: mit dem Zorn Gottes zu drohen, der über die Sünde der Menschen und den Abfall der Geistlichen erzürnt sei, und an die unendliche Liebe und das Erbarmen des geopferten Lammes zu erinnern, das sein Blut für das Heil der Menschheit vergossen habe. Sie benutzten diese Waffe mit wechselndem Erfolg, doch gibt es keinen Zweifel, daß sie in der damaligen Christenheit, die auf dem Wege zur Spaltung und Säkularisierung war, die äußerst wichtige Rolle von Zeugen des Spirituellen spielten, die ihnen großes Ansehen einbrachte.

Für die Kirche war es gefährlich, zuzulassen, daß sich Heiligkeit an ihrem Rande entwickelte und sich gar bisweilen gegen sie selbst wandte, um Unzulänglichkeiten zu kritisieren. So erleben wir zu Beginn des 14. und vor allem während des 15. Jahrhunderts eine Wiedereroberung der öffentlichen Meinung durch die dynamischsten Elemente des Klerus eben auf dem Gebiet, wo die Propheten und Visionäre gewirkt hatten: dem gesprochenen Wort, das in einer Gesellschaft, in der die Massen eine wachsende Rolle spielten, aber weitgehend von der Welt des Lesens und Schreibens ausgeschlossen blieben, von ganz entscheidender Bedeutung war. Wenn man die Liste der Hauptheiligen vom Ende des Mittelalters betrachtet, verblüfft die Stellung, die die großen Prediger der damaligen Zeit hier einnehmen: Vincent Ferrier († 1419), Bernhardin von Siena († 1444), Johannes von Capestrano (1456), Jakob de Marchia († 1476) usw., alle aus Bettelorden hervorgegangen und mit der Observantenbewegung verbunden, die letztere nach den Krisen des 14. Jahrhunderts wiederbelebt hatte. Gewiß war dies nicht eine absolute Neuheit, hatte die Kirche ja bereits im 13. Jahrhundert Sakralredner wie Antonius von Padua von den Minoriten oder Petrus Martyr (Petrus Veronensis, † 1252) vom Predigerorden heiliggesprochen. Im 15. Jahrhundert jedoch erreicht das Phänomen einen bisher nicht gekannten Umfang. Im ganzen Abendland waren die einzigen Mönche, die außer einigen Eremiten die Begeisterung der Massen weckten, Prediger, die ihr Leben und ihre Kräfte der Verkündigung des Wortes widmeten. Auf Wanderschaft durch das Abendland von Aragon bis in die Bretagne und von Italien nach Polen und Kroatien, unterschieden sich diese Mönche eindeutig von den Klerikern, an welche die Gläubigen gewöhnt waren. Indem sie in größter Armut von Stadt zu Stadt zogen, hatten sie dennoch Zeit, bei ihren Zuhörern bekannt zu werden, da sie ihnen häufig einen ganzen Zyklus von Predigten – z.B. die ganze Fastenzeit hindurch – widmeten, was ihnen ermöglichte, sich mit den Problemen dieser oder jener Stadt und ihrer Einwohner vertraut zu machen. Mehr als an Predigten gemahnen ihre Reden an große, gutorganisierte Schauveranstaltungen, regelrechte »Meetings« oder »Happenings«, bei denen sie zugleich Organisator und Star waren. Im allgemeinen unter freiem Himmel von hierfür eigens errichteten Holzgerüsten predigend, waren sie von Beichtvätern begleitet, die Vollmacht hatten, Ablaß von Sünden zu gewähren, der sonst Bischöfen oder dem Papst vorbehalten war, und bisweilen zogen Scharen von Büßern mit ihnen einher – bereits Bekehrte sozusagen auf einer Art sühnender Pilgerfahrt –, die Geißelungs- oder Andachtsübungen vollbrachten, bevor der Redner das Wort ergriff. Dieser behandelte im allgemeinen die großen, heilsnotwendigen Wahrheiten, doch mehr moralisch als dogmatisch. In dem Bemühen, große Zuhörerschaften zu rühren und zu bewegen, versuchten sie vor allem, den Gläubigern ihre Sünden bewußt zu machen und sie zur Reue zu bringen. Hatte er Erfolg, forderte der Bußprediger greifbare Zeichen der von ihm bewirkten geistigen Erneuerung, und der Einsatz schloß häufig mit einem »Autodafé«, bei dem auf einem Scheiterhaufen Glücksspiele und überflüssiger Putz der Frauen verbrannt wurden.

Doch der Wunsch nach Bekehrung, von dem diese Heiligen getrieben wurden, ging über die individuelle Moral hinaus. Da sie sich darüber klar waren, daß sie in einer Welt lebten, in der der Einfluß der christlichen Botschaft auf die Sitten recht schwach war, spielten sie ohne Umschweife die Rolle von »Friedensstiftern«, indem sie verfeindete Familien und gegnerische Klans miteinander versöhnten und versuchten, die Übel zu lindern, an denen die Armen und Randgruppen litten. Im Kielwasser ihrer Predigten wurden Hospize für die Siechen und vor allem Darlehenskassen zur Bekämpfung des Wuchers gegründet. Um diesen Initiativen Dauergarantien zu verschaffen, stellten die Diener Gottes häufig die öffentliche Gewalt in Frage und forderten von den Magistraten neue Vorschriften oder Gemeindesatzungen, die mit der christlichen Ethik besser in Einklang standen, besonders gegen den unverschämten Luxus der Reichen und gegen die unsauberen Finanz- und Geschäftspraktiken des

Handelsbürgertums. So knüpfte die christliche Heiligkeit in der Morgendämmerung der Neuzeit an die Tradition der sozialen und tatkräftigen Einmischung des Frühmittelalters an, die mehrere Jahrhunderte lang vom Ruhm mönchischer und vergeistigter Ideale zugedeckt worden war.

Wenn man eine exakte Idee von den Vorstellungen über die Heiligen des ausgehenden Mittelalters geben will, kann man sich indes nicht nur an Personen halten, denen die Ehre der Heiligsprechung zuteil wurde, denn in dieser Zeit brechen auf diesem Gebiet ernsthafte Unstimmigkeiten zwischen der kirchlichen Hierarchie und den Gläubigen auf. Das Papsttum neigte dazu, den Altarruhm einer kleinen Zahl handverlesener Heiliger vorzubehalten, doch das Volk verfiel oft spontan darauf, Männer oder Frauen oder sogar Kinder zu verehren, deren Hauptverdienst darin bestand, daß sie eines gewaltsamen Todes gestorben waren, ohne ihn verdient zu haben. Es ist angebracht, den jüdischen »Märtyrern« unter diesen »unschuldigen Heiligen« einen besonderen Platz einzuräumen, die in England wie in der germanischen Welt besonders zahlreich waren: so der junge Werner von Bacharach († 1287), der im 14. und 15. Jahrhundert im Rheintal und bis in die Niederlande besonders beliebt war, oder aber Simon von Trient († 1475), über dessen weitverbreitete Verehrung der Klerus in den Alpenregionen und in Norditalien zutiefst gespalten war. Allgemein setzte die römische Kirche damals allen Formen der Heiligkeit mit Nichtanerkennung ein Ende, die mit Blutvergießen verbunden waren. Doch vernachlässigte sie auch Gestalten, die die Volksverehrung ins Herz geschlossen hatte, wie den heiligen Pilger und Wundertäter, dessen berühmtester Vorläufer der Hl. Rochus war, der von Mitte des 15. Jahrhunderts an gegen die Pest angerufen wurde. Während allerorten Kirchen und Kapellen zu Ehren dieses Nothelfers errichtet wurden, dessen Biographie immer noch sehr geheimnisumwittert ist, mußte das 17. Jahrhundert abgewartet werden, bevor ihn das Papsttum mit dem Status eines ordentlichen Heiligen ausstattete. Ein Zeichen dafür, daß das Volk Ende des Mittelalters und trotz der zunehmenden Kontrolle des Klerus auf diesem Sektor immer noch Heilige schafft.

Für die meisten Menschen des Mittelalters, vor allem vor dem 13. Jahrhundert, ist ein Heiliger zunächst einmal ein berühmter Toter, dessen Geschichte nicht genau bekannt war, von dem man aber wußte, daß er zu Lebzeiten um seiner Liebe zu Gott willen Verfolgungen und Leiden ausgehalten hatte. Daher die grundlegende Bedeutung des Leibes, der einzigen Gemeinsamkeit zwischen den Dienern Gottes und den Gläubigen, die sie verehrten, indem sie Kulte und Legenden entwickelten. Auf den Leib waren die Büttel und bisweilen die Heiligen selbst losgegangen. Von der Tücke der Heiden oder dem selbstzerstörerischen Eifer der Asketen zerstückelt und verstümmelt, fand er nach dem Tode zu einer geheimnisvollen Unversehrtheit zurück, dem Zeichen göttlicher Erwähltheit. Im Mittelalter ist Heiligkeit zunächst eine Sprache des Körpers, ein Diskurs des »geduldigen Fleisches«, um die gelungene Formulierung P. Camporesis aufzugreifen.

Es ist in dieser Hinsicht bezeichnend, daß eine Synode von Poitiers es 1387 für geboten hielt, Maßnahmen zu ergreifen gegen »das einfache Volk, das auf Betreiben gewisser Ungläubiger die Gewohnheit übernommen hat, die Leiber unversehrt aufgefundener Toter anzubeten und sie zu verehren, als handle es sich um Heilige«. Selbst für die Kleriker der damaligen Zeit war der gute Erhaltungszustand des Leibes nach dem Tode ein notwendiges, aber nicht hinreichendes Kriterium, um einem Menschen den Titel Diener Gottes zu verleihen. Neben dem Ausbleiben der Verwesung und dem guten Ruch hatten die Überbleibsel von Heiligen mit der Hostie den wunderbaren Vorzug gemein, zerteilt werden zu können, ohne etwas von ihrer Wirkung einzubüßen, d.h. von den Kräften, die Gott ihnen bei ihrem verdienstvollen Tode verliehen hatte. Das waren auf der Ebene der allgemeinen Geistesverfassung die stillschweigenden Grundlagen des Reliquienkults, einer Verehrung von Einzelteilen eines geopferten und zerstückelten Leibes, der nach dem Vorbilde Jesu dennoch Quelle des Lebens und Verheißung der Auferstehung blieb.

In diesen Kontext muß man sich hineinversetzen, um die Bedeutung der Verlagerung und des Raubs von Reliquien im religiösen Leben des Mittelalters zu verstehen. Von diesen Überführungen oder Umbettungen, die bisweilen mit Betrug, ja sogar Gewalttaten einhergingen, wurden lange Zeit nur die pittoresken Aspekte vermerkt. Tatsächlich nahmen sie insofern eine zentrale Stellung in der zeitgenössischen Gesellschaft ein, als der Besitz eines heiligen Leibes – und möglichst mehrerer – für Laien- wie Kirchengemeinschaften lebensnotwendig war. Die Heiligen selbst waren sich darüber durchaus im klaren und suchten zum Sterben oft bewußt entweder ihren Geburtsort oder eine Stätte auf, von der sie glaubten, daß die Gegenwart ihrer Gebeine dort einen günstigen Einfluß ausüben konnte. So kehrte der Eremit Giovanni Bono († 1249), der den größten Teil seines Daseins bei Cesena in der Romagna verbracht hatte, als er sein Ende nahen fühlte, in seine Geburtsstadt Mantua heim, zugleich aus

Treue zu seinem Vaterlande und um durch die posthume Ausstrahlung seiner Reliquien die Häretiker zu bekämpfen, die dort über feste Positionen verfügten. Im selben Geiste wimmelte es in mittelalterlichen Legenden von Vorfällen, wo sich die Gebeine eines Heiligen einem von diesem mißbilligten Versuch der Umbettung widersetzten, indem sie sich plötzlich ganz schwer machten. Tatsächlich war das einzige gültige Kriterium auf diesem Gebiet Erfolg oder Mißerfolg: Die Überführung von Reliquien oder ihr Raub ließ sich ohne Rücksicht auf die ursprünglichen Absichten dieser Heiligen immer damit rechtfertigen, daß ihre früheren Besitzer sie ohne Ehre an einem unwürdigen Platz gelassen hätten. Sie an einen anderen Ort zu bringen, war in diesem Falle eine eher lobenswerte als tadelnswerte Demonstration der Frömmigkeit. Selbst als das Papsttum im 13. Jahrhundert mit Innozenz III. erklärte, daß »die Falschheit unter dem Schleier der Heiligkeit nicht geduldet werden darf« und versuchte, ein Mindestmaß an Disziplin auf diesem Gebiet durchzusetzen, entsprachen die Ergebnisse bei weitem nicht den Erwartungen. Die Gläubigen waren einfach davon überzeugt, im Recht zu sein und eine fromme Tat zu tun, wenn sie Reliquien von Heiligen aus dem alten Domizil hervorholten, wo diesen ihrer Ansicht nach keine genügende Verehrung zuteil wurde – ein verschwommener Begriff, der alle Bemühungen rechtfertigte, sich ihrer im Guten oder im Bösen zu bemächtigen.

Diese Auffassungen hielten sich um so hartnäckiger, als sie in überlieferten Volksbräuchen wurzelten, deren entstelltes, aber immer noch hörbares Echo aus den Heiligenlegenden zu vernehmen ist, besonders aus manchen Lebensgeschichten von Heiligen in der Umgangsprache des 12. und 13. Jahrhunderts. Gottesdiener und -mägde erscheinen wie Figuren, die sich im Zeitablauf nicht verändern, mit allen Vollkommenheiten ausgestattet und ständig von der Gnade Gottes erfüllt sind, wobei die unter den Menschen verbrachten Jahre ihnen lediglich ermöglichen, sich durch Nachweis ihrer Tugenden und ihrer Kräfte als Wundertäter Anerkennung als Heilige zu verschaffen. Bezeichnend ist, daß die Verfasser dieser Texte sich fast stets dafür entschieden, die Verdienste von räumlich und zeitlich entfernten Personen zu preisen und dabei betonten, was an deren Dasein seltsam bzw. übermenschlich war. In Erfüllung der Erwartungen ihres Publikums versuchten die Autoren nämlich Gestalten zu zeichnen, die unermüdlich bewundert wurden, doch denen nachzueifern nicht einmal dort in Frage kam, wo sich ihre Vollkommenheit im Unterlassen zeigte.

Der Heilige, wie ihn diese Literatur darstellt, enthält sich aller Dinge, die anderen Menschen Freude machen, praktiziert Keuschheit und Askese im Übermaß und lebt in körperlicher Nacktheit und Entsagung. So bleibt für das Volks der Eremit als Mann der Entbehrungen und bittersten Not Urbild der Heiligkeit. Gegenüber einer so unerreichbaren Vollkommenheit reagieren die Massen mit Konsumhaltung. Von dem Gottesmann wird erwartet, daß er die sündige und leidende Menschheit an den Gnadenerweisen beteiligt, die ihm wegen seines Opfers zuteil geworden sind. Es wird vor allem als Fürsprecher gesehen, der zuständig ist für den Schutz derer, die ihn anrufen. Die Geistlichen teilen diese Überzeugung mindestens bis zum 13. Jahrhundert und verfassen Heiligenviten und Wunderberichte mit dem Ziel, den Ruf dieser oder jener heiligen Stätte bekannt zu machen und die Volksmassen im Glauben zu festigen.

Vom 12. Jahrhundert an – und in Italien bereits im 11. – wurden die Vorstellungen der Heiligkeit in Verbindung mit dem kulturellen und religiösen Wandel, den das Abendland damals durchmachte, von einer allmählichen, aber tiefgreifenden Veränderung erfaßt. Neben dem Reliquienkult, der bis zur Reformation ungebrochen blieb, entwickeln sich Formen der Verehrung von Frauen und Männern, denen die öffentliche Meinung in Anbetracht ihres Lebens spontan den Heiligentitel verlieh. Man begnügt sich nicht mehr mit der Verehrung von berühmten oder unbekannten Fürbittern, deren Erdenleben sich in fernen Jahrhunderten und geheimnisvollen Landstrichen abgespielt hatte: Das Volk zeigt fortan vor allem in den Mittelmeerländern wachsendes Interesse an bekannten Gestalten aus jüngerer Zeit. Der Heilige wird nicht mehr auf einen Leib mit besonderen Privilegien reduziert, sondern vor allem als lebendes Wesen definiert. Stärker als an den Märtyrerkult, bei dem sich alles um den Tod des Gottesknechts drehte, knüpft diese neue Auffassung wieder an die Tradition des Hl. Antonius, der Wüstenmönche und Büßer an, die seit der Büßerin Maria Magdalena Pelagia von Thais die Gemüter in der Welt von Byzanz und im christlichen Morgenland in ihren Bann geschlagen hatte. Auch überrascht es nicht, unter denen, die das Abendland nach dem Jahre 1000 als seine Heiligen anerkannte, eine erkleckliche Zahl von Eremiten, wie den Hl. Romuald und den Hl. Johannes Gualbert in Italien, zu finden, sowie ganz allgemein Asketen und Konvertiten, die den Gläubigen durch ihre entsagungsvolle Lebensweise bekannt geworden waren.

Ein lebender Heiliger war zunächst daran zu erkennen, daß er die Natur in sich niedergerungen hatte, was ihm wiederum übernatürliche Kräfte über die Elemente und die Tiere verschaffte. So ließen Einsiedler neben ihrer Klause Quellen entspringen und einen in den Boden gestoßenen Stock Blüten tragen. Sie schritten unversehrt durchs Feuer, und auf ihre bloße Handbewegung hin schwiegen die Vögel, die mit ihrem Gesang eine religiöse Verrichtung gestört hatten. Hier findet sich unterschwellig ein anthropologisches Modell, das auch anderen Religionen gemein ist, besonders dem Islam, und das grundsätzlich jeder moralischen Konnotation oder jedes Gedankens an einen Vorbildcharakter entbehrt, wobei der christliche Bezug in der Heiligenlegende häufig nur durch einen Vergleich der asketischen Entbehrungen des Dieners Gottes mit den Leiden Christi hergestellt wird. Es ist nicht sicher, ob dieser Vergleich spontan von den Massen angestellt wurde, die sich drängten, den Heiligen zu sehen und zu berühren. Daß das Muster damals so erfolgreich war, liegt zunächst an seiner Wirksamkeit. Da er seine übernatürliche Macht in den Dienst der Menschen und vor allem der Ärmsten, der Kranken und Gefangenen stellt, erscheint der Heilige in erster Linie als ein erfolgreicher Heilsmittler. Durch Teufelsaustreibung vertreibt er Dämonen und gliedert Randfiguren und Verfemte wieder in ihre früheren Gruppen ein. Dank des Ruhmes, den er genießt und der Furcht, die er verbreitet, beendet er Fehden, versöhnt Feinde und stellt dort Eintracht wieder her, wo Haß und Zwietracht herrschten. Doch würde man seine Rolle verkleinern, sähe man in ihm einfach einen geschickten Unterhändler, der Streit mit seiner Erfahrung schlichtet. Tatsächlich rührt seine Autorität zugleich von seiner Lebensweise und seinem Außenstandpunkt im Verhältnis zu denen her, die ihn um seine Nothilfe bitten. Häufig aus der gesellschaftlichen und kulturellen Elite hervorgegangen, waren die Gottesknechte in jedem Falle der normalen Menschheit fremd. Ihre Askese machte sie »übermenschlich« und sonderte sie dadurch noch weiter ab. Da sie die familiären und ökonomischen Verbindungen zur Welt zerrissen hatten und sich der Gesellschaft von Frauen entzogen, was eventuell dazu beitragen hätte, sie an einen bestimmten Ort zu fesseln, erschienen sie letztendlich als die einzigen völlig freien und selbständigen Personen in einer Gesellschaft, die häufig von ihren inneren Zwängen und Widersprüchen gelähmt war. Auch überrascht es nicht, daß sie für diese Gesellschaft bei ernsten Schwierigkeiten oder in Krisenfällen die letzten Nothelfer waren. Als Männer des Glaubens, die ihre Existenz für diesen aufs Spiel gesetzt hatten, boten sie durch ihre bloße Gegenwart ein Heilmittel gegen die Angst und eine Antwort auf das Bedürfnis nach Gewißheiten, das jene beseelte, die sich an sie wandten. Auf dieser Ebene kommt die religiöse Dimension der Heiligkeit ins Spiel. Man erwartete nämlich von den Dienern Gottes, daß sie die in ihnen versammelte übernatürliche Kraft darauf verwendeten, dort wieder normale Beziehungen zwischen den Menschen untereinander und zwischen diesen und der Natur herzustellen, wo der böse Geist sie zerstört hatte. Durch das Wunder sollte die durch die Sünde gestörte Weltordnung wiederhergestellt werden. Denn die Wurzel des Bösen war fast immer eine Missetat, die die Heiligen mit ihrer geistigen Klarsicht erkennen und nachweisen konnten. Wenn die Sünde zu tief verwurzelt war, begnügten sie sich damit, Katastrophen vorherzusagen und auszumalen, was diese unweigerlich nach sich zögen. Also ist der Heilige unauflösbar Wundertäter und Prophet zugleich.

So stellten die Heiligen, ob tot oder lebendig, für die Gläubigen geheiligte Nothelfer dar, die ohne jede geistliche Vermittluung erreichbar waren, da man, um aus deren *virtus* Nutzen zu ziehen, bloß sie selbst bzw. nach ihrem Tode ihr Grab aufsuchen mußte. Bald – jedenfalls vom 13. Jahrhundert an – sollte es nicht einmal mehr nötig sein, an eine heilige Stätte zu wallfahren, um erhört zu werden. Eine einfache Anrufung, gefolgt von dem Gelöbnis eines Weihegeschenk, sollte genügen, zwischen dem Gläubigen und seinem himmlischen Schutzpatron ein Verhältnis herzustellen, bei dem der Gläubige der Fürbitte sicher sein konnte. Doch wenn man sich an einen lebenden Heiligen wandte, wie dies vor allem in den Mittelmeerländern immer häufiger geschah, konnte man erleben, daß der Gottesmann mehr wollte als nur den an ihn gerichteten Bitten um Heilung und Schutz zu entsprechen. Gläubige scheuten es gewöhnlich, sich auf andere Gebiete ziehen zu lassen, wie sehr schön an der Reaktion eines Notars zu sehen ist, der den Einsiedel Peter von Murrhone (den späteren Papst Coelestin V., † 1294) in seiner Klause tief in den Abruzzen aufgesucht hatte: »Machen wir das, wozu wir gekommen sind«, erwidert er trocken dem Einsiedel, der wohl wissend, daß er es mit einem notorischen Wüstling zu tun hat, ihm Vorhaltungen über seinen Lebenswandel zu machen beginnt. In den Augen des Bittstellers war ein Heiliger zum Heilen da, und nicht zum Bekehren. Doch für den Einsiedel wiederum war die Macht des Wunderheilers, die ihm verliehen war, eine Gabe Gottes, und nicht ein persönlicher Vorzug. Außerdem war er bemüht, die erbetene Gunst daran zu knüpfen, daß der Bittsteller bestimmte, amoralische Verhaltensweisen ablegte. So kann man an solchen Begegnungen sehen, wie sich eine seelsorgerische Funktion der Heiligkeit abzeichnete, die sich in den letzten Jahrhunderten des Mittelalters verstärken sollte.

Von dem Zeitpunkt an, wo sich die abendländische Christenheit bewußt wurde, daß Heilige nicht nur Wundertäter oder Reliquien bedeuteten, die diesem oder jenem Heiligtum zur Konjunktur verhalfen, sondern, nach einem Worte des Hl. Thomas, »die Tempel und Organe des Heiligen Geistes« waren, nahmen die ihnen erwiesenen Ehren und Kulte eine andere Bedeutung an, die die frühere nicht auslöschte, sondern diese ergänzte. Einer der in dieser Hinsicht bemerkenswertesten Texte ist die Bulle, mit der der Hl. Dominikus 1234 heiliggesprochen wurde. Papst Gregor IX. läßt dort die verschiedenen Kategorien von Heiligen Revue passieren, die seit den Ursprüngen des Christentums aufeinanderfolgten. Er beginnt mit der Schilderung der Märtyrer, »die der ungeheuer gewachsenen Kirche Kinder aus allen Völkern unter dem Himmel gegeben haben«. Doch weil später »der Hochmut dem Anwachsen der Größe auf dem Fuße folgte, und die Bosheit der Freiheit«, habe Gott den Hl. Benedikt und seine Söhne berufen, die »die glückliche Gesellschaft eines Zusammenlebens in der Gnade und das Gemeinwohl wiederherstellte, das durch die zu große Zahl aus dem Blick geraten war«. Auf die Dauer aber habe das ursprüngliche Mönchstum der Benediktiner seine Tugend verausgabt, und Gott habe, »wie um seine ermüdete Heerschar zu bekräftigen«, den Orden von Cîteaux (Zisterzienser) entsandt, der das Gotteslob in seiner ganzen Reinheit wiederherstellte. Doch reichte dies nicht aus, um dem Bösen Einhalt zu gebieten, denn »in der elften Stunde, als der Tag sich bereits dem Abend zuneigte ... weckte Gott den Geist des Dominikus und verlieh ihm die Kraft und die Gabe der göttlichen Predigt. Bei seinem Anblick zittert die ganze Sekte der Häretiker, während die ganze Kirche der Gläubigen vor Freude erbebt«. Trotz einer gewissen Emphase, wie sie dieser Art päpstlicher Dokumente eigen ist, enthält dieser Text sehr wichtige Bestätigungen über die Rolle der Heiligen im Leben der Kirche. Beachten wir zunächst, daß für diesen Papst, der den Hl. Franziskus und den Hl. Dominikus noch persönlich gekannt hatte, der Hauptbeweis der Heiligkeit des letzteren darin liegt, daß er eine religiöse Bewegung gestiftet hat. In seinen Augen ist der Predigerorden die in Raum und Zeit verwirklichte Wohltätigkeit des Hl. Dominikus selbst.

Auch hebt er weniger die persönlichen Tugenden des Hl. Benedikt, des Hl. Bernhard oder des Hl. Dominikus hervor als die Fruchtbarkeit und die historischen Auswirkungen ihres Handelns.

Dieses Bewußtsein des kirchlichen Werts der Heiligkeit war bereits im christlichen Alterum vorhanden, jedoch aus der Sicht dieser oder jener örtlichen Kirche, deren Schutzpatron ein Märtyrer oder Bischof nach seinem Tode geworden war. Im 13. Jahrhundert ging es von nun an um die vom Stellvertreter Jesu geleitete Universalkirche, die sich soeben das Recht der Heiligsprechung vorbehalten hatte. Für sie war das Auftreten neuer Heiliger in ihrem Schoße eine große Stärkung zu einer Zeit, als viele behaupteten, sie werde ihrem Auftrag nicht gerecht, und lieber den Lehren der Katharer oder den Predigern der Waldenser folgten. So ging das Papsttum daran, im ganzen Abendland die Verehrung neuer Märtyrer wie z.B. des Hl. Thomas Beckett, Erzbischof von Canterbury († 1170), zu verbreiten, der in seiner Kathedrale von gedungenen Attentätern König Heinrichs II. ermordet worden war; oder des dominikanischen Inquisitors Petrus Martyr, in Ausübung seines Amtes 1252 bei Mailand getötet, oder aber des Hl. Franziskus von Assisi, den sein Biograph Thomas de Celano ohne Zögern als »neuen Evangelisten« bezeichnet. Im Leben des Hl. Franziskus erblickten eine große Zahl von Christen, Kleriker wie Laien, das Vorzeichen »neuer Zeiten«, ein Ausdruck, mit dem zugleich die neueste Gegenwart und die Vollendung der Weltgeschichte bezeichnet wurde. Denn in den Augen ihrer Zeitgenossen war der Arme von Assisi, wie übrigens auch der Hl. Dominikus, nicht als bloße Stütze der kirchlichen Institutionen erschienen, sondern als Reformator und mehr noch: als Erneuerer der antiken christlichen Heiligkeit, der an die Botschaft des Evangeliums anknüpfend eine neue und letzte Etappe in der Heilsgeschichte eröffnete. Manche Brüder im Orden der Minoriten bezeichneten ihn übrigens ohne Umschweife als zweiten Christus (*alter Christus*).

Allgemeiner noch werden Heilige damals als Individuen angesehen, deren Kommen »zur rechten Zeit« für die Kirche von der Vorsehung gewollt war, und es ist kein Zufall, daß sich die mittelalterliche Ikonographie später darin gefiel, das Thema der Vision von Papst Innozenz III. zu illustrieren, der im Traume einen Klosterbruder (je nachdem den Hl. Franziskus oder den Hl. Dominikus) erblickt hatte, wie er mit eigener Körperkraft die vom Verfall bedrohte Laterankirche stützte. Die Hagiographie verspürte alsbald die Auswirkung dieser neuen Auffassung der

Heiligkeit, auch wenn dies verspätet und nur allmählich erfolgte. Sie will fortan in ihren »modernsten« Strömungen den Gedanken veranschaulichen, daß jeder Heilige eine historische Sendung hat, die darin besteht, bestimmte Bedürfnisse seiner Zeit vom Standpunkt der Ewigkeit und seiner Erfahrung Jesu zu erfassen und zu stillen. Das sei zum Beispiel die tiefere Bedeutung des franziskanischen Armutsgelübdes, das gegenüber der Habsucht und dem Hochmut der neuen Welt – der Stadt und der Handelswirtschaft – das Primat des Gebens und der Mittellosigkeit behauptet. In der neuen Hagiographie, die sich vom 13. Jahrhundert an entwickelt und deren Urbild das Leben der mystischen Begine Marie von Oignies († 1213) ist, ein Werk Jakob von Vitrys, liegt die Betonung wie in den ersten Biographien des Hl. Franziskus mehr auf der Lebensführung der Gottesknechte und -mägde als auf ihren Wundertaten. Der Gedanke, daß es sich bei ihnen um Wesen handelt, denen man nachleben kann, setzt sich allmählich gegen die etwas ängstliche Bewunderuung durch, die bis dahin die Beziehungen zwischen den Gläubigen und ihren himmlischen Nothelfern gekennzeichnet hatte, deren Fürbitte sie erflehten. Indem sie den Geistlichen, und über sie den Gläubigen, solche Texte vorlegten, wollen die Biographen ihnen die Möglichkeit geben, durch Nachahmung zur Heiligkeit zu gelangen. Und im selben Geiste sprachen sich die ältesten Weggenossen des Hl. Franziskus, nachdem sie erfahren hatten, daß die leitenden Instanzen des Minoritenordens einen Bericht über die Wunder verfassen lassen wollten, die dem Gründer seit seinem Tode zugeschrieben wurden, in einem Brief von 1245 an das Generalkapitel von Greccio gegen dieses Vorhaben aus und bekräftigten darin, daß »Heiligkeit nicht aus Wundern besteht, sondern sich in diesen nur zeigt«. Auch wenn daraus nicht sofort alle Schlußfolgerungen gezogen wurden, ist dies ein bemerkenswerter Vorstoß, die Heiligen aus der Sphäre des Magischen herauszuholen und sie wieder in das Herz der Kirche und der Gläubigen zu pflanzen.

Diese Ansichten waren durchaus nicht allen Gläubigen zugänglich. Für die meisten von ihnen waren Heilige in den letzten Jahrhunderten des Mittelalters vertraute und hilfsbereite Gestalten, denen sie sich gefühlsmäßig verbunden fühlten, was häufig auf realer oder angenommener Zugehörigkeit zur selben beruflichen, ethnischen oder politischen Gruppe beruhte. Schon in den ersten Jahrhunderten des Christentums war der Gedanke, daß die Gottesknechte den Ort, wo sich ihre Reliquien befanden, besonders schützten, äußerst erfolgreich gewesen. Bald hatte jede Bischofsstadt, angefangen in Rom mit Peter und Paul, ihren *sanctus proprius* als bestallten Wächter über ihre Mauern und Einwohner. Nach den Märtyrern hatte der Bischof häufig diese Rolle gespielt: als Verteidiger der Stadt und Nothelfer der Armen wurde er als örtliches Oberhaupt der Kirche ganz selbstverständlich nach seinem Tode über seine Reliquien zum bevorzugten Fürbitter.

Vom 13. Jahrhundert an gewinnt dieser Wunsch nach einem Schutzpatron an Umfang und erfaßt auch weltliche Gemeinden. Die kleinste Stadt, die bescheidenste Bruderschaft wollen fortan ihren eigenen Schutzpatron haben. Diese Geistesverfassung zeigt sich besonders ausgeprägt in Regionen wie dem städtischen Italien oder Süddeutschland, wo lokaler Partikularismus und städtischer Patriotismus besonders hoch entwickelt waren, doch wurde die Forderung in den mit Heiligen und Reliquien schlechter ausgestatteten Randländern der Christenheit nicht weniger entschieden gestellt. So schrieb der Verfasser der Lebensgeschichte des Hl. Nikolaus (Nils Hermannson), Bischof von Linköping in Schweden († 1391), im Jahre 1414 bezeichnenderweise: »Zwar können wir nicht das Fest aller Heiligen feierlich begehen, doch ist es richtig, daß jede Region oder gar jede Stadt oder jedes Kirchspiel ihren eigenen Schutzpatron besonders verehren ... Frankreich verehrt den Hl. Dionysius, England den Hl. Thomas, Schweden den Hl. Siegfrid. Und auch wir in unserer Diözese von Linköping müssen unseren Vater Nikolaus verehren und unsere Bemühungen verstärken, ihn heiligsprechen zu lassen.«

Die eifrige Nachfrage von einzelnen oder Gruppen nach dem Schutz von Heiligen führte damals dazu, daß zwei besondere Formen der Verehrung entstanden: der städtische Kult und der dynastische. Ersterer war hauptsächlich in Regionen und Städten anzutreffen, die eine echte politische Selbständigkeit genossen, letztere in Ländern mit traditioneller Monarchie, in denen der nationale Zusammenhalt bereits stark war. Das Beispiel des Hl. Sebaldus, des Schutzpatrons von Nürnberg, erhellt recht gut den Charakter und die Formen des städtischen Kultes. Bei ihm handelt es sich um einen Einsiedel unbekannter Herkunft, der um die Mitte des 11. Jahrhunderts in der Gegend lebte, als die Stadt von Kaiser Heinrich III. gegründet wurde. Nach seinem Tod wurde sein Leib in einer kleinen Kapelle der neuen Stadt beigesetzt, dann in eine Kirche überführt, wo er von Kaufleuten und Handwerkern verehrt wurde. Keinerlei Kult wurde ihm damals zuteil: Nürnberg war keine Bischofsstadt und feierte lediglich die religiösen Feiertage des Bistums Bamberg, zu dessen

Territorium die Stadt gehörte. Doch im 13. Jahrhundert trat Sebaldus, wie A. Borst nachgewiesen hat, aus dem Schatten heraus und begann die Freiheit und das Wachstum der Stadt zu verkörpern, deren Privilegien Friedrich II. 1219 anerkannte. Die Kommunalbehörden ließen zu seinen Ehren eine große Kirche errichten, die im Jahre 1273 geweiht wurde. Das Fest des Hl. Sebaldus am 19. August sollte fortan jedes Jahr feierlich begangen werden, und war ab 1256 mit Ablaß verbunden. Doch täusche man sich nicht: Es handelte sich nicht um eine Verehrung durch das Volk, sondern um eine politische Religiosität, mit dem städtischen Patriziat verknüpft, das in Sebaldus den Verteidigern der Größe und Unabhängigkeit der Stadt erblickte. Genau das veranschaulichen seine ersten Hochämter, die um 1280 von Geistlichen im Dienste der Stadt zu seinen Ehren auf Latein zusammengestellt wurden: Das größte Wunder, das dem Gottesmann zugeschrieben wird, ist das Wachstum Nürnbergs, das sich von einem Marktflecken zur Zeit seines Todes dank seiner zu einer der mächtigsten und reichsten Städte im deutschen Raum entwickelt habe. Spätere Texte machten Sebaldus zu einem Adligen, der Eltern und Schloß zugunsten eines Lebens in Armut und Verborgenheit aufgegeben habe, dann zum Sohn eines Königs von Dänemark, der hier inkognito gestorben sei. Tatsächlich wurde Sebald erst nach 1350, als Handwerker an der Stadtregierung beteiligt wurden, wirklich volkstümlich. Wie sich bereits in Mailand im 11. und 12. Jahrhundert mit dem Kult des Hl. Ambrosius erwiesen hatte, traten die neuen Schichten dort, wo sie gegen die alten herrschenden antraten, gern unter dem Banner des lokalen Schutzheiligen an, um so ihren Willen zu bekunden, die wahren Interessen der Stadt zu vertreten und das Neue an ihren Forderungen unter dem Mantel der Anrufung der traditionellen Nothelfer zu verbergen. So diente der beeindruckende Aufschwung des Sebaldskults am Ende des 14. Jahrhunderts dazu, die Absichten der Aufsteiger zu legitimieren und eine größere Zahl von Bürgern an den öffentlichen Angelegenheiten zu beteiligen. Die ihm gewidmete Kirche wurde vergrößert, und er wurde nun auch in Standbildern und Kirchenfenstern abgebildet, während er bis dahin ohne Ikonographie geblieben war. Seine Lebensgeschichte wurde ins Deutsche übersetzt; der Vorname Sebald wurde in Nürnberg sehr geläufig, und schließlich wurde sein Abbild zu Beginn des 15. Jahrhunderts auf die Münzen der Stadt geprägt. Diesem Kult fehlte nur noch die Anerkennung der Geistlichkeit, die ihm bis dahin offenbar wenig günstig gesinnt war und ihm einen echten liturgischen Kult verweigerte. Doch im Jahre 1425 erlangte der Nürnberger Rat vom Papst die Heiligsprechung seines Helden, der damit zu vollen Ehren kam. Allerdings ging die Sache selten so aus. Die italienischen Städte, wo städtische Kulte häufig zeitnahen Personen wie dem Bruder Heinrich von Bozen († 1315) in Treviso galten, versuchten mehrfach, die Römische Kirche zu veranlassen, ihre neuen Schutzpatrone heilig zu sprechen. Sie weigerte sich fast stets, doch dies hielt die Städte nicht davon ab, sie öffentlich als ihre Namensheiligen zu verehren, so stark war die Überzeugung der Stadtväter, daß der Wohlstand der Stadt und die Eintracht unter den Bürgern durch ihre Fürbitte gewährleistet sei.

Eine ähnliche Einstellung findet sich in Ländern, wo der dynastische Kult vorherrschte, der männlichen oder weiblichen Heiligen erwiesen wurde, deren posthumes Schicksal irgendwie mit dem der Herrscherfamilie verknüpft war. Tatsächlich wurde der Schutzpatron der königlichen Familie in dem Maße zum Schutzheiligen der gesamten Nation, wie sich ein starkes, im Gefühl für die Monarchie verankertes Nationalbewußtsein entwickelte. Bereits im 13. Jahrhundert wurde der Hl. Dionysius, dessen Gebeine in der gleichnamigen Abtei bei Paris verehrt wurden, die die Kapetinger stets beschützt hatten, zum Symbol Frankreichs, und merkwürdigerweise wurde er von Ludwig dem Heiligen nicht aus dieser Rolle verdrängt. Der Hundertjährige Krieg verschärfte die Rivalitäten zwischen den Staaten und beschleunigte damit den Prozeß: England erkannte sich im Hl. Georg, Burgund im Hl. Andreas wieder, ganz wie Venedig sich schon seit langem mit dem Hl. Markus und seinem Löwen identifizierte. Man könnte noch mehr Beispiele anführen, z.B. Skandinavien, wo sich das norwegische Nationalbewußtsein um den Kult des Hl. Olaf herausbildete, und es der schwedischen Monarchie gelang, die Gestalt des Hl. Erik (IX., König v. Schweden) populär zu machen, einen Herrscher des 12. Jahrhunderts, von einem Konkurrenten heimtückisch ermordet, mit dessen christlichen Tugenden es jedoch nicht weit her war, was die heftige Feindseligkeit erklärt, die die Hl. Birgitta gegenüber seinem Kult hegte. So werden die Heiligen nun zu einer Art Gottheit, zum Gattungsbegriff für die Nation.

Man kann das Wuchern der städtischen und dynastischen Kulte, wie es für das Ende des Mittelalters typisch ist, sehr verschieden bewerten. Eine große Zahl hervorragender Geister erblickte darin bereits damals das Zeichen eines Niedergangs des christlichen Universalismus. So wetterte der florentinische Humanist Franco Sacchetti bereits Ende des 14. Jahrhunderts gegen die beschränkte Kirchenpolitik, die zu seiner Zeit für die

Auswahl von neuen Schutzpatronen bestimmend war, und fürchtete nach seinen eigenen Worten, »daß alle diese neuen Heiligen im Glauben an die alten irremachen könnten«. Im selben Sinne versuchten einige reformwillige Theologen wie der Deutsche Heinrich Hainbuche von Langenstein († 1397) oder der Franzose Jean Gerson vergeblich, die Kirche auf diesem Gebiet zu einer größeren Disziplin zu bewegen, während Nicolaus von Clémanges ein *Traktat wider die Einführung neuer Feste* verfaßte, dessen Titel für sich selbst spricht. Alle wetterten sie gegen die Entartung ihrer Zeitgenossen, die sich von den großen Gestalten der Heilsgeschichte der Kirche, den Evangelisten, Aposteln, Märtyrern der ersten Jahrhunderte abwandten, um auf mindere Kulte abzugleiten, die bisweilen zweifelhaften Heiligen galten.

Rückblickend müssen diese Kritiken, die nicht unbegründet waren, allerdings nuanciert werden. Gewiß war der Heiligenkult am Ende des Mittelalters so tief im Leben der Gesellschaft verwurzelt, daß er auf die Gefahr hin, veralltäglicht zu werden, zu dessen unverzichtbarem Bestandteil geworden war. Doch ist es nicht gerade diese innige Beziehung von Profanem und Sakralem, von Politischem und Religiösem im Rahmen der bruderschaftlichen und städtischen Religion, die es dem Heiligenkult ermöglicht hat, sich zu halten und sich während langer Jahrhunderte in Italien und Frankreich ebenso wie auf der iberischen Halbinsel sogar auszudehnen. Dagegen konnte die protestantische Reformation nördlich der Alpen, wo der Kult insgesamt liturgische und traditionellere Formen bewahrt hatte, dort, wo sie siegreich war, ohne weiteres mit einem Federstrich eine ganze Reihe von Überzeugungen und Praktiken tilgen, in denen das städtische Bürgertum im 16. Jahrhundert nur noch Aberglauben erblickte, von den Geistlichen künstlich bewahrt, um die Massen unter ihrer Fuchtel zu halten.

Wie auch immer das Urteil lauten wird, das letztendlich über Stellung und Funktion der Heiligen in der mittelalterlichen Gesellschaft gefällt wird, man sollte nicht vergessen, daß sich im Heiligenkult im Laufe der Jahrhunderte der Glaube des einfachen Volks an sich selbst und an sein Ideal ausdrückte, auszuharren und die zeitweisen Krisen, die Widrigkeiten der Umgebung und die Feindseligkeit von Mitmenschen zu meistern. Und daß manche Heiligen bisweilen bis in unsere Tage verehrt und angerufen werden, liegt sicher daran, daß viele Generationen nacheinander erkannten, wie ihre Vorfahren mit dieser Andacht ihr Bestes verbunden und ihre jeweiligen Auffassungen menschlicher Vollkommenheit eingebracht hatten.

Kapitel 10

Der Außenseiter

Bronislaw Geremek

Der Mensch der Randgruppen kommt in Zeugnissen des mittelalterlichen gesellschaftlichen Bewußtseins nicht explizit vor. Er taucht nicht in den Schriften auf, in denen die gesellschaftliche Gliederung frühmittelalterlichen Epochen untersucht wird; auch fehlt er in dem spätmittelalterlichen Bild des ›Totentanzes‹, in dem Gevatter Hein das Defilee der gesellschaftlichen Gruppen und Typen jener Zeit anführt. Und dennoch ist er im Leben der mittelalterlichen Gesellschaften gegenwärtig, als Ausdruck und Folge einer individuellen oder kollektiven Ablehnung der herrschenden Ordnung, der herkömmlichen Grundsätze des Zusammenlebens, der geltenden Normen und Gebote. So entsteht eine gesellschaftliche Welt *an sich*, deren innerer Zusammenhalt schwach ist, die aber von der Gesellschaft als andersartig wahrgenommen wird. Die Palette dieser Andersartigkeit ist reichhaltig, sowohl im Hinblick auf die unterschiedlichen Tätigkeiten, als auch was den Grad der Tennung von der ordentlichen Gesellschaft angeht. Der Außenseiter erscheint in der mittelalterlichen Literatur ebenso wie in der Kunst, gegen ihn wenden sich das religiös-moralische Schrifttum sowie die staatliche, kirchliche und städtische Gesetzgebung: auch wenn sie im gesellschaftlichen Bewußtsein keine sichtbaren Spuren hinterlassen zu haben scheint – in den Archiven von Justiz und Polizei ist sie überaus gegenwärtig.

In den tausend Jahren des Mittelalters änderten sich die gesellschaftlichen Organisationsstrukturen, die Modelle des Wirtschafens und die Regierungsformen, wobei sich diese Wandlungen in den einzelnen Entwicklungszonen des europäischen Kontinents in unterschiedlichem Rhythmus vollzogen. Mit diesen Veränderungen nahm auch das Phänomen der Marginalität eine neue Gestalt an. Unter Verzicht auf eine detaillierte Darstellung der konkreten Formen gesellschaftlicher Randexistenzen in den einzelnen Phasen und den verschiedenen Gebieten der mittelalterlichen europäischen Zivilisation wollen wir hier die fundamentalen Ebenen umreißen, auf denen sich die Prozesse der Entfremdung und der Ausschließung aus der Gesellschaft abspielten, und darüber hinaus die zeitlichen Variablen zu klären versuchen, welche die Dynamik der Marginalisierungsprozesse bestimmten. Auf diese Weise wird sich allmählich das psychologische und gesellschaftliche Bild des Außenseiters herausschälen.

Isidor von Sevilla, der in seinem etymologischen Traktat die Bedeutung eines der Schlüsselbegriffe der mittelalterlichen Randgruppenexistenz, des *exsilium*, untersucht, leitet ihn von *extra solum* ab: ›Exil‹ bedeutet, außerhalb von Grund und Boden, außerhalb des eigenen Landes, jenseits der Grenzen des heimatlichen Territoriums zu sein. Offensichtlich steckt in diesem Begriff eine Überlieferung, die über geographische Vorstellungen weit hinausgeht. Er umschreibt den soziokulturellen Horizont der Menschen in der traditionellen Gesellschaft. Der natürliche Zustand ist der Aufenthalt in den heimatlichen Gefilden, wo die Gräber der Vorfahren ein Gefühl von Beständigkeit vermitteln und wo das Leben im Kreis der nachbarschaftlichen Gemeinschaft verläuft, die sich durch Bande der Verwandtschaft und langjährige Ansässigkeit gefestigt hat. Die mittelalterlichen Gesellschaften waren jedoch weit von einer räumlichen Stabilität entfernt. Immer wieder setzten große Wellen der Migration und der Kolonisierung neuer Gebiete gewaltige Menschenmassen in Bewegung. Die Urbanisierungsprozesse sorgten für einen ständigen Zustrom vom Land in die Städte beziehungsweise aus den kleineren in die größeren Städte. Schließlich war in vielen Fällen das Wandern von Ort zu Ort Bestandteil der Sozialisation und der beruflichen Ausbildung (Wanderschaft der Ritter, der Handwerksgesellen, der Scholaren, der Mönche usw.). Dennoch wird im gesellschaftlichen Bewußtsein der Menschen des Mittelalters die Seßhaftigkeit, die Verwurzelung an einem Ort und in einer Gemeinschaft positiv bewertet, denn das Gefühl der Ordnung und der sozialen Sicherheit stützt sich auf Bande des Blutes und der Nachbarschaft.

Der Gegensatz von Vertrautheit und Fremdheit hat jedoch einen sehr ambivalenten ideologischen Hintergrund, denn in der frühchristlichen Lehre wird die Fremdheit sowohl positiv als auch negativ gewertet. In den *Moralia* Gregors des Großen, einem Kommentar zum Buche Hiob, ist der Fremde kein anderer als der gefallene Engel (»*Quis vero alienus nisi apostata angelus vocatur?*«); Fremde treten als böse Geister auf. Aber im gleichen Traktat lehrt Gregor – in Anknüpfung an die Heilige Schrift – auch, der Christ sei auf Erden nur ein Wanderer und ein Pilger, der unterwegs ist zu seiner wahren – d.h. himmlischen – Heimat. In den patristischen Schriften kehrt dieses Motiv der Fremdheit des Christen gegenüber der diesseitigen Heimat vielfach wieder, und dies war, nebenbei bemerkt, ein Anstoß zur Aufnahme einer asketischen Lebensweise, deren wesentliches Element gerade in der Aufgabe der Heimat bestand. Diese Ambivalenz in der Bewertung des Fremden und der Fremdheit findet man übrigens auch in traditionellen Einstellungen und Sitten, die dem fremden Ankömmling Gastfreundschaft und Hilfe gewähren, zugleich aber eine tiefe Angst vor dem Fremden erkennen lassen.

Obwohl der Reisende die wahre Bestimmung des Christen, der im diesseitigen Leben ein *viator* ist, vollkommen zu verwirklichen scheint, enthält das Reisen selbst dennoch ein gewisses Element oder zumindest die Gefahr der Marginalisierung: Der Mensch verläßt seine angestammte Umgebung und setzt sich den Gefahren der Straße, Begegnungen mit Unbekannten und der Unberechenbarkeit der Natur aus. Durch die Schaffung eines Straßennetzes und die Gewährleistung der Sicherheit auf den Straßen sollte der organisierte Raum erweitert, sollten die Gebiete außerhalb der Siedlungsstrukturen der Wildnis entrissen werden. Entlang der Verkehrswege entstanden Hospize, Gasthöfe und Tavernen. Man bemühte sich, die Reise so zu organisieren, daß die gewohnten sozialen Zusammenhänge aufrechterhalten werden konnten: Man reiste in Gesellschaft von Verwandten, Bekannten und Dienern, man schloß sich zu Reisegruppen zusammen, man organisierte Handelskarawanen. Der marginalisierende Charakter der Reise, namentlich einer längeren Wanderschaft, wurde dadurch nicht aufgehoben, zumindest aber sozial eingegrenzt. An den Rand der Gesellschaft gerieten nur diejenigen, die die Wanderschaft zu ihrer Lebensweise machten, die dem geregelten gesellschaftlichen Leben entflohen oder aus der Gemeinschaft ausgeschlossen wurden.

Letztere Gruppe ist schon an dieser Stelle, bei der Skizzierung der allgemeinen Konturen des gesellschaftlichen Randmilieus zu berücksichtigen, da sie der Vorstellung von Randgruppenexistenzen vollständig zu entsprechen scheint. Es geht um diejenigen, die in Acht und Bann gerieten, sei es, daß sie durch Beschluß der Gemeinschaft, durch gesetzliches Gebot oder gerichtliches Urteil das Recht einbüßten, sich in einem bestimmten Territorium aufzuhalten, sei es, daß sie schlechthin außerhalb des Rechts gestellt wurden. Im römischen Recht gab es verschiedene Formen der Ächtung, und es gab unterschiedliche Interpretationen, wie schon ein Blick in die justinianischen Digesten zeigt, wo sich eine Zusammenstellung der Rechtsmeinungen der Juristen findet. Art und Umfang der Verbannung waren unterschiedlich: Es gab die Verbannung aus einem bestimmten Territorium, die Verbannung an einen genau benannten Ort oder die Deportation auf eine Insel (*insulae vinculum*). Gehörten die beiden letzteren Formen im Rahmen der strafrechtlichen Tradition zu den ›langfristigen‹ Strafen, so hatte die erste, als historisch ältere Form, die das Verbot beinhaltete, sich an einem bestimmten Ort oder in einem bestimmten Territorium aufzuhalten, besondere Konsequenzen. Das Verbot von ›Wasser und Feuer‹ (*interdictio aquae et ignis*), d.h. der Segnungen der Niederlassung oder der Gastfreundschaft, das durch die Möglichkeit, seinen Durst zu stillen und sich zu wärmen, symbolisiert wurde, hinderte jedoch nicht daran, sich an einem anderen Ort niederzulassen und dort ein normales Leben zu führen. Innerhalb des Gebiets, auf das sich das Verbot erstreckte, drohte dem Geächteten der Tod. Diese Form der Bestrafung ist dennoch nicht leicht zu interpretieren: Einerseits enthält sie nämlich – unter der Bedingung, daß man den Ort verließ –, ein gewisses Recht auf Straflosigkeit, andererseits beinhaltet sie aber auch die Tendenz, den einzelnen aus der Gesellschaft auszuschließen und ihn aller natürlichen Rechte zu berauben. Die Zweideutigkeit und Unklarheit der Stellung, die die Verbannung innerhalb des römischen Rechts einnimmt, deutet darauf hin, daß sie auf eine ältere, der historischen Forschung kaum zugängliche Tradition zurückgeht. (Was man in diesem Zusammenhang untersuchen müßte, ist die Problematik des Tabus innerhalb des mediterranen Kulturkreises.)

Im ›Recht der Barbaren‹ sowie im frühmittelalterlichen Gewohnheitsrecht tritt ganz allmählich der Bann im Sinne einer Ausschließung in Erscheinung. Er ersetzt die Aufopferung des Lebens, mit der die Verletzung der sakralen Ordnung hätte wiedergutgemacht werden können. Der Bann bewirkt, daß man aus dem Rechtsfrieden ausgeschlossen wird, seiner natürlichen Rechte beraubt wird und seiner Menschlichkeit verlustig geht. Die *Lex Salica* (55,2) sagt von dem Geächteten, daß er »*wargus sit*«, d.h. daß er wie ein Wolf zu behandeln ist, daß man ihn also von den menschlichen Siedlungen vertreiben soll und es ein erlaubtes Mittel der Verteidigung ist, ihn zu töten. In denselben gewohnheitsrechtlichen Aufzeichnungen findet sich jedoch auch die Feststellung, daß der Mensch, der ohne gesellschaftliche Bindungen und außerhalb seiner ›Heimat‹ lebt, der zu einem Leben in der ungebändigten Natur verurteilt und den Gesetzen des Lebens in Wildnis und Einöde unterworfen ist, zu einem Wolf oder Wolfsmenschen wird: Die Werwölfe aus der Sage haben ihre Entsprechung in dem asozialen Menschen, der die Regeln des gesellschaftlichen Zusammenlebens verletzt hat und danach außerhalb der Gesellschaft steht.

Analog zur Bannstrafe kannte das Kirchenrecht die Strafe des Interdikts und der Exkommunikation, durch die einzelne oder Gruppen aus der Kirche und der Gemeinschaft der Christen ausgeschlossen wurden. Die liturgische Gestaltung des Bannfluchs und seine dramatisch zugespitzte verbale Fassung ließen diese kirchliche Sanktion grauenhaft erscheinen. Zwar griff die Kirche nur in besonderen Situationen – nämlich dann, wenn sie ihre Interessen bedroht sah – zu diesem Instrument, doch war die Verbannung aus der Glaubensgemeinschaft und die Ausschließung von der Teilnahme an den Sakramenten, der Ausschluß aus dem sakralen Raum der Kirchen und von heiligen Orten wie auch von allen Ämtern (erst Gregor IX. traf im 13. Jahrhundert die förmliche Unterscheidung zwischen der *excommunicatio minor* und der *excommunicatio maior*; nur im Fall der letzteren war der vollkommene Ausschluß aus der christlichen Gemeinschaft vorgesehen) gleichbedeutend mit der völligen Marginalisierung. Mochte der christliche Ethnozentrismus die Angehörigen anderer Religionen auch an den Rand der europäischen Gesellschaften drängen, so fanden die Betroffenen doch eine Stütze in ihren eigenen Religionsgemeinschaften und ethnischen Bindungen. Die Exkommunikation dagegen hatte – zumindest theoretisch, denn in der Praxis hingen ihre Auswirkungen von der gesellschaftlichen Stellung des mit dieser Strafe Belegten ab und ließen sich relativ leicht abwenden – die Isolierung des einzelnen zur Folge und schloß ihn nicht nur von den diesseitigen Gemeinschaftsbindungen aus (sogar mit der Familie eines Exkommunizierten war jeglicher Kontakt verboten), sondern auch von der Hoffnung auf Erlösung.

Bann und Kirchenbann interessieren hier nicht in institutioneller Hinsicht, sondern als Prozesse, in denen die Situation von Randgruppenexistenzen modellhaft sichtbar wird. Beide Strafen wurden im Lauf des Mittelalters weitgehend konventionalisiert und büßten ihre ursprüngliche Ausschließungskraft ein. Darauf werden wir im Zusammenhang mit der sozialen Morphologie dieses Phänomens noch zurückkommen. Hier geht es uns um die Lage des Geächteten als eines Menschen, der anders lebt als die organisierte Gesellschaft. Der Ausschluß erfolgte nicht durch die Bestrafung, sondern *via facti*, das heißt, durch die Lebensweise, die die repressiven Maßnahmen hervorrief. Ein Edikt Hilperichs aus dem Jahre 574 definierte die Verbrecher als schlechte Menschen, die Böses tun, nirgendwo ansässig sind, keine Habe besitzen, die man wegen ihrer Vergehen mit Strafe belegen könnte und die sich in den Wäldern herumtreiben. Besondere Bedeutung wird dabei dem Fehlen von Besitz und dem Mangel an bestimmten Einkommensquellen zugemessen (gerade darauf insistieren auch juristische Definitionen aus dem Spätmittelalter). Bei den beiden übrigen Elementen geht es jedoch gerade um mangelnde Seßhaftigkeit. In den Kapitularien Karls des Großen begegnen wir immer wieder diesem Mißtrauen, dieser Abneigung gegen Landstreicher und Wanderer. Sie erstrecken sich sogar auf Pilger, denn – so heißt es in der *Admonitio generalis in synodo Aquensi* aus dem Jahre 789 – wer ein schweres Verbrechen begangen hat, sollte besser an einem Ort bleiben, arbeiten, dienen und büßen, statt im Büßergewand umherzuziehen und zu verkünden, auf diese Weise seine Schuld sühnen zu wollen. In den folgenden Jahrhunderten wird die Kirche erhebliche Anstrengungen unternehmen, um die Pilger in organisatorische Strukturen einzubinden und den Pilgerfahrten eine feste Ordnung (*stabilitas in peregrinatione*) zu geben.

In einer Gesellschaft, die unter den Bedingungen gewaltiger Wanderungsbewegungen entstanden und in der das Nomadentum zu einer weitverbreiteten Lebensweise geworden war, nahm die Frage der Seßhaftigkeit einen besonderen Stellenwert ein. Obwohl die Mobilität im Lauf des Mittelalters zurückging, wurde sie nach wie vor als Bedrohung der gesellschaftlichen Ordnung empfunden. Diese negativen Assoziationen bezogen sich vor allem auf die breiten Volksmassen. Aber nicht nur auf sie: Der fahrende Ritter weckte nicht nur Bewunderung, der reisende Händler wurde nicht selten wie ein Landstreicher behandelt, und Wandermönche, die in gewohnheitsmäßige Landstreicherei verfielen, wurden in den Mönchsregeln eindeutig als Gyrovagen verurteilt.

Räumliche Mobilität an sich ist natürlich nicht gleichbedeutend mit asozialem Lebenswandel. So kann man unter ihr den Übergang von besiedelten zu unbewirtschafteten Gebieten verstehen. Während einer Reise durchquert man gelegentlich solche Gebiete, im Zuge der Migration verbringt man dort jedoch sein Leben. Diese Einöden und wilden

Waldgegenden spielten in der mittelalterlichen Vorstellungswelt eine große Rolle: als natürliche Negation des gesellschaftlichen Lebens erregten sie Angst. Der Gegensatz von Seßhaftigkeit und Mobilität verlor in dem Maße an Schärfe, in dem sich Menschen in den wilden Gegenden niederließen. Diese Seßhaftigkeit änderte aber nichts daran, daß ihre Lebensweise als asozial wahrgenommen wurde. In diesen Gegenden herrschten dämonische Kräfte, in diese Gegenden zogen aber auch diejenigen, die ihr Heil in der Flucht vor den Menschen suchten: Das Heilige vermischte sich mit der Herrschaft des Bösen.

Die räumliche Metaphorik von ›drinnen‹ und ›draußen‹, von Zentrum und Peripherie, ist durchaus wertend gemeint. Dieses Bild der räumlichen Differenzierung wird auf die gesellschaftliche Organisation übertragen: Vom ›Zentrum‹, d.h. von der in familialen und gruppenbezogenen Solidaritäten organisierten Gesellschaft, werden die ›Ränder‹ unterschieden, d.h. die Ausgeschlossenen, die Verbrecher, die Kontestatoren und Häretiker, die Abweichenden. Auch auf der höchsten Ebene der Ökumene, des Menschengeschlechts oder der christlichen Welt läßt sich dieses dichotomische Bewußtsein beobachten. In diesem Fall bevölkern Monster, wilde Menschen, Heiden und Andersgläubige den Bereich der ›Andersartigkeit‹. Größere Bedeutung kommt jedoch jener ›Andersartigkeit‹ zu, die sich auf die lokalen Strukturen und das Alltagsleben bezog: Die Verletzung von rechtlichen und ethischen Normen, der Verstoß gegen Sitten, Verhaltensmuster und Grundwerte konnte zu gesellschaftlicher Marginalisierung führen. Diese ging nicht selten mit der räumlichen Marginalisierung einher (Verbannung aus der Stadt oder dem Dorf, Bezirke der Ehrlosen und abgesonderte Viertel in der Stadt). Worauf es dabei jedoch ankommt, ist gerade die Relativität der Absonderung: Die Grenzen waren dehnbar, es gab Kontakte zwischen einzelnen und Gruppen, die die herrschenden moralischen Normen und gesellschaftlichen Regeln befolgten, und solchen, die sie brachen.

In den historischen Dokumenten haben die Außenseiter kaum Spuren hinterlassen: Sie unterzeichnen schließlich keine Verträge, hinterlassen keine Erbschaft und sind keine Helden großer Ereignisse, die in Chroniken eingehen. Sie tauchen vor allem in den Archiven der Repression auf, werden also in einer Art Spiegelbild sichtbar, in dem nicht nur das Gerechtigkeitsempfinden der Gesellschaft zum Ausdruck kommt, sondern auch ihre Angst und ihr Haß. Was dieses Bild an Informationen vermittelt, betrifft in erster Linie die Gesellschaft selbst und erst in zweiter

Linie diejenigen, die Gegenstand der Repression waren. Die Informationen beziehen sich zumeist auf die bloße Rechtsnorm, seltener auf die Menschen selbst. Für den größten Teil des Mittelalters muß man sich mit der Erkenntnis dessen begnügen, was nach dem Gewohnheitsrecht als strafbar galt und wie die gesellschaftlichen Gruppen diese Gebote befolgten. Das wirkliche Geschehen spielte sich in den örtlichen Gemeinschaften ab, deren Urteile und Strafen teils stigmatisierenden Charakter haben konnten (in Gestalt des Anprangerns), teils unmittelbar ausschließenden, was die Verbannung aus der Ansiedlung oder der Gemeinschaft bedeutete. Schriftliche Spuren sind davon nicht erhalten; das Brauchtum war nicht auf Dokumente angewiesen. Auch dann noch, als bereits Gerichtsverfahren üblich wurden und die Justiz Verzeichnisse anzulegen begann, wurden Streitigkeiten zu einem erheblichen Teil außerhalb des Rechtsweges entschieden, so daß keine Aufzeichnungen darüber existieren. Vom 12. Jahrhundert an entstehen im mittelalterlichen Europa Archive der Repression, die bereits zur Zeit des Spätmittelalters zu einem weitverbreiteten Phänomen geworden sind. Sie vermitteln sowohl allgemeine Einblicke in die Kriminalität des Mittelalters als auch ein Bild von den Existenzbedingungen der Randgruppen.

In der Regel ging es um Streitigkeiten und Raufereien. Gewalttätige Handlungen scheinen in dieser Zeit zum Alltagsleben zu gehören, insbesondere in den Städten. In Antwerpen gab es in der zweiten Hälfte des 14. Jahrhunderts dreimal soviele Prozesse wegen verschiedener Formen physischer Gewaltanwendung als wegen Diebstahls. Auch aus den städtischen Registern von Gent geht hervor, daß im 14. Jahrhundert Raufhändel und physische Gewalt das Leben der Stadt allgemein prägen. Sie kommen vor allem innerhalb der gesellschaftlichen Elite vor und scheinen zur Lebensweise der jungen Generation zu gehören. Fast die Hälfte der Urteile, die in Brescia Anfang des 15. Jahrhunderts vom *podestà* und vom *giudice dei malefici* ausgesprochen werden, betreffen Raufhändel, Körperverletzungen und Verbalinjurien, wohingegen nur zwei Prozent der Urteile sich auf Diebstähle beziehen. Was die Situation auf dem Land angeht, so sind die Gerichtsarchive in der Regel sehr dürftig. In den Fällen jedoch, in denen es Historikern gelungen ist, ein summarisches Bild vom Phänomen der ländlichen Kriminalität zu gewinnen – Barbara Hanawalt hat für das England des 14. Jahrhunderts über 20000 Kriminalfälle zusammengetragen –, zeigt sich, daß die Vergehen und Verstöße gewissermaßen ein fester Bestandteil des gesellschaftlichen Lebens sind, so etwas wie eine zeitweilige Nebenbeschäftigung, ein gelegentliches Abweichen von der gewohnten regulären Lebensweise. Wenn bei den üblichen Delikten, insbesondere dem Diebstahl von Eßwaren und geringwertigen Gegenständen offensichtlich ein Zusammenhang mit der Preisbewegung besteht – in der Hungersnot von 1315–1317 verdreifacht sich die Zahl der aktenkundig gewordenen Delikte gegenüber den Vorjahren –, so darf man daraus nicht schließen, kriminelle Handlungen seien vornehmlich eine Sache des einfachen Volkes gewesen. In den Gerichtsakten finden sich auf der Seite der Täter wie auf Seiten der Opfer sehr häufig Angehörige des Klerus und des Adels. Der englische Historker R. H. Hilton behauptet sogar, Angehörige von Adelsfamilien kämen, gemessen an ihrer absoluten Zahl, in den englischen Gerichtsakten vom Ende des 13. Jahrhunderts so häufig vor, daß man fast meinen könnte, die Verletzung der Ordnung sei eine Dauerbeschäftigung dieser Schicht gewesen.

Zwischen Kriminalität und gesellschaftlicher Marginalisierung besteht jedoch ein wesentlicher Unterschied. Kriminelle Verhaltensweisen führen nur dann zur Marginalisierung eines Menschen, einer Familie oder einer Gruppe, wenn sie eine Deklassierung und Desozialisierung nach sich ziehen. Um solche Prozesse zu beobachten, ist es notwendig, näher auf individuelle Lebensläufe einzugehen, die, wenn auch nur umrißhaft, gerade in den Kriminalarchiven zur Verfügung stehen.

In den Gerichtsakten von Bedfordshire ist der Fall einer blutigen Schlägerei dokumentiert, die am 28. April 1272 in Dunton stattfand. Dort tauchte eine Gruppe von Landstreichern – zwei Männer und zwei Frauen – auf, die zunächst versuchten, eine Tierhaut zu verkaufen, um sich danach, ebenfalls erfolglos, um eine Unterkunft zu bemühen. Zwischen zwei Landstreichern kommt es zu einem Streit, in dessen Verlauf einer einen tödlichen Messerstrich erhält. Daraufhin flüchtet sich eine der Frauen in die Kirche, um dort um Asyl nachzusuchen; sie gesteht dem Gerichtsbeamten (*coroner*), daß sie viele Diebstähle begangen habe und ihre Kumpane ebenfalls Diebe seien. Der zum Tod durch den Strang verurteilte Mörder wurde im Urteil als »Landstreicher und Mensch, der keiner Zehntschaft (*tithing*) angehört« bezeichnet.

Über das frühere Schicksal der Mitglieder dieser Gruppe wissen wir sonst nichts. Man kann noch hinzufügen, daß sie aus verschiedenen Teilen Englands stammten, was den Eindruck verstärkt, daß es sich tatsächlich um Landstreicher handelte. Von Ort zu Ort ziehend, finden sie ihren

Lebensunterhalt dadurch, daß sie stehlen und betteln, dann und wann jagen und gegentlich arbeiten. Manchmal werden sie zu einer Gruppe, weil sie ein Stück des Wegs gemeinsam gehen, im Gasthaus zusammen schmausen, ab und zu gemeinsam einen Diebstahl begehen. Meistens treten sie allein auf, gelegentlich auch als Ehepaare. Als Ehepaar werden in der erwähnten Gruppe ein Mann aus Barwick-upon-Tweed und eine Frau aus Stratford bezeichnet: vermutlich war ihre Ehe ein Ergebnis der Wanderschaft. Der Urteilsspruch, der den Landstreicher-Mörder als jemanden beschreibt, der keiner Zehntschaft (*tithing*) angehört, enthüllt eine Tatsache von grundlegender Bedeutung: Dieser Mensch gehört keiner lokalen Gruppe an, er ist also ohne gesellschaftliche Bindungen. Das gilt als ein Argument für die Verurteilung zum Strang.

Das Bild eines Landstreichers besonderer Art zeichnet eine toskanische Gerichtsakte aus dem Jahre 1375. Sie beschreibt Sandro di Venni, genannt Pescione, der aus der Umgebung von Florenz stammt, als Gauner, Fälscher, Mensch von üblem Ruf und Landstreicher, der weder in der Umgebung von Florenz noch anderswo einen festen Wohnsitz hat; das Urteil lautet übrigens auf Verbannung aus Florenz und seiner Umgebung. Die lange Liste seiner Vergehen umfaßt einige Dutzend Fälle. Zumeist handelt es sich um Diebstähle von Wäsche oder, in vielfacher Wiederholung, von Geldbeuteln, oft in Verbindung mit Betrug: Der toskanische Gauner stellt sich als Handelsmakler oder auch als Almosensammler vor. Diese Art von kleinen Diebereien und Betrügereien verlangte, daß man ständig sein Betätigungsfeld wechselte. Pescione operiert jedoch in einem räumlich recht begrenzten Gebiet, er verläßt die Toskana nicht, und Florenz beziehungsweise Pisa sind die Orte, zu denen er sich begibt, um seine Diebesbeute zu veräußern, oder auch, um dort den Winter zu verbringen.

Die gerichtlichen Dokumente verzerren das Bild ein wenig, denn sie lenken die Aufmerksamkeit offenkundig auf die kriminellen Umstände, die zur Verhaftung des Verdächtigen führten. Bisweilen kommen aber auch aus dem Recht selbst Anstöße, den Lebenslauf des Betroffenen zu rekonstruieren. Die Frau, die dem *coroner* von Bedfordshire im Jahre 1272 ihre Diebstähle gestand, wurde dazu durch das Gesetz über das Asylrecht bewogen. Der Übeltäter konnte auf Grundlage dieses Gesetzes einer Verurteilung entgehen; dazu mußte er dem Gerichtsbeamten seine Vergehen offenbaren, der dann den Hafen bestimmte, über den der Übeltäter, dem die Kirche Asyl gewährte, das Königreich zu verlassen hatte, auf dem Weg zum Hafen mußte der Verbannte ein Kreuz in den Händen halten und durfte nicht von der geraden Straße abweichen. In französischen Begnadigungsschreiben (*lettres de rémission*) wurden grundsätzlich nicht nur die Vergehen genannt, aufgrund derer der Betreffende verurteilt worden war, sondern darüber hinaus detailliert sämtliche Vergehen aufgezählt, die er im Laufe seines Lebens begangen hatte. Das königliche Begnadigungsschreiben wurde unwirksam, wenn ein von dem Betreffenden begangenes Delikt aufgedeckt wurde, das in dem Schreiben nicht erwähnt war; es lag daher in seinem Interesse, alle bisher begangenen Verfehlungen zu gestehen. Die auf diese Weise ans Licht gebrachten biographischen Einzelheiten sind dürftig: Geburtsort, Beruf des Vaters und eigener Beruf, Änderungen des Aufenthaltsortes. Bisweilen tauchen in den Gerichtsakten Verbrecher mit einem eindeutig asozialen Profil auf, die einem kriminellen Milieu entstammen und sich dauerhaft in der verbrecherischen Lebensweise eingerichtet haben. In der Mehrzahl der Fälle scheint die Randexistenz dieser Menschen jedoch nicht dauerhaft zu sein, sondern etwas Zufälliges, das nicht weit von der Normalität entfernt ist.

Die Stammbevölkerung der Kriminalarchive bilden normale Menschen, die in Berufs-, Nachbarschafts- und Familienstrukturen verankert sind, aber irgendwann – plötzlich oder allmählich – mit diesen brechen. Im Jahre 1416 wurde in Paris über einen Kleriker Gericht gehalten, der eine Zeitlang Karmeliter gewesen war, dann aber das Ordenskleid abgelegt hatte; man warf ihm Diebstahl und Mord vor. Seinen Lebenslauf kennen wir nur aus den Argumenten, mit denen sich die kirchliche und die weltliche Gerichtsbarkeit um diesen Gefangenen stritten. Er war ein Bankert, wurde seit seiner Kindheit vom Glückspiel angezogen und ließ sich, nachdem er das Gewand des Karmeliters abgelegt hatte, vom Militär anwerben. Außerdem war er Diener am Hof einer Dame gewesen, und vor seiner Festnahme trat er in den Pariser Hallen in ›öffentlichen Possenspielen‹ auf. So zumindest schildert der königliche Ankläger diesen Übeltäter und Landstreicher und greift damit zu Argumenten, die das Recht des Beschuldigten in Frage stellen, das *privilegium fori* für sich in Anspruch zu nehmen. Der Vertreter der kirchlichen Gerichtsbarkeit erklärt, wegen seiner illegitimen Herkunft habe dieser Kleriker kirchlichen Dispens erhalten; seine öffentlichen Auftritte habe er nicht um des Gelderwerbs willen, sondern zum Vergnügen gegeben, so daß *»il n'est buffo ne gouliart ne* *jongleur ou basteleur*«. Es gebe daher keine Vorwürfe, die ihn von dem Recht ausschließen würden, das Privileg des Klerikers für sich in Anspruch zu nehmen. Unumstritten bleibt jedoch der tiefe Konflikt im Lebensweg des Protagonisten dieses Prozesses. Er war Kleriker, Soldat, Landstreicher, Schauspieler gewesen. Hin und wieder hatte er Diebstähle begangen, und wenigstens viermal war er schon im Gefängnis gelandet. Man darf annehmen, daß dieser »Mann mit den vielen Berufen« – ein mittelalterlicher Vorläufer des Picaro – über längere Zeiten hinweg ein geregeltes Leben zumindest in dem Sinne geführt hatte, daß er seinen Unterhalt verdiente und einem Herrn unterstand. Waren die Gesetzesübertretungen somit nur Beiläufigkeiten, die seine Lebensweise nicht generell bestimmten? Sicher ist nur, daß die organisierte Gesellschaft bzw. ihr Justiz- und Polizeiapparat diesen Mann wie einen Landstreicher behandelte, wie ein nichtgefestigtes Individuum, wie einen Außenseiter.

In dem hier geschilderten Fall wirkt selbst ein kriminelles Verhalten nicht marginalisierend, weil es sich nicht professionell verfestigt. Im übrigen gilt von den erwähnten Tätigkeiten, daß sie teils von der Gesellschaft halbwegs akzeptiert werden, teils verrufen sind. Dies könnte man auch von einem Pariser Musikanten sagen, der im Jahre 1392 am Galgen endete. Als er sich wegen seines vorgerückten Alters in Paris nicht mehr von seinem Beruf ernähren konnte, zog er als Landstreicher durch die Normandie und beging dort etliche kleine Diebstähle (er stahl Zinnschüsseln aus den Häusern). Ursache der Marginalisierung ist somit das Alter, doch ist sie schon in seiner vorherigen Lebensweise angelegt (er hatte schon früher wegen einiger Diebstähle eingesessen). Die städtische Kriminalität besteht zu einem großen Teil aus den Verstößen von Arbeitern, die bei verschiedenen Tätigkeiten erwischt wurden, denen sie außerhalb des ständisch organisierten Handwerks nachgegangen waren. In der ungefestigten Lebensweise dieser sozialen Gruppe findet man nebeneinander oder auch abwechselnd Lohnarbeit, Diebereien und Bettelei. Ein Arbeiter und Maurergehilfe (*homme de labour et valet à maçon*), der zeitweise in der Stadt, zeitweise auf dem Land arbeitete, und dessen Frau als Käsehändlerin in Paris lebte, hatte zum Beispiel in Paris und Umgebung eine ganze Reihe von Diebstählen begangen. Bei einigen hatte ihm ein Kumpan geholfen, der von Beruf Konditor war und bei einem Feldzug eine bleibende Verletzung davongetragen hatte (daher sein Spitzname »au Court-Bras«). Danach arbeitete er als Träger. Wenn er keine Arbeit hatte, bettelte er. Schließlich beging er – allein oder mit Komplizen – eine große Zahl von Diebstählen. Im Jahre 1390 wurde in Paris ein Lohnarbeiter gehenkt, der das ihm überlassene Werkzeug gestohlen hatte. Bei der Vernehmung gibt er an, er habe viele Jahre als Fuhrmann gearbeitet und Fuhren mit Wein nach Bourges, nach Flandern, in die Picardie und nach Deutschland gebracht. Weil er aber unter der Folter weitere Diebstähle gestand, landete er am Galgen. Die Richter sind nämlich davon überzeugt, daß er ein Landstreicher ist. Vermutlich war dies die übliche Behandlung von Lohnarbeitern, die zumeist Immigranten waren und weder örtliche oder familiäre Bindungen noch die Zugehörigkeit zu einer berufsständischen Korporation vorweisen konnten. Man begegnete ihnen deshalb, auch wenn ihnen nur vereinzelte Straftaten nachgewiesen werden konnten, generell mit Argwohn und sah in ihnen ein für die Gesellschaft entbehrliches Element. Einzelne, die dem Polizei- und Justizapparat in die Hände fielen, wurden streng bestraft, doch in der Lebensweise der recht zahlreichen Arbeiterschaft vermengten sich immer wieder ehrliche Arbeit und Kriminalität. Diese im Spätmittelalter quantitativ zunehmende gesellschaftliche Schicht befand sich in einem anhaltenden Schwebezustand, einer Art Grenzbereich (*liminality*) zwischen Land und Stadt, zwischen Arbeit und Verbrechen, zwischen freier Landstreicherei und städtischer Stabilität.

Auch im Mittelalter gibt es Menschen, die man als ›Berufsverbrecher‹ bezeichnen könnte, die also von der Kriminalität leben und keinem anderen Beruf nachgehen. Eine genaue Abgrenzung läßt sich jedoch kaum vornehmen. Auf gewissen Ebenen verwischen sich die Grenzen zwischen Arbeit und Kriminalität, namentlich bei der unqualifizierten Arbeit, die weder den Maßstäben der handwerklichen Spezialisierung entspricht noch korporativ organisiert ist. Selbst die Zugehörigkeit zu einer organisierten Verbrecherbande kann nicht immer als Beweis für Berufskriminalität angesehen werden; eine solche Lebensweise konnte auch nur eine begrenzte Zeit dauern. So wurde in Amiens im Jahre 1460 eine Bande von Landstreichern eingesperrt, denen man zahlreiche Diebstähle auf Jahrmärkten und Kirchweihfesten sowie den Besitz von Freudenhäusern vorwarf (sie wurden übrigens nur zur Verbannung verurteilt, weil man ihnen die Vergehen nicht nachweisen konnte). Über die Zusammensetzung der Bande wissen wir nichts, über einige von ihnen haben wir jedoch Informationen: Einer, 26 Jahre alt, war ein uneheliches Kind aus Lens im Artois, ein anderer, 30 Jahre alt, stammte aus Grammont in Flandern, ein dritter, 32 Jahre alt, war ein Barbier aus Löwen, ein vierter, 28 Jahre alt, war ein Erdarbeiter (*pyonnier, piqueur et manouvrier*) aus der Gegend von Tournai, ein fünfter, 16 Jahre alt, war ein *sayeteur* aus Valenciennes. Einige von ihnen werden durch eine Berufsangabe charakterisiert, andere nicht, alle sind sie jedoch für die Bevölkerung von Amien Fremde oder Immigranten.

Umfangreiche Marginalisierungsprozesse werden in den letzten Jahrhunderten des Mittelalters durch den Krieg ausgelöst. Er schafft für Bauern und Handwerker Existenzmöglichkeiten außerhalb der normalen Lebensweise, anfangs in der regulären Einheit oder im Troß, später auf eigene Faust. Die Grenzen zwischen Kriegführung und Räuberei, zwischen einer Militärkompanie und einer Räuberbande waren fließend. Ein königliches Begnadigungsschreiben (*lettre de rémission*) aus dem Jahre 1418 beschreibt den Fall eines armen, 20-22jährigen Kerls, der von Beruf Fuhrknecht (*valet charretier*) war, in seinem Beruf jedoch keine Arbeit finden konnte und sich daraufhin vom Militär anwerben ließ (auf der Seite der ›Bourguignons‹ gegen die ›Armagnacs‹). Als ihm und einigen anderen Soldaten eines Tages auf der Straße von Provins nach Meaux ein Mönch begegnete, der sie in fremder Sprache nach dem Weg fragte, raubten sie ihn aus. Das war bei den Soldaten wahrscheinlich gang und gäbe. Ein anderes Dokument dieser Art gibt Auskunft über einen jungen Schmied aus Amiens, der, nachdem er zwei Jahre in seinem Handwerk gearbeitet hatte, im Jahre 1415 zusammen mit 14 oder 15 Kumpanen nach Paris aufbrach, um beim Militär zu dienen, »wie es seit zwei oder drei Jahren bei den jungen Leuten üblich ist«. Unterwegs überfiel die Bande jedoch zwei Viehhändler. In einen banalen Streit, der mit Totschlag endet, sind im Jahre 1420 zwei bewaffnete Spießgesellen verwickelt: Der eine ist ein unehelicher Sprößling eines Adligen und Barbier von Beruf, der ander ein ehemaliger Winzer, der sich Mincer rufen läßt (das kann ein Name sein, es kann aber auch auf Falschmünzerei hindeuten) und sich mit bewaffnetem Raub befaßt. Der Anlaß des Streits ist nicht ohne Bedeutung; es geht darum, ob der erstere wirklich Abkömmling eines Adligen sein kann, wenn er von Beruf Barbier ist. Bezeichnend ist vor allem, daß die frühere berufliche Zuordnung sich durch den Krieg und das Kriegshandwerk verwischt. Und schließlich noch ein Beispiel. Drei Soldaten, die in verschiedenen Regionen Frankreichs gekämpft hatten, waren nach der Rückkehr von einem Feldzug in die Guyenne im Jahre 1407 ohne Beschäftigung. So verabredeten sie sich, nun gemeinsam Geld aufzutreiben, und da sie »arme *compaignons* ohne jede Habe« waren, entschlossen sie sich zu einem Raubüberfall in Beauce.

Offensichtlich hatte der Krieg – wir befinden uns hier in der Zeit des Hundertjährigen Krieges – zu einer allgemeinen Demoralisierung geführt. Vor allem kam es zu Prozessen der Deklassierung: Handwerker und Kaufleute, junge Adlige und Bauernknechte, Landstreicher und Kleriker fanden im Krieg Geschmack am leichten Leben, an der Aufhebung gesellschaftlicher Normen und Rollenverteilungen. Auch wenn sich die Möglichkeit zur Seßhaftigkeit bietet, kann man doch aufgrund seiner früheren Erfahrungen und der Kontakte, die man zuvor geknüpft hat, dem Außenseitertum nicht entkommen. Im Jahre 1457 saß im Gefängnis von Dijon ein Sattler (*bourrelier*), der als Soldat in der Lombardei gewesen war, wo seine Kompanie dem Fürsten von Savoyen gegen Francesco Sforza gedient hatte. Nach Dijon heimgekehrt, fand er eine Anstellung als städtischer Ordnungshüter, als Stadtbüttel. Das war jedoch nur ein Deckmantel für seine kriminelle Aktivität. In der Lombardei hatte er unter den Soldaten einen Gascogner kennengelernt, der bereits in der Falschmünzerei, bei Raubüberfällen und Einbrüchen Erfahrungen gesammelt hatte. Dieser Gascogner führte unseren Burgunder in das Verbrechermilieu ein und brachte ihn mit der großen Bande der Coquillards zusammen, die nach Polizeiberichten in verschiedenen Regionen Frankreichs operierte und mindestens 60 Personen umfaßte. Als man die Wohnung dieses Handwerkers und Stadtbüttels durchsuchte, fand man zwei falsche Gulden und fünf Dietriche (*crochets*), die für die damaligen Verhältnisse als unzweifelhafter Beweis von Berufsverbrechertum gelten können.

Im Jahre 1391 wurde in Florenz ein Einwohner der Pfarrgemeinde Santa Maria Maggiore als Räuber, Mörder und Verräter zum Galgen verurteilt. Das Urteil zählt eine ganze Reihe von Verbrechen auf, die er in Florenz und seiner Umgebung begangen hatte, zumeist im Verein mit einem Komplizen oder einigen Spießgesellen. Es handelte sich nicht um gewöhnliche Diebstähle, sondern um bewaffnete Raubüberfälle, die häufig blutig verliefen, um Straßenraub und Entführung mit Lösegelderpressung. Bei einem Überfall, den er in der Umgebung von Siena verübt, stellt sich heraus, daß er – ebenso wie seine Komplizen – einer Militärkompanie angehört. Das – wie M. M. Postan es genannt hat – »ritterliche Gangstertum« findet seine Fortsetzung im soldatischen Gangstertum.

Zweifellos führte der Krieg zu einer Zunahme der Außenseiter. Er hatte jedoch auch entgegengesetzte Folgen. Mit dem Eintritt ins Militär fanden manche, die bisher Landstreicher, also überflüssig gewesen waren, ihren Platz innerhalb der Gesellschaft. Diese Aufhebung ihrer Randexistenz war jedoch nur eine kurzfristige, denn nach der Beendigung eines Feldzuges waren sie für die gesellschaftliche Ordnung gefährlicher als zuvor. Im 15. Jahrhundert waren die Räuberbanden in Frankreich und in Deutschland nicht nur eine Konsequenz, sondern auch eine Fortsetzung des Krieges – nun allerdings zum privaten Vorteil.

Die Professionalisierung des Diebeshandwerks deutet darauf hin, daß die Randgruppenexistenz zur Dauererscheinung wurde. Das Verzeichnis der Strafurteile der Stadt Breslau aus dem 15. Jahrhundert weist gehäuft Diebe auf, die sowohl Dietriche als auch andere Werkzeuge benutzten: Bohrer und Messer, um Türen und Truhen zu öffnen, Haken, um Kleider herauszuziehen, usw. Im Jahre 1469 gesteht dort ein Übeltäter, er gehöre einer großen Diebesbande an, aus der vier Mitglieder in Posen und drei in Lublin am Galgen endeten. Das Operationsgebiet dieser Bande war damit sehr ausgedehnt, denn zwischen diesen Städten lagen einige hundert Kilometer, und die erstgenannte, Breslau, gehörte damals – zusammen mit Schlesien – schon nicht mehr zum Königreich Polen. Mehr noch als in großen Banden treten diese Profis des Verbrechens jedoch allein oder zusammen mit einem ›Kompagnon‹ auf. In dem Breslauer Verzeichnis findet sich ein Dieb, Marcinko aus Oppeln, der sich auf Kircheneinbrüche spezialisiert hatte. Einmal war er im Laufe einer Nacht sogar in vier Dorfkirchen eingebrochen, wobei ihm lediglich Bekannte aus diesen Dörfern geholfen hatten. Im vierten Dorf wurde er jedoch – durch die wunderbare Mithilfe der Heiligen (*miraculose sanctis cooperatibus detentus et captus fuit non potens sacras res deportare*) – von den Dorfbewohnern festgenommen; als Kirchenräuber zum Tode verurteilt, wurde er 1454 verbrannt.

In den Gerichtsakten des *podestà* von Florenz findet sich eine ausführliche Schilderung der Laufbahn eines polnischen Verbrechers, den man als Profi bezeichnen kann. Bartolomeo di Giovanni, genannt Griffone, wird dort als ein bekannter Räuber von niederer Herkunft und üblem Ruf beschrieben. Im Jahre 1441 war er zusammen mit zwei diebischen Kumpanen aus Polen in Venedig gewesen, wo sie einen griechischen Geistlichen (um den Wert von zwölf Gulden) bestohlen hatten. Besagter Bartholomäus wurde dafür in das venezianische Gefängnis gesperrt. Bevor es jedoch zu einem Strafurteil kam, konnte er zusammen mit anderen Häftlingen entfliehen. Im August 1444 war er in Rom, wo er zusammen mit zwei anderen Dieben aus Polen einen Kanonikus der Kirche S. Giovanni in Laterano (um den Wert von vier Gulden) bestahl. Im selben Monat stahlen sie dem Kanonikus von Santa Maria Maggiore einen silbernen Kelch (im Wert von 18 Gulden). Im Oktober desselben Jahres war er in Florenz aktiv, diesmal im Verein mit einem Ungarn und einem weiteren Polen; hier bestahlen sie einen Gastwirt. Kurz darauf begab er sich mit seinem letztgenannten polnischen Komplizen nach Bologna, wo er Diebstähle im Wert von drei Dukaten beging; dort tat er sich wieder mit einem Ungarn zusammen, und gemeinsam begaben sie sich nach Florenz. Unterwegs bestahlen sie einen Bauern, der in der gleichen Taverne schlief wie sie. In Florenz angekommen, quartierte er sich in einem Haus ein, das sein ungarischer Komplize mietete. Einem in Florenz lebenden Deutschen stahl er ein Schreiben des Francesco Sforza und fälschte es, indem er seinen eigenen Namen einsetzte, denn er wußte, daß er sich mit einem solchen Schreiben in der ganzen Welt frei bewegen und ungehindert würde räubern können. Nachdem er das Siegel des Sforza mit Pferdeurin von dem Originalschreiben gelöst hatte, brachte er es mit heißem Wachs auf dem gefälschten Dokument an. Daraufhin begab er sich mit seinem ungarischen Spießgesellen nach Siena, wo die Pilger auf dem Weg nach Rom vorbeikamen. Wieder in Florenz, wurde er schließlich gefaßt, verurteilt und gehenkt.

Wie dieser Zugereiste aus Polen auf die verbrecherische Laufbahn geriet, wissen wir nicht. Die Kontakte mit anderen Polen, mit Ungarn und Italienern lassen darauf schließen, daß er im italienischen Verbrechermilieu bereits zuhause war, daß er Hehler kannte, die ihm das Diebesgut abnahmen, daß er wußte, wo und bei wem man etwas stehlen konnte. Es ist anzunehmen, daß die kriminelle Karriere des polnischen Landstreichers gewissermaßen ein Nebenprodukt der damaligen Pilgerfahrten und berufsbedingten Wanderschaften war.

Bei der Beschreibung von Übeltätern und Landstreichern taucht in den Gerichtsakten häufig die Formulierung auf, es handle sich um »übelbeleumdete« oder »mit Schande beladene« Menschen. Dieser üble Ruf rührte daher, daß man allgemein von den kriminellen Handlungen dieser Personen wußte; in den Gerichtsverfahren spielte er eine wesentliche Rolle, insofern er darauf hindeutete, daß es nicht um vereinzelte gesetzwidrige Taten ging, sondern um eine den Normen des gesellschaftlichen Zusammenlebens widersprechende Lebensweise. Der Begriff der Schande wurde im Mittelalter auch im Zusammenhang mit der Ausübung bestimmter Berufe verwandt, die rechtlich und im gesellschaftlichen Bewußtsein als ›unehrlich‹ oder ›unwürdig‹ galten, Berufe, die diejenigen, die sie ausübten, und bisweilen auch ihre Nachkommen mit Schande beluden. Die Schande wirkt in diesem Fall als Mechanismus der Ausschließung aus der Gesellschaft. Ähnliches läßt sich in Kastengesellschaften beobachten – etwa bezüglich der *Parias* in Indien oder der *eta* in Japan; zumindest äußert sich in ihr eine ähnliche zivilisatorische Tendenz.

Das Problem der unterschiedlichen Bewertung verschiedener Beschäftigungen kommt nicht nur in dem dreigliedrigen Schema, das heißt der ›Arbeitsteilung‹ zwischen Mönchen, Rittern und Bauern, sondern in der didaktischen Lobpreisung der Landarbeit sowie in der Mißbilligung bestimmter Berufe zum Ausdruck. Tertullian zum Beispiel sagte, moralisch anrüchig beziehungsweise in einer christlichen Kultur inakzeptabel seien die Berufe von Künstlern, die Bildnisse von Gott schaffen, aber auch von Astrologen, Lehrern und Kaufleuten. Zur letzteren Gruppe, der er die Verbreitung von Üppigkeit vorwarf, zählte er auch die Handwerker, die Luxusgüter herstellen. Es waren unterschiedliche Berufe, die in den Werken der Kirchenväter und in der theologischen Literatur moralisch getadelt wurden. In den Vordergrund trat die Verdammung des Wuchers, der Hurerei und der Unterhaltungskunst. Bezeichnend ist, daß es neben der moralischen Bewertung verschiedener beruflicher Tätigkeiten auch den Begriff der Unwürdigkeit bestimmter Berufe gab, die dadurch weitgehend aus der christlichen Gesellschaft ausgeschlossen wurden. Dies fand auch im kanonischen Recht und in den Sitten der städtischen Bevölkerung seinen Niederschlag.

Als *mercimonia inhonesta* oder auch als *vilie officia* bezeichnete das kanonische Recht bestimmte Berufstätigkeiten, die sich nicht mit der Zugehörigkeit zum Klerus vereinbaren ließen und deren Ausübung faktisch verhinderte, daß man das Privileg der Geistlichkeit für sich in Anspruch nehmen konnte. Es ging dabei nicht allein um die Priester, sondern um eine ansehnliche Zahl von Menschen, die nach der Schule die niederen Weihen erhalten hatten und heiraten durften, ohne dadurch der Rechte von Klerikern verlustig zu gehen. Die Liste dieser verbotenen Tätigkeiten umfaßt Jongleure und Zauberkünstler, Tätigkeiten, die mit dem Dirnenwesen zusammenhängen, Berufe, die mit Blut, Aas und Unflat zu tun haben, schließlich die Wucherer und – in den frühesten Aufzeichnungen – sogar diejenigen, die sich mit dem Handel befassen. Als Personen, die aufgrund ihrer beruflichen Situation als ›personnes diffamez‹ gelten können, nennen Synodalsatzungen und Aufzeichnungen des Gewohnheitsrechts bisweilen Schankwirte, diverse Zauberer und Hexer (*enchanteur, sorcier*), sowie Betätigungen in der Stadthygiene (Reinigung der Latrinen) usw. Die diesen Berufen anhaftende Schande schloß nicht nur von der geistlichen Laufbahn aus, sondern in manchen Städten auch von der Bekleidung städtischer Ehrenämter.

Auch in den Handwerkssatzungen deutscher Städte findet sich sehr häufig der Begriff des unehrlichen Berufs. Wenn unter den Bedingungen, an die in den Satzungen die Erlangung der Zunftrechte geknüpft wird, auch die »ehrliche Geburt« genannt wurde, so betraf das nicht nur außereheliche Söhne und die Söhne von Unfreien, sondern auch die Nachkommen von Angehörigen bestimmter Berufszweige. Die lange Liste umfaßt vor allem den Henker, den Schinder, die Henkersknechte sowie einige städtische Polizeidiener; des weiteren den Totengräber, den Metzger oder denjenigen, der die Tiere schlachtet, den Bader und den Barbier, die Dirne und den Zuhälter, den Spielmann, den Akrobaten und den Narren, den Leineweber und den Tuchwalker sowie den Dorfhirten (das deutsche Sprichwort »Schäfer und Schinder – Geschwisterkinder« legt beredtes Zeugnis davon ab, wie fest die Ehrlosigkeit des Hirtenberufs verankert war). Die Ausschließung der ›unehrlichen Berufe‹ reichte weit über das Mittelalter hinaus, denn die Gesetzgebung der deutschen Staaten schlug sich noch im 17. und 18. Jahrhundert mit diesem Problem herum, und ethnographische Untersuchungen haben gezeigt, daß es sich bis in die Gegenwart erhalten hat.

Zweifellos gab es eine Kluft zwischen den Normen – sowohl des kanonischen Rechts und der städtischen Gesetze als auch der rechtlichen Bräuche der Zünfte – und der gesellschaftlichen Wirklichkeit, und einige der inkriminierten Gewerbe erlangten mit der Zeit einen durchaus ehrenhaften sozialen Status. Der zeitliche und räumliche Geltungsbereich dieser Normen ist noch immer nicht hinreichend erforscht. Die Bedeutung dieses Phänomens steht jedoch außer Zweifel. Gerade in einer Zeit, in der die Kirche die ideologischen Grundstrukturen und die sozialen Verhaltensweisen entscheidend formte, mußte der Aussage des kanonischen Rechts ein besonderes Gewicht zukommen. Zweifellos sind die mittelalterlichen Normen über die unehrlichen Berufe von den Vorschriften des römischen Rechts über die Ehrlosigkeit wie auch von den barbarischen Gesetzen über die Rechtlosen beeinflußt worden. Ebenso steht außer

Zweifel, daß wir es hier mit einer tiefverwurzelten Tradition bezüglich der Tabuverletzung zu tun haben sowie mit kulturellen Einstellungen zu Berufstätigkeiten, die nach dem Kriterium der ›Reinheit‹ und der ›Besudelung‹ bewertet werden. Diese Traditionen und Einstellungen führten dazu, daß Menschen entsprechend der von ihnen ausgeübten Tätigkeit ausgegrenzt wurden. Auf einige dieser Tätigkeiten wollen wir etwas ausführlicher eingehen.

In den oben erwähnten Dokumenten werden immer wieder die berufsmäßigen Unterhaltungskünstler angeführt. Dies trifft sowohl auf das römische Recht zu, das das Auftreten auf der Bühne zu Erwerbszwecken für würdelos hielt, als auch auf das germanische Gewohnheitsrecht, für das die Spielleute und die bezahlten Spieler (*kompen*) von ihrer Tätigkeit her – ähnlich wie die von ihrer Geburt her »Illegitimen« – »illegitim« (*unrecht*) waren. In der frühchristlichen Tradition werden die Gaukler den Dirnen gleichgestellt, und der Hl. Augustinus verwehrt ihnen sogar den Zugang zu den christlichen Sakramenten. Schauspieler und Musikanten gelten als Träger des Bösen und Verbündete des Teufels. Kirchensynoden und Konzile äußern sich über sie mit unverhohlener Feindseligkeit. Die Namen, mit denen diese künstlerischen Betätigungen bezeichnet werden, mögen sich in den folgenden Jahrhunderten ändern, doch es bleibt bei der Verurteilung – sowohl in den juristischen Akten als auch in den theologischen Traktaten oder Predigttexten. Die Jongleure und Gaukler werden in einem Atemzug mit den untersten Stufen der Gesellschaft genannt, den Bettlern, Landstreichern und Krüppeln. Allerdings macht sich im 13. Jahrhundert allmählich eine Aufwertung der Tätigkeit des Jongleurs bemerkbar.

Für Thomas von Aquin steht außer Zweifel, daß die Akrobaten ebenso wie die Erzähler und die Schauspieler sowie jene, die verschiedene Instrumente spielen, zu verurteilen sind. Allerdings nimmt er von letzteren jene *ioculatores* aus, die mit instrumentaler Begleitung vom Leben der Heiligen und von den Taten der Fürsten erzählen – sie haben Aussicht, ihre Seele zu retten. Franz von Assisi ging noch weiter und erklärte sich selbst zum »Jongleur Gottes« (*ioculatore Dei*). Dennoch wird der Beruf auch weiterhin verurteilt. In den Gebieten des russisch-orthodoxen Glaubens folgen der moralischen Verdammung sogar Repressionsmaßnahmen gegen Spielleute, die sogenannten *skomoroch*. Die moralische Ambivalenz, die den Schauspielerberuf noch in modernen Gesellschaften umgibt, kann man als eine Folgewirkung dieser traditionellen Verurteilung betrachten.

Aber kann im Falle der mittelalterlichen Gaukler und Spielleute tatsächlich von Außenseitern gesprochen werden? Das hing von ihrer Lebensweise ab. In den Städten entstanden organisierte Spielmannskorporationen, die bei Festen und Hochzeiten auftraten. Im höfischen Leben mit dem ihm eigenen Rhythmus des Zeitvertreibs waren diese professionellen Unterhalter eine ständige Erscheinung, und vielfach hatten sie darin ihren festen Platz. Es gab jedoch auch Gruppen von fahrenden Spielleuten, die durch ihre Lebensweise eher Landstreichern ähnelten.

Johannes von Salisbury erklärte, die Gaukler müsse man ebenso wie die Dirnen als Ungeheuer in Menschengestalt betrachten und vollkommen auszurotten versuchen. Eines der Motive für die Verdammung und Ausschließung der Spielleute war ihre Nähe zu Unzucht und Ausschweifung. Dementsprechend hart fiel die Verurteilung der gewerbsmäßigen Unzucht aus. Aber auch im Fall der Prostitution bewirkt die Scholastik eine Veränderung der Einstellung, indem sie ihr eine gewisse Nützlichkeit zugesteht. Das nimmt dieser Betätigung zwar nicht ihre Ehrlosigkeit, ermöglicht aber ihre Integration in das städtische Leben.

Das Phänomen der Prostitution tritt im Mittelalter in verschiedenen Formen auf und beschränkt sich keineswegs auf die Stadt. Die gerichtlichen Archive deuten darauf hin, daß die Prostitution im ländlichen Leben weitverbreitet war. Dirnen finden sich dort, wo die Dorfgemeinschaft zusammentrifft, auf Messen und Jahrmärkten, in der Nähe von Mühlen und Schenken; sie ziehen von Dorf zu Dorf, zusammen mit Gruppen von Schnittern, Arbeitern oder Kaufleuten. In den Städten erobern sich die Dirnen einen festen Platz, die käufliche Liebe ist eine der Waren, die auf dem städtischen Markt angeboten werden. Die städtischen Behörden ließen Freudenhäuser zu, und manche Städte errichteten mit öffentlichen Mitteln ein *prostibulum publicum* und verpachteten es. Als Freudenhäuser fungierten auch die Bäder. In manchen Städten gab es gesonderte Viertel, Gettos der Prostitution (wie die *rue aux putains* in den Städten Frankreichs).

Die moralische und religiöse Verurteilung der Dirnen und damit auch ihre soziale Ausschließung verstanden sich von selbst. Auch in diesem Fall kam es auf die jeweilige Lebensweise an. Unter den Prostituierten gab es vielfältige Abstufungen, und ihre materielle Lage war sehr unterschiedlich. Einige florentinische oder venezianische Kurtisanen führten ein luxuriöses Leben, erlangten großen Ruhm, spielten eine wichtige Rolle in der Entwicklung der Kultur und genossen ein Sozialprestige, von dem die Insassinnen der städtischen *prostibula* nur träumen konnten. Letztere befanden sich jedoch noch in einer besseren Situation als die Mehrheit der Straßendirnen, die von Kupplerinnen oder Zuhältern abhängig waren. Im übrigen bildete die Prostitution für Lohnarbeiterinnen und überhaupt für Frauen aus dem gemeinen Volk nicht selten einen Zusatzerwerb. Mit Landstreichern und Verbrechern waren sie durch eine merkwürdige Ähnlichkeit des Schicksals, eine ähnliche Lebensweise und schließlich durch persönliche Beziehungen verbunden.

Unabhängig von ihrer sozialen Stellung besteht zwischen den Dirnen und der gesellschaftlichen Welt ein grundlegender Widerspruch, denn sie sind von der Familie ausgeschlossen, sie haben kein Recht auf eine eigene Familie. Wenn in der mittelalterlichen Literatur ein wundersames Eingreifen zugunsten einer Prostituierten geschildert wird, dann kann das *happy end* allenfalls darin bestehen, daß die zerknirschte Sünderin in den Himmel kommt oder in einem Kloster untergebracht wird. In einer französischen Erzählung aus dem 12. Jahrhundert hat die Prostituierte Richeut beschlossen, ein Kind zu bekommen, aber nur, um sich dadurch zusätzliche Vorteile zu verschaffen. Nach der Geburt eines Sohnes nimmt sie an den üblichen religiösen Feiern teil, sie gibt dem Priester eine Spende, der Sohn hat seine Taufpaten, und an der Taufe nehmen auch andere Vertreterinnen ihres Gewerbes teil. Die Vaterschaft an dem Kind redet Richeut mehreren Einfaltspinseln ein. Als der Sohn groß ist, widmet er sich dem Gewerbe der *lescherie,* also der Zuhälterei, wobei er auf die Kenntnisse seiner Mutter zurückgreift. Sie hat ihn in ihren Beruf eingeführt, behandelt ihn aber wie einen Fremden, damit er sich bemüht, es an Durchtriebenheit mit ihr aufzunehmen. Eheliche Bande in der Welt der Prostitution (durch einen »Liebesschwur«) sind eher ein negativer Abklatsch der Ehegemeinschaft und dienen dem Zweck, den professionellen Zusammenhalt zwischen der Prostituierten und ihrem Zuhälter zu festigen. Wenn man in diesem Gewerbe ein Ehepaar oder eine Familie antrifft, handelt es sich meistens um einen Fall von gesellschaftlichem Abstieg, der dazu führt, daß man auf die Prostitution als zusätzliche oder ständige Erwerbsquelle zurückgreift.

Die Aufsicht über die Prostituierten wurde bisweilen von einem *roi des ribauds,* einem *podestà dei ribaldi,* einem *podestas meretricum* oder einem *roi des filles amoureuses* aus geübt – es handelte sich immer um Beamte, die allerdings außerhalb des Dirnenmilieus nur ein geringes Ansehen genossen. Die Pächter der *prostibula* waren oft Stadtbüttel oder

Henker, übten also selbst eine ›unehrliche Tätigkeit‹ aus. Sie genossen keinerlei Ansehen, wurden aber sowohl von der Kirche als auch vom Gesetz geduldet. Wer dagegen außerhalb der öffentlichen Häuser die Unzucht organisierte, verfiel dem eindeutigen Verdammungsurteil sowohl der öffentlichen Meinung als auch des Repressionsapparats von Polizei und Justiz. Kuppelei und Zuhälterei, die zumeist in Verbindung mit anderen Straftaten betrieben wurden, galten als unzweifelhafter Beweis für eine asoziale Lebensweise.

Betrachtet man die beruflichen Tätigkeiten, die zur Ausgrenzung führten, genauer, lassen sich verschiedene Elemente einer Tabuverletzung erkennen. Die marginalisierende Wirkung einer solchen Situation hing jedoch von der materiellen Lage und der Lebensweise der entsprechenden Gruppen ab. Schließlich waren die Spezialisten für Kreditgeschäfte, mochten ihre beruflichen Aktivitäten auch vollständig unter den Begriff des Wuchers fallen und damit zweifelsfrei moralisch zu verurteilen sein, keine Randexistenzen – einmal ganz abgesehen von der Entwicklung der kanonischen Lehre der Kirche, die mit der Idee der Wiedergutmachung und der Aussicht auf ein Abbüßen der Sünde im Fegefeuer wieder Hoffnung auf Erlösung und damit einen Platz innerhalb der christlichen Gesellschaft gab. Die Marginalisierung hing vor allem von der Stellung innerhalb des sozialen Gefüges ab. Im Falle des Schäfers haben wir es mit einer Tätigkeit der agrarischen Welt zu tun, die das Mittelalter grundsätzlich positiv bewertete. Außerdem handelt es sich um eine Tätigkeit, die beinahe jeder zeitweise betrieb. Dennoch herrschte ein tiefes Mißtrauen gegenüber dem Beruf des Schäfers. Das gilt insbesondere für Berggegenden, in denen die Schafe geweidet wurden: oft waren weite Wanderungen erforderlich, um sie zu erreichen; der Schäfer mußte sich für lange Zeit von den menschlichen Siedlungen entfernen. Damit kommen zwei marginalisierende Elemente ins Spiel: Wanderschaft und Einsamkeit. Darüber hinaus befaßte sich der Schäfer auch mit dem Schlachten, er hatte mit Tierkadavern zu tun, und schließlich betrieb er auch Tier- und Volksmedizin – das alles mußte Argwohn und Furcht erregen. Allein schon durch das lange Zusammensein mit den Tieren, fern von zuhause und vom Gemeinschaftsleben, zog der Schäfer verschiedene Verdächtigungen auf sich (man verdächtigte ihn unter anderem der *bestialitas*, der Sodomie). Die deutsche Volkskunde hat gezeigt, daß der Schäferberuf lange verachtet wurde, was auch daran lag, daß vielfach geistig unterentwikkelte Menschen in diesem Beruf Beschäftigung fanden. Es ist übrigens nicht bekannt, ob die negative Bewertung des Schäferberufs, die für den deutschen Bereich ausführlich dokumentiert ist, im gesamten mittelalterlichen Europa verbreitet war.

Zu Verdammung und Ausschließung trugen in der Regel auch körperliche Gebrechen und Krankheiten bei. Das Gebot zur Pflege der Kranken ging Hand in Hand mit der Angst vor Ansteckung und dem Ekel oder der Verachtung gegenüber den Krüppeln. Die Angst vor Ansteckung fand ihren klassischen Ausdruck im Verhältnis zu den Aussätzigen. Kirche und öffentliche Institutionen wirkten gemeinsam auf eine völlige Absonderung der Aussätzigen von der übrigen Gesellschaft hin. Der Tod eines Menschen, von dem man annahm, er sei von der schrecklichen Krankheit infiziert, wurde von der spektakulären Zeremonie eines kirchlichen Quasi-Begräbnisses begleitet, indem man ihn zu dem außerhalb der menschlichen Ansiedlungen gelegenen Leprosorium brachte. Im *Congés d'Arras* schildern zwei aussätzige Minnesänger ihren Abschied von den Freunden, ehe sie sich in das Leprosorium begeben. Die Fäulnis hat von der sündigen Seele auf den Körper übergegriffen; das vermittelt zwar Hoffnung auf Erlösung, im Diesseits aber erzwingt es die Trennung von den Gesunden und damit von der sozialen Umwelt. Die Aussätzigen werden weiterhin von der Gesellschaft unterstützt. Die Leprosorien sind so reichlich ausgestattet, daß selbst Fürsten neidisch werden; außerdem bringen die Sammler laufend Spenden für die Aussätzigen. Die Leprosorien müssen jedoch weit von den menschlichen Ansiedlungen entfernt liegen; die Aussätzigen dürfen nichts anfassen, was die Gesunden berühren, und sie müssen ihr Kommen durch eine Klapper ankündigen, als ob ihr Aussehen allein nicht genügte. In der Gesellschaft schlägt ihnen Furcht, vielleicht sogar Haß entgegen, man schreibt ihnen sexuelle Zügellosigkeit zu (so auch in dem Roman von Tristan und Isolde), man verdächtigt sie schändlicher Absichten gegenüber der Gesellschaft der Gesunden.

Dieses Mißtrauen überträgt sich auf die Kinder der Aussätzigen, die in abgesonderten Gettos wohnen müssen und nur bestimmte, als unehrlich oder unrein geltende Tätigkeiten ausüben dürfen. Die Ausschließung der Leprakranken ist in der mittelalterlichen Gesellschaft so offenkundig, daß sie in der deutschen Sprache eben als Aussätzige (die *uzsetzigen*) bezeichnet werden, solche, die man hinaussetzt. Hinausgesetzt werden sie für immer. Wenn Hartmann von Aue im *Armen Heinrich* zunächst die Deklassierung seines Helden durch die Strafe Gottes, die Lepra, beschreibt und dann seine wundersame Heilung und seine Wiederaufnahme in die Gesellschaft schildert, so ist dieses Finale durchaus ungewöhnlich. In der Wirklichkeit fand sich dafür keine Entsprechung. Ausgeschlossen und abgesondert, blieben die Aussätzigen gleichwohl im gesellschaftlichen Leben gegenwärtig; jeder Auftritt unter den Menschen, sei es in der Stadt oder im Dorf, machte sie als Andersartige kenntlich.

Der Aussatz war natürlich eine besondere Krankheit, aber auch im Verhältnis des Mittelalters zu kranken Menschen überhaupt findet sich eine gewisse Ambivalenz der Einstellung, eine Mischung aus Mitgefühl und Ausgrenzung. Was letztlich den Ausschlag gab, hing von der sozialen Stellung des Kranken ab. Ein begüterter Mensch blieb im Kreis seiner Familie; dank seines sozialen Status und seiner materiellen Lage war seine Pflege gesichert. Selbst wenn er Lepra bekam, konnte es vorkommen, daß er nicht ausgeschlossen wurde. Bei den unteren Schichten der Gesellschaft, deren Existenz auf körperlicher Arbeit beruhte, hatte die Krankheit dagegen marginalisierende Folgen. Die Kranken wurden zu Objekten der Mildtätigkeit, sie waren bettelarm und mußten die Hilfe von Spitälern und Almosen in Anspruch nehmen. Gerade den Krüppeln und den arbeitsunfähigen Kranken erkannte die christliche Doktrin der Barmherzigkeit das Recht zu, von Almosen zu leben. Unter Berufung auf Augustinus wurde – von Guillaume de Saint-Amour im 13. Jahrhundert – der Begriff der Schwäche, die zur Hilfeleistung berechtigte, auch auf jene ausgedehnt, die aufgrund ihrer Erziehung und ihres früheren sozialen Status nicht an physische Arbeit gewöhnt, aber in Armut geraten waren. Während diese *pauperes verecundi*, diese »verschämten Armen« jedoch weiterhin gesellschaftliches Ansehen genießen, müssen die übrigen ihren Anspruch auf Hilfe manifestieren, d.h. sie müssen ihre Verkrüppelung, ihre Schwäche oder ihre Not zur Schau stellen. Die Verkrüppelung hat eine sozial herabsetzende Wirkung zumindest insofern, als sie eine Gleichsetzung von Krankheit und Elend bewirkt.

Werden die Ursachen von Außenseitertum im Ausschluß von sozialen Bindungen oder auch in ihrer freiwilligen Aufgabe, im Verlust der Stellung innerhalb der gesellschaftlichen Arbeitsteilung und der sozialen Rollenverteilung gesehen, so lassen sich die Bettler wohl kaum als Außenseiter bezeichnen. Sie wurden gebraucht, weil sie den anderen die Möglichkeit gaben, Barmherzigkeit zu üben, sie waren organisiert und sie achteten die Normen des gesellschaftlichen Zusammenlebens. Gewiß läßt sich eine Ambivalenz der Einstellung zu den Bettlern und zur Armut, ein Schwanken zwischen dem Tadel ihrer Lebensweise und dem Lob der Tugend der Entsagung, schon in den Schriften der Kirchenväter ausmachen, doch wird in der mittelalterlichen Gesellschaft die funktionale Rolle der Bettler überwiegend akzeptiert, sofern sie nicht das Arbeitsethos und das Gleichgewicht des Arbeitsmarktes verderben. Schwere Krisen, die zu einer zeitweiligen oder dauerhaften Pauperisierung führten, zogen ein verändertes Verhältnis zu den Bettlern nach sich – der Wandel, der sich im 13. Jahrhundert in der Auffassung der Armut vollzieht, ist Ausdruck gerade einer solchen Situation, die eine Ausbreitung von repressiven und ausschließenden Einstellungen den Bettlern gegenüber zur Folge hat.

Teilweise brachte sich die Bettelei selbst in Mißkredit, indem neben der Zurschaustellung tatsächlicher Gebrechen auch auf betrügerische Weise Verkrüppelung und Krankheit vorgetäuscht wurden, um Mitleid zu erregen. Die Schilderungen, die wir in der arabischen Literatur aus dem frühen Mittelalter finden, vermitteln diesbezüglich ein ganz ähnliches Bild, wie es im 15. Jahrhundert die französischen Balladen des Eustache Deschamps, der italienische *Speculum corretanorum* oder das deutsche *Liber vagatorum* zeichnen.

Außenseiter gab es natürlich auch in religiöser Hinsicht. Aus der christlichen Gemeinschaft ausgeschlossen waren sowohl die Häretiker als auch die Ungläubigen, also die Anhänger einer anderen Religion und die Heiden. Allein daß sie nicht die Wahrheiten der christlichen Orthodoxie akzeptierten, war Anlaß genug, ihnen mit Gefühlen der Fremdheit zu begegnen und sie auszuschließen. In den stereotypen Urteilen über diese Gruppen wurden ihnen weitere Kennzeichen der Andersartigkeit vorgeworfen: Das ›Rolandslied‹ beschuldigte die Sarazenen, die Vasallentreue nicht anzuerkennen; in den Berichten der Inquisition und in polemischen Schriften wurde den Ketzern unterstellt, sie hielten sich nicht an die geltenden Sexualnormen, sie lehnten die Obrigkeit und die sozialen Bindungen ab; die Juden wurden beschuldigt, die Christen ausrotten zu wollen, die Pest zu verbreiten und Wucher zu treiben. Weil sie der herrschenden Religion nicht angehörten und an der dominierenden Kultur nicht teilhatten, sah man die gesellschaftliche Ordnung durch diese Gruppen gefährdet; sie selbst hatten übrigens – stärker als alle anderen Ausgeschlossenen – ein Bewußtsein ihrer Andersartigkeit.

In der Darstellung der Außenseiter haben wir mit verschiedenen Unterscheidungskriterien gearbeitet, um die sozialen und kulturellen Prozesse aufzuspüren, die bei der Absonderung bestimmter Individuen und Gruppen von der Gesellschaft wirksam waren. Wir haben auch auf das Phänomen des freiwilligen Außenseitertums hingewiesen, das auf einer radikalen Ablehnung der herrschenden Ordnung, auf dem Streben nach innerer geistigen Vollkommenheit oder auch auf einer Verbindung dieser beiden Motive beruht. Neben diesen objektivierten sozialen Prozessen müssen natürlich auch die soziopsychologischen Aspekte berücksichtigt werden: bei den Randexistenzen das Bewußtsein der Andersartigkeit ihrer Situation, bei der Gesellschaft die Verinnerlichung der kollektiven Normen und allgemeinen Ordnungsprinzipien durch die Verurteilung derjenigen, die sich nicht an sie anpassen. Auf der einen Seite also eher das Bewußtsein eines individuellen, seltener das eines Gruppen-Schicksals, auf der anderen ein Gemeinschaftsgefühl gerade gegenüber diesen anderen.

In der mittelalterlichen Kultur wird die gesellschaftliche Stellung jeweils kenntlich gemacht. Das gilt auch für die Außenseiter. Einige Gruppen hoben sich erkennbar ab, sei es durch die Hautfarbe oder die Sprache im Falle der ethnischen Minderheiten, sei es durch die Art der ausgeübten Tätigkeit oder die äußeren Symptome einer Krankheit bzw. einer sichtbaren Verkrüppelung. Die verbreiteste Form der ›Kennzeichnung‹ ist die Kleidung. Landstreicher und Verbrecher unterscheiden sich in der Kleidung nicht grundlegend von den unteren Volksschichten, aber man darf vermuten, daß Lumpen am Leib und ein Stock in der Hand – das Bild, das die Stiche späterer Jahrhunderte zeigen – einen Menschen definierten. Ein abgeschnittenes Ohr war eine äußerlich sichtbare Warnung vor einem Dieb. Bei den Bettlern waren Lumpen und ein nackter Leib – sie gehörten zu den Techniken, um Almosen zu erlangen – sichtbare Zeichen. Die Juden waren an ihrer Kleidung zu erkennen, in Deutschland am charakteristischen Spitzhut. Im Jahre 1215 führt das IV. Lateranische Konzil ein zusätzliches, diskriminierendes Kennzeichen für die Juden ein, das in allen christlichen Ländern gebräuchlich wird. Die Prostituierten müssen sich in vielen Ländern an strenge Kleidervorschriften halten und ebenfalls ein Signum tragen. Auch für Häretiker wird gelegentlich ein Büßerzeichen eingeführt, dergestalt, daß ihre Kleider vorn und hinten ein Kreuz zeigen müssen; und eine der Strafen, zu denen der Häretiker verurteilt wurde, bestand darin, ihn mit diffamierenden Kennzeichnungen (zum Beispiel mit einer Mitra bedeckt, mit dem Buchstaben H gekennzeichnet usw.) öffentlich zur Schau zu stellen. All diese äußeren Zeichen dienen der Diffamierung, der Ausgrenzung oder der Repression.

Die Ehrlosigkeit der Randgruppen wurde im gesellschaftlichen Leben wachgehalten und für verschiedene Zwecke genutzt. Die Pflicht zur Teilnahme am ›Einzug des Königs‹ (entrée royale) nahm für die Juden einen herabwürdigenden Charakter an, und späteren Zeugnissen zufolge (in Krakau verzeichnet man dies im 17. Jahrhundert) wird diese Übung bei Fronleichnamsprozessionen fortgesetzt. Eine Untersuchung über diffamierende kollektive Aktionen, wie man sie während der kriegerischen Auseinandersetzungen zwischen italienischen Städten im 14. Jahrhundert antrifft, hat ergeben, daß zwischen Dirnen und ›Bütteln‹ (ribaldi, barattieri) Wettläufe im Stile aggressiver Happenings veranstaltet wurden. Solche an den Karneval erinnernden Wettläufe zwischen den Angehörigen von ›unehrlichen‹ sozialen Gruppen sind in Périgueux bereits im Jahre 1273 aktenkundig. Zu einem bemerkenswerten Ausmaß entwickelten sie sich in den Städten Italiens in Form des *palio*, der mit Sicherheit bereits in der ersten Hälfte des 14. Jahrhunderts durchgeführt wurde. Es waren Männer und Frauen aus den untersten Schichten, aus den Kreisen der Landstreicher, die an diesen Wettläufen oder an Wettrennen auf Pferden und Mauleseln teilnahmen.

Zwischen den einzelnen Randgruppen des Mittelalters gab es bedeutsame Unterschiede. Bei Ausschließung und Segregation finden sich Abstufungen: Für den Ritter hatte die Deklassierung andere Folgen als für den Bauern, und eine niedere soziale Stellung war nicht immer gleichbedeutend mit Außenseitertum. Selten waren die Grenzen so unverrückbar wie im Falle der Aussätzigen. Was aber all diesen Gruppen und Existenzen gemeinsam ist, ist die vom allgemeinen Muster abweichende Lebensweise, die mangelnde Unterordnung unter die herrschenden Normen und die Verhaltensmuster, die Weigerung, zu arbeiten oder die vorgezeichnete soziale Rolle auszufüllen. Was sie außerdem eint, ist die Abneigung, die Fremdheit, die Angst, manchmal auch der Haß, den die Gesellschaft ihnen gegenüber an den Tag legt.

Literaturhinweise

(Die mit einem * gekennzeichneten Titel sind in der italienischen Originalausgabe nicht genannt.)

Allgemeine Werke über die Epoche

Bloch, M., *Die Feudalgesellschaft*, Berlin 1982 (franz. Orig. 1939–40)

Boockmann, Hartmut, *Einführung in die Geschichte des Mittelalters*, München 1978*

Borst, A., *Lebensformen im Mittelalter*, Frankfurt/M.-Berlin 1973*

Bosl, K., *Europa im Aufbruch. Herrschaft, Gesellschaft, Kultur in Europa vom 10. bis zum 14. Jahrhundert*, München 1980*

Bumke, J., *Höfische Kultur. Literatur und Gesellschaft im hohen Mittelalter*, 2 Bde., München 1986*

Duby, G., *Die drei Ordnungen. Das Weltbild des Feudalismus*, Frankfurt/M. 1986 (franz. Orig. 1978)

– *Wirklichkeit und höfischer Traum. Zur Kultur des Mittelalters*, Berlin 1986

Fumagalli, V., *Wenn der Himmel sich verdunkelt. Lebensgefühl im Mittelalter*, Berlin 1988*

Goetz, H.-W., *Leben im Mittelalter – Vom 7. bis zum 13. Jahrhundert*, München 1986*

Gurjewitsch, J. Aaron, *Das Weltbild des mittelalterlichen Menschen*, München 1978

Le Goff, J., *Das Hochmittelalter*, Frankfurt/M. 1965 (Fischer Weltgeschichte Bd. 11) (franz. Orig. 1962)

Raulff, U. (Hrsg.), *Mentalitäten-Geschichte. Zur historischen Rekonstruktion geistiger Prozesse*, Berlin 1987*

Die Mönche

Borst, Arno, *Mönche am Bodensee, 610-1525*, Darmstadt 1978*
Dalarun, J., *Erotik und Enthaltsamkeit. Das Kloster des Robert von Arbrissel*, Frankfurt/M 1987 (franz. Orig. 1986)*
Duby, G., *Der heilige Bernhard und die Kunst der Zisterzienser*, Stuttgart 1981 (franz. Orig. 1979)*
Frank, Karl Suso, *Grundzüge der Geschichte des christlichen Mönchtums*, Darmstadt 1979*
Hallinger, K., *Gorze – Kluny: Studien zu den monastischen Lebensformen und Gegensätzen im Hochmittelalter*, 2 Bde., Rom 1950*
Leclercq, J., *Wissenschaft und Gottverlangen. Zur Mönchstheologie des Mittelalters*, Düsseldorf 1963 (franz. Orig. 1957)
Vauchez, A., *La spiritualité du Moyen Age occidental (VIIIe-XIIe siècles)*, Paris 1975
Vinay, G., *Alto Medioevo latino. Conversazioni e no*, Neapel 1978

Der Krieger und der Ritter

Borst, A., *Das Rittertum im Mittelalter*, Darmstadt 1976*
Bumke, Joachim, *Die Höfische Kultur, Literatur und Gesellschaft im hohen Mittelalter*, 2 Bde., München 1986*
Contamine, Ph., La guerre au Moyen Age, Paris 1980
Duby, G., *Der Sonntag von Bouvines. 27. Juli 1214*, Berlin 1988 (franz. Orig. 1973)*
– *Guillaume le Maréchal. Oder der Beste aller Ritter*, Frankfurt/M. 1988 (franz. Orig. 1983)
Dumézil, G., *Mythos und Epos. Die Ideologie der drei Funktionen in den Epen der indoeuropäischen Völker*, Frankurt/M. 1989 (franz. Orig. 1958)*
Fleckenstein, J. (Hrsg.), *Das ritterliche Turnier im Mittelalter. Beiträge zu einer vergleichenden Formen- und Verhaltensgeschichte des Rittertums*, Göttingen 1985
Flori, J., *L'idéologie du glaive*, Genf 1983
– *L'essor de la chevalerie*, Genf 1986
Keen, M., *Chivalry*, New Haven-London 1984
Köhler, E., *Ideal und Wirklichkeit in der höfischen Epik*, Tübingen 1970
Tabacco, G., »Su nobilità e cavalleria nel Medioevo. Un ritorno a Marc Bloch?«, in: *Studi di storia medievale e moderna per Ernesto Sestan*, Bd. I, Florenz 1980 31–55

Der Bauer

Abel, Wilhelm, *Geschichte der deutschen Landwirtschaft vom frühen Mittelalter bis zum 19. Jahrhundert*, Stuttgart 1967*
Cherubini, G., *L'Italia rurale des basso Medioevo*, Rom-Bari 1984
Duby, G., *L'économie rurale et la vie des campagnes dans l'Occident médieval*, 2 Bde., Paris 1962
– *Krieger und Bauern. Die Entwicklung der mittelalterlichen Wirtschaft und Gesellschaft bis um 1200*, Frankfurt/M. 1981 (franz. Orig. 1973)
Fossier, R., *Paysans d'Occident XIe-XIVe siècles*, Paris 1984
Hilton, R.H., *The English Peasantry in the Later Middle Ages*, Oxford 1975
Klein, J., *La Mesta. Estudio de la historia económica espanola 1273–1836*, Madrid 1979
Le Roy Ladurie, E., *Montaillou. Ein Dorf vor dem Inquisitor*, Berlin 1983 (franz. Orig. 1975)
Mane, P., *Calendriers et techniques agricoles* (France-Italie, XIe-XIIIe siècles), Paris 1983
Rösener, W., *Bauern im Mittelalter*, München 1985*
Slicher Van Bath, B.H., *The Agrarian History of Western Europe* (A.D. 500–1850), London 1963 (niederländisches Orig. 1960)

Der Städter

Altständisches Bürgertum, hrsg. v. Heinz Stoob, 2 Bde., Darmstadt 1978*
Chevalier, B., *Les bonnes villes de France*, Paris 1982
Die Stadt des Mittelalters, hrsg. v. Carl Haase, 3 Bde., Darmstadt 1978*
Ennen, E., *Die europäische Stadt des Mittelalters*, Göttingen 1979 (3. Aufl.)*
Fleckenstein, J. (Hrsg.), *Über Bürger, Stadt und städtische Literatur im Spätmittelalter*, Göttingen 1980*
Histoire de la famille, hrsg. von A. Burgière, Chr. Klapisch-Zuber, M. Segalen, Fr. Zonabend, Paris 1986
Histoire de la France urbaine, hrsg. von G. Duby, Bd. II, La ville médiévale des Carolingiens à la Renaissance, unter Leitung von J. Le Goff, Paris 1980
Histoire de la vie priveé, hrsg. von Ph. Ariès und G. Duby, Bd. II, De l'Europe féodale à la Renaissance, unter Leitung von G. Duby, Paris 1985
Le Goff, J., *Für ein anderes Mittelalter. Zeit, Arbeit und Kultur im Europa des 5.–15. Jahrhunderts*, Weingarten 1987 (franz. Orig. 1977)*
– *La bourse et la vie*. Economie et religion au Moyen Age, Paris 1986
Little, L.K., *Religious Poverty and the Profit Economy in Medieval Europe*, New York 1978
Muir, E., *Civic Ritual in Renaissance Venice*. Princeton (N.Y.) 1981

Rörig, E., *Die europäische Stadt im Mittelalter*, 1955*
Rossiaud, J., *La prostituzione nel Medioevo*, Rom-Bari 1984
Texler, R.C., *Public Life in Renaissance, Florence*, New York 1982

Der Intellektuelle

Fumagalli, M., *Heloise und Abaelard*, München-Zürich 1986 (italien. Orig. 1984)*
Grundmann, H., *Vom Ursprung der Universität im Mittelalter*, Darmstadt 1960 (2. Aufl.)*
Le Goff, J., *Die Intellektuellen im Mittelalter*, Stuttgart 1986 (franz. Orig. 1957)
– *Universität, Staat und Verwaltung im Mittelalter und in der Renaissance*, in: ders., Für ein anderes Mittelalter, Weingarten 1987, 97–120 (franz. Orig. 1965)*
Maschke, E. / Sydow, J. (Hrsg.), *Stadt und Universität im Mittelalter und der frühen Neuzeit*, Sigmaringen 1977*
Meister, R., *Beiträge zur Gründungsgeschichte der mittelalterlichen Universitäten*, Wien 1957*
Murray, A., *Reason and society in the Middle Ages*, Oxford 1978
Smalley, R., *The Becket Conflict and the Schools. A Study of Intellectuals in Politics*, Oxford 1973
Verger, J., *Les Universités au Moyen, Age*, Paris 1973

Der Künstler

Binding, G. / Nussbaum, N., *Der mittelalterliche Baubetrieb nördlich der Alpen in zeitgenössischen Darstellungen*, Darmstadt 1978
Camesasca, E., *Artisti in bottega*, Mailand 1966
Castelnuovo, E., Kunst der Städte, Kunst der Höfe, in: *Italienische Kunst. Eine neue Sicht auf ihre Geschichte*, Berlin 1988*
Clausberg, E. (Hrsg.), *Bauwerk und Bildwerk im Hochmittelalter*, Gießen 1981
Claussen, P.C., Goldschmiede des Mittelalters, in: *Zeitschrift des deutschen Vereins für Kunstwissenschaft* XXXII (1978), Nr. 1/4, 46–86
Du Colombier, P., *Les chantiers des Cathédrales*, Paris 1953
Gauthier, M.-M., *Straßen des Glaubens. Reliquien und Reliquiare des Abendlandes*, Aschaffenburg 1983
Gimpel, J., *Les Batisseurs des Cathédrales*, Paris 1958
Grimme, E.G., *Goldschmiedekunst im Mittelalter. Form und Bedeutung des Reliquiars von 800 bis 1500*, Köln 1972
Huth, H., *Künstler und Werkstatt der Spätgotik*, Augsburg 1923
Knoop, D. / Jones, G.P., *The Medieval, Mason*, Manchester 1933

Legner, A. (Hrsg.), *Ornamenta Ecclesiae. Kunst und Künstler der Romantik*, Köln 1985
Martindale, A., *The Rise of the Artist in the Middle Ages and Early Renaissance*, London 1972
Middeldorf-Kosegarten, A., *Sienesische Bildhauer am Duomo Vecchio. Studien zur Skulptur in Siena 1250–1330*, München 1984
Pevsner, N., »The term ›Architect‹ in the Middle Ages«, in: *Speculum* (1942), 549
Stein, H., *Les architects des cathédrales gothiques*, Paris 1929
Warnke, M., *Bau und Überbau. Soziologie der mittelalterlichen Architektur nach den Schriftquellen*, Frankfurt/M. 1976
Wentzel, H., Glasmaler und Maler im Mittelalter, in: *Zeitschrift für Kunstwissenschaft* III (1949), 53 ff.
Wylie Egbert, V., *The Medieval Artist at Work*, Princeton 1967

Der Kaufmann

Bec, Ch., *Les marchands écrivains à Florence 1375–1434*, Paris-Den Haag 1967
Branca, V. (Hrsg.), *Mercanti scrittori. Ricordi nella Firenze tra Medioevo e Rinascimento*, Mailand 1986
Cipolla / Borchardt (Hrsg.), *Europäische Wirtschaftsgeschichte*, Bd. 1, Stuttgart 1979*
Gurjewitsch, A.J., *Das Weltbild des mittelalterlichen Menschen*, München 1980 (russisches Orig. 1972)*
Kerdar, B.Z., *Merchants in Crisis. Genoese and Venetian Men of Affairs and the Forteenth-Century Depression*, New Haven-London 1976
Le Goff, J., *Marchands et banquiers de Moyen Age*, Paris 1956
– Zeit der Kirche und Zeit des Händlers im Mittelalter, in: C. Honegger (Hrsg.), *Schrift und Materie der Geschichte. Vorschläge zur systematischen Aneignung historischer Prozesse*, Frankfurt/M. 1977, 393–414 (franz. Orig. 1960)
– *La Bourse et la vie. Economie et relgion au Moyen Age*, Paris 1986
Origo, Iris, *Im Namen Gottes und des Geschäfts*, München 1985 (engl. Orig. 1957)*
Renourd, I., *Les hommes s'affaires italiens du Moyen Age*, Paris 1949
Sapori, A., *Le marchand italien au Moyen Age*, Paris 1952

Die Frau und die Familie

De Matteis, M.C. (Hrsg.), *Idee sulla donna nel Medioevo. Fonti e aspetti giuridici, antropologici, religiosi, sociali e letterari della condizione femminile*, Bologna 1981

Duby, G., *Ritter, Frau und Priester. Die Ehe im feudalen Frankreich*, Frankfurt/M. 1988 (franz. Orig. 1981)*
Ennen, E., *Frauen im Mittelalter*, München 1984*
Flandrin, J.-L., *Un temps pour embrasser. Aux origines de la morale sexuelle occidentale (VIe-XIe siècles)*, Paris 1983
Goody, J., *Famiglia e matrimonio in Europa*, Mailand 1984
Herlihy, D., *Medieval households*, Cambridge (Mass.) 1985
Histoire de la famille, hrsg. von A. Burgière, Chr. Klapisch-Zuber, M. Segalen, Fr. Zonabend, Paris 1986
Ketsch, P., *Frauenarbeit im Mittelalter*, Düsseldorf 1983*
Kühnel, H., *Frauen und spätmittelalterlicher Alltag*, 1986*
Maschke, E., *Die Familie in der deutschen Stadt des späten Mittelalters*, Heidelberg 1980*
Nelli, R., *L'érotique des troubadours*, Paris 1963
Opitz, C., *Frauenalltag im Mittelalter. Biographien des 13. und 14. Jahrhunderts*, Weinheim 1987 (2. Aufl.)*
Renzi, P. / Vetere, B. (Hrsg.), *Profili di donne, mito, immagine, realtà fra medioevo ed età contemporanea*, Galatina 1986
Shulamith, S., *Die Frau im Mittelalter*, Königstein/Ts. 1981*

Der Heilige

Beissel, St., *Die Verehrung der Heiligen und ihrer Reliquien in Deutschland während der zweiten Hälfte des Mittelalters*, Freiburg im Br. 1892
Bekker-Nielsen, H. (Hrsg.), *Hagiography and Medieval Literature*, Odense 1981
Bosl, K., »Der Adelheilige. Idealtypus und Wirklichkeit, Gesellschaft und Kultur im merowingerzeitlichen Bayern des VII. und VIII. Jahrhunderts«, in: *Speculum historiale. Festschrift J. Spörl*, Freiburg im Br. 1965, 167–187
Boureau, A., *La Légende Dorée. Le système narratif de Jacques de Voragine*, Paris 1984
Brown, P., *The Cult of the Saints, its Rise and Function in Latin Christianity*, Chicago-London 1981
– *Society and the Holy in Late Antiquity*, London 1982
Capitani, O. (Hrsg.), *Temi e problemi nella mistica femminile trecentesca*, Todi 1983
Christian, W.A., *Apparitions in Late Medieval and Renaissance Spain*, Princeton 1981
Corbet, L., *Les saints ottoniens*, Sigmaringen 1986
Dalarun, J., *L'impossible sainteté. La vie retrouvée de Robert d'Arbrissel (1045–1116), fondateur de Fontevraud*, Paris 1985

– *Erotik und Enthaltsamkeit. Das Kloster des Robert von Arbrissel*, Frankfurt/M. 1987 (franz. Orig. 1986)
Folz, R., *Les saints rois du Moyen Age en Occident*, Brüssel 1984
Gauthier, M.-M., *Straßen des Glaubens. Reliquien und Reliquiare des Abendlandes*, Aschaffenburg 1983 (franz. Orig. 1983)
Gelis, J. / Redon, O. (Hrsg.), *Les miracles miroirs du corps*, Paris 1983
Graus, F., *Volk, Herrscher und Heiliger im Reich der Merowinger. Studien zur Hagiographie der Merowingerzeit*, Prag 1965
Heinzelmann, M., *Translationsberichte und andere Quellen des Reliquienkults*, Turnhout 1979
Kieckefer, R., *Unquiet Souls: Fourteenth Century Saints and their Religious Milieu*, Chicago 1984
Manselli, R., *S. Francesco d'Assisi*, Rom 1980
Peyer, H.C., *Stadt und Stadtpatron im mittelalterlichen Italien*, Zürich 1981
Poulain, J.C., *L'idéal de sainteté dans l'Aquitaine carolingienne d'après les sources hagiographiques (750–950)*, Quebec 1975
Rezeau, P., *Les prières aux saints en Francais à la fin du Moyen Age*, 2 Bde., Genf 1982 und 1983
Rusconi, R. (Hrsg.), *Il movimento religioso femminile in Umbria nei secoli VIII-XIV*, Florenz 1984
Schmitt, J.C. (Hrsg.), *Les Saints et les Stars: le text hagiographique dans la culture populaire*, Paris 1983
Siebert, H., *Beiträge zur vorreformatorischen Heiligen- und Reliquienverehrung*, Freiburg im Br. 1907
Sigal, P.A., *L'homme et le miracle dans la France médiévale (XIe-XIIe siècles)*, Paris 1985
Vauchez, A., *La sainteté en Occident aux derniers siècles du Moyen Age d'après les procès de canonisation et les documents hagiograhiques*, Paris-Turin 1981
Weinstein, D. / Bell, R., *Saints and society, 1000–1700*, Chicago 1982

Der Außenseiter

Curschmann, F., *Hungersnöte im Mittelalter. Ein Beitrag zur deutschen Wirtschaftsgeschichte des 8. bis 13. Jahrhunderts*, Leipzig 1900*
Gemerek, B., Les marginaux parisiens aux XIVe et XVe siècles, Paris 1976*
– »Criminalité, vagabondage, pauperisme. La marginalité à l'aube des temps modernes«, in: *Revue d'Histoire moderne et contemporaine* 21, 1974, 337–375
– *Geschichte der Armen. Elend und Barmherzigkeit in Europa*, München-Zürich 1988*
Guglielmi, N., *Marginalidad en la Edat Media*, Buenos Aires 1986

Hanawalt, B., *Crime and Conflict in English Communities 1300–1348*, Cambridge (Mass.) 1979

Hartung, W., *Die Spielleute. Eine Randgruppe in der Gesellschaft des Mittelalters*, Wiesbaden 1982

Jütte, R., *Abbild und soziale Wirklichkeit des Bettler- und Gaunertums zu Beginn der Neuzeit. Sozial-, mentalitäts- und sprachgeschichtliche Studien zum Liber Vagatorum (1510)*, Köln-Wien 1988*

Jusserand, J.J., *La vie nomade et les routes d'Angleterre au XIVe siècle*, Paris 1884

Ladner, G.B., »Homo viator. Medieval Ideas on Alienation and Order«, in: *Speculum*, XLII, 1967

Mollat, M., *Die Armen im Mittelalter*, München 1984 (franz. Orig. 1978)

Autorinnen und Autoren

Jacques Le Goff, geboren 1924 in Toulon, zählt zu den bedeutendsten zeitgenössischen französischen Historikern. In deutscher Sprache sind von ihm unter anderem erschienen: *Das Hochmittelalter*, Frankfurt/M. 1965; *Die Geburt des Fegefeuers*, Stuttgart 1984; *Die Intellektuellen im Mittelalter*, Stuttgart 1986; *Für ein anderes Mittelalter. Zeit, Arbeit und Kultur im Europa des 5.-15. Jahrhunderts*, Weingarten 1987.

Giovanni Miccoli, geboren 1933 in Triest, Professor für christliche Kirchengeschichte an der philosophischen Fakultät der Universität von Venedig.

Franco Cardini, Florenz, Schüler von Ernesto Sestan, lehrt Geschichte des Mittelalters an der Universität von Bari. Seine Arbeitsschwerpunkte liegen auf dem Gebiet der religiösen und kulturellen Entwicklung von Orient und Okzident im Mittelalter.

Giovanni Cherubini, geboren 1936, lehrt Geschichte des Mittelalters und ist Direktor der Fakultät für Geschichte an der Universität von Florenz.

Jacques Rossiaud, lehrt an der Universität von Lyon. Er hat zahlreiche Abhandlungen zur Geschichte des Mittelalters im Südosten Frankreichs verfaßt.

Mariateresa Fumagalli Beonio Brocchieri lehrt Geschichte der Philosophie des Mittelalters an der Universität von Mailand. In deutscher Sprache liegt von ihr vor: *Heloise und Abaelard*, München/Zürich 1986.

Enrico Castelnuovo, geboren 1929 in Rom, ist Professor für mittelalterliche Kunstgeschichte an der Universität von Pisa. Er ist Mitautor von *Italienische Kunst. Eine neue Sicht auf ihre Geschichte*, Berlin 1988, außerdem erschien in deutscher Übersetzung von ihm *Das künstlerische Portrait in der Gesellschaft*, Berlin 1988.

Aron Jakolewitsch Gurjewitsch, geboren 1924 in Moskau, lehrt Geschichte an der Universität von Moskau und ist leitender wissenschaftlicher Mitarbeiter am Institut für allgemeine Geschichte der Akademie der Wissenschaften der UdSSR. In deutscher Sprache sind von ihm erschienen: *Das Weltbild des mittelalterlichen Menschen*, München 1980; *Mittelalterliche Volkskultur. Probleme zur Forschung*, München 1987.

Christiane Klapisch-Zuber ist Directeur d'Etudes an der Ecole des Hautes Etudes en Sciences Sociales in Paris.

André Vauchez, geboren 1938 in Thionville, Professor für Geschichte des Mittelalters an der Universität von Paris. Von 1972 bis 1979 war er Direttore di Ricerche für Geschichte des Mittelalters im Palazzo Farnese.

Bronislaw Geremek, geboren 1932 in Warschau, studierte an der Universität von Warschau und (zusammen mit Fernand Braudel) an der Ecole des Hautes Etudes in Paris. Er arbeitete am Institut für Geschichte der polnischen Akademie der Wissenschaften, aus dem er 1985 ausgeschlossen wurde. In deutscher Sprache liegt von ihm vor: *Geschichte der Armen. Elend und Barmherzigkeit in Europa*, München/Zürich 1988.

Jean-François Bergier
Die Geschichte vom Salz

Mit einem Anhang von Albert Hahling
über die technische Entwicklung im Salzbergbau
Aus dem Französischen von Jochen Grube
(Originaltitel: Une histoire du sel)
Ca. 270 Seiten mit 164 Schwarzweiß- und 39 Farbabbildungen, Leinen mit Schutzumschlag
ISBN 3-593-34089-5

»Die Geschichte dieses Minerals gleicht einer Reise. Sie beginnt in den Stollen der Salzbergwerke oder in den Salzsümpfen nahe der Küste. Sie folgt den Flotten, die das Salz über die hohe See, oder den Karawanen, die es quer durch die Sahara brachten. Sie vertraut sich den Salzstraßen auf den äthiopischen Hochebenen an und läßt sich auf den großen Flüssen Chinas und Europas stromabwärts treiben. Der Weg führt in Fürstenhöfe und in Ratsversammlungen – natürlich auch zum Steuereintreiber. Auf dieser Reise tauchen bekannte wie absonderliche Dinge auf: das kleine Fischerboot, der Händler mit seinem Pökelfaß, aber auch der Hexensabbat. Und stets sind es leidenschaftliche Kämpfe, die diese Reise begleiten – fürwahr eine abenteuerliche Reise.«

Aus dem Vorwort

Autor: Jean-François Bergier, geb. 1931, ist seit 1963 Professor für Wirtschaftsgeschichte an der Universität Genf, seit 1969 Professor für allgemeine Geschichte an der ETH Zürich. Er ist zudem Président de l'Association internationale d'histoire économique. Bergier versteht sich als Schüler Fernand Braudels und gehört dem Umkreis der *Annales* an.

Campus Verlag – Frankfurt am Main

Aus unserem Programm:

Geoffrey Parker

Der Dreißigjährige Krieg

Aus dem Englischen von Udo Rennert
(Originaltitel: The Thirty Years' War)
401 Seiten mit 4 Karten und bedrucktem Vorsatz,
Leinen mit Schutzumschlag
ISBN 3-593-33788-6

»Ein aktuelles Standardwerk über den ›ersten europäischen Krieg‹, der zwischen 1618 und 1648 ganz Deutschland verwüstete. Mit wissenschaftlicher Präzision wird das ganze Geschehen nochmals übersichtlich strukturiert und analysiert. Die knappe, gut lesbare Darstellung zur Ereignisgeschichte beleuchtet die historischen Hintergründe, die zum Ausbruch des Krieges geführt haben, ebenso eingehend wie die politischen und kulturellen Folgen. In seinem umfassenden Werk faßt Parker die gesamte bisherige Forschung zusammen, greift über sie hinaus und korrigiert sie zum Teil.«
Süddeutsche Zeitung

»Eine Lektion über die Komplexität historischer Kausalität, über das Zusammenspiel von Ideologie, Politik, Diplomatie und die unerbittliche Logik des Krieges.« *The Times*

»Ein neues großes Werk, hervorragend geplant und organisiert.« *Golo Mann*

Autor: Geoffrey Parker ist Professor für Neuere Geschichte an der Universität of Illionois in Champign-Urbana und seit 1984 Fellow of the British Academy.

Campus Verlag – Frankfurt am Main